华東政法大學

建校六十周年《法学》创刊五十六周年文丛

总主编／何勤华　杜志淳

法学的历史

第8卷

民商法·上卷

1981年-2004年

主　编／傅鼎生　唐波

法律出版社
LAW PRESS·CHINA

主编简介

傅鼎生

华东政法大学经济法学院党委书记兼副院长，华政东政法大学教授、博士研究生导师，《东方法学》期刊主编。兼任中国法学期刊研究会副会长、中国民法学研究会常务理事、上海法学会民法研究会副会长、上海市消保委委员、上海市人民政府行政复议委员会委员。曾任上海市人大常务委员会立法咨询员和决策咨询专家。

唐　波

荷兰伊拉默斯大学法学博士，华东政法大学法学博士后。现任华东政法大学教务处处长，华东政法大学教授、博士研究生导师。兼任上海高校法学专业专项教学指导委员会秘书长、上海市法学会金融法研究会副会长、法学教育研究会秘书长、中国银行法研究会理事等职。

主要研究金融法、经济法、商法。出版《上市公司治理结构与中国公司法之完善》（英）、《期货法论》、《中国期货市场法律制度研究——新加坡期货市场相关法律制度借鉴》、《金融法学》、《商法——案例与图表》等著作和教材，发表论文多篇。参加国家社科基金项目、中国金融期货交易所课题，主持上海市哲学社科规划课题、上海期货交易所课题等课题多项。

解放思想是法学进步的原动力
（代总序）

1981年11月，由华东政法大学主办的《法学》复刊了。它的复刊，源自1978年年底的那场解放思想运动。

回顾新中国60多年的历史，我们可以清楚地看到，我们国家的发展，大体可以30年为时段分为前后两个阶段。前30年，我们党在治理国家的指导思想方面，出现了“左”的倾向。从“批武训传”、批俞平伯的红楼梦研究、批胡风“反革命集团”到1957年“反右”运动扩大化、1962年提出“以阶级斗争为纲”，直至1966年爆发“文化大革命”，“左”的思想不断升级，最终导致国民经济濒于崩溃、各项建设事业停滞、学术（包括法学）陷入一片沙漠状态。

1978年年底，中国共产党召开了十一届三中全会，实行改革开放之国策，社会各界解放思想，因而改变了整个中国的面貌，也迎来了法学研究的春天，导致了《法学》的复刊。自那时以来，我们也已经走过了整整30年。在这30年中，《法学》在上级部门的领导下，通过全体办刊人的持续努力，紧贴时代发展的脉搏，跟踪社会发展的前沿，及时回应法律界所遇到的热点和难点问题，发表了一大批高水平的作品，对我国的立法、执法和司法实践形成了重要的理论支持，在学术界乃至全社会产生了巨大影响力，推动了改革开放以后中国法律和法学的进步与繁荣。

在回顾总结《法学》30年历程，探索法学理论与法律实践互动之规律时，我们感受最深的一点就是，解放思想是法学进步、繁荣的原动力，没有中国的改革开放和解放思想，就没有中国法律和法学的今天，更没有《法学》的今天。

一

关于解放思想，邓小平同志有一个定义，就是“解放思想是指在马克思主义指导下打破习惯势力和主观偏见的束缚，研究新情况，解决新问题”。[①] 这个定义，包含了三个要素：（1）马克思主义的指导，讲的是政治立场和认识论、方法

---

① 《邓小平文选》（第2卷），人民出版社1994年第2版，第279页。

论;(2)打破习惯势力和主观偏见的束缚,这既包括政治体制上的,也涉及其他各个领域里的;(3)研究新情况、解决新问题,就是要跟上社会发展的步伐,与时俱进。因此,在某种意义上可以说,解放思想的精神实质就在于:一是说真话;二是实事求是;三是不唯书、不唯上;四是打破不合理的偏见和传统;五是在理念、观点和制度上创新。

30年来,《法学》就是贯彻了这一精神,解放思想,不断进步。其中,冲破政治上习惯势力和主观偏见的束缚,提高法学研究在我国政治体制改革中的贡献度,是《法学》首先关注的重点。众所周知,法律与政治紧密相关,法学研究也与社会的政治决策息息相关。要使法学研究对同时代的乃至以后的政治决策有所贡献,必须解放思想。换言之,法学研究在推动社会政治体制改革、回应社会重大政治问题时,如能解放思想、提出有真知灼见的建言建策,就会大大彰显法学研究的贡献。1982年春天,当我国立法机关将宪法草案提交全国人民讨论时,《法学》月刊社就召集各方面专家,就其内容进行广泛讨论,参与者有徐盼秋、潘念之、肖蔚云、高恭佑、浦增元、孔令望、陈云生、胡土贵、周天平等众多法学界知名人士。各位专家学者解放思想,破除禁忌,充分讨论,各抒己见。《法学》在第6期、第7期连续刊登了他们的建言建策,对我国宪法内容的确定产生了很大的影响。

1982年9月1~11日,中国共产党第十二次全国代表大会召开,大会通过的新党章明确规定:"党必须在宪法和法律的范围内活动。"但是,如何理解和执行党章的这一规定,许多党员甚至党的领导干部对此还存在许多疑问。当时,许多领导都曾提出了"到底是法大,还是党委大"的疑问;也有领导认为,规定党必须在宪法和法律范围内活动,就会束缚自己的手脚,妨碍开创新局面。针对党的十二大召开后社会上和党内存在的这些想法,《法学》1982年第11期刊登了楚云飞的文章《在宪法和法律范围内活动是党的一项重要原则》,系统阐述了党章这一规定的法理基础,强调我们必须解放思想,充分认识这一规定对推进我们执政党的建设和推动我国社会主义法制发展,全面开创社会主义现代化建设新局面的极其重要意义。

随着1992年10月12~18日党的十四大提出建设社会主义市场经济的改革目标后,我国市场经济发展迅速,宪法的许多规定就显得落后于客观形势的发展了,但是,真的要提出修宪的主张,在当时还是存在一定风险的。《法学》就在这一点上,以极大的理论勇气,于1992年第12期,以纪念宪法诞生10周年为契机,发表了评论员文章《修宪:市场经济发展的必然要求》。该文指出,修宪问题,无论从宪法学抑或法理学角度来看,应属技术性问题。然而,由于特定的历史条件，重提修宪问题，就不能不在某种程度上引起人们的高度警觉和重视。但是，社会主义市场经济的发展，出现了众多宪法上没有规定的事项。例如，“随着改革开放的不断发展，出现了多种经济形式并存的局面，特别是许多合营、合资、私营企业的出现，能否对这些经济形式进行保护，关系到改革开放能否向纵深发展的问题，而宪法对此并未规定”。同时，改革开放需要合法地出租、转让土地，而这一点也是宪法禁止的。因此，在适应社会主义经济发展和改革开放的历史要求下，1988 年，我们就对宪法进行了修改，允许私营经济形态的存在，以及取消了对土地出租和转让的禁令。现在，改革开放的进程和社会的发展，又一次需要我们对宪法做更大范围的、更大规模的修改，我们应当与时俱进，完成这一历史使命。在发表评论员文章的同时，这一期还刊登了孙潮、戚渊的《论确立市场经济的宪法地位》、李伟的《宪法权威论》、李步云的《不断完善中国人权的保障体系》等文章，对修宪涉及的各个领域的一些重要问题作了阐述。《法学》的这些文章，虽然发表在邓小平同志 1992 年南方讲话之后，但此时在我国，修宪问题还是一个禁区，因此，发表上述言论还是冒了一定政治风险的。

在法理学领域，关于法的定义这一核心问题，在新中国成立的前 30 年，基本上是“阶级斗争论”、“阶级意志论”一统天下。要冲破这一禁区，必须鼓足勇气，在法学理论上来一个大胆的突破。而在这方面，《法学》也走在了全国研究的前列。1986 年，《法学》在第 1 期《新年寄语慰读者》中，率先提出：“科学是没有禁区的，有禁区就不会有发展和深入。法学研究也是如此。”“近年来，我国法制建设和法学研究的现状表明，法学理论的研究正面临着改革和挑战，无论在内容和方法上都亟须有新的突破。”“我们认为，无论是基础法学还是应用法学的研究，都应该把焦点对准现实中涌现出来的或者是历史上没有解决的问题，应该重视和倡导‘问题法学’的研究。”

同期刊登的《中国法制报》政治评论部主任张宗厚的《对法的三个基本概念的质疑》一文，对现行的法的定义中三个核心命题——“法律是阶级社会特有的现象”、“统治阶级意志论”和“阶级性是法的唯一属性”进行了质疑，提出了不同观点，并予以系统阐述。同期还刊登了陈浩然的《对“质疑”的质疑》一文，与张宗厚文中的观点进行了讨论和争辩。《法学》1986 年的《新年寄语慰读者》和张宗厚、陈浩然文章的发表，在我国法学界激起了巨大的冲击波，给我们的思想以极大的震撼。因为直到 20 世纪 80 年代中期，上述从苏联引进的关于法的定义的三个核心命题，是我们熟悉并认为是天经地义的，几乎从未有人提出质疑。而张宗厚的文章则颠覆了我们的传统法学观，其震动不能说不大。而陈浩然的文章，虽然是对张宗厚观点的反质疑，阐述的力度相对小一些，但陈文给学术界带来的推进学术研究"百花齐放、百家争鸣"的贡献,则有目共睹。

在法学研究发展中,一直让我们法律人纠结的就是政治与法律的关系问题。而在阐述法律与政治之关系时,思想最为解放的文章,就是陈鹏生在《法学》1987年第1期发表的《没有法律的政治是危险的政治——法学研究的反思》一文。文中指出:"本来,政治和法律都是上层建筑的组成部分,相互作用,共同为自己的基础服务,是马克思主义的常理。但是,由于高度集权思想的影响,政治被强调到可以冲击,甚至代替一切的荒谬地步。政治与法律相互作用的关系,变成政治决定法律的关系。而按照'左'的一套理论的逻辑推导,政治就是阶级斗争,阶级斗争就是敌我矛盾。于是服务于并决定于政治的法律,就只能是以阶级性作为自己的唯一的质的规定性,以'阶级斗争的工具'作为自己的唯一职能了。以法作为自己研究对象的法学,当然也只能是'阶级斗争'的[学问了]。"

作者认为,这种理论的后果,一方面,使法律失去了自己的独立性,唯政治需要决定自己的兴废存亡:政治安定时,法律成为民主的点缀;政治严峻时,一言可以废法,实际上是以"人治"代替了"法治"。另一方面,也把法律与阶级斗争捆在了一起,使法律与政治一起成为学术讨论和争鸣的禁区,"一旦涉及,就'以言治罪',出现'文笔贾祸',法学研究也就不复存在"。作者进一步指出:"我们的民主,首先是制度,然后才是干部的思想作风。否则民主就会随领导的喜怒哀乐而变样。因此,要政治民主化,就应该依靠法律制度,保障民主不会因领导人的改变而改变,也不能因领导注意力的转移而改变。我们的法学家,应该通过对法制建设深刻的历史反思,从理论上令人信服地告诉人们千万不要忘记一条历史教训:政治离不开法律,没有法律的政治,是危险的政治、灾难的政治。"因此,为了防止这一点,我们必须研究如何通过法律来保障公民权利义务一致性原则的确立和实施,以及这种意识的形成。

应该说,作者关于"没有法律的政治就是危险的政治、灾难的政治"的观点,不仅是对中国"重政治,轻法律",崇尚"人治",轻视"法治"之传统的深刻揭示和批判,而且也阐明了理顺法律与政治的关系,对防止历史悲剧的再次发生、建设社会主义法治的重要意义。应该说,在当时的环境下,没有思想的解放,是不可能有如此大的理论勇气提出这么尖锐和鲜明观点的。①

① 就在此文发表两年前,谢次昌在"论政治与法律的关系"一文中,还强调"政治与法律相比,政治总是处于主导地位,法律的制定和实施必须服从政治的需要",载《法学》1985年第5期。

二

解放思想也促进了法学研究在我国经济体制改革中推动作用的发挥。1982年中期，随着我国改革开放的深入，社会主义经济体制转型，经济领域犯罪日益增多且形态各异，尤其是许多正常的经济活动和犯罪行为容易混淆，这对我国的法学理论研究和定罪量刑等都提出了严峻挑战。《法学》解放思想，敢于打破常规，使法学研究及其对司法实践的指导走在了全国的研究前沿。《法学》1982 年第 7 期刊登的一组关于“职工受外单位聘用接受高额报酬是否构成犯罪”的讨论文章，就是突出的一例。

当时，随着打击经济领域犯罪的深入展开，不少单位和群众对一些在职的或退休的职工受外单位聘请、接受高额报酬的行为，向有关机关举发。当时政法机关内部对这类行为到底是否属于犯罪产生了很大分歧。而这种分歧，在 1982 年春上海某区人民法院受理检察机关诉上海某国营工厂的技术人员王某受贿①一案中获得了集中体现。从 1980 年起，王某私下接受外单位（自己的家乡奉贤县钱桥公社橡胶塑料厂）的委托，在业余时间，利用本单位的设备，从事产品试制并获成功。由此给钱桥公社橡胶塑料厂带来了巨大利润，王某也从该厂获取报酬 3800 余元。检察机关认为王某的行为已构成受贿罪，依照《刑法》第 185 条规定，予以公诉，要求惩处。在审判机关内部，有认为该定受贿罪的，有认为该定贪污罪的，有认为该定投机倒把罪的，有认为该定破坏经济秩序罪的，也有认为不该定罪的，等等，不一而足。《法学》抓住这一典型案例，组织专家进行深入讨论，最后一致认为，王某的行为虽有瑕疵，犯有错误，但还未构成犯罪，不该定刑。特别是，在改革开放的大背景下，为加快社会主义现代化建设事业，法律必须引导广大技术人员发挥自己的专长，多为国家做出贡献。而在此过程中，他们的劳动必须得到尊重，必须获得报酬，这不仅不是犯罪，而且是法律应该鼓励的行为。《法学》所发表的专家意见受到了司法机关的重视，不仅王某最终没有被定罪，而且对以后一些在职的或退休的职工受外单位聘请、接受高额报酬行为的评价也发生了良性变化。②

---

① 根据《法学》1983 年第 3 期发表的龚介民的“重视韩琨案件中的法律与政策问题”和张传桢、铁犁的“韩琨案功与罪之争”，载郭道晖、李步云、郝铁川主编：《中国当代法学争鸣实录》，湖南人民出版社 1998 年版，第 285 页。王某的真名是韩琨，上海橡胶制品研究所助理工程师。

② 之后，《法学》还接连讨论了刘亨年、戴振祥等有罪还是无罪的案件。参见《法学》1987 年第 7 ~ 11 期、1988 年第 10 ~ 12 期。

当然,《法学》在经济领域发表学术观点,并有力地冲击了传统法律观点、推动了我国社会主义市场经济体制确立的最有影响力的文章是曹建明、钱富兴、顾长浩、李朝兴所写的《外商租用土地与经营房产业的理论与实践》。[①] 该文指出:"土地是一种重要资源,也是利用外资、引进技术、进行生产和经营活动的基本条件。""因此,发挥土地经济杠杆在对外开放中的积极作用,实行出租土地给外商从事综合性经济活动,并允许外商在我国购买和经营房产的政策,将涉及我国对外开放中土地和房产两个方面的法律问题,而其中地产业的问题又是最为关键的。""外商租用土地和经营房产业,可在相当的程度上解决开放城市建设资金不足、外汇不平衡的困难。"

文章接着阐述:实行出租土地给外商以及允许外商在我国购买和经营房产的政策,在目前还是一个非常复杂和严重的问题,比如,允许外商租用开放城市的土地,"是否会重演帝国主义在半殖民地旧中国建立租界的悲剧"?作者认为,不会。因为"在对外开放中出租土地给外国投资者,与帝国主义在旧中国的租界是有本质区别的":不仅性质不同,前者是经济活动范围的概念,后者是政治主权的概念,而且产生的原因和条件也不同。作者接着进一步就外商租用我国土地问题的理论依据和法律依据进行分析。比如,出租土地的法律行为并不违背马克思主义的基本理论,也不违反我国的宪法和法律;各国关于外国人租用本国土地的法律制度及其在我国的实践;外商租用土地、经营房产与开放城市经济发展战略的协调;外商租用土地和经营房产业的法规及其协调;等等。

文章刊登后,在全国引起了很大反响。虽然也有一些不同的观点,认为文章提出的主张违反了我国1982年《宪法》第10条关于"任何组织或者个人不得侵占、买卖、出租或者以其他形式非法转让土地"的规定(因为此时宪法尚未修改),因而是违宪的。[②] 但大多数学者对文章的观点表示理解、支持和赞赏,认为文章回应了我国改革开放带来的引进外资、迅速发展我国市场经济的实践所提出的实际法律问题,具有重大理论指导意义。1988年宪法修改,吸收了文章提出的观点,取消了出租和转让土地的禁止条款。文章发表以来,我国经济发展的实践证明了该文的正确以及它的强大生命力,也证明了《法学》思想的解放以及非常的理论勇气和远见卓识。

---

① 参见《法学》1986年第7期。

② 实际上,文章本身已经回答了出租土地给外商是否违宪的问题,文章认为,《宪法》第10条并没有禁止"国家"出租土地的行为,只禁止了组织和个人;当时已颁布实施的《中外合资经营企业法》中已经规定了允许出租土地给外商。

三

解放思想也促进了法学学术的进步与繁荣。学术的进步与繁荣,最为重要的就是营造一个有利于学术讨论与学术争鸣的环境和氛围。而这种环境和氛围的形成,必须是在解放思想的前提下,能够说真话,实事求是,不唯书、不唯上,打破不合理的偏见和传统,在理念、观点和制度上创新。在这方面,复刊后的《法学》做得非常好。

比如,在1981年的复刊号上,就发表了华东政法学院院长徐盼秋的《关于社会主义法律与客观规律》一文。在文中,作者解放思想、实事求是,一层一层地分析批判了以往片面夸大意志的作用,要人治,不要法治,权大于法,以言代法等不顾社会发展客观规律的错误观点,明确指出,"利用客观规律来造福于国家和人民是社会主义法律的光荣任务",但我们"要利用客观规律,必须首先掌握客观规律"。作者认为:"社会主义法律必须反映客观规律,但是它并不等于客观规律。""客观世界是不可穷尽的,人们对于客观世界的认识也永远没有完结。所以,人们只能随着对客观规律认识的发展来不断完善社会主义法制。"作者最后指出,社会主义法律,作为社会主义社会上层建筑的一部分,它对客观规律的反映,与上层建筑的其他部分相比,具有自己的突出特点:社会主义法律对客观规律的反映不是以原理、定律等科学理论的形式,而是以法律条文的形式使其规范化;被社会主义法律所反映的客观规律,有国家强制力的保障,这使它本来就具有的客观必然性更加强化,能够加速这种客观必然性的实现;法律对客观规律的反映具有稳定性和严肃性,如果能够坚持以法治国,国家就会以更加符合客观规律的方式获得迅速发展。

与徐盼秋的文章相呼应,《法学》1982年第5期发表了余先予的《论法律自身发展的客观规律》一文,该文将社会主义法律与客观规律的学术探讨进一步引向深入。余文指出:"法律自身发展规律的问题,与法律表现客观规律的问题,是两个不同范畴的问题。前者是指法律这种客观的社会现象的自身发展受哪些客观规律的支配;后者是指法律这种客观事物与其他客观事物之间的关系。为了更好地完善我们的社会主义法制,我们不仅要研究法律与其表现的客观规律之间的关系,而且也要研究法律自身发展的客观规律,使我们的法律既符合客观形势所提出的要求,紧密地为解决党和国家所面临的各项任务服务,又符合法律自身发展的要求,建立完备的社会主义法律体系,真正担当起社会主义时代的历史所赋予法律的任务。"

那么，纵观数千年法律发展的历史，它有哪些规律呢？余先予教授认为，法律自身发展的规律，主要有五个方面：第一，法律制度本身是一种社会的客观存在，它源于物质生活关系，受社会经济条件制约，不是什么人想要就要、想不要就可以不要的东西，也不是可以随心所欲地“创造”的东西。第二，法律都具有鲜明的阶级性，它是取得胜利、掌握政权的阶级意志的体现，是建立和维护有利于统治阶级的社会制度和社会秩序强而有力的杠杆。第三，法律由国家机关制定或认可，以国家强制力为后盾，对全社会具有普遍约束力。第四，法律以肯定的明确的行为规范的形式，给予法律关系的当事人以权利和义务，规定他们可以做什么，不可以做什么。第五，法律制定出来就必须执行，在现实生活中兑现，务求做到有法必依，执法必严，违法必究。

又如，比较法研究，包括法系理论，在新中国成立的前30年，是一个遭受批判的领域，也几乎是一个被人们所遗忘的领域。直至改革开放之后的20世纪80年代初，比较法研究和法系理论依旧被认为是资产阶级的学术观点，是西方资本主义的研究领域。在此时，《法学》解放思想，冲破上述认识的樊笼，在全国率先提出比较法和法系的问题，在王召棠、陈鹏生的《社会主义中国法系初探》① 和王召棠、张传桢、陈鹏生的《对中国式社会主义法律体系的探讨》②等文章中，作者旗帜鲜明地提出：“法系不应是资产阶级法学的专用语，而应是整个法学领域中应该着重研究的一个课题。”建立中国社会主义法系，必须肃清重刑轻民的历史影响，必须正确地处理好政治与法律的关系，肃清以政治代替法律、冲击法律的思想影响。应该说，这些观点不仅在当时，即使在目前，也是一种解放思想的观点。

再如，虽然我国于1982年12月通过了新中国的第四部宪法，但宪法理论的研究并没有很好地展开，这当中，除了人们还没有从1966～1976年10年“文化大革命”的噩梦中清醒过来，我国在言论自由方面还没有确立很明确的法治原则（对此，骆伟雄的《言论自由的若干法律问题》一文③有很好的分析）之外，宪法学研究者不能解放思想、缺乏理论勇气也是一个重要原因。对此，我国著名的比较宪法学家龚祥瑞的《中国需要什么样的宪法理论》④一文，勇开先河。龚文认为，宪法意识是从“权力必须受到限制”这个思想出发的。各国宪法规定的限制权力的表现形式可能有所不同，但立宪政府的一个共同信念，就是政府权力不

---

① 载《法学》1982年第2期。

② 载《法学》1983年第5期。

③ 载《法学》1989年第2期。

④ 载《法学》1989年第4期。

能无限。而宪法就是授予和限制权力的根本法，它规定了立法、行政和司法机关的职责以及彼此的监督和制约，规定了对公民权利的保障，这就是现代宪法的由来。因此，“宪法是治国之法，治官之法，是从崇尚个性解放，保护私有财产，保护人身、言论出版等自由，遏制暴政、苛政，保障公民利益出发的”。“针对权力的先定性和腐化性、侵略性，人们就要用宪法与行政法来约束它、管制它，使之分别由不同主体行使，并置于人民监督之下，这才是我们重新开始要做的。”作者最后指出：“宪法是保护人民利益的根本大法。我们要研究人性中残酷的一面、人间的疾苦的一面，忠诚地以人类追求正义的精神而不懈地积累、更新如何预防权力被人类弱点所滥用的根源、技术和方法，重新开始宪法理论问题的研究。”

重读20多年前文章中这些即使在现在看来思想也是非常解放的观点，我们不得不佩服作者的理论勇气，也不得不佩服《法学》思想的解放。我们认为，龚文的上述观点，对新中国宪法学的研究一定具有长时间的理论指导力和学术影响力。

又如，就我国改革开放之后几次大的法学学术理论探讨，关于开展法学基本理论研究、关于开展社会主义法律体系的讨论、关于社会主义法的本质、法哲学的内涵和价值、①法的阶级性与社会性、宪法司法化、复员军人进法院、“坦白从宽，抗拒从严”的质疑、“婚内强奸”的讨论、法制建设协调发展、②罪刑法定与罪刑相适应的原则、③关于“廉政建设的法律思考”、法学的现状与发展、著名学者论依法治国、“克隆人”与法律、社会主义法的精神、④创新和繁荣法学理论笔谈、⑤《物权法》草案是否“违宪”、检察监督权之探讨、“双规”的合宪性等，《法学》的研讨也都是走在全国前列的。如关于中国社会主义法的体系的讨论，曾

① 如傅季重：“法律哲学研究的对象及其任务”，载《法学》1982年第3期；公丕祥：“也谈重视法哲学的研究”，载《法学》1983年第4期。

② 详细参见《法学》1984年第5～10期、第12期所发文章。

③ 罗平：“同名数罪，毋须并罚”，载《法学》1982年第10期；邹涛：“关于同种数罪及并罚问题”，载《法学》1983年第4期；魏皓奔：“也谈‘罪刑适应’”，载《法学》1983年第7期。

④ 郭道晖在《法学》1994年第10期发表了“社会主义自由——当代社会主义法的精神”，从孟德斯鸠的著作《论法的精神》一书中的思想，谈了“法的精神”的科学含义以及社会主义法的精神的问题。张光博在《法学》1995年第5期上发表了“法的精神与法律精神论略——与郭道晖同志商榷”。郭道晖在《法学》1995年第6期上再发“再论社会主义法的时代精神——答张光博教授”一文，展开了激烈的思想交锋，引起了法学界的关注。

⑤ 参见《法学》1987年第1期至1988年第8期。其中，有些文章探讨的问题在当时都是非常前沿和大胆的，如夏之的“对‘马克思主义法学’提法的商榷”，魏皓奔的“社会主义社会同样产生犯罪”（当时许多人都认为只有资本主义才是产生犯罪的“温床”），崔敏的“客观性也是法的本质属性”，周叶中的“宪法实施：宪法学研究的一个重要课题”，舒国滢的“对法概念之争的思考”，吴家如的“法学研究应从适应型向创造型转变”，杨海坤的“对建立我国行政诉讼制度的思考”，等等。

经是改革开放初期我国法学界热议的课题,《法学》于1983年4月21~29日联合中国社科院法学所,在上海率先举办了关于法律体系和法学体系的专题研讨会。当时的一些法理学大家,如吴大英、沈宗灵、刘瀚、齐乃宽、王传生、陈汉章、余先予积极参加,撰文发言,有力地推动了中国社会主义法律体系和法学体系的形成。

尤其是从1997年起,《法学》在当时的主编郝铁川教授的主持下,连续刊登了一组"建国以来法学界重大事件研究"的文章,其中有《对新中国摧毁旧法制的历史反思》、《"刀把子"风波记》、《无罪推定在新中国的命运》、《1957年错批杨兆龙的"法律继承论"纪实》、《关于80年代"法的社会性和阶级性问题"大论战》、《关于前苏联法对中国法制建设的影响》、《人权禁区是怎样突破的》、《人权研究中的一场风波》、《一场有缺陷的司法改革》、①《"再为司法独立鼓与呼"一文的风波》、《"法权"还是"权利"之争》、《从"法制"到"法治"二十年改一字》、《新中国第一次法理讨论会的回忆与思考》、《五十年代〈法学〉是为何被迫停刊的》、《1996年"晓南"风波纪实》、《1957年的王造时》、《关于更改反革命罪名的风波》、《死刑的限制与扩张之争》、《正当防卫立法的进展与缺憾》、《我们是怎样逐步实现"罪刑法定"的》等。这些文章,后来结集为《当代中国法学争鸣实录》一书,②在湖南人民出版社出版,在法学界引起了很大的反响。

最后,《法学》还非常重视对实务法律问题以及重大疑难案件展开学术研讨,直面社会现实对法学研究提出的要求,并给予法律实践以指导。这方面的例子非常多,如1997年对"碧纯"水侵权案件的研讨,1999年对"枫叶"诉"鳄鱼"不正当竞争案件的研讨,2000年对全国首例老虎袭人致死案件的研讨,对2001年綦江彩虹桥垮塌案件的讨论,2001年深圳中级法院审理之中国首例贞操损害赔偿案件的研讨,对2002年"陆来富案件"的研讨,2003年对"孙志刚案件"的研讨,对2005年"圆明园环评事件"的研讨,2008年年初关于"许霆案"、"孕妇死亡案"、"彭宇案"的讨论,2009年对"杨佳袭警案"、"齐玉苓案"的热议,等等。与此同时,《法学》也积极参与我国的立法活动,组织专家学者就各项法律草案进行学术研讨,对立法活动建言建策。其中最主要的有《立法法》、《行政处罚法》、

---

① 主要指1952年的司法改革运动。这场运动的结果:一是将6000多名旧法人员从我们的审判队伍中全部剔除了出去;二是将"法律面前人人平等"、"司法独立"、"法不溯及既往"、"尊重诉讼程序"等观点全部认定为"旧法观点"而予以彻底批判;三是用马克思主义和毛泽东思想的国家观和法学观武装我们的司法干部。详细参见何勤华:"论新中国法和法学的起步——以'废除国民党六法全书'与'司法改革运动'为线索",载《中国法学》2009年第4期。

② 郭道晖、李步云、郝铁川主编:《当代中国法学争鸣实录》,湖南人民出版社1998年版。

《行政复议法》、《行政许可法》、《公务员法》、《公司法》、《物权法》、《劳动合同法》、《刑法(修正案)》、《刑事诉讼法》、《国家反腐败法》、《能源法》、《水污染防治法》、《反垄断法》、《政府采购法》、《监督法》、《罢工法》等。从而为我国新时期的立法、加快形成社会主义法律体系做出了贡献。

四

《法学》复刊30年的历史证明,一本杂志的进步需要解放思想,一门学术的进步也需要思想解放。这一点不仅仅是《法学》复刊30年的经验和教训,也是它之前的历史透视出来的经验和教训。

《法学》创刊于1956年6月15日。当时,正是中华人民共和国第一部宪法1954年宪法颁布实施、全国法制建设形势一片大好之时,《法学》(1956年创刊号及后面两期刊名为《华东政法学报》)应运而生。从其诞生的第一天开始,它就宣称要解放思想,鼓励学术创新,展开"百家争鸣"。其发刊词称:"'百家争鸣'是推进学术思想的重要精神。不奖励自由思想,不展开自由讨论,没有批评和自我批评,学术上就不会有进步,不会有新生力量。《华东政法学报》将充分体现'百家争鸣'的精神,重视有独立劳动和首创精神的作品,重视'问难析疑、求同存异'的学术争论。"①

正是在上述解放思想的指导方针下,《法学》在其创刊至1958年9月16日被迫停刊,这不到3年的时间内,发表了一批解放思想、极富学术创造力的好文章,如梅泽濬的《哲学上的因果关系及其在刑法中的运用》、②李良的《"百家争鸣"和法律科学》、③刘焕文的《在"百家争鸣"中谈旧法思想》、④杨兆龙的《法律的阶级性和继承性》、⑤孙晓楼的《关于中国法学遗产问题的看法》、⑥黄道的《略论刑事诉讼中的无罪推定原则》、⑦张光博的《关于"公民在法律上一律平等"的

① 载《华东政法学报》1956年第1期。
② 同上。
③ 载《华东政法学报》1956年第2期。
④ 同上。
⑤ 载《华东政法学报》1956年第3期。
⑥ 同上。
⑦ 载《法学》1957年第2期。

意义》、[1]李光灿的《论共犯》、[2]丘日庆的《现阶段国际法的体系》、[3]刘家骥的《谈谈双重国籍问题》、[4]叔思的《对建立我国刑法分则体系的一些意见》、[5]董敬之等的《谈重婚与通奸》[6]等。但到1957年夏天"反右"运动开始、法学界的思想受到禁锢以后,《法学》上也就再没有刊登什么好文章了,甚至登出了黄道被迫写的批判自己无罪推定观点的检讨文章,而中国此时的法制建设和法学研究也基本上处于停顿状态。

法学的历史是这样,其他学科的历史也一样,甚至世界上所有国家的情况都一样。在古代罗马,随着公元426年《学说引证法》(Lex Citationum)的出台,盖尤斯(Gaius,约130~180年)、乌尔比安(D. Ulpianus,约170~228年)、帕比尼安(A. Papinianus,约140~212年)等五大法学家被授予法律解答权(jus responddendi),他们五人的学说观点被认可具有法律效力,而其他法学家则不具有这种权力。百家争鸣的学术环境不再存在时,罗马法学也就失去了学术创造力,日益走向衰弱。中世纪意大利的注释法学派、法国的人文主义法学派、近代欧洲的私法注释学派、第二次世界大战之前的日本民主主义宪法学说等,其走向衰落的重要原因之一,也都是促成这些学派和学说兴盛的解放思想运动日渐衰微。

因此,解放思想是法学进步的原动力:解放思想营造了法学研究领域讲事实、摆道理、说真话这么一种"百花齐放"、"百家争鸣"的环境和氛围,激发了法学研究创造力的勃发,带动了法学方法论的创新,也改变了法学研究的整个面貌。更进一步说,解放思想是法学进步和繁荣的灵魂。应该认识到,在现代社会,包括法学研究在内的科学研究,与现代化生产劳动有着巨大的差异。

一方面,现代化生产劳动(不管是工业生产还是农业劳动)具有重复性,尤其是商业化生产、流水线作业,重复(复制)是其基本特征;而科学研究就不同,它不具有上述特性,它需要每一个项目、每一个专题、每一个观点的创新。如果科学研究不能摆脱重复性,那就是复制,就是模仿,甚至是抄袭,这样的科学研究就没有了原创价值。

---

① 载《法学》1957年第2期。

② 载《法学》1957年第2~3期。

③ 载《法学》1957年第3期。

④ 同上。

⑤ 同上。

⑥ 载《法学》1957年第4期。

另一方面，现代化生产劳动，一般具有集团性、流水作业的性质，这样，才能节约成本，最大限度地利用有限的资源，才具有商业竞争力；而科学研究（尤其是文科研究）不具有这一属性，每一个人大脑里的构思、想法，其他人是无法精确揣摩，也是无法取代的，它完全是个人思考的产物，具有个性化（包括由此带来的多元化）的特征。有没有个性化，是检验学术和科技有没有生命力的首要指标。

因此，科学研究需要解放思想（这么说，并不是否定生产劳动也需要解放思想，而是强调科学研究对解放思想更加具有依赖性，美国苹果公司创始人乔布斯是一个最好的例子），解放思想是科学研究的灵魂，科学研究与解放思想之间的紧密关联，是科学研究发展的规律之一。作为科学研究之重要组成部分的法学研究，当然也无法摆脱，而只能遵循这一规律，《法学》创刊55年、复刊30年的历程已清楚地表明了这一规律。其结论很清楚：遵守这一规律，法学就进步，就繁荣；违背这一规律，法学就退步，就衰微。

《法学》复刊的历史还证明，一个国家、一个民族的进步，也需要解放思想。改革开放30多年我国社会主义各项建设事业的艰难而辉煌的历程表明，什么时候我们的思想解放了，实事求是了，注重理念、观点和制度上的创新了，敢于打破不合理的偏见和传统了，我们的事业就进步；反之，我们的事业就受挫。《法学》复刊30年的历史，只是我们国家改革开放30多年历史发展的一个缩影而已。

本文刊登于2011年第11期《法学》，当时是为纪念《法学》复刊30周年而撰写。此次作为"法学的历史"丛书的代总序，除个别字词之外，没有做大的修改补充。编辑本丛书，基本目的在于纪念华东政法大学成立60周年，以及《法学》创刊56周年，希望通过本丛书，将《法学》（1956年出版的3期称《华东政法学报》）刊登的有影响的文章保存下来，以真实地记录《法学》，更广范围地说也包括了中国法学所走过的曲折道路，了解新中国50多年法学发展的真实面貌，以为中国法学今天的发展繁荣提供历史借鉴。正是基于这一目的，我们在编辑时，对1981年复刊以来的各期，主要是选出比较重要的文章，而对1956～1958年所出的18期（1956年《华东政法学报》共3期，1957年《法学》全年共6期，1958年《法学》1～9月共9期）文章，全文收入，未作删节和修改，以尊重历史真实。

本丛书的出版，得到了法律出版社社长黄闽、财税出版分社社长沈小英以及各位责任编辑的全力支持和帮助。在此，谨表示我们诚挚的谢意。本丛书规模宏大，参与编辑勘校人员众多，错误和疏漏在所难免，对此我们将承担全部责任，也希望广大读者能予以谅解。

*

于华东政法大学

2012年8月1日

* 华东政法大学校长，教授、博士生导师，法学博士。

目 录

1987 年

1988 年

1989 年

1990 年

1991 年

1992 年

1993 年

1995 年

1996年

1997年

1998年

1999年

2000 年

2001 年

2002 年

2003 年

2004 年

1982 年

关于继承应从何时开始的探讨

刘 涌*

继承应从何时开始？按理说不是一个十分复杂的问题，但是目前在我国继承法规很不完备的情况下，这个问题对于审判实践却具有十分重大的意义。因此，对此确有研究解决的必要。

在我国，因历史原因往往在被继承人死亡后不能立即对其遗产进行分割，这样就使被继承人死亡后到遗产分割时相隔一段时间。在此期间内，如果遗产或法定继承人的情况发生变化，就会直接影响到法定继承人合法权利的实现，以致产生很多难以解决的继承案件。

为什么在被继承人死亡后到遗产分割时会相隔一段时间呢？一是被继承人死亡，其配偶仍然健在，有的还与子女共同生活，所以在父母一方死亡后，活着的一方和其他法定继承人没有立即对遗产进行分割；二是法定继承人不知被继承人死亡或有遗产，不知自己的真实身份或不懂法律知识等，因而没有及时主张继承权利；三是在被继承人死亡时，由于继承受到某种阻碍，以致未能实现，事隔多年后，情况发生变化（如落实政策发还财产等），继承人要求对遗产进行分割。

下面仅就第二种类型的一个案例谈谈我的看法：

某市法院受理一离婚案，原告孙某，被告胡某。该院在审理中涉及继承应从何时开始的问题，大体情况如下：原告生父贝某原有一妻一妾。妻生一子名叫贝某某。1950年贝某与人姘居生了孙某。1952年双方脱离姘居关系，孙某随生母生活，贝某私下承担孙某的生活费用，并让其妾高某认孙某为义女，但从未公开承认孙某为其生女，孙某也不知贝某为其生父。1975年12月，贝某病逝，临终时仍未公开表明孙某是他的女儿，孙某对贝某的遗产也未主张继承，而是由高某使用。1977年12月孙某与胡某结婚，1978年高某病故，孙某与哥哥因继承发生纠纷诉讼于某法院。经法院查明孙某确系贝某的非婚生女儿，准予继承其父遗款34,200元，利息16,095元。1980年孙某取得遗款34,200元。孙某的配偶胡某私自领取了利息16,095元，并拒不交出，为此双方矛盾尖锐，夫妻分居。孙某提出离婚，并认为遗产及利息是她的婚前财产，要求追回。胡某同意离婚，但认

---

* 作者单位不详。

为遗产及利息是婚后共同财产，要求对半分割。

孙某所得的这笔遗产，究竟是婚前财产还是婚后的共同财产呢？一种意见认为，这笔遗产是孙某、胡某婚姻关系存续期间所得的，孙某的继承人身份是婚后由法院确认的，所以继承应从孙某得到财产开始，这笔遗产应属共同财产。另一种意见认为，孙某与生父是法定的继承关系，这笔遗产是在婚前应得而由于客观原因未得，被继承人死亡即标志继承开始，所以这笔遗款应属婚前财产。

我同意后一种意见，具体根据是：

第一，从民法理论来看，继承开始就是继承人能够实施继承权的那些法律事实开始出现。能够引起继承开始的法律事实，就是被继承人死亡或者宣告死亡。也就是说，被继承人死亡之时，就是继承人开始继承之日。因为继承权是每个公民所享有的权利能力，公民从出生开始就享有这种权利能力，这种权利能力是法律所赋予的，不以人的意志为转移。但是，在继承开始前，继承人所享有的继承权，还仅仅是法律上规定的客观意义上的权利，还只是一种可能性，只有当继承开始的时候，继承人才能够实际上取得继承权，即按法律规定的程序接受被继承人的遗产，并承担相应的义务。按照这个观点，被继承人死亡后，不论他的遗产分割与否，事实上遗产已成为法定继承人的共有财产，不论法定继承人明确自己的身份与否，实际上都已经取得了继承权。孙某与贝某是父女关系，孙某自出生起就享有继承贝某遗产的权利，贝某在 1975 年去世时，孙某就应实现继承权，只是由于客观原因，没能参与遗产的分割。当她明确了自己为法定继承人的身份后，要求继承生父遗产是无可争议的，她所得的遗产应该是生父去世时的应得份额。因此，这笔遗产应该视为婚前财产。这是她依法享有的继承权应该早就实现，而因特定事由造成的延期实现。

我国目前没有明确的法律规定继承时效问题。因此在一般情况下，只要标的物仍然存在，法定继承人主张合法继承权利，司法机关就应予以承认和保护。孙某在生父去世 5 年后明确了自己为法定继承人的身份，法院判决她继承生父遗产是合法的。这笔遗产是她在生父死时应得而在 5 年后得到的，应追溯到贝某去世时的继承，所得遗款应属婚前财产。

第二，关于继承人的身份与何时继承的关系问题。在一般情况下，被继承人与继承人的身份都是公开的、互相明确的。但由于种种原因，有时继承人并不知道自己的真实身份，或者由于缺乏法律知识不懂得自己应该继承，甚至到被继承人死时也不知道自己为继承人的身份，如孙某在生父死时仍然不知道自己是死者的生女。然而孙某是贝某的生女，这是客观存在的事实，只是在法院查明后，孙某才知道了自己的真实身份，孙某与贝某的血缘关系和身份关系不是法院确认的,而是客观存在的。按一般规律,贝某死后,孙某就应该与高某、贝某某共同继承其遗产,但是正因为孙某不明自己的真实身份,而无法主张自己的权利,只能以义女的身份出现,所以她在贝某死后,没有主张继承权是不奇怪的,这一责任不能由她承担,更不能以此认为孙某放弃了继承权。在孙某明确了自己的身份后去主张权利是合法的,应该按照贝某死时的遗产总额由孙某参与分割,分割的财产均为孙某婚前所得,应视为婚前财产。

第三,从我国的审判实践来看,大量的事实证明,如果按被继承人死亡时为继承开始时,就可有效地保护公民的合法继承权利;如果按遗产分割时为继承开始时,就可能产生一些弊病。

首先,如果认为遗产分割为继承开始,就可能剥夺法定继承人的继承权利。如被继承人甲死后,由于某种原因,继承人乙、丙、丁三人没有立即对遗产进行分割。2 年后丁死亡,3 年后丁的妻子再婚,5 年后乙、丙对遗产进行分割,这时丁妻也要求继承丁的应继份额,乙、丙不同意而发生争执。如果认为继承从被继承人死亡开始,丁死在被继承人甲死之后,但由于遗产尚未分割,因此不论何时分割,丁的应继份额都应由其妻子继承。反之,如果认为继承应在遗产分割时开始,那么乙、丙就可以分割财产,丁妻就不能得到丁的应继份额,因为丁未参与遗产分割,待分割时丁妻又已再婚,这就可能使法定继承人丁和丁的法定继承人丁妻丧失继承权。

其次,如果按遗产分割时为继承开始时,就可能减少法定继承人的应得份额。如一继承案,被继承人张海和王淑英,继承人有张芬和张玉(姊妹)。1953 年张海去世,遗有瓦房 4 间,当时 3 个继承人未对遗产进行分割,1962 年王淑英立公证遗嘱,把瓦房 4 间全部由张玉继承,1978 年王淑英死亡,张玉便卖掉房屋一间,张芬为此要求继承,张玉便出示公证遗嘱,双方涉讼法院。如果按被继承人死亡为继承开始,张芬应享有对父遗产的继承权,并且要加上已出卖房屋的一部分价款。如按遗产分割时为继承开始,王淑英的遗嘱就会全部有效,张芬就会丧失继承权。原审法院正是按照张海去世时,张芬就应开始继承的观点进行判决,是正确的。

最后,如果按照遗产分割和遗产取得为继承开始,就会产生不公平的问题,以致引起不当得利。如前所说的孙某一案,胡某与她共同生活不到 3 年,却要以共同财产为名取得数万元存款。又如被继承人甲、乙有 20 万元存款,但在 10 年内乱中被查抄,甲死时尚未发还,一年后乙和丙结婚,共同生活的两年中发还了 20 万元存款,不久乙又死亡且未立遗嘱,这时甲、乙的 4 个子女要求继承,丙却主张这 20 万元系她与乙婚姻关系存续期时“所得”,属共同财产,她应得一半。

而四子女则主张，此 20 万元存款系他们生父母共同生活所取得，生母甲去世时他们就应该继承，但因当时未发还存款而未能实现，所以不能按乙与丙的共同财产处理。如果按婚姻关系存续期间“所得”就属共同财产，丙就会不当得利，法定继承人的权利就会受到侵犯。如果按被继承人死亡为继承开始，就可以公平地分割遗产。

总之，继承的时间问题大有研究之必要，我愿意和专业工作者一起探讨。

（1982 年第 5 期）

1983 年

析保护妇女的合法继承权

廖光中*

最近，中共中央书记处指示各级妇联，要把坚决维护妇女的合法权益，抚育、培养儿童少年的健康成长，充分发挥妇女在建设社会主义物质文明和精神文明中的重大作用，作为今后工作的方针和任务。为此，本文试就维护妇女继承权的几个问题提出如下的探讨意见：

一、女子应与男子有平等的财产权与继承权

对于女子与男子有平等的财产权，在解放30多年的新中国似乎已不成问题。然而在许多人的思想深处，在自觉、不自觉的言行中，甚至在某些法律工作者的头脑里仍旧不同程度地存在重男轻女的旧习惯旧意识，特别是对已结婚的女子，往往存在“嫁出去的女儿泼出去的水”的思想残余，对他们的继承权利采取漠视与否定的态度。

“出嫁”一词源出于古代的“六礼”，这是几千年前的旧礼教。它反映了封建社会妇女地位的不平等，成了历代剥夺妇女财产权的理论根据。

我国的《婚姻法》规定：“夫妻在家庭中地位平等”、“夫妻对共同所有的财产，有平等的处理权”、“父母与子女有相互继承遗产的权利”。我国的法律彻底体现了男女平等的原则。但在不久前的一个法学刊物上，有学者在论述继承权时说：“妇女出嫁多年，对父母又未尽赡养义务的，不得回来继承父母的遗产”。这是以“出嫁”为名，剥夺妇女继承权的例证。为什么独对女儿提出赡养义务的要求而不对儿子也提出呢？如果儿子对父母未尽赡养，那么他对父母的遗产有没有继承权呢？我认为对女子例外苛求，既不公平也不合法。再举一个法学刊物的法律问答，问：李老太生二子一女，早年丧偶，土改时女已“出嫁”，李家的8间房屋由两子具名各登记4间。李老太主要由两子赡养，但女儿也尽过一定义务。李老太于1981年去世，对这8间房屋的遗产其女儿有继承权吗？答：土改时李老太同意两子登记房产，已作赠与处理。再根据“一般以土改确权为准”的

* 作者单位：上海市社会科学院。

原则，这8间房屋已为李老太的两子所有，李老太的女儿无权继承。我认为这个答复值得商榷。首先，李老太的女儿不论"出嫁于"父生前或死后，她是法定继承人，有权继承生父遗产的1/4，李老太去世后她又有权继承生母的遗产；其次，根据案情，这8间房屋的登记看不出有赠与的性质；最后，土改时家庭的房屋由谁登记，并不等于谁就占有其全部产权。

总之，对待和处理妇女的财产权益，一定要坚持男女平等的原则，不要承认了父，忘记了母；承认了夫，忘记了妻；承认了子，遗漏了女，不能有意无意地剥夺妇女的合法权利。

二、不得用"立嗣"来否定妇女的财产权和继承权

"立嗣"是封建社会的产物。按照封建宗法制度的规定，只有男子才能承宗并享有继承权，妇女只能尽"三从"而没有继承权。因此没有男子承宗的，就"立嗣"承宗，从而剥夺女子的继承权。"立嗣"的形成通常是通过协议，请族长主持或为证，制定书面契约或口头宣传。以这种方式建立起来的父子、母子关系，往往没有相互的抚养义务，而只是为了被继承人死时由嗣子护幡送葬从而取得遗产。解放前作为嗣母的妇女，多数因屈从封建族权的压力才接受"立嗣"，有的虽生前没有"立嗣"，但死后仍由亲族出面强行"立嗣"。

从当前各地人民法院受理的"立嗣"纠纷案来看，多数是生前"立嗣"，纠纷的主要内容是老人的赡养和财产的继承。例如某甲的丈夫1947年去世，9岁的儿子1948年夭折，女儿已结婚成家，族叔为此强行给某甲立了嗣子。甲因无子可靠长期食宿在女儿家中，嗣子仍与其生父共同生活。甲1981年病故，留有房屋7间，于是就发生了继承问题。又如张女之夫死后，因无子，族伯硬将其次子"立嗣"给她。解放后张向嗣子提出赡养要求，但嗣子认为"立嗣只为承宗，没有赡养义务"。我认为像此类"立嗣"纠纷，今天起诉到人民法院，就应按照我国现行的民事法规处理，不能无原则地维护解放前所订立的、旨在剥夺妇女财产权利的立嗣关系。如当事人健在并有财产纠纷的话，就得分别情况在维护我国法制原则的前提下，给以合法合情合理的处理。

对于立嗣契约，只要"立嗣"的一方提出废嗣要求，我们就应否定他们的"立嗣"关系。实践表明，"立嗣"得益者往往是嗣子，而被剥夺财产权的大多是嗣母和应享有合法继承权的女儿，所以要求否定"立嗣"的多为嗣母一方。而且"立嗣"的目的是承宗，且在实践中嗣子大都只想继承遗产而不愿尽赡养义务，对这种不合理的"立嗣"关系，当然应该允许其依法通过人民法院加以否定。即使

"立嗣"双方未发生赡养、继承纠纷的,也应该同样允许任何一方提出否定他们的"立嗣"关系的请求。

三、妇女有权要求人民法院保护她们个人的合法财产权和遗产继承权

我国《婚姻法》第13条规定:"夫妻在婚姻关系存续期间所得的财产,归夫妻共同所有,双方另有约定的除外。夫妻对共同所有的财产,有平等的处理权"。"立嗣"中发生的夫妻共同财产的处理,适用此法。例如,赵氏的丈夫病故,那么共有财产中只有属于丈夫的那一部分遗产才发生继承问题。如嗣子已形成了收养关系,这时也只能继承属养父的这份遗产(原则上是1/2)的一部分,而无权夺取属于其养母(赵氏)的那份财产。但在实践中,往往发生嗣子根据立嗣契约,以继承之名占有属于嗣父母共同所有的全部或大部分财产,剥夺了还健在的嗣母的财产权和她对丈夫遗产的继承权。所以我们必须十分注意分清夫妻的个人财产和死者遗产的界限,不能把夫妻的共有财产,全部当做死者的遗产来处理。

四、寡媳与公婆之间有抚养关系并直至一方死亡的,应承认他们互有继承权

从法律的角度来说,儿媳与公婆间并没有法定的抚养义务。但有的寡媳未再婚,并与公婆之间形成抚养关系直至一方死亡的,他们之间理应有相互继承遗产的权利。当然,公婆与寡媳间的扶养关系,并不要求他们相互对等,只要一方对他方自愿尽了扶养义务,就应认定双方扶养关系的确立,而不只是尽义务的一方对他方才享有继承权。

在继承时,公婆与寡媳都有独立的继承份额。寡媳所生子女,他们对祖父母的遗产享有代位继承权,同时其母(寡媳)也应享有独立的继承权利。

以上是根据继承原则,对保护妇女继承权谈的一点认识。在司法实践中要处理好这一问题,还应教育当事人互助与谦让。因为继承的争议多发生在近亲间,理应互相关心和相互谦让,不能见利忘义而斤斤计较。

在少数民族地区,应贯彻党的民族政策,考虑他们的风俗习惯,但社会主义的男女平等、继承中的互助互让原则都是适用的。

(1983年第12期)

1984 年

合同中的承诺

彭万林*

合同的成立,必须取决于要约与承诺两方面意思表示的一致。然而,无论要约还是承诺,都必须符合一定的条件才能构成,不然,纵使双方或双方以上当事人有了意思表示,也不能视为合同成立。关于要约的构成要件,《法学》1984年第2期发表了文章,本文仅就承诺的构成要件,谈些浅见。

1. 承诺必须是要约人所要求的,受约人作出的。譬如说,甲向乙提出要约,甲表示愿出生财、现金,与乙合资经营来料加工成衣店,要求乙提供××路乙所有的街面房屋一间。此时,丙也向甲提出,愿意提供他自己所有的坐落在另一条路的街面房屋一间与甲合作。丙的这种意思表示,不能视为对甲要约的承诺,因为他不是甲所要求接受要约的受约人,只有乙才是甲所要求接受要约的受约人,乙只有针对甲的要求作出相应的承诺,才发生法律效力。丙的提议,只是对甲的要约。

但是,有些要约,要约人是向不特定人所作的,那些不特定人都可以是要约人的受约人。无论谁,只要按要约人的要求接受了要约,便视为承诺。如报纸上登载某地某部门招聘专业人才,提出对应聘对象的要求与待遇。这便是向不特定人提出的要约,无论谁只要符合条件都可对之作出应聘的承诺。至于是否录用,则须根据招聘的其他条件而决定。又如招标工程,也是一种向不特定人提出的要约,无论谁,只要符合条件都可作出承诺。

2. 承诺必须向相对的要约人作出。如某单位招标建筑高层楼宇一幢,甲工程队向该单位上级公司投标,结果虽然符合单位招标要求,但该单位却与另一条件较差的乙工程队订立了合同。甲工程队提出异议,该单位得不予承认,因为甲工程队所作的承诺不是向相对的要约人作出的。

如果要约人委托他人为代理人代理从事某项事务,则相对人向要约人的代理人所作的承诺,也视为有效。如外地某单位委托上海一单位代其招聘人才,符合条件的应聘人员向受托单位应聘,视为向委托单位所作的承诺。

3. 承诺之内容必须与要约之内容一致。这是合同成立的重要因素。承诺

---

* 作者单位:华东政法学院(现华东政法大学)。

之内容与要约之内容不一致有两种情况：一种是完全不一致；另一种是不完全一致。前者如甲厂向乙厂提出订购春蕾七管半导体一万只，对方表示愿供应红灯七管收音机一万台。乙厂对甲厂的表示，与乙厂的要求完全不一致，不能视为承诺，只能视为向甲厂提出的新要约。后者如甲厂向乙厂提出订购春蕾七管半导体一万只，乙厂同意如数供应，在价格、质量等方面均无争议，唯在交货方式上甲方要求乙方送货上门，乙方要求甲方自提，两方不能趋于一致，这属于不完全一致，也不能视为承诺构成。实际上许多合同纠纷都出于双方意思表示不完全一致而形成，譬如合同中价款不清，质量不明，交货地点、方式不具体等，到双方履行合同时，引起争执。

有些合同签订时附有各种条件，实际上这也是要约，承诺与要约内容的一致，也应包括这点在内，否则承诺也不能构成。

4. 承诺必须在一定的期限内作出。要约人要求受约人对其要约作出承诺的期限，有两种情况：一种是即时承诺，通常用于口头要约，而且一般来讲又是内容简单的合同，如日常买卖行为；另一种是规定承诺期限，有出于口头要约，也有出于书面要约，通常属于内容比较复杂的合同，如房屋所有人甲，拟将所有房屋出卖，甲通知所出卖的房屋内的承租人优先承买，但限定对方一个月内作出答复，这一个月便是承诺限定期。

承诺构成的要件，主要是上述四点，但有些合同，仅凭口头承诺，还不能视为成立，必须以实物交付，如赠与合同、运输合同；有的还须向有关部门办理一定的手续，如房屋买卖合同，不仅要承诺，还得经过房管部门审核，并办理过户手续等。

（1984 年第 7 期）

1985年

我国应建立怎样的法人制度

余先予*

在一个厂长、经理训练班上,教员讲课提到法人制度,学员感到茫然,连一些当过多年厂长、经理的人都不知道法人为何物。这说明我国的法人制度还不健全,有关法人的法律知识也很不普及。十二届三中全会《关于经济体制改革的决定》要求将全民所有制企业的财产所有权同经营权适当分开,“使企业真正成为相对独立的经济实体,成为自主经营、自负盈亏的社会主义商品生产者和经营者,具有自我改造和自我发展能力,成为具有一定权利和义务的法人”。可见迅速健全法人制度已成了保障我国经济体制改革任务的完成,促进国民经济发展的一项重要法律措施。

法人制度是商品生产和商品流通的必然产物。13、14世纪时随着欧洲一些城市国家商品生产和商品流通的发展,法律承认一些经济实体具有法律人格。16世纪荷兰、西班牙、英国等国相继出现了由政府特许成立的公司;19世纪各国普遍产生了经政府登记成立的公司,它们都是法律上的“人格体”,是独立地享受权利和承担义务的法人。目前,世界各国都实行与自然人相对而言的法人制度,以保护和促进商品经济的发展。社会主义经济是在公有制基础上的有计划的商品经济,健全我们的法人制度不仅是发展国内商品生产的迫切需要,而且也是开展对外经济技术合作的紧迫需要。

从发展国内商品生产来看,过去我们经济体制上存在的重大弊端就是统得过多过死,企业缺乏自主权,没有竞争能力,活力不足,大家都躺在国家身上吃“大锅饭”。产生这种弊端的原因,除了工作上的经验不足和思想、政策上的“左”倾错误以外,在法律上缺乏健全的法人制度,没有赋予国营企业以独立的法律地位,也是重要的因素之一。我国虽然在一些国际条约中早已出现过“法人”的概念,但在国内立法上直到1981年12月13日通过《中华人民共和国经济合同法》,才有了“法人”的提法。但是,有关法人的成立与解散、法人的机关、法人的代表、法人的权利能力和行为能力、法人过错的责任等问题,在法律上仍无明确规定,这与搞活经济的要求显然是不相适应的。企业在商品生产中要增强

---

* 作者单位:华东政法学院(现华东政法大学)。

活力，就避免不了会有竞争。有竞争就必然有优胜者和落伍者，有些落伍者甚至可能因破产而被淘汰。只有完善我们的法人制度，才能满足改革经济体制、发展商品经济对法制建设所提出的要求。

从开展对外经济技术合作来看，因为我们的法人制度不健全，有些外国人习惯把我们一切国营企业看成一个所有权主体，外国法院在诉讼中对我国一家国营企业的失误所作的判决，可以拿所有国营企业在国外的财产去强制执行。这是很不合理的。有了健全的法人制度，明确了每一个法人的权利和义务的范围，上述情况就可以防止。再者，我们主张对外经济技术合作的基本方针是平等互利，实行国际间不同所有制的平权原则。我们尊重合作对方依其本国法律而享有的财产权利，也要求合作对方尊重我方依中国法律而享有的财产权利。我国某一个国营企业作为一个法人，享有国家交给他的那部分国家财产的独立经营管理权。某一个国营企业以国家交给他独立经营管理的财产从事对外经济交流，一方面民事责任以其经营管理的那部分财产为限，国库不负连带责任；另一方面，也主动放弃自己经营管理的这部分国家财产的豁免权，使中外双方合作者处于平等的法律地位，以利于国际经济交往的顺利进行。因此，对外开放政策的有力贯彻，也需要有健全的法人制度来保证。

为了迅速健全我国的法人制度，必须进一步完善我们的立法。首先，确立民事法律关系主体法律地位的民法要尽快颁布；其次，工业企业法、公司法、法人条例、破产法等也需要及早制定。在制定这些法律法规的时候，笔者建议就下列问题作出明确规定，以保障经济体制改革的顺利完成。

1. 法人资格。作为一个法人，在组织上必须有独立的机构、章程和固定的名称；在经济上有一定数额的独立经营管理的财产；在法律上能以自己的名义进行民事活动，参与民事诉讼，依法享受权利和承担义务；在程序上要经过合法的登记手续。只要符合上述条件，国营企业、城乡集体经济组织、中外合资经营企业、外商在中国境内举办的独资企业、个人集资举办的公司、有独立预算的国家机关、社会团体和事业单位都可以成为法人。而不符合上述条件的“空头公司”等，不能赋予其法人资格，以免其扰乱社会主义经济秩序。

2. 法人责任限制。法人应区分有限责任制与无限责任制两类。国营企业、集体企业一律实行有限责任制，以注册资本为限对经营活动负责。中外合资经营企业法律已明确实行有限责任制。至于外商独资企业和个人集资的企业既可实行有限责任制，也可实行无限责任制，即由全体投资者或投资者中的某个成员，对企业的经营活动负连带责任。法人的责任限制应在法人登记时由其章程予以确定。

3. 法人的权利能力和行为能力。法人的权利能力和行为能力以其登记注册时的章程所确定的经营范围为限,扩大经营范围应报登记机关核准,并相应地修改章程。法人经营范围应分主要业务与辅助业务。法人改变主要业务范围,应进行重新登记;改变或扩大辅助业务,只需要进行补充登记。

4. 法人的机关及代表。应以代表法人对内对外行使权利的机关,如董事会、厂长、经理、校长等为法人的机关。法人机关体现法人的意志,对内实施管理,对外进行交流,独立行使权利,不受他人干扰。法人机关可以由多个负责人组成,但以主要负责人一人为法人的代表,其他负责人或工作人员以法人的名义对外发生法律关系,要经法人机关或法人代表正式委托授权。企业的党委作为政治组织,不是法人的机关,企业的党委书记也不是法人的代表,企业党组织和党的负责干部的任务是从事政治思想工作,保证企业的工作不偏离党的路线和政策,而不能代表法人表示意思,行使决策权。法人机关和法人代表所作的意思表示,由法人承担法律责任,法人机关和法人代表的人员变更不影响法人法律责任的承担。

5. 法人国籍的确定一般以法人登记注册国为标准。外国法人在我国从事经济活动的权利,采取一般认可与特别认可相结合的制度,对从事货物买卖的外商实行一般认可制度,当事人之间订立合同无须特别批准;外商在中国设立常驻代表机构则必须经批准登记;外商来华进行经济技术合作,所订立的合同要经我国主管机关批准后生效。

法人制度的内容很多,以上五点属其要者。笔者认为,完善具有中国特色的法人制度的时机已经成熟,我们应鼎力为之。

(1985 年第 9 期)

权利义务一致不是继承法的基本原则

郑淑娜*

我国继承法所规定的保护公民私有财产的继承权，不仅包括继承人继承遗产的权利，而且还包括被继承人处分遗产的权利以及其他民事权利。这里涉及继承当事人之间的权利与义务的关系问题。有的学者认为，继承法中所规定的有关权利与义务关系的条款是权利与义务相一致的体现，因此，权利与义务相一致是我国继承法的一个基本原则和基本出发点，也是我国继承法的一个特点。这种观点值得商榷。

我们认为，继承法中所规定的权利，主要是继承遗产的权利，所涉及的义务主要是抚养被继承人的义务和负担被继承人的债务等义务。是否尽扶养义务有时是作为考虑其继承权利的一个因素，但不是唯一的、决定的因素。在我国继承法中有很多方面的规定，继承人的继承权利同他对被继承人所尽的义务是没有联系的，更谈不上一致问题。

第一，从法定继承人的范围和顺序的确定上看，它是根据血缘、姻亲关系，而不是根据所尽义务多少来确定的。如父母子女是最近的、一亲等的直系血亲，配偶是基于结婚这一法律事实而形成的姻亲关系，他们都是第一顺序的法定继承人；还有代位继承仅限于被继承人子女的晚辈直系血亲。

第二，在大多数情况下，尽义务并不是取得继承权的前提，二者没有因果必然联系，不能笼统地说只有尽了扶养义务之后，才能享有继承遗产的权利。我国继承法关于胎儿的继承权的规定，只要能够证实胎儿与被继承人之间存在直系血亲关系，就要肯定他的继承权；男女双方一经登记结婚，也就同时产生了相互继承遗产的权利，即便没有共同生活，夫妻间还没有尽一定义务，在一方死亡后，配偶另一方仍有继承遗产的权利。显然这些继承人对被继承人生前并未尽过任何义务，他们的继承权完全是由于血缘关系和婚姻关系而产生的。

第三，从遗产份额的分配上看，对有扶养能力和条件的继承人要考虑一定的尽义务的情况，但更主要的是考虑继承人本人的生活能力。《继承法》第13条第2款规定，对生活有特殊困难的缺乏劳动能力的继承人，分配遗产时应当予以

---

* 作者单位不详

照顾;第 14 条规定,对继承人以外的依靠被继承人扶养的缺乏劳动能力又没有生活来源的人,可以分给他们适当的遗产。第 19 条规定遗嘱继承也要保留缺乏劳动能力又没有生活来源的继承人必要的遗产份额。这些规定重点保护的是那些缺乏劳动能力又没有生活来源的人。这些人就自己的能力和条件来说,是不可能对被继承人尽什么义务的,特别是未成年人更不可能对被继承人尽任何义务,法律上也没有规定有这个义务,但他们所得的遗产要比别的家庭成员甚至对被继承人尽了大量义务的人更多,这是因为他们没有生活的能力,要生存下去,客观上需要更多地依赖遗产。也是符合我国继承制度是为了实现家庭的消费职能这一要求的。

第四,从遗嘱继承看,法律保护被继承人依法自由处分自己财产的权利。遗嘱继承优于法定继承,这是大多数国家通用的原则,我国也是这样规定的。立遗嘱人可以不受法定继承的限制,他可以把遗产交给同他既没有血缘、姻亲关系,又没有对他尽过义务的人,这种处分财产的行为是受法律保护的。

上述这些方面的规定,用权利与义务相一致这样一个原则是解释不通的,因此不能说权利与义务相一致是继承法的一个基本原则。我国继承法之所以规定了一些考虑继承人对被继承人生前所尽义务情况的条款,并不是根据权利与义务相一致的原则制定的,而是体现着养老育幼这样一个基本精神。因为在社会主义的历史阶段,与实行按劳分配制度相适应,家庭还是一个消费的经济单位,赡老和养幼——供养家庭中已丧失劳动能力和尚无劳动能力的成员,是社会主义家庭必须承担的经济责任。我国宪法规定:“父母有抚养教育未成年子女的义务,成年子女有赡养扶助父母的义务。”“禁止虐待老人、妇女和儿童。”婚姻法、刑法也都有相应的规定。养老育幼不仅是一个道德规范,也是一个法律规范。赡养、敬重、照顾老年人是我国人民的优良传统和美德,在社会主义制度下应予发扬而不应减弱,并用法律形式将这一优良传统肯定下来。老年人为社会辛勤劳动,贡献了毕生的精力,为抚养子女操劳终生,在他们年老体弱丧失劳动能力的时候,理应得到社会和下一代的尊敬和关怀,给予生活上的扶助,使他们愉快地度过晚年。未成年人是祖国未来的希望,他们没有独立的生活能力,需要他人对其抚养。继承法中规定的当事人之间的权利义务关系,不论是关于继承份额分配考虑尽义务大小的规定,还是丧偶儿媳、女婿继承权的产生以及有关丧失继承权的规定,还是对有扶养能力而拒不承担扶养义务的人在继承权上加以限制的规定,以及对于尽了大量扶养义务的人的继承权给予法律保障等,都是为了鼓励继承人更好地赡养老人、抚养儿童,使他们老有所养、幼有所育,我国继承法通篇都体现了这一精神,是社会主义继承法的一个特点。

我们在鼓励和支持有能力和有条件的人对被继承人多尽扶养义务的同时，还要反对一种错误的观点，即我放弃继承遗产的权利，因而也可不尽赡养义务，并以此为理由逃避对老人的赡养义务。这种观点不仅在实践上是有悖情理的，而且在理论上也是错误的。因为要求赡养的权利，是基于被赡养人对赡养人已尽了抚养义务的事实产生的，没有被赡养人的抚养义务，也就没有赡养人的赡养义务。而继承是当被继承人死亡后才会产生的法律关系，因此赡养义务的确定并不以继承遗产为前提，而是以曾否受被赡养人抚养为依据。不继承被继承人的财产，同样要对被继承人尽赡养义务。权利是可以放弃的，但义务是必须要履行的。我国法律规定，不允许负有法定义务的人用放弃将来可能得到的权利而逃避他应该履行的义务。老人得到赡养的权利受法律保护，如果虐待、遗弃老人，不仅会受到社会舆论的谴责，还要受到法律的制裁，并丧失其继承权。

（1985 年第 11 期）

1986年

论事实婚姻

荻　华*

在我国婚姻法理论中,事实婚姻属违法及无效婚姻的研究范围。由于新颁布的婚姻法对婚姻的无效和撤销并没有明文规定,因此,对事实婚姻及其效力问题,理论界一直众说纷纭。此类问题,直接关系到司法实践中对事实婚姻纠纷的正确处理。为此,本文想就事实婚姻的概念、事实婚姻的违法性程度及其效力,事实婚姻引起的法律后果等问题谈点粗浅的看法。

一

事实婚姻是相对于法定婚姻而言的,它是指实际存在地建立了家庭的客观事实。由于没有登记,这种婚姻可能出现两种情况:一种是男女双方虽然没有按照法定的结婚程序登记,但他们的结合是完全符合婚姻法规定的结婚条件的;另一种是男女双方既没有按照法定程序进行,且他们的结合也不符合婚姻法规定的结婚条件。这两种情况有其共同的特征:它们是一种违法婚姻形式,违法状态较长期地客观存在,以致周围群众认为他们是夫妻。就此特征而言,目前一些婚姻法论著把事实婚姻定义为"没有配偶的男女,未进行结婚登记而以夫妻关系同居生活后形成的婚姻"①。我们以为,这个定义不无偏颇之嫌。因为把"没有配偶"作为事实婚姻的前提,不恰当地缩小了事实婚姻主体的范围,在理论与实践上,造成了不必要的混乱。

首先,从我国司法实践提出事实婚姻的特定原因来看,事实婚姻应包括所有未登记而建立家庭的违法婚姻。事实婚姻作为一种未按法定程序而建立家庭的客观事实,在国外也并不罕见。《罗马法》、《法国民法典》、《美国统一结婚离婚法》都有事实婚姻的规定。《苏俄婚姻和家庭法典》还说明"如果登记结婚的人在法院审理案件之前实际上建立了家庭,则不能认为是虚假的婚姻"。但由于各国婚姻法对婚姻的无效都作了具体规定,这种客观存在的事实婚姻也根据不

---

* 作者单位不详。

① 参见《法学词典》第383页事实婚姻条。

同的违法情况,依法予以无效或有效的处理。我国司法实践之所以提出事实婚姻这一概念,是从我国社会具体的婚姻状况出发的。我国经历了漫长的封建社会,封建婚姻意识根深蒂固。解放后开展大量法制宣传教育后,广大群众的政治法律意识虽然有所提高,但在很大一部分人的思想中,对婚姻的法律要求和法律程序依然不够重视,按习惯解决婚姻的现象时有存在,特别是林彪、"四人帮"对法制建设的破坏、干扰,在婚姻关系方面违法的事实婚姻在实际生活中有增无减,如只举行结婚仪式不办结婚登记便以夫妻关系共同生活,未达法定婚龄就草率成婚等。面对这些不经法定程序成立婚姻的客观事实,在我国婚姻法没有具体规定婚姻无效的情况下,为了便于理论研究及司法实践的正确处理,才把这一类型的违法婚姻统称为"事实婚姻"。如果把已有配偶的男女构成婚姻的事实排除在事实婚姻之外,就使事实婚姻应包括的违法婚姻有所遗漏。这与提出事实婚姻的本意是相背离的。

其次,从我国婚姻理论对违法婚姻关系的认定看,把没有配偶作为认定事实婚姻的前提,就使一种违法婚姻关系的认定丧失了理论依据。任何婚姻关系都具备一定的婚姻形式,违法婚姻在形式上只可能有两种:一种是经过结婚登记,但向婚姻登记机关隐瞒其不符合结婚条件的情况而骗取结婚证明;另一种是不经过结婚登记就以夫妻关系同居,较长时期维持这种违法状态而造成客观事实,使周围群众承认其婚姻关系。所以,违法婚姻只能从上述两种形式(要么已经登记结婚,要么构成事实婚姻)中确认,如果事实婚姻是以没有配偶的男女为前提条件的,那么各自已有配偶的男女未登记而以夫妻关系同居这一婚姻关系就难以认定。

最后,从我国刑法对重婚罪的认定看,如果把没有配偶作为认定事实婚的前提,就会使婚姻法与刑法理论产生矛盾。刑法上认定重婚罪,除有骗得的婚姻登记表外,都是以本人登记结婚又与他人以夫妻相待而公开生活的事实为依据,而这种以夫妻相待公开生活的客观事实,实际上就是婚姻法理论上的事实婚姻。因为它们共同具备了"以夫妻关系同居"的本质属性。如果婚姻法理论排除了已有配偶者可能成为事实婚姻的主体,则无从确认其为违法婚姻,既然违法婚姻也无从认定,那么刑法怎么能定其为重婚罪?这样就给重婚罪的认定在理论和实践中设置了障碍,造成了不必要的混乱。

针对传统上对事实婚姻定义,我们以为事实婚姻可表述为:男女双方不进行结婚登记,便以夫妻关系同居而形成的婚姻叫事实婚姻。

二

事实婚姻包括所有不按法定程序而形成的婚姻关系，即完全符合结婚条件的，不完全符合结婚条件的和完全不符合结婚条件的，由于我国婚姻法没有婚姻无效的规定，因此，理论界与司法界对事实婚姻的法律效力至今尚无统一的认识。司法实践中各种事实婚姻的效力究竟如何？我们认为，事实婚姻作为不具备婚姻法规定的民事行为，与民法理论中的无效法律行为一样，可以分为完全无效和非完全无效。也就是说，当有些事实婚姻违反了法定婚姻必须或禁止的条件，且这些障碍不可能消除时，则自始至终视为无效；而有些事实婚被发现时，已达到法定婚条件，则补办结婚手续后可承认其婚姻效力。因此，要正确认定事实婚姻的效力，首先就必须对事实婚姻进行分类。

分析我国婚姻法规定的结婚条件，事实婚姻可能出现的违法情况有如下五种：(1)未经法定结婚登记，但符合法定结婚条件；(2)未经登记结婚且未达法定结婚年龄；(3)未经登记结婚且有禁婚疾病；(4)未经登记结婚且有血亲关系；(5)未经结婚登记且构成重婚罪。这五种违法婚按其违法程度可分为三类：

第一类，仅违反结婚程序法，而符合结婚必须及禁止条件的事实婚姻，因其违法的情节较轻，对当事人批评教育后，责令其补办结婚登记手续，可承认其法律效力。因为，首先，不履行结婚登记这一法律程序虽然是违法，但其违法程度相对于违反结婚实质条件要轻得多；其次，婚姻带有人身关系，它形成后对家庭社会生活有一系列的影响，如果轻微违法就否定其效力，既不利于家庭社会的稳定，也不利于儿童的成长。所以，对轻微违法者追究行政上的责任后，可责成补办结婚登记手续，确认其效力。

第二类，对于有些事实婚姻形成时未达结婚条件的，以后结婚条件达到，经一定时期双方无婚姻纠纷，可责令补办登记手续，承认其法律效力。可能出现这种情况是上述事实婚中的第二种和第三种。男女双方未达法定结婚年龄或有禁婚疾病的，不登记结婚便以夫妻关系公开同居生活，当然是无效婚，但经过一段时期后，双方达到了法定婚龄或疾病治愈，禁止结婚障碍消除，双方依然以夫妻关系同居生活，其法律效力也可在补办结婚手续后予以承认。应该注意的是，如果在法定结婚障碍消除时，双方发生婚姻纠纷诉至法院，则应宣布他们的婚姻无效。因为他们以夫妻关系公开生活阶段是不符合法定条件的，应作无效处理。

第三类，不符合结婚条件且无法消除结婚障碍的，应自始至终否认其法律效力。上述所列第四种和第五种事实婚姻就属于此类。现代科学证明，三代以内的旁系血亲结婚对下一代人口的质量影响很大，破坏了整个社会的人口素质和民族的健康，故法律不能承认此婚姻的效力。重婚更是与我国社会主义制度的本质相抵触，应始终视为无效。

无效法律行为，不可能产生行为人所想要达到的法律后果，但并不是不产生法律后果。从目前事实婚姻状况看，行为者的行为将引起如下相应的民事法律后果：第一，根据无效的法律行为应双方返还原理，从无效事实婚开始的第一天起，当事人就有义务消灭这种违法状态，提请法院宣布婚姻无效，从而撤销这种事实婚，使周围群众了解他们的不法婚姻应解除且已解除。第二，在法院宣布婚姻无效并解除之前，当事人没有再与他人结婚的权利。而婚姻法律行为的建立或消灭是人身非财产关系，由于结婚行为基于同一人身同一种类法律关系，前一违法婚姻关系不消除就无法进行合法婚姻关系，故在解除无效婚姻之前，当事人丧失了再婚的权利。第三，无效婚不受法律保护，没有合法婚姻产生的权利义务，双方没有互相继承的权利，也不享受法律上夫妻的待遇。

除上述民事法律后果外，对于严重违法的无效事实婚姻，如重婚行为，由于它触犯了我国社会主义的根本制度，还可追究其刑事法律责任。

由此可见，承认事实婚姻并不一定承认其有法律效力；确认事实婚姻无效，该婚姻也并不就无法律后果。婚姻作为一种有效的法律行为，必须符合法律规定的实质要件和形式要件，当男女双方不按法定婚姻程序而以夫妻关系生活时，这种客观存在的事实虽然是违法或无效的，但毕竟属于婚姻关系，我们也只有在承认它是一种婚姻关系之后，才能根据其违法情况来明确婚姻有效、无效，并对严重违反法律的行为追究其民事甚至刑事责任。

（1986 年第 3 期）

如何调处财产相邻关系的纠纷

孙小平*

财产相邻关系，是在两个或两个以上的财产所有人或财产占有人、使用人、处分人之间，因土地、房屋、管线、道路、水流等相互邻接而发生的权利义务关系。这种权利义务关系表现为，相邻一方在行使财产所有权或财产占有权、使用权、处分权时，要尊重他方的财产权。在社会主义建设和日常生活中，财产相邻关系是经常发生的，而处理不好的现象也大量存在。在农村，由于牲畜、家禽管理不善，或通过他人地界排烟放水而损坏他人责任田庄稼，以及争水流、争地界、争山林等纠纷越来越多。在城市，居民为一席之地、一砖之隔而争采光、争空间、争过道的纠纷日益增加。这些纠纷不仅严重影响相邻各方的生产和生活，有时还可能酿成流血事件。如某市人民法院1984年受理的数百件故意杀人、故意伤害案中，因邻里纠纷引起的竟占总数的23.5%。可见，由于相邻各方不能正确处理财产相邻关系，而引起相邻纠纷，并产生严重后果，已成为目前民事纠纷中比较突出的问题。为此，需要我们重视对财产相邻关系的分析和研究，正确、及时地处理相邻纠纷。

正确处理相邻关系，需要对财产相邻关系有个根本的和正确的认识。相邻关系从本质上讲，是对财产所有人或财产占有人、使用人、处分人行使其权利的一种合理延伸或限制。这种延伸和限制，就构成了相邻之间的权利义务。下面具体分析财产相邻关系的四个法律特征：

第一，就主体而言，财产相邻关系发生在两个或两个以上的权利主体之间。其权利主体包括公民和法人，既可以是财产所有人，也可以是财产的非所有人即占有人、使用人、处分人。不把财产的非所有人看做权利主体，是不符合实际的。

第二，就内容而言，财产相邻关系是相邻的财产所有人或占有人、使用人、处分人实行其权利时所产生的权利和义务，也包括相邻各方违反义务时所产生的民事责任。具体来说，相邻关系包含以下四点内容：(1)相邻一方有权从他方得到必要的便利。比如，承包人的土地在邻人土地包围之中，必须通过邻人的土地才能耕种收获。在这种情况下，承包人有权从邻人的土地上通过。这里要强调

* 作者单位不详。

"必要"二字,只有在别无通路的情况下,承包人才能通过邻人土地。如果尚有其他办法,就没有非从邻人土地通过的必要。(2)邻人应当给予必要的方便,不得侵犯对方的合法权益。比如上例中,邻人应该允许承包人从其土地通过,不得随意阻拦,也不得设置障碍,否则就是侵犯了承包人的合法权益。如果因此而造成损失,承包人有权向法院起诉要求赔偿。(3)财产所有人或占有人、使用人、处分人行使相邻权应有所节制,不得任意损害邻方的合法权益,要尽量减少不必要的损失。比如,上例土地承包人从邻人土地经过时,应尽量避免给邻方造成损失,并应选择最必要、最节省用地的路线。(4)邻方受到经济损失,有权要求对方给予补偿或赔偿。如上例土地承包人通过邻人土地时,给邻人造成了一定的损失,邻人有权要求承包人给予补偿。补偿多少由双方共同协商,协商不成的,由人民法院裁决。如果土地承包人肆意践踏邻人的庄稼,影响了邻人的收成,就要作损害赔偿。

第三,财产相邻关系的客体,是相邻各方所实施的行为。相邻关系的客体并不是财产本身,但它是以财产为基础的,是相邻各方行使财产权时所实施的一定的行为。没有财产,就没有财产权,也就不会出现作为相邻关系客体的行为。这种行为,包括积极的行为和一定行为的限制,前者是作为,后者是不作为。如在相邻排污关系中,排污人要把排污量控制在国家标准以下,这就是作为。而在相邻排水关系中,低地所有人或使用人应允许来自高地的自然流水经过其地,不得任意堵截,这就是不作为。

第四,财产相邻关系的财产位置必须是相连或相近的。如果相邻关系各个主体所占有、使用或处分的财产位置不相连或不相近,就不会发生财产相邻关系。

正确处理相邻关系,是预防纠纷、解决矛盾的根本。那么,怎样才是正确处理呢?这就需要确定相邻关系的原则。我们认为,处理相邻关系必须坚持以下原则:

1. 有利生产、互相团结的原则。我国是社会主义公有制的国家,劳动人民的根本利益是一致的。有利生产、互相团结的原则,既是发展社会主义公有制、提高相邻财产经济效益的需要,也是加强社会主义睦邻关系的需要。睦邻友好是中华民族的优良传统,社会主义为发展睦邻关系创造了更好的条件,赋予了更新的内容。所以,在处理相邻关系时,要充分考虑到怎样处理才对发展生产有利,才能巩固发展安定团结的政治局面。

2. 互谅互让、协商解决的原则。相邻各方在发生纠纷或矛盾的时候,首先应当抱着和好平等的态度,互相谅解、互作让步,多做自我批评,力求协商解决;

也可以在有关主管机关的主持下,进行协商,妥善处理。如果协商不成,可诉请人民法院裁决。

3. 提供方便、适当补偿的原则。相邻双方要自觉发扬互助协作的精神,互给对方提供必要的方便。如果因提供方便而造成了相邻一方的损失,他方应主动给予适当的补偿。

4. 造成损害应予赔偿的原则。相邻一方在行使其财产权时,如果影响了他方的生产和生活,造成了物质和精神上的损害,他方有权向人民法院提起诉讼,请求保护其合法权益,赔偿经济损失。

正确处理财产相邻关系,还必须加强法制宣传工作,普及法律知识,使相邻各方树立法制观念;还要求机关、学校、厂矿、街道、农村等基层单位积极主动地解决相邻纠纷,不放任自流,不互相推诿;还要求健全调解委员会、治保委员会等群众组织,发挥司法助理员的作用,将相邻关系中的矛盾及时地控制在非尖锐激烈状态,防止产生严重后果。

(1986 年第 3 期)

论我国夫妻财产制中的"约定财产"

程庆红*

我国《婚姻法》第13条规定,"夫妻在婚姻关系存续期间所得的财产,归夫妻共同所有,双方另有约定的除外"。"夫妻对共同所有的财产,有平等的处理权"。这是按照社会主义原则和我国国情确立的一种新型的夫妻财产制,即在夫妻双方财产权利完全平等的前提下,以婚后所得共同制为法定财产制,同时允许双方另有约定的财产制。其中"双方另有约定的除外"这一原则性规定,更具有我国自己的特色。本文拟从理论和实践的结合上,就这一规定的根据、内涵及其实施和意义等,进行一些初步的探讨。

一、外国法律中的法定财产制和约定财产制

夫妻财产制是与各国的政治制度、经济状况、历史传统、生活习俗等相联系的。世界各国的夫妻财产制,一般分为"法定财产制"和"约定财产制"两种类型。

法定财产制,即法律明文规定的婚姻关系存续期间用以规范夫妻财产关系的制度,如共同财产制、分别财产制、联合财产制、统一财产制等。一个国家只能有一种法定财产制。对此,各国法律都有明确规定。

约定财产制,即指夫妻在法定财产制之外,以契约的方式商定某种财产关系的制度。有些国家的法律同时承认几种约定财产制,如约定共同财产制、约定分别财产制等,由当事人选定其中之一,作为夫妻财产制。有些国家在法律中未明文规定约定财产制的形式,而由当事人在不违反社会善良风俗和法律基本原则的前提下自行约定。

在外国法中,法定和约定两者的关系是平行的。即采用了约定财产 ,财产就不适用法定财产制;没有约定的,则适用法定财产制。一般来说,约定的范围要大于法定的范围。需要指出的是,世界各国法律中有关夫妻财产制的各种不同规定,只是形式上的区别,并不决定它所反映的夫妻双方对家庭财产的权利义

* 作者单位不详。

务关系的性质。

二、我国夫妻财产制的法律沿革

我国现行的夫妻财产制,是历史发展的产物。在中国漫长的封建社会中,父权、夫权占绝对统治地位,男女之间存在绝对的不平等。在夫妻关系中,夫妻一体,"既嫁从夫","夫为妻纲",妻子在家庭中被视为无行为能力、无独立地位、无任何权利的人。家中财产皆为丈夫所有,妻子的财产权被剥夺。这种伦常观念,在古代法律中也充分地反映出来。历代法典对妇女的权利与地位,都未作任何保障。

半殖民地半封建社会形成后,随着资本主义经济的发展和资产阶级的出现,城市中产生了某些资产阶级式的婚姻家庭关系,法律上也有了一些变化,1911年制定的《大清民律草案》中,开始有了关于妻子私有财产的内容,但仍无夫妻财产制的规定。北洋军阀期间,根据大清民律修订民法,虽未实行,但法中第一次对夫妻财产制另立专节,并明确规定:"妻之持有产,妻自行管理"。1929年,国民党政府颁布了《民法亲属编》。它以资产阶级民法典为模式,标榜自由、平等,但带有浓厚的封建色彩,是半殖民地半封建的民法。在夫妻财产关系上,该法同时规定了约定财产制和法定财产制。这在形式上是一个进步。但在事实上,由于男女不平等的传统观念及其社会根源顽固存在,不仅其约定财产制是一纸空文,而且其法定财产制也并未使妻子的财产权得到充分保障。《民法亲属编》以联合财产制为法定财产制,规定夫妻财产仍归各人所有,但联合起来由丈夫管理,夫有妻之财产的使用、收益权和必要时的处分权。

新中国成立初期颁布的婚姻法,基于婚姻自由、男女平等的原则,在第10条中明确规定:"夫妻双方对于家庭财产有平等的所有权与处理权"。这是针对当时家庭财产关系中存在的形式上是夫妻共有,实际上往往是夫方单独所有和单独处理家庭财产的不平等状况提出来的,目的是使夫妻间无论形式上还是实际上都能真正平等地共同所有、共同处理以及共同管理家庭财产。这一规定区别于以往任何剥削阶级社会的法律,体现了社会主义的原则,反映了妇女地位的变化。

上述我国婚姻法对夫妻财产的原则规定,并不妨碍夫妻间根据男女平等原则自由自愿地对家庭财产的所有权、处理权、管理权进行约定。实际上,这也是夫妻双方对于家庭财产有平等的所有权与处理权的一个表现。但在新中国成立初期,鉴于家庭关系正处于新旧交替的阶段,实行约定财产的可能性及必要性都不大,因而法律上未明确规定。

1980年颁布的新婚姻法,总结了历史的经验,考察了现代家庭关系的特点及存在的问题,在规定夫妻对家庭财产有共同的所有权和平等的处理权的同时,又增加了“双方另有约定的除外”的条款。这里根据我国国情,没有使用“约定财产制”这一名词,也没有像许多国家的法律那样,详细规定约定的条件、范围及效力,然而明确规定了允许夫妻双方自行约定,这也可以看做是约定财产制的一种形式。

三、约定财产的范围、方式及效力

约定是夫妻双方在自愿的基础上,对夫妻共同财产所作的处置,是夫妻间处理和安排家庭财产的一种协议。它涉及夫妻双方对共同财产的权利和义务。

所谓夫妻共同财产,是指在婚姻关系存续期间,双方或一方的劳动收入和其他合法收入(包括通过继承、接受赠与等合法途径而取得的财产,以及因储蓄而得的利息等)。依法定的婚后所得共同制,这部分财产应归夫妻共有,夫妻双方有平等的处理权;而“另有约定的除外”,则是对上述法定财产制的一项重要补充,其中包括:夫妻在结婚时,对今后双方的财产、收入如何占有、使用和处分权利的约定,或在婚姻关系存续期间对某项财产权利的约定等。

在实践中,约定财产的可行范围应同于共同财产的范围,适用约定的内容有:(1)婚后个人的收入归个人所有,家庭开支按双方收入比例分担;(2)婚后个人的工资收入作为夫妻共同财产,其他合法收入为个人财产;(3)婚后一方收入归夫妻共有,作为家庭开支,另一方收入归其本人所有,属其个人财产;(4)婚后某项财产归个人所有等。

约定是双方的法律行为,夫妻间对财产的约定必须具备以下几个条件方可视为有效:

(1)必须有明确的意思表示,即口头或书面的协议。协议应经过公证,或有其他证明人。

(2)必须出自双方当事人的真实自愿,任何一方不得向对方施加压力或采用其他非法手段,强迫对方签订协议。

(3)约定的内容必须符合法律规定,不能违反男女平等原则,不得侵犯子女和他人的合法权益,不能违反社会道德。

符合上述条件达成的财产协议即为有效。在夫妻婚姻关系存续期间若无其他约定,则有关财产的所有、使用、处分等问题,一律按协议解决,任何一方不得随意反悔。婚姻关系解除需要分割财产时,亦按协议确定财产协议,一经成立,即具有法律效力,受法律的保护。

四、在约定财产方面存在的问题及解决

我国历史上没有夫妻约定财产的习俗,现在由于婚姻关系的日益复杂,再婚家庭的不断增加,以及夫妻间财产范围的扩大、丰富等原因,在实际生活中开始出现了约定财产问题。由于它是一种新型的夫妻财产关系,是作为法定财产制的补充而出现的,又因为法律上未明确规定约定的范围、方式、效力及其保护,故在实践中发生了一些具体问题,有待研究解决。

目前审判实践中有关夫妻财产约定的诉讼虽然不多(主要是在离婚和财产继承的诉讼中出现),但存在的问题还是不少的。根据笔者的了解,主要的问题有:

(1)无充足的证据证明夫妻间有约定协议。通常有两种情况出现:一种是一方反悔,不承认有约定存在,而另一方又无充足证据证明约定的存在;另一种是双方承认有约定,但对约定的内容说法不一,争执不下,却又无证据证明哪一方正确。

(2)关于约定财产协议的形式和效力,司法人员在认识上很不统一。例如,有些审判人员忽视当事人双方的合法约定,而执意将夫妻约定的财产按共同财产处理,在事实上否定了约定的效力;有的审判人员忽视约定成立的合法条件,偏听偏信,将共同财产作为约定财产分给某一方,在分割财产上出现不公平。另外,对口头约定的效力问题更是意见纷呈,实践中往往不予认定。

(3)所谓"事实上的约定"问题。例如长期分居的夫妻离婚时,一方自认为分居期间的个人收入归个人所有是"事实上的约定",而另一方并不承认,事实上双方也确未作过财产约定的意思表示。这种单方面的、主观想象的所谓"事实上的约定",不能认定是具有法律效力的"另有约定",但在实践中往往混淆不清。

针对实践中提出的这些问题,为了保证婚姻法中"另有约定的除外"这一原则性规定的正确实施,保障当事人的合法权益,避免不必要的争执,我认为应该从以下几方面进一步统一认识。

首先,无论是采用口头还是书面形式进行约定,其能否取得法律上的效力,关键在于是否有确凿的证据证明约定的真实性。作为约定的形式,口头与书面的效力是相同的。肯定确有约定的一方负有举证责任,若无证据证明约定的真

实性，则不予认定。

其次，为避免事后争执，在订立财产协议即约定时，应有证人在场，或经公证机关公证。鉴于我国目前对约定财产进行公证的做法尚不习惯，条件也不完备，要求必须公证程序还有一定困难。故凡有证人作证，或双方口头约定不反悔的，均应予以承认。

再次，对于双方未单独订立财产协议，而在书信、家庭账簿等文字材料中有关于如何处置夫妻财产、家庭开支等问题的约定记载，并在实际生活中确已按记载事项使用和管理家庭财产的，也应视为有约定存在，承认其法律效力。

最后，对于双方的财产协议，若发现其内容违反法律，不符合男女平等原则，显失公平，那么，即使双方承认，并已按协议办事，在法律上亦不能承认其效力。这是必须坚持的对约定的有效拘束，是我们社会主义国家保护夫妻合法权利的必要措施。

五、财产约定在夫妻财产中的地位、作用及正确认识和处理好约定财产的意义

我国的夫妻财产制，是以法定夫妻共同财产制为主体的；夫妻间的财产约定，在我国目前条件下只能作为法定财产制的补充，而不能作为独立的、主要的夫妻财产制形式。这是我国社会主义公有制和社会主义婚姻关系的要求，也是由我国夫妻财产的现实状况所决定的。

在资本主义私有制下，一切物质财富均归私人所有。在许多家庭的财产中，不仅包括生活资料，也包括生产资料，如机器、土地以及广泛的不动产，甚至包括整个的企业、农场等，因而涉及财产的争执十分复杂。且在资本主义制度下，婚姻本身也被认为是一种契约，夫妻间的财产关系在婚姻关系中占有相当大的比重，因而在夫妻间订立财产协定以明确各自所有的财产权利，其必要性是很大的。因此一些国家十分强调约定财产制的重要性，甚至规定只有在没有财产约定的情况下才适用法定财产制。

我国则不同，在社会主义公有制下，主要的生产资料归国家所有；个人所有的财产，主要是生活资料以及个人从事劳动所必需的一般性的生产工具等。因此夫妻间的财产争执虽有发生，但财产数额及与双方当事人的利益关系都远不像资本主义国家那样大，从而争执也不是那么尖锐。从婚姻关系本身来看，社会主义新型的婚姻关系是以爱情为基础建立起来的，夫妻双方地位平等，同是家庭经济生活的承担者。如何使用和处理婚姻关系存续期间的财产，只是一个如何

更好地根据具体情况和需要,按社会主义原则来实现夫妻平等、养老育幼、保证家庭生活美满幸福的问题,不存在根本的利害冲突;另外我国历来无约定财产的习惯,绝大多数夫妻在婚姻关系存续期间都是一切收入归夫妻共有的。因此种种,在我国实行单一的约定财产制,或以约定财产制为主体,其必要性和可能性都是不大的。

尽管如此,我们也不能忽视婚姻法中关于"另有约定的除外"这一规定。正确认识和处理好约定财产是有重要意义的。

第一,它有利于保护和扩大当事人的合法权益。允许夫妻在法定财产制之外有自由选择财产关系的余地,更能满足某些事实上的需要,充分体现社会主义法律在实现男女平等保护和扩大公民权利方法的优越性。

第二,它有利于明确夫妻在财产上的权利义务,有利于解决夫妻间因财产归属不明引起的争执,有利于家庭和睦、社会安定。

第三,它有利于体现法律的权威和严肃性。在法律上明文规定"另有约定的除外",在实践中确认约定财产的效力并认真处理好有关问题,对于人民群众拥护和执行法律,贯彻"有法必依,执法必严"的方针,推进社会主义的法制建设,都有积极的现实意义和深远意义。

第四,它有利于适应社会不断发展的需要。任何一项法律,都不仅要切合当时的形势和需要,而且要考虑到今后的发展变化,这是法律的生命力所在。在我国社会主义建设事业蓬勃发展,各项改革深入进行,人民生活逐步提高的今天,人们的家庭状况也在不断变化,家庭财产的需要必将不断增加。我国婚姻法中"另有约定的除外"的规定,正适应着这种不断增加的需要,它的上述各方面的作用和意义必将日益充分地显示出来。

(1986年第9期)

1987 年

正确认识国家机关侵权行为及其民事责任

郑幸福*

当前,随着国家体制改革展开和促进行政立法的呼声日起,正确认识和处理国家机关侵权行为,正在引起法学界注目。本文拟就这一问题略陈管见,恳求赐正。

一

国家是阶级统治的工具。国家为了进行其在政治、经济、文化、教育、外事、国防等领域内的活动,执行其对内与对外职能,设立了从中央到地方各级国家机关。国家机关,包括国家权力机关、国家行政机关、国家审判检察机关以及军队、监狱等,围绕着实现国家职能总目标各司其职,从事着管理国家的活动。那么,国家机关的活动一旦侵犯了公民、法人或者其他社会成员的合法权益,是否构成侵权行为,并由国家机关承担相应的民事责任呢?回答应该是肯定的。

马克思主义国家学说充分肯定人民在国家中至高无上的地位,强调一切国家权力属于人民,国家职能的最高目标应该是维护人民利益。这就决定了社会主义国家的国家机关活动的宗旨是为人民利益服务,她必须依靠人民群众的支持,经常保持与人民群众的联系,倾听人民群众的意见和批评,接受人民群众的监督。我国宪法也确认国家机关应该"努力为人民服务"(宪法第27条)。既然国家机关的一切活动都是为了维护人民利益,国家机关的活动就应该以符合人民利益为准则,国家机关工作人员是不能侵害人民利益。而人民利益是无数个公民、法人利益的汇集,反映了每一个公民、法人的具体的合法权益。由此就要求国家机关的活动不能侵犯每个公民、法人的合法权益,否则就意味着侵犯了人民利益,违背了国家机关活动的宗旨。因此当国家机关的活动侵犯公民、法人的合法权益时,就构成侵权行为,国家机关应该向受害的公民、法人承担相应的民事责任。

毋庸讳言,目前国家机关或者国家机关工作人员在其执行职务中侵害公民、

---

* 作者单位:华东政法学院(现华东政法大学)。

法人的合法权益的现象时有发生。如非法拘禁无辜公民，非法查抄、没收公民的合法财产，随意吊销个体户的营业执照，对企业处以不公平的罚款，无偿调取、挪用下属单位的财产……这些现象的出现，在一定程度上损害了党和国家的威信，不利于国家体制改革和社会主义四化建设。如果明确了国家机关应该对其侵权行为承担法律责任，特别是承担民事责任，就能有效地防止国家机关侵权行为，有利于促进国家机关和国家机关工作人员改进工作，纠正不正之风和官僚主义。

国家机关侵权行为及其民事责任，已经得到我国宪法和民法通则等法律的确认。《宪法》第41条规定："由于国家机关和国家工作人员侵犯公民权利而受到损失的人，有依照法律取得赔偿的权利。"《民法通则》第121条规定："国家机关或者国家机关工作人员在执行职务中，侵犯公民、法人的合法权益造成损害的，应当承担民事责任。"《治安管理处罚条例》第42条规定："公安机关对公民给予的治安管理处罚错误的，应当向受处罚人承认错误，退回罚款及没收的财物；对受处罚人的合法权益造成损害的，应当赔偿损失。"。

二

国家机关侵权行为是一种特别的民事侵权行为。

国家机关或者国家机关工作人员依其职责范围进行活动，在执行职务过程中侵犯了公民、法人的合法权益，这就是国家机关侵权行为。与其他民事侵权行为相比较，国家机关侵权行为有如下特征：

(1)国家侵权行为的主体是具有一定权威的国家机关。实施侵权行为的国家机关与受害的公民、法人之间，往往存在管理与被管理、领导与被领导的关系，如工商、税务部门与个体户，交通监理部门与过往车辆人员等。这种权威性，使国家机关不愿意承认其侵权行为，受害的公民、法人也不敢轻易提出控告、申诉。

(2)国家机关侵权行为发生在国家机关或者国家机关工作人员执行职务的过程中。国家机关侵权行为因国家机关或者其工作人员执行公务才发生的，这就使侵权行为被公务活动所掩饰，带有合法行为形式，如公安干警追捕罪犯，误伤无辜群众。这样，在客观上就使侵权行为难以认定，即使认定，亦难以处理。

(3)国家机关侵权行为是国家机关或者国家机关工作人员借助国家强制手段实施的。由于国家机关的权威性，侵权行为往往采取查封、没收财产、罚款、吊销执照、拘留等方式，受害人不可能抗争，所遭受的损害比一般侵权行为更大。而且一旦发生侵权行为，影响也是很大的。

有的学者主张以"滥用职权"作为国家机关侵权行为的基本特征，这是值得商榷的。滥用职权固然可能侵害公民、法人的合法权益,但正常执行职务也有可能侵害公民、法人的合法权益。如果以"滥用职权"作为国家机关侵权行为基本特征,就缩小了国家机关侵权行为的范围,使一些遭受损害的公民、法人无法取得补偿,这是不公平的。

一些地方已经开始重视国家机关侵权行为诉讼,并作了典型案件探索,这是有益的。安徽省淮北市人民法院最近审理了一起个体户控告公安机关侵权的案件,在当地引起很大反响。公安机关为了侦破一起盗窃录像机案件,派人检查放录像个体户吴某的放映机,不慎损坏放映机。事后,放映机由公安机关修复,但吴某要求赔偿停映期间的经济损失。人民法院经过审查,确认责任在公安机关执行职务时不慎,应承担赔偿责任。毫无疑问,人民法院对案件性质的认定和处理都是恰当的。处理国家机关侵权行为案件有一个突出的问题:认定国家机关活动是否构成侵权行为较为困难。具体规定正由有关部门拟定中,笔者仅提供几点意见与建议:

第一,必须明确国家机关侵权行为的主体,只能是对于国家政治、经济或者其他方面负有管理职责的国家机关。这是构成国家机关侵权行为的主体标志,其他任何企业、社会团体,如党派组织、宗教团体等,不能构成国家机关侵权行为的主体。这些组织的侵权行为应按普通民事侵权行为处理。此外,国家机关对于其工作人员,不论是正式编制的还是临时借聘的,在执行职务中的一切侵权行为都应承担民事责任。

第二,应该肯定,不论是违法执行职务的行为,还是合法执行职务的行为,只要确实损害公民、法人的合法权益,都构成侵权行为。以往习惯认为合法执行职务的行为,即使损害了他人利益,也是允许的,这种观点是不妥的。立法确认国家机关侵权行为民事责任的宗旨有二:一为促进国家机关改进工作,纠正不正之风和官僚主义;二为保护公民、法人合法权益。[①] 如果对合法执行职务造成他人损害可以不追究民事责任,显然违背立法宗旨。况且有时国家机关的活动确无违法性,如公安机关为侦破案件侵害了他人合法权益,还是应该给予赔偿的。

第三,只有执行国家机关的职务导致他人损害的,才能构成国家机关侵权行为。是否"执行职务",这是区别法人侵权行为、个人侵权行为和国家机关侵权行为的标志。国家机关参与民事活动,其身份是法人,若侵害他人合法权益,构成法人侵权行为。国家机关的负责人或者工作人员为了私人事务借用国家机关名义侵害他人利益的,则构成个人侵权行为。

---

① 王汉斌:"关于民法通则草案的说明"。

第四，国家机关侵权行为的客体，只能是公民、法人的合法权益。如果公民、法人的某种利益已经失去法律认可的合法性，国家机关对其行使职责，不构成侵权行为。例如，海关查缴、没收出入境人员携带的违禁品，工商、医药部门销毁劣药、假药等。因此，对于受害人声称受害的利益，应该辨识该利益是否为法律所保护。如果不加区别地将国家机关因执行职务造成他人损失的活动，一概视做侵权行为，就会使国家机关无法担负管理国家的职能，这同样是违背立法宗旨的。

第五，国家机关承担侵权民事责任，应该有财产责任和非财产责任两种基本形式，视侵权行为所致损害性质而定。财产责任主要是返还罚款、没收的财物或者其他利益，修理被损坏的物品，赔偿经济损失等。非财产责任主要是停止侵害、消除影响、恢复名誉、赔礼道歉等。两种责任形式可以合并适用。此外，对于直接责任人员可以给予行政处分，构成犯罪的应追究刑事责任。

正确认识和处理国家机关侵权行为是当前国家体制改革中一件有意义、有影响的事情。国家机关对于其工作中的失误，除自我纠正外还承担民事责任，接受法律监督，这正是政治开明、法制完备的表现。

（1987年第3期）

要约与邀请要约的区别

刘士国*

一方当事人向他方当事人提出的订立合同的意思表示，是否应区分为要约与邀请要约，认识并不一致。一是把一方当事人向他方当事人提出的订立合同的建议都说成是要约，无要约与邀请要约的区分。二是认为一方当事人向他方当事人提出的订立合同的意思表示，应区分为要约和邀请要约，但并未确切提出两者的概念及区分标准。我认为是应该区分要约与邀请要约的，区分的标准就在于当事人的意思表示是否提出了可能订立合同的全部必要条款。理由是：

1. 要约只有提出足以订立合同的必要条款，经对方承诺订立合同，才能构成订立合同两个必经阶段。否则，只能是引诱对方当事人提出要约，是一种要约邀请（即邀请要约）。

2. 要约与邀请要约具有不同的约束力。要约人提出的要约具有订立合同的可能性，要约人负有在一定期限内不得随意撤销要约的义务，如若撤销，其撤销通知必须先于或同时与要约通知传达给对方方为有效；否则，给对方造成损失，就要承担相应的法律责任。邀请要约则没有这种严格的法律约束力。

3. 要约具有一经承诺订立合同的可能性，若要约人发出的是虚假的要约，就构成一个完整的欺诈行为，严重的构成诈骗罪。而邀请要约，假若提出的是虚假的邀请要约，并不是一个实施完了的欺诈行为，只有在对方当事人因受骗提出了新要约，订立了合同的情况下才构成一个完整的欺诈行为。如湖南一中学教师，报上登了芙蓉文艺学院招生广告，骗了5万多人的58万元学费，法院以诈骗罪判处该罪犯有期徒刑，原因就是他的广告具有一经承诺成立合同的可能性，可以骗得巨款，造成严重的社会危害。

区分要约与邀请要约的标准，是当事人一方向他方是否提出了订立合同的全部必要条款。提出全部必要条款的，就是要约；提出部分必要条款的，就是邀请要约；没有提出任何必要条款的，则连邀请要约也不是。据此，可以给要约与邀请要约分别下这样的定义：要约是当事人一方向他方提出的可以成立合同的全部必要条款的意思表示；邀请要约是当事人一方向他方提出的可以成立合同

---

* 作者单位：复旦大学。

的部分必要条款的意思表示。

提出合同的全部必要条款，是相对于可能成立的合同而言的，不是相对于实际成立的合同。换句话说，要约中提出的订立合同的意思表示，必须有成立合同的可能性。比如，甲向乙提出："我有一头耕牛，作价500元出卖，你买不买？"这一意思表示包括标的、数量、价款等必要条款，如对方当事人承诺，就可成立合同，是要约。即使对方当事人没有承诺，也是要约。又如甲向乙提出"我有牛，你买不买？"的意思表示，对方就无法承诺。纵然承诺，因甲的意思表示没有提出数量和价款，也无法成立合同，不是要约。

一般情况下，当事人就成立合同的条款反复协商，这就出现了原要约与反要约的复杂情况。反要约也必须具有成立合同的可能性，具有订立合同的全部必要条款。对于最终成立的合同来说，只有经承诺的反要约才是要约，其他未经承诺的要约都不是该合同的要约，而是被反要约否定的要约。

关于邀请要约，有人认为，是一方当事人邀请他方向自己提出要约而经自己承诺订立合同的意思表示。其实，这仅是邀请要约的普通情况。如果一方向他方提出的意思表示没有希望他方向自己提出要约从而订立合同的目的，而自己的意思表示又不具有订立合同的全部必要条款，不可能订立合同，这种情况实际上也是要约，当事人对此也要承担法律责任。因此，认定邀请要约应以是否提出订立合同的全部必要条款为依据，而不应以当事人的目的为依据。目的具有主观性，是否提出必要条款是客观实际。以后者为依据，在实践中是有意义的。比如甲向乙表示说："我有一台汽车，作价一万元，你买不买？"假如他具有让对方提出讨价还价的条件而经自己应诺订立合同的目的，那么这是否是邀请要约呢？以目的为依据，是邀请要约；以是否提出可以订立合同的必要条款为依据，则是要约。因要约与邀请要约的约束力不同，以目的为标准，不存在要约约束力；以全部必要条款为依据，则具有要约的约束力，因违反约束力给对方造成损失，就要负赔偿责任。可见，两者在法律意义上是不同的，以是否提出订立合同的全部必要条款区分要约与邀请要约较为合理。

如何确定是否提出了可以订立合同的全部必要条款呢？

确定合同的必要条款，一般根据下列三种不同情况：

1. 根据法律的规定。如我国《经济合同法》第12条规定："经济合同应具备以下主要条款：一、标的（指物、劳务、工程项目等）；二、数量和质量；三、价款或者酬金；四、履行的期限、地点和方式；五、违约责任。"故此，一般法人之间关于签订经济合同的意思表示，应具备上述条款才是要约，否则，为邀请要约。

2. 根据合同的性质。如买卖要约，必须具有标的和价款。

3. 根据当事人的约定。比如邮局订购的自行车，必须是草绿色的，这种颜色，即为要约的必要条款。

应该指出的是，有些合同是附条件的，这样的条件有时是当事人双方明知的，或合同的性质决定的，当事人无须明确表示。如购书订单，一般只具备书目和价款，没有数量。对此，广告人和订购方都明知数量取决于订购方的意志。因此，购书订单，数量虽为合同必要条款，但取决于订购方的意志，广告人发出的欠缺数量条款的订单，亦可经对方当事人承诺订立合同，是要约而非邀请要约。

（1987年第3期）

精神损害的赔偿问题探讨

刘保玉*

《民法通则》规定:"公民的姓名权、肖像权、名誉权、荣誉权受到侵害的,有权要求停止侵害,恢复名誉,消除影响,赔礼道歉,并可以要求赔偿损失。法人的名称权、名誉权、荣誉权受到侵害的,适用前款规定"。这在我国立法上首次确认了对人格权受到侵害所造成的"精神损害"可以要求物质赔偿的制度。本文将探讨我国精神损害赔偿制度的有关理论及实践问题。

一、我国为什么要设立精神损害物质赔偿制度

我国以往的民法理论由于深受苏联的影响,因而对精神损害的物质(金钱)赔偿也是历来加以否定和批判的。但是,放眼世界,针对国情,就会发现否定精神损害物质赔偿制度是不现实的。

我国封建专制主义思想由来已久,十年内乱又是对民主、自由和人权的一次大摧残,至今余患未绝,法制观念淡薄,忽视人格权,视他人的姓名、肖像、名誉为儿戏,肆意侵犯的事情时有发生。这严重损害了人们建设社会主义的积极性和劳动热情,既不利于精神文明的建设,也有害于物质文明的发展。因此,对公民的人格尊严用法律加以严格保护,使之家喻户晓,并与每个人的物质利益联系起来,用民事责任形式加以规定,是非常必要的。

在我们国家,人的尊严、名誉等不是商品,没有价格,不能折算为金钱,这是毋庸置疑的。但是,对人格权受到侵害所造成的精神损害要求金钱赔偿,绝不是把人格尊严商品化。因为赔偿金不是人格尊严的价格体现,也绝不意味着人格就值那么几个钱。金钱赔偿的对象并不是受害人的名誉、荣誉等的损失(这要通过恢复名誉,消除影响,赔礼道歉等方法来弥补),而是因人格权利受到损害而遭受精神上的打击、内心痛苦和对工作、生活的影响以及健康损害等。依照法律规定要求对自己所受的精神损害通过物质补偿的方式予以减轻和消除,谈不上降低了人格。因此,精神损害的金钱赔偿,有利于切实贯彻"人格尊严不可侵

---

* 作者单位不详。

犯"的宪法原则,也对两个文明建设起促进作用。

二、几个具体问题的探讨

由于我国过去对精神损害的赔偿问题很少研究,因而针对民法通则的规定,有许多具体问题需要从理论上加以探讨。

1. 各国对精神损害的概念及范围的认识是不完全相同的。我们所说的精神损害,是指公民的姓名权、肖像权、名誉权、荣誉权受到他人不法侵害而造成的名誉、荣誉的丧失,社会评价的降低,遭受的精神痛苦和内心的创伤,对工作、生活的不良影响以及引起的身心健康的损害等。对法人来讲,主要指因其名称权、名誉权,荣誉权受到不法侵害而造成的商誉、信用、威望的损害以及对该法人的生产、经营等活动带来的不良影响。侵害人格权的行为,可能既给他人造成精神损害又造成财产利益的损失,受害人对这两种损害都可以要求赔偿。虽无财产损失,仅有精神损害,也可以要求金钱补偿。

2. 精神损害赔偿的性质,以抚慰性为主,补偿性为辅。从抚慰性来讲,加害人的赔偿数额可能大大小于受害人失去的利益,尽管如此,向受害人支付一定数量的赔偿费,就可以使之在精神上得到安慰,内心创伤得以平复,感到正义我属、法律为盾,从而能重振精神,愉快地生活和工作。从补偿性来讲,一定的补偿费可以使受害人从医疗、营养等物质上恢复身心健康,消除精神上的抑郁和痛苦。物质上的补偿最终也要通过精神上的抚慰作用来消除精神痛苦。基于这种特性,对精神损害的赔偿,一般讲只要能起到抚慰和补偿作用即可,并不必去机械地细较锱铢。另外,我们认为对精神损害用"补偿"一词似比用"赔偿"一词更恰当些。

3. 赔偿的数额及标准如何掌握。这是最棘手的问题,国外虽然早就有了精神损害的赔偿制度,但对赔偿数额均没有明确规定,大都是授权法官裁量,至今也没有哪一位学者能提出精确、科学的计算方法。客观上,精神损害也无法用物质的东西来衡量,二者在性质上是无法换算或折合的。因此,企望对精神损害的补偿数额能像对财产损失的赔偿一样找出精确的损失计算方法是不可能的,只能根据各方面的情况而定出一个大约的数额。参考国外的经验,审判人员在决定具体赔偿数额时应着重考虑案件中的这些情况:(1)加害人的过错程度及事后态度。如是故意还是过失,是出于恶意还是出于无知,事后是否认识错误、主动赔礼道歉并积极消除影响等。(2)损害的方法和手段。如在治疗性机能障碍的药品广告上登载他人肖像,显然比在挂历上擅用他人肖像情节严重;运用大字报的形式就比私下口头传播有损他人名誉的言论手段恶劣；用粪便在公开场合喷洒他人就比一般的侮辱、谩骂手段恶劣。(3)当事人双方的经济状况。(4)损害的程度。(5)社会影响的大小。当事人的身份或地位在社会影响上都有很大关系。

在立法上规定一个数额幅度或确定一个最高赔偿额，是解决精神损害的赔偿数额问题的最可行方法。如瑞典1980年公布了一项法律，规定此类损害的最高赔偿额为19,000美元。我们可以借鉴这种做法，在调查研究的基础上制定实施细则来解决这个问题，以免在处理中漫无边际或相差悬殊。在规定基本幅度或最高限额时，要根据我国的经济发展水平和考虑各地区生产力水平的差异，高低适中。我们建议公民之间的赔偿限额为5000元以下，其中又可定出几个幅度。法人或组织给公民或其他法人和组织造成精神损害的，赔偿额可分为1万元、10万元及数十万元等几个幅度。特殊情况或特殊地区，可以允许有所例外。

4. 哪些权利遭受侵害可以要求精神损害的赔偿，各国学者们的见解不一，立法也有所不同。大体上可分为两类：一类是“对任何一种人格权的侵害，均得请求非财产的损害赔偿”；另一类是“非财产的损害，于法律有特别规定者为限，得请求以金钱赔偿之”。我国民法通则的规定属于第二类，明确规定了公民的姓名权、肖像权、名誉权、荣誉权和法人的名称权、名誉权、荣誉权受到侵害的，可以要求精神损害的赔偿，这反映了我国的国情和法律的针对性。对于生命权、健康权、贞操权、自由权、婚姻自主权等受到不法侵害而给受害人或其家属造成的肉体或精神痛苦等，以及侵犯法人的其他权利而造成的非财产损失，无权要求金钱赔偿。

5. 什么人可以提起诉讼，请求赔偿？人格权受到侵害的受害人可以起诉并要求物质补偿，但在受害人健在、有行为能力的情况下，未经授权，其他人无权代为提起诉讼。受害人死亡之后，其姓名、肖像、名誉、荣誉遭到不法侵害，其利害关系人是否有权起诉，要求赔偿？我们认为，对上述侵害，死者的法定继承人或利害关系人可以提起诉讼要求停止侵害、消除影响、赔礼道歉，但不能要求金钱赔偿。因为对死者的上述损害往往同时损害了死者的法定继承人或利害关系人的名誉和感情等，所以他们有权要求法律保护；但精神损害系指受害人本人所遭受的损害，谋求物质补偿是为了消除其所受的损害，所以，该权利应为其专有，其他人不能要求金钱补偿。但是，受害人在死亡之前已起诉或已得到加害人的赔偿承诺的，据此而享有的物质赔偿的权利，其法定继承人可以依继承而取得；以侵害死者的名誉、荣誉等为手段，目的实为损害死者的法定继承人或利害关系人的人格权利并给他们造成了精神损害的，该法定继承人或利害关系人可以作为受害人而提起诉讼,要求消除影响和物质补偿。

6. 在处理精神损害赔偿案件时,还应注意:(1)根据《民法通则》第120条的规定,侵害他人人格权承担民事责任的方式有停止侵害、恢复名誉、消除影响、赔礼道歉和赔偿损失五种。在处理中,以前四种方式为主,金钱赔偿为辅。先考虑前四种方式,后考虑赔偿问题。这与侵犯财产权的民事责任方式有所不同。(2)对精神损害的金钱补偿,处理时要慎重、有所限制,不能动辄要钱或一赔了事,否则就违背了非财产损害赔偿的立法目的而产生不良的社会效益。另外,并非所有的侵犯人格权案件,都要给予金钱补偿,对轻微的侵权行为,损害不大、影响很小的,可以不予金钱补偿。(3)要注意民事赔偿责任、行政责任、刑事责任三种责任的综合处理,追究了民事赔偿等责任,并不能免除加害人所应受的行政处分,构成犯罪的还要追究刑事责任;同时,也不能因已给予加害人行政处分或追究了刑事责任而免除其所应负的民事责任。

(1987年第6期)

对破产界限及债务清偿顺序的探讨

徐　明*

将企业资不抵债和一定比例的负债作为我国破产法的破产界限，并不能正确反映我国破产企业的实情。

企业破产债务清偿程序是一种特殊的法律程序，不宜按照民事诉讼法中执行程序进行。

破产界限和清偿顺序是破产法中非常重要的问题。前者为破产程序的开始，规定企业达到什么样的界限才算破产；后者是破产程序的终结，规定债权人能享有多少实际权利。这两个问题规定的适当与否对整个破产法都有很大的影响。理论界对此颇有争议，笔者就此略陈浅见。

对于破产界限，各国采取的方法不尽相同，归纳起来主要有三种：一是以“无力清偿到期债务”为破产界限。如美国和大陆法系的许多国家。二是以“资不抵债”为破产界限，如英国。三是采取混合的方式。一般债务以“无力清偿到期债务”为界限；而对公司法人则以“资不抵债”为界限，如联邦德国。我国《企业破产法》的破产界限如何规定，是我国破产法制定工作中所遇到的难题之一。《沈阳市关于城市集体所有制工业企业破产倒闭处理试行规定》规定了破产界限的两种情况：“1. 企业在经营中负债额已达到或超过所占有的全部资财（包括固定资产、流动资金、收债款物等），即产不抵债者。2. 企业因非政策性亏损连续两年，亏损额累计达到该企业固定资产净值的80%以上者。”《中华人民共和国企业破产法（草案）》第6条规定：“企业凡负债达到其实有资产的60%以上，且不能清偿到期债务的，认定为达到破产界限。”可见，对我国企业破产的界限在立法上基本确认了两种情况，即资不抵债或负债达到一定的比例。理论界则主要围绕着这一比例的多少为破产界限展开了争论。一种意见主张破产界限以偏严为好。因为界限过宽，企业一旦进入破产界限，涉及债权人多，欠债数额大，对债权人不利，同时也使破产企业积重难返。债权债务关系的连锁反应，会导致恶性循环，不利于维护商品经济的正常秩序。界限偏严，从近期看可能进入破产界限的企业多一些，但从长期看，有利于企业的健康发展。另一种意见认为破产

* 作者单位：华东政法学院（现华东政法大学）。

界限以偏宽为好,认为这样能起到"破一儆百"的作用,能减少社会的震动面,能为企业的改革创造一个良好、宽松的外部环境。笔者认为,将企业资不抵债和一定比例的负债作为我国破产法的破产界限,并不能正确反映我国的实际情况。

第一,某些企业在正常情况下也有可能使自己的负债超过其全部资产总额的60%或80%以上。按照国家的有关规定,国营商业批发、外贸进口和物资供销企业所需要的流动资金,主要由银行贷款。在这些企业的流动资金占用额中,属于银行贷款的一般占80%以上,而这些企业的流动资产又占其全部资产的80%左右,因此,在正常情况下,这些企业的负债完全有可能超过其总额的60%或80%。如某市茶叶公司,1985年盈利238.7万元,但由于其流动资金中的银行贷款等负债占全部流动资金的97.3%。流动资产又占企业全部资产的96.7%,因而企业负债已占企业全部资产的94%。某市农机工业公司所属的9个国营企业均为盈利企业,但其平均负债已占其资产总额的75.1%。另外,这种情况在中外合资、合作经营企业和外资企业中也碰到了麻烦。国务院办公厅1985年《关于中外合资经营企业注册资本与投资总额比例问题的通知》,对三资企业的资金问题作了明确规定,凡是投资总额在1000万美元以上的,企业的自有资金一般只占投资额的1/3,其余的2/3资金由企业借款,因此,三资企业的负债一般都超过了其资产总额的60%。实际上,许多企业在成立时,如按我国企业破产法所定比例早已达到破产界限,应限期整顿;否则,则要宣告破产,这显然是行不通的。

第二,这种规定容易保护落后,抑制先进。在国家对企业的流动资金实行拨款改贷款以后,企业生产经营发展所需要增补的流动资金,主要是通过银行贷款加以解决。企业生产经营规模发展越快,流动资金中贷款比重也会越大。如果这些企业贷款比例已超过60%,尽管这时企业已资不抵债,但由于新产品的开发或者通过其他信用渠道获得了新的资金,能够偿还债务,这样的资不抵债企业能否说是达到了破产界限?相反,一个企业虽然负债尚未达到60%的比例,但却早已没有能力清偿到期债务时,又怎样来解决它同债权人之间的债务关系?实际上,在发达的商品经济条件下,企业负债经营往往是一种正常的现象。如果将企业负债情况作为衡量国营企业是否破产的界限,可能会造成生产经营越快的企业,因其需要贷款越多,因而也就越容易达到破产界限,而那些亏损企业,由于贷款困难,相对而言就不容易破产。因此,用资不抵债或一定比例的负债作为我国破产法的破产界限是不恰当的。笔者认为,我国破产法的破产界限应为"不能及时清偿到期债务"。这样既然克服了上述的弊端,又有一定的灵活性。"不能及时"是指债务人不能按照债权人指定的时间如数偿还所欠债务。对债务人虽能按期偿还债务，但由于客观上的原因，而延期偿还的，不应视为不能及时偿还到期债务。如延期偿付是由于银行的过错，或由于地震、洪水等不可抗力而使交通中断等原因造成的。出现这种情况，债务人必须及时通知债权人，说明情况。

不能清偿到期债务还包括“停止支付”。由于实际情况的复杂多样，有时，尽管债务人不能清偿到期债务，但却不承认没有能力清偿，而强调各种原因（法律明确规定可以免责的除外）。破产界限是破产法中最为重要的环节，必须明确规定，不能产生歧义。因此，不管实际情况如何，只要债务人停止支付到期债务，就应算作债务人不能清偿到期债务，达到破产界限。这一推定原则被世界大多数国家所确认。如日本《破产法》第120条，联邦德国《破产法》第102条等都将债务人停止支付，推定为不能支付。我国破产法似应作类似规定，以免在实践中引起混乱。

破产债务清偿程序中的实质性阶段，也是破产程序的最后阶段。当进入破产界限的企业整顿无望或依法律无须整顿时，宣告破产的企业即进入破产的债务清偿阶段，债权人按照一定的清偿顺序清偿。

清偿程序是指对债务人的财产进行清理，并按照法律规定的清偿原则清偿债务的法定程序。对于财产的清偿顺序，我国《民事诉讼法》第180条作了规定：“被执行人被执行的财产，不能满足所有申请人要求的，按下列顺序清偿：（一）工资、生活费；（二）国家税收；（三）国家银行和信用合作社贷款；（四）其他债务。不足清偿同一顺序的申请人要求的，按比例分配。”有人认为这种顺序同样也适合于我国破产法的债务清偿顺序。笔者认为，企业破产债务清偿程序是一种特殊的法律程序，与民事诉讼法中的执行程序有很大的区别。破产法的债务清偿在本质上不应存在先后顺序问题。因为破产法的立法目的之一，就在于债务人破产后，能够公平合理地满足债权人的债权，如果在债务清偿上有先后之分，必然造成各债权人在债权分配上的不公平，达不到我国破产法的立法目的；另一方面，由于一些特殊情况，又使破产法的债务清偿顺序有先后之分。这主要指破产企业职工的工资、劳动保险费以及国家税收，国家和职工必须优先受偿。因为，它们在本质上和破产企业没有发生债的关系，不属于破产法所调整的范围。但是为了方便起见，把它们和各种债权放在一起，作为一种债的关系来处理，有其合理性。因此，破产企业应首先保证这部分债权受偿。其中，工资和劳保费应比国家税收优先偿付，因为，这一部分债权偿付与否关系到企业职工的基本生活。再者，这部分受偿数额和国家税收相比则要小得多。除此之外的一切债权人在受偿顺序上不应有先后之分。民事诉讼法中所规定的国家银行和信用合作社优先于其他债权人受偿不能适用于破产法中。因为，除了职工的工资和劳保费以及国家的税款之外，银行贷款和信用合作社贷款如优先于其他债权人受偿，那么，其他债权人的债权完全有可能落空。另一方面，其他债权人同作为债权人的国家银行和信用合作社的法律地位是平等的，优先清偿会使他们之间的地位不平等，这在法学理论上是不能成立的，在实践中不利于它们加强对企业投资或贷款及其生产、经营方面的监督。有鉴于此，笔者认为，我国破产法的债务清偿顺序似应为：(1)破产企业所欠职工工资和劳保费用；(2)破产企业所欠的国家税款；(3)破产债权。但是，如果破产的财产不足清偿同一顺序的债权，可按各债权比例分配。

(1987年第8期)

析我国破产法中的撤销权

王欣新* 李 磊**

撤销权又称否认权，是指破产财产的清算管理人对于破产人在受破产宣告前，与他人进行的损害债权人利益的行为有否认并申请法院撤销的权利，我国《企业破产法》第35条规定："人民法院受理破产案件前六个月至破产宣告之日的期间内，破产企业的下列行为无效：（一）隐匿、私分或者无偿转让财产；（二）非正常压价出售财产；（三）对原来没有财产担保的债务提供财产担保；（四）对未到期的债务提前清偿；（五）放弃自己的债权。破产企业有前款所列行为的，清算组有权向人民法院申请追回财产。追回的财产，并入破产财产。"设立这一权利是防止债务人在明知自己即将破产的情况下，以转移资产或偏袒性清偿债务等方法，侵害全部或大部分债权人的权益。因此，它是在破产程序中，债权人所享有的，并通过清算组来行使的一项重要权利。撤销权具有以下特征：

1. 法律规定的可撤销的行为，均是以财产性内容为标的的行为。如果债务人向某一债权人或其他人提供无偿劳务，则不属撤销之列。

2. 规定撤销权的目的是防止债权人的利益受到损害，所以行使撤销权时，必须要有债权人利益受损的客观事实，即债务人行为的结果使其日后破产时，债权人应当分到的财产数额减少。如果债务人在进行上述法律规定中的那些行为时，企业经营状况正常，资产超过负债，那么由于这些行为没有侵害债权人的利益，属正常民事行为；即使事后债务人企业亏损破产，破产财产的清算管理人对这项行为也没有撤销权。

3. 这些行为具有明显的侵害债权人利益的故意。债务人在破产前财产减少，还可能由于其他行为造成，如经营失误、管理不善等，这些行为虽也能导致债权人利益受损，但不得行使撤销权。可以行使撤销权的仅限于法律所列举的五类行为，它们都是可以推定为债务人恶意进行的，具有诈欺性质的行为，而且行为的对方当事人往往也是明知行为会侵害债权人利益而放任接受，甚至是同谋进行的。

4. 时间要件。根据我国破产法规定，撤销权只能在法定期间内构成并行

---

* 作者单位不详。

** 作者单位不详。

使，即违法行为只有在法院受理破产案件前6个月至破产宣告之日内进行，清算组才有权提出撤销申请。撤销申请是由清算组在破产宣告之日至破产程序终结之日内提出，或是违法行为在破产程序终结之日起一年内被人民法院查出，才能追回财产。如果债务人的行为是在破产案件受理前6个月以外的时间进行的，即使它侵害了债权人的利益，也不能要求撤销。如果是在破产程序终结一年以后发现债务人有符合撤销条件的违法行为，也不得再予撤销，因为诉讼时效已过。对撤销权规定诉讼时效，是为了保障社会经济关系的稳定，使社会经济秩序不因个别债权人的利益而承受长期不利的影响。

行使撤销权时，还要注意几个问题：

第一，法律规定应撤销行为的第3项为："对原来没有财产担保的债务提供财产担保"，它不包括受理破产案件6个月以前债务人就已经答应提供担保，而在6个月内履行的。因为债务人的担保承诺是在可撤销期以前作出的。

第二，撤销权的行使应以债务人、相对人即债务人行为的对方当事人和恶意第三人为限，只能向这些人追回财产。恶意第三人是指财产的转得人，不管转手次数多少，凡转手而得财产者均为第三人。对于善意取得财产的第三人不能行使撤销权。因为他并不知道债务人等侵害债权利益的事实，没有侵害债权人利益的故意，在交易中也没有不当得利。

第三，举证责任问题。对违法行为存在的举证责任，应由主张撤销权的清算组承担。凡是债务人在法定期限内进行这些违法行为的，法律均推定为得撤销的行为。如果债务人或相对人主张当时债务人的财产状况未到破产境地，行为未损害债权人利益，则由债务人对其主张负举证责任。对第三人取得财产的恶意，即其明知行为侵害债权人利益这一点，应当由清算组负责证明，如不能证明即推定为善意取得，不得追回财产。

（1987年第8期）

1988年

产权明晰化和企业非国有化

——谈改革中企业所有权的转换机制

王卫国*

企业经营机制转变的基本思路，是从企业主体性出发，以法人产权为依托，使企业的自主经营权建立在财产权和利益机制的基础上。其中，一是企业产权明晰化，二是一定范围内的企业非国有化。

从这几年围绕转变企业经营机制所作出的种种实践性和理论性的尝试中，我们得到这样一个启示：长期以来我国企业缺乏生机和活力的原因，绝不能简单地归结为一时的政策失误或措施失当，而应当从制度、体制和结构等宏观环境上去考虑。因此，企图在既成的制度框架内通过"放权松绑"和各种责任制来调动经营者和生产者的积极性，以求提高企业经济效益和实现国民经济的增长，实质上是一种治标不治本的办法。

毋庸讳言，长期以来窒息企业生机和活力的根本原因在于我们采用了一种国家统制经济的模式。根据这种模式，在结构上，实行全社会企业一律公有化和绝大多数国营化；在运行机制上，实行计划管理的集权化、指令化。其结果是，几乎所有的企业都成了贯彻国家意志、服从行政指令的"齿轮和螺丝钉"。人们原以为，社会主义经济就像一架机器，只要在国家的操纵下步调一致地转动，就会源源不断地产生出满足社会需要的财富。然而，事实无情地粉碎了这种梦想。

近几年来，在围绕"建立有计划商品经济新体制"的探索和实验中，许多人把注意力集中在计划和市场的关系上，却忽视了企业制度在改革全局中举足轻重的地位。这是一种片面性。实际上，如果没有千千万万的企业作为商品生产者的独立存在、独立运动以及它们之间的相互联结、相互交错，所谓市场体系不过是想象中的纯粹价值运行的空中楼阁；如果千千万万的企业仍旧处在国家所有权的实际支配之下，没有独立意志和自我调节的能力，所谓以间接控制为主的宏观经济调节体系也无异于纸上谈兵；如果"企业归国家、生产为国家、花钱靠国家"的依赖关系不从根本上扭转，则改革和竞争给企业带来的压力和风险，最终将转化为企业加在国家身上的沉重负担，进而转化为财政赤字和通货膨胀的

* 作者单位：中国政法大学。

持续和加剧，所谓国民经济稳定增长和20世纪末“翻两番”亦终将是镜花水月。

只有进一步改革国家所有权制度，才能使企业生产力和国家上层建筑一同从陈旧僵化的概念与体制下解放出来。

目前正在推行的以承包制为中心的“两权分离”，存在一个根本的缺陷。这就是，它的理论出发点不是企业本位而是国家本位。它的思路是从国家主体性出发，以国家所有权为依托，企图通过强化企业责任机制来实现国家利益的极大化。它所赋予企业的，仅仅是经营管理上的自主权，这种自主权的基本属性是行为权而不是财产权。也就是说，这种制度实质上只是在旧体制的框架内采用的一种对策性安排。实践证明，它不可能满足“实行所有权与经营权分离，把经营权真正交给企业”的要求，也不可能真正实现企业经营机制的转变。

正确的思路应当恰好相反，即从企业主体性出发，以法人产权为依托，使企业的自主经营权建立在财产权和利益机制的基础上。在商品经济条件下，企业应当由只为国家谋利益转变为首先为自身谋利益，由被动地对上级负责转变为主动地对企业自身及其职工负责。另一方面，要强化国家责任，转变国家机关的职能，促成国家在经济生活中的行为合理化和规范化；国家在对企业行使权力的同时，还必须承担相应的义务，并接受相应的约束。

因此，我们必须从两个方面去实现国家所有权的改造：其一，是企业产权明晰化，即让企业成为职能所有权的担当者，从而成为相对独立的商品生产者；其二，是一定范围内的企业非国有化，即让一部分原来的国有企业转变为集体所有制企业，或者国有经济和集体经济混合所有企业，以及国有经济与私人经济成分相混合的企业。

目前，把产权明晰化作为搞活国有企业的根本出路这一思路，在经济学界得到了许多人的赞同。但是，在如何实现产权明晰化的问题上，不少人的注意力还停留在股份制上面。

诚然，股份制是一种典型的所有权转换机制，并且具有强化企业产权的功能。但是，股份制是一种将私人所有权转变为社会所有权的机制，是一种实现资本社会化的机制。而我们所要求的产权明晰化，是在国家所有权的基础上进行的。而国家所有权就其性质而论，是一种社会所有权而非私人所有权。而且，国家从根本上讲不是一个民事主体（权利主体），而是一个高居于全社会之上的政治实体，一个无可替代的权利主体。因此，即使赋予国家所有权以股权的形式，并成立国家资产局或控股公司一类的机构来行使国家股权，也不能形成“投资者个人人格无法代替也无法驾驭公司团体人格”的格局，而这种格局正是现代股份制实现公司人格独立的必要条件。另外，倘若把国家所有权转变为股权后交给一个行政性资产管理机构，则国有企业不免依旧是国家机关的附庸，所谓政企分开和国家间接控制也必然流于空谈；倘若把国家股权交给一个企业性的国家控股公司，则控股公司势必成为一个超级托拉斯，所谓市场体系和竞争机制势将化为泡影；倘若把国家股权交给众多的独立化分散化的控股公司，则可能意味着国家所有权的实际取消，或者意味着在企业之上设置了一个具有自己独立经济利益的母公司，而企业则可能由原来的国家机关的附庸转变为这个母公司的附庸，可见，取消国家所有权并不是我们现阶段的目标，让企业成为新形式的附庸又不符合当前改革的要求，所以，对国有企业产权明晰化来说，股份制的方案是不足取的。

在当前，比较可行的也许是另一种转换机制——产权授予制。其基本轮廓是，以《民法通则》第82条"全民所有制企业对国家授予它经营管理的财产依法享有经营权，受法律保护"的规定为基点，设计一套在国家向企业授予财产经营权的前提下，建立和强化企业法人产权的法律制度。

产权授予制的内容主要包括三部分，一是产权授予程序；二是产权授予后企业财产权的性质、内容、范围、行使要求和保护方法；三是产权授予后国家与企业之间的关系准则。

产权授予程序的主要内容是：在清产核资的基础上，由国家主管部门向企业正式颁发产权授予书。关于产权授予前的企业债务，原则上应随资产同行，但是，对过去因执行国家指令性计划和行政命令而造成的亏损性债务（包括银行信贷债务和国营企业间的结算债务），可采取减免或补贴的方式解决，产权授予的有关情况应登记于工商行政机关并向社会公开。

产权授予后，企业财产成为法人产权的标的，与国家所有权脱钩；同时，法人产权又作为一种抽象的集合财产，成为国家所有权的标的。

关于国家与企业的关系准则，主要是界定国家所有权行使的限度与方式。产权授予后，国家主管部门可以对企业行使的权力有：(1)厂长（经理）任免权或者任免审批权；(2)法人章程制定、修改权；(3)对企业合并、分立的审批权；(4)业务监督权；(5)追加资产授予权；(6)必要和适当的计划管理权。关于这些权力的具体范围和实施细则，可以在产权授予文件和法人章程中予以明确。对于主管部门行使上述权力的行为，企业有提出异议乃至提起行政诉讼的权利。

国家对企业债务负有限责任，即国家作为所有人对企业债务的财产责任，原则上以企业法人产权属下财产为限。对资不抵债、不能清偿的企业，国家可任其破产，亦可于必要时通过重整程序加以挽救。

国家与企业关系的另一个重要方面，是企业与国家之间关于企业税后利润的分配问题。比较可行的办法是，一方面，以政府法令或者法人章程明确规定企业三大基金（积累基金、福利基金和奖励基金）的法定比例，除去三大基金之后的利润原则上应上交国家财政；另一方面，把企业工资总额增长与上缴利润增长挂钩，即按照一定的计算公式，由本年上缴利润相对上年增长的幅度，算出下年企业工资总额（或人均额）增长幅度，这样，既能保护企业的积极性，又能保证国家增收。

企业非国有化的目标是调整国有企业在国民经济中的分布和比重，让一部分国有企业转归或引入其他经济成分，从而变国有经济的数量优势为质量优势，变社会再生产的单一国家投资为多渠道社会投资，变国家经济管理职能的超负荷低效率运行为减负荷高效率运行。

非国有化的方式可分为直接和间接两类。

直接方式就是直接将国有企业转归其他经济成分，主要有两种办法：(1)将那些在历史上被不恰当地收归国有的集体所有制企业和私营企业“物归原主”，直接还原为集体企业或私营企业。(2)将那些不宜于或不需要由国家经营的中小企业有偿转让给其他非国有企业法人（如集体企业、外资企业）或者个人。

间接方式就是运用某种所有权转换机制，引入其他经济成分，使企业由单一的国家所有转变为国家和集体共同所有，或者国家和其他民事主体（法人、合伙、公民等）按股份所有。具体地说，主要有两种转换机制：

1. 产权分享制

产权分享制的目的是要使企业职工获得企业所有者的地位，从而实现劳动者同生产资料的直接结合，提高劳动生产率，其基本方案是将国有企业中的国家投资和职工集体投入的价值分开，前者属国家所有权，后者属劳动者集体所有权，二者共同派生出一个企业产权。企业产权附着于企业财产之上，而这两种所有权则共同附着于企业产权这一抽象财产之上，形成产权共有关系。这种产权共有关系必然延伸出共享收益关系，即双方按各自在企业产权中所占的价值比例（或者按规定或约定的其他比例）分享扣除三项基金后的税后利润。

职工产权份额形成的财产基础主要有：(1)企业现有的留成基金和过去若干年内投入再生产的企业积累和留成基金（包括流动资金和固定资产）；(2)企业职工在产权分享后投入再生产的自筹资金（包括从企业福利基金和奖励基金中提取的资金，职工集资，职工贷款等）；(3)企业职工以自筹资金赎买的国家产权。

随着企业的发展，国家产权和职工产权的比例会发生变化，一般的趋势是职工产权的比重逐渐增大，甚至可能最终使企业转为完全的集体所有。当然，国家也可以通过追加投资来巩固企业产权中的国家份额，以便维持国有经济的比重和分布在一定时期内的相对稳定和平衡。

实行产权分享制的企业，应当享有比国有企业更充分的自主权。一般来说，这类企业不受国家计划约束，不由国家任命厂长（经理），并有权自行决定企业的劳动人事、工资、劳保、福利等事项。职工基于其产权份额所得利润分成的分配和使用，由职工代表大会决定。

关于产权分享企业的组织形式和财产责任，有两种选择方案。一种是有限公司模式。即国家和职工分别在自己出资份额的范围内对企业债务负民事责任。与此相适应，企业成立一个由国家代表和职工代表组成的管理委员会，作为企业的最高权力机关，负责任免企业负责人，决定企业重大决策。另一种是两合公司的模式。即国家作为有限责任股东，不参与企业管理，只享有利润分配和实施一定范围内的监督，对企业债务负有限责任；职工作为无限责任股东，管理企业事务并对企业债务负连带无限清偿责任。这两种模式各有千秋，前一种，职工风险较小，但经营自主权有限；后一种，职工有充分的经营自主权，但风险较大。一般说来，后一种模式比较适合于职工人数较少的小企业。

2. 股份制

股份制虽然不算是国有企业产权明晰化的可行方案，却不失为企业非国有化的有效形式。通过股份制实行企业非国有化的最大好处，就是广辟财源，把积淀于国内消费领域的大量资金吸收到生产领域中来，从而增加国内产业部门资金投入总量，同时减轻为数众多的国有企业日益增长的资金需求给国家财政带来的沉重压力，抑制"投资饥饿症"对通货膨胀的刺激作用。

我国推行的股份制，其基本模式应当符合现代各国资合公司的共通规范，即（1）全部资本分为等额股份，实行按股分配和一股一权主义；（2）奉行资本确定、资本充实、资本不变三原则；（3）公司的团体人格和法人财产与股东的个人人格和个人财产完全分开，股东仅在其出资范围内对公司债务承担责任（有限责任）；（4）资本所有权与经营权相分离，法人机关多元化，公司权力机关与业务执行机关各司其职，分权制衡。

实行股份制，还应当对资合公司的具体形态有所选择。现代资合公司主要有两种类型：一是股份有限公司，二是有限公司。股份有限公司完全是资合公司，具有资本证券化，股份发行公开、转让自由，股东人数不受限制的特点，因而有利于广集资金，扩大规模，以及最大限度地实现公司人格的独立性、经营的永久性和组织的完善性。有限公司是资合为主兼具人合性质的公司，具有股份记名、股份发行不公开、股份转让受一定限制，以及股东人数有限的特点，因而兼有集资较易和组织较易之利,适合于中小规模的经营。

实行股份制,还需要建立配套设施。当前尤为紧迫的,一是建立证券市场,并颁布证券交易法规;二是制定公司法,以确保投资者的合法权益和公司的法人地位,确保公司组织机体和营运素质达到商品经济所要求的起码水准。

如何把股份制运用于企业非国有化?至少有四种方案可供选择:(1)对现有企业清产核资,按其财产现值折合成股份,将股权部分转让给其他民事主体,组成有限公司。(2)将企业现有资产折合成股份作为国家股,对外募集新资股,组成有限公司或者股份有限公司。(3)通过企业合并的方式,将国有企业并入其他股份制企业,或者同其他企业合并为一个资产的股份制企业,原来的国家所有权转换为股权。(4)国家投资创办新的股份制企业,面向社会集资(必要时可实行国家控股),然后以产权转让的方式将国有企业转归该公司所有,国家可将出让企业收回的资金用于新的投资。在以上方案中,国家股权的行使,可按行业归口的原则,由国家委托给适当的国有企业或政府部门。

推进价格改革,是建立社会主义市场体系的重要步骤。市场体系的建立,将为企业制度的改革提供外部环境和外在动力,是完全必要的。但是,这种外部环境和动力毕竟还不等于企业制度本身的改建或再造。另外,价格改革的成功,在根本上取决于社会生产的发展,亦即社会生产力的最佳发挥。因此,企业制度的变革无疑将构成市场体系建立过程的内部环境和内在动力。

以产权明晰化和企业非国有化为主线的国家所有权改造,应当成为改革企业制度的突破口,其意义丝毫不亚于建立市场体系过程中的价格改革。

【编后】 本文原稿2万余字,总标题为“论所有权转换”。本刊选用其中第四部分,标题由编者所加。

(1988年第10期)

中国民法学理论在改革中的发展和繁荣

——改革十年中民法学研究的重大理论问题述评

郭　锋*

我国的民法学理论研究，虽然在20世纪50年代就已经开始，但当时的民法理论基本上是照搬苏联模式。十一届三中全会以后，随着党和国家的中心任务转到经济建设上来，特别是随着改革开放政策的实行，社会主义商品经济的发展，我国民法学理论研究才逐渐兴旺起来，开始涉及广阔领域。在此，我们拟就其间一些最具代表性的问题略作述评。

一、从学科理论上论证了我国民法的调整对象是平等主体之间的商品关系

传统的民法理论照搬苏联，认为民法调整的是一定范围的财产关系和人身非财产关系。该种表述的弊病是伸缩性大，界限模糊，未能指明民法调整对象的质的规定性。在对这种表述进行反思的基础上，理论工作者提出了"商品关系说"理论，即认为我国民法的调整对象就其主导方面来说是社会主义条件下的商品关系。这一理论的积极意义和贡献在于，首先，科学地揭示了民法调整对象的纵向演变。这一理论认为，民法部门，无论从传统意义上或是现代意义上说，都是与一定社会的商品关系紧密地联系在一起的。作为民法基本内容的权利主体、所有权、债和合同等制度正是商品生产和交换的一般条件在法律上的反映。资本主义商品关系和社会主义商品关系的民法，就其本质特征和主导方面来说，都是不同所有制决定的特定历史时期的商品关系和社会关系的反映。其次，阐明了民事法律调整机制与有计划商品经济的内在联系。我国实行的是有计划的商品经济，商品经济的充分发展是我国实现现代化和完成经济改革的必由之路。基于这一前提，这种理论认为，要使商品经济沿着良性循环的轨道正常发展，就必须按照商品经济的内在要求，充分发挥价值规律的作用，并把这种作用表现为民法的规范，使之得到普遍的遵守。最后，确立了民法学科的理论体系，并在一

* 作者单位：中央财经大学。

定程度上影响到民事立法的框架和内在结构。根据这种理论，一旦把民法的对象确定为商品关系，就比较容易合理地建构民法的学科体系。民事主体（特别是法人）制度、所有权制度、债和合同制度构成民法的核心。法律行为、物、代理、时效、损害赔偿等制度配合这三项核心制度而发挥作用。由于婚姻、继承、智力成果等制度不是商品关系，因此不宜纳入民法的调整范围。这样，民法和其他法律部门，如行政法、劳动法、财政法、婚姻法、经济法等的界限也就容易划清了。我国民法通则的框架和内在结构，特别是第2条规定的调整对象，在一定程度上受到了该种理论的影响。

"商品关系说"这一理论也具有自身的局限性，主要表现在：(1)把民法的对象表述为商品关系，固然突出了民法对主体之间横向经济关系的调整功能，但它却忽视或降低了民法对主体的人身关系的调整作用。(2)这种表述还存在的一个内在矛盾是，商品关系只是民法调整的财产关系的一部分。主要体现为流通领域内的交换关系，因此把民法的对象限于商品关系，很可能缩小了民法的作用范围。如果表述为商品经济关系，则是否又意味着对商品经济关系的调整，只需一部民法而无须其他法律部门呢？(3)传统的民法理论和民事立法，都把人身关系、智力成果关系乃至婚姻家庭关系纳入自己的领域，"商品关系说"则主张将其从民法中分离出去，这样做不但容易与现行民事立法冲突，也可能引起相邻法律部门的混乱。

二、深入探讨了民法与经济法的关系，合理建构了经济法律的调整体制

十一届三中全会以后，我国法学界也展开了民法经济法关系的大讨论。围绕"经济法是不是一个独立的法律部门"以及"民法与经济法的关系怎样、范围如何划分"的主题，主要有部门经济法说、学科经济法说和经济行政法说三种。

部门经济法说认为，经济法是一个独立的法律部门，其调整对象是纵横统一的经济关系，调整方法是综合运用经济的、行政的、民事的甚至刑罚的方法。从产生来看，经济法是适应我国计划经济的需要从民法中分离出来的，对社会主义经济关系的调整仅凭民法的手段已不适应了。以计划为主的纵向关系和以合同为主的横向关系已经形成一种新的经济关系，必须用经济法予以统一调整。

学科经济法说则认为，经济法没有自己的调整对象，没有统一的调整方法，不是一个独立的法律部门，不能取代民法的作用。从我国经济法的产生来看，它是适应改革以前的经济模式的需要，照搬苏联拉普契夫经济法理论的产物。但

即便在苏联,拉普契夫"纵横统一"的经济法理论的影响也是有限的,并未代替民法的作用,列宁亲自主持制定的苏俄民法典仍然在国民经济领域得到普遍的适用。如果说在我国原有的管理体制下,借鉴苏联的经济法理论是顺理成章的话,那么随着经济改革的不断深化,这种理论已被证明不适合中国国情。纵横统一的实质,意味着企业的一切经济活动都要受指令性计划管理,统一的目的在于使一切经济活动都服从指令性计划,这与经济改革的方向完全是背道而驰的。因此,社会主义组织之间、社会主义组织与公民之间以及公民相互之间的商品关系,理应由具有平等、等价特征的民法统一调整。而经济法是国家对经济组织之间实现经营管理职能过程中所发生的各种社会关系进行综合调整的法规、法令、条例的总称。它是把某种具体的经济现象、经济过程作为自己调整的范围。因而,经济法只能作为一门法律学科,其任务主要是对经济法规进行系统的分析和研究。

经济行政法说认为,经济法实质上就是经济行政法,这种意义上的经济法可以构成一个独立的法律部门。在我国社会主义条件下,国家组织和管理国民经济的统一性,使经济行政法调整的社会关系集中表现为组织和管理经济的关系。这种管理关系具有行政隶属性,由计划、组织、调节和监督关系所构成。因此,这种意义上的经济法与民法的界限比较清楚。经济法主要调整纵向的经济管理关系,民法则调整平等主体之间的横向经济关系。

作为学术争鸣,这场讨论不可能达成完全一致的看法,并且还留下了一些值得我们进一步思考的问题,比如:(1)对一些问题的观点,虽然彼此不同甚至对立,其实并无本质的冲突,只是讨论的角度不同。(2)经济法学派内部对经济法的认识各不相同,也未能注重对基础理论的研究,因而难以形成一股统一的力量,不利于经济法的健康发展。(3)随着民法通则的颁布,民法的地位和体系都得以确立,在此情况下,经济法应当沿着什么方向进行自身的建设。这是需要从理论上认真加以思考和探索的问题。

三、围绕搞活企业这个中心,对国营企业财产权的性质进行了各种有益的探索

城市经济改革的中心任务是搞活企业,搞活企业的关键是正确处理国家和企业的财产关系,即国营企业对国家授予它经营管理的财产在法律上享有什么样的权利。针对这一问题,民法学界提出了以下有代表性的观点:

1. 相对所有权说。这种观点认为,国家将财产划拨给企业以后,企业虽可

以行使占有、使用、收益和处分的权利，但由于国营企业法人的财产归根结底是国家所有权的客体，所以国家对这部分财产保留着最终处分权，企业的相对所有权从属于国家的绝对所有权。

2. 法人所有权说。这种观点认为，只要国家仍然是全民所有制财产唯一的所有者，而不给企业独立的财产权，就消除不了众多的政府机关运用行政权来行使国家所有权的弊端，所以应该赋予国营企业以法人所有权。国营企业的法人所有权是一种不从属于国家所有权的独立财产权，是商品经济社会里企业作为民事权利主体享有的一项重要的财产权利，是一种完整而充分的物权，包括占有、使用、收益和处分等权能。其法律特征与其他所有权的特征一样，即是绝对权，具有排他性和完整性。企业具有独立于国家、其他经济组织和个人之外的财产、利益和责任。

3. 所有权权能说。这种观点认为，企业享有的是对国有财产的占有、使用、部分收益和处分等具体权能，企业拥有这些权能就能够摆脱国家行政权的控制而成为独立的经济实体。国营企业的财产所有权仍然属于国家。国家所有权的各项权能与所有权相分离并不导致国家丧失所有权，因为所有权的本质表现为支配权，而支配权是所有权的核心和灵魂，与所有权是无法分离的。

4. 经营权说。这种观点认为，国家应一如既往地保留对企业财产的所有权，而把国家财产的经营权赋予企业。企业的经营权是从国家所有权身上派生出来并与国家所有权相分离的一种独立的财产权，属于民法物权的范畴。它包括了商品生产者和经营者应该享有的各种民事权利，既可以依法对抗包括所有者在内的任何人，也可以通过商品交换发生国家财产所有权的取得和转移。这种观点特别强调，国营企业的法人地位并不以获得所有权为前提，只要它享有经营权，照样可以成为自主经营、自负盈亏的民事权利主体。

5. 用益权说。这种观点认为，对国营企业的财产，国家享有单纯所有权，企业基于和国家的用益关系而享有占有、使用、收益甚至处分的权利。

上述各种学说，尽管表述不同，但最终目的都是寻求企业财产权的最佳模式，从根本上搞活所有全民所有制大中型企业。其中，相对所有权说、所有权权能说、经营权说、用益权说四种学说属于同一类别，都认为应在维持传统的国家所有权不变的前提下分离部分权利给企业。而法人所有权说则主张应对传统的国家所有权进行变革，由此形成独立的企业财产权，以使企业成为一个完全独立的商品生产者和经营者。

四、在深化经济改革过程中，对两权分离理论进行了总体法律评价

两权分离，即所有权与经营权的分离，是我国经济改革中搞活企业涉及的一个重要理论问题。目前进行的各项改革措施，基本上都是在两权分离理论指导下进行的。但是，两权分离是否能从根本上解决搞活大中型全民所有制企业？对此民法学界存在两种评价。

持肯定意见的学者认为，两权分离是搞活企业的最佳模式。在目前的经济改革中，全民所有制的地位只能加强，与此相适应，国家所有权也不能动摇。传统经济体制下造成企业内无活力、外无压力的根源，在于国家行政干预过多，而并不在于国家拥有所有权。企业活力并不以企业享有所有权为标志，国家所有权并不必然导致企业对国家的依附。

持相反观点的学者认为，两权分离对传统所有制模式下企业财产所有权与经营权集于国家一身的现象，的确是一个进步，但在不触动国家所有权统一性和唯一性的前提下来进行改革，必然使改革难以达到预期的目的。首先，我国现有的国家所有权制度是自然经济和产品经济的结合体，无法适应现代社会大规模商品经济发展的需要。其次，以统一性和唯一性为特征的国家所有权制度，已与改革实践发生了尖锐的冲突，主要表现在：它使企业的经营权与行政权结合，无法在商品交换中真正贯彻平等、等价的原则；它与多种经营方式、多种经济成分不相适应，阻碍了社会生产力的发展；它不承认企业的法人所有权，忽视了企业作为独立的民事主体的地位。最后，由于把经营权置于国家所有权的控制之下，国家可以任意运用行政手段把企业管死；另外，由于这种分离使企业在财产权结构中的主体地位不具有独立性，无法遏制企业的短期行为。

这两种截然相反的意见，实际上是改革处于两难处境的反映。一方面，改革需要继续维护既存的某些具有根本性的制度；另一方面，改革又要对传统体制下的某些制度进行冲击和瓦解。反映在国家所有权问题上，由于思考的角度和重点不同，就产生了或者强调国家所有权，或者强调企业法人所有权的两种思想倾向。肯定两权分离的合理性和普遍性，实质上就是要在新的历史条件下进一步维护或者强化传统的国家所有权。对两权分离提出质疑，则是想冲破国家所有权神圣化的观念，建立适合新的经济运行机制的所有权制度。这两种看法当然还有待于理论上的进一步探索和实践中的进一步检验。但需要指出的是，在新的经济条件和政治条件下，传统的、带有浓厚的行政因素的国家所有权，确实面

临一个观念上和制度上的变革问题。如果不承认这一点,就无法适应经济改革不断发展的需要,就无法从理论上为改革实践指点迷津。

五、适应国家将经营权授予企业的需要,从法理上探讨了经营权的概念和性质

遵循两权分离的原则和思路,经济改革中国家已将经营权逐步下放给全民企业。我国民法通则明确规定,全民企业对其占有的财产享有经营权。尽管在理论上对企业是否仅有经营权就已足够还存有争议,但在现阶段,赋予企业经营权的必要性是没有疑问的。民法学界关注的是,应当怎样合理地界定经营权的概念和性质? 为此,出现了以下几种不同的认识。

一种观点认为,经营权是一种新型的物权,其物权特征主要体现在:(1)经营权是对物的支配权。企业享有这种权利,就可以将全民财产置于自己的实际控制之下,运用物的使用价值去增值价值,并可对物进行消费和转让。(2)经营权具有排他性。这种排他性表现为它与所有权一样,同一物之上不能有两个经营权。(3)对经营权的保护主要采用物权的保护方法。经营权具有这几个特征,就足以使享有该项权利的国营企业成为独立的商品生产者和经营者,可以使企业具有与所有权相类似的全部权能,可以运用一切合法的手段去实现自己的利益和目的,并依法对抗任何主管机关、集体和个人对经营权的不法侵犯。

另一种观点认为,经营权的概念可以从两方面来界定。一方面,经营权是经营主体对国有财产的占有、使用、收益和处分的财产权利;另一方面,经营权又反映了国家作为全民财产统一的唯一的主体对企业经营进行法定干预的权力。因而,经营权实质上就是经营管理权。经营权来自国家的授权行为,授权关系则体现了企业代表国家对国有财产的管理权。取得管理权是经营权产生的前提和基础,经营权则是管理权实现的形式。

再一种观点认为,无论从法理上看还是从经济改革的实践效应来看,企业的经营权和管理权应当是分离的。全民企业的财产权实质上就是经营自主权,反映了企业对物的占有、使用、收益和处分的权能;管理权则主要体现国家对企业的纵向管理关系,反映了命令、指挥、监督等特点。前者是一个民法学上的概念,后者是一个行政法学上的概念。实现经营权和管理权的分离,正是经济体制改革中弱化国家行政干预、扩大企业自主权的必要措施。如果继续将两者混为一谈,不但为政府机关不适当地干预企业的经营管理提供了理论依据,而且使企业无法摆脱作为政府机关附属物的地位。

上述关于经营权的三种观点，相对而言，第一种和第三种观点更符合我国经济改革的目标模式和民法通则的立法精神。当然，这两种观点也存在一些内在的矛盾，都有待于民法学理论工作者作进一步的探讨。

六、承包、租赁、股份制能否从根本上搞活大中型全民所有制企业？这是近两年理论探讨的热点

在两权分离、搞活企业的过程中，出现承包、租赁、股份制等新的企业经营方式，它们在消除旧体制的弊端和促进新体制的建立方面，起到了巨大的作用。但是，它们是过渡措施还是终极模式，能否从根本上搞活所有大中型全民所有制企业，在理论上则存有争议。

1. 关于承包和租赁。认为承包和租赁能从根本上搞活全民所有制企业的学者的依据主要是：(1)"包死基数、确保上交、超收多留、欠收自补"为原则的承包经营，和更能硬化企业预算约束的租赁经营，已在实践中得到全面的推行，产生了较好的效果。(2)这两种新的全民企业经营方式，不仅以契约形式淡化了国家和企业间的行政关系，而且将所有者的意志和利益体现在经营权上，所有权的内容具体化为经营权的运用。(3)承包、租赁是两权分离的有效法律形式，理顺了国家与企业的关系，推动了企业内部的配套改革，促进了生产力的发展，调动了企业经营者和职工的积极性。

另一部分学者则认为，承包、租赁不是搞活所有全民企业的根本措施，至多只能是一种过渡形态，其理由主要是：(1)两种经营方式固然弱化了经营者的权利，但并未从根本上弱化国家行政权对企业的刚性约束。(2)由于没有解决企业的所有权问题，在承包、租赁期内，企业增加的生产资料、扩大的生产规模、更新的技术装备都归国家所有，企业经营者和职工就会对企业的生产性投资和长远发展持漠然态度，并难以遏制企业的短期行为。(3)承包、租赁企业对自身经营风险的承受是有限度的，一旦超越这个限度，企业就不可能承担亏损。破产时的赔偿责任，最终承担者仍然是国家。

2. 关于股份制。一种观点认为，企业股份制是国家所有权和国家行政权相分离的最佳选择。因为：第一，国家所有权和国家行政权通过股份制分离以后，国家机关不再行使国家所有权，而仅仅从外部监督和管理企业，并为企业提供各种必要的服务。第二，企业股份制的过程，从民法的观点来看，实质上就是全民企业财产权权能的分离和转移过程。因此，全民企业在法定范围内把国家委托自己经营管理的财产投入股份企业后，国家对这部分财产丧失了占有、使用和部

分收益、处分权，股份企业作为法人同时取得了所有权和经营权。第三，实践中产生的承包、租赁、拍卖等制度，主要适用于小型、微型全民企业，对大中型全民企业不具有普遍意义。只有股份制才能从根本上搞活所有大中型全民企业。

另一种观点则认为，股份制在集中资金、发展多种经营方式中虽然具有一定的作用，但不能估计过高，更不能把它作为全民企业两权分离的普遍形式。因为：(1)企业股份制后，国家必然通过主管部门或国家投资公司作为“公股”的代表对企业进行控股，这样，企业仍然摆脱不了行政干预，只不过使国家与企业的外部利益转化为内部矛盾而已。因此，股份制并不能克服政企不分的弊端。(2)股份制主要是通过社会集资来发挥作用，但在我国目前条件下，难以筹集到巨额资金。而且，在我国实行低工资高就业的情况下，职工、居民用来购买股票的资金大多属于消费基金，把消费基金用来投资，就会使积累和消费的比例失调。(3)股份制的分配形式是按资分配，不符合按劳分配的原则，不一定能增强职工的主人翁责任感和生产积极性。(4)股份制还可能使社会主义公有制发生变化，使国家财政收入减少，使经营管理不善或规模小的企业难以筹措和留足必要的发展资金。

我们认为，在我国现阶段，国家作为全民所有者的代表，还必然要对全民财产行使所有权，两权分离的典型形式——承包和租赁的积极作用不能低估，但只能作为新旧体制交替时期的一种过渡措施。唯独企业股份制才能扬弃国家所有权的传统模式，使企业的经营权摆脱行政权的束缚，从而激发出企业的内在活力。因此，搞活所有大中型全民企业的最佳选择，应当是股份制经营方式。

（1988 年第 11 期）

1989年

谈和解协议在破产法上的效力

邹海林[*]　常　敏[**]

一、和解协议是债务人以避免破产宣告为目的同债权人会议之间相互谅解或让步，而达成的具有法律约束力的偿债协议。根据我国企业破产法的规定，人民法院受理破产案件后，被债权人申请破产的企业的上级主管部门，可以申请对该企业进行整顿；整顿申请提出后，债务人应向债权人会议提出和解协议草案，经债权人会议讨论，由出席会议的代表无财产担保债权总额2/3以上的有表决权的债权人过半数通过，形成债权人会议接受和解协议草案的决议，从而债务人与债权人会议达成和解协议。债务人与债权人会议在破产程序开始后进行和解，始终受破产程序的支配，而作为人民法院审理破产案件的破产程序，非经人民法院裁定中止或终结，并不因为债务人与债权人会议达成和解协议而发生变化。债务人与债权人会议达成和解协议表明双方当事人有避免人民法院为破产宣告的诚意，并不产生中止破产程序的当然效力。债务人与债权人会议达成和解协议，只是奠定了和解协议产生法律效力的意思表示基础，不构成和解协议产生法律效力的根据。和解协议是否能够产生破产法规定的效力，取决于在破产程序中居主导地位的人民法院所作出的司法裁定，因而《企业破产法（试行）》第19条规定："企业和债权人会议达成和解协议，经人民法院认可后，由人民法院发布公告，中止破产程序。和解协议自公告之日起具有法律效力。"和解协议在破产法上的效力包括两个方面：（1）和解协议对破产程序的优先效力；（2）和解协议对利害关系人的约束力。

二、和解协议对破产程序的优先效力，指和解协议优先于破产程序的进行，在破产程序之外以和解协议规定的偿债期限和方式清偿债权。《企业破产法（试行）》第3条规定："企业由债权人申请破产，上级主管部门申请整顿并且经企业与债权人会议达成和解协议的，中止破产程序。"因而和解协议生效后，已经开始进行的破产程序必须暂时停止进行，在和解协议达成前所产生的一切债权债务关系（有财产担保的债权债务关系除外）不再受破产程序的约束，而依照和解协议的规定进行清偿。当债务人不执行或不能执行和解协议时，人民法院

---

* 作者单位不详。

** 作者单位不详。

有权裁定宣告债务人破产而继续进行已经开始尚未终结的破产程序。在这种情形下，一般地讲，和解协议有中止破产程序的效力，履行和解协议的行为也具有对抗破产程序的效力，即和解协议生效后，债务人不执行或不能履行和解协议而受破产宣告的，债务人已依和解协议所为的清偿行为不受破产宣告溯及效力的影响，债权人依和解协议所受债务人的清偿而取得的财产得对抗任何利害关系人。因而不论债权人是否依和解协议已受全部或部分清偿，和解清偿并不因债务人未达到整顿目的受破产宣告而无效。债权人可以以其未受清偿的债权额加入破产分配。根据《企业破产法(试行)》第22条规定，“整顿期满企业不能按照和解协议清偿债务的，人民法院应当宣告该企业破产，并且按照本法第9条的规定重新登记债权。”这样，债权人可以依法申报并登记原债权全额加入破产分配，只是在具体接受分配时扣除其已依照和解协议受偿的债权额。但是，和解协议的对抗效力不适用于债务人实施的破产法所禁止的行为。

值得注意的是，和解协议对破产程序的效力只具有程序法上的意义，不具有实体法上的意义，不能作为人民法院强制执行债务人财产的根据。

三、和解协议对利害关系人具有约束力。和解协议生效后，破产程序中止使利害关系人暂时免受破产程序的支配，而受和解协议的约束。

债务人受和解协议约束的基本义务是忠实地、不折不扣地履行和解协议，并不为破产法所禁止的法定无效行为。《企业破产法(试行)》第12条规定：“人民法院受理破产案件后，债务人对部分债权人的清偿无效，但是债务人正常生产经营所必需的除外。”和解协议并无终结破产程序的效力，因而债务人不得对部分债权人为和解协议之外的清偿。和解协议除约束债务人履行和解协议的效力外，还有免去债务人的部分清偿责任的效力。达成和解协议，往往给予债务人延期履行债务或减免清偿债务的机会，债务人履行和解协议后，对和解协议免去的任何债务负担不再承担清偿责任，除非和解协议另有约定。债务人若不能履行和解协议而受破产宣告的，和解协议减免的债务额“重新复活”而加入破产分配。可见和解协议对债务人部分清偿责任的免除是附条件的。由于债务人只受和解协议的约束，因而也没有义务清偿逾期未申报的和解债权。企业破产法规定，逾期未申报债权的，视为自动放弃债权。和解协议是在破产程序进行中达成的，逾期未申报债权的债权人便丧失了通过破产程序受保护的权利，自然也不能受到和解协议的保护而获得清偿，因而债务人无论是否执行和解协议或是否已执行完毕，都没有义务清偿逾期未申报的和解债权。债务人的保证人、连带债务人所负的清偿全部债务的责任，并不因为和解协议的成立而受影响，债权人依和解协议未受债务人清偿的债权得向债务人的保证人、连带债务人要求继续清偿。

和解协议是债务人与债权人会议之间达成的协议，债权人应受其约束。受和解协议约束的债权人为“和解债权人”，和解债权人对债务人所享有的财产请求权仅仅限于债务人于和解协议中承诺清偿的债务数额；和解协议减免清偿的债务额，和解债权人不得对之继续主张权利。和解协议对和解债权人有约束力，并非对一切债权人均有约束力。至于有财产担保而未放弃优先受偿权利的债权人为别除权人，不受破产程序的支配，自然也不应该受成立于破产程序中的和解协议的约束。和解协议生效后的整顿过程中，任何第三人同债务人进行民事活动而产生的新债权，不受和解协议的约束，从而不构成和解债权，债权人可以请求人民法院对债务人的财产为个别的民事执行程序，不受和解协议的清偿顺序、比例、期限的限制。除有财产担保的债权人以及和解协议生效后新产生的债权人以外，受和解协议约束的债权人之间地位平等，享有要求债务人履行和解协议的同等权利，债权人接受债务人在和解协议之外的提前或优先清偿的行为，不得对抗其他债权人。为给予受和解协议约束的债权人充分的保护，债务人不执行和解协议，或在整顿期间财务状况继续恶化，或实施《企业破产法（试行）》第35条所列之法定无效行为，债权人可以申请人民法院裁定终结该企业的整顿并宣告其破产。

（1989年第1期）

鲁迅稿酬纠纷的法律分析

潘　腾[*]　岳雷驰[**]

1986年6月28日，鲁迅之子周海婴以人民文学出版社拒绝向其支付出版鲁迅著作的稿酬及未经其同意即与日本学习研究社、曙光社签订出版日译本《鲁迅全集》的合同，侵犯了鲁迅继承人的合法权益为由，向北京中级人民法院起诉，要求追究人民文学出版社的侵权责任，追索应付的鲁迅著作稿酬。

此事要从1950年10月说起。当时，许广平、周海婴联名写信给当时的国家出版总署署长胡愈之："关于鲁迅先生的著作，为使其普及读者与妥慎出版得以兼顾周到起见，以后鲁迅著作无论在国内外的编选、翻译及印行等事项，我们都愿意完全授权出版总署处理。"

国家出版总署接受了这一授权，并于当月19日在《人民日报》上发表通告，聘请冯雪峰等着手进行鲁迅著作的校订编辑和注释工作。

新中国成立初期，人民文学出版社开始出版鲁迅著作，并付稿酬给许广平。1952年4月，许广平和周海婴写信给当时担任人民文学出版社社长的冯雪峰，表示了愿将鲁迅稿酬赠与给国家的心愿。为此，冯雪峰向周恩来总理作了汇报。周总理第一次指示，要冯雪峰劝说许广平、周海婴收下稿酬。因许、周未提取稿酬，周总理第二次指示，要人民文学出版社将这笔款项以"鲁迅稿酬"的名义在银行立户存储，以备许、周需时支取。

从1953年至1958年，人民文学出版社共出版鲁迅著作20种88版，计稿酬340,197.11元，均以"鲁迅稿酬"的名义存入银行。

1957年，王任叔继任人民文学出版社社长，为解决这笔30余万元的稿酬，派王士菁往许广平处面谈。1958年2月20日，许广平、周海婴写信给王士菁，继续表达了要将稿酬赠与国家的愿望，并明确表示不愿意将钱放在出版社。

有鉴于此，人民文学出版社决定：从1959年起停止为鲁迅著作计算稿酬，此前所积款项，为继承鲁迅当年扶植文学新生力量的精神，留下30万元整数拟设置"鲁迅文学基金"，其余4万余元随当年利润上缴国库。后来，"鲁迅文学基金"未能设立。

---

* 作者单位不详。

** 作者单位不详。

1966年夏,许广平曾派秘书王永昌查看人民文学出版社有关鲁迅版税账目。1968年许广平去世。

1972年,周海婴患重病卧床不起。周总理指示将银行中人民文学出版社代存的“鲁迅稿酬”提取3万元供周海婴使用。

1981年鲁迅诞辰一百周年以前,中央组织部作出结清各出版社的“鲁迅稿酬”的决定。在中央书记处过问此事,林默涵、周扬、习仲勋、朱穆之、赵守一、胡耀邦、陈云等多位中央领导指示之后,人民文学出版社才交给周海婴一张27万元的支票,但对其余4万余元未做交代,历年的鲁迅书籍出版亦无账目说明。当年年底,人民文学出版社经国家出版局批准与日本学习研究社等签订合作出版《鲁迅全集》的合同,《鲁迅全集》出版并由日方支付了21万元外汇人民币的版税。周海婴得知此事后表示异议,纠纷由此产生。经文化部领导调解,出版局领导出面做工作,双方无法取得一致。在这种情况下,周海婴诉诸法院。

1988年6月23日,北京市中级人民法院作出一审判决:“许广平、周海婴将鲁迅著作稿酬赠与国家的行为有效,现周海婴反悔,要求追索已赠与国家的4万余元稿酬,本院不予支持。根据著作权保护期限的有关规定,人民文学出版社对1958年后再版的鲁迅著作未再计酬亦无不当;人民文学出版社于1981年与日本学习研究社等签订出版《鲁迅全集》的合同,亦无须经周海婴同意。但新版《鲁迅全集》及日文版《鲁迅全集》中,有首次发表的作品,此项稿酬不属于许广平、周海婴的赠与范围,应由作品的保存人与作者的法定继承人平分。

一、人民文学出版社支付周海婴鲁迅著作稿酬二百九十七元六角。

二、驳回周海婴的其他诉讼请求。

诉讼费四百二十二元由周海婴负担。”

一审判决之后,周海婴不服,上诉于北京市高级人民法院,同时增请了上海的律师作为代理人参加诉讼。周海婴认为日方是根据国际《伯尔尼公约》的规定支付21万元版税的,还表示:“如果必要的话,将考虑赴日本提出诉讼,指控日本学习研究社和曙光出版社侵权。”上海的律师接受委托后立即会面了周海婴,查阅了案卷,并在上海先后举行了新闻发布会和司法界、法学界、出版界等人士的座谈会。

此案率先在海外报刊上报道,引起了海内外人士的密切关注,而消息辗转“内销”到国内后更成了一条“热点新闻”。

鉴于本案的典型性以及众说纷纭,且诉讼尚在进行,有必要从法学理论上进行深入的分析,以供各界参考。

人民文学出版社能否与日方签订出版《鲁迅全集》的合同?

周海婴在起诉状中认为:“被告人(指人民文学出版社)未经原告(指周海婴)许可,擅自与日本学习研究社、曙光社在北京订立出版日译本《鲁迅全集》的合同,侵犯了原告人的著作权。”

鲁迅先生生前写有大量的作品,是作者,即著作权的原始主体,先生去世后,其著作权由许广平和周海婴继承,是为继受主体。许广平于 1968 年逝世后,周海婴当为鲁迅著作的唯一权利人。因此,人民文学出版社未经周海婴同意与日方有关部门签订出版《鲁迅全集》的合同似为无效。然而,许广平和周海婴于 50 年写给国家出版总署署长胡愈之的信表明,两位权利人已授权国家出版总署在国内外编选、翻译及印行鲁迅著作,且国家出版总署接受了这一授权,在《人民日报》上发表了通告,并聘请有关人员着手该项工作。这说明鲁迅著作的出版权已非周海婴所有,国家有关出版部门有权利与他人(包括国外)签订出版鲁迅著作的合同。人民文学出版社系由国家正式批准的出版社,可以对外洽谈出版业务,而且人民文学出版社签订该合同“事先经过了国家出版局批准”,因而人民文学出版社与日本学习研究社和曙光社签订出版《鲁迅全集》的合同是有效的,正如北京市中级人民法院判决的那样:“无须经周海婴同意”。

许广平、周海婴的赠与行为成立吗?

人民文学出版社在答辩状中认为:“许广平和周海婴两同志在声明放弃对鲁迅稿酬的经济权利时,只是要求把稿酬上缴国家,支援国家建设,并未提出具体的捐赠对象或使用要求,人民文学出版社无论将这笔稿费上缴国库还是作为基金备用,其所有权属于国家”。从整个过程看,此话不然。

首先,许广平、周海婴确曾一而再、再而三地拒收鲁迅著作稿酬,同时表示了愿将该款上缴国家的愿望。很明显,这是两位权利人将鲁迅著作稿酬赠与国家的意向表示,但不能就此认为赠与已经成立。因为这仅仅是一个意向,要完成赠与还需有一系列的相应的行为。

其次,作为受赠方的国家拒绝了这一赠与。先是周恩来总理指示劝说许、周收下稿酬,继而又指示以“鲁迅稿酬”名义在银行立户存起来,最后又在周总理及其他中央领导人的过问下,周海婴先后得到了人民文学出版社代存的 340,197.11元中的 30 万元。显然,周总理等中央领导人代表国家不但婉拒了许广平、周海婴的赠与,而且使稿酬的绝大部分交到了周海婴手中。赠与是双方的法律行为,既要有赠与方的赠与行为,也要有受赠方的接受行为。同时,赠与又是一种实践行为,即所赠之物或货币已在实质上发生了所有权的转移,赠与才算成立。本案中稿酬非但没有转移到国家手中,反而有很大数额到了原告手中,可见赠与尚未成立。

最后,人民文学出版社对稿酬的处理是越权行为。人民文学出版社在许广平、周海婴拒收稿酬的情况下,“留下 30 万元整数拟设置‘鲁迅文学基金,其余 40,197.11 元随当年利润上缴国库”。这是一种违反法律的越权行为。其一,设置“鲁迅文学基金”与上缴国库是两个不同的概念,不能认为“其所有权都属于国家”。设置“鲁迅文学基金”,稿酬的所有权不属于国家,而属于设置者,即便该设置者是全民所有制企事业单位,其所有权的属性仍有区别,关键在于国家无法支配设置为“鲁迅文学基金”的稿酬。其二,作为利润上缴国库和稿酬赠与国家也是两个不容混淆的范畴。前者的所有者系人民文学出版社,后者的所有人是许广平、周海婴,所以人民文学出版社将 4 万余元作为利润上缴国库没有法律根据,周海婴有主张 4 万元的权利。

鲁迅著作权的保护期限是多少?

著作权的保护期限各国规定不一,有长有短,但一般原则是作者生前加死后若干年为保护期限。首次发表的作品均有取得基本稿酬的权利,重版的作品则只支付一定比例的印数稿酬。本案的焦点之一就是鲁迅著作权的保护期限是多少,以及周海婴享有鲁迅著作稿酬至何时为止和周海婴对日方支付的 21 万元外汇人民币有无所有权?

第一,鲁迅著作权的保护期限为 20 年。最高人民法院《关于贯彻执行〈中华人民共和国民法通则〉若干问题的意见(试行)》第 136 条规定:“作者死亡后,著作权(版权)中由继承人继承的财产权利在法律规定的保护期限内受到侵犯,继承人依法要求保护的,人民法院应当予以支持。”本案诉讼过程中,很多人提到文化部于 1984 年 6 月 15 日颁发的《图书、期刊版权保护试行条例》(本条例自 1985 年 1 月 1 日起生效),其中第 11 条第 2 款规定:“本条例第五条(五)、(六)项规定的权利,有效期限为作者终身及其死亡后 30 年。该 30 年自作者死亡之年年底起计算”;因而有很多人认为鲁迅著作权保护期限为 30 年,具体说就是从鲁迅去世的 1936 年起算至 1966 年年底止。这个观点有两点可商榷:一是任何法律、法规都有时间效力,既不能溯及既往,也不能在被宣布废止时仍然有效,有特殊例外时法律应有特别规定。查《图书、期刊版权保护试行条例》并无可溯及既往的特别规定,因而也不宜简单地适用于鲁迅稿酬纠纷中,而应看当时有无法律规定。二是在试行条例之前已有过一个具有法律效力的有关著作权保护期限的规定,这就是文化部出版局于 1957 年 1 月给人民文学出版社的复函:“如著作人死亡年代不远,可以支付稿酬;如著作人死亡已久(如已超过 20 年),则可婉言拒绝。如有意见,可以留待日后著作权处理有明文规定时再行处理。”这里说明了两点,一是当时规定的著作权保护期限为 20 年,如鲁迅著作权保护期限应至1956年年底止。二是当时如已有纠纷,可待有明文规定时处理,这里不应理解为复函以后任何时间发生的纠纷均可留待日后处理,否则法律就失去了时效,著作权的保护期限也就没有期限了。有观点认为该复函没有法律效力,故而不能适用。从这方面的法律规定看,这是当时唯一的著作权保护期限规定。从我国法律、法规的立法特点看,政府各级主管部门均有制定本部门法规、规章的权力。从法律形式看,各主管部门的批复、函复、答复均起法律作用。所以,尚无充足的理由能证明该复函无效。

第二,1959年至1966年周海婴没有取得鲁迅稿酬的权利。周海婴说:"按文化部颁布的规定,人文社支付鲁迅稿酬应至1966年止,但是,人文社从1959年起即停止为鲁迅著作计算稿酬,当时距鲁迅逝世仅23年!"周海婴此说是根据《图书、期刊版权保护试行规定》得出的结论。已如前论,鲁迅著作权保护期限不能适用该规定,而应适用那个复函,所以保护期限不是30年,而是20年。因此"人民文学出版社对1958年后再版的鲁迅著作未再计酬亦无不当"。

第三,周海婴享有日方支付的21万元版税的部分所有权。依照著作权保护的惯例,出版首次发表的遗作,应付给继承人基本稿酬,同时并付印数稿酬。人民文学出版社与日本学习研究社等合作出版的新版《鲁迅全集》中有首次发表的鲁迅作品32篇,日方支付的21万元版税中当包括新发表作品的稿酬以及印数稿酬,周海婴是该稿酬的唯一所有人,这一点是毫无疑问的。同时,周海婴能否取得更多乃至全部版税还要看日方支付版税的根据(这将在后面论述)。顺带提一句,日方支付的系外汇人民币,周海婴所得份额也应是外汇人民币。

诉讼费用应由何人承担?

北京市中级人民法院一审判决:"诉讼费用四百二十二元由周海婴负担(已交纳)。"通观全案,一审判决有自相矛盾之处。判决认定,"新版本(指《鲁迅全集》)中有从他人手中征集的首次发表的作品五十二篇,共一万六千字,基本稿酬为三百二十元,至1987年底的印数稿酬为八十三元二角……首发作品稿酬为人民币一百九十二元……但新版《鲁迅全集》及日文版《鲁迅全集》中,有首次发表的作品,此项稿酬不属于许广平、周海婴的赠与范围,应由作品的保存人与作者的法定继承人平分。"同时判决:"人民文学出版社支付周海婴鲁迅著作稿酬二百九十七元六角。"可见,人民文学出版社与日方签订出版的《鲁迅全集》中,既有已发表过的作品,也有首次发表的作品,而未支付首次发表的作品稿酬是一种侵权行为。既然是侵权,除了应支付必需的稿酬外,尚应承担其他相应的法律责任,如承担部分诉讼费。判决诉讼费由周海婴一人承担,显不合理,反之根据双方当事人在本案中的责任大小,分别判决承担部分诉讼费方为妥当。

日方支付版税的根据是什么？

周海婴说："日方是根据国际《伯尔尼公约》的版权规定，对文学艺术作品的保护期为作者有生之年加死后50年，这才付给我方版税的。"这需有一个前提，即本案是否适用《伯尔尼公约》。《伯尔尼公约》全称为《保护文学艺术作品伯尔尼公约》，1886年9月9日在伯尔尼缔结，几经增补修订，最后于1971年7月24日在巴黎修订。该公约确实规定著作权保护期限为作者有生之年加死后50年，但同时又在第3条中规定："（一）本公约提供的保护适用于……非本联盟成员国国民的作者，其作品首次系于某一成员国出版，或在某成员国及某非成员国同时出版。"这是双国籍原则的体现，即除成员国国民外，非成员国国民的作品在公约参加国内首次出版的也受本公约保护。鲁迅先生是中国籍国民，中国未参加《伯尔尼公约》，能得到该公约保护的只能是首次在参加公约的成员国出版发表的作品，正因如此，鲁迅作品是否可以在日本得到《伯尔尼公约》保护，关键要看该作品是否在日本首次出版及中日双方合同的具体内容。如果部分作品在日本属首次出版，则部分适用公约，如全部系首次出版，则全部适用公约。日方支付版税是根据《鲁迅全集》在日本是否首次出版支付的，若果如此，周海婴就有取得该版税的权利。

能不能去日本打官司？

周海婴又说："如果必要的话，我将考虑赴日本提出诉讼，指挥日本学习研究社和曙光出版社侵权。"这个说法并非没有道理，在国外称为"选择法院"，也就是哪里对本人有利就到那里打官司。依照国际惯例，任何一个国家的审判机关在审理过程中一般均适用本国法，只有当案件涉及本国参加的国际公约或签有双边和多边协议时，才例外地适用公约或协议规定。还有就是侵权或财产（尤其是不动产）在国外时，可以适用准据法，即可能适用侵权地或不动产所在地的外国法。鲁迅稿酬纠纷诉讼在中国，且标的又非不动产，故只能适用中国法。换言之，鲁迅著作权保护期限至多为30年，已过保护期限。如果去日本诉讼，则可以适用日本法，而日方有关法人或人员则将成为诉讼当事人。有人认为也可追加日方学习研究社和曙光社为本案共同被告。这又涉及四个问题：一是即便追加日方为被告，也应适用中国法。二是追加日方为被告必须通过司法协助。三是日方如果在中国参加诉讼应为无独立请求权的第三人而非被告。四是上诉审中追加当事人参与诉讼，应撤销原判发回重审。

（1989年第1期）

“角色”的权利归属及其商品化权之保护

——兼论“济公活佛”角色的权利归属之争

梅慎实*

近年来，随着科技的飞跃发展，商品经济观念的初步形成，使人类文化生活与经济生活都发生了空前巨大的变化，以致各种法律领域普遍受到冲击，难以适应。其中遭受冲击程度最强烈的恐怕要首推我国不完善的知识产权法律机制，从而也就产生了许多棘手的问题。由于篇幅关系，本文仅就“角色”的权利归属及“角色”商品化权之保护问题扼要加以析述。以供解决有关问题的同志参考。

一、“济公活佛”角色的权利归属之争及解决途径

1988年3月17日《解放日报》报道了《济公》磁带之争的整个过程，并提出了基于商业目的使用“济公”角色形象，是否侵犯了游本昌（“济公”的扮演者）的肖像权问题。没过多久，游本昌向上海音像管理部门提出了保护其肖像权的要求。游本昌认为：上海音像公司和中国唱片社上海分社未征得其同意，将其扮演的“济公”形象使用于以营利为主的出版物，是侵犯了个人肖像权。音像管理部门以侵犯游本昌的肖像权结案（见同年6月17日《新民晚报》）。法学界对这一处理结果颇多争议。如有的认为“角色”是《济公》电视剧摄制组共同创作的结果，摄制组对“角色”共同有权主张权利。笔者认为：

（一）使用“角色”没有侵犯游本昌的肖像权

有人赞同游本昌的观点，认为游本昌享有“角色”的肖像权，两家音像公司未经许可使用于商业的目的，便是侵权行为。他们认为：公民的肖像，是指公民本人的形象在造型艺术作品中或以其他方式在客观上的再现。而游本昌塑造的“济公”形象，就是他的肖像在电视剧中的一种“艺术再现”。根据《民法通则》第100条规定：“公民享有肖像权，未经本人同意，不得以营利为目的使用公民的肖像。”由此认为，“济公”角色用于电视剧本身的广告宣传是可以的，但在未经许可的情况下，用于印制制盒带封面则构成肖像侵权。笔者认为，“角色”形象

---

* 作者单位：复旦大学。

不是游本昌的肖像照，因而使用“角色”并没有侵犯游本昌的肖像权。理由如下：

1. 肖像是体现具体人物形象的照片、画像或雕塑。很显然，游本昌的肖像是不能等同于“济公”的形象的，比如让人们来辨认（假如他们不是对游本昌很熟悉的话）《济公》磁带封面的角色，他们肯定会说这是“济公”，而不会说是游本昌；也就是说，“角色”不能说是游本昌肖像的艺术再现。众所周知，肖像权是公民对其形象在客观上再现所享有的权利。而客观性可理解为真实性和特定性，这是肖像的主要特征，是公民是否享有肖像权的两个不可分离的条件。由此可见，“角色”不是游本昌形象在客观上的再现，因而他主张肖像权是不正确的。

2. 游本昌具体表现的是电视剧中的“济公”的艺术形象。作为一个艺术形象，它是经过剧组同志（包括演员本人在内）的共同创作的产物；而作为一件创作作品，不存在肖像权问题。

3. 肖像权是专有权。肖像权具有专有性是因为它是人身权利中人格权的重要组成部分，公民的形象是否允许他人再现，公民的肖像是否允许复制、散发、传播、用作广告或商标，由公民根据自身利益来行使，他人无权行使，更不允许侵权。由此我们不妨问一下：如果我们确认游本昌对“济公”艺术形象享有肖像权，那么，他人在未经游本昌许可的情况下再现了“济公”形象（根据最近报道，吕×在《济公外传》中扮演了“济公”，形象与游本昌扮演的极其相似），不也侵犯了游本昌的肖像权吗？显然，确认游本昌对“角色”享有肖像权的结果，是过分强调个人利益时危害了社会利益。

（二）“角色”是合作作品，其著作权归游本昌与上海电视台共同所有

综上所述，使用“角色”没有侵犯任何人的肖像权。但这不等于说，游本昌对此不能主张任何权利。我认为，他主张的应是著作权。理由主要是：“济公”到底是什么样子，谁也说不清楚，而游本昌扮演的“济公”是根据民间传说、经过众人进行艺术加工创作出来的，是属于艺术作品的范畴，因而是一个著作权归属的问题，著作权体系对其具有指导性的意义。

我国法学界在探讨“角色”著作权归属问题上看法不一。就游本昌一案而言，有人认为游本昌独享“角色”的著作权。持这种观点的人认为，通过游本昌的独特外表和杰出表演，创造了一个最生动的、给人印象深刻的“济公”形象。因此，“角色”是游本昌创造劳动的产物，根据现有著作权保护理论及现有的有关法规，独特的、杰出的“角色”以及由此产生的商业信誉应归创作者所有，并且在创作者或他的受让人控制的范围内转让。另一种观点认为，上海电视台独享“角色”的著作权。他们认为，游本昌是受雇于上海电视台来表演“济公”的，电视台是以巨额投资并承担风险而处于制片人的地位，并且两者之间存在以契约为基础的雇佣关系。而根据有关劳动法规的规定，雇员在受雇期间的工作产品（此处是指创作的"角色"）的所有权属于雇主。因此，作为整部电视剧，上海电视台享有著作权。"角色"作为电视剧的一部分，亦应属于电视台所有。我认为，这种观点也是值得商榷的。因为电视台的目的是拍摄整部电视剧，支付给游本昌的也只是拍摄电视剧这一行为的报酬；而对于可以从电视剧这一著作物中单独分离出来的有销路的"角色"，电视台并没有支付游本昌报酬。由此，上海电视台在没有与游本昌就"角色"的商业权契约性地确定下来之前，它只能为电视剧作广告之目的而使用"角色"，否则，就损害了游本昌的权益。

笔者还认为，游本昌与上海电视台共同拥有"角色"的著作权。理由是：电视剧的制作通常是由若干人组成的集体协力创作完成的。这些人有导演、演员、摄影师、剪辑师、化妆师、道具员、照明员等创作技术人员以及制片主任等行政人员。虽然并非所有上述人员都能视为著作权人，但直接参与创作活动的不是个别人，却是客观事实。我们现在看到的有形的表现形式（"济公"形象）是表演者独特的外表、精湛的表演和电视台在化装、服饰、灯光以及指导方面努力的艺术效果的综合产物。"济公"这一角色是由游本昌和上海电视台共同创作的，且无法将各个创作者的创作劳动在作品中区分开来而加以单独分别使用的，故其著作权由合作者共同享有。因此，上海音像公司、中国唱片社上海分社在未经过"角色"权利人许可的情况下，便使用、复制、销售"角色"，侵犯了著作权人的著作权。

二、"角色"商品化权的保护

（一）商品化权的定义及种类

所谓商品化权，是指将著作中的角色，使用作为商品标志的权利。此种做法，在于利用该角色的知名度，亦即利用消费者（即著作的读者、观众）对于该角色之喜好，以刺激消费者的购买欲。应当注意的是，此处的商品宜作广义解释，它不仅包括有形物品，而且也包括服务业提供的服务。至于角色的使用形态，既包括该角色的形象直接印制于商品（如书包、衣服等），也包括印制于商品的包装器具上，或以之为服务标章等。

（二）"角色"的定义及其受保护的要件

所谓"角色"，是指漫画、小说或电影等著作中所虚构人物、动物或其他生物（如奇形怪物）、机器人等。这些角色的利用权属于创造该角色的人，其他人若未经授权而予使用,则构成角色使用权的侵害。

"角色"受保护的要件有二:①独有的特征。只有非同一般的杰出角色才能受保护,否则就偏离了法律保护独创性的旨意。②可分离性。角色可自其出现的著作物中分离,独立地受著作权保护;亦即不以其所出现的著作物的一部分,而以其本身为著作权标的而受保护。

(三)"角色"的知识产权法保护

对角色商品化权的保护,包括著作权法上的保护、商标法上的保护以及专利法上的保护。兹分述如下:

1. 实行著作权法保护

我国由于至今仍无著作权法,只不过存在一些著作权保护的行政法规,因此基本上处于著作物保护无法可依状态,很少出现角色商品化权受到保护的实例。角色商品化权在著作权法上的保护在国外司法实务上很早就存在了。如未经同意将米老鼠图案印制在手袋上、利用电影"E. T. 外星人"中外星人角色造型,制造外形相似的玩具及钥匙圈,就是侵害了著作权人的复制权或改编权。

2. 实行商标法保护

如前所述,角色受保护的要件是其具有独有的特征,这样,就为著作权人提供了另一条法律保护的途径——商标法保护。著作权人可就其著作物中有独特特征的角色的形象及名称,申请商标注册,以取得该角色的商标专用权。一般来说,一个角色形象合乎著作权保护的要件,可以作为著作权标的予以保护的,如经权利人以该角色获准注册商标,则同时受商标专用权的保护。

3. 实行专利法保护

我国《专利法实施细则》第 2 条第 3 款规定:"专利法所称的外观设计是指对产品的形状、图案、色彩或者其结合所作出的富有美感并适于工业上应用的新设计。"这种外观设计经审查批准,可授予外观设计专利。这种专利强调的外观设计,是指对产品的形状、图案、色彩或者其结合的富有美感的外表。这里的外观设计和艺术品不同,必须能在工业上应用。艺术品,即使同一个人也不能做出完全相同的作品,而外观设计则能经过生产过程大量复制生产。

影视(或其他)著作中的角色,若制作成新式样物品,则可申请外观设计专利权。如以"外星人"、"活佛济公"之形状,制作成新式样的玩偶或其他装饰品,则可申请外观设计专利。

这里有两个问题:外观设计必须具备新颖性,才能申请专利,但是一部电影、电视剧上映之后,其剧中角色已为观众熟知,从而失去新颖性,因此,以此做成商品,很难获得外观设计专利。最好的办法是:著作权人通过对"角色"销路的预测和判断,在播映影视剧之前就申请外观设计专利,否则,权利人对角色的利用可能坐失良机。此外,由于外观设计专利权的期限为5年,加上期限届满时可申请续展3年也不过8年,而著作权保护的期限比它长得多,也许正由于以上缺点,故至今为止,没有发现著作权人申请外观设计专利来保护其著作物中的角色的事例。

(1989年第5期)

被代位继承人的继子女无权代位继承

韩来璧* 徐毅林** 戴永盛***

《中华人民共和国继承法》(以下简称《继承法》)第11条规定,“被继承人的子女先于被继承人死亡的,由被继承人的子女的晚辈直系血亲代位继承。”关于代位继承,我国民法学界已有不少论述。但是对被代位继承人的有扶养关系的继子女是否有权代位继承,尚有不同看法。某些大专院校法学教材、继承法的专著等,明确并十分肯定地认为继子女可作为被代位继承人的代位人;在司法实践中也是各持己见,争论颇多。下面拟就此问题,谈谈我们的看法。

关于被代位继承人的继子女是否有权代位继承,主要存在以下四种观点:

第一种观点认为,在代位继承关系中,“被继承人的子女的晚辈直系血亲”,应理解为既包括被代位继承人的子女、养子女,也包括有扶养关系的继子女,他们都具有同等的代位继承权利。因此,只要存在代位继承的条件,他们同样都可以实施代位继承权。其理由是:非婚生子女、养子女和有扶养关系的继子女和婚生子女的法律地位平等,其被代位或代位的法律地位当然也同于婚生子女。因为《继承法》第10条规定:“本法所说的子女,包括婚生子女、非婚生子女、养子女和有扶养关系的继子女。”

第二种观点认为,最高人民法院在《关于贯彻执行〈中华人民共和国继承法〉若干问题的意见》第26条中规定:被继承人的养子女的生子女;已形成扶养关系的继子女的生子女可代位继承;被继承人亲生子女的养子女可代位继承;被继承人养子女的养子女也可代位继承;与被继承人已形成扶养关系的继子女的养子女也可以代位继承。在这个司法解释中,采用的是列举主义原则,列举不可能样样都举出来,因此哪些人可作代位继承人就没有必要全部列出,虽然最高法院的继承法贯彻执行意见并未列出,但不排除被代位继承人的继子女有权代位继承。

第三种意见认为,我国婚姻法规定:“继父母与继子女间不得虐待或歧视”,

---

* 作者单位:华东政法学院(现华东政法大学)。
** 作者单位:华东政法学院(现华东政法大学)。
*** 作者单位:华东政法学院(现华东政法大学)。

“继父或继母和受其抚养教育的继子女间的权利和义务，适用本法对父母子女关系的有关规定。”即双方间如有抚养和受抚养的事实存在，就产生了拟制血亲的父母子女关系，相互间都有继承权。所以持此种观点者认为既然继父母和继子女双方间有抚养和受抚养的事实存在，而且产生了拟制血亲的父母子女关系，那么，毫无疑问继子女是有权代位继承的。

第四种观点认为，既然法律没有明文规定被代位继承人的继子女有权代位继承，那么就不应该承认被代位继承人的继子女有权代位继承。

我们基本上同意第四种观点。之所以说是基本同意，因为它的理由不尽完善，且存在某些缺陷。对于被代位继承人的继子女是否拥有代位继承权，我们的看法是：

第一，从代位继承的定义来看，在我国，继承法明确规定，“被继承人的子女先于被继承人死亡的，由被继承人子女的晚辈直系血亲代位继承”。对代位继承人的主体资格，我国继承法明确规定了只有“被继承人子女的晚辈直系血亲”才具有。这里，大家对于“晚辈”、“直系”这两个条件无异议。但对于“血亲”两字却表现出多样理解和表述。我们知道，血亲是具有血缘关系的亲属，分自然血亲与法律拟制血亲两种。而按照亲属分类，继子女是继父或继母的配偶的血亲，继父或继母是继子女的血亲的配偶，双方间存在姻亲关系。所以被代位人的继子女与生子女、养子女在代位继承中是否有权代位，其法律地位是不同的。继父母与继子女的关系是基于婚姻关系而产生的，即父母一方因离婚或自然死亡，另一方再婚，其子女与父或母的再婚配偶，形成继父母和继子女关系。所以，继子女与继父母的关系，既非事实上的血缘关系（自然血亲），也非形式上的血缘关系（拟制血亲），而是属于姻亲关系。当然，无论是继承法还是婚姻法都未排除形成扶养关系的继子女与继父母相互间的继承权，正如《继承法》第10条规定的那样。至于继子女的代位继承权，我们认为，从我国继承法代位继承的定义中，就将继子女的代位继承权排除了，这是法律明确规定的。因为法定条件是“被继承人子女的晚辈直系血亲”而非“被继承人子女的子女”或“被继承人的晚辈直系亲属”，从而排除了作为姻亲关系的继子女的代位继承权。鉴于此，我们认为第一种观点是站不住脚的。至于第三种观点，我们则认为，既然因双方间有扶养和受扶养的事实存在而认为其为拟制血亲的养父母子女关系，那么，此时代位人的身份就起了变化，他们就不是以继子女的身份，而是以养子女的身份来继承了，也就不能再称“继子女有代位继承权”而应改称“养子女有代位继承权”，这也正是符合最高人民法院的规定而无须赘言的了。如果不改变其名称，而仍称继子女，则会自相矛盾,陷入不得其解的困境。

第二,从有效的权利义务关系上来看,为什么在最高人民法院的司法解释中规定了养子女可以代位继承,而没有规定继子女可以代位继承呢?我们认为,这是由于养子女与继子女在继承中的法律地位不同,从而形成了一系列权利义务关系不同而决定的。我们知道,收养关系一经成立,养子女与养父母、养兄弟姐妹及养父母的父母之间就无条件地产生了法律上的权利义务关系,同时,与其亲生父母、同胞兄弟姐妹,及其祖父母、外祖父母之间的法律上的权利义务关系就宣告消灭。也就是说,在收养关系中,法律上的权利义务关系的消灭与产生是同时的,"产生"是以"消灭"为其前提,"消灭"的结果必然导致"产生"。因此,养子女不仅与其亲生父母、同胞兄弟姐妹,自然也与其原祖父母、外祖父母之间的抚养、赡养或相互继承遗产的法定权利义务关系归于消灭。然而,养父母的父母在收养关系成立时,同时以第二顺序继承人的资格取得了继承养子女的遗产的权利。既然养父母的父母有权继承养子女的遗产,那么根据权利义务相一致的原则,养子女当然有权代替其养父母的位置代位继承。

然而,继子女的成立条件、法律效力及终止条件都与养子女不同,从而形成了继子女在继承关系中的法律地位不同于亲生子女和养子女。继子女产生的权利义务关系并不像亲生子女和养子女那样是一种无条件的、必然的法定权利义务关系,而仅仅是一种有条件的可能权利义务关系。也就是说,继父母未必要抚养继子女,继子女也未必一定要赡养继父母。而法律上规定继父母与继子女之间是否产生法律上的权利义务关系,则是取决于他们之间是否事实上形成了扶养关系。我们认为,即使继父母与继子女之间形成了事实上的扶养关系,这种法律上的权利义务关系,也仅仅是在形成了扶养关系的继父母与继子女之间有效,并不涉及继兄弟姐妹与继父母的父母。所以,我们说,继父母的父母并不因继父母、继子女之间抚养关系的形成,产生对自己子女的继子女的抚养义务,同时继子女也不一定对继父母的父母负赡养义务。根据权利义务相一致原则,拥有权利的必然要承担一定义务,反之亦然。所以,如果继子女不承担对继父母的父母的赡养义务,却拥有对其遗产的代位继承权,就显得不尽合理。如果确实产生了拟制血亲的父母子女关系,则须通过法定的程序予以认可,因为收养关系的成立有其特定的手段和程序,并且要在名称上作适当改变,这一点已经在上面谈过了。

第三,在《关于贯彻执行〈中华人民共和国继承法〉若干问题的意见》中,除了被继承人生子女的生子女当然拥有代位继承权而没有列出以外,仅列出五种类型。该意见中没有列出的类型,恰恰是牵涉到继子女是代位人时的代位继承,我们认为这不是立法者的疏忽,而是从法律规定上排除了被继承人子女的继子女的代位继承。

鉴于上述分析,我们排除了继子女的代位继承权,但这并不意味着,我们有一丝一毫的歧视继子女的心理。

(1989 年第 9 期)

公司章程存在的问题与对策

顾功耘*

目前,我国各类公司所制定的章程条款确实存在相当多的问题,笔者拟从以下六个方面进行归纳和分析:

(一)名称记载不全

由于国家没有对公司作出统一的分类,在公司的名称使用方面杂乱无章,如同样的集资形式、同样的管理机构、同样的责任范围,有的称联合公司,有的称联营公司,有的称合营公司,有的称集团公司,有的则只称公司。这使人们无法理解这些公司的准确性质及它们间的区别。

按理说,公司章程应载有全称。全称一般包括:地名、自有商号、公司目的、公司法律性质。如"上海企鹅制冷有限公司"。但现实情况是大量的公司名称记载不全。有的没有自有商号,有的不表明公司目的,多数公司没有记载法律性质。在地名的运用上,缺乏必要的限制,如"华东"、"中国"、"远东"、"环球"、"宇宙"等字样,当事者任意冠用。

公司名称不但是一种识别记号,而且也是公司的财产之一。选定一个好的名称,可以给公司带来信誉和美好的前程。公司名不副实,不仅会使人造成误会,而且会使公司信誉受到损害而影响公司的业务。

(二)住所地不明确

据调查,我国的公司章程有一半以上没有注明公司的住所地。这有两个原因:一个原因是公司有活动场所,但有关人员在起草章程时,认为没有写明住所地的必要;另一个原因是公司根本就没有固定的活动场所,章程也就无从反映。没有住所地条款,这会带来三个直接的不良后果:第一,与公司有业务往来的人,无法与之取得联系;第二,不便于政府对公司的业务依法进行监督,随之而来的是,公司违法乱纪,损害国家利益和社会利益的事到处可见;第三,易引起公司银行账户的设立、诉讼与仲裁的管辖权、债权债务的履行等法律问题上的混乱。

(三)经营范围不具体

经营范围条款有的又称为"目的条款",设立任何组织均具有确定的目的。

* 作者单位:华东政法学院(现华东政法大学)。

从我国公司章程关于经营范围的记载来看,问题有二:(1)脱离公司经营的特色,如"组织协调"、"信息交流"、"帮助决策"等,把公司等同于具有行政管理职能的政府机关或行业协会。(2)内容过于笼统含糊,如"四技服务"。有关这一条款的执行,实践中也有许多问题,有的公司超越经营范围经营,有的公司完全抛开章程的规定任意经营。这不利于经济秩序的稳定和国家经济的宏观控制,也不利于国家市场的管理和税收的落实。

(四)资本条款不清

分析我国公司章程关于资本条款,存在的问题主要是:(1)没有注明注册资金。有的是因为在制定章程时,资本没有确定;有的是因为根本没有资本。(2)注册资金虚假。有的公司将成员厂的注册资金总起来重复注册,有的公司用贷款注册,有的实有资金明显少于注册资金。(3)不注明公司资本的来源。

公司资本表明公司的经营能力和承担责任的能力,应当准确地在章程中加以记载。为便于盈利的分配和分清责任,章程还必须记载资本的来源,即各出资者的出资数。如果以实物、技术形式出资,也应折算成资金数额。

(五)组织机构不完善

公司的组织机构是对内管理事务、对外代表公司进行经营活动的机构,一般包括决策机构、执行机构和监督机构三个组成部分。董事会行使决策权(如果是股份有限公司,由股东会、董事会分工决策);经理或执行董事行使执行权;监事会行使监督权。全民所有制公司中,经理为法定代表人;多方投资创办的公司,一般由董事长作法定代表人。

目前社会上许多公司的现状是,组织机构不健全。如决策机构不明确;执行机构没有规定应有的权利;绝大多数公司缺少监督机构。少数公司取联合办公会议形式或理事会形式管理,将公司当成协会、联合会看待。

笔者以为,以章程设计好管理程序是对公司进行良好管理的基础和保证。如多长时间开一次董事会,股东会、董事会如何作出决议。章程应作出具体要求,并按章程严格办理,谁不执行,就由谁承担章程中规定的责任。

(六)利润分配条款含糊

关于章程中的利润分配条款,普遍存在的问题是条款不明确、不具体。有不少公司规定按贡献大小分配。"贡献大小",用什么标准衡量?很难说。这样的规定往往易产生日后的矛盾。绝大多数公司没有规定在什么情况下可以分配。公司开办头几年,如果不能盈利,或者是盈利甚微,可以分配吗?不清楚。有的公司虽然提出按出资比例分配,但没有关于承担风险的规定。有少数公司规定既分股息,又分红利,几年以后还可"返回本息"。这样做,一旦有了风险,对公司资金的处理就很棘手。

针对上述问题,笔者提出如下对策:

(一)要严格执行国家的有关规定,认真制定公司章程

国家工商行政管理局于1985年发布了《工商企业名称登记管理暂行规定》,1986年发布了《关于经济联合组织登记管理暂行办法》;国务院于1988年发布了《中华人民共和国企业法人登记管理条例》;国家工商行政管理局于同年又发布了《中华人民共和国企业法人登记管理条例施行细则》(以下简称《施行条例》),这些规定对制定公司章程都明确提出了法律上的要求。如该施行细则第19条规定:“企业法人章程的内容应当符合国家法律、法规和政策的规定,并载明下列事项:(一)宗旨;(二)名称和住所;(三)经济性质;(四)注册资金数额及其来源;(五)经营范围和经营方式;(六)组织机构及其职权;(七)法定代表人产生的程序和职权范围;(八)财务管理制度和利润分配形式;(九)劳动用工制度;(十)章程修改程序;(十一)终止程序;(十二)其他事项。”此外,《中华人民共和国私营企业暂行条例》、三资企业法也都有关于章程的明确条款。任何公司都必须遵守这些规定。新开公司申请登记时,工商管理部门应当认真审查其提交的章程,章程中法律规定的条款不齐全的,应责令补齐后再行登记。凡是已经登记但章程存在严重缺陷的公司,应当自觉重新修改,依法办理变更登记。

(二)草拟公司章程应尽可能委托法律顾问进行

为了保证章程起草的质量,可创造条件,让法律顾问了解公司开办的详细情况。草拟联营章程时,最好能让法律顾问参加谈判。

法律顾问草拟章程至少有如下好处:(1)使章程内容符合法律规定的要求。(2)有利于章程的规范化。从语句到文字、体系结构,法律顾问可以运用本职工作的经验,反复推敲,避免错漏。(3)便于设计出完整科学的公司管理程序,提高章程的可行程度。

(三)进一步完善公司立法,提出标准章程供公司参考

有关公司的立法要加强章程方面的内容,不仅要规定章程必须具备的条款,而且要规定每一条款记载的具体要求。《香港公司条例》,除对章程制定、修改的程序作规定外,还对章程的格式、公告作出细致的规定,甚至连章程印刷的字号、字体在条例上也有明确要求。我们有必要借鉴。现有不少公司的章程是油印稿,字迹模糊,难以辨认。有些国家的公司法规定,由于章程记载不清,引起他人误解而造成损失的,受损者有权要求赔偿。

提出标准章程作为公司草拟章程的样板,是很必要的。这样做,可以避免产生遗漏重要条款的情况,保证章程的质量。从调查研究的角度来讲,也便于政府及有关部门审查、统计、分析及反馈决策。

（四）转变观念，提高对商品经济环境下公司章程管理的认识

在高度集权的计划经济体制下，企业投资主体单一化，组织管理简单化，无须运用章程调整企业的内外部关系。但是，冲破旧体制的束缚，发展横向经济联合，企业将投入市场竞争的激流，单纯依赖道德说教、运用简单的行政管理方式，已经显得越来越不能适应形势的需要。一方面，国家法律对企业形成外部约束；另一方面，公司章程对企业形成自我约束，这是建立稳定经济秩序的可靠保证。目前公司章程中存在这样或那样的问题，一个很重要的原因就是许多人习惯传统的经济体制和管理方法，不了解章程在商品经济活动中所起的作用。我们从近年来企业经营纠纷的考察中还发现：不少纠纷的产生与没有一个健全、有效的公司章程有关。公司管理活动无章可循，导致各种利益主体在利益上的失衡。希望有关方面加强公司章程的管理，重视章程的制定、修改工作，注意对公司章程执行情况经常进行检查督促，使公司的活动真正纳入健康的法制轨道。

（1989年第9期）

析拾得物据为己有的性质

张　驰*

原告的一辆装运香烟的卡车，在运输途中掉下一箱牡丹牌过滤嘴香烟，被告周某某等五人将香烟拾至附近弄内实施分割。在周主持协商后，其中三人（现无法查找）各得10条，周得15条，徐某得5条。事发后，当地派出所根据群众提供的线索，当天找到周、徐了解情况。周断然否认此事，而徐当面承认并退还分得的5条香烟。之后，周因违反治安管理条例被公安机关行政拘留，在拘留期内承认上述事实，并将15条香烟上交公安机关。现原告以返还财物为由起诉至法院。本案案情虽然简单明了，但在审理过程中，却在对被告行为的定性上产生了争议，出现了两种不同的观点：

一种观点认为周的行为是侵权损害，要负连带责任，应返还45条香烟。其主要理由是，周某某等在拾得香烟时，并未构成侵权，而到其私分想占为己有时，该行为的性质开始由不正当得利转为侵权，5人私分香烟是协商后进行，便具有共同故意，是共同侵权，故应承担连带责任。

另一种观点认为，周的行为属不当得利，不负连带责任，只要返还实际所得15条香烟即可。其主要理由是，不当得利产生在因果关系上有特殊之处，即不当得利的产生是先由受害人的过错所致，体现在本案中，就是由于原告的疏忽造成了一箱香烟从车上掉至路中，以致被他人拾得分割。因此被告行为不能作为侵权。

不可否认侵权之债与不当得利所生之债，在性质、构成要件和法律后果上均有不同，因而对周某某行为的定性直接关系到双方当事人的权益。然而，值得注意的是，在上述两种不同的看法中，也存在共同之处，即都认为在拾得物中可发生不当得利之债。这点看似与本案关联不大，但实质上却至关重要，它不仅影响到双方的权益是否能得到法律的公正保护，而且还将涉及如何理解我们现有的立法精神，以及如何完善我们的民事立法。

我们知道所谓不当得利是指没有法律上根据，使他人受到损害，而使自己获得利益的事实。《民法通则》第29条亦明文规定："没有合法根据，取得不当得

---

* 作者单位：华东政法学院（现华东政法大学）。

利造成他人损失的,应当将取得的不当得利返还给受损的人。”可见,无法律上的根据是不当得利构成的主要条件。但何为没有法律上根据?在现有众多的法学理论书籍中,一般是按字面意思予以解释,即指受益人所得利益没有法律上的原因和权利,包括没有法律上的规定和无双方约定。如此解释,导致了理论界和司法界形成了一种颇有影响的观点,即凡是没有法律上根据取得他人利益的,诸如不把拾得物归还原主,作为不当得利。有的书籍中就写道:“如果拾得人对拾得物等据为己有,拒不返还失主,则应按不当得利之债的原则处理。”这样在无形中就扩大了不当得利的范围。

不过这不尽如人意的解释中,毕竟未说在拾得物上就能构成不当得利之债。也就是说在拾得遗失物时,是存在某种可能性,只有当拾得人不返还遗失物,将它据为己有时,才构成不当得利之债。倘若其积极寻找失主并予以返还,或者在失主不明的情况下上交给有关机关,这就可能构成无因管理。但只要我们承认在拾得物中存在不当得利之可能,然后再根据它去理解有关法条,那么本案中周某某的行为,就应定性为不当得利,而且已无须立案处理。之所以这样说,是因为我们已经肯定了在拾得物中可产生不当得利或无因管理之债,而在拾得人将拾得物据为己有时,则排除了无因管理,仅存不当得利,再以此去理解《关于贯彻执行〈中华人民共和国民法通则〉若干问题的意见(试行)》第94条规定:“拾得人将拾得物据为己有,拒不返还而引起诉讼的,按照侵权之诉处理”,许多人就认为,其中“按照”的意思说明有不当得利向侵权转移的关系存在。也就是说要将拾得物据为己有的行为按侵权之诉处理,必须具备两个要件:第一是将拾得物据为己有;第二是拒不返还而引起诉讼。如果仅是拾得物据为己有的话,那么只能按不当得利处理。鉴于此,在本案中被告早在拘留期内就已返还了15条香烟,不存在拒不返还的行为,也就不可能转化为侵权,于是也就无须再立案处理了。

但是,问题的症结在于,目前这种对不当得利的扩大解释,显然忽视了不当得利制度与所有权、无因管理等制度的相互关系,割裂了民事立法的统一整体,违背了立法的本义。事实上,对“无法律上根据”这一最基本最重要的不当得利构成要件,应作限制性解释,即受益人取得利益而没有合法根据,受害人能基于所有权请求受益人返还该项利益时;或某项事实能构成无因管理时,原则上不应构成不当得利。据此,在拾得物上就排除了不当得利之债的存在。也就是说,拾得人拾得他人遗失物后,若其马上寻找失主予以返还,或失主不明交有关机关的,都可构成无因管理。若其主观上有据为己有的愿望和目的而不返还或不上交的,那么实质上已构成侵权,而不是不当得利,原主可依据所有权请求拾得人返还或赔偿损失。具体理由如下：

首先，根据民法通则的有关规定，拾得他人遗失物不返还原主的行为，已侵犯了他人的所有权。《民法通则》第29条规定："拾得遗失物、漂流物或者失散的饲养动物，应当归还失主，因此而支出的费用由失主偿还。"这一条款说明拾得遗失物归还给原主，不仅是我们所提倡的社会公德之要求，而且还是每一个公民都必须无条件遵守和履行的法定义务。毋庸置疑，立法这样规定，其本义是在于切实有效地保护所有权人的合法权益。因为作为遗失物，就必有失主，即便是失主不明无人认领的拾得物，其作为无主财产也应归国家所有。因此可见，无论在何种情况下，拾得物的产权归属都是非常明确的，不可能转为拾得人所有。而对于国家、集体、公民个人的合法财产，法律都予充分保护，严禁任何组织和个人侵占、哄抢、破坏等，这在民法通则中是有据可稽的。因此，将遗失物据为己有的侵犯他人所有权的行为，是法律所不允许的，失主或无主财产的所有权享有者，都可基于所有权请求拾得者予以返还。

值得一提的是，我们所说的侵犯所有权应始于对拾得物据为己有时，而不在乎拾得人是否实施分割或进行其他行为。因为不管拾得物是一人还是数人，其只要将不属他所有的物品占为己有，就已构成侵权，至于实施分割等则是构成共同侵权的要素。此外，对于《关于贯彻执行〈中华人民共和国民法通则〉若干问题的意见（试行）》第94条的规定应理解为，在拾得人将拾得物据为己有时，已构成侵权的，即可按照侵权之诉处理，而不存在转换的问题。否则，法律规定拾得人应当返还拾得物的法定义务就如同虚设，当事人的合法权益就难以得到保障。

其次，分析拾得人将拾得物据为己有的行为，也完全与侵权的构成要件相吻合。侵权的民事责任发生一般情况须具有三个要件：一是要有损害的事实。所有人掉失东西，拾得人拾得后占为己有，势必造成所有人的损失，这是显而易见的客观事实。二是须有行为的违法。法律明文规定拾得人应当返还拾得物，若拾得人不还，那就是一种不作为的违法行为。三是违法行为与损害事实间有因果关系。这在拾得物中也是非常明确的，拾得人侵占拾得物不返还，必然使原主受到损害，其内在的必然关系，不以任何人的主观意志为转移。而应该指出的是，如前所述的将原告疏忽使香烟从车上掉下作为原因，周某某拾得私分为结果，来说明不当得利因果关系的成立，难以自圆其说。事实上有遗失物只不过是被他人拾得的一个条件，只有在将它据为己有时，才必然引起他方的实际损失。四是行为人有过错。这点在拾得物上也得到了具体反映，拾得人将他人所有的物品占为己有时，明知会造成他人受损的结果，但仍然希望发生这样的结果，这是一种故意的心理状态。可见,对拾得人将拾得物据为己有的行为定性为侵权,应是无可指责的。

最后,从对财产权的保护方法上看,采用所有权之请求返还的保护方法,比采用不当得利的请求返还方法,更能有效地保护当事人的合法权益。毫无疑问这两种保护方法是不能两立的,其在性质上明显不同,前者是基于物权而产生,后者则是基于债权而产生。按照民法一般原理,前者的效力优先于后者。这样,适用所有权请求返还的保护方法,无论在权利的实现,还是返还的利益范围上,都体现了对受害人的侧重保护;而不当得利的请求返还,一般仅要求受益人返还仅存利益,故时常令受害人处于不利的境地。况且有关拾得物的问题,民事立法就是规定于所有权篇章之中。因此,在保护时当然应首先考虑采用物权之诉。恐怕也只有这样,方能更有助于民法任务的实现。

综上所述,笔者以为在拾得物中不存在不当得利之债发生的可能,而要认定拾得人有侵权,只要拾得人有将拾得物据为己有的行为即可。据此,本案被告周某某的行为应定性为侵权。当然这些仅是一些粗浅的想法,要根本解决有关问题,还须从理论上和立法上对此作进一步的探讨。

(1989 年第 11 期)

1990 年

也谈不当得利请求权与其他请求权的关系

傅鼎生*

不当得利，系没有法律上的依据而获得利益。在实践中，由于忽视了不当得利请求权与其他请求权（如依物权所生的所有物返还请求权、基于解除权的行使而产生的原状恢复请求权、因无效或经撤销的民事行为而发生的原状恢复请求权，以及因侵权行为所生损害赔偿请求权等）的关系，因而出现了两种极端：一是将不当得利制度的适用范围无限扩大；二是将不当得利请求权与其他请求权对立起来，致使其适用范围过于狭小。若不理清不当得利与其他权利保护制度的关系，则必然给法律的适用带来困难。因此，有必要对不当得利制度与其他权利保护制度，尤其是侵权责任制度的关系作一研究。

细观我国民法通则有关不当得利的规定，不难发现我国的不当得利规范为概括性规定。只要符合《民法通则》第92条所示不当得利之要件，无论于何场合，均可发生不当得利之效力。这便导致在不少情况下，某一法律事实既符合不当得利之规范又符合其他民法之规范。因而笔者以为不当得利请求权与其他请求权虽性质不同，但时有竞合，在适用法律时应综合几种竞合的规范。

我国民法通则规定了不当得利制度，它既不同于德国法系民法之有关规定，也不同于法国民法之有关规定。具体地说，第一，我国没有物权行为与债权行为之分，不认为有物权行为的独立性，物权的取得不仅仅依赖于交付行为，有关移转所有权的民事行为无效或被撤销，纵其标的物已行交付，亦不发生所有权移转效力，其无效或撤销的效力不仅及于原民事行为，且亦及于标的物之给付行为。第二，我国民法有关不当得利之规定为一笼统、抽象的概括性规定，而不像法国民法那样将不当得利之发生事由列举在法律条款中，我国民法不承认物权行为独立性和无因性的理论，便从根本上排除了不当得利请求权与所有权返还请求权（以及由此引申出的基于所有权被侵犯而产生损害赔偿等请求权）不能两立的观点。我国民法的不当得利的概括性规定又造成它在适用上的普遍性（它适用于一切符合不当得利构成要件的事实）。依上述两点，加之民法各条款均从各不同角度规范民事生活，这势必发生同一事实既符合不当得利之要件，又符合

* 作者单位：华东政法学院（现华东政法大学）。

其他规范之要件,因而产生不当得利之规范与其他规范都可适用和数个请求权可以并存的现象。比如,因无效民事行为而进行给付,给付人既可依所有权请求返还原物,又可以不当得利请求返还原物。为明了不当得利返还请求权与其他请求权的关系,试作如下分析:

一、不当得利与侵权责任

此两者为一交叉关系。当某一法律事实仅构成不当得利之要件而未构成侵权责任要件时,此仅属不当得利(如因附合、混合、加工而获得他人利益)。其利益损失一方只能依不当得利请求对方返还所得利益之金额,不能请求对方承担侵权责任。反之,当某一法律事实只构成侵权责任而不构成不当得利,则受损害方只能要求加害人承担侵权责任而不存在不当得利返还问题(如毁坏他人财产、污染环境而致人损害等)。然而,在不少场合,其法律事实既符合不当得利之要件,同时又符合侵权责任之要件,这便出现不当得利返还请求权与侵权责任请求权并存的现象。比如,偷盗他人财物等。当某种法律事实同时符合不当得利和侵权责任之要件时,并非产生数个独立的请求权,而系一个统一的请求权,此项请求权因数个请求权的并存(竞合)而具有不当得利返还请求权与侵权责任请求权两重性,受损害方不仅可依不当得利之规定向相对人请求返还不当利益,而且可在利益返还后仍不足弥补损失时再行请求赔偿因侵权而造成的损失。实践部门在适用法律时也应综合不当得利和侵权责任两方面之效力。

侵权责任与不当得利虽时有竞合,然两者显为不同,其区别主要如下:

其一,构成要件不同。首先,侵权责任以加害人的违法行为为要件,不当得利则不然。不当得利之构成不考虑得利人有无违法行为,而只问得利人之得利有无法律依据。引起不当得利的事由甚广,有基于第三人之行为的(如第三人以甲之化肥施与乙所承包的土地);有损失者本人之行为的(如以他人家畜误为自己之家畜而饲养之);有基于某种事件而发生的(如甲的飞鸽误入乙的鸽棚)等。以上种种,均不发生侵权责任之后果。此外,在引起不当得利的法律事实中,不乏得利人本人之行为。比如,拾得遗失物未交还失主,将他人原材料加工成新物而归自己等。此时,受损害者究竟应以不当得利请求对方返还所得利益,还是以侵权责任请求得利人承担民事责任,这要视其行为是否具有违法性而定。倘若该行为尚未构成侵权行为,得利人之行为为善意,得利人不知其得利无法律上的原因,则其只承担不当得利之返还义务。倘若该行为同时又构成侵权行为,得利人之行为属恶意,受损害者既能请求行为人返还原物又能请求赔偿损失,两项请求权于此竞合。

其次,侵权行为以行为人的过错为件,若行为人无过错(除无过错责任、公平责任外),行为人之行为纵致他人损害,仍不负侵权责任。不当得利之返还责任则不然,它不以当事人的主观过错为要件,得利人之行为纵无过错,亦不因此而妨碍不当得利之构成。比如购物时不知自己多收入对方的钱币,此受领行为因欠缺主观上的过错,不构成侵权行为,但并不影响其构成不当得利。反之,购物时明知自己多收入对方的钱币而不归还,此行为不仅构成不当得利之要件,而且还构成侵权责任之要件,这是因为行为人在主观上具有非法占有他人财产的故意。还有一种情况,当得利人就所受利益最初为不知无法律上的根据时,此纯属不当得利,尚不构成侵权责任。然而,不当得利人后知其所受利益无法律上的根据仍不返还时,纵无其他事实出现,亦构成债之不履行的侵权责任。比如,顾客受领营业员多找入钱币时为善意,其多收入之钱币为不当得利,不构成侵权责任。事后,该顾客得知其多收入钱币后又拒不返还,此不仅属于不当得利且又属侵权行为,商店可依不当得利返还请求权和侵权责任请求权来维护自己的合法权益。如此认定的理论根据是得利人一旦知其所得利益为不当时就应依法履行债务,返还不当得利,倘若故意或过失不履行此项义务便构成了债之不履行的民事责任。我国民法通则规定,民事主体违反合同或不履行其他义务的,应当承担民事责任。同理,得利人所得利益虽非其自己行为所致,但得利时明知其受利益无法律上的根据,仍故意或过失不归还的,亦属不履行法定义务而构成侵权责任。如他人失踪之家畜误入自己畜栏而不归还,拾得遗物不返还失主等均是。

最后,不当得利与侵权责任均以因果关系为要件,然两者截然不同。侵权责任的因果关系要件是指加害行为与损害事实之间的因果联系,至于加害人本人是否获得利益在所不问。不当得利则不然,其因果关系是基于某一事实而导致一方得利、一方受损,是得利和受损间的因果联系。

其二,法律后果不同。我国民法通则规定,没有合法根据,取得不当利益,造成他人损失的,应当将取得的不当利益返还受损失的人。据此项规定,不当得利人仅负返还所得利益的义务,而不问受损失人所受的损失是否高于自己所得利益。返还时原物尚存的,返还原物;没有原物的,折价赔偿。当然,不当得利人善意占有不当利益时已支出必要和有益的费用的(如保管财物所支付的费用,饲养动物所支出的费用等),在返还不当得利时可向利益所有人请求偿还。上述不当得利的法律后果仅为得利人为善意时的效力。若得利人为恶意,不当得利便与侵权责任竞合,受损失人的请求权已综合了两者内容。侵权责任的后果,除承担返还财产责任外还应承担损害赔偿责任(如间接利益的损害等),同时,加害人亦无权请求受害人偿付自己对所侵害之物支付的必要和有益的费用。

综上所述,不当得利与侵权责任既有联系,又有区别,两者有时竞合,有时不竞合。其竞合与否的原因在于某一事实在具备不当得利构成要件时,是否还具备侵权责任的条件,因而在法律适用时,必须明确其构成要件。

二、不当得利返还请求权与基于物权而生的原物返还请求权

此两种权利,为种属关系。不当得利返还请求权与原物返还请求权,都是为保障主体权利的圆满实现而确立的一种请求权。前者虽具物权性质,然其保护的对象不独债权,亦包括物权、知识产权、继承权等财产权。而后者为物权性质,其保护的对象仅为物权,尤其是所有权。因而,从权利保护制度来看,前者为权利的一般保护制度,后者为一特殊的保护制度;前者为种制度,后者为子制度。于是便出现这样一种情形,已构成不当得利返还请求权的,则未必构成所有权物上返还请求权,如因附合、混合、加工而取得他人财产,只能依不当得利请求返还所得利益,而不能按物上请求权返还原物。相反,若构成所有权物上返还请求权的,则必构成不当得利返还请求权,比如,失踪之鸭子进入他人鸭舍,原所有人既可依所有权请求返还原物,亦可依不当得利请求权要求返还原物,这两种权利因同一事实出现而竞合。如上所述,不当得利是一般的权利保护制度,而物上返还请求权是特殊保护制度。根据特别规定优于普通规定的原则,受损害人应先行使物上返还请求权,一旦目的实现,其不当得利请求权也即消灭,倘此项请求权行使仍不能保护其权利,如原物毁损、灭失,再依不当得利返还请求权来维护自己利益。

三、不当得利与无效或被撤销的民事行为的关系

民事行为无效或被撤销,业已交付的财产便失去法律依据,当事人可依不当得利,请求受领方返还所交付财产。另外,由于我国不承认物权行为,更无物权行为的独立性及无因性,民事行为无效或被撤销时,已经进行的给付行为亦当然无效,这使已因交付而移转的所有权自始没有法律效力,当事人便因此而产生了恢复原状请求权。基于同一事实,不当得利返还请求权和恢复原状请求权以及物权的原物返还请求权三者竞合。由于不当得利的效力在于原物尚存的,受损害人有权请求返还原物,原物不存在时,有权要求作价补偿。因此,当受领方的

原物还存在时，交付方可请求对方返还原物，以期恢复原状；当受领方的原物已不存在，或者受领人所受之利益，性质上不能以原物返还的，给付方可依不当得利请求返还所得利益。于此场合，不当得利制度既与恢复原状制度竞合，又是对恢复原状制度的一种补救，使权利人的权利得到充分的保护。

现实生活中，不是所有的权利保护制度都会与不当得利制度发生竞合。比如，基于双务合同的履行请求权，其性质便与不当得利返还请求权相排斥。这是因为在双务合同中当事人虽有对等履行之对抗权（即一方不履行义务，他方可拒绝履行义务与之抗衡，而不认为违约），但先行履行义务的一方所作的给付并非无法律根据，而是一种履约行为。故当另一方不履行对应义务时，此方只能行使履行请求权或追究其违约责任，而不存在返还不当得利问题。但若标的物之交付人依照法律或协议行使合同解除权，则另当别论了。同理，在连带债权人（或连带债务人）中，因一人享受全部债权或履行全部债务所发生的内部求偿权，也不应理解为不当得利请求权。因为在数个连带债权人（或数个连带债务人）中，其中一人享有全部债权（或履行全部债务），基于法律的规定而不属无法律上的根据。

（1990 年第 1 期）

1991年

论捐助法人在民法中的地位

赵旭东*

本文所称捐助法人，即西方民法中之财团法人。财团法人在西方法律中，与社团法人对称，是指以实现一定公益为目的，以捐助财产为基础而设立的法人，此与以人的即成员的联合为基础而设立的社团法人迥然不同。

财团法人，自古至今，多以慈善、文化、教育、医疗等事业为本，其进步的社会意义世所公认。它为社会个别成员对社会进行的无私奉献提供了便利的法律途径，同时也使许多社会公益事业的兴办获得了广泛有力的财产支持。甚至现在，西方国家许多医院、学校、图书馆、博物馆、科学研究院、慈善机构等，都是财团法人性质的组织。尽管马克思主义法学者常常透过财团法人制度的表象，对其服务于阶级统治制度的本质作深刻的揭露，但无论如何，都不能否认这种最大限度地超脱特定社会集团利益而服务于社会公众的法律形式在人类文明发展中的进步作用。

然而，财团法人并非西方各国通用的法律概念和普遍的法律形式，而只是以德国、瑞士、日本为代表的大陆法系国家的概念。在英美法系国家，财团法人的职能是由占重要地位的信托制度完成的。信托制度源于英国，盛于美国，实行于许多英美法系国家。它是指一人（信托人）将他的财产（动产或不动产）及其所有权交给另一人（受托人），受托人为了他人（受益人）的利益，按照信托人的委托，依照法律对该项财产进行管理、处分的一种法律制度。按信托目的划分，信托分为公益信托和私益信托，所谓公益信托即以增进社会公共利益为目的的信托，其实际内容和作用与大陆法中的财团法人一致。

一、捐助法人称谓的立法选择

传统西方民法上社团法人与财团法人的分类在我国并没有为立法所取。在理论上多数情况下也只作为资本主义国家的一种法人分类加以介绍。但这并不意味着我国没有类似于财团法人的社会组织；相反，这种组织在我国一直存在，

* 作者单位：华东政法学院（现华东政法大学）。

近年来又有较大发展,各种基金会组织即属此类。

对于这种类似西方财团法人的组织如何称谓,目前立法上尚无统一规定,理论上见解不一。有的称其为“基金法人”,有的称其为“捐献法人”,还有的则仍使用“财团法人”的名称。未来的民事立法究采何种,不得而知,但依笔者之见,它们似都有不尽妥帖之处,而改称“捐助法人”似更为可取。

首先,称“基金法人”者,只注意到了各种基金会组织在捐助法人中居于重要或多数地位,但却忽略了基金会组织并不等同于捐助法人的基本事实。基金会组织的特点在于其财产一般表现为可自由流通的待用货币和用途较为灵活的实物财产,其服务对象是不特定的社会公众,其活动的方式是按章程确定的条件和程序资助或扶持某种特定的社会事业。而在由个人捐助设立的社会组织中,除采取基金会形式外,还有救济院、贫民院、医院、学校等各种从事某种具体公益事业的社会组织。我国改革开放以来,不仅有海外侨胞和国内知名人士捐助设立的资助儿童福利、教育科技事业的基金会组织,而且随着经济收入的增长,部分个体工商业者,承包、租赁经营者等先行富裕起来,普通公民捐助开办学校、养老院、幼儿园、文化馆等的情况也屡见不鲜。因此以基金法人概念替代捐助法人的主张显然有失片面。

其次,继续使用“财团法人”概念与我国舍弃社团法人概念的实际不甚协调。众所周知,在西方国家的法人分类中,私法人总与公法人对称,财团法人总相对社团法人而言。我国民事立法既不以社团法人定类,财团法人概念的使用也就无以对应了。而从直接揭示这种社会组织内涵的单独概念来说,“财团法人”一语倒有些令一般公众费解,远不如“捐助法人”来得确切、明了。

最后,“捐献法人”之称,本无其不妥,其意与“捐助法人”并无二致。但从语义上细加斟酌,作为表述法律概念的语词,后者似乎更为贴切。并且,在介绍各国财团法人的立法资料和理论著述中,人们也更习惯地使用“捐助”一语,如“捐助人”、“捐助行为”、“捐助目的”、“捐助财产”等。

在内涵上,财团法人也是由人们以捐助财产方式设立,所谓财产的集合,即捐助财产的集合。在外延上,各种财团法人当然也都无一例外地属于捐助法人。因此,在我国,欲舍弃财团法人之语词,而保留财团法人之实质,“捐助法人”之称当为最可取的选择。

二、捐助法人在民法中的定性归类

与西方民法不同,我国民法通则将法人分为企业法人与非企业法人两大类,非企业法人包括机关法人、事业单位法人和社会团体法人三种。这种分类的基本依据不再是法人成立的基础是人的集合还是财产的集合,而是法人所从事的活动和宗旨。在这种分类体系中,捐助法人如何定性,究属其中的哪一种,是目前捐助法人诸法律问题中较为重要的一个。

在已出版的民法著述,尤其是教科书中,大都把捐助法人归于社会团体法人之中。国务院发布的《社会团体登记管理条例》第2条和《基金会管理办法》第2条,则从政府立法上正式确认了以基金会为主的捐助法人的社会团体的性质。对于这种定性和归类,已有学者提出了不同意见,认为"这样认定基金会性质不妥"。稍作法理分析,也不难得出否定的结论。

社会团体法人是由若干成员为了政治、经济、文化、教育、科技、福利等共同目的自愿结合组成的社会组织。成员的联合性是社会团体法人的基本属性。在这一点上,我国的社会团体法人,与西方的社团法人具有同样的性质,区别在于社团法人包括以营利为目的而由社员共同出资组成的公司和以社员经济互助为目的并从事经济活动的合作社,而社会团体法人则是从事各种社会公益事业或谋取社员非经济利益的非营利性组织。社会团体法人既以成员联合为基础,因而与以财产集合为基础成立的财团法人或捐助法人在法律关系的许多方面迥然不同,其中最根本的区别就是设立人的地位和法人组成形式的不同。社会团体法人,设立人在法人成立后即取得社员资格,享有参与或决定法人事务的权利和实现各种个人利益的权利,法人的管理机构一般也由社员选任产生。而在捐助法人,设立人即捐助人在法人成立后即与法人脱离关系,它既不是法人的成员,也不是法人的当然管理者,并不直接参与和决定法人具体事务,更不享受其财产利益,甚至有的捐助人在法人成立后即死亡,或者在法人成立前就已死亡,捐助法人是根据其遗嘱而成立。在这种法人中,虽然也有管理机构和管理人员,但他们不是作为法人成员,不是作为权力机关或意思机关,而是作为法人的职能机构或工作人员履行管理的职能,这种管理机构及其工作人员的选任、职权范围、管理方式等是由捐助人最先订定的法人章程或立下的遗嘱确定的。

捐助法人和社会团体法人之间如此的根本区别及相应的法律规定具有重要的法律意义。它使捐助法人成为名副其实地独立于任何个人,包括捐助人的法律实体,使捐助法人的管理机构能够切实地履行其管理职责,实现法人宗旨,防止和限制改变法人宗旨、改变法人财产用途和谋取个人私利等损害法人利益的各种违法侵权行为。反之,如果把捐助法人归之为社会团体法人的一种,并适用社会团体法人的法律规定,那将为损害捐助法人事业的行为留下可以利用的条件,最为严重的后果将是捐助法人的管理人员自觉或不自觉地置自己于法人成员的地位,并实际地取得决定法人一切事务的权力和其他各种权益。而随着时间的推移,捐助人的财产也许会化为乌有,捐助人的愿望也就付之东流了。

捐助法人既非社会团体法人,那么它属于民法通则规定的另一类法人,还是属于民法通则所未涵盖的一种新的法人?对此,有人认为,捐助法人不同于民法通则所规定的任何法人,而是一种独立的法人类型,因此民事立法应予以弥补。但依笔者之见,捐助法人实质上不过是民法通则所规定的事业单位法人之一。我国民法无西方法律中的财团法人概念,而西方法律中也无机关法人和事业单位法人的概念。但实际上,西方国家类似于我国机关法人的组织被归类为公法人,而类似于我国事业单位法人的组织除少部分由国家举办,并属于公法人范畴外,大部分则是属于私法人范畴的财团法人。显然有别于西方国家的现实是,我国的社会公益事业绝大部分是由国家和集体组织举办,民间捐助举办的只占很少的比重。也许正因为此,人们往往把事业单位视为由国家或集体举办的社会组织,而忽略了公民个人亦可并且已经捐助设立事业单位的事实。其实在国家有关机关对事业单位的管理和统计资料中,民办事业单位早已成为列全民和集体所有制事业单位之后的第三种。

从捐助法人所从事的社会活动的内容看,与通常所称事业单位法人的活动也基本相同。学校、医院、养老院等既有国家、集体举办的,亦有个人捐助举办的,前者为国家、集体事业法人,后者即为捐助事业法人或称民办事业法人,二者的差异不过在于设立人的不同。因此将捐助法人定性为事业单位法人的一种,既解决了捐助法人形式上在民法通则中无所归依的问题,又有着充分的事实和法理上的依据。

(1991年第6期)

论商事代理

徐学鹿*

一

商事代理是发展有计划商品经济所不可缺少的一项法律制度,其主要根据是:

第一,商事代理有利于解决产销矛盾。在商品经济条件下,产销之间始终存在时空矛盾。在激烈的竞争中,谁将这一矛盾解决得好,谁就有可能取胜;反之,就有可能失败。如果仅凭企业自身的力量来解决,由于受到人力、物力、文化素质等多方面条件的限制,是不可能完全、妥善地加以解决的。这就势必产生一批专门为卖方寻买方,为买方找货源,并且以此为营业的商事代理人。例如,重庆市根据商品经济发展的要求,开展了这方面的试点工作,为2500多人发放《经纪人中介服务证》,发挥了这些商事代理人人际关系广、业务熟等特点,一些采购员、推销员办不成的事,他们轻而易举地解决了。但是,发服务证这种办法,仅是一种临时性措施。要使这种为企业引缺泄余的行为制度化、规范化,还应当在我国建立相应的法律制度,这就是商事代理法律制度。

第二,商事代理有利于参与国际市场的商品流转。市场从国内拓宽到国外,企业往往很难准确地掌握国外的市场及买方的资信情况。如果设立专门从事商事代理的代理商,他们则对各种情况非常熟悉。因此,不同国家企业交易时,企业对代理人的信任往往超过对交易对方的信任。并且商品经济发达国家的商事法律还明确规定,当买方无力支付货款时,代理人有赔偿被代理人的义务。这样,尽管企业之间互不了解情况,在商事代理法律制度的保障下,企业则可放心大胆地同对方进行交易。

第三,商事代理有利于与商品交易相关问题的顺利解决。商品交易涉及货款支付、运输、保险、广告、商标、专利等许多复杂的问题,这些问题的妥善解决,又都涉及商事代理。例如,商品运输除了要掌握海、陆、空运输的知识外,还要了解经常变化的各国办理海关、运费、海港,机场等各种手续的习惯、国际条约、业

---

* 作者单位:北京工商大学。

务、货物运输组织、货物包装等。其中某一环节出一点差错,企业就有可能蒙受重大损失。但是,商事代理人通晓上述各种业务知识和情况,通过商事代理人办理货物运输,不仅可以避免各种损失,而且必将加快商品流转。除此之外,保险、银行等与商品流转相联系的行业,一般也都建立了商事代理制度。我国早在40多年以前,就建立了中国外轮代理公司。公司作为运输代理人总共代理了世界上150多个国家和地区的1000多家轮船公司的船舶40多万艘次,代理货运量达15亿吨以上。

第四,商事代理有利于所有权和经营权的分离。在现代商品经济活动中,企业不仅从外部借助各种代理商来从事营业活动,而且从内部完善商业使用人代理制度,从而理顺了企业的内部关系。企业所有权与经营权分离后,作为经营者的经理等商业使用人,之所以有经营权,是因为他们与企业之间是一种代理与被代理的关系,依法享有不同范围的代理权。一般地说经理享有全权代理权。例如,《日本商法典》规定经理人的代理权,可概括为三点:(1)经理人有代理营业主处理关于其营业的一切诉讼上或诉讼外行为的权限,即营业上的全权代理权。(2)经理人可以选任或解任科(组)长、营业员和服务员等其他使用人的人事上的全权代理权。(3)对经理人的代理权所加的限制,不能对抗善意第三人。也就是说,经理人的经营权是法定的,经理可以通过行使其经营权提高企业的经济效益,并且如果营业主对经理的全权代理权要加以限制的话,对不知情的第三人来说,不具有法律效力。显然,目前在我国建立这一法律制度,对改变企业经营权名不副实的状况,有着重要的现实意义。

第五,商事代理有利于企业提高经济效益。在商品交易中,对企业来说时间就是生命,就是金钱。但是,在传统的代理制度中,法律规定代理人只能以被代理人的名义进行直接代理活动,否认间接代理活动。在瞬息万变的市场活动中,这种约束企业的规定,必将拖延时间而贻误时机,给企业造成损失。因此,现实中产生了代理人以自己名义进行活动的各种形式的商事代理,如代办商、承销商、批发商、各种经纪人等。这种间接商事代理制度,显然可以简化手续,节省时间,加快商品经济的流转,提高企业的经济效益。

二

商事代理不同于传统的民事代理。商事代理是代理人在代理权限内以被代理人或以自己的名义同第三人进行商事行为,由此产生商事权利义务,对被代理人发生效力的商事法律制度。民事代理根据我国《民法通则》第63条的规定,是“代理人在代理权限内,以被代理人的名义实施民事法律行为。被代理人对代理人的代理行为,承担民事责任”的民事法律制度。商事代理与民事代理的区别,归纳起来主要有以下几点:

第一,代理关系的主体不同。民事代理的被代理人根据《民法通则》的规定,是公民、法人。商事代理的被代理人一定是商人,可能是商法人(商业企业),也可能是个体商人。

第二,对代理人的资格要求不同。民事代理的代理人只要是公民或法人,具有民事行为能力即可。作为商事代理的代理人必须是经过商业登记或公司登记的商人,并且对作为银行、运输、专利、广告等代理商,往往有很高的专业知识的要求。

第三,代理的内容不同。民事代理仅限于民事行为,有的是财产关系,有的是非财产的人身关系;有的是有偿的,有的是无偿的。商事代理是营业,代理本身是实施商行为,只能是有偿的。因此,商事代理制度更适应商品经济的要求。

第四,代理权体现的原则不同。民事代理人由于要以被代理人的名义才能从事代理活动,一般采取“显名主义”原则;商事代理既可以被代理人的名义,也可以自己的名义从事代理活动。因此,不实行“显名主义”原则。

第五,授权方式不同。民事代理授权的方式比较单一,通常要求事先、明示授权。商事代理授权方式灵活、多样,既可事先,也可事后;既可明示,也可默示;既可法定,也可意定;既可采取委托书的方式授权,也可采取追认和客观必需的授权。

第六,代理适用的广度和深度不同。民事代理仅限于直接代理、缔约代理。商事代理不仅有直接代理,还有间接代理;不仅有缔约代理,而且有媒介代理,前者为授予代理权的缔约代理商,后者是仅从事媒介活动的媒介代理商。并且民事代理关系仅在民事主体之间产生,商事代理关系的层次比较深,它不仅在商事主体之间,如贸易中心、贸易货栈与其他商业活动的主体之间,批发商与零售商之间,而且通过企业内部商业使用人,还在企业内部建立了深层次的商事代理关系。

第七,承担责任的要求不同。民事代理代理人一般不向第三人承担责任,特殊情况下对第三人承担连带责任,是一种消极状态的承担责任。例如,根据我国《民法通则》,只有当被代理人授权不明,代理人有主观过错,如与第三人串通、无权代理或违法代理等才承担民事责任。商事代理有直接代理与间接代理之分,代理人既可以代表身份出现,也可以个人身份出现。前者,由被代理人对第三人负责;后者,代理人则必须向第三人承担一切责任。代理人向第三人承担责任，不仅体现了商品交易简便、迅速、灵活的要求，而且体现了安全、固定、现实的要求。

综上所述，商事代理制度是一种适应现代经济生活的代理制度。要发展有计划的商品经济，就要刻不容缓地建立我国的商事代理制度。

三

现实生活中由于商事代理法律制度不健全，应当受到保护的得不到有效的保护，应当承担责任的无法追究责任，各种关系理不顺，造成经济秩序紊乱，严重地妨碍了社会主义商品经济的发展，特别在对外商品交易中，造成的损失就更难以计算。我国的现行办法是有外贸权的企业一般均以自己的名义同外商进行交易，而没有外贸经营权的企业，进出口商品时则要委托外贸公司。外贸公司以自己的名义同外商签订合同，按照我国现行法律，这种关系不被认为是代理关系。但是，当发生争议时，又援用代理法律规定处理。从传统的代理制度中，这种矛盾现象将无法得到自我解脱，但按照商事代理制度，承认间接代理，这种矛盾现象将不复存在。因此，要解决现实生活中的矛盾现象，首先应当解决法律规定中的矛盾。

我国《民法通则》第63条规定的代理是直接代理，第66条又规定"只有经过被代理人的追认，被代理人才承担民事责任"。所谓追认，是代理人事先没有代理权，被代理人在事后批准或承认事先没有授权的代理行为。这样：

第一，既然被代理人事先没有授权，代理人在从事交易活动时只能以自己的名义进行，"追认"则将直接违反第63条代理人要"以被代理人的名义"的规定。

第二，如果承认现实生活中的间接代理是合法的，法律必然作出承认"被代理人的追认"的规定，这又势必突破民事直接代理的立法体系，从而造成民事立法内容的混乱和庞杂。

第三，现实中如果执行《民法通则》第63条的规定，第66条规定的"追认"代理则是不合法的；执行第66条"追认"的规定，又与第63条相矛盾。这就造成了当前在我国出现的外贸代理平时不被承认，一旦发生纠纷又援用有关代理规定的自相矛盾的现象。

第四，我国《民法通则》只规定了被代理人的"追认"，没有规定"追认"的要件，现实生活中既有可能发生代理人转嫁损失的现象，也有可能发生被代理人抢夺利益的现象。既然追认关系到代理权的创设，当然不能随心所欲，想追认就追认，只有具备法定的条件才能追认。这些条件我们认为主要有：

一是代理人在同第三人交易时，尽管被代理人事先没有授权，也必须明确自称自己是代理人，说明自己是代理谁来订约的。如果代理人没有明确把这一事实告诉订约对方，事后则不能被追认。之所以要规定这一要件，是为了防止代理人把本来是自己的损失转嫁给他人。

二是被追认的合同，只能由代理人在同第三人订约时已经明确指出姓名的被代理人追认，其他人不能追认。规定这一要件就可防止多人为争夺利益都要求追认而造成不必要的纠纷。

三是被追认的合同必须是能够追认的，如果是无效合同、附条件的合同等，则不能追认。

四是追认合同的被代理人，必须是在代理人与第三人订立合向时，已经取得商事主体资格的人。如果被代理人在订约时不具有订约资格，也不能追认。

五是被代理人追认必须及时，比如保险合同，如果追认不及时，一旦发生了保险事故，则不能追认。

六是被代理人追认时必须知道全部事实。如果代理人隐瞒了某些事实，对此被代理人不承担责任。

其他的间接代理权的取得，也都要求通过商事代理法律制度明确规定其有效要件。如客观必需的代理权的有效要件：一是必须在紧急情况下，二是代理人采取的措施必须是“善意”的，三是代理人必须证明他在行使权力时不能通知被代理人等。

（1991年第9期）

婚姻破裂原则与感情破裂原则的比较

李红玲*

当今世界各国的离婚立法,总的看来,有从限制离婚主义向自由离婚主义发展的趋势,体现在法定的离婚理由上,就是以破裂原则代替过错原则。破裂原则的根本特点是不问婚姻当事人有无违反婚姻义务的行为,只要当事人诉请夫妻已不堪共同生活,法院也确认婚姻关系确已破裂到不能挽救的程度就可判决离婚。1912年瑞士婚姻法最早采用了破裂原则,此后,其他国家也相继采取了这一立法。在第二次世界大战以后,人们对离婚的传统看法有了很大转变,离婚不再被作为对夫妻一方违反婚姻义务的制裁手段,而被视为对破裂婚姻的认可和救济。随着观念上的这一大转变,破裂原则已成为世界各国离婚立法的基本趋势。

目前,世界上绝大多数国家都把破裂的实体规定为婚姻,例如,英国《1973年婚姻案件法》、《1977年婚姻案件规则》所规定的离婚理由是婚姻破裂无法挽回;美国《统一结婚离婚法》规定,法庭判决离婚的理由为:"法庭确认婚姻已无可挽回的破裂。"苏联1968年的《婚姻和家庭立法纲要》第14条规定:"如果法院确认夫妻双方已无法继续共同生活和维持家庭,就准许离婚。"意大利、西德等国家也有相似规定。尽管在文字表述上各国有所不同,有的称婚姻关系破裂或婚姻关系无可挽回的破裂,有的称共同生活解体或无法继续共同生活,等等。但归结到一点,这些国家都把婚姻关系的破裂作为离婚的原则界限。

以感情为破裂实体的立法原则,目前尚未被世界各国普遍采纳,只有我国现行婚姻法采取了这种立法。我国《婚姻法》第25条第2款规定:"人民法院审理离婚案件,应当进行调解;如感情确已破裂,调解无效,应准予离婚。"可见,我国是以感情破裂作为离婚标准。

究竟哪一种立法原则更为合理、科学?在我国的司法界和理论界,对以感情破裂为离婚理由也有不同认识。有的学者认为这样规定符合婚姻的本质,具有世界领先性,应以弘扬;也有的学者持否定观点,提出应以"婚姻破裂"代替"感情破裂"。笔者倾向于后一种观点。

---

* 作者单位:华东政法学院(现华东政法大学)。

1. 从两个原则的前提看,婚姻破裂需以婚姻关系的存在为前提,而离婚正是对现存合法婚姻的依法解除。因此,以"婚姻破裂"为离婚理由,在逻辑上讲得通。而感情破裂须以婚姻当事人之间曾经有过夫妻感情为前提,但现实生活中,从未建立过真正的夫妻感情的貌合神离或捆绑而成的夫妻为数并不少。且不说资本主义国家那种契约性质的婚姻关系,即使在倡导以爱情为婚姻基础的我国,包办婚姻、买卖婚姻也仍存在。据统计,在经济文化落后的地区,有25%左右的青年结婚是被包办、强迫的,至于半包办半自由的勉强结合就更多了。有学者引用恩格斯的话:"结婚的充分自由,只有在消灭了资本主义生产和它所造成的财产关系,从而把今日对选择配偶还有巨大影响的一切附加的经济考虑消除以后,才能普遍实现。到那时,除了相互的爱慕以外,就再也不会有别的动机了。"以此证明,我国目前已消灭了资本主义生产关系,所以已实现了爱情为婚姻的唯一基础。笔者认为,这种理解有失偏颇。我们应该看到,随着资本主义生产关系的产生和发展,世界各国已组成一个相互联系的整体,彼此相互影响、渗透。目前我国的生产力还比较落后,生产资料尚未完全归社会所有,个体家庭的经济职能仍未社会化,妇女在升学、就业等问题上尚未与男子真正平等,无论在经济上还是在思想上,资本主义的生产关系都对我国的婚姻家庭关系产生一定影响,所以,只有世界范围内普遍消灭了资本主义生产关系,才可能使爱情成为婚姻的唯一动机。当然,现实中也存在先结婚后恋爱的情况,但不能否认,有许多婚姻自始至终都没有产生过夫妻之情,这种婚姻自然应该解除,但以什么为离婚标准呢?如仍以"感情破裂"为理由显然不合逻辑,因为这种婚姻根本无感情可言,何来"破裂"呢?所以,从逻辑学角度,以婚姻作为破裂实体更为科学。

2. 从离婚的原因看,感情破裂不能概括所有导致夫妻离异的因素。目前,尽管结婚的动机各种各样,但总的说来,人们缔结婚姻是以永久共同生活为目的的,这种夫妻间的永久共同生活包括精神上、经济上和性关系上的共同生活,它们构成婚姻关系的真实内容。有的学者认为:夫妻间的性生活和物质生活是他们的外部联系,并非婚姻关系本质,而精神生活才是夫妻间的内部联系。所以,只有感情的消失才意味着婚姻内部的崩溃和死亡。这一观点值得商榷。根据唯物主义的婚姻观,婚姻是男女两性在一定社会制度下的结合形式,它与其他社会关系的区别之一是,婚姻关系以男女的两性差别和人类固有的性本能为生理上的基础。另外,夫妻间的精神生活必须以相互间的物质生活为基础,正如鲁迅先生曾说过的,"必须生活着,爱才有所附丽"。因此,婚姻是作为男女两性精神生活,性生活和物质生活的共同体而存在的,感情生活只是精神生活的一个内容,它并不等于也不能代替构成婚姻本质的另外两个方面即性生活和物质生活。所以，并非只有感情破裂才是导致婚姻解体的唯一原因，其他两个婚姻基础的消失也能引起婚姻的离异。现实中，因夫妻一方生理障碍而致双方长期不能过性生活，或因夫妻多年两地分居无法过正常的家庭生活而引起的离婚也为数不少。最高人民法院1989年发布的《关于人民法院审理离婚案件如何认定夫妻感情确已破裂的若干具体意见》第1条和第3条规定，人民法院如果认定夫妻一方患有疾病或生理缺陷不能发生性关系，且难以治愈的，或者患有精神病久治不愈的，可依法判决准予离婚。所以，代之以“婚姻破裂”，既能包括因感情消失而引起的离异，也能包括因其他原因引起的离异。

3. 从法律的调整对象看，任何法律均以一定的社会关系为立法对象，而感情是一种主观的心理状态，属于心理学范畴，是人们的一种精神生活，法律作为一种理性的意志的体现，无法评判感情。有的学者认为精神生活也是法律调整的对象，并以民法中关于人身权利的规定为依据。对此，笔者认为，不能将人身权利与精神生活相混淆。精神生活是公民个人思想上的一种体验和感受，而公民的人身权利是法律赋予的，作为权利总与一定的义务相依而存，某个公民的权利相对于另外个公民来说就是一种义务，因此，人身权利是某种社会关系的体现，它是公民精神生活的前提和保障，但并不等同于精神生活，更不能说对它的调整就是对精神生活的调整。所以说，感情不是法律调整的对象，以感情破裂作为判决离婚与不离婚的标准也不科学。而婚姻却是一种特殊的社会关系，包括夫妻间的各种权利和义务，所以，它是立法的对象。我国司法实践中形成的“四看”，即一看婚姻基础、二看婚后感情、三看离婚原因、四看婚姻现状和有无和好可能，与其说是对感情破裂的确认，不如说是对婚姻破裂的确认更为确切。

4. 从婚姻的法律特征看，婚姻是爱情与道德、权利与义务统一的伦理实体，一经缔结，就会产生对配偶、子女、老人、家庭、社会等法律上和道德上的责任和义务，这种责任和义务既不是从感情中派生出来，也不以感情的有无为转移，而是在婚姻生活中独立存在的。婚姻又是家庭的基础和核心，婚姻一成立，就成为社会的细胞，担负起各种社会职能。因此，离婚并非个人的私事，而要涉及他人和社会的利益。所以在制定离婚制度时，不仅要考虑感情的因素，也应考虑社会及其他各方面的因素。有人认为以感情破裂为离婚理由是恩格斯的观点，因为恩格斯曾说：“如果说只有以爱情为基础的婚姻才是合乎道德的，那末也只有继续保持爱情的婚姻才合乎道德。”这种理解不够全面。完整地讲，恩格斯的这段论述包含两方面的含义，对社会而言，应保护有爱情的婚姻，解除无爱情的婚姻。

但对婚姻当事人而言，有义务在婚后继续保持爱情，并使爱情在婚姻中巩固和发展，因为“几乎任何的离婚都是家庭的离散”，所以，离婚自由的权利只有在不脱离社会利益制约的前提下才能充分实现。但是，以感情破裂为离婚理由不能体现婚姻关系中所包含的各种权利义务关系和社会利益要求。同时，也给那些视婚姻为儿戏、置社会责任和道德义务于不顾的人提供了法律上的空子。因此，从严肃和完善婚姻立法的角度，以婚姻破裂代替感情破裂更为科学。

（1991 年第 11 期）

1992 年

建立债权人干预制度

傅鼎生*

企业在追索债款时，往往因债务人怠于向第三人主张权利，而使其债务追索常陷入被动局面。时下，债务人怠于主张权利的现象表现诸多方面，如未向第三人催要宕在账上的应收款，上级部门抽取其资金而不主张收回，听任第三人迟延交货等。债务人这种怠于行使权利的行为便产生一系列连锁反应，自身资金的匮乏，无力清偿债务，致债权人损失。鉴于这一情况，债权人能否要求第三人履行债务呢？对此，笔者略谈浅见，以作引玉之砖。

债权人与债务人，债务人与第三人是两个各自独立的法律关系。债权人与第三人之间无任何权利义务可言。依现行法律制度，债权人无权要求第三人向其履行义务，而只能向债务人求偿。然而，在债务人因怠于行使权利而致其履行不能的情况下，债权人坐待第三人自觉履行义务，难保其债权得以实现。因此，应当建立债权人干预制度，赋予债权人以自己的名义要求第三人向债务人履行义务的权利，以保证债权人的债权。

这一制度的建立具有积极的社会意义。首先，能保障债权人的债权利益。在三角债的债务锁链中，其中一方当事人（本文称债务人）既是前一债务环节中一方（本文称债权人）的义务人，又是后一债务环节中另一方（本文称第三人）的权利人。依现行法律制度，当债权人债权的实现有赖于第三人向债务人履行义务，而债务人又不主张其权利时，债权人的债权利益将无任何保障。建立干预制度，可解决现行债的制度中的这一缺陷，债权人通过行使属于债务人的权利使自己的债权得以实现。其次，能有效防范和治理三角债债务拖欠现象。治理三角债并非消灭三角债的债务关系，而是清除三角债关系中债务拖欠现象。因而，必须完善债的机制，防止债务的拖欠，创造一个良好的债事环境，适应不断发展的债事需要，促进债事的发达及商品经济的繁荣和发展。建立债权人干预制度，允许债权人在一定条件下向第三人主张债务人的权利，能有效地防止债务的拖欠，这正是完善债的机制，保护交易安全的一个方面。

这一制度的确立依据是民法诚实信用原则。对诚实信用原则的理解，不

---

* 作者单位：华东政法学院（现华东政法大学）。

能局限于其字面意义。以民事主体在民事活动中不欺骗、恪守信用来解释诚实信用原则，尚未揭示这一原则的全部内涵。诚实信用原则，起源于罗马法，为现代各国民法广为应用。它的最初提出，是以个人为本位，注意对个人权益的维护。但该原则意义上的完善及适用上的扩大，则是以社会为本位，强调在维护社会整体利益，不妨碍第三人合法权利的前提下，对个人权利的保护。这项原则要求：一切法律关系应就其具体情况，依正义、衡平之理念加以调整，以谋求社会生活的稳定与和谐发展。我国民法通则将诚实信用原则置于基本原则地位，它要求民事活动参加者在民事活动中维持双方利益的平衡，以及当事人与社会利益的平衡，要求当事人在民事活动中尊重他人（包括相对人、第三人）的合法权益，尊重公众、社会利益。"信"乃信义，他人的正当期待利益不应失望。信用利益的保障，不能仅限于当事人之间，第三人信用利益也应保护。

依据诚实信用原则，在三角债的债务锁链中，债务人应充分尊重债权人的债权利益，在其无偿付能力的情况下，应积极行使对第三人的权利，落实资金或货源，保障债权人的债权利益，在债务锁链中的第三人，也应顾及相对方债权人的利益，使相对方债权人的期待利益不因自己的违约而失望。倘若债务人、第三人违背诚实信用原则，发生债务人不积极行使权利及第三人不自觉履行义务的现象而损及债权人利益的时候，法律应允许债权人对债务人进行干预，由其行使属于债务人的权利。可见，民法诚实信用原则是建立债权人干预制度的法律依据。

那么，这种干预是否构成对他人意志自由的侵害，而有悖于民法意思自决的立法旨意呢？诚然，民法以自愿为原则，个人民事权利的发生、变更、终止，一般应基于其自由意思。但是，民事活动不得损害他人的利益。法律虽允许权利人抛弃权利，且不要求权利人必须主张其权利，然而，权利人不得因此而滥用权利损及他人和社会的利益。在债务锁链中，债务人因怠于行使权利而致债权人损害的，就是权利的滥用。那种不积极主张权利的行为，从表面上看似乎并不违法，而实际上则违背了法律的实质精神，有损于债权人利益和交易安全，应予干预。意思自决并不等于权利滥用，意志自由也并不是不受限制。当事人在行使权利时，必须尊重他人利益、社会利益。

应当看到，在现行干预制度中，有权进行干预的，一般是有关管理机关。然而，商品经济社会中，每时每刻都在发生着大量的债务关系。国家无力对每个债务关系进行干预。因而，当债务人滥用权利而有损于债权人的利益时，应赋予债权人干预权。不少商品经济发达国家的民法，均允许民事主体实施干预活动。

比如，日本民法明定，债权人为保全自己的债权，可以行使属于债务人的权利。乍一看，这种干预似乎与社会利益无涉，其实不然。任何一种债的关系都是体现统治阶级意志的思想社会关系。个人之间的交易关系一旦为法律所认可，便在当事人间上升为一种与社会利益相关的法律关系。从社会角度而言，债权人为了自身利益，维护法律确认或认可的债务关系，正是维护了交易安全、社会经济秩序的稳定。个人参与干预活动在我国的现行制度中并非不存在。抵押权制度赋予了抵押权人对他人抵押物掌管方面的干预，便是一例。

债权人干预制度与我国诉讼保全制度是相适应的。在诉讼过程中，当发生债务人有可能处分其财产而损害债权人利益时，债权人有权要求人民法院进行诉讼保全。诉讼保全的范围不仅限于债务人的既存财产，而且还包括债务人的期待利益（即尚未到期的财产收益）；不仅限于有形财产，而且还包括无形的法权利益（如债权利益等）。为保障债权人的合法权益，为确保生效判决的执行，为使以债权为对象的诉讼保全决定不因债务人怠于行使权利而成为一纸空文，应赋予债权人干预债务人的权利。

干预权性质上属于一种管理权。干预形似代理，但与代理存在性质上的区别。代理是代理人以被代理人的名义所从事的活动，而干预则是干预人以自己的名义所从事的活动；代理权的发生基于被代理人的授权，是由被代理人意志决定的，而干预权的发生与被干预人的意志无关。干预这种管理活动又有别于无因管理。无因管理，即无法律上的根据而为他人管理事务，干预活动则应依据法律而进行；在无因管理中，管理的目的是为他人利益免遭损失，而在干预活动中，干预的目的是保全自己的债权。

并非所有的债权人均享有干预权，只有在发生有干预之必要的事实状况，始发生干预权。有无干预的必要，不取决于当事人的主观意志，而应依客观状况而确定。同时符合如下条件的，被认为有干预的必要。

1. 须有第三人不履行义务的行为。干预，即代位债务人要求第三人履行义务。因此，须以第三人未向债务人履行义务为条件。第三人业已履行义务，或其履行期尚未届至，均不发生干预问题。但是，未约定履行期的例外。依照法律规定，未约定履行期的，义务人可随时提出履行，权利人也可随时要求义务人履行，权利人未作出履行要求的，义务不履行不构成违约。在债权人未提出给付要求的情况下，干预的构成也以第三人不履行义务为条件，有悖于干预之本意。

2. 须有债务人怠于行使权利的行为。债务人已积极向第三人主张权利，债权人无干预的必要。只有在债务人不积极行使权利，听任第三人违反义务而影响债权人债权利益时,始发生干预权。但这也有例外,当发生不可抗力或其他事由而阻碍债务人行使权利的客观现象时,债权人也可进行干预。

3. 须有债务人履行不能的情形。债务人不积极行使其权利致其无力履行义务的,才有干预的必要,债务人不履行债务属于主观拒绝或拖延,并非客观不能,债权人可通过诉讼途径来解决。客观上的履行不能,包括缺少资金无偿付能力,还包括金钱以外的无力履行义务的各种状况。诸如,因第三人未退交房屋而致债务人不能向债权人提供租用的房屋;因第三人未交付产品而致债务人无货源供给债权人等。

4. 须有债务人未依约履行债务的事实。干预债务人的权利,目的在于保全债权人的债权利益,只有在债务人不履行债务而损害债权人的债权利益的情况下,才能进行干预。债务人已依约履行了义务,债权人无干预的理由。债的履行尚未届至,债权人亦无干预的必要。但是,当发生若不进行干预,债务人的权利将会因其怠于行使而丧失的情况例外。须明确的是,这种超前性的干预应以保存债务人的权利为限(如为了中断时效而代债务人向第三人发出履行义务的请求),同时还得具备上述三项条件。

同时具备以上四个条件,才被认为有干预的必要,始发生干预权。干预权的行使,应具有如下效力:

1. 债权人向第三人所作请求,应视同债务人所作请求。就债务人而言,发生债务人第三人的请求后果,如时效的中断;未约定履行期的,其履行期的到来等。就第三人而言,可向债权人进行一切本对债务人的抗辩。如提出胜诉权的丧失,同时履行的对抗等。

2. 经债权人请求,第三人所作给付应归属于债务人,而后再由债务人向债权人进行给付。若债权人向第三人提起诉讼的,其判决效力应及于债务人和第三人,而后再责令债务人向债权人清偿债务。

3. 债权人实施干预行为后,债务人无权处分其权利。诸如,无权进行权利的转让、抛弃,及无权进行债务的免除等。若允许其处分权利,则势必失去干预的应有效用。

须明确的是,不是所有的权利都可成为干预的对象,干预的范围只能是债务人的财产权。债务人可向第三人主张的人身权,以及具有人身性质的专属权等不能干预。

【编后】 作者论述了向债务人的债务人主张权利的债权人代位权制度,在当前三角债务关系中类似的问题还有撤销债务人与第三人民事行为的债权人撤销权问题；为使债务清偿，对债务人民事活动进行监督、管理的债权人延续权问题；国家为维护经济秩序、交易安全，在无人提出破产的情况下，对某些债务人实施强制破产问题等，都涉及“债权人干预制度”问题，欢迎大家对此展开研讨。

（1992 年第 1 期）

试管婴儿的法律问题探讨

吕国强*

自1977年7月25日诞生世界上第一个“试管婴儿”到1981年年底,人卵体外发生的研究已扩展到英国、澳大利亚、美国、法国、西德、瑞典、奥地利、瑞士、丹麦、加拿大等国。印度、新加坡、日本和我国台湾地区也有试管婴儿的报道。世界各国诞生的试管婴儿至1985年年初,总数超过1000名。有条件进行人卵体外发生的诊所,从1982年的20所增加到1983年的50所。目前我国已有几个医学院开始这项工作研究,1988年3月11日,北京医科大学第三医院成功地诞生了我国第一个试管婴儿。1990年3月我国第一个人类冷冻胚胎库在湖南医科大学建成。目前,湖南医科大学已存入18对夫妻的36个体外受精的胚胎,早入库的已达1年零2个月。

试管婴儿主要涉及以下两个法律问题:

一、谁是试管婴儿的父母

因配子来源和妊娠场所的不同,试管婴儿的生殖方式有10种之多。如果说人工授精提出“谁是父亲”的问题,那么试管婴儿就扩大为“谁是父母”的问题。提供卵的供体是不是母亲?提供精子的供体是不是父亲?负责怀胎十月的代理母亲是不是母亲?提供了卵又怀胎但后来又转移孩子给别主抚养的人是不是母亲?没有提供卵也没有怀胎但扶养孩子的人是不是母亲?在生育关系中,从父亲方面看,精子的提供者是孩子的第一个父亲,子宫提供者的丈夫则是第二个父亲,申请抚养而与子女无任何血缘关系的男子是孩子的第三个父亲。从母亲方面看,卵子提供者是孩子的第一个母亲,子宫提供者是孩子的第二个母亲,申请抚养而与子女无任何血缘关系的是孩子的第三个母亲。从生物学与社会学角度看,上述当事人皆可成为试管婴儿的父亲与母亲,但从法律上看,能够充当父母亲只能是他们中的两个人。为了解决这个问题,国外学者斯诺登提出把母亲分为“遗传母亲”、“孕育母亲”、“养育母亲”三种,三者合一者为“完全母亲”,父亲

* 作者单位:上海市高级人民法院。

则分为“遗传父亲”、“养育父亲”两种，二者合一为“完全父亲”。那么法律上应如何确定试管婴儿的父母？作者认为在试管婴儿的完全父亲、完全母亲无法统一的情况下，可将试管婴儿的父母分为两大类，即“生物父母”与“法律父母”。遗传父母，孕育母亲均属“生物父母”，养育父母是孩子的法定父母。一般来说，前者不是以生育子女为根本目的，故对试管婴儿不承担法律上的权利与义务。后者则以抚养子女为根本目的，故可享有父母权利，承担父母义务。当然，为了避免不必要的纠纷产生，以合同形式规定双方（生物父母、法律父母）权利与义务为好。

二、受精卵与胚胎的法律性质

判例一：美国田纳西州的朱尼尔与玛丽婚后6年无子，便商定由东田纳西授精中心将玛丽的卵子和朱尼尔的精子在试管中人工结合。去年底，这个中心将两颗受精卵植入玛丽体内，但怀孕失败，另外，留有7颗冷藏在液中等待时机，没想到两口子婚变，在法院听证会上，玛丽认为自己是“那些胚胎的母亲”，那些受精卵是“生命的起始，无限期冷藏等于害他们的命”，她强调这是她生养孩子的唯一机会，要求将受精卵判给她。朱尼尔则坚决不同意让女方单独处置这些受精卵，因为别人无权强迫他做父亲并承担对后代的社会和经济责任。他要求与玛丽共同监护这些受精卵。

判例二：美国洛杉矶的里奥斯夫妇1982年他们去澳大利亚墨尔本接受体外受精术。医院从里奥斯夫人体内取出若干卵，用一个匿名供体的精子授精，将其中若干胚胎植入她子宫，余下两个冷冻在医院中。但植入失败了。后来里奥斯夫妇在智利死于飞机失事。澳大利亚专门成立了一个国家委员会研究这个问题，两个胚胎有没有权力活下来并继承他们的财产？是否应该破坏他们？1984年该委员会建议破坏里奥斯夫人的两个胚胎，但维多利亚州会议决定把胚胎植入代理母亲子宫中，长大后继承财产。

上述判例都涉及受精卵和胚胎的法律地位问题。对这个问题有两种截然相反的答案：一种意见认为，胚胎是人，受精卵是人的开始。因为他们是人，就应该尊重他们，不应该把他们作为工具、手段来使用，不应该伤害他们，未经主人的同意不应该处理他们。另一种意见认为，受精卵和胚胎不是人，胚胎与人不是同一范畴，他们不应该具有同人一样的法律地位。以美国为例，自1986年发布“试管婴儿”技术成功以来，公众舆论在人工受精卵是否是生命的问题上形成对立的两大派。目前全美已有200家医疗机构从事“试管婴儿”工作，冷藏的人工授精卵已4000颗。1981年,反对人工中止妊娠的一些团体,提出“生命法案”,认为“人的生命从受精的瞬间开始,从这一时起胚胎就具有人权”,要求美国联邦议会审议通过上述法案。以罗马天主教会为代表的肯定派人士认为,毁掉这些受精卵就像堕胎一样害死了“未出生的人类生命”。包利卢利亚等六位诺贝尔奖金获得者在内的许多科技界人士都致力于反对“生命法案”,认为受孕不是一刹那,而是一个复杂的过程,即使是非人工受精卵,其自然成功率亦不足1/3,因此不能简单地将受精卵视为后代,它们只是胚胎形成前的细胞而已。如果按照美国现行法律那样不承认这些冷藏的人工受精卵是生命,随之而来的问题是:能否将它们用于科学试验?不需要的能否销毁?它们是不是财产?能否转让?夫妻离异后如何分割?如果这些试管胚胎的生命权得到承认,那么,假如一对夫妇有许多人工受精卵,是否必须让他们一一出世?如夫妻双方或一方去世,如何处置?如因事故或技术原因(目前人工受精卵植入体内的成功率只有10%)而造成的受精卵死亡是否算做“侵权行为”?上述种种,至今并没有得到一个公认的解决,并且还因受到宗教、伦理观念等影响,而使问题复杂化。

英联邦国家、美国和欧洲的法律改革委员会在胚胎的未来资格(究竟作为人或是财产)问题上取得了某些一致的意见。但没有报告明确承认胚胎具有法律上的地位,即在移植或出生之前具有依法规定的人的法律地位。美国教育协会关于生殖技术的报告认为,配子和胚胎是捐赠者的财产。与此相反,英国的沃诺克委员会明确建议,应制定立法保证对于人的胚胎不具有所有权。大多数法律改革委员会建议,捐赠者对他们的配子所派的用处有完全控制权。例如,根据加拿大安大略法律改革委员会的意见,如果一个“体外受精的卵子”,是与授精者及其配偶的配子产生出来的,则它应置于该夫妇共同合法控制之下,“在一方发生死亡的情况下,另一方对胚胎享有处理权。在夫妇都死亡或者共同捐赠者之间发生争议,或者储存到超出常规生殖生命期等情况下,医生、配子储存库对该胚胎享有最终处理权”。另一个委员会曾建议,有关胚胎的争议要像监护和收养案件一样提到法院审理。不过1981年欧洲,理事会各委员会得出了具有共同倾向性的普遍结论是:第一,即使配子和胚胎不具有法律主体地位,也应给予法律保护。第二,接受人工受孕只能限于已婚配偶或有稳定关系的人。第三,禁止试验后的胚胎移植。第四,遗传物质的储存只能限于配殖需要。第五,胚胎的捐赠者对其遗传物质享有完全的支配权。但委员会在捐赠者对其拥有遗传物质的权益属于何种性质,第三者遗传物质的使用,单身个人使用生殖技术以及使用生殖技术的医疗和社会条件等问题上没有取得一致的意见。

笔者认为:受精卵、胚胎不具有民事主体的资格。各国法律一般都规定,自然人的权利能力始于出生,终于死亡。出生是指胎儿同母体分离而独立存在,不问生存时间的长短和生存能力的大小。

1896年《德国民法典》第1条,1970年《瑞士民法典》第31条,《日本民法典》第1条都规定,胎儿从出生完成时起,亦即与母体完全分离时起,即具有这种权利能力。《法国民法典》第725条、第906条规定,胎儿除出生完成外,还必须有生存能力,才具有这种权利能力。还有的国家,如《西班牙民法典》第30条规定,胎儿与母体分离后还必须生存至少24小时,才能被赋予权利能力。总之,从目前世界各国法律看,受精卵、胚胎显然是不能作为民事主体享有权利能力。

受精卵、胚胎、胎儿是不同的。在受精卵的发育过程中,最初两周称为孕卵,以后各种器官逐渐形成称为胚胎,自6周后胚胎开始呈现出人的形态,8周后称为胎儿。民法上所讲的胎儿是指尚未脱离母体的未来的权利与义务主体,不具有民事权利能力和行为能力,不能成为民事主体。为了保护胎儿的利益,各国法律对胎儿出生以后的权利都有一些保护性的规定。例如,《德国民法典》第1023条规定:"于继承开始时生存者,始得为继承人。继承开始时未出生而已是胎儿者,视为在继承开始前出生。"我国《继承法》第28条也规定:"遗产分割时,应当保留胎儿的继承份额。胎儿出生时是死体的,保留的份额按照法定继承办理。"这些规定是考虑到胎儿与自然人的区别,胎儿出生时有死体或活体两种可能,只有在活体的前提下,才能取得民事主体的资格。对于法律上这些保护性的规定绝对不能理解为胎儿即是民事主体,具有民事权利能力和行为能力。胎儿尚且不能成为民事主体,那么受精卵、胚胎就更谈不上享有权利主体资格的问题。

从生物学角度来看,受精便预示着生命的开端。受精卵、胚胎与人的生命诞生确实有着不可分割的联系。从这个意义上说,法律对于胎儿利益特别保护的规定能否适用于受精卵和胚胎,这是一个值得法学界探讨的问题。

(1992年第4期)

论现代物权法的原则

申政武*

物权的设立和转移必须遵循一定的原则。为了完善我国的物权制度，本文对大陆物权法确立的一些基本原则进行了比较系统的分析和考察。在明确各原则的含义、内容和立法依据的前提下，阐述了作者关于制度设计方面的具体意见。它包括，我国的物权制度亦需要贯彻法定原则的原因；国家与国营企业之间设定的权利与一物一权原则的矛盾；物权行为独立原则的时代意义以及公示原则与公信原则功能上的差异等问题。

在20世纪的后期，中国社会主义商品经济的发展，已经把制定一部统一民法典的任务摆在了当代法学界的面前。然而，要制定一部即将跨越世纪并行之有效的民法典，绝非一蹴而就之事。它既需要我们对中国的国情及其走向有一个深刻的理性洞察，亦需要我们对当代各国民法制度和理论进行比较透彻的研究。众所周知，法典法系的民事制度和民法理论，是以财产权和人身权作为逻辑起点的。在直接从商品交换关系作为规范对象的财产法律制度中，物权又是最基本的技术构件。因此，在创设我国的财产权制度时，首先应该完善的应该是物权制度。这就必然会涉及设定和转移物权时应遵循的基本原则问题。

需要说明的是，由于判例法系的物权制度并不发达，加之当代中国不适于大面积推行判例法，因此，本文将以现代大陆法系成熟的物权制度和理论作为考察的参照系，衡量得失，并进一步结合我国的实际提出相关的制度设计。根据笔者的研究，在现代大陆法系的物权制度中，可抽象出四项适用于一切物权的设定和转移的基本原则。即物权法定原则、一物一权原则、物权行为独立原则和公示公信原则。

一、物权法定原则

所谓物权法定，是指物权只能依民法及其他法律设定，禁止当事人自由创设。在现代大陆各国的民法体系中，不管法典是否做了明确的规定，物权的设定

* 作者单位：吉林大学法学院。

都是以该原则作为起点的。[①]

物权必须依法确定中所言的法律,除民法外,通常还包括宪法、商法等由最高权力机关制定的法,但不包括行政管理机关颁布的法令、条例及命令。理由是,“物权是对某一社会基本经济制度的界定。该性质决定了有关物权的立法只能属于最高的权力机关。”[②]“禁止自由创设”包括两层含义:一是禁止当事人在法定的物权种类之外再设立新型的物权;二是不允许在法定的物权之中擅自增加法律未做规定的内容。一旦当事人在设立物权时违反了该原则,则设定行为无效。

至于物权为什么必须法定,有人提出了如下四点理由:(1)历史原因。认为,物权法定的原则是资本主义的民法首先在近代确立的,当时物权法的第一个任务是整理十分复杂的封建土地关系,按照资本主义商品经济的要求,破除等级制、人身依附及各种限制物权对土地的束缚,赋予所有权独立和自由的属性。(2)技术原因。认为,物权作为一种直接、排他控制客体物的权利,不应允许当事人自由创设,否则就会给他人带来不安,阻碍商品交换的正常发展。(3)公示制度的要求。认为,如果允许当事人自由设立,则必然会增加公示的困难。因为法律不可能给当事人设立的每一种物权都提供一种对应的公示手段。(4)国家管理的需要。认为,土地要由国家统一管理,并由国家来征收税赋,如允许当事人在土地上随意设立各种各样的物权,必然会使管理陷入混乱。[③]

我认为,上述的四点概括是比较全面的,但都只是问题的一个侧面。最根本的原因应进一步从物权的本质属性去理解。从法律技术的角度而言,物权,首先是确立某一社会特定的财产归属于特定利益集团的法律手段。特别是在商品经济的社会中,将特定的财产分配给特定的人或主体,将构成该社会最基本的经济制度。由此可知,物权法定的原则直接与在某一社会结构中占据主导地位的,可从整体上支配该社会的集团的切身利益相关。不管限定物权的类型,还是限定各种物权的内容,都是该集团的利益在法律上的抽象反映。因此,所谓物权法定,在本质上说是基本经济利益的法定,或者说是基本经济制度的法定。它表明,我国的物权制度亦应遵循物权法定的原则。

---

① 《日本民法典》第175条明确规定“物权,除本法及其他法律所定者外,不得创设”。我国台湾地区“民法典”亦做了同样的表述(参见我国台湾地区“民法典”第757条)。

② [日]舟桥谆一主编:《注释民法》(6)物权(1),有斐阁1966年版,第111页。

③ [日]椿寿夫:《民事法学辞典》(下卷),有斐阁1960年版,第1750页。

二、一物一权原则

所谓一物一权，是指法律禁止在同一客体物上同时设立两个以上内容相冲突的物权。所谓一权，不仅限于所有权，在现代法中，它亦包括其他的用益物权和担保物权。[①]

对一物一权原则的内容，我们可做如下的分解：(1)一个客体物上只能设定一个物权，易言之，一个物权的客体只能是一个物；(2)在构成一个客体物的部分之上不能设立物权；(3)禁止在多个物的集合体上设立一个物权。[②] 依此，同一块土地上不能有两个独立的所有人，一座房屋的各个组成部分之上也不能分别设立独立的所有权。此时，如果所有人为复数，则在法律上只能构成共有关系，如果设定的是他物权（如抵押权），则各主体行使权利时必须遵守法定的顺位。总之，无论哪一种物权，在设定时都必须符合该原则。

那么，民法为什么要采用一物一权的原则呢？最根本的原因在于，物权的客体物是商品。我们知道，现代的经济是商品经济，在反复发生的交换过程中，静态规定每个交换过程的起点和终点，是物权的主要技术功能。从商品生产的角度而言，特定的主体只有按自己的意志独立地去支配属于自己的财产，才能使商品的生产顺利地进行，而财产关系的归属明确、具体，商品的等价交换才能发生。商品经济的这一客观要求，在民法中被抽象为物权所具有的排他性。所谓排他，意味着特定的主体不允许其他主体在自己控制的物上，同时或在同一范围内行使同一种性质的权利。一物一权的原则恰好满足了此种需求。我国的民法所调整的也是商品经济关系，在这一前提下创设的物权制度，当然也应遵循一物一权的原则。

我国正处在经济体制大变革的时代，为了重新界定国家和国营企业之间的财产关系，学者们提出了许多颇具启发性的新概念。例如，以国家为一方的“法律所有权”和以企业为一方的“经济所有权”，同具法律上的“国家所有权”和“法人所有权” 的国家“终极所有权”、“终极处分权”，企业的“依法处分权”等，这些从不同的角度提出的新概念，究竟能不能科学地说明国家与国营企业这两

① 有人认为，一物一权的原则来自罗马法，因罗马法中的物权以所有权为中心，所以一物一权的原则曾被表述为“一个物上只能设立一个所有权”。参见史尚宽著：《物权法论》，台湾地区自版，第1~2页。

② ［日］川岛武宜著：《所有权法的理论》，岩波书店1962年版，第178页。

个独立利益主体之间的财产关系呢？我认为结论应该是否定的。因为，无论哪一种界定，国家与国营企业的所有权（或处分权）都是针对同一客体物设定的同一种性质的权利。尽管学者们在提出所谓“终极所有权”或“终极处分权”的同时，并没有进一步提出它的对立面，但很显然，所谓终极的对立面应该是初极，或始极即“终极的所有权”和“终极的处分权”实际上隐含着以同一客体为作用对象的“初极所有权”和“初极的处分权”。此外，如认为企业的经营权中包含着“依法处分权”，那么同样会产生国家所有权中的处分权是不是依法处分权的疑问。如上所述，在现代的物权法律制度中，的确出现了“多物一权”和“一物多权”的现象（学者称为“一物一权原则的相对化”），例如“集合动产”、“顺序抵押”等，但是，这是以标的物的范围确定和行使权利的顺位明确为前提条件的，因此这种“多物一权”和“一物多权”并不违反一物一权的原则。而我们在肯定国家和国营企业是法律上的两个独立利益主体的前提下，针对同一客体物（国家或国营企业的财产）所设定的两种所有权，不管如何论证，最终都是与一物一权的原则相矛盾的，为此还需要我们深入地去研究和探索。[①]

三、物权行为独立原则

所谓物权行为独立，是指在法律行为制度中，物权行为独立于债权行为，而且物权的变动只能依物权行为来实现。

依据该原则，在物权变动的过程中，债权行为只能设定主体双方各自承担的给付义务，物权的变动是否生效，标的物的所有权何时转移，何者应承担标的物在变动过程中发生的意外风险，都应该依物权行为的效力来确定。而且，独立的物权行为同时亦具有无因性的特征。[②] 因此，在物权变动的过程中，即使债权行为无效，也不会直接影响到物权行为的效力，只要物权行为符合法定的要件，物权的变动结果就会有效发生。

物权行为独立的原则，是19世纪中叶以来在大陆民法理论中争议最多的问题之一。依对其认识的不同，形成了法国与德国两种截然对立的立法先例。法国民法否认物权行为独立的原则，规定所有权的转移可通过债权来实现，不

① 对该问题的研究，国内已有学者做了比较系统的分析工作。参见王利明著：《国家所有权研究》，中国人民大学出版社1991年版，第5章第1节、2节、3节。

② 如主张物权行为是有因行为，即失去了提出物权行为独立原则的意义。萨维尼提出物权契约的理论就是以无因性的界定为前提的。参见原岛重义：“债权契约与物权契约”，载《契约法大系》，有斐阁1963年版，第111页及第115页注（三）。

仅债务人的履行或者给付可直接使债权人变成所有人，而且交付的义务在缔约双方同意时即视为完成。即使标的物尚未现实交付，只要合意形成，债权人就被视为所有人，他应该承受标的物意外受损的风险。① 德国民法肯定物权行为独立的原则，并以物权行为的无因性作为立法的依据。② 德国的民法理论批评了法国民法的非科学性，③并依立法明确规定，物权的变动只能依物权行为来实现，标的物在变动过程中发生意外的风险时，自标的物交付之时起才由受让人承担。④

我认为，在物权变动的问题上是否适用物权行为独立的原则，绝非仅是形式上的差异，两种立法先例实际上反映着两个时代和两种观念的对立。首先，法国法似乎十分强调物权的变动必须尊重当事人的意志，并将物权变动是否生效的问题完全交给当事人的意思（合意）去决定。但是，在强调保护当事人的同时却忽略了交易秩序的安全。因为物权具有直接、排他控制客体物的属性，它的变动不仅影响当事人的利益，而且还会影响身处变动过程之外的第三人的利益。如果只强调当事人的意思而否定物权行为特有的法定形式，则必然会加重其他主体了解已变动的物权真实情况的困难。其次，由于法国法没有贯彻物权行为独立的原则，使它在民法典制定后的很长一段时间里，都没能够尽快地完善规范物权变动过程的基本制度。从法国的立法发展更来看，尽管 1798 年制定了《抵押权登记法》，1855 年制定了《民事诉讼法》，1855 年 3 月 23 日又制定了适用于设定担保物权和转移不动产所有权的登记制度。但是，由于它否认物权行为的独立性，因此所谓登记充其量也只不过是可对抗第三人的手段，立法政策的出发点

---

① 《法国民法典》，马育民译，北京大学出版社 1982 年版，第 711 条、第 938 条、第 1583 条、第 1703 条、第 1138 条。

② 德国民法典第一草案（1887 年）第 829 条曾明确规定，物权契约是否有效，“不以举出法律上的原因为必要。即使契约当事人设定的是其他法律上的原因，或当事人设定的法律原因并不存在，或已无效时，该契约亦不会丧失其有效性”。但第二草案将其视为多余的、只具有教育意义的条文而删除了。参见［日］海老原明夫：“十九世纪德国普遍法学中的物权移转理论”，载《法学协会杂志》106 卷 1 号。

③ 德国民法立法理由书指出“以前的立法，特别是普鲁士邦法和法国民法，把债权法的规定和物权法的规定混在一起……这种规定的方法不符合债权行为与物权行为在概念上的不同，增加了认识法律关系本质的困难，并妨碍法律的适用。”参见王泽鉴著：《民法学说与判例研究》（第 1 册），台湾三民书局股份有限公司 1980 年版，第 283 页。

④ 《德意志联邦共和国民法典》，上海社会科学院法学研究所译，法律出版社 1984 年版，第 929 ~ 931 条、第 873 条第 1 项、第 928 条第 1 项、第 925 条第 1 项、第 446 条第 1 项、第 447 条、451 条、415 条等。

仍局限在保护当事人上。[①] 总之,法国法中的财产制度是以所有权和契约的绝对自由为基础的,它在坚决抵制封建制度对物权变动不当阻碍的同时,亦排除了现代国家为保护社会整体利益的正常介入。而且,所谓“不可对抗”概念的导入,使物权变动产生的法律关系更复杂了。一旦发生纠纷,法律不仅要考虑当事人之间的关系,还要处理当事人与第三人的关系,这实际上也造成了法国立法体系的烦琐。所以,我国的物权制度不宜采取法国的立法例。尽管物权行为独立的原则受到了一些批评,但从整体上来看它的优点胜于缺点,作为现代物权法的一项原则是可取的。

四、公示公信原则

1. 公示原则

所谓公示,是指当事人必须将物权变动的事实向社会公开,其中动产物权的变动要交付,不动产物权的变动要登记,否则物权的变动就不能产生法律上的效力。

公示原则的作用在于,依法定的严格方式规范物权变动的过程,直接保护变动物权的当事人,间接地保护处于交易过程之外的第三人。

在物权变动的过程中,公示原则主要被适用于不动产的交易活动,但在法德两种立法先例中,公示的效力又有所不同。例如,德国和瑞士的民法规定,登记对不动产物权的变动而言,是物权行为是否合法的要件。如果违反了该原则,那么设定和转移物权的行为就不会产生法律上的效力。[②] 而法国和日本的民法则认为,登记只是当事人在物权变动后应履行的手续,虽未登记,物权的变动在法律上亦可有效成立,只是当第三人闯入该物权变动过程时,当事人不得主张自己的权利,因此,物权的变动便会失去已获得的法律效力。[③]

在上述的两种立法先例中,法日两国的立法先例是不科学的。因为实际上它们在法律上确认了两种物权变动,已登记的可获得法律的保护,未登记的则不能受到法律的保护。这种将是否登记作为当事人是否愿受法律保护的问题,任

① [日]海老原明夫:“十九世纪德国普通法学中的物权移转理论”,载《法学协会杂志》106 卷 1 号。

② 此时认定物权行为绝对无效。参见《瑞士民法典》,殷生根译,法律出版社 1987 年版,第 656 条第 2 项、675 ~ 779 条、780 条。

③ 此时认定物权行为相对无效。参见《日本民法典》,王书江译,法律出版社,第 176 条、第 177 条。

其自由选择的立法政策,显然有悖于现代商品经济基础之上产生的交易安全观念。

2. 公信原则

所谓公信,是指一旦当事人在变动物权时依法进行了公示,法律就应赋予该物权变动具有完全的效力。

公信原则的作用在于,即使公示的内容与物权的实际状态完全不同,只要交易活动是按公示提供的信息进行的,那么法律就按公示所示的内容来保护该第三者。作为贯彻该原则的具体制度,有动产物权的即时取得和不动产物权的表见代理。

由于公信原则的适用,在保护第三人的同时,会给真正的权利人带来损害,因此,对于动产和不动产两种交易活动是否适用该原则的问题,各国民法的规定是不同的。法日民法主张,公信原则只适用于动产交易,①而德瑞民法则主张,公信原则亦应适用于不动产的交易。② 这一差别说明,两种立法先例对交易安全的保护程度是不同的。从立法政策的角度来说,这实际上反映的是动态安全与静态安全的冲突。理性的法律应能同时满足两种要求,但在现实生活中又往往很难实现。因此,立法者在制定法律时就要做出选择。尽管法日民法在制定的当初,强调要保护不动产交易的静态安全,但判例和学说的发展,正在把公信原则的适用逐步推向不动产。③ 它说明,曾对物权变动有所保留的立法先例,在现代商品经济的冲击下,也正在向全面保护物权变动的立法先例过渡。

在我国,随着土地及房屋使用权的商品化,不动产物权的变动一定会更加频繁地发生。从现有的立法及司法解释来看,尽管已明确了物权的变动应适用公示原则,但是还很难说已确立了公信原则。因此,我认为应尽快加强体现公信原则的立法,以适应商品经济迅速发展所提出的全面保护物权变动过程的要求。

3. 公示原则与公信原则的功能比较

由上述的分析可知,公示与公信原则都是为保护物权变动的过程而设立的,尽管二者的目的相同,但作用的方式并不一样。

例如,当物权在变动的过程中满足了公示的要求时,依德瑞民法,物权变动在法律上有效成立,依法日民法,则物权变动可对抗第三人的效力成立。无论哪种情况,从结果来看,都可阻止第三人再以交易人的名义进入该物权变动过程。

---

① 《日本民法典》第 192 条、109 ~ 112 条。

② 《德国民法典》第 892 条以下,《瑞士民法典》第 973 条。

③ [日]甲斐道太郎等编:《民法》(2)物权,苍林社 1984 年版,第 42 ~ 43 页。

如果当事人并未依法公示，则第三人可无视物权已变动的事实关系，与原权利人进行新的物权交易。在此，公示原则实际上给第三人提供了一种权利，即允许他在尚无公示的条件下，进入他人变动物权的过程，取代对方成为合法的权利主体。与此相对，公信原则则没有这一功能。它的作用是在公示内容虚假的情况下保护第三者。例如，虽然依公示可认定甲为拥有处分权的人，但事实上甲并不是真正的权利人。若此时乙接受了来自甲的权利转让，并为真正的权利人追究，则乙依公示原则无法保护已取得的权利，因为违法的处分行为虽经公示亦属违法。但如乙援引公信原则，则他即可免受损害。因为公信原则的作用恰好在于，赋予公示以公信力，如乙的确是依公示提供的信息为正当的交易，则公示虽然无效，但乙仍可取代原来的权利人成为合法的权利人。此时法律需要处理的是原权利人和非权利人甲的关系。

总之，公示原则可使第三人取得未经公示的权利，而公信原则则可使第三人取得虚假公示的权利，两项原则相辅相成，共同服务于相对当事人而言的第二个物权变动过程，从而保护了连续发生的交易活动的安全。

（1992年第7期）

1993 年

“情事变更原则”的探讨

彭诚信*

情事变更原则,指作为法律关系(主要指合同关系)存在的前提的情事,因不可归责于当事人的原因,发生了非当初所能预料的变化,如果仍坚持原来的法律效力,将会产生显失公平的结果,有悖于诚实信用原则,因此将合同变更乃至解除的原则。是否应承认该原则,曾在我国民法学界引起广泛的争论和探讨。而今天,由于最高人民法院在有关案件的批复中已承认了这一原则,对该问题争论的焦点已发生了转移。当前面临的是如何运用和完善情事变更原则的问题。

一、我国承认情事变更原则基于的事实

(一)情事变更原则是商品经济一般要求的反映,是公平、等价有偿原则的一种表现

民法以调整商品经济关系为自己的核心内容,因此从经济上看,民事法律关系是在社会分工的前提下,各社会成员利用彼此的劳动成果,相互依存、共同发展的关系的反映。民事法律关系的当事人实际上是结成一个既保障自己利益,同时也保障对方利益的共同体进行活动。当事人双方并不是完全对立的,一方当事人利益的满足必须以满足对方的利益为前提。如果民事法律关系只以片面地满足一方的利益为目的,便违反了其经济本质。由于生产的分工性,商品生产者不可能生产出满足自己各方面需要的一切产品,必须依赖和协作才能生存下去,他方的丧失生存即意味着自己的生存危机。因此,商品生产者彼此间具有很强的依赖性,情事变更原则正是以这种依赖性为基础建立起来的。它要求在法律关系存续期间,如发生特殊情况使当事人双方的利益严重失衡时,处于优越地位的一方当事人不得利用对自己有利的客观情况威逼对方,而应通过协商或通过法院、仲裁机关,对法律关系的内容进行调整,求得双方利益的重新平衡。

(二)实践中,我国已运用情事变更原则解决具体案件

该原则已得到了司法解释上的承认。例如,湖北省高级人民法院审理的关

* 作者单位:吉林大学。

于武汉市煤气公司诉重庆检测仪表厂的煤气表装配线技术转让合同、购销煤气表散件合同纠纷一案就是我国司法实践中正确运用情事变更原则判决的第一个案例。最高人民法院在函复中直接使用了情事变更原则，可以说是对该原则在司法解释中做了法律上的承认。

（三）我国有法律已承认该原则

我国是《联合国国际货物销售合同公约》的签字国之一。依我国法律规则，公约所确认的法律原则、法律制度除我国保留的条款外，都予认可。该公约第79条第1款规定：当事人对不履行义务，不负责任，如果他能证明此种不履行义务，是由于某种非他所能控制之障碍，而且对于这种障碍，没有理由预期他在订立合同时能考虑到或能避免或能克服它或它的后果。该条的内容已涵盖了情事变更原则，依梁慧星教授的话说："该公约第79条规定的情事变更原则已成为我国涉外经济法的一部分。"①

情事变更原则在我国经济合同法当中也有所涉及。《中华人民共和国经济合同法》第27条第1款第4项规定："由于不可抗力或由于一方当事人虽无过失但无法防止的外因，致使经济合同无法履行"，允许变更或解除合同。这里"由于一方当事人虽无过失但无法防止的外因"，我们即使不能说它"正是指的情事变更原则"，②但我们至少可以说这一规定已从内容上涵盖了情事变更原则。

（四）情事变更原则是我国民法中规定的诚实信用原则的具体化

我国民法通则明文规定，诚实信用原则为民法的基本原则。根据法律稳定性和适应性原理，我们知道，法律一经生效，其作为社会生活之规范，为求得社会生活之安定，应有相对的稳定性。不然人们就无法遵循，导致社会秩序的混乱。同时，法律又必须具备一定的适应性，法律是社会物质生活条件的反映并为之服务。当社会物质生活条件发生变化时，法律应随之变化，否则法律则成为社会进步的桎梏。合同作为调整财产流转关系的法律形式，也应体现上述稳定性和适应性的原理。因此，就法律的稳定性而言，合同应该严格遵守；但就法律的适应性而言，合同又不能不进行某种程度的变更。诚实信用原则正是法律稳定性和适应性的有机结合。如果在合同履行中发生情事变更问题，在经济上已经与合同当事人订立合同时所欲达到的目的全然相异，产生显失公平的后果，再强制合同当事人继续履行原合同中的约定，显然有悖于诚实信用原则。而该原则又是我国民法的基本原则，相对于情事变更原则来说，是其上位概念，"情事变更原

① 梁慧星："合同法上的情事变更问题"，载《法学研究》1988年第6期。

② 同上。

则系诚实信用原则之适用”。① 所以“情事变更原则作为诚实信用原则的具体化的一个体现,应为我国法律所承认”。②

另外,正在修订中的经济合同法草案已对情事变更原则作专条规定,这可以说是我国已承认该原则的强有力的事实。

二、情事变更的构成条件

(一)须有情事的变更

这是构成情事变更的前提条件。情事指合同成立时的环境或基础的一切客观情况,与当事人的主观意思无关。变更,指合同赖以成立的环境或基础发生异常变动,且这种异常变动足以使合同赖以存在的基础丧失或当事人的目的不能实现。这种变更可以是经济的,如通货膨胀、货币贬值等;也可以是非经济的变动,如战争等,只要影响合同的效力,都属于情事变更。对于如何认定情事变更,应从具体合同的性质、目的等多方面加以认定。如赠与合同中,赠与物的意外灭失,则足以构成情事变更。

(二)情事变更须是由不可抗力引起的

包括两方面的含义:

1. 该情事变更是当事人未预料的,且也是不能预料的。若当事人能预料情事变更,甘为冒险,则应承担风险责任;若当事人虽未预料到,但客观上是可以预料的,则当事人有过失;如因当事人的过错而未预料的,则可适用过错责任之归责原则。

2. 情事变更是因不可归责于合同双方当事人且无法防止的事由发生的。如果情事变更因法律上归责于双方当事人的事由而发生,则有过失的当事人应承担责任,不发生情事变更问题。合同不能履行可归责于第三人时,第三人应负损害赔偿等违约责任,也不发生情事变更的问题。情事变更原则的适用以不可抗力引起的变更为限,舍此原则,法律上别无其他补救措施。

从不可抗力和情事变更的关系上看:情事变更是由不可抗力引起的,其作为不可抗力引起现象的一种,与不可抗力引起的其他现象的性质一样,其产生具有不可预见性、不可避免性和不可克服性。而情事变更与不可抗力的区别是:情事变更虽是不可预见、不可避免的,但其造成之后果往往是可以克服的。即通过变

---

① 刁荣华主编:《最高法院判例研究》(上),汉林出版社1984年版,第278页。

② 佟柔主编:《中国民法学》,法律出版社1992年版,第358页。

更或解除合同的法律手段来消除情事变更引起的合同履行的显失公平。变更后的合同是在原合同基础上的继续履行。但不可抗力则多以灾难性的形态造成合同的履行不能。

(三)情事变更原则必须发生在合同成立生效后,合同关系消灭前

若情事变更发生在合同成立前,则合同应以既变情事为环境,不发生情事变更问题。当事人如不知道情事已有变更,则为重大误解;若情事发生在合同关系消灭以后,情事对合同的效力不发生影响,因此无其适用。合同成立生效后虽然发生情事变更,但在履行时已恢复原来状态,也不适用情事变更原则。

(四)须因情事变更致使原合同的履行显失公平

这是情事变更的中心要件。这里的显失公平,不是我们通常意义所说的不公平。因为在商品经济社会中,人们的经济活动总是遵循价值规律的要求,随价格杠杆和竞争机制的变化而不断变化,从事经济活动的人们承担一定的风险也是必然的。随着社会主义市场经济体制的建立及进一步发展和完善,经济活动的风险也会更大,所以做到绝对的公平是不可能的。但作为一个弹性非常大的抽象概念,显失公平的界定也是很难统一的。只能靠法院认真斟酌,合理公平的裁量,依公平、诚实信用原则来解决之。通常,可以从以下几方面来考虑是否显失公平:

(1)因情事变更使双方当事人的利益关系发生巨大变动,如不适用情事变更原则,就会使交易安全受到损害。(2)主张适用情事变更原则的一方,可以避免不当的损害,但不能因此而使对方蒙受损害后果。(3)情事变更必须导致显失公平的结果,且该"显失公平"超过正常的风险状态,即超过了正常经济活动所应承担的风险。(4)显失公平是情事变更直接造成的。即它们之间有相应的因果关系。(5)该"显失公平"须发生在合同双方当事人之间。

三、情事变更原则的效力

在情事变更发生后,因情事变更蒙受重大利益损失的一方享有抗辩权,可请求变更合同内容或解除合同。法院也可以依职权主动适用情事变更原则,以消除情事变更造成的不公平后果。

为维护社会经济关系的稳定,民法一般倾向于维持既有的法律关系,如有不公平,宁愿在其内部进行调整。只有在不公平过大以致无法在既有的基础上调整时,才能解除法律关系。因此,情事变更效力有两种体现:

(一)变更合同

即在维持原法律关系的基础上调整双方的权利、义务,使之趋于平衡。因为设立情事变更原则其目的在于消除合同因情事变更而造成的不公平后果,所以其法律效力原则上应在于维持原来的法律关系,仅就不公平之处予以变更,以达到重新平衡合同当事人的利益冲突,使其符合等价有偿、公平、诚实信用原则。变更合同的具体方式有:令债务人增加给付或减少给付;予债务人以延期或分期给付的利益;变更给付物,即以他种物代替合同所规定的标的物;拒绝先为给付等。在增减给付这种方式中,法院或仲裁机关应该依客观、合理、具体的标准,遵照诚信原则,全面斟酌,公平裁量。在双务合同中,应按原合同的比例基础予以增减,以达到当事人当初所期目的。

(二)解除合同

在变更合同仍不能补救情事变更所造成的不公平后果时,则有情事变更的第二种适用:解除合同。由于解除合同旨在消除目前存在的显失公平,故一般只对将来发生效力,即合同解除后,当事人终止合同关系,不再履行原合同。但根据合同的性质、当事人的意愿、人民法院或仲裁机关的决定,解除合同也可溯及既往地发生效力,即当事人之间的合同债至合同成立之时消灭,双方须恢复原状。基于情事变更而使合同解除的,不得请求因合同不履行的损害赔偿,即免除不履行合同的责任。但并不因此而排除相对人请求因订立合同或者准备履行合同所支出费用的损失。

在合同逾期履行或受领迟延的过程中发生情事变更,该原则是否适用呢?依据民法公平诚信原则,答案是肯定的,但并不因此而免除违约行为人的责任。只是一方面通过适用情事变更原则来消除因情事变更造成的合同继续履行的重大显失公平;另一方面通过让违约方承担违约责任来弥补给对方造成的损失。

情事变更原则有其存在价值,我们有必要为其发展和完善作进一步的深入探讨。正在修订的经济合同法草案已对该原则作专条规定,由此我们毕竟看到了该原则在未来的司法实践中发挥巨大作用的希望。

(1993年第3期)

预期违约与不安抗辩之比较

张　谷*

预期违约与不安抗辩两个概念分属于英美法和大陆法，都是合同理论的重要组成部分，本文拟对两者比较，以期对我国合同法的完善有所裨益。

一、预期违约及其救济方式

预期违约（Anticipatory breach of contract）指的是，在规定的履约日期之前，合同一方当事人拒绝履行合同，或使自己丧失履行合同的能力的行为。这种违约的结果使对方当事人有权进行下列选择：或接受违约事实并且立即提起索赔诉讼；或拒绝对方的违约，等到履行日期，如果对方仍不履行合同义务，再提起不履行之诉。显然预期违约是针对事先违约的处理原则。有疑问的是，预见另一方当事人行将违约是否属于预期违约理论适用的范围，有的学者持肯定见解，有的学者则明确指出“预期”并不是指合同一方预见另一方的行为，而是另一方自己申明不履约的行为。笔者以为预期违约主要指另一方自己申明不履约的行为，但预见另一方不能履行在某种情况下也视为事先违约加以处理，所以完全归入或完全排斥出预期违约范围都是不妥的。

事先违约中履约之拒绝必须明确而肯定，履约之拒绝存在两种形式：一是合同的另一方当事人用言词表明或出面通知不拟履行所承担的合同义务，此即明示的事先违约；二是合同另一方当事人的行动表明不拟履行所承担的合同义务，此即默示的事先违约，其发生是由于缔约一方已使其自己不具有履约的能力。

事先违约虽不是实际违约，但其变为现实的可能性极大，要求另一方当事人坐以待毙，显然有失公正。为此，英美判例法确认，一方当事人在另一方当事人事先违约时，具有非此即彼的选择权：

第一，接受事先毁约的表示，从而具有解除合同权和立即提起损害赔偿之诉的诉权。接受先期违约的，在法律上给一方当事人带来三个效果：（1）可以不做履约准备；（2）可以对方事先违约立即起诉索赔；（3）有权拒绝对方的反

* 作者单位：华东政法学院（现华东政法大学）。

悔表示。在作出这种选择时，有三点需要注意：(1)事先违约的法律原则并不给债权人以立即通过法律程序取得合同中所规定的在将来可得到钱的权利；(2)如果债权人自己实际上也不能按期履行合同，则无权就对方的事先违约请求赔偿；(3)一旦债权人接受了另一方的事先毁约，同时就负有减轻损失的义务，他必须及时采取有效、合理措施，如停止制造货物、停止运送货物、转卖货物、补进货物等，以防止损失继续扩大。如果情况表明，接受事先违约的一方本应该采取一些合理措施而没有采取，由此导致的损失，违约方不承担赔偿责任。

第二，要求对方撤回毁约表示，要求其履行，或者不理会对方的违约表示，不解除合同，待实际违约发生后才请求赔偿损失。这是一种根据具体情况来处理不同问题的方法，实践中通常会出现下述几种情况：(1)违约方表示拒绝履约后，中途又撤回了原先拒绝履约的表示，在这种情况下，合同对双方仍有约束力，双方须继续按合同规定履行自己的义务。(2)违约方虽表示过拒绝履行合同，但是在约定的履行日期来临时，却又完整地履行了合同。(3)事先违约方曾明示或默示地表明过将不履行合同，而且在履约日期到来时仍然拒绝执行合同，这时债权人按照法律规定解除合同，并要求对方承担损害赔偿责任，其实是按照实际违约来处理了，这样的选择显然不是每个合同都能办得到的，因为有些合同非双方共同努力、互相合作不可。尤其应该注意的是，在作出这种选择时，该当事人要承担可能丧失诉权的风险，因为违约方得利用后来情事的变化或事件的发生而免除其责任，因此我们在事先违约时应尽量选择立即起诉的方案。

在英国，事先违约的处理规则——非此即彼的选择权规则不适用于定期租船合同。根据法律推定条款，此类合同的承租人应每半个月向指定银行交纳租金，在其“未能准时和定时交纳租金时”，船主或出租人有权收回船并诉请给付。但是依照判例法，船主或出租人只有在规定的履行期限完全届满后(到最后支付期日的零时)，才能行使这些权利，而预先发送的撤约通知不具有效力。

《美国统一商法典》(UCC)第2－610条对货物销售合同中的事先违约除了全面肯定判例法确定的选择权外，同时增加了两项权利：其一，不论作了何种选择，都有权立即停止自己对对方的义务；其二，即便他已通知对方他不解除合同而要等待对方履约，只要对方尚未撤回违约表示，他仍有权立即提起违约救济之诉。

上面谈的是一方事先拒绝履约的救济方式，现在再谈谈预见对方违约，即在合同成立后履行前，一方根据客观事实发现另一方有届时不能履约的危险，预见到对方届时要违约，英美法对此也规定了救济方式。根据《英国货物买卖法》第41条和第44条的规定，在买方丧失清偿能力时，直至买方支付价金或作价金提供之前，卖方可以对货物行使留置权或者停运权。UCC第2－609条规定："一方如有合理理由相信另一方有不能履约的危险，前者可以致函后者要求其对及时履约提出充分保证，如果合理的话，在他收到此保证前，可以中止与他尚未得到约定给付的相对应的那部分给付。"也就是说，预见方可行使以下权利：第一，可以书面形式（致函）要求另一方对及时履约提出充分保证。第二，在收到此保证前，如果商业上合理的话，他可以暂时停止自己对对方债务的履行，一旦对方提供了充分的履约保证，就应立即恢复合同的履约。第三，"一方受到另一方的正当要求后，若未能在不超过30天的合理时间内提供这种根据实际情况能按时履行的充分保证，即是废除合同的行为"。一旦这种情况发生，视为事先违约，从而入于第2－610条事先违约选择权规则的范围，由此更可看出预见一方违约在一定条件下确可归入预期违约内。

美国于1981年修改公布的《合同法重述》进一步将UCC第2－609的原则扩大适用于其他各种双务合同，如租赁合同、运输合同等，从而使这一原则成为和合同目的受挫失效同样重要的合同履行中的指导原则。

二、大陆法上的不安抗辩权

不安抗辩权渊源于德国法，又称拒绝权，系法律为贯彻公平原则，避免先履行一方当事人蒙受损害而特设之制度。与英美法中预期违约相对应。大陆法之所以没有预期违约的概念，因为在大陆法看来，履行期限是为债务人的利益而设，债务人可于履行期前履行而债权人则无权请求先期履行。必须同时具备下列要件方可主张不安抗辩权：（1）双务合同的双方当事人依其约定一方应先履行债务。若履行在同一时间，则只发生同时履行抗辩权。（2）须在双务合同成立后后履行的一方财产状况恶化。（3）须财产显性减少，有难为给付之虞。有不安抗辩权行使，则先履行方可中止履行，要求对方提供保证；一旦对方提出担保，则应继续依约履行，不安抗辩权随之消灭，故其具有留置担保的性质，而同时履行抗辩权则具有留置抗辩权的性质，此两者之不同。

不安抗辩权制度实践意义重大，故大陆法各国都有规定，《法国民法典》第1613条规定："如买卖成立后，买受人陷于破产或处于无清偿能力致使出卖人有丧失价金之虞时，即使出卖人曾同意延期支付，出卖人亦不负交付标的物的义务。但买受人提供到期支付的保证者,不在此限。"《德国民法典》第321条规定"因双务契约负担债务并应向他方先为给付者,如他方的财产于定约后明显减少,有难为对待给付之虞时,在他方未为对待给付或提出担保之前得拒绝自己的给付"。我国台湾地区"民法典"第265条规定:"当事人之一方,应向他方先为给付者,如他方之财产,于订约后显形减少,有难为对待给付之虞时,如他方未为对待给付或提出担保前,得拒绝自己之给付。"其他如《奥地利民法典》第105条、《瑞士债务法》第3条、《意大利民法典》第1469条对不安抗辩权也皆有规定。从上引规定中可见,《法国民法典》第1613条的规定只对买卖合同的出卖人适用,偏重于保护卖方利益,而《德国民法典》第321条和我国台湾地区"民法典"第265条则不限于买卖合同,而推及一切双务合同,自然也就不仅适用于出卖人。此外,法国民法典规定主张不安抗辩权的条件是采用支付不能主义,而德国民法典的规定则较为概括,因而,先为给付义务人的拒绝给付权依照法国民法将大部分丧失其行使的机会。所以,同是大陆法系,同是不安抗辩权制度在不同国家也不尽相同,相形之下,以德制为优。

三、预期违约和不安抗辩之比较

英美法上的预期违约与大陆上的不安抗辩权相比较,共同之处是两者都是在订约后履行前,一方发现另一方有不能履行的危险,两者所采取的救济措施都是中止自己的给付,两者都要求对方作出履约保证方可停止中止的效力,继续履约。两者的不同点是:

第一,不安抗辩权有先决条件,即双方当事人履行债务的时间要有先后之别,只有应先履约的一方才能行使。预期违约则不然,UCC2－609条的官方释义明确说明预期违约的问题与合同的关联性无关,因此依约应同时履行义务的任一方当事人或依约应先后履约的任一方当事人都可以依法在对方事先违约时中止履行准备。

第二,两者依据的原因不同。尽管法国法和德国法一采支付不能主义,一采概括主义,但都是以财产状况减少为不安抗辩权发生的原因。英美法上的预期违约所依据的理由则不限于财产状况恶化,具体而言有:(1)债务人的经济状况不佳。(2)商业信用不佳,令人担忧。官方释义特别指出,对能否履约感到不安的理由不一定与合同有直接的关系。如甲和乙、丙、丁都订有合同,甲对乙、丙的违约可能成为丁对甲能否履约感到不安的理由。(3)债务人在准备履约及履约过程中的行为或者债务人的实际状况表明债务人有违约的危险。UCC2－609

条规定“商人之间，关于履约无保证的理由是否合法，以及一方提供的履约保证是否适当，应依据商业准则加以判断”。(4)有些外界因素也会使合同一方的履约能力产生缺陷，如出口国政府限制颁布出口许可证，进口国宣布新的外汇管制措施或进口配额制度，大幅度增加关税，进口国货币大幅度贬值等都会影响合同一方的履约能力。

第三，两者的适用不同。首先是适用主体上的不同，前已述及。其次，因为不安抗辩的发生原因系债务人财产减少，所以通常唯对于金钱支付请求权有适用，而物之交付或劳务给付之请求权，与相对人的财产状况无何关系者，不在其内。然此项请求权因其他要素之影响，得变为金钱请求权，此种情形下始有适用。预期违约既为合同履行中的指导原则，自然不限于金钱支付请求权，只要一方当事人有合理理由对对方能否履约感到不安，则不论其对对方是物的交付或劳务给付之请求权皆可按预期违约处理，因此英美法上预期违约更有利于合同目的的实现。

第四，两者的法律救济方法不同。不安抗辩的救济方法是有不安抗辩权的债权人可以中止自己对对方的给付，一旦对方提供充分的担保，即应继续履行义务。唯对方不能提出履约担保，债权人是否有权解除合同？德国民法典和台湾地区“民法典”规定含糊，从法律条文看是无解除权的，尽管德国学者史韬布（Staub）、台湾学者史尚宽主张依诚信原则而使之有解除权。瑞士债务法虽赋予债权人以解除权，但债权人并不当然因之而有损害赔偿请求权，UCC 对预期违约的救济方法规定得很明确，即债务人在 30 天合理期内没有提供适当保证的，就推定为事先违约，从而按非此即彼的选择权规则处理，因此预期违约救济方法根本不同于不安抗辩的救济方法之处在于：债权人有解除权和立即起诉索取赔偿的权利。

综上所述，我们认为英美法上的预期违约理论较之大陆法的不安抗辩理论，更具有灵活性，更着重于当事人订立合同的目的，而且更符合双方当事人经济利益。其优点至少有以下几点：(1)可以起到及时了结争议的作用。(2)有利于减少损失，因为预期违约规则准许立即起诉，等于鼓励另一方放弃原合同之履行而准备另订合同，这样不仅另一方本身可少受损失，而且另一方解除合同后有义务避免损失扩大，因此在违约方需赔偿损失的情况下，也可减少赔偿的数额，因而对双方都有利。(3)这项原则对另一方是一个必要的保护，因为，如果另一方在交易中提前付款，而非要等到履行日期届临才能起诉，这就必然造成资金冻结，而不利用这笔资金另做交易。(4)及时解除已因一方的履约缺陷而受到威胁的合同，可以消除合同转让中可能带来的新问题。

预期违约理论的魅力越来越受到大陆法学者的青睐,而且通过《联合国国际货物销售公约》的影响,对大陆法合同理论带来了冲击,我国亦不例外。如何根据我国民法上的诚信原则来解释《涉外经济合同法》第17条,来重塑我国经济合同法,使之更好地为改革开放服务,仍然是一个尚待深入研究的课题。

(1993年第4期)

对民法的调整对象和调整方法的再认识

徐国栋*

社会主义市场经济的建立,对加强民事权利的保护提出了更高的要求。保护民事权利问题,不可能通过空喊口号解决,必须建立相应的制度依据,才可使民事权利的保护建立在可靠的基础上。重新认识民法的调整对象和调整方法,可提供这样的制度依据。

民法调整社会关系,从这一命题出发,民法的调整对象就跃然于前。社会关系是两方以上当事人之间的关系,社会关系两端的当事人,构成民法的被调整者,他们的关系为权利之间的关系。民法调整他们之间的关系,并限定只调整他们间以平等为特征的财产关系和人身关系,此为成说,说明此点,并无新意。问题在于成说忽略了民法调整对象的另一重要方面,即调整者与被调整者之间的关系,此为调整者的权力与被调整者的权利之间的关系。徒法不足以自行,民法的调整功能和强制性必定通过握有国家权力的人来实现,而这种人可能依法调整,同时不排除枉法调整的可能,这种借着法律名义进行的枉法调整后果严重。因此,若肯定市场经济是法治经济的命题,调整者与被调整者之间的关系也在民法的调整对象范围之内。在人治条件下,出现的是"你调整,我服从"的景观。但在法治条件下,则出现"你调整,我监督、若合法、我服从;若非法,我抗议"的景观。所谓法治,就是对权力的控制。坚持认为民法只调整平等主体间的财产关系,换言之,坚持认为民法只调整被调整者之间的关系,而不调整调整者与被调整者之间的关系,就是不知法治为何物!既然承认法律以调整社会关系为使命,"调整"一词本身,就隐含着三方主体之间(被调整者之间、被调整者与调整者之间)的关系皆在调整的范围之内。

民法通则中规定的自愿原则,若以国际通行术语表达,就是"意思自治"。这一原则有两方面的功能:其一,抵御国家权力对民事关系的任意干预;其二,杜绝当事人之间的欺诈、胁迫等妨害市场机制正常发挥作用的行为。这两方面的功能,重在前者。因为只有国家权力才是损害民事关系中所包含权利的最有力的力量,因此,它最有必要得到控制。强调民法调整被调整者与调整者关系的一

* 作者单位:中南政法学院(现中南财经政法大学)。

面,就是主张以民事权利抵御非正当运用的国家权力,就是反对"瞎指挥"、"乱调整",就是主张民事权利的神圣性,就是宣称民法不仅要调整权利之间的关系,而且要调整权利与权力之间的关系。当然这种权利与权力之间的关系,不仅有权利制约权力的一面,而且有权力制约权利的一面。民法中的权利不得滥用原则,就是以国家权力限制过度膨胀的民事权利。

"依法调整"之实现,必须使调整者有法可依,在法律残缺不全的条件下,"依法调整"只是一句空话。这对民法的进一步成文化提出了新的要求。成文法并非指写成文字的法律,而是写成文字、于生效前予以公布的法律。由于公布,成文法就是为被调整者与调整者所共知的法。调整者将如何调整、是否依法调整,被调整者一望可知,成文法由此使被调整者的监督功能成为现实的可能。因此,成文法才是法治社会的法律。法治就是法律既约束调整者又约束被调整者,法律具有双重约束性,成文法是法治运作的前提条件。民法的进一步成文化含义有二:其一,要逐步消除以内部文件这种只由调整者所知,而不为被调整者所知的立法方式。这种内部文件虽以文字表达,但不是成文法,因为它只为调整者所知,无法体现法律的双重约束性。不以内部文件方式确立规则,也是我国"复关"的前提条件。其二,要使各项民事法律系统化,使法律对于调整者和被调整者具有同样的可接近性。法律的公布有两种方式:一是零星的公布,例如制定各项单行法;二是系统化的公布,例如制定民法典。明了以前一种方式公布的法律之内容,对于以司法事务为业的调整者不难,但对于非以司法为业的被调整者,却甚为困难。因此,零星公布的成文法,使调整者与被调整者在对法律的可接近性上处于不平等地位,很难保证后者监督功能之实现。而系统化公布的民法典,使两者对法律具有同等的可接近性。而且,民法典是系统的、全面的,使法律具有体系性,使我国的法律走向现代化。民法典就是人民权利的大宪章,是制约权力的有力工具。

我国的民法理论历来认为,平等自愿是民法的调整方法。这种理论经不起起码的分析。民法是法律之一种,具有法律的强制性。当出现民事违法由司法机关加以处理时,司法机关(调整者)与当事人不可能平等,前者要对后者科以民事责任,此时哪有自愿可言。因此,平等自愿不是民法的调整方法。实际上很难总结出一种抽象的民法调整方法,民法对社会关系的影响,是通过许多具体调整手段实现的,并可分为事前调整与事后调整两个阶段。民法主要是调整正常社会关系的法,通过将社会关系转化为法律关系完成自己的调整任务。这一环节为事前调整。根据法律关系的三要素,民法于事前调整阶段所使用的调整方法为:第一,确定法律关系的主体条件,保证符合一定条件的主体才可参加法律关系;第二,确定法律关系的客体范围,排除一定的客体进入交换之可能;第三,授予法律关系的主体以权利,此主体的权利即为彼主体的义务;第四,提供任意性规定供主体参考选用。在事前调整阶段,民法主要调整权利的关系,民法的调整方法是一种引导性的方法,民法的强制性隐含不显,而听任当事人意思自治,循利而行,相信自身利益的最佳判断者,对其活动在规则的范围内不加干预,国家的干预只通过立法途径实现,任何其他形式的干预皆为非法。若实现这些要求,对民事权利的侵害只能来自其他当事人,难以出现国家权力侵害民事权利的情况。多数民事关系在这一阶段发生、变更、消灭,而始终与法院无涉。当民事权利受到侵害和民事关系的运行遇到障碍时,民法调整的第二阶段即事后调整阶段开始了。此时民法所使用的调整方法旨在使遇到障碍的民事关系转为正常运行,使被破坏的民事权利得到恢复,主要为:第一,提供补充性规定使呈现残缺的民事关系恢复圆满;第二,运用民事责任使被破坏的权利得到恢复。在这一阶段,过去隐而不显的国家权力出场,法律强制的可能性转化为现实性,民法之调整具有更多的权利与权力之间关系的色彩,民法所要处理的调整者与被调整者之间关系的一面凸显出来。必须说明的是,此时出场的国家权力应为司法权,即使行政处理,也须保留最终通向司法的途径,贯彻司法最终解决原则,因为司法权是最受程序约束、最受控制的权力。

重新认识民法的调整方法,就是要强调民法的调整主要是事前调整,在这一阶段,国家权力不可任性介入,以保障民事权利之安全。此外强调事前调整主要是司法调整,这是出于司法权的安全性大于行政权的评价,目的同样在于加强对民事权利的保护。

(1993 年第 9 期)

作品原件所有权与作品著作权的冲突及解决方案

王福珍*

文学、艺术、科学作品在创作完成时，如果是以物质形式固定下来的，通常会产生两类民事权利：一类是以智力创作成果这种无体物为客体的著作权；另一类是以该智力创作成果附着于某一特定的物质载体而形成的有体物——作品原件（如手稿）为客体的所有权。有些种类的作品主要通过复制品（如图书）的发行来传播，这类作品的复制品也是所有权的客体。作品原件所有权和作品著作权是两类不同的权利，彼此可以独立存在。有的作品没有原件（如口述作品），因而也不存在作品原件所有权，却可能有著作权；有的作品存在原件（古人的墨迹或文件草稿）所有权，却可能没有著作权。作家的已发表的小说被擅自印行时，只是著作权受到侵害，而作品原件所有权并未受到侵害。由于作品原件所有权与作品著作权是两类彼此独立的权利，因而可以在同一作品上同时存在。实践中，同一作品上的这两类权利的主体并不总是同一的。作者创作出一件作品后，可能将作品原件或复制品赠与他人而自己依法享有该作品的著作权。作品上的这两类权利在移转时并不相互影响，除非当事人之间有明确约定或法律有特别规定，作品上某类权利的移转并不默示另一权利的移转。这一原则为多数国家的著作权法所确认，①我国《著作权法》第18条在某种程度上也体现了这一原则。

当同一作品上的这两类权利同属一人时，该权利人必会权衡利弊，协调地行使这两类权利，因而不会产生这两类权利的冲突。当同一作品上的这两类权利分属二人时，某一权利人行使的权利就有可能限制或妨碍另一权利人权利的行使。例如，画家将自己的画卖与画店后，又想授权出版社用该画出版挂历，就要反过来向画店借用该画。如果画店不肯出借该画，画家就无法实现其出版授权。同样，画店买了画家的画后，如想将该画提供给美术馆展览，也要经画家授权，因

---

* 作者单位：国家版权局国际处。

① 《德国著作权法》第44条第1款，《法国著作权法》第29条第2款、第3款，《俄罗斯联邦民法典》第513条第1款，《美国著作权法》第202条。

为提供作品进行展览,不仅是对作品原件进行所有权意义上的使用,而且也是著作权控制的一种行为。如果画家不肯授权,画店也无法充分行使对作品原件的所有权。作品原件所有权与作品著作权发生冲突的必然性在于,一方面,著作权的行使并不总能脱离作品原件(尤其是就未发表的作品而言);另一方面,作品原件所有权意义上的使用有时与作品著作权上的使用发生竞合。而从性质上看,很难说某一类权利要比另一类权利更具有优先效力。因此,当这两类权利分属不同人而权利人之间又未能通过协商在权利行使上取得一致时,就产生了这两类权利的冲突。对于这种冲突,各国法律采取了不尽相同的解决方案,归纳起来,有以下几种:

第一种,对作品原件所有权与作品著作权相互独立的原则作出某种例外规定。根据这种规定,除非在作品原件转让时著作权人明确禁止,作品原件的受让人可以公开展览该作品原件。① 这是一种法律上的推定:只要著作权人未明确禁止展览,就推定他同意作品原件受让人展览该作品原件。由于这种规定是一种例外规定,因此一般仅适用于造型艺术作品或摄影作品,且仅适用于展览权。

第二种,对著作权人的著作权作出某种限制性规定,即委托他人进行创作的委托人(也即作品原件所有人)可以自由展览经他委托创作产生的作品原件,而无须作者同意和向作者支付报酬。② 这里不存在法律上的推定:无论作者是否明确禁止,作品原件所有人均可依法自由展览该作品原件。这种规定除适用于造型艺术类作品的展览权外,在作品原件所有人上一般仅适用于委托他人进行创作的委托人。至于这种规定的实质,从有关国家确认的著作权基本原则和相关法律条文的内在逻辑来看,似乎不宜解释为展览权的法定转让(法律规定展览权随同作品原件所有权一并移转),也不宜解释为作者交付作品原件已被视为同意委托人自由展览该作品原件,而应解释为对作者享有的展览权的一种完全限制(无须取得授权和支付报酬的自由展览)。

第三种,对作品原件所有权与作品著作权相互独立的原则作出某种例外的规定,某项与作品原件密切相关的著作权随同作品原件一并移转。例如,我国《著作权法》第18条规定,美术作品原件所有权移转时,美术作品原件的展览权也一并移转给作品原件所有人。该条规定的实质是展览权的法定转让。

第四种,法律中不作任何规定,作品原件所有权与作品著作权的冲突完全由双方当事人通过合同来解决。但在实践中,当作品原件所有权移转时,双方当事

---

① 《德国著作权法》第44条第2款,《西班牙知识产权法》第56条第2款。

② 《俄罗斯联邦民法典》第513条第2款。

人关于作品原件所有权与著作权的行使往往并没有明确约定。对此，司法上可能有不同的解释。在一些国家通行的解释是：在这种情况下，作品著作权完全由著作权人保留，作品原件所有人对作品原件进行任何著作权意义上的使用，必须取得著作权人授权。这种解释与著作权的传统观念是相符的。在另一些国家通行的解释是：在这种情况下，可以认为著作权人已经同意由作品原件所有人来行使该作品的某些著作权。这种解释与这些国家的一般惯例是相符的。但作品原件所有人可以行使的著作权一般仅限于与作品原件密切相关的著作权，如展览权和复制权，而不涉及改编权和翻译权等演绎权。

在通过合同解决作品原件所有权与作品著作权的冲突时，双方当事人往往仍不能取得协调一致。有些国家的法律针对这种情况，作出禁止作品原件所有人滥用权利的规定。根据这种规定，如果作品原件所有人滥用权利而妨碍了作者或其继承人行使发表权，作者或其继承人可以诉请有关法院依法作出公正的裁判。[①] 立法者作出这种规定旨在基于对公共利益的考虑而禁止滥用权利，并不表明法律确认著作权具有优先于所有权的效力。在这些国家，如果作者的遗嘱执行人滥用发表权而妨碍了作品的正常发表，法律同样也是禁止的。[②]

第五种，法律对作品原件所有权进行某种程度的限制，规定著作权人为行使著作权而拥有对作品原件的"接触权"。但这种权利通常是相对的，作品原件所有人有正当理由时，可以拒绝交付作品原件。[③] 相对说来，在法律中作出这种规定的国家目前不多，这种解决方案尚在探索之中，但著作权人的这种特殊的权利有被越来越多的国家所确认的趋势。法律明确规定著作权人对作品原件的接触权，可以视为法律禁止作品原件所有人滥用权利的进一步发展。关于这种"接触权"的法律性质，国外学者有不同的观点。有人认为它是著作权中的一种人身权，因为它使作品的发表成为可能；有人认为它是著作权中的一种财产权，因为它使作品的使用成为可能；有人认为它是因法律规定而暂时从作品原件所有权中分离出来的占有权能；也有人认为它是一种因法律规定而发生的一种债权请求权。

由于法律确认著作权人对作品原件的接触权是对作品原件所有权的一种限制，一些学者认为，在保证著作权人有可能正常行使著作权的同时，法律有必要明确限定接触权的含义和适用范围，以避免损害作品原件所有人的正当利益。

---

① 《法国著作权法》第29条第3款。
② 《法国著作权法》第20条第1款。
③ 《德国著作权法》第25条第1款。

例如，接触权是指著作权人可以暂时直接占有作品原件，还是指仅仅在作品原件所有人的控制下机械地（即由作品原件所有人决定何时何地以何种方式）接触作品原件；接触权适用于多种著作权的行使，还是仅适用于展览权和复制权的行使；接触权适用于任何作品展览，还是仅适用于个人作品展览；接触权适用于任何情况下，还是仅适用于作品未发表或未发行的情况下，等等。

上述几种解决方案表明，在通过法律规定或当事人约定并辅以司法手段来协调和解决作品原件所有权与作品著作权的冲突时，各国法律制度固然要在一定程度上体现对当事人个人意志的尊重，但一般更为强调公共利益原则、诚实信用原则与禁止滥用权利原则。从法律规定上可以看出，立法者试图击破作品上这类权利的平衡，使某一权利人的权利受到一定程度的限制，而使另一权利人的权利得以扩展，从而有可能对作品进行某种合法的著作权意义上的使用。上述几种解决方案哪一种是最佳解决方案，恐怕不是进行一番抽象的比较就能得出结论的，而需要结合特定国家的法律制度、民法基本原则及通行惯例等因素作具体的分析考虑。而且某一特定国家采用的最佳解决方案也未必尽善尽美，而只是相对来说更符合本国国情，更为合理、有效而已。

第一种方案使作品原件所有人有可能展览该作品，但同时也为著作权人保留了禁止权，并没有消除当事人之间相互牵制的可能性。在著作权人行使禁止权的情况下，两类权利人均无法使用作品，从而使作品进入非传播状态。第二种方案没有为著作权人保留禁止权，作品原件所有人在任何情况下都可以展览该作品，似乎更便于作品的传播，但对著作权的这种绝对限制可能在某些学者看来是不值得称道的。此外，这两种方案存在一个共同的问题尚待解决：著作权人的展览权尽管受到限制，但并未移转，著作权人本人想要展览该作品或授权除作品原件所有人外的第三人展览该作品怎么办？第三种方案使展览权随同作品原件所有权一并移转，二权归一，为展览权的充分行使消除了人为的障碍。但我国《著作权法》第 18 条采用这种方案，不免与该法第 17 条产生了不协调。第 17 条所称的“委托人”与“受托人”实际上是承揽合同的当事人（即定作人与承揽人），根据合同，受托人一般要通过交付而移转作品原件所有权。该条对委托作品著作权的归属采用了倾斜于作者的推定制（这是大陆法系国家一般采用的方案）。这样，当委托创作的作品是美术作品时，根据第 17 条，只要当事人双方没有约定著作权的移转，就推定著作权由受托人（作者）保留，但根据第 18 条，即使当事人双方没有约定著作权的移转，展览权也由委托人（作品原件所有人）取得（这是英美法系国家一般采用的方案）。第四种方案避免在法律中对这一棘手的问题作出明确规定，同时也体现了对当事人个人意志的充分尊重，但往往可能需要更多地依靠司法手段来最终解决两类权利人在权利行使上的冲突。第五种方案使著作权人有可能行使著作权,同时也兼顾了作品原件所有人的正当利益,但由于著作人行使作品原件的接触权不是绝对的,而且行使著作权终归要以作品原件的占有移转为前提,因而在作品原件所有人以某种理由拒绝著作权人接触作品时,著作权人仍需通过司法途径寻求解决。

总之,在解决作品原件所有权和作品著作权的冲突方面,立法者应当考虑采用符合本国国情的解决方案。此外,如有可能,可以同时采用一种以上的解决方案(如德国的做法),以求消除或弥补单纯采用某一解决方案产生的弊端或不足,使两类权利在行使上的冲突得到最合理、最圆满的解决。

(1993 年第 9 期)

期货经纪人过失责任应由谁承担

陈益民*

一、缘　　由

1993年2月26日至4月5日,日本东京谷物交易所红豆期货行情一路狂泻315点,使从事日本东京谷物交易所红豆期货合约交易的投资者因无法抛出在手合约,被套牢而损失惨重。据有关消息称,全世界在这段时间从事该品种交易的人被套7亿多美元。在这次暴跌中也有一部分中国投资者受到损失。去年以来,随着我国期货市场的建立,期货经纪公司应运而生,沿海地区陆续开办起国际期货经纪公司,通过与国外交易所的经纪公司签订协议,接受国内客户委托,经国外经纪公司下单到国外交易所进行交易,为国内的客户跨国参与期货市场提供渠道和相应的服务。南京"金中富"国际期货交易公司便是华东地区最早投入运营的国际期货经纪公司,近180位客户通过"金中富"做东京市场4份红豆期货,结果有90%被套牢,认赔平仓后客户总计亏损额350万元人民币。面临如此沉重的打击,上百客户于3月底4月初围攻冲击"金中富"国际期货交易公司,震惊全国,波及海外。经过行政部门的干预后,客户纷纷诉诸法律。

二、争　　议

在"金中富"的一系列诉讼中,不少客户认为这次的严重损失,一个重要原因是"金中富"国际期货交易公司的经纪人"素质低下"、"不负责任",依据《民法通则》第43条关于"企业法人对它的法定代表人和其他工作人员的经营活动,承担民事责任"的规定,要求"金中富"国际期货交易公司承担赔偿客户经济损失的责任。

然而,有些人认为,期货交易有特殊性,不宜搬用《民法通则》第43条。理由是期货经纪公司、经纪人是相对独立的,对客户负有不同的义务和责任,经纪人代理客户的买卖(下单),而期货公司负责把买卖单据及时、准确地传递到交

* 作者单位:上海石油交易所。

易市场内，“各管一摊”，经纪人如有过失，与期货经纪公司无关。即经纪人的行为是代表客户的代理行为，而非代表企业法人的经营活动。同时认为经纪人选择到某家期货经纪公司工作，只是为了利用公司提供的工作条件和相关服务，与该公司并不存在通常意义上的雇佣关系。并且认为这种做法在经纪人同客户发生大量纠纷时，可避免把期货经纪公司牵扯在内，避免影响到期货经纪公司的正常经营活动及信誉或损害其他经纪人和客户的利益。

三、分　　析

上述争议，皆有失偏颇。由于经纪人的过失而造成客户经济损失的后果，是由期货经纪公司还是由该公司的经纪人承担法律责任，要分几种情况来定：

1. 经纪人在遵循法律、法规及交易所的规章、规则的规定从事委托交易行为，其交易行为的后果是客户的经济亏损时，经纪人及其所在的经纪公司对于客户的利益损失不承担法律责任。

众所周知，期货市场是个风险的市场，其风险性比证券市场大。证券市场实乃实盘交易，属于现货的范畴，证券投资的亏损只是限制在投资者当时手中以股票的形式拥有的资金量的范围内。而期货市场是相对于现货市场而言的，其同证券市场的重要区别之一，在于期货市场没有实盘托底，可以“买空卖空”，即期货投资者在期货市场上发现未来的某一段时间某种货物的价格会下跌，便以现在的较高价格卖出在该段时间交割的期货合约，虽然手中并没有这种货物，但期望于交割期到来之际将在手合约平仓获利，同时避免合约实际履行的义务（卖空），反之亦然（买空）。因此，一旦市场价格波动剧烈时，便会造成投资者的重大损失。由于这种风险性的客观存在，国际上成功的期货市场都要求期货经纪公司在接受客户委托时，有义务向具有投资意向的客户阐明期货市场的风险性，劝其谨慎决策。同时，在进行交易前，要让客户签订《风险揭示书》，言明期货交易有相当大的亏损风险，客户有可能失去全部初始保证金及追加保证金资金，在某种市场情况下，可能会很难或无法将一个交易部位对冲等。

在具备上述要件的前提下，如果经纪人在委托交易的过程中严格遵守交易规则，如妥善管理好客户存放的资金，依时间优先、价格优先原则执行客户的指令，保守客户商业秘密等，则客户无权就其亏损的结果怪罪经纪人或经纪人所在的经纪公司，经纪人及其经纪公司对此并不承担任何法律责任。因此，若无经纪人违反交易规则的确凿证据，任何类似于“素质低下”、“不负责任”等观念上的过失推测，都不应为法律上索赔之理由。

2. 经纪人在委托交易过程中违反法律、法规或交易所规章、规则的规定，导致客户利益的损失，受损失的客户有权依法起诉，提出经济赔偿的请求。然而，客户是应该向经纪人提出赔偿请求，还是应该向其所在的期货经纪公司提出赔偿请求呢？

从法律的一般原理分析，期货经纪公司应承担其经纪人因过失而导致客户经济损失的赔偿责任。因为，从经纪人同其所在的期货经纪公司的法律关系来看，经纪人是以期货经纪公司的名义进行委托期货交易活功，在经纪人的活动范围未超越期货经纪公司的授权范围时，其所有的法律后果都应由期货经纪公司承担，若经纪人在交易过程中因过失而造成客户经济损失时，期货经纪公司应承担连带责任。否则，认为经纪人与期货经纪公司存在特殊的雇佣关系，经纪人在交易过程中的过失造成客户经济损失应完全由经纪人承担，其所在的期货经纪公司不必承担连带责任，就把经纪人看做独立于其所在的期货经纪公司的期货交易活动主体，而我国目前的期货行政法规规定，只有以公司形态出现的法人组织才有资格申请从事接受客户委托交易的经纪业务，如《期货经纪公司登记管理暂行办法》第 2 条规定："除已经取得期货交易所会员资格的公司可以依照本办法的规定申请兼营期货经纪业务外，其他公司一律不得兼营期货经纪业务。"就期货经纪公司所雇用的经纪人的现实身份来看，经纪人本身不可能获得营业执照，开设独立往来账户等，由此也说明了期货经纪公司的经纪人的法律地位是作为期货经纪公司的从业人员存在的。我国《期货经纪公司登记管理暂行办法》第 3 条第 5 款规定，期货公司应当具备"有与经营业务相适应的从业人员，其中专职期货经纪人不得少于 20 人"，从法律上进一步明确了期货经纪人同其所在的期货经纪公司的一般雇佣关系。因此，我国《民法通则》第 43 条规定，对调整期货经纪公司同其经纪人的法律关系具有一般的适用性，期货经纪公司所雇用的经纪人同其所在的期货经纪公司并不是相对独立的，期货经纪公司对其从业人员在期货交易过程中的活动必须承担起不可推卸的民事法律责任。

上述关于经纪人同期货经纪公司的相对独立关系的观点，其目的是将客户同期货经纪公司的法律关系割裂开来，使期货经纪公司对客户所应承担的法律义务得以解脱，而这同期货市场的一般规则是相违背的。从世界期货市场的惯例来看，在期货市场中，期货交易所同客户之间并不存在任何法律关系，即期货交易所的规章、规则只能约束到其数量有限的几十家会员单位，而期货经纪公司同客户之间的法律关系由法院管辖。把客户同期货经纪公司对立起来，实际上是把这两种主体的关系同客户与期货交易所的相对独立法律关系混淆了，同国际规范化期货市场发展的一般规律相违背，在现实中是行不通的。

3. 经纪人在期货交易过程中,违反法律、法规,构成犯罪的,则必须独立承担刑事法律责任。由于期货市场是个规范化的市场,法律不仅规范期货经纪公司的行为,同时对经纪人的活动行为也作出特别的规定。主要是在经纪人违反法律、法规,构成刑事犯罪时,处以监禁、罚金等,以严格约束期货经纪人的活动行为。如我国台湾地区"国外期货交易法"第21条规定:"期货经纪商之负责人、业务员或其他从业人员,不得有下列行为:一、泄漏期货交易人委托事项及其他职务上所获悉之秘密……"第38条规定,违反第21条者,"处三年以下有期徒刑、拘役或并科新台币三十万元以下罚金"。甚至在某些条款中规定在处罚犯罪行为人的同时,对该法人也处以相对的罚金,如第38条规定"法人之代表人、代理人、业务员或其他从业人员,因执行业务犯第36条至第38条之罪者,除处罚其行为人外,对该法人亦科以各该条之罚金",由此进一步表明经纪人和期货经纪公司绝不可能是相对独立的。

四、结　　论

期货市场充满风险,期货交易中的盈亏交错、相互依存,是期货市场发展变化的客观现象,一旦期货经纪人严格遵照法律、法规的规定从事交易活动,其交易结果是委托客户的亏损时,客户应承担亏损引起的法律责任;若经纪人违反法律、法规而造成委托客户的经济损失,则期货经纪公司应承担其所引起的民事赔偿责任;经纪人的过失构成犯罪时,则应由经纪人承担刑事法律责任。"金中富"的一系列诉讼,在目前我国期货市场法律体系尚未完善之际,自然也应遵从期货市场的客观规律,依照期货市场运行的一般准则,予以审理,从而推进我国期货市场的法制建设,保障期货市场活动主体的合法权益。

(1993年第11期)

1995 年

上市公司股份收购与反收购

徐冬根*

在证券市场上,企业之间的收购兼并以争夺控股权的方式展开。国家主管部门如何规范上市公司股份收购与反收购活动?证券交易所在上市公司股份收购与反收购行为中,如何及时、正确地适用法律?如何判断上市公司股份收购与反收购的合法与否?是我国股市进一步完善过程中所遇到的十分棘手的问题,同时也是摆在我国证券管理机构和证券管理人员面前的一项新课题。本文针对我国证券市场上上市公司股份收购与反收购中出现和存在的焦点和难点问题,从法律上作一探讨。

一、关于上市公司股份收购与反收购中的"关联企业"问题

根据我国的有关法律规定,任何法人直接或间接持有一个上市公司发行在外的普通股达5%时,应当自该事实发生之日起3个工作日内,向该公司、证券交易所和证监会作出书面报告并公告。但是,因公司发行在外的普通股总量减少,致使法人持有该公司5%以上发行在外的普通股的,在合理期限内不受上述限制。任何法人持有上市公司5%以上能发行在外的普通股后,其持有该种股票的增减变化每达到该种股票发行在外总额的2%时,应当自该事实发生之日起3个工作日内,向该公司、证券交易所和证监会作出书面报告并公告。而且,法人在依照前面两项规定作出报告并公告之日起两个工作日内和作出报告前,均不得再直接或者间接买入或者卖出该种股票。

在这里,任何法人"直接或间接"持有一个上市公司发行在外的普通股达5%,应作怎样的理解,我国立法没有作出具体的规定。这里的"直接或间接"关系,就是国际惯例中"关联企业"关系。从我国上市公司股份收购的案例来看,对于"关联企业"的认定往往成为收购人和目标企业的争议焦点。目前,对于"关联企业"的概念,无论是国内还是国外,理论还是实践,都没有形成统一的认识。

* 作者单位:华东政法学院(现华东政法大学)。

“关联企业”有狭义和广义之分。狭义的“关联企业”仅指被其他公司持有股份,但并未达到控制界限的公司。广义的“关联企业”则指任何两个以上独立存在而相互具有业务关系或者投资关系之一的企业体。《德国股份公司法》第18条规定,一个控制企业与一个或者数个从属企业在控制企业统一管理下进行联合,即形成“关联企业”。[①] 欧洲共同体通过的《关于关联企业利润再调整免除双重征税公约》,虽然没有对“关联企业”作出定义但却对关联企业的类型作出如下规定:一企业直接或者间接参与另一企业的管理、控制或者资本,或者利益相同的个人直接或者间接地参与企业的管理、控制或者资本。广义的“关联企业”判断标准,综合考虑了有关因素(如参与管理、控制或者资本),并以此来确定有关企业是否属于关联企业的范畴。

“关联企业”通常具有以下基本法律特征:第一,组成关联企业的各家公司在法律上都是独立的法人,拥有自己独立的资金和财产。第二,关联企业之间或者具有控制与从属关系,或者具有相互投资关系,或者具有特殊的合同关系,或者在利益上具有休戚与共的关系。笔者认为,根据国际上通行的惯例,“关联企业”这一用语应理解为,与收购人具有事实上相关联的公司和具有契约上相关联的公司。根据这一理解,在我国上市公司股份收购与反收购中,对于收购人本身,以及与收购人具有特殊书面或口头协议,或通过其他手段达成某种默契,一致行动以对某一上市公司(目标公司)股权进行收购控制的公司,当他们所持有该上市公司发行在外的普通股达5%时,应当自该事实发生之日起3个工作日内,向该公司、证券交易所和证监会作出书面报告并公告。

二、目标公司反收购的决定权问题

目标公司的上市股票,如果出现被其他公司大量收购的情况,通常目标公司有两种选择:其一,配合收购人的收购行动,与收购人达成企业收购兼并协议,将本公司的部分或者全部股份有偿转让给收购人。其二,目标公司不愿意看到本公司的上市股票被其他公司大量收购,为此目标公司可能会采取积极的反收购兼并措施。在目标公司实施反收购兼并措施中,首先遇到的一个法律问题就是目标公司反收购的决定权问题。各国对于目标公司在反收购兼并中的决定权,大体采用两种模式,即英国模式和美国模式。

---

① 江平主编:《新编公司法教程》,法律出版社1994年版,第216页。

1. 英国模式,即股东多数同意模式。这种模式旨在限制目标公司董事会的权利,规定除非经股东多数同意,否则董事会不得抵御收购要约,包括不得采取其他事实措施阻碍要约,如出售公司最有价值的资产等。我国台湾的公司法规定,股东会关于合并的决议,应有代表已发行股份总数3/4以上的股东出席,并得到出席股东表决权过半数的同意后,方可以通过。如果出席股东的股份总数不足上述规定,应有代表已发行股份总数过半数股东出席,并得到出席股东表决权3/4以上的同意后,方可以通过。

2. 美国模式,即董事会决定模式。这种模式赋予目标公司董事会以抵御出价的广泛权利,但是董事会行使这些权利必须符合"忠诚"与"勤勉"的义务,除美国外,澳大利亚也采用这一模式。采用这一模式的理论基础是,随着经济的发展,股份有限公司规模的越来越大型化,股东人数的增多,大多数股东由管理者股东向投资者股东转化。而近年来随着股市的扩大,又演变出投机者股东的现象,公司的投资人和经营管理者日益分离。在这种情况下,股东大会中心主义或万能主义也就变得名不副实,法律和现实发生了脱节,使股东大会形式化。① 股东大会形式化的结果意味着股东特别是小股东放弃通过股东大会支配和监督公司的权利,使支配公司的权限日益集中于公司经营者手中,公司经营者的权力日益膨胀。为了让公司更有效地筹集所需资金,提高公司经营的灵活性,一些国家的立法者还把公司的决策权移交给董事会,公司董事会成了反收购的决策者。

我国立法吸收了美国模式和英国模式的有关精神,但在具体操作上更偏重于英国模式。我国《公司法》第46条和第112条赋予董事会以"拟订公司合并、分立、变更公司形式、解散的方案"的权利,第38条和第103条则规定股东会有权"对公司合并、分立、变更公司形式、解散和清算等事项作出决议"。可见,根据我国《公司法》规定,反收购兼并措施的提议权属于董事会而决定权属于股东会。这样规定的目的在于能比较全面地保护股东的利益。

从上市公司股份收购与反收购的角度来考察,我国立法的这一规定,在客观上是有利于收购人的。收购人可以援引上述有关规定,对目标公司董事会单独作出反收购决定的合法性提出异议,从而为其进一步收购目标公司股份的兼并活动提供便利。

---

① 王保树:"现代股份公司发展中的几个趋势性问题",载《中国法学》1992年第6期。

三、目标公司董事职务的法律保障问题

根据《公司法》的基本要求,上市公司的董事无论自己是不是该公司的投资人,一旦担任了该公司的董事职务,即应"忠诚"和"勤勉"地为公司效力。在出现公司收购兼并现象,尤其是当目标公司的相当股份为收购人所控制时,收购人通常很快会要求召开股东大会,更换目标公司原先的董事,而代之以收购人的利益代表人。

根据《公司法》的规定,股票上市公司的董事通常不得为了自身的利益而抵御收购人的收购要约。在这一前提下,法律也考虑了对股票上市公司董事利益的保护,根据我国《公司法》第103条的规定,股东会有权"选举和更换董事",但第115条同时又规定,"董事在任期届满前,股东会不得无故解除其职务"。可见,除非有正当理由,在董事任期内不得随意解除其职务。根据国际通行的惯例,董事非因其本身的过错,在任期内被解除职务的,有权向公司请求损害赔偿。

四、收购人作为新股东的提案权问题

收购人收购了目标公司的一定股份,并成为该目标公司的新股东后,是否有权立即要求召开股东大会,改组目标公司的董事会呢?是否立即享有股东提案权呢?

对这里所谓的股东提案权,各国法律有不同的规定。根据日本公司法的规定,连续6个月以上持有已发行股份总数1%的股份或者300股以上的股东,可以在开会的6周之前,以书面形式向董事会请求将一定的事项作为股东大会的讨论事项,并请求董事会将其提案记载于召集股东大会通知及公告中。① 美国、英国、法国、德国等国也有类似的规定。

中国《公司法》也同样规定了股东提案权,如第110条规定股东有权对公司的经营提出建议。我国《公司法》中所谓的经营建议,包括对董事、监事的任免,投资,增加资本或减少资本,利益分配,公司财产转让,公司的合并或分离等事项的建议。要使这样的经营建议付诸实施,首要的一步就是要以提案的形式成为股东大会的议题,由股东大会进行决议。将中国《公司法》的规定同上述国家进

① 周剑龙:"论股份有限公司经营的内部监督机制",载《法学评论》1995年第1期。

行比较，可以看出我国对行使股东提案权的股东资格没有作任何限制，该种权利在中国公司法中为单独股权，而不是少数股权，即只要是公司股东，哪怕他持股仅为一股也能对公司的经营提出建议。但是从《公司法》的上下文来看，股东的这个提案权应该是针对股东大会的权利。而《公司法》第104条规定，股东大会每年召开一次。

至于在股东大会闭会期间，股东要求召开临时股东大会的提议权，我国《公司法》规定，经持有公司股份10%以上的股东提出请求时，应在两个月内召开临时股东大会。① 召开股东大会应当将会议审议的事项于会议召开30天之前通知各股东。临时股东大会不得对通知中未列明的事项作出决议。

可见，收购人作为新股东，只有在收购了目标公司10%的股份后，才有权要求召开临时股东大会，更换目标公司的股东。而对于目标公司来说，在收到拥有其10%股份以上的新股东要求召开临时股东大会的请求后，可以将临时股东大会安排在收到新股东的请求之日起的60天内的任何日期召开。

（1995年第7期）

① 张桂龙、周敏主编：《〈公司法〉释解》，人民法院出版社1993年版，第105～209页。

论债权人会议的职权范围

——兼议我国《企业破产法(试行)》第15条规定的修改与完善

汤维建*

除法国等极少数国家外,债权人会议在各国破产程序中均不失为一种重要的程序机构。但进一步考察,各国破产法对待债权人会议程序地位的态度是不尽一致的,这集中表现在其职权的规定和享有上。各国破产法正是通过对债权人会议种种职权的设定和规制,安排和确定了它同法院、破产管理人、破产人以及债权人委员会等程序主体的破产法律关系,并由此规定了破产程序的结构模式、功能模式、价值模式以及破产救济的立法本位。债权人的利益要求、破产人的权益保障以及破产程序对社会利益的综合关怀,自此一侧面得到了一定程度的折射和映现。不仅如此,债权人会议法定职权的现实化过程,事实上构成了破产程序的主要组成部分。可见,认真地研究、科学地设定债权人会议的职权构成具有重大的理论价值和实践意义。

我国《企业破产法(试行)》第15条对债权人会议的职权作了明文规定,即债权人会议享有三大职权:(1)审查有关债权的证明材料,确认债权有无财产担保及其数额;(2)讨论通过和解协议草案;(3)讨论通过破产财产的处理和分配方案。同国外法制相比较,我国债权人会议所具有的职权既有其共同性,又有其特殊性,前者例如讨论通过和解协议草案和讨论通过破产财产的处理方案;后者例如债权的审查与确认和破产财产分配方案的讨论通过。依笔者管见,前者固可以认同和成立,后者则不无进一步商讨之必要。

首先,将债权的审查权和确认权赋予债权人会议行使是不恰当的。其理由如下:

第一,从理论基础上看,由债权人会议行使对破产债权的审查权和确认权违背了职权和职能相统一的原则以及基本诉讼逻辑。

债权人会议的法律性质受制于其职能规定,而其职能则是内化于债权人会议作为一方当事人机构的程序地位中的。职权是职能的法律化和现实化,二者

* 作者单位:中国政法大学。

事实上构成了一而二、二而一的辩证关系。债权人会议的程序职能主要有二:一是决议职能;二是监督职能。尽管决议职能和监管职能未必能穷尽其所有职能。但无论如何,债权人会议是不应也不可能具有司法职能的。但是反观我国《企业破产法(试行)》第15条第6款的规定,债权人会议恰好被赋予了带有裁判属性的司法职能。因为债权人会议就债权的存否及其性质归属一旦作出了有效决议,对于全体债权人自然产生约束力。① 而且,在债权人会议作出决议后7日内若无债权人就此提请人民法院裁定,则任何债权人均丧失了申请复议权。如此,债权人会议所形成的有关债权的决议遂取得了不可推翻的法律效力。由此所形成的局面是"诉中之诉"的复杂态势。在叠床架屋的诉讼格局中,债权人会议在第二层次上无疑处于裁判者地位。债权人会议行使司法权,不仅缺乏法律依据,而且与其程序地位的内在规定性相悖,背离了"任何人均不得成为自己案件的法官"的基本原理和诉讼逻辑。

第二,从立法逻辑上看,将债权的审查确认权赋予债权人会议存有难以克服的内在悖证。所谓"审查确认债权",包括以下几层含义:其一,审查确认债权的存否;其二,审查确认债权的性质;其三,审查确认债权的数额。第一层含义直接关系到债权人有无成为债权人会议成员的资格;第二层含义直接关系到该债权人有无表决的权利;第三层含义直接关系到债权人会议所讨论的决议能否被通过。由此所生的问题是,债权人要出席债权人会议,必须首先确认其债权的存在;债权人要行使表决权,又必须首先确定其债权的性质。表决效力的大小,又取决于债权数额的多少。而债权之存否及其性质之有无担保,必须在债权人出席会议并实际行使表决权之后才能确认。这样就使问题陷入二律背反状态。克服此一难题的唯一途径乃是将债权确认权从债权人会议的职权构成中分离出来,将它赋予另一程序主体行使。

第三,将债权的审查确认权赋予债权人会议行使,违背了破产法制的国际惯例。

国际惯例对破产债权审查确认上的通常做法表现为以下两个特征:其一,债权的申报对象与债权的审查确认主体具有统一性,亦即"向谁申报,由谁确认"的规则具有普遍的适用性。其二,债权的审查确认主体与债权人会议的召集主体具有一致性。因这两个特征,债权人会议之不享有对债权的审查权和确认权便成为各国立法之通例。应当认为,破产法上这一国际惯例的形成不是偶然的,而有其必然性基础,值得我国破产立法借鉴。应予提及的是,法国1907年商法

① 《中华人民共和国企业破产法〈试行〉》第16条第2款。

典强调债权审查程序的合同性质，认为破产债权实际上是债务人和债权人在破产程序中达成的司法合同，因而规定债权的审查和确认应当由组织审查大会的债权人各自相互地进行。[①] 这种规定同我国现行破产法完全一致。但是，法国商法典的这一规定受到了学者们的不断质疑，并在司法实践中屡生窒碍，因而在1935年修改破产法时，遂将合同性的债权审查程序改变为纯属司法性的程序。[②] 法国商法的这种转变，对我国破产立法不无启迪。

第四，从实践中看，将债权的审查权和确认权赋予债权人会议行使也是行不通的。

实践表明，债权人会议事实上是无法充分行使对各自债权的审查权和认定权的。恰恰相反，在债权人会议上，诸债权人完全处于被动的、受指挥的地位，他们分别同法院发生联系，就其所申报的债权及其性质和数额，向法院提供证据或补充证据。由法院依据民事诉讼法上的证明规则和审判观念予以逐个判定。对法院的此项债权认定，债权人享有一次申请复议权。复议后的债权即视为确定，产生如同判决一样的法律效力，成为债权人参加和取得破产分配的法律依据。由此可见，在债权审查确认程序中，债权人会议并不享有决定权或确认权，而仅享有讨论权、异议权和申请复议权。立法规制司法，但若立法不具合理性和可行性，司法则自有其运作逻辑，达其修正立法的目的。换言之，债权人会议在运作程序中表现出来的此种职权异化，充分说明立法将债权的审查确认权赋予它行使是难以行得通的。

其次，将讨论通过破产财产分配方案的职权赋予债权人会议行使也是不恰当的。

《企业破产法（试行）》第15条第3款实际上规定了债权人会议的两项职权：一是讨论通过破产财产的处理方案，二是讨论通过破产财产的分配方案。破产财产的处理方法直接关系到破产财产变现途径的最优化及其变现价值的最大化，同债权人全体的整体利益紧密关联，债权人会议应当有权对此一过程进行控制和监督，此一职权的被赋予，无疑符合债权人会议的自身属性和程序地位的规定性。与之有别，破产财产的分配则超出了债权人的整体利益范围，是在破产财产范围既定前提下，在债权人内部所形成的利益配置关系。这种关系在哲学上的反映即所谓"分配正义"，相当于罗尔斯正义论法学体系中所谓"第二个正义

① 沈达明、郑淑君编著：《比较破产法初论》，对外贸易教育出版社1993年版，第251～253页。

② 同上，第251页。

原则”,其要旨在于在社会合作中实现“利益和负担的分配”。[①] 在既得利益之总和确定的范围内,各利益主体都希望得到尽量多的分配,但是,“既然各方希望推进他们的善的观念,他们就没有理由把这种制度安排得使道德价值可以决定分配的份额,即使他们能够为道德价值的确定找到一种先验的标准。”[②]可见,将破产财产的分配权赋予债权人会议行使是违背分配正义的一般实现途径、原则和标准的。

《企业破产法(试行)》第24条规定:“清算组负责破产财产的保管、清理、估价、处理和分配。”由此明确可见,破产财产的分配是由清算组负责的。根据法律解释的基本原理,这一规定应解释为清算组具有分配破产财产的职权。但是,依现行法规定,债权人会议可要求清算组向它提供破产财产的分配方案,并对此分配方案享有讨论权和决定权。若债权人会议的表决结果能够通过破产财产的分配方案自然不成问题,但若情形相反,破产财产的分配方案在债权人会议未能有效地通过,那么,清算组拟订并提交的分配方案应做如何处理?现行法对此未作明文规定。《企业破产法(试行)》第24条规定:“清算组对人民法院负责并且报告工作。”这说明,在债权人会议和清算组之间并不存在领导与被领导,服从与被服从的关系。不仅如此,在职权的效力层次上,清算组的职权效力要高于债权人会议。其结果,债权人会议对清算组拟定的破产财产分配方案,只能肯定而不得否定。既然如此,立法上作如此规定的意义何在?债权人会议和清算组在此一职权的设定上由此形成了重叠和冲突。值得一提的是,1993年11月通过的《深圳经济特区企业破产条例》意识到了这一问题,作出了同国家破产法稍异的规定:“清算组提出破产财产分配方案,经债权人会议讨论通过,报请人民法院裁定后执行。连续两次债权人会议未就破产财产分配方案形成决议时,由清算组将破产财产分配方案提请人民法院裁定后执行。”(第70条)债权人会议经过两次讨论,形不成肯定结论,则必为否定结论,因而本条所谓“未就破产财产分配方案形成决议”,其实指的就是肯定性决议。如此的结果必然是债权人会议此项职权的虚设。立法上的最终效果固然值得肯定,但又为何虚晃一枪,赋予债权人会议以两次机会的讨论权呢?其根本症结在于,一面希望从实质上解决两种程序机构所存在的职权含混现象,另一面又在形式上保留了债权人会议对分配方案的讨论决定权,于是问题终究未能解决。解决这个难题的根本出路在

---

① [美]约翰·罗尔斯著:《正义论》,何怀宏、何包钢、廖申百译,中国社会科学出版社1988年版,第302~303页。

② 同上,第302页。

于取消债权人会议所享有的此项职权，并将它明确移转至具有中立色彩的程序机构—破产清算组。这样庶几同国际惯例形成了一致。

最后，谈一谈债权人会议的其他职权。

如前所述，我国现行破产法为债权人会议设定的四项职权，其中有一半是不能成立的，但除此之外，债权人会议是否应当享有其他职权？换言之，依据职能和职权相统一的原则，立法上应当对债权人会议的职权体系进行怎样的设定和构筑？这个问题的答案主要在比较法制的层面寻求。

参照其他国家和地区破产法的通常规定，并结合我国破产法的基本结构，笔者以为，债权人会议尚应具备如下职权：

1. 选任债权人代表。

2. 选任破产清算人。对破产清算人的选任或指定，各国的做法差别较大。法国、日本等国规定唯有法院才能选任或指定。① 英、美、西班牙等国规定应由债权人会议选任。② 德国法则规定，破产管理人原则上由法院任命，但破产债权人可委托管理人在债权人会议上另选一人取代法院委任，法院可拒绝任命被选出的人。③ 台湾地区"破产法"也规定，破产管理人一般由法院选任，但债权人会议得就债权人中另为选任。④ 我国现行破产法采取法、日做法，规定破产清算人只能由法院指定。笔者认为，由法院充当破产清算人的唯一选任主体的立法原则已不适合破产法的发展趋势，且不利于强化债权人对破产程序的参与意识，应予突破。相对而言，德国、我国台湾地区的立法例比较符合我国大陆实际情况，值得效法。

3. 决定债务人营业的继续或中止。《企业破产法(试行)》第12条规定："人民法院受理破产案件后，债务人对部分债权人的清偿无效，但是债务人正常生产经营所必需的除外。"也就是说，在人民法院受理破产案件后，破产宣告作出前，债务人尚可进行正常的生产经营，而无须取得债权人会议的同意。但是，在破产宣告之后，债务人生产经营的继续与否，对债权人利益的影响较大，应当由债权人会议讨论决定，交由破产清算组执行。《企业破产法(试行)》第24条规定："清算组可以依法进行必要的民事活动。"这里的"民事活动"若带有生产经营性质，也应取得债权人会议的同意。

4. 讨论决定破产财产的管理办法。清算组负责对破产财产的保管和清理。

---

① 《日本破产法》第157条，朗曼开业律师丛书：《自愿清算和接管》，第242页。

② 贝利等合著：《破产法及其实践》，第205页，朗曼开业律师丛书，同前注，第254页。

③ 《德国破产法》第78条、第80条。

④ 我国台湾地区"破产法"第83条。

因而对破产财产的管理办法一般应由破产清算组斟酌决定,债权人不宜事无巨细均予以干涉和过问。但是,破产财产管理办法的科学性与合理性,直接同其价值实现程度相关,并进而对债权人利益产生影响。因而,债权人会议应就破产财产管理的重大原则,以及破产清算组使用的管理方法有无错误,处置有无偏差等事项作出决议,由破产清算组具体执行和落实。

5. 讨论决定破产财产的变价方案。清算组负责破产财产的估价和处理。原则上,清算组对破产财产的变价应依拍卖方式进行,但必要时则应采取其他方法。清算组采取其他方法变价,或者债权人会议认为采取其他方法变价更为恰当时,应由债权人会议决定。

总之,债权人会议的职权体系呈开放状态。各国破产法对其范围及其功能的认识和设定并不尽一致。造成此种差异的既有主观的技术层面的因素,又有客观的背景层面的因素,但后者总是居于主导的、支配的地位。可以认为,债权人会议的职权体系构筑得是否科学与合理,是破产机制能否趋于成熟和完善的重要标志。对债权人会议所具职权的规制和设定,应当成为我国目前企业破产法修改的重心之一。

（1995年第9期）

1996年

中国合同法起草过程中的争论点

梁慧星*

1993年9月2日,全国人民代表大会常务委员会通过了《关于修改经济合同法的决定》。此后不久,全国人大常委会法制工作委员会召开了一个专家研讨会,讨论如何实现合同法统一的问题。与会专家学者一致认为制定统一合同法的时机已经成熟,建议由专家学者承担起草工作并委托部分学者先提出一个立法方案。这就产生了由政法大学江平、人民大学王利明、吉林大学崔建远、烟台大学郭明瑞、最高法院李凡、北京高院何忻、《法学研究》杂志编辑部张广兴和我共同提出的《中国合同法立法方案》。该方案经过1993年11月4日法制工作委员会邀请北京部分专家出席的讨论会及1994年1月法制工作委员会邀请全国十多个单位的专家出席的讨论会征求意见和论证,最后确定下来,并由法制工作委员会委托12个单位的学者分别起草。这12个单位是:中国政法大学、北京大学、中国人民大学、中国社会科学院法学研究所、对外经贸大学、吉林大学、烟台大学、武汉大学、西南政法学院、中南政法学院、西北政法学院、华东政法学院。1994年11月各单位起草的条文汇总,由法制工作委员会委托中国社会科学院法学研究所梁慧星、张广兴、傅静坤三人统稿完成"合同法建议草案",共34章528条,于1995年1月提交全国人大常委会法制工作委员会。1995年4月18日至21日,法制工作委员会就"合同法建议草案"召开讨论会。法制工作委员会主任顾昂然出席,副主任胡康生主持会议。出席会议的学者有江平、徐杰(中国政法大学)、谢怀栻、梁慧星、王保树、张广兴(中国社会科学院法学研究所)、王利明(人民大学)、沈达明、冯大同(对外经贸大学)等。会上对"建议草案"作了肯定的评价,提出若干修改意见。但也有人批评"建议草案"照抄外国和我国台湾地区的规定过多,对自己的经验研究不够等。此后产生了1995年5月的法制工作委员会"合同法试拟稿"(第二草案),共41章511条,并印发最高人民法院及一些教学研究机构征求意见。据悉法制工作委员会正在建议草案和第二草案基础上拟定新的草案。现将合同法起草过程中的主要争论点概括介绍如下:

* 作者单位:中国社会科学院法学研究所。

一、制定一部21世纪的合同法或是转轨时期的合同法

关于制定合同法的第一个争论点是合同法所应体现的时代性，亦即我们现在制定合同法是应着眼于调整中国当前由计划经济向市场经济转轨过程中的经济生活，或是应着眼于调整21世纪中国建成比较发达的社会主义市场经济后的经济生活。一种意见认为，法律应有一定的稳定性和引导性，在立法时应有预见性。中国目前处在由计划经济向市场经济转轨的过程中，许多问题是过渡性的、暂时性的，不是市场经济的常态，因此制定合同法时虽然对转轨过程中的问题不能完全无视，但不应以此为着眼点，并且对那些暂时性的、非常态的关系和现象不应迁就，更应避免因法律规定而使暂时性的、非常态的关系和现象合法化、固定化。制定合同法应更多地着眼于反映市场经济本质的经济现象和经济关系。使中国合同法不仅在转轨时期可以发挥规范经济生活的作用，而且能够规范中国在21世纪建成比较发达的社会主义市场经济社会后的经济生活。在讨论合同法立法方案时，持这种主张的学者提出，制定合同法的指导思想之一是，应当面向21世纪，制定一部21世纪的合同法。另一种意见认为，中国现阶段的经济生活中，有大量的经济关系处于不规范状态，须由合同法调整。例如农村土地承包关系、城市的企业承包关系、指令性计划合同关系如粮食定购合同，存在许多问题，应由合同法做出规定。因此，强调合同法应着眼于现在的经济生活，到中国基本建成社会主义市场经济之后，还可以修订合同法或者另外制定新的法律。尤其不同意“面向21世纪”的提法。

二、关于统一合同法与现行法的关系

合同法无疑应以现行法为根据，凡是现行法成功的、有益的经验和制度，都应该予以采纳和保留。但问题是统一的合同法应不应该、可不可以突破现行法的规定，变更现行法的规定。由于现行三个合同法在统一合同法通过后将被废止，因此最主要的问题是如何处理统一合同法与民法通则的关系。换言之，统一合同法可不可以突破或修改民法通则的规定。在制定和讨论合同法立法方案时，对这个问题就经过反复讨论，所达成的认识是：制定统一合同法，不应该受现行民法通则的局限，不仅可以规定民法通则所未规定的原则和

制度，而且完全可以突破民法通则的规定，变更民法通则的规定。这有两方面的理由：其一，实质理由。民法通则是80年代中期制定的，当时中国改革的目标尚未被确定为建立社会主义市场经济体制，民法通则虽然包含了许多符合市场经济要求和民法发展潮流的原则和制度，但不可避免地保留了许多反映计划经济特征和要求的规定。如果现在起草统一合同法，不突破民法通则的局限，不纠正民法通则中反映计划经济特征和要求的规定，去掉民法通则中过时的、落后的、不符合民法发展潮流的规定，就不可能制定一部真正符合市场经济客观规律的合同法，也就失去了制定统一合同法的目的和必要性。其二，形式上的理由。虽说民法通则具有相当于民法典的基本法地位，但民法通则既不是民法典，也不是民法典的总则，统一合同法是按照将来民法典的债权编（债权总则、合同总则、各种合同）制定的，待合同法和物权法制定后，即将对民法通则进行修订，民法通则经修订后将作为民法典的总则编。既然统一合同法是按照民法典债权编制定的，当然不能受现行民法通则的局限。但考虑到这样的理由，合同法中似不便明文表述合同法与民法通则的关系。对此，有不同意变更民法通则及三个合同法现行规定的意见，也有不赞成将技术合同法纳入统一合同法调整范围的主张。

三、关于合同自由与国家干预

合同自由为民法基本原则。在现代民法，合同自由受到各方面的限制，但其作为民法基本原则的地位并未动摇。中国曾经长期实行计划经济体制，彻底取消了合同自由原则，现在处在向市场经济转轨的过程中，当事人的合同自由日渐扩大并为法律所认可，但现行民法通则和三个合同法均未正式规定合同自由原则。而在实际生活中限制、阻碍、剥夺合同当事人合同自由的现象还严重存在。因此，制定统一合同法，有必要明文规定合同自由原则为基本原则，并在合同法各项制度中切实体现合同自由原则。例如不规定合同的法定形式，使当事人对合同形式有选择的自由；不规定合同成立和生效的必要条件，采列举方式规定损害社会公益和第三人利益的合同无效，凡不属于列举范围的，一律有效；将欺诈、胁迫均规定为可撤销原因，等等。简而言之，合同法应将强制性规定限制在十分必要的范围。尽可能扩大任意性规定的范围。国家对合同的干预，应以维护交易安全、维护社会正义、保护弱者（消费者、劳动者）为目的。至于国家基于对国民经济的宏观调控和管理，可以通过制定行政法规的方式，不必要也不应该在合同法上规定合同管理机关，使之拥有对合同进行监督检查的权力;不必要也不应该在合同法上规定对当事人追究行政责任。为了防止行政机关通过制定实施条例限制当事人的合同自由,合同法不授权行政机关制定实施条例。另一种意见认为,现代法合同自由原则已经衰落,国家出于社会利益的考虑,对合同进行干预,这是多数国家的通例。中国在建设社会主义市场经济的过程中,更有必要加强国家干预,建立和维护社会经济秩序。并且,现阶段中国的自然人和法人法律意识不强,法律知识不足,合同法多规定一些强制性条文有利于引导当事人增强法律意识;有利于维护当事人的合法利益,授予行政机关对合同进行监督检查的权力;有利于制裁违法行为,维护社会主义市场经济秩序。基于这样的认识,主张在统一合同法中规定更多的强制性法律条文,规定可以对当事人追究没收非法所得、罚款、吊销营业执照等行政责任,主张恢复在1993年修订经济合同法时已经取消的合同管理机关。

四、关于借鉴吸收发达国家和地区的经验

统一合同法起草过程中,对于应从中国改革开放和发展社会主义市场经济的实际出发,广泛借鉴吸收发达国家和地区的立法经验和判例学说,并无分歧。但在如何借鉴吸收,借鉴吸收什么等问题上则有不同意见。一种意见认为,要使中国合同法成为世界上先进的立法,应将借鉴吸收的重点放在英美法系合同法。因为,从国际法律统一的趋势看,大陆法系和英美法系正在融合,许多国际公约的内容,更多地采纳英美法的制度和规则。并且,大陆法系民法过分强调体系性和逻辑性,其缺点是僵化和不灵活。中国合同法要避免僵化和不灵活的缺点,当然应着重借鉴吸收英美法的经验。例如,主张完全放弃"履行不能"(包括自始不能和嗣后不能)概念,采纳英美法上的"根本违约"与"非根本违约";完全放弃不安抗辩权制度,采纳英美法上的预期违约制度,等等。有的学者认为,德国民法典债务法修正草案已经采纳英美法和联合国国际货物买卖合同公约的经验,废止瑕疵担保制度,主张中国合同法也应废止瑕疵担保制度。另一种意见认为,中国从清末实行法制改革以来,就属于大陆法系,与德国、法国、日本的法律框架、法律概念、原则、制度基本相同,因此在大陆法系与英美法系之间,应着重借鉴吸收大陆法系国家如德国、法国和日本的经验,同时适当吸收英美法系的有益做法和经验。并且,考虑到中国20世纪30年代制定的民法典至今仍在台湾地区生效,及现在中国大陆和台湾地区之间密切的经济交往和最终实现统一后的经济发展,制定合同法应特别注意

采纳台湾地区民法债编关于合同的规定及台湾法院判例。当然,主张重点借鉴吸收大陆法系国家和台湾地区的经验,并不拒绝吸收英美法的经验和国际公约、国际惯例,而是在维持大陆法基本架构的基础上尽可能地吸收英美法和国际公约的先进经验。德国债务法修改能否最后获得通过,尚未可知,其他国家和地区均持观望态度,其将瑕疵担保制度废止后如何设计统一的违约责任制度,仅从现有资料还难以准确把握制度设计的细节。中国现在制定合同法,是否仅依据有关德国债务法修改的不充分资料,就对瑕疵担保制度和违约责任制度作如此重大的变革,应持慎重态度。

五、关于诚实信用原则的功能

诚实信用原则在民法通则上已经被规定为中国民法的基本原则,合同法建议草案作了更为充分的规定。起草过程中的争议,集中在法院可否直接引用诚实信用原则裁判案件。实际上是对诚实信用原则功能的理解的分歧。如日本学者营野耕毅在对日本法院判例进行整理后,将诚实信用原则的功能概括为四项:其一,法具体化的功能;其二,正义衡平的功能;其三,法修正的功能;其四,法创造的功能。① 对于第一、二两项功能,学说上并无异议,而对于第三、四两项功能,学说上否定的意见占优势。中国学者也是如此。但中国从改革开放以来,合同法领域的立法,几乎是从零开始,迄今虽有民法通则和三个合同法,但许多应有的规则和制度,至今仍未制定,因此实务中出现许多缺乏法律规定的案型,甚至习惯规则也没有,于是法院不得已直接引用民法通则所规定的基本原则(如诚实信用)进行裁判。又考虑到中国自改革开放以来,社会经济生活发生剧烈变动,许多法律法规是改革开放初期制定的,较多地反映了计划经济的特点和要求,难免与现实经济生活脱节,而修订法律工作进展迟缓,这样就出现了严格适用法律具体规定,其结果违背社会正义的情形。鉴于此,部分学者和法院人士主张规定诚实信用原则可以直接适用,认可诚实信用原则不仅有补充法律漏洞的功能,并认可诚实信用原则有修正和变更具体法律规定的功能,即建议草案第6条第2款:“法院于裁判案件时,如对于该待决案件法律未有规定,或者虽有规定而适用该规定所得结果显然违反社会正义时,可以直接适用诚实信用原则。”同时,为了防止诚实信用原则的滥用,设计了建议草案第6条第3款:“法院直接适

① 《民法的争点I》,有斐阁,第8页。

用诚实信用原则裁判案件,必须报经最高人民法院核准。”持反对意见的学者,主要的理由是,担心诚实信用原则的滥用损害法律的安定性。他们特别指出,中国法官的素养不足,滥用的危险更大,且第6条第3款在审判程序上也有难通之处。

(1996年第2期)

论担保物权的历史发展趋向

郭明瑞*

担保物权，是为确保债权的实现而设定的，以直接取得或支配特定财产的交换价值为内容的物权。它与债权密切相关。因此，担保物权是随着债权法的产生而产生的，也是随着债权法的发展而发展的，同时它又随着物权法的发展而发展。而债权法与物权法的发展都根源于商品经济的发展，所以担保物权归根结底是随着商品经济的发展而不断发展的。担保物权自随着商品交换的法律形式——债的产生而出现，至今已经历了简单商品经济、发达商品经济和现代市场经济等若干阶段的发展，一些新的担保物权形式不断产生，一些旧的物权担保形式也因失去存在价值而消亡。历史经验是宝贵财富。研究担保物权的历史发展，从中发现担保物权立法的经验教训，对完善我国的担保物权立法不无益处。本文仅就担保物权的历史发展趋向作一简述，以供作完善担保物权立法的参考。

一、担保物权由纯粹的债的保全功能向融通资金和商品的功能发展

担保物权是应保障债权实现的需要而产生的，它是通过赋予债权人优先受偿权，以最大限度保障债权人的利益。因而，担保物权的首要的功能当然是保全债权。在最初的立法上，担保物权完全是从债的保全功能构造的，其作用纯粹只是担保债权实现。因而，在实务上，担保物权的发生须以债权的存在为前提，只能由债权引发担保物权，而不能由担保物权引发债权，担保物权也就起不到被主动用于融通资金和促进商品流通的作用；在理论上，担保物权为其所担保的债权的从权利，其从属性的表现之一就是担保物权以所担保的债权的存在为前提，担保物权只能随债权的转移而转移。

随着商品经济和信用关系的发展，担保物权的功能发生了变化，由单纯被动的保全债权向主动地引发债权发展。担保物权的这一发展趋向主要体现在以下两个方面：

---

* 作者单位：烟台大学。

第一,担保物权可以先于债权的成立而设定,担保未来的债权。为未来债权设定担保物权可有两种情况:一是为已成立但尚未生效的债权设定担保物权,例如对附停止条件的债权设定担保。这种情况并无多少特殊性,仍是须先有债权成立而后才得设定担保物权,这时担保物权并不能起到引发债权发生的作用。二是为尚未成立而其后能否成立也不确定的债权设定担保物权。这后一种情况在最初的立法上是不承认的。但随着商品经济的发展,由于商品生产者和经营者对资金的需要和银行信贷业务的广泛开展,为未来债权设定担保物权得到了承认。为未来债权设定担保物权的最典型形式是最高额抵押。最高额抵押是在近现代才出现的物权担保。例如,日本直到1971年才在民法典中补充规定了最高额抵押。由于最高额抵押是为担保属于一定范围内由继续的法律关系将来可发生的债权而设定的,抵押权的成立不以主债权的存在和特定为前提。因为传统的担保物权的理论要求担保物权的成立必须以主债权的存在和特定为前提,不能为未来的尚未成立的债权设定担保物权,所以最高额抵押的产生导致了传统理论的危机。学者从一开始就在对为未来债权设定的抵押权是否有效上持有肯定与否定两种不同的观点。主张有效说的学者为说明对未来债权设定担保物权的有效性,在解释上也出现了多种学说,如信用债务担保说、附停止条件债务担保说、附停止条件担保说、附准条件质契约说等。担保实务的发展和理论上的争鸣最终突破了传统的理论,学者直接以将来债权担保说来说明最高额抵押的根据。现在理论上已普遍承认得为将来发生的债权设定担保物权。因此,在现代,担保物权可以先于债权而成立,以担保物权促债权的发生。

第二,担保物权可以流通,从而使之成为投资的手段。早在德国民法典制定中,立法者就已注意到将担保物权作为一种投资手段的现象。如在德国民法和瑞士民法上对抵押的规定都已以流通抵押为原则,而以保全抵押为例外。在流通抵押制度,抵押权可以作为投资的对象流通。当事人可通过转让抵押权同时转让被担保的债权。因流通抵押权所担保的登记簿上的债权记载具有公信效力和推定力,因而抵押权的转让效力不受债权实质效力的影响,流通抵押权的受让人因相信登记簿上的债权记载而受让债权时,即使该债权实际上并不存在,受让人仍取得债权与抵押权。流通抵押权的产生打破了"所转让的被担保的债权不存在,随之转让的抵押权也不能存在和转移"的传统观念,增强了抵押权的融资功能。日本为促进抵押权的流通,于1931年通过了《抵押证券法》,将抵押权证券化,承认了流通抵押。虽长期以来流通抵押从未得到实际应用,但晚近以来,抵押证券逐渐受到投资人的重视。1988年日本施行《关于规制抵押证券业的法律》,设立了抵押证券的保管机关,并采用了登录制①。

我国担保法立法在对担保功能的认识上也有一个发展过程,例如,在担保法草案(征求意见稿)中原规定“为保证债权的实现,维护债权人的合法权益,保障银行信贷和商品交易安全,促进资金融通,发展社会主义市场经济,制定本法”,将“保证债权的实现”作为制定担保法的首要目的。而在法案通过时改为“为促进资金融通和商品流通,保障债权的实现,发展社会主义市场经济,制定本法”(《中华人民共和国担保法》第1条),将“促进资金融通和商品流通”作为制定担保法的首要目的,并且,在担保物权的形式上,《担保法》也规定了最高额抵押等具有强烈的融资功能的担保物权。这说明我国立法者已注意到担保物权功能上的发展趋势。但是,我国担保法没有重视担保物权的流通性问题。例如,担保法上没有规定流通抵押。抵押权基本上仍是以保全债权的功能来构造的。我们认为,在完善担保物权的立法时,应当规定流通抵押,将抵押权证券化,同一证券既表示抵押权也表示所担保的主债权,转让抵押权证券即转让抵押权和主债权。从而使抵押权得以流通。使之可成为一种投资的手段。

二、担保物权由单重视担保功能向注重充分发挥物的效用发展

担保物权的基本功能是担保,因而立法上理所当然地应从发挥担保物权的担保功能出发来建构担保物权。但如何更好地发挥担保标的物的效用,也应当是物权法立法应当注重的问题。在物权法上,最初对担保物权是只重视其担保功能的,后来才逐渐重视对物的效用的充分发挥。可以说各种新的担保物权的出现几乎无不与重视物的效用有关,但担保物权发展的这一趋向特点主要表现在以下三个方面:

第一,以移转担保物占有于债权人为主的物权担保形式发展为以不移转担保物占有的物权担保为主。

在简单商品生产者社会,最初的担保物权都是以担保人移交担保物的占有给债权人为成立要件的。例如,在罗马法上,最早出现的物权担保是信托质。信托质,是当事人一方须将担保物的所有权移转于债权人,在债务人清偿债务后,担保物的所有权重新移转于物主,而于债务人到期不清偿债务时,债权人得将担

① 邓曾甲著:《日本民法概论》,法律出版社1995年版,第236页。

保物出卖以抵价，如有剩余应返还物主。在这种担保形式下，债权人可以以容假占有或租赁的方式将担保物留给债务人占有和使用，但如债权人不同意时，担保物则不能为债务人所使用收益，为克服信托质上债权人可能随意处分担保物而对债务人极不利的弊端，产生了占有质。占有质，也就是质，担保提供人须将担保物的占有移转于债权人，而标的物的所有权并不转移，在债务未清偿前，债权人得占有和留置担保物，在债务人清偿债务时债权人返还担保物，而于债务人到期不清偿债务时，债权人得出卖质物以受偿。在日耳曼法上，最早的物权担保也是所有质，其后占有质出现并成为主要形式。占有质又称为古质，是以移转标的物的占有于债权人为成立要件的。可以说，在古代各国的法律上，移转担保物占有的质押都是最主要的物权担保方式。

因为质须移转标的物的占有于债权人，债权人在担保期间直接占有担保物，所以从担保债权的角度上说，这是有利于债权人和可最有力地实现担保物权的担保功能的担保方式。但是，质并不利于充分发挥担保物的效用。因为，其一，债权人虽占有担保物却不能使用担保物，债务人虽有权使用担保物但因不占有担保物也不能为使用收益，由此一来，担保标的物自担保设定后就不能投入使用收益，其使用价值根本得不到利用；其二，因移转标的物的占有是质权成立的必要条件。所以，一般说来一物只能担保一项债权。这样一来，无论担保物的价值有多大，一旦为某一债权担保，也就不能再以其剩余的担保价值担保其他债权。这样限制了担保物的担保价值的充分利用，而不能完全发挥物的价值效用。

正是为了克服占有质的上述弊端，才又出现了不移转标的物占有的物权担保方式即抵押。抵押这种担保方式虽在罗马法和日耳曼法就已产生，例如罗马法上的抵押占有质和日耳曼法上的新质（又称无占有质）都不以移转标的物的占有为成立要件，但在古代并不是主要的担保物权方式，而且主要适用于不动产担保。对动产抵押，古代社会一般是不承认的，直到 11 世纪晚期、12 世纪和 13 世纪早期，在西方商法上才创立了动产抵押。其原因主要是当时商品经济不够发达，动产并未成为主要财产，也没有完善的财产登记制度。只是到了近代社会，抵押才成为主要的物权担保方式，并且动产抵押被广泛采用。同时，为保障抵押担保的可靠性和安全性，建立了完善的登记制度，以使第三人能够了解担保物上已存在的担保负担。适用抵押担保，一方面担保物提供人仍占有标的物，可对担保物为使用收益，使担保物的使用价值能得到利用；另一方面担保提供人可以将担保物的剩余担保价值再为其他债权设定担保，从而使担保物的担保价值得以充分利用。因此，由于抵押是可以充分发挥物的效用的一种担保方式，在各国物权法上抵押权成为最主要的担保物权。

第二，由不动产质和抵押并存发展为不动产质消除。

不动产历来是重要的担保物。在古代法上，不动产既可用于质，也可用于抵押。例如，在罗马法上不动产占有质与抵押占有质并存，在日耳曼法上古质与新质并存。尤其土地质是简单商品生产者社会普遍存在的担保方式。但后来质就主要适用于动产，而不适用于不动产。因为不动产质须移交不动产占有于债权人，在简单商品生产的农业经济社会，资金的供与人主要是大奴隶主和大地主，他们占有土地可以直接用于生产经营，不动产质尚有适用的条件。而在工商业发达的近现代，由于资金的供与人主要是银行等金融机构，它们并不直接从事生产经营活动，由银行等金融机构占有设质的不动产，不仅不能发挥不动产的效用为债权人带来好处，反而会给债权人空增烦累，而且也往往与债务人以融通的资金用于不动产的生产经营目的相悖。所以，在发达的商品经济社会，不动产质担保日益被淘汰。例如，德国等国家的民法上根本就没有规定不动产质，日本民法上虽规定了不动产质权，但在实际上其适用极少。

第三，由以一物的价值单独设定担保发展为以整体财产的综合价值一并设定担保。

在早期的物权法上，抵押权只能是依照“一物一权主义”，于一物之上就一物的单独价值设定担保物权，而不能于一人所有的全部财产整体上设定担保物权。但是，随着商品经济的发展，由于信用的借用人主要是企业，而企业的财产只有构成一个整体才能充分发挥作用，如就其中的一物单独而言，若从整体财产中分割出来其价值就会大大降低。因此，为适应企业事业单位融资的需要和利于发挥财产的效益，出现了新的物权担保方式，如财团抵押或浮动抵押。

财团抵押是德国法系国家采用的制度。它是将属于同一企业事业单位的不动产、动产上的权利作为一个财产整体（财团）在其上设定抵押权。浮动抵押始自19世纪于英国出现的在英美法系国家采用的制度。浮动抵押是担保人将其经营的全部或某一类现在或将来所有的财产作为担保物于其上设定抵押权。在现代立法上，财团抵押与浮动抵押的实质差异并不大，只不过是在不同国家采用不同的名称而已。财团抵押制度之所以受到重视，在许多国家的法律上得到确认，是因为：一方面企业的所有财产系有机的配置，若分为各个单独财产一个一个地设定担保权，不仅会减损其价值，而且也麻烦，以企业整体财产设定抵押权则较为经济，并能充分发挥企业财产融资的效用；另一方面利用财团抵押，企业可以继续利用已设定抵押的整体财产进行生产经营，而不致因某项财产被处理而影响生产经营的正常开展。

我国的担保法立法注意到担保物权的设定应注重发挥物的效用，例如，我国担保法上确认了不动产权利抵押（如有偿取得的国有土地使用权可用于抵押）和动产抵押，不承认不动产质。但是，在我国担保法上对如何发挥物的效用的考虑是不够的。这主要表现在两点上：其一，我国担保法上对抵押人转让抵押物和再设定抵押权限制过多。例如，我国最高人民法院《关于贯彻执行〈中华人民共和国民法通则〉若干问题的意见（试行）》第 115 条中规定，在抵押期间，抵押人将同一抵押物转让他人，或者就抵押物价值已设置抵押部分再作抵押的，其行为无效。我国担保法虽然对最高人民法院的规定作了一定的修正，如《担保法》第 35 条中规定"财产抵押后，该财产的价值大于所担保债权的余额部分，可以再次抵押，但不得超出其余额部分"。第 49 条中规定"抵押期间，抵押人转让已办理登记的抵押物的，应当通知抵押权人并告知受让人转让物已经抵押的情况；抵押人未通知抵押权人或者未告知受让人的，转让行为无效"，但是对担保物的效用的发挥仍注重不够。不可否认，担保法作如此规定的立法目的是保护债权人的利益，这并不错。但因抵押权具有追及性和顺序性，对抵押债权人的保护完全可以通过完善登记制度来实现，而没有必要以限制担保物的流通和再抵押来实现保护债权人的目的。因为抵押物不论转让于何人，抵押权人完全通过登记而知道，于实现抵押权时得追及抵押物变卖以优先受偿；后设定的抵押人也可通过登记知道前抵押权的存在，而抵押权的实现也是依顺序进行的，先顺序抵押人得先行受偿。其二，我国担保法上没有规定财团抵押制度。《担保法》第 34 条第 1 款规定了可以用于抵押的财产，包括：抵押人所有的房屋和其他地上定着物；抵押人所有的机器、交通运输工具和其他财产；抵押人依法有权处分的国有土地使用权、房屋和其他地上定着物；抵押人依法有权处分的国有的机器、交通运输工具和其他财产；抵押人依法承包并经发包方同意抵押的荒地的土地使用权；依法可以抵押的其他财产。该条第 2 款规定，"抵押人可以将前款所列财产一并抵押"。这里规定的抵押标的物并不能包括知识产权等权利，只有土地使用权可包括在内。因此，《担保法》第 34 条第 2 款的规定似乎是承认财团抵押。但实质上这里规定的抵押并不属于财团抵押，只能属于狭义的企业抵押和共同抵押。共同抵押是指以数个财产共同担保同一债权，于数个不同财产上为同一债权设定一个抵押权。在共同抵押中用以担保同一债权的数个财产并不构成一个财产整体。狭义的企业抵押，是指以企业的厂房、土地以及机器设备等附属物为担保标的物设定抵押权。在企业抵押，只是以企业的动产和不动产一同为抵押标的物，而不是以企业的全部财产作为一个整体于其上设定抵押权，这种抵押权的标的中不包括知识产权等权利。我们认为，在完善担保物权的立法时，应当以财团抵押取代狭义的企业抵押。以企业所有的包括知识产权等权利在内的全部财产作为一整体财产设定抵押，不仅有利于发挥企业财产的整体效用，增强企业的担保能力以利于企业融通资金，而且对保持社会整体的生产能力也大有益处。

三、担保物权标的物的范围不断扩大

担保物权的另一发展趋向是担保物的范围不断扩大。例如，在最初，担保标的物主要是不动产，而且以土地为主。后来，动产用于担保的情形日益增多。在工业化时期，随着动产抵押的出现，以机器、设备等财产设定担保物权成为常见的担保方式。在最初的立法上，权利作为担保标的物的情况几乎没有，其后，权利担保的情况也逐渐增多。在现代，随着科学技术的发展和其在社会经济生活中地位的增强以及财产形态的变化，知识产权、有价证券等财产已越来越成为极重要的担保物权的标的物。这一方面是因为随着社会财富的增多，财产的范围和形态、各种财产在社会经济生活中的地位发生了变化；另一方面法律制度日益完善，使以新的财产设定担保成为可能。例如，在不发达的商品经济社会，土地是最主要的财产，而在工商业社会，机器、设备和交通运输工具等生产手段成为极重要的财产，现在知识产权则成为显示经济势力的重要标志。在登记制度不完善的法律条件下，动产抵押、知识产权等权利质押几乎不可能，而在完善的登记制度条件下，动产抵押和权利质押则可广泛适用。

从我国担保法的立法看，担保法上规定的可用于设定担保物权的财产是十分广泛的，但是仍不能适应社会的需要，不适应担保物权法发展的趋势。例如，在关于抵押的规定上，我国担保法既规定了可用于抵押的财产，也规定了不得抵押的财产。依我国担保法的规定，公益事业单位的社会公益设施不得抵押，农村的集体土地和承包经营的土地使用权（荒地使用权除外）不得抵押，采矿权及渔业权、水上养殖权等也不能抵押，而对这些财产是没有必要限制其设定抵押权的，只需对其抵押权的实现作些特殊规定即可。在关于质的规定上，担保法规定可以设质的权利没有明确规定包括一般债权，而一般债权即不以证券表示其权利的债权在各国一般都承认其可为担保权的标的。在担保法上也没有规定转抵押和转质，而转抵押和转质正是承认以抵押权和质权为担保标的的担保方式。所以，我们认为，在完善我国担保物权立法时，应当注意到担保标的物扩大的趋向，应当从既能保全债权又能充分发挥物的效用上构建担保物权，以扩大可用于设定担保物权的范围。

（1996年第2期）

以股份公司和有限责任公司形式改组国有大企业

梁慧星*

一、引　　言

党的十四届三中全会决议指出,我国国有企业体制改革的目标,是建立现代企业制度,使国有企业实现“产权清晰、权责明确、政企分开、管理科学”。所谓现代企业制度,当然是指以股份公司和有限责任公司为典型形式的现代公司制度。这可从1993年12月29日通过的《中华人民共和国公司法》第1条关于立法目的的规定得到证明。该法第1条规定:“为了适应建立现代企业制度的需要,规范公司的组织和行为,保护公司、股东和债权人的合法权益,维护社会经济秩序,促进社会主义市场经济的发展,根据宪法制定本法。”毫无疑义,这一法律条文明示,现代企业制度正是公司法所规定的公司制度。但现在理论界关于现代企业制度是否即是现代公司制度,关于十四届三中全会决议所提出的“产权清晰、权责明确、政企分开、管理科学”中究竟应该从抓“产权清晰”入手抑或从抓“政企分开”入手,存在分歧。我在80年代初就曾提出以企业法人所有权模式界定国有企业产权关系,以现代股份公司和有限责任公司形式改组我国国有大企业的主张,①在法学界引起过长久的争论,现在仍深信只要切实实行现代企业制度,以股份公司和有限责任公司形式改组国有大企业,就一定能够实现国有企业“产权清晰、权责明确、政企分开、管理科学”的改革目标。

二、“产权清晰”的法律意义何在

“产权清晰”一语,不是法律上固有的概念。因受经济学的影响,近年在法学论著中也频繁使用。有必要确定“产权”和“产权清晰”的法律意义。值得注

---

* 作者单位:中国社会科学院法学研究所。

① 梁慧星:“论企业法人与企业法人所有权”,载《法学研究》1981年第1期;“所有权形式论”,载《东岳论丛》1983年第2期。

意的是,不可将"产权"概念混同于法律上的"财产权"概念。

权利分类之一,是将其分为财产权与非财产权。财产权与非财产权的划分,是先确定哪些权利属于非财产权,其余均属于财产权。因此,属于财产权的权利,并不都具有财产价值,而属于非财产权的权利并非一定不具有财产价值。例如企业名称权,往往具有巨大的财产价值,但却属于非财产权而不是财产权。另外,股份和股票所代表的股东权,无疑具有财产价值,但在权利分类上既不属于财产权也不属于非财产权,而被归入独立的一类,即成员权。可见,不可将"产权"混同于法律上的"财产权"。

我们注意到法律上另有"财产"概念。① 法律上所谓"财产",指具有经济价值并依一定目的结合的权利义务和利益之总体,并因其结合之目的不同,而有不同。法律上常见的有:家庭财产、合伙财产、继承财产、企业财产,等等。所谓企业财产,指以维持企业运营目的而结合的、具有经济价值的一切权利义务和利益之总体。恰好与经济学所谓"产权"概念相吻合。企业财产,通常由下列权利义务和利益结合而成:(1)企业所拥有的不动产,包括房屋及其他建筑物所有权、土地使用权;(2)企业所拥有的动产,包括机器、设备、工具、车辆、原材料、在制品、未出售的产品(商品);(3)企业全部债权债务,包括存款、贷款,对其他企业的债权债务,所持有的国库券、债券;(4)企业拥有的知识产权,包括专利、商标和著作权;(5)企业拥有的商业秘密,包括技术秘密和营业秘密;(6)企业名称和商品品牌;(7)企业所持有其他企业的股份、股权;(8)企业拥有的抵押权;(9)企业拥有的保险权益。既然产权概念相当于法律上所谓企业财产概念,则所谓"产权清晰"或"产权界定",其法律意义应是,如何确定企业财产之归属关系。党的十四届三中全会决议中所说的"产权清晰"一语,无疑是指如何在国家与国有企业之间正确确定国有企业财产之归属关系。

三、国有企业财产归属模式选择

1. 传统模式——国家所有权、企业经营管理权模式

关于国有企业财产归属采取国家享有所有权、企业享有经营管理权的模式,是苏联20世纪40年代著名法学家维尼吉克托夫在1948年出版的《社会主义国家所有权》一书中提出来的。② 值得注意的是,维尼吉克托夫此前曾经是双重所

① 李宜琛著:《民法总则》,"国立"编译馆1977年第6版,第190~193页。

② [苏]维尼吉克托夫著:《社会主义国家所有权》,莫斯科出版社1948年俄文版。

有权模式的主张者。国家所有权、企业经营管理权模式的根据,是斯大林建立的权力高度集中的计划经济体制和斯大林在《苏联社会主义经济问题》中所阐述的经济理论。斯大林说:"生产资料所有者——国家,在把生产资料交给某一个企业时,丝毫不失去对它们的所有权,相反地,是完全保持着所有权的……企业的经理从国家手中取得了生产资料,不但不会成为这些生产资料的所有者,相反地,是被确认为受苏维埃国家的委托,依照国家所交下的计划,来使用这些生产资料的"。① 显而易见,维尼吉克托夫所提出的国家所有权、企业经营管理权模式,不过是斯大林上述经济理论的法律版。1961 年的《苏联民事立法纲要》和 1964 年的《苏俄民法典》,正式用法律条文把这一财产归属模式在法律上固定下来。此后为当时东欧各社会主义国家的立法所仿效。

我国从改革开放伊始,法学界关于国有企业财产归属问题就展开了热烈争论,提出了若干新思路,例如企业法人所有权、双重所有权等。但 1986 年通过的《中华人民共和国民法通则》却仍然沿袭了传统的国家所有权、企业经营管理权模式。这就是《民法通则》第 48 条:"全民所有制企业法人以国家授予它经营管理的财产承担民事责任"。按照这一规定,国有企业财产所有权属于国家,企业只享有经营管理权。②

这一财产归属模式的基本特征在于,它以行政隶属关系为基础,企业居于这种行政隶属关系的末端,被前苏联经济法学称做"经济机关",严格依照行政指令和指令性计划进行活动,没有独立的经济利益、经济地位和法律地位。维尼吉克托夫本人在论述这一归属模式时,就曾强调指出其"政企合一"的本质特征。他写道:"社会主义国家对于国有企业,是把全部国家权力同所有者的权力结合起来掌握在自己手中。国家社会主义所有权最突出的特点之一,就在于这一国家权力同所有者的权力的密切不可分割的结合。"③由此不难理解,我国改革开放十多年来,何以不能解开"政企不分"这一国有企业改革的死结,国有企业何以不能抗拒行政机关的非法干预、不能成为真正的权利义务主体——企业法人,盖因国家所有权、企业经营管理权这一财产归属模式之故。时至今日,我们应当明白,不变革传统的国有企业财产归属模式,是不可能真正实现"产权清晰"、"政企分开"和政府职能转变的。

2. 两权分离模式——国家所有权、企业承包经营权模式

---

① [苏]斯大林著:《苏联社会主义经济问题》(中文版),人民出版社 1972 年版,第 46~47 页。

② 穆生秦主编:《民法通则释义》,法律出版社 1987 年版,第 53 页。

③ [苏]维尼吉克托夫著:《社会主义国家所有权》,莫斯科出版社 1948 年俄文版,第 319 页。

从80年代中期开始借鉴农村改革的经验，通过国家（主管机关）与国有企业签订承包合同方式，在国有企业财产归属关系上实现所谓两权分离，即在维持国家所有权不变的前提下使企业依据合同享有承包经营权。这就是当时所提倡的两权分离模式。这一财产归属模式虽然仍属于双重结构，但因采取了合同这一法律形式，至少在形式上使企业立于与国家（主管机关）平等的地位，以合同约定确定国家与企业之间的权利义务和责任，这就使国有企业获得了比在传统模式中大得多的经济利益和独立性。但是，到了80年代后期，这一财产归属模式的弊端逐渐显现，以致这一模式的推行被终止。当初被深信不疑的所谓"包字进城"、"一包就灵"，何以辜负了人们的信赖，引发了诸如短期行为等弊端？其教训值得认真汲取。通过签订承包合同使企业享有承包经营权这一模式之严重缺点，其一是短期行为，其二是违背企业民主。从法律上看，合同所产生的权利属于债权，债权的一个特征是有期限性，法律不允许签订无期限的合同，要求承包人必须在合同有效期内完成约定义务（承包指标），否则不能享受约定的权利和利益。这正是企业短期行为的根源。合同是双方法律行为，企业承包合同的发包人名义上是国家，实际是上级主管机关，即使叫做企业承包或企业全员承包，承包人也实际上是企业主要负责人。承包合同是由企业主要负责人签订的，法律要求他对完成合同约定的各项指标负责，其结果必然是个人说了算，即个人对企业的绝对支配，与企业民主南辕北辙。

3. 现代企业制度模式——国家股东权、企业法人所有权模式

这是80年代初期理论界提出的模式。① 其实质是，推行现代企业制度，以股份公司和有限责任公司形式改组国有大企业，使国家作为国有企业的投资人享有股东权，而国有企业则作为真正的企业法人享有法人所有权。这一模式的基础关系，不再是行政隶属关系，而是投资关系，属于民事法律关系的范畴。采取这一模式，要求国家作为公权者身份与作为所有者身份的分离，国家不是以公权者身份与国有企业发生关系，而是以所有者身份作为国有企业的投资人与国有企业发生关系，因此可以克服传统模式的政企不分和企业没有独立性的弊病。同时，国有企业作为真正的企业法人对企业财产享有法人所有权及公司法所规定的公司内部组织机构，足以避免采取承包合同必然发生的企业短期行为和违背企业民主化的倾向。

推行现代企业制度，以股份公司和有限责任公司形式改组国有大企业，使国家作为投资人享有股东权，企业作为真正的企业法人享有法人所有权，是国有企

① 梁慧星："论企业法人与企业法人所有权"，载《法学研究》1981年第1期。

业体制的根本变革，有着巨大的意义：(1)可以真正实现“政企分开”，使国有企业摆脱各种束缚和直接干预，成为真正的市场主体即企业法人；(2)因此可以彻底破除国有企业对国家的依赖，使之成为真正自负盈亏的经济实体；(3)国有企业享有法人所有权，国家享有股东权，可以解脱国家的无限责任，使国家享受有限责任利益；(4)国家仍可以通过行使股东权，以间接方式对企业进行支配和控制，如决定董事会人选、企业经营方针、重大投资决策、股票上市、利益分配等；(5)实现企业体制的改革和企业形式的现代化，为社会主义市场经济体制的确立和社会主义市场经济的发展奠定组织基础；(6)彻底抛弃反映计划经济体制的财产归属模式和财产权理论，解决了法律理论上说明国有企业财产权性质的难题。①

应特别说明的是，股份公司、有限责任公司、股东权和企业法人所有权，都只是法律形式，并不决定企业的所有制性质。决定企业所有制性质的，是实际居于控股地位的股东本身的性质。只要确保国家作为股东居于控股地位，就可以确保企业的公有制性质和公有制的主体地位。因此，以股份公司和有限责任公司形式改组国有大企业，与所谓“私有化”是根本不同的。还须提及一点，对于公司形式的国有企业，国家除了通过行使股东权实现对企业的间接的支配和控制外，当然还可以公权者身份通过法律手段、经济手段及必要的行政手段对企业进行管理和宏观调控。

四、以现代公司形式改组国有大企业的基本思路

1. 对现有国有企业实行“三三制”

所谓“三三制”，即对现有国有企业实行区别对待，依法破产1/3，出卖、出租、承包1/3，确保1/3。据估计，现有国有企业搞得好的或比较好的大致占1/3，严重亏损的也大致占1/3，小型企业也大致占1/3。因此，对于严重亏损符合破产条件的，应依法破产。对于小型企业适于出卖、出租和承包的，应予以出卖、出租或实行承包经营。其余1/3，大致属于大型企业且大多为盈利企业或虽有亏损但可以扭亏为盈的，应予确保。

对这部分应确保的国有大企业，应按照公司法的规定，有计划、有步骤、分期分批地改组为股份公司或有限责任公司。其中关系国计民生的国有企业，应改

① 中国社会科学院法学研究所社会主义市场经济法律体系研究课题组：“关于企业法人所有权、法人财产权、法人财产支配权问题”，载《中国社会科学院要报》第69期，1993年10月30日。

组为国有独资有限责任公司。但改组为独资有限责任公司的国有企业,不应超过应确保国有企业总数的1/3。换言之,应有2/3的国有企业改组为非独资的股份公司或有限责任公司。

2. 关于国有独资有限责任公司

国有独资有限责任公司,只有一个股东——国家,不可能像一般公司一样设置股东大会。因此,国有独资有限责任公司能否实现政企分开,关键在董事会的组成。

前已提及,以现代公司形式改组国有企业,应以区分国家的公权者身份和所有者身份为前提。作为所有者身份的国家,以国库和国有资产管理机构为代表。国库掌管货币形态的国有资产,国有资产管理机构掌管股权形态的国有资产。国有资产管理机构不具有行政权力,其职责是掌管国有企业的国家股份,派员出席采取非独资的股份公司和有限责任公司形式的国有企业的股东大会,并直接任命国有独资有限责任公司的董事会。为了保障国有独资有限责任公司的独立性,国有资产管理机构应从经济学家、法学家、律师、退休法官、退休公务员、工会代表、消费者协会代表及其他社会贤达人士中任命董事会成员。董事会对国有资产管理机构负责。

3. 关于国有非独资的股份公司和有限责任公司

其一,持股比例实行"三三制"。将国家持股区分为中央政府持股与地方政府持股。中央政府持股简称国家持股,由国家国有资产管理机构掌管,地方政府持股简称地方持股,由地方国有资产管理机构掌管。国家持股30%,地方持股30%,社会各种公司机构和个人持股30%,本企业职工持股10%。其中本企业职工持股,可以采取有偿方式或作为福利分配方式。如果属于一般企业,其社会持股部分应对社会一般企业和个人开放,并可优先考虑主要原材料产地和产品销售行业,特别企业可限制外资持股。通过此持股比例安排,可以在股东大会中实现国家、地方、社会、企业及本企业职工的利益协调。

其二,企业组织机构实行"一元体制"。公司组织机构的"一元体制",是针对传统一元体制侧重保护投资人利益而忽视劳动者利益的弊端所创造的新体制。目的在于实现投资人利益和劳动者利益的协调和兼顾。基于我国社会主义经济制度的性质,国有公司组织机构采二元体制是理所当然的。按照这一体制,应在股东大会与董事会之间,设置企业管理委员会作为企业最高权力机关。企业管理委员会成员的1/2由股东大会产生,另外1/2由本企业职工工会产生。再由企业管理委员会选任董事会。董事会为公司执行机关和代表机关,直接对企业管理委员会负责。此种设计可以通过企业管理委员会实现企业股东利益和职工利益的协调，并在此基础上形成企业法人意志。须特别说明的是，实行此一元体制应先修改公司法有关规定。①

五、结　　语

我认为，要实现党的十四届三中全会提出的“产权清晰、权责明确、政企分开、管理科学”的国有企业改革目标，必须抓住实行现代企业制度即以股份公司和有限责任公司形式改组国有大企业这个关键环节。不抓住这一关键环节，而谈论所谓产权清晰或者政企分开，终究枉然。按照上述方案，所确保的国有企业虽然只是现有企业总数的1/3，但在实际上所保有的国有资产量大约相当于现有国有资产的80%。其中1/3的企业改组为国有独资有限责任公司，其股份全部掌握在国家手中。其余2/3的企业改组为非独资的国有股份公司和有限责任公司，国家(中央)和地方持股占60%，稳居于控股地位。因此，可以确保社会主义公有制在整个国民经济中的主体地位。自不待言，以现代公司形式改组国有企业是一项极端重大、极端复杂的上作，容不得任何感情冲动和草率从事，应经过严密论证、周密计划、制订方案并通过制定和实施法律法规和施行细则的方式，分期分批、逐步推行，以确保成功和国有资产不受损害。

(1996年第9期)

① 我曾在1986年中国社会科学院法学研究所召开的《社会主义国有企业财产权理论研讨会》和1988年中国法学会民法学经济法学研究会上海年会上，两次以“用西方大公司形成改组我国国营大企业”为题作大会发言，表述上述改革国有企业的思路，并在会上会后引起热烈讨论。

1997 年

论法人的本质

李锡鹤*

传统的说法一直认为，关于法人的本质，法学史上曾有三种观点："否认说"、"拟制说"和"实在说"，主要代表人物分别有耶林、萨维尼和祁克。国内学术界一般否定"否认说"和"拟制说"，同意法人实有，但不同意或不完全同意"实在说"的一些具体说法。

然而，细读三家论述，可以发现，它们的分歧所在只是法人人格的有无，其实就是法人的有无。三种观点中没有一种探讨了法人的本质，甚至可以说没有一种真正涉及了这个问题。它们的争论不是关于法人本质的争论。

《法学研究》编辑部编著的《新中国民法学研究综述》一书，介绍了目前国内学者关于"法人本质"的观点："在讨论我国法人的实质时，有人提出了以下几点看法：(1)我国法人制度是适应有计划的商品经济的需要，为了社会主义的利益，根据现阶段社会主义公有制的水平而建立的；(2)我国法人是客观存在的具有独立活动和自我发展能力的社会经济实体的法律组织形式；(3)法人的权利主体资格是法律赋予的；(4)法人是一定的人的集体。"①需要指出，其中(1)、(3)两条分别是关于我国法人制度和法人的权利主体资格的观点，不是关于法人本质的观点；(2)、(4)两条在形式上分别是对"我国法人"和法人的定义，而"我国法人"和法人也是与法人本质不同的概念。

根据形式逻辑，定义应采用"被定义概念 = 属 + 种差"的公式，揭示事物的本质属性。如："人是能制造工具的动物。"其中，"动物"是属概念，"能制造工具"是"种差"，也就是本质属性。事物的本质属性和事物的本质是有区别的。上述对人的定义所揭示的是人的本质属性之一——能制造工具，不是人的本质。马克思指出："人的本质并不是单个人所固有的抽象物。在其现实性上，它是一切社会关系的总和。"②因此，即使对法人的正确的定义，也只能揭示法人的本质属性，不能抽象出法人的本质。换句话说，也只回答了"法人是什么"，即法人应

---

* 作者单位：华东政法学院(现华东政法大学)。

① 《法学研究》编辑部编：《新中国民法学研究综述》，中国社会科学出版社1990年版，第115页。

② 《马克思恩格斯选集》(第1卷)，人民出版社1979年版，第18页。

归入哪一类事物(属概念),与这一类事物中的其他事物(种概念)有什么区别;而没有回答“法人的本质是什么”,即法人的本质应归入哪一类事物,与这一类事物中的其他事物有什么区别。

本质是相对于现象而言的,是事物的内部联系。上述(2)条中的属概念“法律组织形式”和(4)条中的属概念“集体”,以及(2)条中的“社会经济实体”,事实上也都不是法人这一事物的内部联系,因此都不是法人的本质。它们只是法人的现象,这里也可以说是法人的形式。

如果把探讨法人的有无作为对法人的认识的第一阶段,那么,探讨法人的定义可称为第二阶段,而探讨法人的本质应该算第三阶段。法学史上耶林、萨维尼、祁克等人关于法人的争论属于第一阶段。从《新中国民法学研究综述》所介绍的情况来看,我国学术界对法人的认识,似乎处于第二阶段。

有学者指出:“对法人本质的看法,在民法上涉及法人的民事权利、权利能力和行为能力等方面的问题;在民法上涉及法人的犯罪能力问题;在宪法和行政法上涉及行政机关和社会团体的独立人格问题,等等。所以,讨论法人的本质在法律上是不无意义的。”①这些看法是有道理的,但讨论法人本质似乎还有值得指出的其他意义:一、法人是人格的载体,是主体的一种。探讨法人的本质,有助于弄清人格和主体的本质。前述把对法人的有无和定义的探讨当做对法人本质的探讨的现象,实际上也是对人格和主体的本质的某种认识程度的反映。二、弄清了法人的本质,可以加深对我国目前所谓的“政企分开”问题的认识。在笔者见到的有关论著中,只有《民法新论》一书表述了作者关于法人本质的观点:“社会组织在商品经济社会的实际作用,乃是它们在法律上的主体资格即法人的本质所在。”②

如果没有误解,作者的观点是:法人是社会组织在法律上的主体资格,法人的本质则是社会组织在商品经济社会的实际作用。

后一句认为法人的本质是“作用”,似难成立。人们要问:这一“作用”的内因是什么?“作用”的内因不比“作用”本身更“本质”一些吗?

前一句认为法人是“法律上的主体资格”,可与同书的另一说法相印证:“法人是一种社会组织。法人是社会组织在法律上的地位。”③显然,这里的“法律上的地位”,应该指前文的“法律上的主体资格”。这样就产生了问题:法人究竟是

---

① 王利明、郭明瑞、方流芳著:《民法新论》,中国政法大学出版社1988年版,第215页。
② 同上,第225~226页。
③ 同上,第204页。

什么？是组织,还是地位或者说资格？

认为法人是一种资格的观点颇有影响。"'七五'国家社会科学基金项目"《法人制度论》一书开门见山:"法人的本质特征有二:一是它的团体性,一是它的独立人格性。……这两个特征汇合在一起,就可以用最精炼、最概括的语言给法人下一定义:法人者,团体人格也。"①

作者承认人格是法人的本质特征,但又认为法人是一种人格,这就自相矛盾了,因为事物的本质特征和事物本身是两回事,事物不能被定义为事物的某一本质特征。

的确,人格只是法律上的人的本质属性或者说本质特征,不是法律上的人本身。法律上的人实际上是人格的载体。我们只能说某人有人格,不能说某人是人格。同样,我们也只能说某公司有人格,不能说某公司是人格。

法律上的人是相对于自然人而言的。法律上的人的本质特征是人格,自然人的本质特征则是意识、意志。对于社会来说,允许自然人的某意志存在,就意味着承认该意志的载体是人,必须确认其主体资格即人格。意志是独立的、自主的,他人无法直接支配。他人允许它存在,它固然存在;他人不允许它存在,只要产生它的生理基础和心理基础存在,它仍然存在。因此,意志本来无所谓允许存在的问题。然而,意志是准备付诸实践的意识。如果不允许某意志实践(不是实现)自身,实际上就意味着不允许该意志存在。因此,所谓意志的存在资格是指它的实践资格。笔者曾经指出,自然人实践或形成其意志的资格就是人的资格即人格。② 在本质上,人格本来是自然人意志的存在资格。完全人格与不完全人格的区别的实质就在于:前者的所有意志都享有存在资格,后者只有部分意志享有存在资格。随着商品经济的发展,为了便于建立民事关系,产生了两种需要:一是团体的共同意志有时需要转化为单个意志。从表面上看,这一转化似乎仅仅是共同意志表现为单个意志,但实质上共同意志已不再是共同意志,而是单个意志。二是意志有时需要以财产作为自己的载体。允许由共同意志转化而来的单个意志存在,或者,允许以财产为载体的意志存在,同样意味着这两类意志的载体享有实践其意志的资格,也就是享有人格。这样就不难抽象出人格的本质:单个意志的存在资格。

意志的载体是主体,主体也必然是意志的载体吗？法律上的主体指权利义务的载体。权利是权利载体实现(不是实践)自己意志的资格。因此,权利载体

---

① 江平主编:《法人制度论》,中国政法大学出版社1994年版,第1页。

② 李锡鹤:"人为什么生而平等——论法律人格与自然人格",载《法学》1996年第4期。

必然是意志载体。当然,这一意志必须享有存在资格。义务无论由自己设定还是由法律规定,义务的履行都是义务载体的自觉行为。因此,义务载体也以载有允许存在的意志为前提。所以,意志的存在是享有权利和承担义务的共同资格,权利资格就是义务资格,主体就是意志载体,主体资格就是意志资格。主体之所以为主体,因为它有人格,但说到底是因为有意志,意志是主体的灵魂。作为法律上的主体资格,人格表面上是主体的法律身份,其实是意志的法律身份。主体的本质就是社会允许存在的单个意志。自然人主体是人格的自然载体,法人是人格的一种非自然载体。自然人主体的本质是:自然人的为社会允许存在的意志。法人的本质是:团体或财产的为社会允许存在的旨在建立民事关系的单个意志。

顺便指出,论述人格、法人的文章、著作(包括本文所引)经常有“独立意志”、“独立人格”、“独立法人”等提法,如“有独立意志”,“有独立人格”,“是独立法人”。其实意志本来就是独立的,不独立不成其为意志。法人本质上是意志。因此,“独立意志”、“独立法人”用语重复。所谓“有独立意志”应表述为“有意志”或“有自己的意志”;所谓“是独立法人”应表述为“是法人”。人格是一种资格。资格只有有和无、完全和不完全的区别,没有独立和不独立的区别。“独立人格”的提法也有语病。所谓“有独立人格”应表述为“有人格”。

在真正的现代意义的法律中,自然人都是人格完全的主体,但自然人主体的本质和自然人的本质是有区别的。为便于比较,列表如下:

载体	本质	本质属性
自然人	社会关系的总和	意识、意志
自然人主体	自然人的为社会允许存在的意志	(自然人的)人格(实践或形成意志的资格)
法人	团体或财产的为社会允许存在的旨在建立民事关系的单个意志	(团体或财产)人格(实践或形成意志的资格)

本质决定本质的属性。自然人的本质——社会关系的总和,决定了自然人的本质属性:具有意识和意志。因此自然人应该具有主体资格。自然人主体是表明自然人的一种资格的概念。自然人主体的本质——自然人的为社会允许存在的意志,是自然人本质的属性和表现,反映了自然人本质的一个方面,即单个意志与社会意志的某种关系,确切地说,是社会意志是否允许该意志存在这样一

种关系。

从前文可知,法人有两种形式:一是团体,即社团法人;二是财产即财团法人。团体可作为意志和人格的载体,人们已无异议。但财产也可作为意志和人格的载体,国内多持否定观点。在我国的《民法通则》中,法人就只有"组织"一种形式。

把财产作为人格的载体,由来已久。罗马法中已有所谓"财团"的概念,当然不是指现代金融寡头控制的企业家集团,而是表示"物的集合体",相对于"团体"即"人的集合体"而言。当时一些学者把继承人尚未确定的遗产视为"物的集合体",认为它本身就可以享有权利和承担义务。例如,房屋虽然还没有新主人,但可取得房租或支付修缮费用。

19世纪德国法学家布林兹认为:有两种财产,一种属特定个人;另一种属特定目的;前者是有主财产,后者是无主财产。团体成员的财产如为特定目的形成集合,就不再属于单个成员,而成为一个法律拟制的人格。《民法新论》认为:布林兹的上述"'目的财产说'将财产人格化,即将客体主体化,把财产与有意志的主体混同起来,这比'拟制说'更唯心。"①

由于主体是意志的载体,意志又是人脑的属性,主体似乎只能和人有关系,不能和财产有关系;甚至人一旦成了财产,如奴隶,也丧失了主体资格。然而,前文指出,主体的本质是社会允许存在的单个意志,人格的本质是单个意志的存在资格。社会允许存在的单个意志的载体享有主体资格即人格,是题中应有之义,而不论其是人还是财产。反之亦然。奴隶没有人格,并非由于财产不能有人格,而是由于奴隶是主人的财产,必须服从主人的意志。这表明奴隶自己的意志不起作用,或者说,奴隶不能实践自己的意志,意味着奴隶不可以形成自己的意志。因此,在法律上,奴隶不具有意志载体的身份。奴隶实际上是主人手足的延长,主人的意志在奴隶人身之外。而作为财团法人的捐助财产就完全不同了。一方面,捐助财产已不属于捐助人,而由捐助人的捐助意志规定了新的归属范围;另一方面,捐助财产又只有归属范围,没有具体的归属对象。这样,捐助财产就只受捐助人意志的支配,不受其他人意志的支配;而且,只受捐助人捐助意志的支配,不受捐助人一般意志的支配。捐助意志附于捐助财产之中,不在捐助财产之外。因此,捐助财产是捐助意志的载体,这实际上意味着捐助财产自身已有意志。布林兹称捐助财产为无主财产。确切地说,捐助财产有归属范围,不是绝对无主财产,而是相对无主财产。捐助行为如为法律认可,捐助意志即取得存在资

---

① 王利明、郭明瑞、方流芳著:《民法新论》,中国政法大学出版社1988年版,第220页。

格，捐助财产便成为主体，享有人格。可见，奴隶没有人格是由于奴隶不允许有意志，捐助财产有人格是由于捐助财产事实上有意志。这再一次说明人格不过是意志的法律身份。捐助财产的管理机构是为了实现捐助人的捐助意志而成立的。管理机构当然会有自己的“决议”，但它的所有“决议”都是为了实现捐助意志，都必须忠实体现捐助意志，一旦违背捐助意志，即无效力。管理机构的“决议”实际上是捐助意志的一种存在形式。因此，管理机构没有自己的意志，不是独立组织，不能成为法人。《民法新论》也认为：“在民法上，民事权利的主体必须要有自己独立的意志，这种意志不管是如何形成的，它都必须最终表现为自己的意志。”所以，财团法人不是财产管理机构，而是附有捐助人意志的捐助财产。这种“财产人格化”、“客体主体化”，是社会经济发展的客观要求，是法学理论中主客体关系的特例，也是法学主客体学说的重大发展。与提出“团体人格”的概念相比，它需要更高的抽象力。

从上面的分析可以看出：法人的意志是“实有”的，不是拟制的。这一意志的载体也是实有的，不是拟制的。但把这一意志的载体视为人，赋予其人的资格，确实是一种拟制的手法，不是简单的类比所能完成的。《民法新论》认为：“‘拟制说’深受罗马法所贯彻的个人主义思想的影响，奉行‘权利和义务之主体，仅以自然人为限’，认为只有自然人才是权利主体，而法人不过是法律的拟制，这种观点不仅不适合于社会经济发展的要求，而且本身也是自相矛盾的。因为自然人享有的权利能力和行为能力，同样是法律赋予的，为什么法律赋予自然人的主体地位不能称为‘拟制’，而法律赋予法人的主体地位就要称为‘拟制’呢？”这里的推理过程有些勉强。所谓“拟制”，就是仿制。很明显，视自然人为人，从而确认其人格即人的资格，是承认事实，尊重事实，不存在什么“拟制”问题；而视团体或财产为人，赋予其人格，那就只能是“拟制”了。两者不可并论。

法人本质的探讨有助于认识“政企分开”问题。“政企分开”究竟是什么意思？是指国有企业不受政府管理，还是指国有企业不受国家管理？既然法人的本质是团体或财产的为社会允许存在的旨在建立民事关系的单个意志，国有企业作为法人，其本质就只能是国家意志，企业的法人代表则是国家意志的代表。如果“政企分开”是指国有企业不受政府管理，那就意味着企业法人的意志与政府意志资格平等，类似司法与行政的关系。否则，如果企业法人代表是政府的聘员或下属，或者，虽非聘员或下属，但必须由政府任免，那么，企业法人意志与政府意志必然是从属关系，所谓“政企分开”只能是一句空话。如果“政企分开”是指国有企业不受国家管理，那就十分荒谬了。因此，即使国有企业意志与政府意志资格平等，国有企业仍只能由国家管理，换句话说，国家不通过政府，也会通过其他途径管理国有企业。如果国家通过政府没有管理好国有企业,至少现在还没有根据认为,国家通过其他途径就能管理好国有企业。由于国家具有双重身份,既是全社会经济活动管理者,又是民事活动中国有企业一方投资者,所以,问题的关键不在于从政府外寻找一条国家管理国有企业的途径,而在于国家能否处理好两种身份的关系。

(1997 年第 2 期)

反不正当竞争与知识产权

郑成思*

一、与其相邻法律的关系

反不正当竞争,作为立法的范围,会从不同角度与一些其他法律发生交叉,以共同调整市场经济中人与人的关系。诚然,反不正当竞争法与这些不同法律各有自己的管辖区域,但却在各有侧重点的同时,也有交叉点。那种认为法律不可能或不应当发生交叉,"非此即彼"的观点,是不符合实际的。

反不正当竞争法在保护正当竞争者的权益与在一定意义上保护消费者权益这些方面,与商标法有交叉。这也就是为什么我国在已有注册商标法律规定之后,在反不正当竞争法中再次规定"假冒他人注册商标"也属于不正当竞争行为。就保护消费者权益这一点来讲,反不正当竞争法、商标法又都与消费者权益保护法相交叉。对于这种"三法交叉"的实际状况,外国学者早在1933年就有过系统论述。① 再近一些时候,世界知识产权组织、欧洲共同体等,均有专门文件涉及过这种交叉。② 但交叉并不意味着可以互相替代。商标法重在保护注册商标权人的权利、消费者权益保护法重在保护消费者的权利。它们与反不正当竞争法的侧重点是完全不同的。

此外,反不正当竞争法不仅与反垄断法有交叉,而且在有些国家完全是"二法合一"的。因为"垄断"可看做不正当竞争的一种形式,但其情况较复杂,有些以国家出面的"垄断"(如烟草专卖),可能是必要的;有些由个人或法人出面的垄断,恰恰又是传统知识产权的组成部分(如专利)。所以,如果把"垄断"作为反不正当竞争法的管辖对象之一,就同时要划出"垄断的例外"(即不构成"不正当竞争"的合法垄断)。波兰在前几年走了一段弯路之后得出结论:必须把反垄断与反不正当竞争分成两部法律去制定,而不能合在一起。反垄断立法起步最

---

* 作者单位:中国社会科学院法学研究所。

① E · H · Chamberlin:The Theory of Monoplistic Competition,*Harvard University Press*,1933,p. 273.

② WIPO1983年文件The Role of IndustriaL.Property in the Protection of Consumers,第9页。同时参见欧共体委员会1985年85/374/EC号指令(即有关产品责任的指令)。

早的美国也把反垄断法与反不正当竞争法分为两个领域，只在个别法规上有交叉。美国的联邦反垄断法由《谢尔曼法》、《克莱顿法》及《贸易委员会法》构成，而其联邦反不正当竞争法则由《兰哈姆法》（个别章节）、《统一欺骗性贸易活动法》、《统一商业秘密法》、《统一消费者购物活动法》（这三部法有"示范法"性质）以及《贸易委员会法》构成。在我国，反不正当竞争法与反垄断法是分立的，没有采取二法合一的途径。

二、国内外反不正当竞争法的历史及发展

"反不正当竞争"的概念，起源于19世纪50年代的法国。它的立法来源是《法兰西民法典》第1382条。而这一条又同时是法国商标法（即现代注册商标制度）的来源。当然，这一条也是大陆法系"侵权法"的来源。所以，从来源上，我们至少可以看到，反不正当竞争与商标权的保护是"同源"的。

在中国参加的第一个保护知识产权的国际公约，即《建立世界知识产权组织公约》第2条第8款中明文规定："对反不正当竞争活动给予保护"是"知识产权"的一项内容。中国参加的第一个保护知识产权的国际公约，即《巴黎公约》，更是在其第10条之2中，进一步列出了反不正当竞争的范围。

除此之外，一些国际民间组织也多次指出反不正当竞争，应主要立足于对知识产权的保护。例如，《国际保护工业产权协会》（AIPPI）在1992年东京大会的文件中指出，知识产权分为"创作成果权"与"识别性标示权"，前一类中包括专利、Know－How、版权等，后一类则包括商标、商号、反不正当竞争。其中，该文件列出可作为反不正当竞争而得到保护的标示，至少有徽记（包括国徽、国旗、区徽、民间团体徽记）、口号、书名、杂志名，等等。从这里，我们也不难看出，反不正当竞争与商标保护及版权保护之间的某种微妙、密切的联系。

当然，近年来一些通过专门立法制止不正当竞争的国家，把"不正当竞争"的范围越划越广，已及于许多同知识产权毫无关系的领域。在今天，如果仍想把反不正当竞争仅仅局限在知识产权领域，确实会脱离实际。不过，如果在反不正当竞争的立法中，不把握住保护知识产权这个重点，同样会脱离实际。反不正当竞争立法较新的匈牙利，在其1990年《禁止不正当市场行为法》的第一章中，仍旧是把传统的（即《巴黎公约》中的）禁止假冒他人商品放在首位。而这种保护，在英美法系国家始终看做受保护人的"普通法知识产权"。

《巴黎公约》在当年纳入斯德哥尔摩文本的第10条之2时，着眼点主要在假冒商品及其他与商标有关但商标法又管辖不到的问题上。而近年来，保护商业

秘密,尤其是其中的技术秘密,又成为反不正当竞争的另一个热点。这是传统知识产权法中的专利法所管辖不到的,是与发明创造成果的保护有关的又一个侧面。

中国"反不正当竞争"的概念,在新中国成立后的法规中,首次出现是在1985年的《广告管理暂行条例》第4条中。其后在《民法通则》第4条、第5条、第7条(主要是第4条)中,反映出反不正当竞争的原则(却并未出现反不正当竞争的概念)。1990年,山东临沂中级人民法院及山东省高级人民法院,依照《民法通则》的上述条款,对一起假冒他人酒类商品的案件作出了判决,保护了当事人的知识产权。1991年5月,北京海淀区人民法院依照同样的反不正当竞争原则,处理了《辘辘、女人和井》录音磁带侵权案。该案被国内外许多人误解为是"中国著作权法出台后的第一个版权纠纷案"。实际上,当时出台的中国著作权法尚未实施,如果依照当时有效的行政规章,被发现的非法复制甚至可以被视为"合法"。而依照反不正当竞争法,则有效地保护了当事人的知识产权。在这两个案子处理之后的很长时间,国内外仍有不了解中国实际的人声称,中国的"人民法院也从没有依《民法通则》的原则性条文对不正当竞争加以制止"。

此外,中国的武汉、江西、上海在20世纪80年代中后期也都出现了地方性反不正当竞争的规章。

从以上论述中可以看到,在现有的或中国已参加或缔结的国际条约中,凡涉及反不正当竞争的,均是把它放在保护知识产权的框架中。我们还可以看到,有些不正当竞争行为即使反不正当竞争法不管它,也有其他法(可能更有效地)去管。而与保护知识产权有关的一些活动,如果反不正当竞争法不去管,就找不到其他法去管了。有人曾形象地把传统知识产权的三项主要法律(专利法、商标法、版权法)比作三座浮在海面的冰山,而把反不正当竞争法比作在下而托着这三座山的水。的确,专利法管不到的商业秘密、商标法管不到的假冒商品活动、版权法管不到的利用相同书名、刊名制造混乱,如果反不正当竞争法也不管,受侵害人真要"起诉无门"了。用版权法一概规定书名、刊名或其他享有版权的作品的名称也享有版权,是不合理的。例如,《渴望》译成英文用的是"Great Expectation",这与狄更斯的小说拍成的现代电影《孤星血泪》的英文名称("Great Expectation")完全相同,但并不会产生任何混淆。而1989年,国外有人采用"人民日报(海外版)"名称出中文报纸,这显然会在该地读者中造成混淆,因而也可以依当地的反不正当竞争法去制止。在上海,带有虎猫形象的"阿咪"商标奶糖很受欢迎,如果另一厂家使用"虎猫"一字作为商标(既不用虎猫形象,又不用"阿咪"二字),显然是商标法所管不了的,但其使用后果必然使消费者对商品来源产生误解，因而也应依照反不正当竞争法去制止。否则，"阿咪"奶糖厂家的知识产权将得不到真正的保护。

反不正当竞争法肯定与已有的传统知识产权法（专利法、商标法、版权法）有很大不同。其不同之处，并不像有的人所想象的那样，是因为反不正当竞争法没有赋予当事人一种积极的权利，不是因为"只有当事人的权益受到他人不正当竞争行为侵害时，才能提起诉讼加以制止"是这种法的特色。事实上，传统知识产权都有这种特色。例如版权，只有在版权人的权益受到他人违反版权法行为的侵害时，版权人才能在提起诉讼加以制止的过程中显示出自己的"权利人"地位。也正因为如此，英、美、法的法律辞典中，才把版权称为"诉讼中的准物权"。它们之间的不同，也不在于反不正当竞争有更多的行政干预。实际上，版权保护中的行政干预少些，这点与反不正当竞争及专利、商标保护都不同；而版权并不依行政批准而产生，这点与专利权、商标权不同，却又与对 Know - How 的保护及商标之外的反假冒保护相近了。在这些方面寻找反不正当竞争法与传统知识产权法之间的异同，是不会有什么结果的。

反不正当竞争这种保护与传统知识产权保护的主要不同点在于：有权对不正当竞争行为提出制止主张的权利人，其权利比专利权、商标权与版权更不确定。在传统知识产权中，专利权人的"专利请求书"划出了专利所及范围，他人进入这一范围即构成侵权。这种权利的专有性（即排他性）是最确定的。商标法在确认侵权时有了"相同或近似"这种模糊标准，已出现了一定程度的不确定性。版权因依法自动产生而更加不确定。但毕竟有版权法把各种精神及经济权利、权利的限制等加以明确规定，使不确定性得到一定弥补。而反不正当竞争法尚未发展到如版权法那么完备，其中的不确定性很少得到弥补，这给行政与司法机关在执法上带来较大困难，也给正当的竞争者维护自己的权利带来较大困难。传统知识产权均有地域性特点，而有权禁止不正当竞争的 Know - How 或其他商业秘密所有人，则靠保密享有的实际专有权，往往不受地域限制。再有，通过反不正当竞争来维护的知识产权，多不受"时间性"的限制。专利保护期限 20 年，版权 50 年或更长一些，商业秘密的保护期限可能只有很短时间（如果泄了密），也可能是永久的（如果永远保密）。反商品假冒也没有"保护期限"的问题。专利、商标、版权都具有"公开性"，它们都与某种公开的信息相关联。专利与公布的发明说明书相关联；商标是商品与服务来源的公开标志；版权保护的对象则是各类信息的表达形式，除未发表的作品外，均是公开的。而侵犯未发表的作品的唯一途径，即未经许可将其发表了，所以这时被要求保护的客体也已经公开了。当然，在版权法中不列"发表权"的一些国家（如英国），未发表之作品所受到的禁止他人发表的保护，正是通过商业秘密法（亦即反不正当竞争法的组成部分）去实施的。反不正当竞争法所保护的对象中，有一大部分是不公开的，即使公开的那部分，在相当大的程度上也并不像专利、商标、版权那样与某种明显的公开信息相联系。例如，“不正当地利用他人的已被消费者承认的成果”，其中有些“成果”是仅仅感觉得到，却看不见摸不着的。如某特定厂家的某种商品的特有“功能”，就属于这一类。1986 年，当美国法院认为一公司的软件与另一公司的软件在（已被消费者承认的）功能上相同而构成侵犯版权时，使用了人们对两者“观感”相同的鉴定方法。① 笔者在 1987 年出版的《计算机、软件与数据的法律保护》一书中即指出，这种通过感觉而认定功能相同，进而认定侵权，顶多应是反不正当竞争法管辖（而不是版权法管辖）的问题。

在世界贸易组织的《与贸易有关的知识产权协议》（以下简称 TRIPs）缔结之后，反不正当竞争的另一个重点形成了，这就是对商业秘密的保护。我们将它放在另一个题目下专门讨论。

1996 年，世界知识产权组织起草了新的《反不正当竞争示范法条》，其中把与知识产权保护有关的不正当竞争行为归纳为 5 种：（1）把自己的企业或经营活动与他人的企业或经营活动相混淆；（2）损害他人的商誉或名声；（3）误导公众；（4）其他企业或其他企业的经营活动；（5）侵害他人的商业秘密。

在这 5 种的每一项下，又都作了详细的列举。该示范法条无疑将成为许多国家制定或修订其反不正当竞争法的重要参考。

三、我国现行的反不正当竞争法的有关规定

除了保护商业秘密的内容之外，我国 1993 年颁布的《反不正当竞争法》涉及知识产权保护的，主要在第 5 条、第 9 条及第 14 条，在第 5 条、第 9 条与第 14 条中，与知识产权保护关系最密切的是第 5 条，尤其是第 5 条第 2 款（因第 1 款另有商标法作出了更明确、更详细的规定），即有关假冒他人知名商品的侵权行为。

《反不正当竞争法》规定，对于上述假冒他人知名商品的侵权行为，监督检查部门（一般认为应包括工商行政管理部门、技术质量标准监督部门，等等）应当责令停止违法行为，没收违法所得，可以根据情节处以违法所得 1 倍至 3 倍的

① 美国 1986 年的这一判例，业已被美国 1996 年经美国最高法院认可的另一则上诉法院判例所否定。

行政罚款;情节严重的,可以吊销营业执照。如果假冒他人知名商品,实际销售的是伪劣商品,构成犯罪的,则要依法追究侵权人的刑事责任。

在国家工商行政管理局1995年第33号令中,把已经作为商标注册的知名商品的特有名称,排除在第5条第2款之外。就是说,第5条第2款将保护一部分未注册的、作为商品特有名称使用的商标。这种保护,与英美法系国家商标法中针对"Passing - Off"提供的保护有近似之处,只是保护范围不如后者广泛。

《反不正当竞争法》第9条,由于其用语是利用广告或者"其他方法"来误导公众,给正当竞争者造成损害,它在实践中可能包含很宽的管辖范围。一般利用新闻媒体作虚假广告,包含在其管辖范围内,自不待言。并未采取新闻媒体的广告方式,在商品的生产者产地等方面,误导公众的活动,也应包括在内。例如,法国、美国、西班牙等国商标法所禁止的"反向假冒",即未经许可,在采购了他人的商品后,撕下他人合法贴附的注册商标,改换成自己的商标的行为,在我国商标法中并无明文禁止,但在《反不正当竞争法》第9条中,则可以包括进去。至于《反不正当竞争法》第14条所述的捏造事实,损害竞争对手信誉或商品声誉的活动,至少应包括对他人的创造活动或经营活动、产品或服务的性能及特点、产品或服务的质量、提供产品或服务的条件、产品或服务的实际收费等作歪曲宣传。

四、商业秘密的保护

(一)各国法律及国际公约对商业秘密的保护。把保护商业秘密纳入反不正当竞争法中,是近年来多数国家的选择

依合同法保护商业秘密,则是许多国家在传统上已经采用的途径,只是这种途径只能约束合同当事人,所以对商业秘密的保护十分有限。

美国(及一部分英联邦国家)传统上把商业秘密当做一种债权,而不像知识产权那样被当做一种财产权。所以在把它与专利权等作比较时,总会提到商业秘密是"对人权"(Right In Personam),即只对特定当事人有效,而专利权则是"对世权"(Right In Rem),即对权利人之外的一切人均有效。只是近年来这些英美法系国家的一些判例,开始打破了这种传统,在一定场合,也把商业秘密作为"对世权"看待了。美国1996年《反商业间谍法》(Economic Espionage Act 1996)明文规定了对盗窃商业秘密者给予广泛的刑事制裁,却没有像在其刑法中对待盗窃他人享有的"服务"那样,认定为盗窃他人"财产"。

大陆法系国家,则在以反不正当竞争法及合同法保护商业秘密方面,与英美法系国家近似；而在承认其为财产权，却不仅仅为债权时，又各有不同。

例如，西班牙的法律明确承认商业秘密系与知识产权中的专利、商标、版权一样的财产权，并在其刑法中加以规定。① 德国法律中则从来没有明文规定在何种场合，商业秘密可与专利、商标、版权同等对待。瑞典 1990 年的《商业秘密法》（这是世界上迄今为止比较少见的几部单行商业秘密法中的一部）则与西班牙相近。

在《巴黎公约》1967 年文本中，“反不正当竞争”只涉及假冒商品及其他违背诚实信用原则的商业行为，而 TRIPs 则主要强调保护商业秘密。TRIPs 并没有提“商业秘密”这个术语，只是提到“未披露过的信息”。但从 TRIPs 给“未披露过的信息”下的定义来看，它主要就是指商业秘密，而不指仅与个人的“隐私权”等有关的秘密信息。

TRIPs 所指的商业秘密，必须符合下列全部条件：

（1）它们必须是秘密的、没有被公开过；

（2）它们必须因为被保密才具有商业上的价值；

（3）合法控制它们的人已经为保密而采取了措施。

这种商业秘密的权利人，有权制止其他人未经许可而披露、获得或使用有关信息。就是说，与传统的知识产权（专利权、商标权、版权）相比，商业秘密的权利人多了两项权利：制止他人披露，制止他人获得有关信息。如果说专利、商标、版权所覆盖的是公开信息的话，那么商业秘密所覆盖的则是保密信息。

我国 1993 年 9 月颁布的《反不正当竞争法》第 10 条也作了类似的规定。这就是：“经营者不得采用下列手段侵犯商业秘密：（1）以盗窃、利诱、胁迫或者其他不正当手段获取权利人的商业秘密；（2）披露、使用或者允许他人使用以前项手段获取的权利人的商业秘密；（3）违反约定或者违反权利人有关保守商业秘密的要求，披露、使用或者允许他人使用其所掌握的商业秘密。第三人明知或者应知前款所列违法行为，获取、使用或者披露他人的商业秘密，视为侵犯商业秘密。本条所称的商业秘密，是指不为公众所知悉、能为权利人带来经济利益、具有实用性并经权利人采取保密措施的技术信息和经营信息。”

我国法律中保护商业秘密的缺陷是：没有强调如何保护向政府主管部门提供的商业秘密。而这一点在 TRIPs 中作了专门规定，尤其突出了有关化工产品秘密数据的保护。因为有一些采用新化学成分的药品或农业上使用的化工品，如果想在政府主管部门获得进入市场的许可证，就必须把有关秘密数据提供给

① 《西班牙刑法典》第 278 条。

政府主管部门。反过来,如果政府主管部门不担负替他们保密的义务,则开发出这些新产品的人的智力成果就可能从专有领域不合理地流入公有领域了。

对商业秘密,TRIPs在第一部分中讲明了其"财产权"的属性。虽然到目前为止,理论界与司法界仍旧在争论"商业秘密究竟能否被当做一种财产权来对待",该争论至少对世界贸易组织的成员来说已没有多大意义了。

对商业秘密作出规定的,只是TRIPs的第39条。其中对权利限制没有作具体规定。但该条暗示:如果出于保护公众的需要,则可以对这种权利实行某些限制。

TRIPs第39条也没有谈到商业秘密权的保护期限问题。在TRIPs列出的7种知识产权中,只有"地理标志"不存在保护期限问题。地理标志的特殊性在于:它虽然受到保护,但很难被少数企业所专有。不过,地理标志一节的结尾实际上讲出了这种客体的不确定的保护期限。这就是:如果标志的来源国不再保护它、停止保护它或已经不再使用它,则可以说,对该标志的保护就到期了。而在第39条中,连这种可以推断的保护期限都没有任何规定。这也是很自然的。商业秘密的专有权是靠保密去维持的。权利人若能永久保密,则其专有权的保护期限就是无限的;如果只能保密1个月或1年,则其保护期限也只能有1个月或1年。这是人们的常识所了解的,没有必要当做条文写在协议中。

根据世界知识产权组织1994年的统计,当时世界上仅瑞典有单行的《商业秘密法》;美国、加拿大等国有相当于"示范法"性质的《统一商业秘密法》;大多数国家对商业秘密的保护,均纳入反不正当竞争法的轨道。无论在中国还是在外国,目前商业秘密纠纷都主要表现为雇员带走雇主(或单位)的商业秘密,然后与后者开展不正当竞争。

TRIPs第39条第2款对构成商业秘密的条件,虽然已作出了以往任何国际条约均未作出的具体规定,但仍旧存在一系列有待各国立法乃至各国司法进一步回答的问题。

TRIPs第39条说:属于商业秘密的,必须是"并非通常从事有关信息工作之领域的人所普遍了解或容易获得的"未披露过的信息。那么,如果在一个成员国尚未披露过,在另一成员国却已有所披露,应如何对待?如果在一个成员国不是有关人员普遍了解的,而在另一成员国却已是有关人员普遍了解的,又如何对待?在我国确实发生过这样的纠纷:甲企业从乙企业获得了一项国人尚不知的"商业秘密"的实施权并订立了保密5年、支付使用费5年的合同。后在出国考察中却发现在某一外国,该技术已经被"有关领域之人普遍了解",在该另一国已不是商业秘密,于是回国后要求宣布合同无效。

在 TRIPs 第 39 条的注 10 中，将“因严重过失而不知”，列为“违背诚实商业行为”。何谓“严重”，在这里又有个幅度要各国去自己解释了。

不过，TRIPs 第 39 条至少回答了一个多年来国内外的技术转让活动的供方所关心的重大问题。

我国于 1985 年颁布了《技术引进合同管理条例》，1988 年又颁布了该条例的施行细则。在该细则第 13 条规定：引进技术秘密的合同中，不能将保密义务期限规定得比合同有效期限更长。这样一来，任何技术秘密的供方只要把技术交给受方，就可能失去了在合同届满后对有关秘密的专有权，因为受方依合同应履行的保密义务只到合同终结为止。供方不能依合同要求受方永不披露其商业秘密。

现在 TRIPs 第 39 条明确规定，在任何情况下（根本无合同的情况下或合同到期后的情况下），商业秘密所有人均有权防止他人未经许可而以违背诚实商业行为的方式去披露、获得或使用处于其控制下的秘密。

如果中国进入世界贸易组织并受 TRIPs 约束，则技术秘密的受方，在合同届满后，仍无权随便泄露秘密的所有人依商业秘密法（而不是依合同）享有的专有技术。

在谈到 TRIPs 第 39 条时，人们可能会注意到：在该条之前的条款、“部分”与“节”，多是作出实体规定的条款，内容较多。每一部分及每一部分的“节”之下，均会有两条或两条以上内容，故部分、节、条都需要有个标题。从第 39 条开始，有时一节只有一条，或整个一部分只有一条（如第 4 部分）。这样，节或部分的标题，就与条的标题重合了，所以出现有条序、无标题的情况。

在 TRIPs 最后文本已被马拉喀什会议认可之后，国际上仍旧对 TRIPs 中有关商业秘密的定义有不同看法，也对 TRIPs 第 39 条中未回答的问题作过进一步探讨。

（二）中国法律对商业秘密的保护

在国际知识产权保护条约中，从《巴黎公约》发展到 TRIPs，体现了国际反不正当竞争由重点禁止商品假冒到重点保护商业秘密的发展过程。中国知识产权制度虽起步较晚，但在商业秘密与技术秘密的法律保护上，走过了与国际条约几乎完全相同的历程。1990 年，中国法院的第一起反不正当竞争判例，是针对一起假冒商品案作出的。1996 年，中国法院最近的一起反不正当竞争判例，则是针对非法获取他人的技术秘密作出的。本文通过对中国立法这一进程的分析，特别是对最近这起保护商业秘密的案例的分析，使人们了解中国对商业秘密与技术秘密保护的现状与发展趋势。

中国对商业秘密的法律保护，可归结为一句话：基本是以TRIPs第39条为样板。所以，与大多数国家的主要保护原则不会有太大差异。

商业秘密实质上是“反不正当竞争权”中的一部分，多数有法律保护它的国家，都纳入反不正当竞争法的轨道去保护。我国也是如此。目前，世界贸易组织的100百多个成员国均承认：商业秘密的权利人有权把其秘密作为技术转让或其他贸易活动之标的。在这个意义上，它同专利权一样，是一种“积极权利”。绝不像有人认为的那样，反不正当竞争法所保护的一切权利都“没有赋予当事人以一种积极的权利”。

在我国的“商业秘密”法尚未颁布之前，对商业秘密的保护，是通过前文已述的《反不正当竞争法》、《刑法》及国家工商行政管理局的有关规章来保护的。

《反不正当竞争法》的有关规定，这里不再重复。1997年3月修订后的《中华人民共和国刑法》中，把侵害商业秘密归入“侵犯知识产权罪”，这与1995年的西班牙刑法很近似。

被我国《刑法》列为应负刑事责任的侵犯商业秘密的行为有：

1. 以盗窃、利诱、胁迫或者其他不正当手段获取权利人的商业秘密的；

2. 披露、使用或者允许他人使用以前项手段获取的权利人的商业秘密的；

3. 违反约定或者违反权利人有关保守商业秘密的要求，披露、使用或者允许他人使用其所掌握的商业秘密的；

4. 明知或应知上述1.2.3所列行为，获取、使用或者披露他人的商业秘密的。在上述情况下，“权利人”，指商业秘密所有人和经该所有人许可的商业秘密使用人。

对于以上述行为侵犯商业秘密，给商业秘密的权利人造成重大损失的，依刑法处3年以下有期徒刑或者拘役，并处或者单处罚金；造成特别严重后果的，处3年以上7年以下有期徒刑，并处罚金。单位侵犯他人商业秘密的，对单位判处罚金，并对直接负责的主管人员和其他直接责任人员，也按上述量刑标准处理。

这样一来，我国的法律也首次认定了商业秘密是与专利、商标、版权同属一类的财产权。

在我国的《反不正当竞争法》颁布两年之后，国家工商行政管理局发布了1995年第41号令，即《关于禁止侵犯商业秘密行为的若干规定》。这个规定从行政管理角度对《反不正当竞争法》第10条作了较详细的解释。主要内容如下：

1. 有关商业秘密的概念

(1)“不为公众所知悉”，指该信息是不能从公开渠道直接获取的。

(2)“能为权利人带来经济利益、具有实用性”,指该信息具有确定的可应用性,能为权利人带来现实的或者潜在的经济利益或竞争优势。

(3)“采取保密措施”,包括订立保密协议,建立保密制度以及采取其他合理的保密措施。

(4)“技术信息和经济信息”,包括设计、程序、产品配方、制作工艺、制作方法、管理诀窍、客户名单、货源情报、产销策略、招投标中的标底及标书内容等信息。

2. 认定及处理

县级以上工商行政管理机关,负责行政上认定侵犯商业秘密及处理。管理机关在权利人作了担保、要求采取应急措施避免造成更严重损失时,可以扣留被控为侵权人以不正当手段获取的权利人载有商业秘密的资料,可以责令被控为侵权之人停止销售以有关商业秘密生产的产品。管理机关有权在认定构成侵犯商业秘密后,责令停止违法行为,处以1万到20万元人民币的罚款。

我国《刑法》及行政规章保护商业秘密的不足之处在于:没有更细地区分因违约而侵害(注意:“违约侵权”是普遍存在的一种事实,绝不像有人所认为的,两者是截然分开、不会重合的)与因盗窃而侵害他人商业秘密两种性质完全不同的行为,而统统予以一样的刑事制裁或行政制裁。

(1997年第6期)

略论我国合伙企业与公司的法律界限

雷兴虎　肖伯符*

1993年12月29日八届全国人大常委会五次会议通过的《中华人民共和国公司法》(以下简称《公司法》)已于1994年7月1日开始施行;1997年2月23日八届全国人大常委会一十四次会议通过的《中华人民共和国合伙企业法》(以下简称《合伙企业法》)也将自1997年8月1日起实施。这两部法律在我国市场经济法律体系中均居于市场主体法的地位,它们确认和规范的公司和合伙企业都是发展市场经济不可缺少的现代企业形态。公司是指依照《公司法》在中国境内设立的有限责任公司和股份有限公司。① 而合伙企业则是依照《合伙企业法》在中国境内设立的由各合伙人订立合伙协议,共同出资、合伙经营、共享收益、共担风险,并对合伙企业债务承担无限连带责任的营利性组织。② 由于公司是在合伙企业的基础上逐步发展演变而来的,所以,合伙企业和公司既有十分密切的联系,又有非常显著的区别。为了正确认识合伙企业和公司的本质属性,熟悉合伙企业与公司的法制要求,以便更好地理解法律、适用法律,本文将从十个方面对合伙企业与公司的法律界限进行探讨。

一、法律地位:非法人企业　企业法人

合伙企业与公司都属于市场主体的范畴,但其法律地位却截然不同。合伙企业是一种非法人企业,而公司则是一种典型的企业法人。

除法国明确赋予合伙企业以法人资格外,③世界上绝大多数国家的法律都认为合伙企业不具有法人资格,而是一种"非法人团体"。我国《合伙企业法》虽未直接规定合伙企业的法律地位,但从其立法的精神实质上看,合伙企业在我国居于非法人企业的地位,即合伙企业虽然不是法人,但它却是与法人并列的另一种独立的法律主体。这主要体现在以下几个方面:(1)合伙企业有相对独立的

---

* 作者单位:中南政法学院(现中南财经政法大学)。

① 《中华人民共和国公司法》第2条。

② 《中华人民共和国合伙企业法》第2条。

③ 《法国民法典(1987年)》第1842条。

人格。合伙企业一经依法成立，就有自己的商号、银行账户和固定的经营场所，就能以自己的名义与第三人发生业务往来关系，就能以自己的名义独立履行纳税义务，而且能以自己的名义在法院起诉和应诉。(2)合伙企业有相对独立的财产。合伙企业的财产与合伙人的个人财产相对分离，即在合伙企业存续期间，合伙人一般不能请求分割合伙企业财产，这就排除了合伙人任意处置其出资财产的可能，从而使合伙企业财产具有了相对的独立性。(3)合伙企业有相对的责任能力。这主要表现为补充连带责任的立法规定，即对合伙企业的债务，应先以合伙企业财产进行清偿，只有合伙企业财产不足清偿时，才由合伙人承担连带清偿责任。世界各国的公司立法都明确规定，公司具有法人资格。我国《公司法》将其调整和规范的有限责任公司和股份有限公司均界定为企业法人。公司法之所以赋予公司以法人资格，这是因为公司具备法人的基本特征和条件：(1)公司是依照公司法成立的。(2)公司有自己独立的必要财产。(3)公司有自己的名称、组织机构和场所。(4)公司能够独立承担民事、行政和刑事法律责任。

二、成立基础：合伙协议　公司章程

合伙企业与公司都是依法成立的企业，但其成立的基础却完全不同。合伙企业成立的基础是合伙协议，而公司成立的基础则是公司章程。

根据我国《合伙企业法》的规定，成立合伙企业必须要有各合伙人遵循自愿、平等、公平、诚实信用原则而订立的书面合伙协议，合伙协议必须对合伙人的权利义务和合伙企业的经营管理作出明确规定，否则，合伙企业就无法成立。合伙协议只有依照法定内容和要求订立并经全体合伙人签名、盖章后才能生效，合伙人据此才能向企业登记机关办理登记注册手续，成立合伙企业。合伙协议不仅是合伙企业成立的必备法律文件，而且是合伙企业成立后处理内外部事务的基本准则。公司则必须要有自己的章程，这是世界各国的立法惯例。一个公司如果没有章程，就像一个国家没有宪法一样，是不可想象的。因此，我国《公司法》规定，无论是有限责任公司，还是股份有限公司，甚至国有独资公司都要有自己的章程。有限责任公司章程由全体股东共同制定，并由每一个股东在公司章程上签名、盖章，否则，就不能产生法律效力。股份有限公司章程由发起人制定，必须经创立大会通过。只有公司章程的条款齐备，内容真实、合法，才能据此向公司登记机关办理登记注册手续，成立公司。公司章程不仅是公司登记成立的必备要件，而且是公司组织和行为的纲领性文件，也是处理公司内外部关系的基本依据。

三、出资者：合伙人　股东

合伙企业与公司都是由出资者缔造的，但出资者的法律称谓却不相同。合伙企业的出资人在法律上称为“合伙人”，而公司的出资人则在法律上称为“股东”。

关于出资方式，我国《合伙企业法》规定，合伙人既可以用货币、实物、土地使用权、知识产权出资，也可以用其他财产权利（如汇票、本票、支票、债券、股票等）出资，甚至经全体合伙人协商一致，合伙人还可以用劳务作为出资。但依照《公司法》的规定，股东只能用货币、实物、工业产权、非专利技术和土地使用权出资，而不能用其他财产权利出资，更不能用劳务出资。这是由合伙企业和公司的对外信用基础决定的。

关于出资比例，我国《合伙企业法》没有明文规定，但我国《公司法》则明确规定，除国家对采用高新技术成果有特别规定者外，无论是有限责任公司，还是股份有限公司，股东以工业产权、非专利技术作价出资的金额不得超过公司注册资本的20%。

依照我国《合伙企业法》和《公司法》的规定，合伙人与股东均可依法向第三者转让其出资，但转让出资的条件却有严格与宽松之别。合伙企业存续期间，合伙人向合伙人以外的人转让其在合伙企业中的全部或部分财产份额时，依法必须经其他合伙人的一致同意。而有限责任公司存续期间，股东向股东以外的人转让其出资时，只需经全体股东过半数同意，而且不同意转让的股东应依法购买该转让的出资，如果不购买该转让的出资，法律视为同意转让。股份有限公司存续期间，股东向股东以外的人转让其出资，只要在法定场所、以法定方式就可依法转让，无须经其他股东的同意。这是由合伙企业的人合性与公司的资合性的特点决定的。

四、财产结构：共有型　独立型

合伙企业与公司都有一定的财产，但其财产结构却不同。合伙企业的财产属于共有型，而公司的财产则属于独立型。

合伙企业存续期间，合伙人的出资和所有以合伙企业名义取得的收益均为合伙企业财产。合伙企业的财产归全体合伙人共有，这是世界各国对合伙企业财产的性质界定。在简单商品经济条件下，罗马法将合伙企业的财产规定为按份共有，即各合伙人依共有财产中属于自己的份额享有权利和履行义务，并有权对自己拥有的份额进行使用和处分，享有自由退出合伙企业的权利。到了近现代，大多数国家的立法则规定合伙企业财产为共同共有，合伙人在合伙企业存续期间，对于全部合伙企业财产不分份额平等地享有所有权，于是合伙人就失去了自由支配、处分个人出资部分的财产的权利。只有在合伙企业解散时，才能确定各自所应得的份额。我国《合伙企业法》虽未明确规定合伙企业财产的共有性质，但从其全体合伙人对合伙企业财产享有共同管理和使用权的规定来看，我国合伙企业财产的共有性是不容置疑的。

公司是具有权利能力和行为能力，依法独立享有权利和承担义务的法人。因此，它的财产就不属于股东共有，而属于公司所有，由公司依照自己的意志独立地支配。第一次世界大战以来，由于公司持股现象的发展、公司购回自己发行股票的开禁，不少国家的公司立法明确规定，公司对其财产拥有独立的所有权。[①] 我国《公司法》第4条第2款规定："公司享有由股东投资形成的全部法人财产权，依法享有民事权利，承担民事义务。"这里的公司法人财产权实质上就是公司的法人财产所有权。因为按照公司法的有关规定，公司作为法人对股东出资形成的公司资本和公司在生产经营过程中积累的财产既有占有、使用权，也有收益和处分权。也就是说，股东投资公司拥有了股权，公司对股东投资形成的全部法人财产则享有独立的所有权。

五、资本最低限额：无明文规定　有严格要求

合伙企业与公司都应有一定的资本作为其运营的物质基础，但我国法律对两者的资本规制却有明显的差异。合伙企业没有法定资本最低限额，而公司则有法定资本最低限额的严格要求。合伙企业属于典型的人合企业，它对外的信用基础在于出资者——合伙人，它着重于合伙人的个人信用，强调的是合伙人相互之间的信用关系，而不在于企业资本的多寡。因为合伙人是以他个人的全部财产对合伙企业债务承担无限连带责任的。如果给合伙企业规定最低资本限额不仅在实践中起不到应有的作用，而且将抑制一时凑不足法定资本限额的投资

① 《德国有限责任公司法》第13条第1项。

者的投资热情，因此，我国《合伙企业法》遵循国际惯例，没有关于合伙企业法定资本最低限额的规定。公司，特别是有限责任公司和股份有限公司，属于资合企业的范畴，它对外的信用基础在于公司的资本，在于公司的财产数额，而不在于股东的个人条件和个人信用。因为公司以其全部资产为限对债权人负责，而股东仅以其出资额为限对公司负责。为了维护债权人的合法权益，确保交易安全，我国《公司法》规定，有限责任公司的法定资本最低限额分别为10万元、30万元和50万元人民币，而股份有限公司的法定资本最低限额则一律为1000万元人民币。

六、责任形式：无限连带　有限责任

合伙人和股东都要对其出资兴办的合伙企业和公司承担法律责任，但它们承担责任的形式则正好相反，合伙人对合伙企业要承担无限连带责任，而股东对公司只承担有限责任。

合伙企业对其债务，应先以其全部财产进行清偿。如果合伙企业财产不足清偿到期债务的，则由各合伙人承担无限连带清偿责任。所谓“无限”是指各合伙人要依照合伙协议约定的比例或法定的平均比例，用其在合伙企业出资以外的财产承担清偿责任；而“连带”则是指每一个合伙人不问其出资方式、出资数额和盈亏分担比例，均负有对合伙企业债务承担全部清偿责任的义务，合伙企业的债权人有权向一个或数个合伙人索要全部债权。但合伙人由于承担连带责任，所清偿数额超过其应当承担的数额时，有权向其他合伙人追偿。

股东与公司是两个既密切联系又相互区别的利益主体，在股东和公司之间，不仅财产相互分离，而且人格也彼此独立，因此，股东对公司只承担有限责任。所谓“有限”是指股东对投资组成的公司所生债务仅以其特定的出资财产额为限予以负责。也就是说，股东仅以其出资额或所认股份对公司承担责任，对超过其出资或股份额的部分概不负责，这是公司作为独立法人的集中体现。

七、表决办法：一人一票　一股一票

合伙企业和公司都要对有关事项作出决议，但二者的法定表决办法却不尽相同。合伙企业可以采用“一人一票”的表决办法，而公司只能采用“一股一票”的表决办法。

合伙企业特有的财产共有关系和共同经营关系,决定了它的权利能力和行为能力都没有与合伙人完全分离。合伙企业也不像公司那样设有完全独立的意思表示机关,而只能赋予每个合伙人对合伙企业事务管理的平等权利。据此,我国《合伙企业法》规定,除法律另有规定或者合伙协议另有约定外,合伙人对合伙企业有关事项作出决议时,经全体合伙人决定可以实行"一人一票"的表决办法。

作为企业法人的公司,同自然人一样,拥有独立的权利能力和行为能力,但因缺乏自然人之实体,公司本身无法表示自己的意志,故须由股东组成股东大会(股东会)作为公司的意思表示机关,行使公司重大问题的决策权。根据世界各国公司立法的惯例,股东大会采用的法定表决办法为"一股一票",一个股份(一份出资)即有一个表决权。据此,我国《公司法》也明确规定,股东出席股东大会,所持每一股份有一表决权。也就是说,股东进行表决时只能依据自己的出资比例或股份数额,而不能实行"一人一票"的表决办法。

八、业务执行主体:合伙人　董事会

合伙企业与公司的业务都须执行,但其执行的主体却有明显的差异。合伙企业的业务由合伙人执行;而公司的业务则由董事会执行。

合伙企业在经营活动中的行为能力必须由合伙人来具体实现,从法理上讲,每个合伙人对合伙企业事务都享有同等的执行权。因此,合伙企业事务既可由全体合伙人共同执行,也可由合伙协议约定或者全体合伙人的决定,委托一名或数名合伙人执行,或者由合伙人分别执行。由于合伙企业没有专门的业务执行机构,所以,合伙企业事务只能由合伙人自己执行。合伙企业事务的执行人,对外代表合伙企业,其执行的法律后果,归合伙企业及全体合伙人共同承担。公司在经营活动中的行为能力无须股东亲自实现,股东大会作出决策后,由董事会负责执行。因此,董事会是公司的专门业务执行机构。董事会由股东大会选举产生,对股东大会负责并报告工作。董事会是一种常设机构,专门行使公司的生产经营管理权,即业务执行权,股东大会不得非法干预。董事长作为法定代表人,对外代表公司。法定代表人及董事会执行业务的法律后果直接由公司承担。

九、利润分配办法:平均分配　按出资比例分配

合伙企业与公司从事生产经营活动的目的都是获取利润,但两者对利润的

分配办法却不相同。合伙企业的利润依法由合伙人平均分配,而公司的利润则一律由股东按其出资比例分配。关于合伙企业的利润分配办法,各国规定不一,有些国家采取按份主义,即按各合伙人出资的比例确定,如法国、日本;有些国家采取平均主义,即不问各合伙人出资多少,按人平均分配,如英国、美国、瑞士;有的国家则采用折中主义,即先将利润的一部分按出资比例分配,对剩余部分再按合伙人数平均分配,如德国。我国《合伙企业法》规定,除合伙协议另有约定外,合伙企业的利润由各合伙人平均分配,但合伙协议不得约定将全部利润分配给部分合伙人。关于公司的利润分配办法,各国大都规定,应以各股东所认缴的出资比例为依据,每一股东获得的利润应与其出资比例成正比。我国《公司法》明确规定,公司弥补亏损和提取公积金、法定公益金后所余利润,有限责任公司按照股东出资比例分配,股份有限公司按照股东持有的股份比例分配,这就排除了按人数平均分配的可能性。

十、清算者:清算人　清算组

合伙企业与公司解散时依法都要进行清算,但清算者的法定形式并不相同。合伙企业的清算者为清算人,而公司的清算者则为清算组。

合伙企业并非法人,没有专门的组织机构,当合伙企业解散时也无须设置专门的清算组织,依法确定的清算人就可直接履行清算职责。根据我国《合伙企业法》的规定,合伙企业解散时,清算人由全体合伙人担任;未能由全体合伙人担任清算人的,经全体合伙人过半数同意,可以自合伙企业解散后15日内指定一名或数名合伙人,或者委托第三人担任清算人。15日内未确定清算人的,合伙人或者其他利害关系人可以申请法院指定清算人。在清算期间,每个清算人都有平等执行清算事务的权利,而且均有平等地代表正在清算中的合伙企业参与民事诉讼的权利。公司作为一个法人,不仅有专门的决策机构、业务执行机构和监督机构,而且当公司解散时还要设置专门的清算组织。有限责任公司的清算组由股东组成,股份有限公司的清算组由股东大会确定其人选。逾期不成立清算组进行清算的,经债权人申请,法院应及时指定清算组成员,进行清算。因此,我国公司的清算组在清算期间和清算范围内,对外代表正在清算中的公司,对内执行清算事务,是清算公司最为重要的法定代表机关,它可以清算组的名义代表清算公司在法院起诉和应诉。

(1997年第8期)

“武松打虎”图法院判决及行政裁决引发的思考

郑成思*

1996年年末,北京海淀区法院就“武松打虎”图版权纠纷一案,判被告山东景阳冈酒厂未经许可将刘继卣创作的图画用作商标,构成侵犯版权,判被告停止侵权并向版权人支付赔偿。1997年2月,中国国家工商局商标评审委员会终局裁定景阳冈酒厂以“武松打虎”图注册为商标,侵害了版权人的在先版权,应予撤销注册。

正如一年前上海法院就吴冠中诉朵云轩等一案的判决一样,在北京的这一判决与裁决中,依中外商标法及国际条约看,均在情理之中。该两案(版权侵权诉讼案与注册不当撤销请求案)也并不复杂。但在1997年年初之后,在北京却召开了对判决与裁决持极大异议的“研讨会”,杂志上也出现了持异议的文章。这反映出国内在知识产权研究上与国际的实际差距,反映出一些在外国早已解决的问题,我国仍有一些学者因对外界的不了解,还把它们当成“新”问题讨论着、探索着。

一、问题的提起——国际惯例与我国知识产权保护

我国报刊及政府文件,近年来经常提到“中国在知识产权保护方面用了十几年时间,走完了发达国家一百到二百年才走完的路程”。有的人极不赞成这种提法,斥之为“没有根据”。① 但笔者却认为这种提法不仅符合事实,而且也是中国应当走的路,反倒是那种认为外国人走了一二百年,中国也必须再走一二百年的理论,是不可取的。我们不可关起门来搞“法制”,不可拒绝国外现有的成功经验。

虽然在事实上,没有人会真的一概排斥国际上现有的经验与成例,一切要自己从头做起,但在理论上,出于语言障碍及其他原因,确有人主张一切均应参考、参照或借鉴国际已有经验——这首先指国际公约,其次是外国法律及案例。几

---

* 作者单位:中国社会科学院法学研究所。

① 参见《法学研究》1995年第4期。

十个国家乃至上百个国家的专家组，在几十年乃至上百年研讨中得出的结论，我们有的人居然认为毫不可取，轻易即予以否定，而代之以他们的却是真正无根据、无体系、无逻辑的理论。这样的"理论"不被我国立法或执法部门采纳，自然是情理之中的事。这种理论之一，就是因商标权与版权相冲突的诉讼案处理引起的一种"全新"的"权利穷竭"理论。

"Exhaustion of Rights"原则，是知识产权许多领域中的法律和国际公约都存在的一条原则。1982年，笔者于当时国家出版局的《出版参考资料》中首次译为"权利穷竭"。1986年，又在"通论"用"版权穷竭"为题名。① 这一术语后来被许多人沿用。1988年，中国专利局在解释专利法时，译为"权利一次用尽"。笔者感到比笔者的译法更通俗易懂。

在版权领域，"Exhaustion of Rights"指的是"发行权一次用尽"。也就是说，对于经过版权人许可而投放市场的一批享有版权的作品复制品（图书、音带，等等），版权人无权再控制它们的进一步转销、分销等活动。也就是说，获得了发行权许可的被许可人，无论自己如何转销，或通过"分许可证"再许可第三人分销，均无须再度取得版权人许可并支付报酬。版权人的"发行权"使用一次后，就"用尽"了。这一原则至今是多数国家在法律、法理或司法实践中均承认的。只有法国、比利时等少数国家，认为作者有权将作品的复制品一直控制到"最终使用人"，从而不承认"权利穷竭"原则。

在专利领域，该原则表现为"销售权一次用尽"。它在我国专利法中规定得很明确，②无须赘言了。外国专利法也有类似规定。

在商标领域，情况也大致相同。该原则指的是：经商标权人许可而将其有效注册商标附贴在商品（或标示在服务）上，有关商品的进一步转销、分销，乃至分销时分包装（分包装时改变了商品的质量者除外），如再加附同样商标，均无须再度获得许可。

这条原则，在承认它的国家法律或司法实践中，本来是清清楚楚的。但由于在国际贸易的大环境下，有的国家认为：许可在一国发行，权利人的发行权并不会在另一国"穷竭"；有的国家则认为：只要权利人已许可发行，则不论在任何国家，他均不应再行使其发行权了。当然，还由于法国等国家根本就不承认这一原则，所以，世界贸易组织在成立时，在其《与贸易有关的知识产权协议》（即

① 郑成思著：《知识产权法通论》，法律出版社1996年版，第128页。

② 《中华人民共和国专利法》1992年修订文本，第62条第1款。

TRIPs),规定了各国有权"自行其是"。①

如果一个国家承认"权利穷竭"原则,就在立法或(和)执法中,对权利人的知识产权增加了一条"权利限制"。但无论增加什么样的权利限制,都不会剥夺权利人起码的专有权。这些对权利的限制,就版权领域而言,在伯尔尼公约中,在 TRIPs 中,均有明文规定。② 综上所述,无论国际条约还是外国法、中国法,在承认"权利穷竭"原则时,均有一个不可缺少的前提:经过权利人许可。未经权利人许可的任何使用,绝不会导致权利穷竭。否则,知识产权保护制度就失去了意义。以未经许可为基础去"研究"、"讨论"权利穷竭问题,其结论均只能离题越来越远。在 TRIPs 协议中,增加了伯尔尼公约所没有的一项内容,就是把版权与工业产权所各自保护的范围在可以区分的限度内尽可能区分开。这就是 TRIPs 第 9 条第 2 款所规定的"版权保护应延及表达,而不延及思想、工艺操作方法或数学概念之类"。在这里"思想"(idea,专利法中有时称"解决方案")、"工艺",等等,显然属于专利保护范围,"数学概念"显然处于公有领域之中。

TRIPs 及现有的一切国际公约,均没有费心去区分版权与商标权的不同范围。因为,从受保护内容讲,这二者是不易混淆的;从受保护客体讲,一部分具有独创性的文字、图案,在作为商标意识使用的同时,因"独创性"符合版权要求而享有版权,是不言而喻的。而专利领域设计方案(或思想)、概念的具体细化就可能走向"表达",细化到何种程度就享有版权了,有时确实弄不清。这就使一部分人往往因这个"交接点"的不清而混淆了版权与专利的不同保护对象。故国际条约认为有必要作出规定。

在外国法中,还有一种"权利转换"。不了解它的人,往往把它误当成"权利穷竭"。实际上,它只是有的国家在一定时期内打算避免"双重保护"而采取的一种法定措施。

例如,从 1958 年到 1988 年,在英国法中,对于既能受版权保护,又能受外观设计(即工业产权)保护的"工业品外观设计",规定了经版权人许可,将有关享有版权的外观设计投入工业品的使用超过 50 件的,则有关设计丧失版权,转而受"特别工业版权"保护。

在这里要注意三点:第一,版权丧失而转享工业版权的前提,仍旧是"经版权人许可"。绝不会因为他人擅自将版权人的作品(如一幅画)用在工业品上,版权人的原有版权就丧失了。第二,版权转为"工业版权"后,权利人仍旧是原

① TRIPs 条约第 6 条。

② TRIPs 条约第 13 条、《伯尔尼公约》第 9 条,等等。

版权人,而不是被许可人或其他人。并不是说原版权人许可 A 将其图画用在工业品上之后,B 如果也想用在工业品上,就无须取得原版权人许可了。第三,自 1988 年英国新版权法颁布后,这种"转换权利"制度已不复存在。像法国在一百多年前承认了"双重保护"不可避免一样,英国也已承认了这一事实。也就是说,英国现行版权法中,一方面,采用"交叉保护"的"外观设计权";另一方面,承认了"双重保护"的客观存在。这些就是有关国际条约及外国法的情况。为避免在版权与工业产权的关系上(尤其在"版权穷竭"问题上)发生误解或歧义,当然首要的是应具备知识产权保护的常识(例如,使用他人作品应事先取得许可)。如果能认真阅读一下有关公约及有关外国的法律(乃至中国已有法律),至少有助于减轻误解,在议论时减少偏差。

二、版权与工业产权的界限——析一种"穷竭"新论

完全抛开上述"一"中已论述过的国际(乃至国内,如中国专利法)成例于不顾,乃至离开知识产权保护的最基本出发点,对我国现存大量的,以"武松打虎图"等几个案例为典型的商标权与版权冲突的纠纷,我国出现了一种"全新"的"权利穷竭"理论。这种理论只在发达国家一二百年前有过。因为当时的实践还不足以分清双重保护、交叉保护等从现象上看似乎复杂的情况。我们如果不是执意非要再走一二百年的话,本来可以少在这里议论这些现在已经不复杂而且在公约及法律中已经清楚的问题。

这种"穷竭"理论的出发点是:一个享有版权的作品,只要被他人未经许可而当做商标使用,版权人的权利就"穷竭"了。他无权告商标领域的使用者侵权。

这一出发点错在不了解知识产权保护的常识。除了"法定许可"的范围外,任何未经许可的、对他人版权作品的使用,绝不会使他人的版权穷竭,也不能(或不应)产生出自己的新权利。在"未经许可"的前提下,如果问起版权人的权利"穷竭"于何处?答案在中国只可能是:穷竭于作者死后 50 年。对这点基本常识,应当说,一审判决"武松打虎"图版权纠纷的法院是清楚的,商标评审委员会也是清楚的。

《伯尔尼公约》第 9 条在讲到版权人的"复制权"时,强调了"以任何方式或形式"的复制,均应取得版权人许可。1996 年年底,新缔结的两个版权条约,重新对此加以复述,正是为了避免有人产生诸如下面的误解:将图画印制在图书中,属于版权人控制的复制;将图画印制成商标标识,就不再属于"复制"了。因

为依照这种误解，版权人的权利中，相当大一部分就会落空。当然，就“武松打虎”图一案讲，该图的版权人并非从未许可任何人将其用于酒类商品，但从未许可被告使用。该版权人的被许可人景芝酒厂也未向被告发过分许可证。因此，被告无论作为商标还是装潢的使用，均是未经许可的、非法的使用。在讨论中，也曾有人认为：既然版权人已许可一家使用，则另一家虽未经许可使用，也应属合法。也就是说，权利人签了一份许可合同就等于向全世界签了万份许可合同，任何人均可不再征得许可而使用。如果真的如此，许可合同的签与不签，还有什么意义？

在这里值得指出的是：这种把“合同”产生的“对人权”与知识产权本身的“对世权”相混淆，并认为前者的专用程度高于后者的错误，几乎发生在同样的议论者身上。笔者在《再论知识产权的概念》①一文中已有详述。

版权作品经许可而用到商标领域（或其他工业产权领域），也可能产生版权“穷竭”。如果真的要在“发行权一次用尽”的含义下借用“穷竭”这一术语，并非绝对不可。但此时告诉读者们的，应当是另一个故事。

如果“武松打虎”图的版权人许可景芝酒厂当商标使用。该酒厂无论印制成以纸体现的标识，还是在电视等新闻媒体中为作广告而复制，乃至在国际网络中为作广告而上载（上载也属一种复制），均无须再取得版权人许可。因为此时已属商标正常使用。在这一领域，版权人因已授权（许可），从而版权“穷竭”了。乃至景芝酒厂如果要分许可给另一酒厂也作商标使用，是否需要取得版权人授权，也是可以讨论的。版权人许可A出版商出版其作品，A却“分许可”B出版同一作品，则版权人一般有权过问。对此，有的国家有明文规定，有的国家只在司法中承认版权人仍有权控制这种出版分许可。因此也不排除有的国家认为版权人无权再过问了。在版权作品进入商标使用领域后，被许可人分许可权如果在合同中无明确规定，应怎样处理，确是可以讨论的。

但我国的“穷竭”新论告诉读者的却是：“武松打虎”图的版权人许可景芝酒厂在工业领域使用该图后，其版权对另一未经许可的酒厂（即被告）也“穷竭”了！这就背离了知识产权的最基本的原理。

许可一人使用作品之后，其他人再使用均无须再取得许可的情况，只有法律明文规定了的时候才会出现。这就是我国《著作权法》的第32条、第35条、第43条等条款。即使这些条款，有些是由于我国国有单位（如电台、电视台）同国家某些利益相关而致，有些则规定“但作者声明不得使用的”仍不得使用。即使对这些条款，也在国内外众多反对声中打算逐步缩小，乃至修法时取消。而今天

① 郑成思：“再论知识产权的概念”，载《中国法学》1996年第6期。

如果有人出来讲,要将这种法定许可扩大到一切工业领域使用版权作品,扩大到与国家利益毫不相干的私人主体,并且版权人无权声明不得使用,等等。则国内外关注中国知识产权保护的人,真的会感到这种主张落后于世界一二百年了。

所以,如果问起“未经许可而将他人的美术作品用作工商标记而产生的权利属于谁”,答案只能是“答非所问”。因为,未经许可的侵权行为不应产生新的权利。而在事实上,就“武松打虎”图而言,那种本不应产生的权利最终被主管行政机关撤销,则是合理合法的结局。

此外,应提醒人们,在借用“穷竭”原则时还必须明白,一项权利既已经“穷竭”,则无论他人如何使用,均不会发生“侵权”问题了。如果一方面告诉读者未经许可的使用发生在版权已“穷竭”之后(据说,一进入工业产权领域它就“穷竭”了),另一方面仍旧说“但使用者未经许可毕竟属于侵权”。一方面告诉读者说一幅图画用作商标“不是著作权意义上的使用”(亦即不侵权),另一方面却又讲该使用者在版权人依版权的诉讼中应承担侵权责任。这就只能使人感到议论者不知所云了。

美术作品被用作商标,无论作为标识复制在纸上,作为广告再现在电视上,还是作为让人欣赏的图画复制在纸上,再现在电视上,等等,这前后两种复制,均是版权意义的复制,没有什么“质的区别”。如果硬要认定前一种复制不属于版权意义的复制,无异于告诉人们,前一种复制并不侵犯版权。

三、知识产权法哲学——作品的“功能”与侵权认定

在中国,“知识产权法经济学”可能是个很新的课题。但当我们阅读了Keith Masku、G. McFetridge等人的著述后,可以知道它是十几年乃至几十年前国外已建立起的一个学科。在中国,也较少有人谈知识产权法哲学。而A. Dietz等人的著述,往往从洛克、笛卡儿讲起,这种哲学对他们的读者并不陌生。一部知识产权法哲学的书即将译成中文,届时更便于开阔中国读者的视野。① 我们现有的著述一旦触及知识产权法哲学,往往倒使人产生更多的疑问。因为,在这种“哲学”中,概念有时是混淆的。有时主体或客体被偷换了。例如,前文讲的,这种哲学往往与人们讨论,版权人把权利许可给甲后,乙因此而产生的权利(且不说是怎么产生的)应归属于谁,等等。

---

① Drahos peter, *A philosophy of* IP, Dartmouth, 1996.

与版权权利"穷竭"新论相关的,是这样一种"哲学":由于对同一个美术作品,作为欣赏对象来复制和作为商标标识来复制,体现了作品的不同功能。因而,前一种复制,未经许可则侵犯了版权,后一种复制,未经许可则不侵犯版权。我们先不来评论这种哲学本身的是非。稍微扩大一下视野,我们就不难看到这种哲学的缺陷。

人的姓名、肖像的"功能"在于去认定一个人。而如果用它去标示商品,则除了在人也是商品的奴隶社会之外,其"功能"也变了。它也具有不同的"使用价值"。法律是不是也不应把未经许可使用他人姓名或肖像为商标均明白无误地列为侵权?

在法国、美国等国,音响可以作为商标使用,在有些国家甚至可以注册。在那里,使用现代名人的或未过保护期的音乐作品的片断,作为商品的商标或服务商标(一般表现为"开始曲")并不罕见。而从来没有人认为音乐的功能是欣赏,所以用作商标(功能变了)则无须取得许可。幸好中国尚没有音响商标,否则,不仅美术家,而且作曲家在中国的版权,在上述新哲学下,都将被大打折扣了。

如果了解外国的已有案例,就可知版权与商标权发生冲突绝不仅在美术作品上。独创的文字本身如 Exxon,就发生过权利人依版权的起诉。法院在判决中,并没有费心去搞一套"功能"不同的领域不发生侵权的哲学,而是论证 Exxon 本身是否符合"作品"的条件。如果符合,则其商标权权利人打算依版权诉对方,是完全可以胜诉的(在该案中,Exxon 的独创者与商标权人同为一人)①。

仅仅就一案论一案,把眼光缩在只对美术作品中的"武松打虎"图上去进行研究、议论,产生的结果必然是只见树木不见森林。这种结果不仅可能违反知识产权保护的基本原则,而且可能违反民法的一般常识,如前文所举姓名权之例。

未经许可使用他人作品,除法定的权利限制及合理使用外,均构成侵权。至于作品有两种或两种以上"使用价值",具有两种或两种以上功能(且不说作品的"使用价值"或"功能"本身是否能言之成理)等因素,与认定或否定侵权是风马牛不相及的。

以同一作品的不同"功能"论"穷竭"的害处,除了会体现在前面讲过的商标权与姓名权、肖像权的冲突外,还会体现在版权与肖像权的冲突上。绘制或雕塑乃至拍摄他人肖像的艺术家,均会遇到自己享有的版权与被制作者的肖像权如何协调的问题。因为这两种完全不同的权利同时体现在同一个受保护客体上。

---

① 参见英国版例集[1982]RPC69。也请参见郑成思编著:《著名版权案例评析》,专利文献出版社 1990 年版,第 116 页。

在这时，还来不及谈进入另一个领域后如何"穷竭"的问题，而是一创作完成，两种权利即发生了冲突。成功的外国法并未想当然地认为"版权"当然"穷竭"了，也并未去论证肖像作品完成后的"功能"是认定"这一个人"并非"那一个人"。德国版权法规定：肖像权人不能禁止版权人使用作品，却没有规定肖像权人可随意商业性使用该作品。①

在商标与版权的冲突中，特别是承认版权作为对抗商标权的"在先权"地位方面，法国现行商标法是个既明确又合理的典范。②

如果真正阅读并研究了外国（即民法之典范的法、德两国）的上述两则均已译成了中文的法条，我国有的议论是能够避免根本性失误的。

从印制及使用商标标识侵犯他人的在先版权的损害赔偿认定看，也与所谓作品的审美功能或识别功能之类没有关系。从赔偿额来看，将他人版权作品印制并用作商标标识，与侵犯他人注册商权（如印制、使用用他人注册商标）相比，额度应当低得多。这也不是由前者注重所谓审美功能，后者则注重识别功能来决定的，而是因为依版权之诉，应以侵犯版权的复制品本身的价值作基础去计算。而在这里，"侵权复制品"是所印制及使用的以纸张或其他物质为载体的标识本身，而只有在商标侵权时，计算基础才不是承载被印刷作品的标识本身，而是商标贴附的有关商品。这个界限，倒确实是法院应当注意到的。讲到计算方法与所谓"功能"哲学无关，还因为，如果按"功能"哲学，转变了功能而导致权利的"穷竭"，既然首先使侵权无法成立，自然谈不上侵权赔偿了。所以，在版权既已"穷竭"的前提下，再去谈赔偿额怎样合理或怎样不合理，都是没有根据的。至于说"商标的价值"仅仅在于与未经许可的特定厂商的产品或服务相联系，离开了这些产品或服务，商标就无价值可言。这种结论有两个致命缺陷：

第一，即使就案论案，也应当向读者讲明事实的全部，而不是有意掩盖一部分。就"武松打虎"图而言，首先把它用在商品上（即首先把该商标与商品相联系）的，是经许可使用的景芝酒厂（自 1973 年始使用），而不是未经许可的被告（自 1982 年始使用）。把因使用该图画面产生的工业产权领域的信誉全部归于被告，是不妥的，也才真正是不公平的。

第二，商标并非离开了它所标示的商品或服务就一文不值了。这涉及商标评估的复杂问题。笔者曾另有专文详述③，就小多占篇幅了。这里仅举一例，美

---

① 1996 年修订的德国《版权法》第 91 条。

② 国家工商局商标局编：《中华人民共和国商标法律法规汇编》，黄晖译，工商出版社 1999 年版，第 688 页。

③ 郑成思："简论商标的价值评估"，载《中国专利与商标》1997 年第 3 期。

国石油公司在起用“Exxon”作商标之前，花费了上亿美元作各种调查论证，目的是使它不致与任何国家的现有文字相重介及要有明快感和可识别性。该商标即使创作者不用，而作为商标（而不是文字作品）卖给他人，肯定能卖出价钱来，而且会卖出好价钱。卖主在计价时，将把上亿美元事先论证费用计入。买主虽然可能讨价还价，但绝不至于说“因为你还不曾把它与你的石油产品相联系，故一文不值，应当白白送给我”。

最后，我们似还可以再举一例，使读者看到“穷竭”新论的失误。广告画的绝大多数，以及广告词的一部分，无疑是享有版权的，有的广告画甚至主要以做广告者自己的商品装潢或（和）商标所构成。缺乏“审美功能”的广告画或广告词，在很大程度上失去了意义。而一旦其进入工业产权领域在广告中发挥起所谓“认知功能”，难道其版权也“穷竭”了？难道出售同一商品的其他厂家就都可以不经许可而使用同样的广告画或广告词？难道过去国内外涉广告画及广告词的众多诉案全都判错了？还是“穷竭”新论者自己弄错了？这确实是个“值得检讨”的问题。如果说，在广告中，“审美”与“认知”两功能是分不开的，那么我们也可以认为，凡称为美术作品而被用作商标或装潢，其“审美”与“认知”两功能也在不同程度上是分不开的。否则，厂商为何专门选择名画家（如刘继卣）的绘画作品作商标或商品装潢，而不随意自己乱画几笔去作商标或装潢昵（且后一种行为还可避免任何权利冲突）？

恩格斯在一百多年前的《自然辩证法》中，就告诉人们要承认世界上确实存在的“亦此亦彼”，而我们不少议论至今仍抱定“非此即彼”，“彼与此只相排斥，不能相容”。这样，在论及作品的诸多使用方式时，不可能不陷入各种困境。哲学，如知识产权法学一样，一百年前的东西，并不需要我们再花一百年去重新建树。但其前提是不能拒绝借鉴国外已有的、被实践证明了是正确的结论。否则，即使前人为我们建树了辩证地看问题方式，并不妨碍我们回到形而上学，再从头开始。所以“审美”与“认知”功能，在许多以美术品作为商标的标识上，是不可分的，是不相排斥的，它们同时以自己的识别性和美感去吸引消费者。

四、不了解国际上探索百年业已解决的知识产权权利重叠与交叉问题——国内一些新论失误的直接原因

早在 1986 年，沈阳某啤酒厂正是因为不了解版权与商标权有时可以重叠保护同一个客体，而在美国险些吃了大亏。该厂起先请其在美国的独家代销人为其在美国行销的产品设计了商标图案及产品包装装潢。后该厂选用了另一独家

代销人。考虑该厂及原代销人均未在美申请有关商标的注册，而且沈阳厂自己才是商标使用人（即依美国法的商标合法所有人），故改换代销人后仍旧用原商标装潢。该原代销人在法院起诉，告沈阳厂侵犯其设计的版权。起诉时要求赔偿30万美元。后经院外解决以3万美元了事。

该案发生中及发生后，国内知识产权学者在诸多场合告诫国内厂商，在中国当时无版权法的情况下，在外国做生意应切实注意同一客体的双重保护问题，以免发生侵权。十多年来，许多企业借鉴了这一经验教训，减少了在国外的侵权纠纷。不料十年之后，企业会重新听到十多年前的"旧论"，告诉人们不存在双重保护问题，一进入工业产权的使用范围，他人的版权就"穷竭"了。这将在实践中给我们的企业带来真正的危害，使之重蹈沈阳厂十多年前的覆辙。

权利交叉的问题在知识产权领域比较容易解决。因为一般发生交叉的场合，均有专门法、专门公约或公约中的专门条款作出特别规定。所谓"交叉"，一般指采用知识产权不同部门法乃至普通民法中有关的（即相交的）部分，对某种客体进行特殊保护。例如，《集成电路知识产权条约》、《印刷字型保护协定》，等等。

双重保护则比较复杂。首先是原告在诉讼中的选择问题。例如，受普通民法姓名权及版权法精神权利中署名权双重保护的艺术家姓名问题。本来，在双重保护的情况下，权利人作为原告，有权选择依什么法主张什么权利（但不能就同一受保护客体主张双重权利、索取两次赔偿，对此，争议是不大的），依法是可以自己决定的。却有一部分议论坚持认为权利人只能按法学者认定的路子去选择。例如，在上海法院1996年判的吴冠中诉朵云轩等一案中，虽然中国法、外国法、世界知识产权组织及联合国教科文组织，都早有明文规定或文字说明，认为可以依版权主张权利，[①]国内至今有议论坚持认为：中国的法院判错了，中外法律都规定错了、两个知识产权国际组织的说明也讲错了，该案只能以侵害姓名权起诉。

现在，我们又遇到几乎相同的情况，只不过改换成了商标权与版权对同一客体的重叠保护。不太了解国际上重叠保护历史的人避开了版权与工业产权重叠保护中的"外观设计"问题。其实，在历史上，问题正是从外观设计（而不是商标）开始的。[②]

---

① 中国《著作权法》第46条第7款、英国《版权法》第84条、美国《版权法》第106条A、日本半田正夫编《著作权法50讲》（法律出版社1990年中译本）第356页、《伯尔尼公约指南》第41页、联合国教科文组织《版权ABC》第24页。

② 郑成思著：《版权法》，中国人民大学出版社1990年版，第72～75页。

概括起来讲，双重（乃至多重）保护在绝大多数国家知识产权法中，是这样处理的：

第一，如果双重乃至多重保护适用于同一个客体，而权利主体不同，则法律或司法实践规定了对不同权利人在行使权利时的一定程度的限制（而不是断言一方的权利与另一方相遇就“穷竭”了）。

第二，如果双重（或多重）保护中的权利主体是同一个人，则其就同一客体享有双重（或多重）权利。但对某一特定侵权人诉讼时，他只可以选择主张其多重权利之一。这种选择，又并不妨碍他在对另一特定侵权人诉讼时，选择主张自己的另一权利。这种选择是权利人自定的，绝不会由司法机关去指定，当然更不会由学者或学者兼被告律师的其他人去指定。同样，该双重（或多重）权利人就对方侵犯其版权起诉而不能胜诉时，并不妨碍他以同一客体就对方侵犯其商标权、商业秘密权、外观设计权或其他工业产权起诉而能够胜诉。

在美国，人们均熟悉的 Altai 一案中，原告诉被告侵害其计算机软件的版权败诉，却又在诉同一被告侵害其同一软件的商业秘密中胜诉。

最后，让我们回到本题上来。如果版权与商标权保护同一客体，而主体不同、版权在先，则法律（或公约）绝不可能要求前者“穷竭”，绝不可能规定版权人在商标领域签一项许可合同就等于签万项许可合同（即不可能规定“法定许可”制度）。原因很简单，与文化领域的书刊报纸及录音制品不同，商标，正如“穷竭”新论者也不讳言的，作用在于“认知”；两个以上不同主体将同一图画用于同一种商品，即将引起混淆。许可一人作商标用，版权即告“穷竭”，其他人亦均有权不经许可使用，等于鼓励市场上不同主体将相同商标用于相同商品。这是违反商标法基本原理的。从理论上讲，这种主张不合常识；从市场经济的实践上讲，它是非常有害的。

再具体到“武松打虎”图一案。经版权人许可而将该图用作商标的景芝酒厂使用该商标近十年之后，在同一省之中的被告不经许可使用同一图画为商标，商品也是白酒。如果硬要将“善意”、“公平”、“正义”这些冠冕堂皇的词汇与被告的行为拉在一起，则只会给读者展现出又一幅极不协调的图画。

（1997 年第 10 期）

论合伙企业财产的法律性质

苏号朋*

我国第八届全国人民代表大会常务委员会第24次会议于1997年2月23日通过了《中华人民共和国合伙企业法》,从而使我国的合伙企业有了统一、完善的法律规范。该法与《公司法》、《独资企业法》(即将通过)将一并构成我国的市场主体立法体系,是八届人大常委会列入立法规划之中并如期完成的重要民商法律。

该法的通过改变了我国《民法通则》对合伙的残缺不全的立法状况,为合伙企业在我国的经济发展中发挥其应有的作用提供了法律保障。

在有关合伙企业的各项法律制度中,财产制度无疑是最为重要的一项内容。无论是在实际的投资过程中,还是在法学理论研究中,财产制度都最受人们的关注。在本文中,笔者拟就合伙企业财产的法律性质作些探讨,以求教于大方。

一、合伙财产性质的演变

合伙这一经济组织的存在由来已久,合伙财产的法律性质也经历了一个漫长的由按份共有到共同共有的发展过程。最初的合伙财产大都是按份共有,因为早期的合伙组织规模小,存续期间短,一般也不存在财产的积累,而且合伙的成立和退伙也比较自由。例如,在罗马法时期,合伙形式已经相当发达,不仅合伙有相当复杂的分类,且要求每个合伙人都有义务提供已允诺的财产。当时的合伙主要采取的就是按份共有的方式,合伙人根据各自对其财产所拥有的份额,分享利益和履行义务,并有权按照自己的份额使用和处分共有财产,享有自由退出合伙的权利。

随着商品经济的发展,合伙作为比较活跃的商业组织,要求其财产更能适应商品生产和交换的需要,并具有相对的稳定性和独立性,而不能由共有人随意地处分。于是,近代的合伙立法一般都规定合伙财产为共同共有,如日本民法等。合伙的财产为共同共有意味着合伙人在合伙存续期间内对全部共有财产不分份

---

* 作者单位:中国政法大学。

额、平等地享有权利并承担义务。这样,合伙人也就失去了任意支配、处分其投入合伙的财产的权利。只有在合伙解散或清算时,才能根据各合伙人的出资份额确定各自损益分配或分担的比例。合伙财产性质的上述变化说明随着商品经济的发展,合伙的财产越来越趋向独立和集中。

从当代各国的立法例来看,关于合伙财产的法律性质的规定主要有以下两种:第一,确认合伙财产为共同共有财产,如大陆法系国家的德国、瑞士及我国的台湾地区,英美法系的英国、美国、我国的香港地区,采此种立法主义。《德国民法典》第718条规定:"各合伙人的出资人通过合伙执行事务而取得的物件,均为全体合伙人的共同财产。"美国《统一合伙法》第6条规定:"合伙财产为全体合伙人的共同共有财产,它包括合伙人作为出资的股权和合伙经营中获得的一切财产。"第二,确认合伙财产为按份共有财产。日本法采此种立法例。该立法沿袭罗马法的原则,个人色彩极其浓厚,对合伙之团体性不能适应,故该国近来以合有说为通说,认为合伙财产属于全体合伙人之合有,即共同共有。

二、《民法通则》颁布前合伙财产的法律性质

对于我国而言,合伙财产究竟是什么性质,学者间的争议也很激烈。在《民法通则》公布施行之前,存在三种意见:第一种意见认为合伙财产是集体所有制性质的社会主义公有财产。第二种意见认为合伙财产仍属于个人所有。第三种意见则认为应当将合伙企业分为两大类来分析其财产的法律性质:一类是个体经济性质的合伙企业,它的财产全部属于合伙成员所共有;另一类是社会主义合作经济性质的合伙企业(其典型是劳动者合作经营组织),它的一部分财产即合作成员的投资属于合伙成员所共有,另一部分即合作经营组织的公共积累属于合伙企业集体所有,是集体所有制性质的社会主义公有财产。①

就当时的立法来看,最为典型的是1983年国务院《关于城镇劳动合作经营的若干规定》中对合伙财产法律性质的规定。依据该规定,劳动者合作经营组织的财产由两部分构成,一部分是合作成员的原始投资,另一部分是合作经营组织的公共积累。合作成员的入股资金或其他财物仍属于个人所有,归合作经营组织统一使用和管理,而公共积累部分则属于集体所有制性质的社会主义公有财产。

① 袁建国:"合伙财产的法律性质新探",载《法学研究》1985年第5期。

三、《民法通则》对合伙财产法律性质的认定

1986年颁布的《民法通则》对个人合伙的财产归属是这样规定的:合伙人投入的财产,由合伙人统一管理和使用。合伙经营积累的财产,归合伙人共有。该法颁布施行以后,对于合伙财产是个人所有还是合伙人共有,合伙共有财产是按份共有还是共同共有,合伙投资与合伙积累究竟是否为同一性质的权利,学者意见存在严重分歧。

1. 关于合伙人投入合伙的财产性质,形成了以下三种主要观点:第一种观点认为,合伙人投入合伙的财产仍归合伙人所有,只是由合伙组织统一管理和使用;第二种观点认为,合伙人投入合伙的财产归合伙人共有;第三种观点认为,《民法通则》没有明确合伙人投入合伙的财产所有权的归属,是一种灵活性的规定,合伙人可以商定财产归合伙人所有,也可以商定归合伙人共有。① 笔者认为,第三种观点较为符合我国《民法通则》关于合伙财产的立法精神,它充分考虑了合伙人以不同的标的出资的情形。在一般情况下,合伙人是将出资财产的所有权投入合伙,其出资的财产直接构成合伙的共有财产,由全体合伙人共有,而不再属于出资者个人所有。但是,合伙人也可以将其财产所有权的一项或数项权能分离出来作为向合伙的投资,较为常见的是以物的使用权出资。此时,全体合伙人仅对该项出资财产享有共同的使用权,而不享有处分权,不能直接用此项财产来偿还合伙债务。因此,该项财产并不直接构成合伙的共有财产,它仍属于出资人个人所有,而不能由全体合伙人共有。因此,根据合伙人出资财产的内容,它们既可以直接构成合伙的共有财产,也可不直接构成合伙共有财产,而仍属于出资人个人所有。前者主要是合伙人以财产所有权出资的情形,后者主要指以财产的使用权出资的情形。我国《民法通则》正是考虑到了合伙人出资的具体情况,没有对合伙人出资财产的归属作出统一规定。合伙人的出资财产是否直接构成合伙的共有财产,取决于合伙人之间的协议和出资财产的性质。一般而言,合伙人以现金出资时,是将所有权投入合伙,其出资直接构成合伙的共有财产;合伙人以实物出资时,如果是以所有权出资,则与以现金出资一样,是将所有权投入合伙;如果是以使用权出资,则该项财产从法律性质上而言仍然属于出资者个人所有。在此基础上,有的学者更进一步论述了以财产使

① 魏振瀛:"关于合伙理论与实践的几个问题",载《法学研究》1989年第6期。

用权作为出资对合伙的价值,①即该项财产虽然不直接构成合伙的共有财产,但却直接构成合伙的共用财产。所谓合伙的共用财产,是指全体合伙人共同占有和使用的财产。合伙人因对同一财产共同占有和使用而发生的关系,便是合伙的共用关系。合伙共用关系与合伙共有关系既有联系又有区别。一方面,合伙共用关系意味着权利主体对共用关系的客体共同享有使用权,而合伙共有关系意味着权利主体对共有关系的客体共同享有所有权,它们是两种不同属性的财产关系。另一方面,共有关系包含了共用关系的内容,某项财产为共有财产,同时也必须是共用财产,这是因为所有权中包含着使用权权能。区分合伙人的出资财产是共有财产还是共用财产具有以下意义:首先,出资人退伙或合伙解散时对出资财产的处理不同。如果出资财产为合伙共有财产,出资人退伙或合伙解散时,该合伙人无权要求返还其出资原物,而仅能与其他合伙人一起,以分割共有财产的形式来收回出资财产的价值。如果出资财产为共用财产,出资人退伙或合伙解散时,该合伙人则有权要求返还其出资原物。在返还了出资原物后,出资人还有权与其他合伙人一道参加对合伙共有财产的分割。其次,合伙负担债务时,对出资财产的处理不同。如果出资财产为共有财产,那么该项财产应首先用于清偿合伙债务。在合伙的债权人就合伙共有财产得到清偿之前,合伙人个人的债权人无权要求该合伙人以其在合伙共有财产中的份额来偿还债务,即不能求偿于该合伙人投入合伙而成为合伙共有财产的出资。如果合伙人的出资财产仅为合伙共用财产,那么该项出资财产就不能先用来清偿合伙债务,而应作为出资合伙人的个人财产,先用于清偿该合伙人个人的债务。在合伙人个人的债权人就该合伙人个人的财产得到清偿之前,合伙的债权人无权要求该合伙人以其个人财产来偿还债务,即不能求偿于该合伙人已投入合伙而形成合伙共用财产的出资。

2. 针对《民法通则》中将合伙经营积累的财产作为合伙人共有财产的规定,学者就该项共有的性质问题形成了三种观点:第一种观点认为应当是共同共有,即由全体合伙人不分份额地对此项财产共同行使所有权。第二种观点认为此项财产应属于按份共有。第三种观点认为应分为两种情况讨论:在多数情况下,如营利性的商业合伙,该项财产属于共同共有;在少数情况下,如非营利性合伙,该项财产属于按份共有。笔者认为,合伙经营积累的财产的法律性质应为共同共有,即两个以上的合伙人基于合伙经营关系,对于同一项财产不分份额地共同享有权利承担义务的共有关系。一般认为,共同共有的特征是:第一,共同共有依

① 马俊驹、冷铁勋:“合伙人出资财产的法律性质刍议”,载《法律学习与研究》1992年第2期。

共同关系而发生；第二，共有人在共有财产中不分份额；第三，共同共有人平等地对财产享有权利承担义务；第四，共同共有人享有连带权利，承担连带义务。合伙经营积累因合伙关系而发生，符合共同共有的第一个特征；合伙经营积累具有组合性，因而符合共同共有的第二个特征；合伙经营积累体现着全体合伙人的共有权，全体合伙人都对其平等地共享权利，共负义务，符合共同共有的第三个特征；合伙人对合伙经营积累对外享有连带权利，承担连带义务，符合共同共有的第四个特征。所以，合伙经营积累完全符合共同共有的法律特征。另外应予说明的是，与合伙人的出资相似，在合伙人经营积累而形成的财产中，既可能有财产所有权，也可能有财产使用权或收益权。当合伙经营积累反映为财产所有权时，则该项财产为全体合伙人共同共有，对此已无异议。当合伙经营积累反映为财产使用权或收益权时，由于它不是所有权形态，所以无法用个人所有或合伙人共有等概念来确定其法律性质。在此情况下，应与合伙人以财产使用权、收益权出资时的情形一样，将其认定为全体合伙人共用权，即共同使用该项财产的权利。例如，在合伙存续过程中，合伙人为了经营的需要而租赁了数间铺面房。对于这些房子，合伙人并不享有所有权，只是拥有使用权。这种使用权无法由各个合伙人区分份额地使用，只能为了合伙的共同事业而由全体合伙人共同使用。

3. 关于合伙人以财产所有权出资而形成合伙共有财产的情况，笔者认为，这种共有关系与合伙经营积累的法律性质一样，都属于全体合伙人共同共有。

四、《合伙企业法》对合伙企业财产法律性质的认定

《合伙企业法》第 19 条第 2 款规定："合伙企业的财产由全体合伙人依照本法共同管理和使用。"与《民法通则》的规定相比，《合伙企业法》的这一规定有以下两个特点：第一，不再区分合伙人的出资和合伙经营积累的财产；第二，没有直接规定合伙企业财产的法律性质。在此情况下，我们应当如何认定合伙企业财产的法律性质，如何评价《合伙企业法》的这一规定呢？

笔者认为，我国《合伙企业法》的这一规定具有极大的科学性和灵活性，既吸收了《民法通则》的优点，也摒弃了其缺陷；既考虑到了合伙企业财产组成内容的复杂性，又照顾到了全体合伙人对合伙企业的财产进行共同管理和使用的权利与实际需要。因此，这是一条成功的法律规定。首先，《合伙企业法》避免了像《民法通则》那样将合伙人的出资与合伙经营积累分别立法的不妥当的做法，而将合伙企业的财产视为一个整体进行规范，不再区分合伙人的出资和合伙

企业的经营收益;其次,该法又吸收了《民法通则》的科学性,考虑到了合伙企业财产构成的复杂性,并未从正面直接规定合伙企业财产的法律性质,而仅仅规定了合伙企业的财产应由全体合伙人共同管理和使用。所以,这一规定在立法技术上极为高明,是原则性与灵活性相结合的典范。

对于合伙企业财产的法律性质,笔者认为,应当从四个方面进行分析:(1)对于合伙人以现金或财产的所有权所作的出资,以及合伙企业以自己的名义取得的现金或财产所有权收益,其法律性质应为全体合伙人共同共有财产,在合伙企业存续期间,由全体合伙人不分份额地对其行使共同的管理和使用的权利。(2)对于合伙人以土地使用权出资的,在合伙企业的存续期间,土地使用权由全体合伙人共同享有,并享有对其进行共同的管理和使用的权利。(3)对于合伙人以所有权之外的财产使用权、收益权所作的出资,其所有权仍归出资合伙人,但全体合伙人拥有对该项财产的共同使用权,即共用权。(4)对于合伙企业在经营期间所得的各种财产使用权等财产权利,由全体合伙人享有共同的使用权,即共用权。

五、合伙企业财产与合伙人的财产份额

合伙人的财产份额是指合伙人在合伙企业财产中依照出资数额或合伙协议约定的比例分配利益和分担亏损的份额。合伙人的财产份额因合伙人的结合而凝聚为一体,在合伙企业存续期间内,合伙人对自己的财产份额并无任意处分的权利,只有在分配利润或退伙而分割合伙企业财产时,各合伙人的财产份额才从合伙企业财产中分离出去。因此,合伙人的财产份额是一种抽象的权利,它透过合伙企业财产的总体而潜在存在,并非一种随时可兑现为物质利益的财产权利。

合伙人的财产份额是与合伙人的身份联系在一起的,因身份关系之不可转让性决定了财产份额也不是一种可由所有者任意转让的财产权利。一般说来,它只能转让给同样具有合伙人身份的人。一个合伙人转让了自己在合伙财产中的财产份额,也就与其他合伙人脱离了原先约定的权利义务关系,其作为合伙人的身份也同时消失。

合伙人的财产份额并不意味着他可以按照据以确定的比例而对合伙企业财产的特定部分主张排他性的独占权。合伙企业的财产作为合伙人共同管理和使用的财产,在合伙企业的存续期间内,应由全体合伙人共同决定其用途,任何合伙人没有擅自挪用或撤出的权利。

总之,合伙企业财产虽然具有一定的团体财产性质,但毕竟没有脱离与合伙企业成员的人身联系而成为独立的团体财产。合伙企业财产的拥有者是一个由多数人组成的复合主体,每个拥有者对于合伙企业财产都有自己的财产份额,这与财产权利和成员人身完全脱离的法人财产是一个明显的区别。

(1997年第12期)

“碧纯”水侵权案探讨

朱榄叶*

在上海引起社会大众以及法律界广泛关注的“碧纯”牌蒸馏水侵权纠纷，经过上海市第二中级人民法院一年多的审理，现已通过当事人的调解结案。

“碧纯”牌蒸馏水是上海延中饮用水有限公司的产品。延中饮用水有限公司是香港中添国际有限公司与上海延中实业股份有限公司、嘉定区戬洪第二工业公司于1992年成立的合资企业，其中港方投资占60%、中方投资各占30%和10%。合资公司的董事长由延中公司委派，总经理由中添公司委派。“碧纯”水投放市场后，先后获得一系列荣誉称号，1995年，“碧纯”水在上海的市场占有率为43%。

1995年9月，延中实业投资成立另一公司，把新公司命名为上海碧纯贸易发展公司，并谎称其为“碧纯”品牌的权利人，获得了企业名称登记。延中实业指派合资公司董事长王建兼任碧纯公司董事长。1996年3月，碧纯公司在上海闵行区成立上海新延中饮料有限公司，仍由王建担任董事长生产“延中”牌饮用水。碧纯公司和新延中公司擅自在其生产、销售的“延中”饮用水的产品装潢及广告等宣传中，突出使用“碧纯”名称并仿冒“碧纯”蒸馏水产品的装潢，造成经销商与消费者的误认误购。这些行为共同侵犯了“碧纯”知名商品的合法权利，不仅造成合资公司的直接经济损失，而且损害了“碧纯”品牌的声誉，构成仿冒知名商品特有名称及装潢的不正当竞争侵权。由于合资公司的董事长及部分董事同时又在碧纯公司及新延中公司任职，港方及其指派到合资公司的三名董事数次要求召开合资公司的董事会会议，洽商合资公司“碧纯”品牌遭侵权的问题，但均遭合资公司董事及沪方董事的拒绝，致使合资公司无法正常行使其权利，并由此造成投资60%的中添公司的合法权利受到损害。

为了维护自身的权益，港方董事开会通过决议，并以合资公司名义向上海市第二中级人民法院起诉，上海市第二中级人民法院以〔1996〕沪中民初(知)字第343号立案，受理原告上海延中饮用水有限公司诉被告新延中公司、碧纯公司不正当竞争一案。王建以上海延中饮用水有限公司法定代表人名义、以“起诉未

---

* 作者单位：华东政法学院(现华东政法大学)。

经合资公司董事会及法定代表人同意”为由,向法院申请撤回起诉。第二中级人民法院经研究及请示上海市高级人民法院后认为:该案原告主体资格不符合法律规定,无法继续审理。

港方又以中添公司名义在上海市第二中级人民法院起诉,指控碧纯、新延中及延中实业三公司采取不正当竞争手段,侵害中添公司的合法权益,请求法院判令被告停止侵权,赔偿损失和费用1050万元。法院立案受理后,延中实业在答辩期内向法院提出“管辖权异议”,认为其与中添公司之间因合资公司而发生的争议,应按照合资合同约定,通过仲裁方式解决。法院就此函询中国国际经济贸易仲裁委员会上海分会,该会回复认为,法院受理本案不受合资公司仲裁条款的约束。于是法院裁定驳回延中实业对本案管辖权提出的异议。延中实业不服,提出上诉。上诉期间,合资公司董事长王建以合资公司名义在上海市第二中级人民法院对碧纯公司和新延中公司起诉,请求人民法院判令两被告停止侵权并赔偿经济损失100万元人民币。此后,王建又代表合资公司向第二中级人民法院提出管辖异议,认为本案应由第一中级人民法院受理。

上海市高级人民法院就管辖权事项进行审理后认为:中添公司拥有合资公司60%股份,是碧纯品牌的最大受益人,在合资公司董事会无法正常行使职权,且作为最大股东的收益权和合资公司的权益遭到他人共同侵害的情况下,其直接起诉主张权利应予支持。1997年3月21日,高级人民法院裁定驳回延中实业的上诉,并指示第一中级人民法院和第二中级人民法院以原沪、港两方的起诉尚不符合法定条件为理由,驳回沪、港两方分别以上海延中饮用水有限公司名义提起的诉讼。据此,第一中级人民法院及第二中级人民法院分别裁定驳回原告上海延中饮用水有限公司的起诉。

日前,双方已经在调解协议上签字,本案就此结束。

然而,这一纠纷的产生及诉诸法院、法院在审理案件过程中遇到的程序问题及实体问题,令人回味,它对我国现行的民事诉讼法、公司法、外商投资企业法、商标法、上商企业登记条例等法律法规的立法及实施,都提出了一系列亟待解决的课题。因此,“碧纯”纠纷所产生的影响就不仅仅局限于本案,而是一件具有典型意义的案例。10月6日下午,华东政法学院国际经济法研究所组织召开了“碧纯”水侵权纠纷法律研讨会,对这一案件涉及的法律问题进行了深入探讨。

与会同志一致认为,“碧纯”水侵权案确实提出了许多法律问题。

第一,中添公司的诉讼地位问题。胡鸿高教授指出,从本案反映出中国的立法太原则、太简单,由于许多法律是在计划经济的前提下制定的,现在看来存在许多漏洞。其实在国外早就有关于公司股东派生诉讼权利的规定。如果董事不能代表公司的利益,甚至渎职,而公司又不起诉,股东有权起诉。我国公司法的漏洞之一就是没有关于派生诉讼的规定。曹建明教授认为,本案牵涉民法、民事诉讼法、公司法、合资企业法、反不正当竞争法等一系列法律问题。两个侵权被告虽然是合资公司中的投资方,但在法律上表现为独立的法人,所以本案仍然应当是合资公司与两个被告的纠纷。至于中添公司的诉讼地位,确实存在没有法律规定的情况,但有时法律已经有规定,只是还不够具体,是我们的认识不到位。本案涉及的"碧纯"品牌是合资公司的财产权,中添公司是占有合资公司60%股份的股东,是无形资产的共有人,因此是有权起诉的。有人认为共有必须是合伙,这是误解,这是根据合同的共有,更接近按份共有。我国民法理论上支持共有人对外行使权利。顾功耘教授认为解决本案原告诉讼地位最理想的办法是引进派生诉讼的概念。在我国诉讼法中对这一问题没有讨论,但在公司法实践中讨论较多。在外国法中这是一个经常使用的概念,股东代表公司告侵权者,很多国家都有这样的规定,总体来说,这是依据股东的权利,而股东权可以分成自益权和共益权,这里行使的是共益权。个别股东诉讼,费用由公司承担。陆志安副教授认为,外国公司法规定的派生诉讼是为了保护小股东的利益,而本案原告是占有60%股权的大股东,只是没有实际控制公司的经营管理。

第二,本案中中添公司拥有什么权利。陈大钢教授指出,中添公司作为合资公司的股东,享有法律赋予的受益权,这一权益是否仅指接受分红、派息的权利,是否也应当包括对有关资产可行使的权利?这个问题需要从理论上认识清楚。胡鸿高教授认为,从传统的民法理论理解中添公司的权利确实有点困难,但从商法、公司法来理解,中添公司享有的就是投资者的合法权益,这既包括自益权也包括共益权。曹建明教授认为,中添公司享有的是共有权,收益权是在共有权的基础上产生的。

与会专家一致认为,本案暴露出我国法律在许多方面还不健全。曹建明教授指出,公司法只规定董事长对外代表公司,对内,公司董事长享有什么权利,他和其他董事的关系如何不明确。合资企业法规定董事长负责召开董事会,并没有给他其他权利,他的权利与其他董事是平等的。但在实际中,我们许多同志存在认识上的错误,好像对外代表公司就是控制公司。法律规定董事长负责召开董事会,并且规定了召开董事会的条件,但如果董事长有能力却拒绝召集会议,应该如何处理,法律就没有规定。陈大钢教授指出,我国的合资企业法制定在前,公司法制定在后,于是就产生了矛盾。比如,在公司中,不管采用什么体制,投资者在公司中的权利总是通过股权来体现的,董事会往往是人的组合,不体现股权比例。公司法规定了股东大会,而合资企业法就没有这一规定,这样就难以保证股东的权利。陈大钢教授指出,公司法规定了监事会这一机构,行使对董事会的监督职能,合资企业法没有这一规定,对合资企业的董事会就缺乏监督,董事违反法律的行为得不到及时制止。胡鸿高教授说,根据目前的企业法人登记条例,行政的权利过大,本案的产生在很大程度上是由于两个被告使用了容易引起消费者误认的公司名称,而且还获得了注册。顾功耘教授指出:根据公司法,董事不能在相同业务的公司兼职,对董事长更是如此。根据外国的法律,如果董事在其他公司兼职,他在其他公司的收益就归有权的公司,我们国家的公司法没有规定对违反“竞业禁止”的董事如何处理。这样的事情在现实中已经多次发生,法律规定显得无能为力。此外,公司法规定董事长在董事会闭会期间代行董事会的部分权利,但又没有明确哪些权利可以由董事长代为行使,就是一个漏洞。

各位专家都认为,在法律没有修改之前,合资企业的中方和外方都应谨慎地对待其合同,尽可能以合同的方式弥补法律没有规定的问题。

(1997 年第 12 期)

1998年

中国消费者保护法上的欺诈行为与惩罚性赔偿

王卫国*

一、前　　言

自中国《消费者权益保护法》(以下简称《消费者保护法》)于1993年10月颁布以来,有关消费者保护的诉讼和非诉讼案件急剧增加。据报道,1996年,全国各级工商行政管理部门受理的消费者投诉案件总计达425,008件,是10年前的75倍。① 这些投诉涉及质量、价格、虚假广告、假冒商品、计量和欺诈骗销等问题。其中,欺诈骗销案件上升幅度最大,为上年的137.9%。② 在这类案件中经常适用的就是消费者保护法中最引人注目的条款——第49条,其条文如下:

经营者提供商品或服务有欺诈行为的,应当按照消费者的要求增加赔偿其受到的损失,增加赔偿的金额为消费者购买商品的价款或者接受服务的费用的一倍。

正是这一规定在近几年里大大地激励了被称作"打假运动"的反欺诈斗争,适用这一规定的案件大量出现。在街头巷尾、新闻媒体、法院、大学课堂和政府机关,这些案件成了人们议论纷纷甚至争论不休的对象。《消费者保护法》第49条已经成为中国消费者保护领域的一个热点。

当然,这仅仅是开始。要使《消费者保护法》第49条得到更有效的运用并促进消费者保护立法进一步发展,有一些法律问题需要加以澄清。为此,与澳大利亚的经验尤其是与澳大利亚《商业法》(Trade Practices Act)第52条进行比较,是值得尝试的。③ 澳大利亚《商业法》第52条的条文如下:

第52条(1)企业不得在贸易或经营中实施误导或欺骗性的或者可能使人

---

* 作者单位:中国政法大学。作者为中澳机构合作项目《中国经济法改革:比较方法》的中方项目主任。本项目的合作双方为中国政法大学和堪培拉大学。本项目得到澳大利亚政府的资助,特此鸣谢。本文为该项目1997年(堪培拉)学术年会论文。原文为英文。

① 《法制日报》1997年3月15日第3版"3·15国际消费者权益日"专栏。

② 集裘:"为消费者解忧从",载《法制日报》1997年3月12日。

③ 澳大利亚《商业法》共分12部分,其中第5部分《消费者保护》包括4节:第1节"不公平做法"(第51～65A条),第1A节"产品安全和产品信息"(第65B～65L条),第2节"消费者交易中的条件和保证"(第66～74L条),第3节"杂项"(第75～75A条)。

误解或受骗的行为。

(2)本条以下条文中的任何语句,均不得被推断地视作对前款之一般性规定的限制。

本文以下将首先介绍几个与《消费者保护法》第49条有关的案例,然后提出若干法律问题,采用比较的方法加以分析,最后在结语中提出一些评论意见。

二、《消费者保护法》第49条的有关案例

1. 王海打假案

1995年春天,山东某厂的年轻业务员王海来北京出差。他偶然买到一本介绍消费者权益保护法的书。他为《消费者保护法》第49条所吸引。为了验证这一规定的可行性,他来到隆福大厦,见到一种标明"日本制造",单价85元的"索尼"耳机。他怀疑这是假货,便买了一副,找到索尼公司驻京办事处。经证实为假货后,他返回隆福大厦,又买了10副相同的耳机,然后要求商场依照《消费者权益保护法》第49条的规定予以加倍赔偿。商场同意退回第一副耳机并赔偿200元,但拒绝对后10副给予任何赔偿,理由是,他是"知假买假"、"钻法律的空子"。王海感到愤怒,他相信自己的目的不是赚钱而是维护消费者的利益,因而决心继续战斗。

同年秋天,王海再度来京。他光顾了多家商店,购买了他认为是假货的商品,经证实后便向商家要求加倍赔偿。多数商店满足了他的要求,但也有少数加以拒绝。

王海的举动被新闻媒介披露后,在全国范围内引起反响。他被多数普通百姓甚至被许多经营者当做英雄加以赞誉,同时也使制假售假者感到震惊。1996年12月,中国保护消费者基金会向他颁发了奖金。

与此同时,王海的做法成了法学界争论的话题。有些官员和学者对此持批评意见。例如,国内贸易部的一位官员认为,以获利为目的购买假货再要求加倍赔偿的人不是现行立法范围内的真正"消费者",因此"知假买假"的不能得到赔偿。在他的心目中,买了东西并加以使用的才是消费者,买了不用则不是消费者。[①] 也有一些学者认为,"知假买假"的行为是不道德的,由此获得的利益属于

① 梁石程:"提醒上帝",载《法律与生活》1990年第3期。另参见《中国消费者报》1995年11月29日。

不当得利。[1]

相反地，有许多法律作者和学者支持王海的举动。他们指出，"消费者"一词是相对于"经营者"而言，任何与经营者进行交易的人，除了本身也是经营者的外，都应当被看做消费者。他们认为，"知假买假"然后索取加倍赔偿的做法是符合道德的，因为它有助于打击假冒产品，因而有利于民众和社会。还有人认为，不能把索赔者的所得说成是不当得利，因为这种索赔是以法律的规定为根据的，况且，索取赔偿还要耗费大量时间、劳务和费用。[2]

1996 年年初，王海转战中国南方，在许多人商场买假索赔。但是，商家白眼相向，地方政府漠然处之，使他不得不无功而返。其中的教训，正如一些法律上作者总结的，在于没有运用法律诉讼的武器；仅仅借助于新闻媒体和舆论的压力是不够的。

1996 年 11 月，王海在天津的一家法院成了胜利者。他紧随何山诉乐万达商行案（详见下文）之后，状告伊势丹有限公司销售电话有欺诈行为。结果，他依据《消费者权益保护法》第 49 条获得了加倍赔偿。[3]

2. 耿某诉南京中央商场案

1996 年春天，当王海在南方屡屡受挫的时候，一位姓耿的消费者在南京的某一法院也经历了相同的命运。1 月 4 日，耿某在南京中央商场买了三套被标明为"羊绒衫"的"圣柏"牌保暖衬衫。在商场出具的发票上，写明了货品为"羊绒衬衫"，而事实上该货品的羊绒含量不到 2% 。第一天，耿某以衬衫不是羊绒，商场有欺诈行为为由，要求商场依照《消费者权益保护法》第 49 条支付双倍赔偿。遭到拒绝后，他向法院提起诉讼。法院驳回了他的诉讼请求。法院认为，原告于 1 月 4 日在被告处购物之前，曾在另一家商场购买了同样的衬衫并获得赔偿，故具有一定商品知识。法院这样判决的另一个理由是，把含有 2% 羊绒的衬衫标作"羊绒衬衫"并无不当，被告并未构成欺诈行为。

一位青年学者，南京大学法学院讲师李友根，写了一篇论文对耿某诉南京中央商场案进行了评析。[4] 他提出了据认为在本案中十分重要的三个问题：第一，知假买假者是否属于消费者，是否有权获得消费者保护法上的补救？第二，被告推销该商品的这种方式是否能够被认定为欺诈行为？第三，在原告得知实情的

① 梁石程："提醒上帝"，载《法律与生活》1990 年第 3 期。

② 同上。

③ 张战华："王海状告'伊势丹'"，载《法制日报》1996 年 11 月 19 日。

④ 李友根："消费者权利保护与法律解释——对一起消费纠纷的法理剖析"，载《南京大学法律评论》1996 年第 2 期。

情况下，被告的这种方式是否仍然能够被认定为欺诈行为，因而能够适用消费者保护法关于加倍赔偿的规定？

李友根指出，在“知假买假者不为消费者”的判断中存在一个悖论。如果知假买假者不是消费者，他就没有资格依据消费者保护法请求退货，那么他就只能使用它。而这样一来，他又成了一个不折不扣的消费者。

李友根认为，认定欺诈行为的标准之一就是法律的规定。消费者保护法第19条规定：“经营者应当向消费者提供有关商品或者服务的真实信息，不得作引人误解的虚假宣传。”根据纺织部的有关规定，羊绒含量低于5%的不可称为羊绒制品。而另一个标准则是普通消费者（而不是专家）的认知水平。据此他得出结论，由于在一般消费者看来羊绒含量仅2%的衬衫不能被称做“羊绒衬衫”，该商场构成了欺诈行为。

3. 何山诉乐万达商行案

何山是全国人大法工委的官员，参加过消费者保护法的起草工作。1996年4月，他在经营名人字画的乐万达商行购买了两幅画。这两幅画，一为独马，一为群马，是作为已去世的国画大师徐悲鸿先生的真迹出售的。一个月以后，何山以“怀疑有假，特诉请保护”为由在北京西城区人民法院提起诉讼。1996年8月，法院作出判决，认定这两幅画为临摹仿制品，被告有欺诈行为，故责令被告按照《消费者权益保护法》第49条的规定向原告支付双倍赔偿。①

这个案件引起了广泛的注意，也引发了许多讨论。1996年10月，第二次“制止欺诈行为、落实加倍赔偿座谈会”在北京召开。在会上，如何正确理解消费者保护法第49条的立法原意再次成为中心话题。北京市第一中级人民法院副院长宿迟在会上发表了自己的意见。他指出，对于消费者保护法第2条所说的“为生活消费需要”的含义不应作狭义的限制性解释，“消费者”一语按其原义不过是指生产者、经营者以外的人。② 他主张，凡是到商店购物的顾客，都应被视作消费者；至于购买的动机和目的，可能涉及道德问题，但不属于法律问题。③北京市海淀区人民法院民事审判庭庭长张家广，根据他所在法院的审判实践得出了同样的结论。他认为，只要商品经营者有欺诈行为，就应当适用消费者保护

① 蔡蓓：“此马非彼马，何山获双赔”，载《法制日报》1996年10月16日。

② 消费者保护法第2条规定：“消费者为生活消费需要购买、使用商品或者接受服务，其权利受本法保护；本法未作规定的，受其他有关法律、法规保护。”有人认为，“知假买假”不在“生活消费需要”的范围之内，因而不受消费者保护法第49条的保护。

③ 储皖中：“打假更须用足法”，载《法制日报》1996年10月16日。

法第49条,而消费者的购物动机则在所不论。①

宿迟先生对“欺诈行为必须是故意行为”的观点作出了回应。他指出,商家对其所经营的商品,在进货时有认真审查的义务,未尽此义务者在主观上至少属于放任态度,应被认定为故意。②

在何山诉乐万达商行案以后,许多以此为样板的案件诉至法院,但是并非所有的原告都得到了满意的结果。下一个案件便是一例。

4. 薛萍诉北京燕莎友谊商城案

1997年3月,薛萍在燕莎友谊商城购买了3尊秦始皇兵马俑。几天之后,她得知该兵马俑为仿制品,遂与商城进行交涉,要求按售价的一倍进行赔偿。遭到拒绝后,她以该商品没有任何足以表明其为仿制品的标识为由,向北京市朝阳区人民法院提起了诉讼。商城提出反诉,称原告在购买这些秦俑时已明知为仿制品,其购买的目的是要获取双倍赔偿,因而构成欺诈行为。法院认为,原告本应知道她购买的这批货物不可能是真品,因为秦始皇兵马俑是国家禁止市场交易的珍贵文物。也就是说,正常的消费者在卖主既没有说明真相但也没有称为真品的情况下,都应该意识到该货物是仿制品。另外,法院也认为,被告本应通过明示该秦俑为仿制品而对商品性质作出严谨、明确的表述,从而使任何人都不致发生误解。最后,法院判决被告给予退货,驳回原告的其他诉讼请求,诉讼费双方各负担一半。③

三、消费者保护法第49条的法律分析

由以上案例可以看出,消费者保护法第49条的规定在一些主要方面至今尚无定论。人们已经发表的许多各不相同的见解当然很有价值,但大多局限于对法律条文的解释。况且,我们应当意识到,我们所要做的并不仅仅是解释法律,而且是改革和发展法律。

就消费者保护法第49条而言,我要指出的是,在围绕以上案件所进行的讨论中,有一个重要的东西被忽略了,这就是该条文的性质,这本应成为论证推理的出发点。

1. 性质和目的

① 张家广:“不应苛求疑假买假,不可放纵知假售假”,载《法制日报》1996年10月16日。

② 储皖中:“打假更须用足法”,载《法制日报》1996年10月16日。

③ 王丰斌:“谁在欺诈?”,载《法制日报》1997年10月13日。

在中国目前，人们已经公认消费者保护法第49条在性质上属于惩罚性赔偿规定，而且，它是中国第一个适用惩罚性赔偿的立法例。[①] 众所周知，在大陆法系，惩罚性赔偿从未被承认为民事责任的一种形式。我国的《民法通则》追随了这一传统，因而在该法中见不到惩罚性赔偿的规定。据认为，原则上，“民事责任以恢复被侵害的民事权利为目的”，因此，“民事责任的形式大多不具有惩罚性”。[②] 但是，有些民法学者坚持认为民事责任具有双重功能：一方面，通过制裁，遏制不法行为；另一方面，通过补偿，对受损害的权利加以补救。[③] 这一观点为承认惩罚性赔偿留下了余地。

这里要提到的另一个因素是当今中国在“借鉴外国经验”中对各大法系的兼收并蓄态度。我们毫不犹豫地采用惩罚性赔偿制度，因为它符合我们社会的需要，而不管它是否与大陆法系的概念体系相一致。而且，我们是按照我国的社会条件来采用这一制度的，因此，我国现行法上的惩罚性赔偿与普通法系的惩罚性赔偿也有一定程度的差异。

在普通法体系中，“惩罚性”赔偿指的是为惩罚他方当事人而判给一方当事人的赔偿金。这通常是法院在某些情况下（例如欺诈）于补偿性赔偿金之外适用的。“它们不仅宣示了法院对被告行为的不认许，而且意在制止他重犯这种行为，并且有可能进一步地制止其他人效法这种行为。”[④]科处惩罚性赔偿金的主要目的就在于“惩罚和制止”不法行为人。[⑤]

但是，在中国，消费者保护法第49条还有一个目的，那就是（除惩罚和制止

① “它首次在法律上确立了惩罚性赔偿金制度。”参见戚天常主编：《消费者权益保护法教程》，中国政法大学出版社1994年版，第264页。“这是我国法律首次确认惩罚性赔偿金制度。”参见吴宏伟主编：《市场管理法教程》，法律出版社1995年版，第169页。“本法规定的惩罚性赔偿制度，是我国民事赔偿责任制度的一项重大突破。”参见杨李、刘延岭主编：《生产经营消费者权益法律保护案例精析》，中国政法大学出版社1996年版，第425～426页。

② 佟柔主编：《中国民法》，法律出版社1990年版，第44页。

③ 王家福主编：《中国民法学·民法债权》，法律出版社1991年版，第421～424页、第441～444页；王卫国著：《过错责任原则：第二次勃兴》，浙江人民出版社1987年版，第163～165页；王利明主编：《民法·侵权行为法》，中国人民大学出版社1993年版，第55～56页。

④ P. F. P. Higgins, *Elements of Torts in Australia*, Butterworths, 1970, at 45. 在该页的脚注中，引用了澳大利亚的主导性判例 Uren v. John Fairfax & Sons Pty. Ltd. (1966)一案。

⑤ *Clerk & Lindsell on Torts*, 13th ed., Sweet & Maxwell, 1969, at 389, H. Luntz, D. Hambly & R. Hayes, *Torts Cases and Commentary*, Butterworths, 1980, at 278; R. N. Corley & W. J. Robert, Principles of *Business Law*, Prentice – Hall, Inc, New Jersey, 1979, at 102.

外)鼓励消费者同欺诈行为和假货作斗争。① 根据中外消费者保护运动的经验,这种鼓励对于惩罚和制止的目的来说是十分重要的。我们知道,在现代市场中,销售假货和实施欺诈行为的事件众多而分散。首先,由于这种行为发生的高频率,销售假货或者欺诈地提供服务的行为不仅是对个别消费者的私人利益的侵犯,而且是对全体消费者的共同利益的侵犯。在中国,消费者权利实质上是一种社会权利,而不是单纯的私人权利。所以,消费者保护法上的欺诈行为是一种特殊侵权行为;对这种行为,法律应采取特殊手段来加以治理。

其次,由于这种行为的分散性,便存在一个"责任概率"问题。也就是说,在实践中,有大量的消费者基于种种原因而放弃了他们的请求权,这样,行为人因其不法行为而支付的成本便大大低于他们由此获得的利润,实施这种侵权行为便成为一种有利可图的勾当。惩罚性赔偿的规定可以提高行使请求权的案件数量和单个案件的赔偿数额,使"责任概率"上升,从而使不法行为人感到无利可图甚至反受其害。这样,就可以减少这种行为的发生。

立法上采用惩罚性赔偿所考虑的另一个因素就是请求人的成本。在法律实践中,受害的消费者所获得的补偿性赔偿金往往低于他们的实际损失。有一些成本,如为进行追索所付出的费用和时间、耗费的精力以及蒙受的焦虑等,也很难通过司法程序获得补偿。这就是许多消费者不愿认真对待其权利的一个原因。惩罚性赔偿可望为请求人提供较充分的补偿。即使有人获得高于其实际损失的赔偿,这也不能说是不公平。这种收入可以被视做对他的打假行动的奖励,因为这种行动不仅对他自己有利,而且对公众有利。这可以看做"令售假者资助打假"的政策。

从表面上看,《澳大利亚商业法》第52条有很大的不同。正如福克斯(Fox)法官所指出的:"它并非旨在创建责任;更确切地说,它是要建立一种行为规范,凡不遵守此规范者将承担由本法的其他条文或者一般法律所规定的后果。"②但是,同中国消费者保护法第49条一样,该条文在司法实践中也成了一个引人注

① "消费者保护法突破了传统民事赔偿责任中的这一限制,规定了惩罚性赔偿责任,这种责任的确立是为了更充分地保护消费者的利益,其基本作用主要表现在两个方面:第一,通过惩罚性赔偿责任可以督促经营者诚实经营,否则,就可能承担加重的责任;第二,可以鼓励消费者积极同经营者不诚实经营行为作斗争,检举、揭发经营者的不法经营行为。"参见李昌麒、许明月编著:《消费者保护法》,法律出版社1997年版,第319页。

② In Brown v. Jam Factory Pty Ltd. (1981)53 FLR 340 at 348.

目的焦点，与之有关的案件逐年上升。[①] 在笔者看来，该条文在实践中之所以行之有效是由于它的两个特点：第一，根据有关的解释，第 52 条是受侵权行为法的一般规则支持的。正如福克斯法官所说："公认的概念，例如关于欺诈和出售假货的侵权行为的概念以及人们多年来对它们作出的分析，可被证明是有助于依据第 52 条的案件的判决。"[②]根据普通法，"在被告的行为是他为自己获取利益而故意为之，而这种利益可能大大超过他可能付给原告的赔偿的情况下"，法院有判令支付惩罚性赔偿的自由裁量权。[③] 第二，第 52 条中的行为规则具有广泛的适用范围。按照澳大利亚高等法院（High Court）的意见，"第 52 条没有一定的界限"。"鉴于消费者保护构成第 52 条的核心，高等法院拒绝对该条文的适用范围划出明确的边界。"[④]在这样的体制下，人们可以充分运用这一法律武器，因而对欺诈行为的有效的惩罚和制止是能够实现的。

2. 适用范围

由上面的分析可以看出，消费者保护法第 49 条的适用范围显然不应当被限定为"购买并使用者"。购买者的动机并不是适用该条文时必须考虑的因素。无独有偶，《澳大利亚商业法》第 52 条也采取了类似的立场。据说，该条所关心的是企业对人们实施的行为，而它对这种行为的唯一要求就是该交易必须具有贸易或商业的性质。[⑤] 至于与企业交易的人，探究他们是否为消费者是毫无意义的；事实上，在该条文中根本没有出现"消费者"的字样。

的确，正如在上述案例中一些法官和学者所指出的，我国消费者保护法第 2 条不可被解释为对第 49 条适用范围的限制。《澳大利亚商业法》第 52 条第 2 款似乎也包含了同样的意思。该款表明，商业法对于援引其他条文的语句对该条第 1 款进行随意解释的做法保持着戒备状态。

在耿某诉南京中央商场一案中，法院以原告"具有一定商品知识"为由驳回其诉讼请求。这是非常奇怪的。如果法律的目的是鼓励人们同假货作斗争，它当然不会排斥那些具有进行这种斗争所必要的商品知识的人。难道法律预期那些对商品一无所知的人有能力与售假者对簿公堂吗？这使笔者想起了英国法官

① R. 米勒（Miller）在他的《商业法注释》（Annotated Trade Practices Law）一书（1991 年版）的前言中指出："关于第 52 条的篇幅每年……都在扩大，现在已经到了这种程度，即不再有可能也不再有必要把所有的这类案例都包括进来。"

② In Brown v. Jam Factory Pty Ltd. (1981) 53FLR 340 at 348.

③ P. F. P. Higgins, *Elements of Torts in Australia*, Butterworths, 1970, p. 45. 在该页的脚注中，引用了澳大利亚的主导性判例 Uren v. John Fairfax & Sons Pty. Ltd (1966) 一案。

④ Russell v. Miller, Annotated Trade Practices Law (1997), at 259.

⑤ P. F. P. Higgins, *Elements of Torts in Australia*, Butterworths, 1970, p. 45.

在侵权行为法历史上有名的"蛋壳脑袋"案件中创立的一项规则:"加害人对受害人的认识,以其所见者为限(The tort feasor must take his victim as he finds him)。"①这意味着,不法行为人没有资格对他的受害人吹毛求疵。显然,一个欺诈行为不会因为它被识破而变成正当行为。

3. 对行为的定义

消费者保护法第49条的关键词是"欺诈行为"。与此相类似,《澳大利亚商业法》第52条以"误导或欺骗性的或者可能使人误解或受骗的行为"为核心,这一用语似乎经过了更为仔细和精确的推敲。现在让我们来讨论一下与"欺诈行为"的含义及其应用有关的一些问题,同时与《澳大利亚商业法》第52条的经验作一些比较。

在中国国家工商行政管理局1996年3月发布的《欺诈消费者行为处罚办法》(以下简称《处罚办法》)第2条中,"欺诈消费者行为"被定义为"经营者在提供商品(以下所称商品包括服务)或者服务中,采取虚假或者其他不正当手段欺骗、误导消费者,使消费者的合法权益受到损害的行为"。这一定义在司法实践中常常被参照引用。这里有若干要点需要加以澄清。

(1)行为的检验方法

根据消费者保护法第49条和《处罚办法》的规定,对"欺诈行为"应当以客观的方法检验和认定,即根据商家在出售商品或提供服务时所采用的手段来加以判断。《处罚办法》第3条列举了一些典型的欺诈行为,其中包括:①销售掺杂、掺假,以假充真,以次充好的商品的;②以虚假的"清仓价"、"甩卖价"、"最低价"、"优惠价"或者其他欺骗性价格表示销售商品的;③以虚假的商品说明、商品标准、实物样品等方式销售商品的;④不以自己的真实名称和标记销售商品的;⑤采取雇用他人等方式进行欺骗性的销售诱导的;⑥利用广播、电视、电影、报刊等大众传播媒介对商品作虚假宣传的,等等。当然,还有销售假冒商品和失效、变质商品的行为,这些规定在该办法的第4条中。在实践中,所有这些行为都可以根据客观的事实(或者说,经营行为的外观)加以确定。

可以发现,澳大利亚法院在适用商业法第52条时也采用了客观检验法。法官们认为,"某一行为是否为误导或欺骗性是一个需要根据关于该行为及其关

① Owens v. Liverpool Corp. [1939] 1 K. B. 394,400–1. 在该案中,受害人的头骨异常薄脆,在遭受被告打击时破裂。被告以受害人自身存在的易于遭受损害的特质为抗辩。法院判决被告败诉。法官马肯农(Mackinnnom)指出:"一个对他人犯有过失的人,不应计较其受害人的个人特质,尽管受害人的这种个人特质增加了他遭受损害的可能性和程度;对于一个因致人头骨破裂而引起的赔偿请求,受害人头骨的异常易于破裂,并不能成为抗辩的事由。"

联事实与情况的证据来加以确定的事实问题。不论行为是否可能产生误解,只要所有的这些情况表明它包含或传达了错误的陈述,它就可以被归入第 52 条所称的误导”。①

(2)行为的结果

按照中国民法,从理论上讲,“欺诈行为”的概念有别于“因受欺诈而为的民事行为”。后者是指受害人的行为,而前者指不法行为人的行为;后者是由前者引起的。所以,在确定欺诈行为时,实际结果并不是必要条件。

虽然处罚办法第 2 条含有“使消费者的合法权益受到损害”的字样,这并不意味着要求有实际的损失或损害发生。只要商家的行为按其性质足以使消费者产生误解并且足以给他们带来某种不利益,它就可以被认定为欺诈行为。

《澳大利亚商业法》第 52 条的规定更为直接地表达了这种观点。“可能使人误解或受骗”这一提法本身就表明,“没有必要证明争议中的行为实际地使人上当受骗或者发生误解”。②

(3)主观要素

按照中国民法的概念,欺诈行为包括两个要素,一个是客观要素,另一个是主观要素。客观要素是指某种作为或不作为,如虚假陈述,或者隐瞒实情。主观要素是指实施这种作为或不作为时的故意。如果一个人知道他的陈述或隐瞒将会损及他人而立意为之,就构成故意。

就消费者保护法上的“欺诈行为”而论,主观要素是否为必要的问题是值得研究的。法学界有些人士认为,商家进货的疏忽大意应当被认定为故意。这种说法既不确切也无必要。根据消费者保护法的立法政策,第 49 条规定的欺诈行为的民事责任应当被理解为一种无过错责任(或者说严格责任)。这种责任可以由特别法规定,而消费者保护法就具有特别法的性质。③ 所以被控售假者的主观状态是无须考虑的。

澳大利亚法学家在解释商业法第 52 条时持有同样的观点。正如 R. 米勒(Miller)教授指出的:“依照第 52 条,被告的内在意志是无关紧要的。需要关注

---

① Taco Co. of Australia Inc v. Taco Bell Pty Ltd. (1982)42 ALR 177. 但是,该行为并不仅限于陈述的形式。罗克哈特(Lockhart)法官指出:“误导或欺骗性的行为一般是由明示的或沉默的错误陈述构成;但是,如果在理解第 52 条时将它的适用范围仅仅局限于构成某种陈述形式的情形,那就错了。”[Henjo Investment Pty. Ltd. v. Collins Marrickville Pty. Ltd. (1988) 79 ALR 83 at 93]。

② Russell v. Miller, Annotated Trade Practices Law, 1997, p. 262.

③ 在中国民法上,存在两种侵权行为:一般侵权行为和特殊侵权行为。前者适用过错责任原则,后者则适用无过错责任原则(严格责任原则)。参见王家福主编:《中国民法学 · 民法债权》,法律出版社 1991 年版,第 425 页。

的仅仅在于该行为是否有误导性或欺骗性或者可能使人误解或受骗。”“如果一家企业被控在陈述过去或现在的事实中违反了第52条，该企业的意志状态是没有意义的，除非该陈述包含了该企业的意志状态。是否违反第52条取决于该陈述是否在事实上包含或传达了虚假的含义，而不取决于该企业的意图或信念。”①福克斯法官指出：“故意不是必要的要素。……这种侵权行为更为客观，但是，在这里适用假设的理智之人的概念并非十分正确。一个人看着观众，或者他们中的一部分……问他们该行为是否具有误导或欺骗性，但要提出的问题并不单单是他们（或者他）已被误导。该行为是否为误导或欺骗性是一个由法院决定的问题。”②

4. 请求人的主观状态

从某种意义上说，消费者保护案件可以被看做个别经营者与全体消费者之间的案件。可以恰当地说，特定请求人的主观状态并不影响消费者保护法第49条的适用。影响其适用的不过是经营者行为的客观状态。也就是这样一个问题：该行为是否足以使一般消费者产生误解？这一点是在经营者能够控制的范围之内。如果经营者的行为足以误导一般消费者，它就构成欺诈，即使特定请求人为“知假买假”仍是如此。反之，如果它不足以误导一般消费者，它就不构成欺诈，即使该请求人确实发生了误解也是如此。

这一观点已经为我国司法实践所采用，前面所述的薛萍诉北京燕莎友谊商城一案就是一例。从这一案件中可以归纳出来的处理方案是，如果经营者的行为不足以误导一般消费者，但是可能使个别人发生误解，就不能适用消费者保护法第49条。这时，可以适用《民法通则》第59条的规定。③ 在这种情况下，根据《民法通则》第61条的规定，其法律后果之一就是各方当事人应当将其由该行为所取得的财产返还给对方。至于因该行为所致损失的承担，则取决于当事人的过错和因果关系的状况。如果经营者有过错并且他的行为是损失发生的必要条件，即使它不是请求人发生误解的充分条件，他也应当支付补偿性赔偿；反之，则应由请求人承担自己的损失。如果双方都有过错，他们就应按照其责任比例分担损失。

澳大利亚的经验可以为上述观点提供支持。米勒教授在一些判例的基础上

---

① Russell v. Miller, Annotated Trade Practices Law(1997), at 262.

② In Brown v. Jam Factory Pty Ltd. (1981). 53 FLR 340 at 348.

③ 《民法通则》第59条规定：“下列民事行为，一方有权请求人民法院或者仲裁机关予以变更或者撤销：（一）行为人对行为内容有重大误解的；（二）显失公平的。被撤销的行为从行为开始起无效。”

总结说："一个陈述，如果被任何正常的人在听了之后都不会当真，而某个愚蠢之人竟受其误导，对此应如何处理？一方面，对违反第52条的检验方法是客观的，普通法上的'理智之人'检验法显然并不适合。另一方面，虽然请求人事实上受误导，但一般的理智之人在听到同样陈述时却不会受误导，这样的情况也有发生。在这种情况下，不存在对第52条的违反。"①

5. 因果关系

一个经营者，如果他的行为足以误导那些具备正常注意的一般消费者，则他不得以请求人的故意或者疏忽作为抗辩。另外，如果经营者尽管有言词不实或者据实未报的情节，但其行为还不足以误导具备正常注意的消费者，那么，他就不能被认定为构成欺诈。在这种情况下，因过分疏忽大意而陷于误解的人不应受到消费者保护法第49条的保护。这里所包含的法律政策是，经营者的风险应当被限定在他们应该和能够预见并防止一般消费者发生误解的范围之内。在澳大利亚，"在许多案例中，法院曾考虑应如何处理因其未尽合理注意而陷于误解者的地位"。② 例如，在一个涉及名称相同的餐馆的案件中，弗兰克(Franki)法官表达了"过分愚蠢之人"不应受保护的观点。③ 还有一个案件，其中有一位初级律师被认为是信赖了一份买卖合同所附的误导性的规划证书。在该案中，法院指出："或许可以设想，在一个案件中，请求人是如此地疏于保护自己的权益，以致可以发现这样的事实，即被控陈述在当时情况下并不是他订立合同的真正诱因。在这样的案件中，虚假陈述与损害之间的因果关系要素已经因请求人过失的介入而被切断。"④

需要指出的是，由于在商业法第52条中没有关于惩罚性赔偿的规定，证明被控行为与损害之间的因果关系的举证负担是由原告承担的。正如澳大利亚法院指出的："若要索取赔偿，请求人必须证明被主张已蒙受的损失或损害是'基于'违反该法的行为。"⑤

---

① Russell v. Miller, Annotated Trade Practices Law. (1997), at 263. 相关的案例中，包括：Sutton v. A J Thompson Pty. Ltd. (inliq) (1987) 73 ALT 233 at 239 – 240; Narhex Australia Pty. Ltd. v. Sunspot Products Pty. Ltd. (1990) ATPR 41—036.

② Russell v. Miller, Annotated Trade Practices Law (1997), at 264.

③ Taco Co. of Australia Inc. v. Taco Bell Pty. Ltd. (1982) 42 ALR 177.

④ Argy v. Bhmts and Lane Cove Real Estate Pty Ltd. (1990) 26 FCR 112, at 138.

⑤ Russell v. Miller, Annotated Trade Practices Law (1997), at 270. 在 Wardley Australia Ltd. v. Western Australia (1992) 175CLR 514 一案中，马森(Mason)法官指出(在第525页)："在原告'基于'他人的违法行为而蒙受损失或损害的情况下，发生指定制定法上的诉因。'基于'是一个不好把握的用语。人们可以理解为'由于'、'因为'、'作为……的结果'。但是，无须定义或解释，这个词明确地表示了因果关系的概念。"

与此相比较，在中国，依照消费者保护法提出请求的人通常不承担这种负担；他只需证明自己在经营者实施欺诈行为的情况下已经为获得商品或者服务支付了价金。关于实际损失或损害的证据通常是不必要的，因为双倍赔偿可能已经足够。当然，请求人可以获得超过双倍价金的赔偿，只要他能够证明自己确实蒙受了数额超过双倍价金的损失或损害。根据民法的原则，受害人有权就实际损失或损害请求充分赔偿。不过，在这种情况下应当适用关于民事责任的一般规定，尽管这种途径不如消费者保护法第49条所提供的途径来得便捷。

四、结　　语

毫无疑问，消费者保护法作为特别法，需要得到普通民法的支持，因此，对于消费者保护法第49条来说，民事责任制度中有关规则的协同是不可或缺的。这也许是困难的，因为特别法与普通法之间的歧义要通过法律解释甚至通过法律改革来弥合。另一个问题是，许多法官习惯于将民法的一般概念适用于当下案件，而常常忽略待适用的特别法规的规定中所包含的特殊法律政策。所以，应当更加经常地运用案例研究，并改进案例研究的方法。例如，由于大陆法系传统的思维方法一般是演绎法，在解释甚至创造法律规则方面，中国的法官不像他们的澳大利亚同行那样地活跃。由此不难理解，在澳大利亚，对商业法第52条的解释总是来自司法实践，而相反地，在中国，对消费者保护法第49条的解释大多出自学术研究。

（1998年第3期）

非财产上损害与合同责任

韩世远*

一、引　　言

损害赔偿法上所谓的损害可分为财产上损害与非财产上损害，也有人称为物质损害与精神损害。财产上损害是指于赔偿权利人财产上所发生的损害，凡一切财产上不利的变动均属之，它不但包括财产的积极减少，亦包括财产的消极不增加。反之，非财产上损害是指赔偿权利人财产外所受的损害。

合同责任是合同当事人不履行合同债务时所产生的民事责任，主要是财产责任；违约损害赔偿通常是对当事人所受财产上损害作出的，这是因为大多数场合违约所造成的损害为财产上损害。关于非财产上损害的赔偿，各国立法例不一致；至于对违约是否得提起非财产上损害赔偿之请求，见解更是不一，大多数的立场是对此持慎重的态度，因为这类损害十分主观，又无市场价值，此外也有恐非财产之法益（如人格权、名誉等）被过度"商业化"而漫无边际，以致无法予以规范控制。① 对于因违约引致非财产上损害如何处理，殊值探讨。本文拟先作比较法的考察，然后对我国的既有判决作实证分析，在此基础上提出个人管见。

二、比较法考察

在法国合同法上，与侵权行为责任之场合相同，损害既可以是物的损害（dommage materiel；prejudicemateriel）又可以是精神的损害（dommage moral；prejudicemoral）。损害通常是对物的，对于合同债务的不履行债权人主张精神损害者，与侵权行为场合不同，更为稀少。判例上，对于侵权行为责任通常既承认物的损害又承认精神的损害；对于合同责任，当初对认可精神损害颇为消极，不过，后来判例次第发展为考虑精神损害（例如，赛奴商事法院1932年2月20日

---

* 作者单位：中国社会科学院法学研究所。

① 马维麟："损害赔偿法之原理"，载《法学丛刊》1996年第161期。

判决一剧院的广告画上对女演员的名字没有按约定使用大号字体突出出来,承认了精神损害之例;赛奴民事法院 1932 年 12 月 20 日判决一殡仪公司就葬礼的迟延承担了遗族的精神损害赔偿之例等)。实际上,法律条文并没有规定侵权行为责任场合与合同责任场合之区分,《法国民法典》第 1149 条被认为是将此二者均予包含了。[①] 现已稳固扎根的法理承认了精神的损害,它包括了范围非常宽泛的非金钱损失,除了上述所列判例之外,还可以举出一些判例来,例如,法院承认了因对家庭合影的失望而引起的感情损失、因其屠户违反了不出售不合犹太人戒律之肉的约定而对犹太社会宗教情感的侮辱,甚至因违约致马死亡而给人造成的悲痛。"尽管不可以再说在普通法上这类损害根本不可以以合同提起诉讼,显而易见的是,法国法是非常地宽宏大量的。对于这种状况,原因之一在于精神的损害在法国法上向来是可以自由地以侵权行为提起诉讼的,正如我们已经知道的,在合同责任领域和侵权行为领域之间存有相当多的竞合部分。"[②]

在德国法上,其民法典于给付义务通则中明确规定,非财产上之损害者,除有法律规定外,始得请求以金钱赔偿之(第 253 条)。对于违约引发之非财产上损害,德国法于债务不履行中既无非财产上损害之规定,通说认为该项损害自不得请求赔偿。对于因债务人违约而使债权人对其财产无法加以利用,亦即物之使用可能性被剥夺所发生之损害之情形,如一别墅所有人某甲欲装置暖气,由某乙提供之暖气装置为有瑕疵,其结果别墅因欠完善暖气设备而无法利用。对此依差额说推论,认财产上损害为不存在,因二财产状况之差额并不存在。德国早期判例及学说因而认该项损害为非财产上损害,但碍于法无明文规定,故不得请求赔偿。直到 1956 年,德国联邦法院才正式就海上旅行享受一案发表意见。该案案情为:一对夫妇利用假期从事于海上旅行,运送人因疏忽而未将托运的衣服行李依约送达目的地,其结果因天气寒冷该夫妇不能尽兴旅行。就该夫妇的财产而言,并未因之而有所减少。就其海上旅行所获得的愉快,则较诸衣服行李及时送达者,相去很远。"德国联邦法院,认该损失乃财产上损害,赔偿义务人应赔偿之。其所持之理由为:享受如已商业化,换言之,如其取得须为相当之财产上给付者,则妨害或剥夺该享受即构成财产上之损害。此一见解,引起广泛共鸣。"[③]德国的判例、学说通过这种"商品化论",达到了"财产上损害概念的扩

---

① [日]山口俊夫著:《法国债权法》,东京大学出版会 1986 年版,第 216 页。

② Barry Nicholas, *The French Law of Contract*, 2nd ed. , 1992, Clarendon Press, Oxford, p. 227.

③ 曾世雄著:《损害赔偿法原理》,台湾三民书局股份有限公司 1986 年版,第 57 页。

张”,并借此途径实际上保护了非财产上损害。[①] 不过,由于判例上的这种“商品化论”使得财产上损害与非财产上损害之间的区别暧昧,有无限定地扩大赔偿责任之嫌,受到了德国著名学者拉伦茨(Larenz)的批评。[②] 德国之所以不愿承认债务不履行场合的非财产损害赔偿,其理由在于关于非财产损害赔偿要赋予法官以过大的裁量余地,而在德国向来对法官抱有不信任的态度,如果法官拥有了过大的自由裁量权,这将会使德国人感到不安。另外,《德国民法典》第253条系属任意性规定,当事人仍可以对非财产上损害特别约定违约金或损害赔偿金。《瑞士债务法》第99条第3项规定,关于侵权行为负责程度之规定,准用于违反合同之行为,所谓负责程度之规定,即《瑞士债务法》第42条至第44条规定,自可准用。第45条至第47条以及第49条,通说亦可准用。故因违约而侵害生命、身体(《瑞士债务法》第47条)及其他人格关系(依《瑞士债务法》第49条,其他人格关系之侵害以加害重大及加害人过失之重大为条件),对于非财产上之损害亦应赔偿。[③]

在英国1973年的Jarvis v. Swan Tours Ltd. 案中,[④]丹宁勋爵在度假合同中力主对心神不适(mantalupset and inconvenience)判予损害赔偿,这一相当偶然的判决打开了对违约案件中精神损害(mental distress)给予赔偿的大门,奇怪的是,此一发展竟是发生在侵权法学者对人身伤害案件中的痛苦磨难(pain and suffering in personal injury cases)进行赔偿深感头疼之时。[⑤] 在美国,《合同法重述》(第2版)第353条(因精神损害带来的损失)规定:“不允许对精神损害获取赔偿,除非违约同时造成了身体伤害,或者合同或违约系如此特殊以致严重的精神损害成为一种极易发生的结果。”

在日本,对于因债务不履行所致精神的损害,民法典欠缺相应的规定,然现今的判例和学说“与德国的情形不同,在日本即便是在债务不履行场合亦认有赔偿,不过,与侵权行为场合不同,合同关系之外的第三人并不拥有固有的慰谢金请求权。当然,在认有保护第三人效力之场合,其第三人也还是拥有慰谢金请求权的”。[⑥] 现在,“在以安全考虑义务为中心的债务不履行的分支中,关涉人身

---

① [日]吉村良一:“德国法上财产上损害的概念”,载《立命馆法学》1980年2—6合并号。

② [日]椿寿夫、右近健男著:《德国债权法总论》,日本评论社1988年版,第59页。

③ Oser Komm,BVS. 548. 转引自史尚宽著:《债法总论》,台湾地区自版,第278页。

④ [1973年]Q. B. 233.

⑤ J. L. Jowell & J. P. W. B. Mc Auslan edited, *Lord Dinning*: *The Judge and the Law*, Sweet & Maxwell, 1984.

⑥ [日]前田达明著:《口述债权总论》,成文堂1993年第3版,第168页。

事故的合同责任尽管仍是问题，然在这种场合出于与侵权行为的均衡，与侵权行为一样对精神损害应认有慰谢金，这已不是什么异端邪说”。①

我国台湾地区“民法”于损害赔偿通则，关于债务不履行得否请求非财产上损害赔偿无明文规定，学说上见解不一。采肯定说者如史尚宽、王泽鉴、孙森焱、邱聪智等，②史尚宽先生认为债务不履行，及因其他原因所生之损害赔偿，可准用台湾地区“民法”关于侵权行为第192条至第195条之规定。③ 而曾世雄先生起初持反对意见，④后来曾世雄先生似有改说之趋向，认为“违反契约所发生之损害，如有非财产上之损害时，该非财产上之损害是否得请求赔偿，是一个被否定而又值得研究之问题”。“因违反契约而生之非财产上损害，私法学者会毫不犹豫否定其请求赔偿。此一答案，原则上尚属正确，但如细加探究，疑义仍多，包括：违反契约之结果，依法律之规定不得请求非财产上损害赔偿之商榷；违反契约之结果，依约定得请求非财产上损害赔偿之可能性；及违反契约之结果，依约定请求给付赔偿非财产上损害性质之违约金之可能性。”⑤新近学说上又有主张肯定说者，认为：“盖今纵被害人不依债务不履行对加害人请求损害赔偿，仍可依侵权行为法请求之，尚不得拘泥于概念法学而剥夺受害人之权利。”⑥

我国大陆现行立法在对违约得否请求非财产损害赔偿或曰精神损害赔偿上规定并不明确。在学说上，通说持否定态度，认为“对于违约损害，依法只应赔偿财产损失，而不包括非财产损失（因瑕疵履行造成人身损害时赔偿所引起的

---

① ［日］野村丰弘、栗田哲男、池田真朗、永田真三郎著：《民法Ⅲ——债权总论》，有斐阁1995年版，第62页。

② 王泽鉴：“契约责任与侵权责任之竞合”，载《民法学说与判例研究》（一），第395页以下；孙森焱著：《民法债编总论》，1990年第9版，第316页。邱聪智著：《民法债编通则》（修订第6版），1993年版，第214页。

③ 史尚宽著：《债法总论》，台湾地区自版，第278页。

④ 曾世雄著：《损害赔偿法原理》，台湾三民书局股份有限公司1986年版，第55页。“盖因违约而侵害债权人身体、自由、名誉者债权人是否得就所生之财产上损害请求赔偿，已是颇有问题，例如债权人原有高血压或心脏病，因忽闻债务人违约而晕倒而毙或因而半身不遂；以契约之履行否，原只关及契约当事人财产之得失，易言之，只关及契约当事人财产上损害之是否发生。是故，通常情形下，契约之履行否，与人身之损害无涉，与自由、名誉等人格权之损害亦无关。财产上损害之赔偿既无可能，非财产上损害之赔偿更是于法无据。此一见解，其正确性得如此加强之：违约所发生之损害赔偿，赔偿责任是否存在及其大小如何，宜探讨契约之内容旨而决定之，此为今日之通说。以一般契约内容通常无法解释债务人不履行契约即足发引起债权人生命、身体、自由、名誉受损害之危险。因而，除非违约之事实同时亦构成侵权行为，否则违约所引起之生命、身体、自由、名誉之损害，似缺乏请求填补之依据。财产上之损害况且不能获得填补，非财产上之损害更不待言。”

⑤ 曾世雄著：《非财产上之损害赔偿》，台北1989年自版，第97～98页。

⑥ 马维麟：“损害赔偿法之原理”，载《法学丛刊》1996年第161期。

各项费用，也属于财产损失）”。[1] 之所以如此，有的认为是“因为精神损害是合同当事人在订立合同时难以预见的，同时这种损害又难以通过金钱加以确定，因此，受害人不能基于合同之诉获得赔偿，但受害人在责任竞合的情况下，为了获得精神损害赔偿，完全可以基于侵权行为提起诉讼，而不必提起违约之诉。假如合同责任也可以对精神损害作出赔偿，就使得责任竞合失去了存在的意义”。[2] 与此不同，另外也有学者指出：“我国《民法通则》第 120 条已经规定，姓名权（名称权）、肖像权、名誉权、荣誉权受到侵害时，可以要求赔偿损失，就承认了精神损害赔偿。这虽然是针对侵权行为而规定的，但也应适用于某些违约行为。因为我国立法及其解释已经承认加害给付等不完全履行，在一定意义上说，这些违约行为也是侵权行为，加上合同法和侵权行为法都以补偿受害人的损失为目的之一，因此，具有侵权行为性质的违约行为致人以非财产损害时，即使提起合同之诉，也应获得赔偿。”[3]总之，现有的学说见解并不统一。

三、对我国既有判决的考察

我国大陆学说上的不统一乃是由于我国立法在此一问题上规定不明确所致，在司法实践上对此问题又是如何处理的呢？据笔者的考察，在有的判决中似乎应该说承认了债务不履行时的非财产损害赔偿，或者说至少可以自客观立场作这样的解释。

在“艾新民诉青山殡仪馆丢失寄存的骨灰损害赔偿纠纷案”中，[4]审理法院认为：“青山殡仪馆将原告之兄的骨灰遗失，系该馆工作人员失职所致，该馆是有过错的。对于死者骨灰遗失造成其亲属精神痛苦，青山殡仪馆应当赔偿。”经法院主持调解，当事人双方于 1992 年 5 月 5 日自愿达成调解协议：由青山殡仪馆赔偿艾新民现金 550 元（当即付清），艾新民同意撤回起诉。

在“马立涛诉鞍山市铁东区服务公司梦真美容院美容损害赔偿纠纷案”

---

① 梁慧星著：《民法》，四川人民出版社 1988 年版，第 420 页；王家福主编：《中国民法学 · 民法债权》，法律出版社 1991 年版，第 247 页。

② 王利明著：《违约责任论》，中国政法大学出版社 1996 年版，第 400 页。

③ 崔建远著：《合同责任研究》，吉林大学出版社 1992 年版，第 197 页。

④ 该案载于最高人民法院中国应用法学研究所编：《人民法院案例选》（总第 5 辑），人民法院出版社 1993 年版，第 83 页以下。该案虽系以调解结案，受理法院的立场却是明确的。

中,①审理法院认为:“原告在被告处作激光扫斑美容后,致面部形成麻斑,是被告方美容手术技术不过关造成的,现已经过半年之久,脸部麻斑尚未恢复,给原告精神上带来不可弥补的损失,故原告要求被告赔偿其损失,理由正当,应予支持。但原告要求赔偿数额过高,对过高部分不予支持。”为此,法院判决:被告在判决生效十日内退还原告激光扫斑费100元,赔偿今后治疗费1080.57元,一次性给付原告精神损害经济补偿费2000元,全计3180.57元。一审判决后,双方当事人均未上诉。

另外在“肖青、刘华伟诉国营旭光彩色扩印服务部丢失交付冲印的结婚活动照胶卷赔偿纠纷案”中,②审理法院认为:“原告委托被告冲扩胶卷并预付费用18元,被告应按约完成原告委托的事项。被告因过失将胶卷遗失,应赔偿原告同类胶卷或相应的价款,退还冲扩预收费用。因原告胶卷所拍摄的内容系结婚纪念活动,胶卷的遗失确给原告带来无法弥补的损失。强按摄影行业协会规定,只赔偿胶卷和退还预收费,有悖于《民法通则》和《消费者权益保护法》的立法精神,显失公平。”在开庭审理中,被告认识到遗失胶卷的行为,不仅给消费者财产造成一定的损失,更重要的是给消费者精神造成了一定的损害,愿意给予经济补偿。经法院调解,原、被告达成协议:被告自愿赔偿原告一卷胶卷的价款及补偿原告共482元,退还原告冲扩预付费18元。

四、本文的见解

通过前文比较法的考察已可以看出,对于因违约所生非财产上损害的赔偿,法国法持肯定的态度;德国法虽然未作出明确规定,但判例通过扩张财产上损害的概念,也达到了保护非财产上利益的目的;瑞士及日本也持肯定态度;我国台湾地区学说上多赞同对违约造成的非财产上损害的赔偿;英美法上也肯定了在特定情形下对违约非财产上损害的赔偿。我国大陆学说通说上否定对违约非财产上损害的赔偿,但是五彩纷呈的司法实践已展现了法官特定案件中在此问题上的肯定意见。如此,我们实应勇敢地突破原有成解,在学说上承认对违约场合非财产上损害的赔偿,并进而在理论上对其谋求正当化和系统化。

---

① 该案载于最高人民法院中国应用法学研究所编:《人民法院案例选》(总第7辑),人民法院出版社1994年版,第89页以下。值得注意的是,该案的报告中并未反映出原告要求精神损害赔偿。

② 最高人民法院中国应用法学研究所编:《人民法院案例选》(总第11辑),人民法院出版社1995年版,第74页以下。

我们现时也应该注意到，在一些国际性的立法文件中，明确承认了合同责任上对非财产损害的赔偿。在1994年国际统一私法协会《国际商事合同通则》中，第7.4.2条（完全赔偿）规定："（1）受损害方当事人对由于不履行而遭受的损害有权得到完全赔偿。此损害既包括该方当事人遭受的任何损失，也包括其被剥夺的任何收益，但应考虑到受损害方当事人由于避免发生的成本或损害而得到的任何收益。（2）此损害可以是非金钱性质的，例如包括肉体或精神上的痛苦。"其注释中明确写道："本条第（2）款明确规定对非金钱性质的损害也可赔偿。这可能是悲痛和痛苦，推动生活的某些愉快，丧失美感等，也指对名誉或荣誉的攻击造成的损害。""在国际商业中，本规则可能会适用于受雇于一个公司或一个组织的艺术家、杰出的男女运动员、顾问等人员签订的合同。""对非特质损害的赔偿可以表现为不同的形式，采取何种形式，以及采取一种形式还是多种形式能够确保完全赔偿，将由法庭来决定。法庭不仅可以判给损害赔偿，而且可以命令其他形式的补救，例如在其指定的报纸上发布通告（对违反禁止竞争条款、重新开业、诽谤等等都可发布通告）。"①另外欧洲合同法委员会（Commission on European Contract Law）1996年《欧洲合同法原则》（Principles of European Contract Law）第9.501条（损害赔偿的权利）规定："（1）对由对方不履行而造成的且依第3.108条未得免责的损失，受害方有权获取损害赔偿。（2）可获取损害赔偿的损失包括：（a）非金钱损失，和（b）合理地将会发生的未来损失。"明确规定了对非金钱损失（non－pecu－niary loss）的损害赔偿。由此可以看出，对违约造成的非财产损害予以赔偿乃是国际立法潮流所指，殊值我们重视。

本文以为，在我国可以依照美国《合同法重述》（第2版）的做法，原则上不允许在违约之诉中请求非财产损害赔偿，但例外地在违约责任与侵权责任竞合场合以及在一些依通常观念可预期到容易引发非财产损害的特定类型的合同场合，允许债权人请求非财产损害赔偿，对于所谓依通常观念可预期到容易引发非财产损害的特定类型的合同，可以归由判例和学说加以发展和类型化，在上述所举的判决中已可窥其一斑。此外，依据自愿原则，当事人对违约可能造成的非财产上损害事先约定违约金或损害赔偿金，原则自属有效，无须赘言。

（1998年第6期）

① 对外贸易经济合作部条约法规司编译：《国际商事合同通则》，法律出版社1996年版，第168页以下。

论股份质押的设立

胡　基*

一、可质押的股份范围

《担保法》第75条第1款第2项规定，依法可以转让的股份、股票可以质押。可见作为质权标的的股份、股票必须具备两个条件：其一，具有可转让性；其二，不为法律所禁止。这是由于质权是一种价值权，以不可让与的股份、股票作为标的物，质权人无法实现其质权，不能以质物的变价优先受偿。据此，股份有限公司股份、股票原则上有完全流通性、可转让性，可以作为质押标的。但是法律明文禁止转让的股份有限公司的股份、股票，因法律禁止而使此类特别的股份、股票失去可转让性，故不可质押。我国法律禁止转让的股份、股票有：(1)发起人持有的本公司股份，自公司成立之日起3年内不得转让(《公司法》第147条第1款)。(2)公司董事、监事、经理所持有的本公司的股份，在任职期间内不得转让(《公司法》第147条第2款)。(3)记名股票于股东大会召开前30日内或者公司决定分配股利的基准日前5日内，不得进行股东名义的变更登记(《公司法》第145条第3款)。(4)公司不得接受本公司的股票作为抵押权的标的(《公司法》第149条第3款)。(5)国家拥有的股份的转让必须经国家有关部门批准(《股票发行与交易管理暂行条例》第36条第1款)。发起人股份转让的禁止是由于发起人是公司最重要的原始股东，禁止转让可确保公司健全和信誉；同时又由于发起人有较重的设立责任，为使公司和第三人最起码能从发起人所持有的股份中获得损害赔偿，应禁止发起人股份、股票质押。董事等人股份转让禁止是由于董事等人是公司组织机构成员，应对公司有忠实义务，遂应防止其在任期中大量转让其股份以致减少对公司的忠诚，或防止其利用内幕消息为内幕交易损害其他股东利益。

上述第三种股份转让的禁止是对记名股票而言的。在“停止过户期间”或“闭锁期间”不得进行股东名义的变更登记，其目的是防止股东表决权的集中或分散，但对于上市股票，股票交易所另设有所谓“除权交易制度”，即在闭锁期内

* 作者单位：北京大学法律系。

仍得为股份转让,但受让人依情形不得参加股东会或参加股息、红利或其他权利的分配。依笔者之见,此条规定与前两种规定的禁止不同,前两种禁止为绝对禁止,否则为违法;记名股票闭锁期间可以转让,但其转让因不能登记而无效力,并不发生违法后果。而且法律明确规定闭锁期间不得进行股东名义的变更登记,其立法目的是防止股东表决权行使不便。对股份、股票质押而言,质押登记并非为股东名义的变更登记,股东的质押行为没有改变其股东地位,而是就其股份设立了新的权利——质权。这是一种财产权,这种担保物权作为他物权对股东股权的限制仅在于股权中的财产权部分,主要是自益权,股东仍得自由行使其股权中的共益权部分,可以参加股东大会行使表决权,故质押无损于该条的立法目的的实现。因此,笔者认为,在公司闭锁期间质押登记应为允许。

上述第四种股份、股票转让的禁止是公司法上的一项原则,即公司不得收回、收购、收质自己的股份、股票。各国公司法均有此规定。我国《公司法》亦有规定,"公司不得收购本公司的股票,但为减少公司资本而注销股份或者与持有本公司股票的其他公司合并的除外"(《公司法》第149条第1款),"公司不得接受本公司的股票作为抵押权标的"(《公司法》第149条第3款)。由《公司法》规定可见,公司不得收购本公司股票是有例外的,《公司法》上规定了两种,即减资注销和合并。① 此种对回购的例外是否也适用于公司收质不无疑问。禁止股票回购的立法目的在于防止回购威胁公司资本充实、资本维持原则;而且回购会助长投机,致影响债权人及投资人权益;回购使公司成为自己的股东,违反股东平等原则而侵害股东利益。② 禁止公司收质是由于,当公司将自己的股份收为质物,遇债务人不能清偿时,势必要实现其质权而拍卖质物。股份大量拍卖,价格可能低落,影响公司股票行情。如果拍卖不成,公司须自己折价取得股票,使公司成为自己股东,其结果又如股票回购的结果。③ 由收质与回购的关系可见,禁止收质的立法目的主要是为防止出现前述的回购不良后果,间接地达到禁止非法回购的目的;其次,禁止公司收质也是为防止公司资金借贷给股东或其他人,以确保公司资本维持原则。禁止公司回购是一项法律原则,但在特定情形下公司不得不回购,法律将这些特定情形规定为例外,豁免公司回购的责任,但公司

① 我国尚未制定颁布《证券法》和《股份有限公司回购股份守则》。回购尚有其他情形,如公司对反对股东股票的回购等。参见柯枝芳著:《公司法论》,台湾三民书局股份有限公司1990年再修订版,第216~221页。

② 柯枝芳著:《公司法论》,台湾三民书局股份有限公司1990年版,第217页;施智谋著:《公司法》,1990年校订版(自版),第122页。

③ 施智谋著:《公司法》,台湾三民书局股份有限公司1990年校订版(自版),第122页。

必须依法处理，防止不良后果发生。

有限责任公司的股份是否可以是质押标的，学者有争议，否定说认为由于有限公司股份不具完全的可转让性，故不适于质押；[①]肯定说认为有限公司股份有条件可转让，故可以质押。[②] 学理上以肯定说为通说，立法例亦多采肯定说。笔者赞同肯定说，从有限责任公司人合、财合兼有的性质看，人合因素固然使有限公司股东间有信赖忠实义务，不得随意转让公司股份；同时也应注意到有限公司的财合性，这种财合性使有限公司股东仅负有限责任而非无限连带责任，故有限公司股东间有信用上的非依赖性，从而使其所拥有的股份也有相对独立性，股东对其股份依法处分并不必然导致损害其他股东权益，损害有限公司设立的人合基础。所以，笔者以为，承认有限责任公司股份有条件可质押是较为妥当的，这样使全体股东权益与个别股东权益得以平衡，也符合民商法上意思自治原则，更利于资金融通需要，使财产价值作用最大化。而且，《公司法》规定有限责任公司股东间可以相互转让其全部出资或部分出资；股东向股东以外的人转让其出资时，必须经全体股东过半数同意。可见，《公司法》未禁止有限公司股份转让，质押为担保债权受偿的方式，质押使入质股份有转让的可期待性，并非实际的股份易主，在法律解释上，质押应得为之。有鉴于此，《担保法》第 78 条第 3 款明文规定有限公司股份可以出质，并应适用《公司法》关于股份转让的有关规定。所以，有限责任公司股份出质相应地可分两种情况：其一是向其他股东出质的应予准许；其二是向股东以外其他人出质的，应征得全体股东过半数同意，始得出质，否则出质无效。转质亦同。

合伙股份[③]是否可以出质？一般认为，合伙有强烈的人合性质，合伙人之间人身依赖关系是合伙存在的基础，合伙人间承担无限连带清偿责任。《民法通则》规定了个人合伙，《合伙企业法》则进一步明确了合伙企业为独立民事主体地位。有学者认为合伙的出资与合伙人地位紧密结合，与其合伙人地位不可分离，不适于作为质权标的。[④] 笔者亦认为，合伙人财产份额一般不应作出质权标的，但是法律上也不宜一律予以禁止，如若合伙人财产份额质押征得其他合伙人一致同意，应予允许，以体现意思自治。我国《合伙企业法》第 24 条认可了合伙人一致同意条件下的合伙人财产份额质押。但未经其他合伙人同意的出质行为

---

① 郑玉波著：《民法物权》，台湾三民书局股份有限公司 1989 年版，第 320 页。

② 郭明瑞革：《担保法原理与实务》，方正出版社 1995 年版，第 287 页。

③ 《合伙企业法》将合伙人出资称为合伙人财产份额，而非称为股份。本文为统一起见统称为股份。

④ 参见郑玉波著：《民法物权》，台湾三民书局股份有限公司 1989 年版，第 325 页。

无效,或可作为合伙退伙处理。合伙人财产份额的质押是权利质押抑或动产质押,需要明辨。《合伙企业法》对此没有明确定性。笔者认为,合伙企业财产与公司企业财产有不同之处,合伙企业本身没有独立的财产,合伙企业财产由合伙人共有,一般为按份共有;而公司企业作为法人,对其财产有独立的法人财产权。[①] 那么,作为合伙人共有财产的合伙财产出质与一般民事共有物的担保有何不同?合伙财产通常不仅包括动产和不动产,还包括债权、知识产权、商号权等,一般民事共有物仅为动产或不动产。我们撇开合伙财产组成的复杂性不谈,从合伙企业财产担保不转移占有这个角度看,它更接近于一般不动产共有物的抵押。而一般动产共有物的质押须转移占有,故而与合伙财产出质不同。《合伙企业法》把合伙财产份额的担保规定为质押,显然不是动产质押,不仅因为合伙财产构成的复杂性,而且因为合伙财产份额无法作为动产转移占有而为质押,否则使合伙企业事业无法继续进行。据此,我们只能把合伙财产份额的质押解释为一种权利质押,而且是股份质押,相应地,合伙财产份额即为《担保法》中规定的"股份"的一种。

股份在我国现行法上通常指对公司法人出资而形成的财产份额。但在我国台湾地区的相关规定上,"股份"一词不仅包括公司股份还包括合伙股份。[②] 就合伙与公司本质而言,都是一种营利性经济组织,都具有鲜明的团体性。[③] 合伙是一种人的集合,但不是简单的聚合,而是持久的、稳定的经营团体,可以开立银行账户,可以作为独立的诉讼当事人;而且合伙企业对其财产有相对独立的财产权,由合伙人的共同意志对合伙财产统一管理和使用。可见合伙具有实际上的行为能力、意思能力和责任能力,合伙对其财产有相对独立的权利。[④] 由于合伙的团体性,使合伙人对合伙的权益有社员权的性质,而非一种纯粹的财产权,它还包括对合伙事务的决定权等。所以合伙人由于对合伙的财产份额而形成的权利不是单纯的自然人所有权,而是对合伙的财产份额权,亦可称为股权。以所有权之外可转让的财产为标的的质押是权利质押,故而合伙人合伙份额的质押是一种权利质押,是股份质押的一种。为保证法的文义与内涵目的的一致,笔者认为,应将《担保法》上所谓的"股份"一词作扩张解释,不仅指公司股份,也指合伙

---

① 公司法人财产权的性质有经营权说、结合权说、所有权说等。笔者认为,法人财产权与经典所有权概念有差异,但各学说中仍以所有权说较为中肯。参见江平主编:《法人制度论》,中国政法大学出版社 1994 年版。

② 郑玉波著:《民法物权》,台湾三民书局股份有限公司 1989 年版,第 325 页。

③ 赵旭东著:《企业法律形态论》,方正出版社 1996 年版,第 140 ~ 141 页。

④ 同上,第 145 ~ 147 页。

企业合伙人的财产份额。《担保法》上有关权利质押的有关规定应适用于合伙财产份额的质押。

二、股份质押的设立

公司股份原则上可以质押,合伙财产份额在法定条件下亦可设立质押。

公司股份因股东出资而形成,同时股东基于其出资而有股权;在股份有限公司股份以股票的形式表彰,股权以股票形式表彰。因而,股份、股票的质押本质上是股权的质押。公司股权通常被认为公司社团的内部成员权,亦即社员权,①这种社员权有复杂的内容。股权的财产内容的权益一般为自益权,包括股利分配请求权、剩余财产索取权、股份转让质押权等;股权中非财产性质的权益一般为共益权,包括股东会出席权,表决权,查阅公司文件账表权,董事、监事、经理人员监督权等。股份质押准确地说应是股权中财产权的质押。

(一)股票设质

《担保法》第78条规定:"以依法可以转让的股票出质的,出质人与质权人应当订立书面合同,并向证券登记机构办理出质登记。质押合同自登记之日起生效。"依《公司法》的规定,依法可以转让的股票有记名股票和无记名股票两种,其中记名股票依持股主体可分为国家股、法人股、职工股和公众股。由于股票发行和交易的无纸化和无记名股票交易的不安全性,电子记名股票成为股票市场发行股票的形式。因而,在我国股票市场上实际上只有记名股票,而不存在无记名股票。

我国证券市场上股票认购和交易都通过证券投资者在公司开立的股票账户进行,股东持有股东持股证,所以,股东并不真正持有物质形态的作为有价证券的股票。交易时由股东发出指令,由证券公司代为买入或抛售,亦不存在股票物质形态变化,有表征的只是计算机网络中股东账户上该股东股份种类和数量的消长。

但任何一笔交易都有据可查,有买卖双方资料。所以,在无纸化电子交易中,无记名股票交易的便宜性已不复存在,同时记名电子股票交易又无纸质无记名股票的不安全弊端,因而目前我国股票市场均用电子计算机网格系统,上市公司上网发行,股票表现为记名电子股票。近年来,国家为防止证券市场混乱,制

---

① 股权的性质有债权说、物权说、社员权说等。笔者认为,以社员权说为妥。参见江平主编:《法人制度论》,中国政法大学出版社1994年版,第221~229页。

止市场中存在的不规范行为,要求内部职工股、法人股和未上市公司股必须向国家认可的证券公司托管。① 这使《公司法》强行规定的股票交易必须在股票交易场所进行的股票交易行为准则得到配套制度的保障,使不规范行为无机可乘;同时也使非上市股票的交易登记简化统一,与上市股相似。

公众股的上网发行交易制度,其他上市股及非上市股的托管交易制度,使证券交易电子化制度得以全面地应用。相应地,传统上公司股东名册的形式亦有变化。由于发行公司与证券公司间委托代理关系,证券公司一般每月向各发行公司主动报送该发行公司前100名股东名册,若发行公司需要,证券公司可以随时向发行公司报送更为详细的乃至全部的股东名册。证券公司的计算机网络如果与发行公司的网络相连,则报送为瞬间行为。所以,证券公司保存的发行公司股东名册与发行公司的股东名册是一致的,在效力上是相同的。股东的交易登记与网上交易同时进行,股权变动登记于证券公司,可视为登记于发行公司股东名册,无须由股东另行在公司再为登记。这种由证券公司代为发行公司登记的行为是一种代理行为,股东变动的责任最终由发行公司承担。当然股东也可直接通知发行公司而为登记,法律上应予允许。上述股票交易登记的现状是我们理解股票质押登记的关键。

股票网上交易时,其登记机构主要指证券交易所的登记机构和国家认可的其他证券登记公司。据此,《担保法》第78条所谓的"证券登记机构"亦主要指证券交易所的登记机构和国家认可的其他证券登记公司,其中上市股主要在证券交易所的登记机构登记。如前所述,股票交易与登记几乎同时进行,当事人的交易指令执行后必然导致在证券公司或交易所的登记。但质押不同,质押须由双方当事人持质押合同和有关证件到证券登记机构登记,所以,质押合同成立与生效有时间上差异,质押合同的成立与登记在技术上没有必然联系。因此,如果质押人未到登记公司登记而到发行公司为登记,是否应允许,即《担保法》所谓证券登记机构的外延是否应包括发行公司?笔者认为应包括发行公司。

首先,从立法例的演进看,19世纪到20世纪初制定的民法典一般均规定股份质押须在发行公司登记。我国《担保法》的规定与之不同。这是由于欧陆等各国法制定之时,计算机尚未发明,亦未被引入到股票市场。股票交易的人工登记手续复杂且易出错漏。如果允许既在发行公司登记又在证券公司登记,由于讯息传递不及时、不方便,远程传递更加困难,不便于确定股东和质权人的权利

① 国务院办公厅转发国家体改委等部门《关于立即制止发行内部职工股不规范作法的意见》第3条,1993年4月3日发。

状态。所以,此种社会发展情形下法律规定在发行公司登记而未规定在证券公司登记。但是股票市场电子化的发展,使交易、登记同时完成,证券公司的登记记录可由发行公司及时获得,具同时性,相比之下,到发行公司再为登记反而使手续繁琐。尽管如此,各国立法例上未排除到公司登记的效力。

其次,股票质押登记的效力在各国法上多规定为对抗要件,即若不为登记,公司可以对抗质权人。[①] 由此可见,登记作为公示方式,其主要目的是通知公司。因为股票入质后公司股东地位处于不稳定状态,质权人可能由于质权变价实现而取得股东地位。未到公司登记,公司不知质权存在,公司可对抗质权对公司行使股权中的自益权,如股息收取权。登记的公示作用还及于公司之外的其他第三人,宣示股票上的权利状态,股权已有质权限制,股东一般无完全处分权,质权人也无完全处分权,登记便于其他第三人明了,以免股票被无权处分后由第三人善意取得,损害他方利益。第三人在取得时应依法查询股票的权利状态,否则为应知而不知,不为善意取得。从登记的作用效果看,电子化交易中登记机构应为证券登记公司,但在发行公司直接登记也具有公示性,不应排除在外。笔者认为,发行公司直接登记后应及时通知有代理关系的证券登记公司,便于第三人查询。

发行公司应负通知义务,否则会使发行公司股东名册上的股权与证券登记公司保存的该公司股东名册上股权的权利状态不相同,使第三人客观上必须查阅发行公司和证券公司的股东名册才可最后确定入质股权的权利状态,使第三人负有双重查阅义务。法律上应规定让发行公司承担通知义务还是让第三人承担双重查询义务,必须作出取舍。从权利义务一致的原则审视,公司与股东有紧密的利害关系;而第三人与股东的关系将要建立而尚未建立,是疏松的或然关系,第三人与公司的关系亦如此。所以,既然公司从股东投资中已获有实在权益,而第三人与公司、股东尚未有权益关系发生,依据权利义务一致原则,应由既得利益者承担义务;发行公司作为通知主体有单一性,而第三人不确定,有广泛性,从义务承担的法律成本而言,由公司承担义务使社会成本消耗相对要少。所以,笔者认为,应由公司承担通知义务。

股票质押设立的另一相关问题是,质押是否仍以股票移转占有为生效要件或对抗要件。物权法上,动产以交付为权利转移征象。有价证券的物质形态作

---

① 登记的效力在各国法上可分为两种:一为生效要件,即非登记不生效;二为对抗要件,即非登记不得对抗第三人,但未经登记之法律行为对当事人仍有效。参见郑玉波著:《民法物权》,台湾三民书局股份有限公司1989年版。

为特殊动产，其交付对无记名股票而言是无记名股票交易或质押的生效要件；对传统记名股票，占有是对抗第三人的条件之一。① 因股票是一种证权证券，能证明权利的存在，故对股票物质形态的占有能证明持有人的权利，即所谓证券表彰权利，权利与证券同在。但是电子化交易中，无记名股票不复存在，交付亦不必要；传统记名股票已为股票电子账户、股东持股证所替代。股东持股证是否为传统记名股票的转化形态，是否仍需移转占有？

笔者认为，首先，股东持股证是一种证书，而且是一种混合的证明投资者投资股票种类和数量的法律事实的证书，而非表彰权利的、与权利不可分的证券。② 股东在证券登记公司开立股东账户或曰股票账户后，尚需在证券公司开立股东资金账户，存入一定金额，这样才可进行股票交易。交易时投资人的指令由证券公司执行。我国上海、深圳证券交易所一般下午 3 点收盘，各证券公司下午 4 点向各投资人寄送该投资人当日交割单，其上表明投资人原有投资结构和现有投资结构。这种交割单即是所说的股东持股证。所以，持股证并非有价证券，亦非发行公司股票的转化形式。

其次，持股证具有不可流通性，是一种证权证书，且是不可流通的证权证书，与股东人身不可分离。这与记名股票不同，记名股票可背书转让，具有流通性。持股证书上记载了股东资料和股权状态，与银行储蓄单相似。如果投资人要转让其所有投资，应在证券公司交易，原持股证无效，由证券公司向新投资人发给新的持股证。因而，质押的生效并不以持股证的移转占有为要件。传统民法上规定的证券质押以证券移转占有为要件不适用于持股证。由于传统记名股票已为股票电子账户所替代，故可以认为登记足以公示。

移转占有是质权与抵押权区别的重要特征，动产质押如此，权利质押亦如此，即以证书或证券移转占有为要件。传统上交付与登记一并是股份质押对抗公司和第三人的对抗条件。此两者之所以都为必要是因为两者同时为之使质押的公示效力增强，使公司知其股东权利状态，使其他第三人知道该股票所表彰的权利状态，不致瑕疵受让，所以交付股票为质押对抗效力要件的立法理由是基于股票可转让，而且其上所表彰的权利单纯，即仅表彰该发行公司的股份。故其上的权利状态应以背书交付等公示方式表明，以保护第三人利益。股东持股证不是流通性的证权证书，而是混合的证权证书，证明了投资人股权的整体，不宜转

① 如《日本商法》第 207 条规定，以记名股票为质权标的者，应依质权设立的合意及股票的交付为之。质权人非继续占有股票，不得以其质权对抗第三人。

② 证券与证书之区分请参见杨志华著：《证券法律制度研究》，中国政法大学出版社 1995 年版，第 2 ~ 8 页。

让。因此在电子交易中，股份质押的生效不以股票或持股证的移转占有为条件。

综上可见，电子交易制度下股票质权的生效要件仅为登记，这使股份质押在形式上与抵押权的设立非常相似，而与经典的质权设立有区别。

股票质押设立过程中，出质人即股东应出示持股证，以其上表明的一种或数种股票出质；但如果股东不能出示持股证，亦不影响质押合同订立，只要股东能通过证券公司证明其资金账户的存在和股东账户上投资结构便可。由此可见，持股证的证明力较弱，而且有时仅以持股证证明投资者权利是不安全的，因持股证可能是拾得物或赃物。质押合同以书面形式成立后，当事人到证券登记公司或发行公司为质押登记，质押合同生效；由证券公司对已质押股票种类及相应数量予以电子锁定，使之在质押期内不发生权利变动，确保质权人权益。

（二）有限公司股份设质

有限责任公司股份出质，《担保法》规定适用公司法股份转让的有关规定，质押合同自股份出质记载于股东名册时始生效力。与股份有限公司股份出质比较而言，由于有限公司股份未证券化，因而程序上、形式上较为简便，依法将出质意思表示记载于股东名册即生效。

（1998年第6期）

死亡人肖像权初探

——鲁迅肖像权案评析

朱妙春*

鲁迅肖像权案涉及两大问题:其一是死亡人有无肖像权;其二是肖像权中有无财产权。笔者近年作为鲁迅继承人周海婴的代理人参与了鲁迅肖像权案全过程,对上述两个焦点问题反复进行思考论证,产生了自己的看法,并觉得现行立法和司法对上述两个问题所涉甚少,为推动和完善我国关于死亡人肖像权的立法,笔者摘录、整理了代理词中的有关内容,抛砖引玉以引起法学界同人们的关注。

自然人的民事权利能力与其生命是密切相连、不可分割的,始于生而终于亡。因此,通常来说人死权灭,死者不可能享有任何法律上的权利。因此"死亡人的肖像权"之说实为"死者生前的肖像利益"。保护死亡人肖像权,实为保护死者生前的肖像利益。关于死亡人有无肖像权我国法律没有明文规定,也尚无司法解释。对此,国内外法学界和司法界有不同看法。笔者认为,死亡人应有肖像权,即其生前的肖像利益应受法律保护,其理由如下:

首先,死亡人生前的精神权利应当予以保护。

肖像是指以摄影、雕塑、绘画、录像等艺术造型方式再现某个特定人的外观形象的具体作品,肖像是公民人身形象特征的缩影或真实写照。肖像作为公民的一种图像标识,与特定公民的外部形象和人格密切相连。肖像体现了肖像权人的人格尊严,决定了肖像权与肖像权人的人格不可分割性以及肖像权人对其所享有的独占性。因此,肖像权就其本质来说是一项人格权,属人身权范畴。我国《民法通则》在民事权利分类时就将肖像权纳入人身权章节。就此来说,肖像权是一项精神权利,肖像权人所得到的是精神利益。由于肖像与死者的人格、声誉紧密相连,且与他人的人格尊严,甚至国家、民族的尊严发生关联,因此,肖像权人死亡后,精神利益仍能在一定时间和社会的一定范围内发生影响。因而,对死者生前精神利益的保护,同时构成了与其密切相关的其他个人(如亲戚、朋友)乃至社会利益保护的重要组成部分。这就说明死亡人生前的精神权利理应予以保护,这是其一。

---

* 作者单位:上海市天宏律师事务所。

我国司法实践对自然人死亡后，其人格权依然予以保护已有先例。最高人民法院1989年4月12日所发的《关于死亡人的名誉权应受保护的函》(〔1988〕民他字第52号文)中明确答复天津市高级人民法院："一、吉文贞(艺名荷花女)死亡后，其名誉权应依法保护。"因此，对同为人格权，同样在一定范围、一定时间内产生一定影响的死亡人肖像权予以保护也就理所当然了，这是其二。

事实上，对死亡人肖像权的司法保护已有准司法(未经最高人民法院审判委员会通过)解释："如以侮辱的方式使用死者的肖像，使其名誉受到损害，其近亲属可以起诉"(最高人民法院民事审判庭1997年7月24日致全国政协社会和法制委员会函)，这是其三。

其次，肖像权人死亡，其肖像利益中的财产利益也应予以保护。

肖像权虽是一种人格权，但它是一种特殊的人格权，不同于一般的只包括单一精神权利的人格权(如名誉权)。从利益来分，肖像权可分为精神利益和物质利益。肖像权中的物质利益是因为对肖像的利用可带来一定的经济利益。因此，物质利益即为经济利益，或称财产利益。这种财产利益可视为一种财产权，这就构成了肖像权中的财产权。财产权的特征就是可以在权利主体之间进行转让。也就是说，财产权可以由权利主体自己享有，也可以通过许可使用的方式转让给受让方。企业名称权可以企业自己享有，也可以转让给其他企业。专利权、商标权和著作权等均可通过许可实施或许可使用的方式进行转让。因此，上述权利均具有财产权的属性。对此，肖像权并不例外。肖像权中的财产利益就是通过肖像使用权的转让(许可他人使用)而获得的，这是其一。

从权利种类来分，肖像权还可分为再现权和使用权，再现权是精神权利，而使用权就是财产权，这在知识产权领域里已是常识。这种使用权由肖像权人所专有，也可由肖像权人有偿或无偿地许可他人使用，包括许可他人将其肖像或陈列于橱窗(展示权)；或在电视、报刊上制作广告；或使用于商标、书刊封面、插页等。肖像权人通过许可他人使用(实质上是肖像使用权的转让)可以获得报酬。这种报酬的高低要视肖像使用权受让人的获利多少而定。而肖像使用权受让人获利多少又往往与肖像权人的身份、地位、职业和知名度有关，即与其在社会中的影响大小密切相关。而这种影响大小又与肖像权人的努力(包括智力投入)和成就分不开。因此，肖像权人肖像的使用价值与其所投入的创造性劳动直接有关。从这一点来说，肖像权中的财产权与知识产权中的财产权是相似的，因此国外肖像权的保护有的就是以版权法来维护的，这是其二。

肖像使用权转让中的人身权与财产权并存的现象并不鲜见。如工商企业的名称权，既是一种人身权又是一种财产权。企业名称作为特定的人格化的法人标志，是一种人身权。但名称又可依法转让，因此它又是一种财产权。知识产权领域里人身权与财产权同时存在的情况更是普遍。例如，著作权就包括人身权和财产权，我国《著作权法》第10条规定“著作权包括下列人身权和财产权：(一)发表权；(二)署名权；(三)修改权；(四)保护作品完整权；(五)使用权和获得报酬权。”

上述权利前四项是人身权，第(五)项是财产权。因此，一项民事权利可以同时包容人身权和财产权，肖像权也不例外，这是其三。

当前，商品经济日益发展，肖像在经济活动中的使用大多以营利为目的，肖像权中的财产利益也日益增强。如果肖像权依然被框死在单一的人身权范畴内，只强调肖像权人的精神利益而置财产利益于不顾，将会影响和损害肖像权人的财产利益。最典型的就是当肖像权人死亡后，不论其影响大小如何，其财产利益就会立即消失，从而导致肖像使用者从有偿使用变为无偿使用；从非法使用变为合法使用。其继承人则只能眼睁睁地看着死亡人的肖像被他人无偿使用，肖像利益被他人白白获取。这种状况显然与我国《民法通则》的公平互利、等价有偿原则相违背。因此，必须重视肖像权中的财产利益，加强保护肖像权中财产利益的力度，将这种财产利益视作肖像权中的财产权，这是其四。

我国《民法通则》和最高人民法院《关于贯彻执行〈中华人民共和国民法通则〉若干问题的意见》(试行)都明确了侵犯肖像权的主观要件是“以营利为目的”。这就说明我国最高立法机关和司法机关都承认使用(或利用)肖像可以谋取利润。那么作为对价来说，肖像使用权受让方理应向肖像权人支付肖像使用费。对此，最高立法机关和最高司法机关也是予以认可的。既然如此，肖像权使用费作为肖像权人的一项财产权也是理所当然的，这是其五。

由此可见，肖像权中的财产利益应当视为一种财产权。尽管这种财产利益在肖像权中不是主要内容，而且按照通常的说法是由肖像权中的精神利益所派生。然而，这种财产利益毕竟是客观存在的，而且这种财产利益是通过许可他人使用而获得，即通过转让肖像使用权而获得，显然具有财产权的属性。因此，我们对法律不能形而上学地理解和教条主义地运用，而应该以辩证唯物主义的态度大胆地承认客观事实，承认肖像权是一项具有人身权和财产权双重权利的特殊人格权。当肖像权人死亡时，其人身权由其近亲属来维护，其财产权由其继承人来继承。

再次，国内学术界部分学者和权威对死亡人的肖像权应予保护持肯定态度。

中国社会科学院法学所所长王家福先生曾于1986年7月在北京市高级人民法院举办的《中华人民共和国民法通则》培训班上针对公民肖像权的保护谈到，“还有一个问题，如果人已故去，其肖像权还保护不保护？人已死去，当然不能让死者还享有肖像权。但是由于肖像与死者的人格、声誉紧密相连，人们也不能污(侮)辱性使用它。如果要以营利为目的使用它,应该事先征得其继承人的同意”。很显然,王家福先生的这番话不但说明死亡人的肖像权可以由其继承人给予保护,同时还说明保护死亡人肖像利益的权利可由其继承人来继受。

国内出版的《人身权法理解适用与案例评析》一书对“死者有无肖像权?应如何进行保护?”这一问题作了如下解答:“公民死后,其在法律上所享受的权利就转变成一种受法律保护的利益,通过一定的事实转移给其他权利主体,或以其他形态存在下来。由法律主体确认并加以保护。”“与保护肖像权的方式大致相同,使用死者的肖像,应当征得死者亲属或有关机关的同意。否则就构成侵权,应承担停止侵害、恢复名誉、消除影响、赔礼道歉、赔偿损失等民事责任。”这番话的观点是使用死者肖像不论是否以营利为目的,只要未征得死者亲属同意就构成侵权,从而肯定了死亡人的肖像利益。

最后,国外不少国家对死亡人肖像权予以保护。

《苏俄民法典》第514条规定:“肖像的被制作人死亡后,其肖像的发表、复制或散发均需取得其子女及配偶的许可。”

《印度尼西亚版权法》第18条规定:“肖像被制作人死后10年内,肖像作品之版权人在复制或发行其作品前均须征得肖像被制作人的子女同意。”上述两国的法律均规定了死亡人的肖像权由其子女或配偶等继承人来保护。

综上所述,肖像权是一种特殊的人格权,具有两重性,即既有精神权利,也有财产权利。作为精神权利,其近亲属应当予以维护;作为财产权利,其继承人依法可以继承。因此,不论从哪方面说,死亡人的肖像权一旦受到侵害,其近亲属(继承人)均可依法主张权利。

鲁迅肖像权也是一种人格权,包括鲁迅肖像的精神利益和物质利益。鲁迅作为已故之人虽然去世已60余年,但是由于鲁迅的精神作为中华民族的英魂,影响几代人,而且随着时间推移,岁月的流逝,还将继续影响下去。也就是说,鲁迅肖像的精神利益具有社会关联性,其范围包括亲属和其他个人、团体。鲁迅肖像的物质利益虽然不是其肖像利益的主要部分,但由于商人、企业家在经营活动中借用各种名目使用鲁迅肖像牟利的不乏其人,因而,这也是一笔相当可观的财产。因此,鲁迅去世后,鲁迅肖像使用专有权就应由鲁迅继承人所享有。他人使用鲁迅肖像如未经鲁迅继承人同意,就侵犯了鲁迅肖像利益,也侵犯了鲁迅继承人对鲁迅肖像所享有的使用专有权。因此,鲁迅继承人有权依法主张权利乃至提起诉讼。

(1998年第8期)

1999 年

建立我国的破产财团制度刍议

韩长印*

企业被宣告破产后,依照法律规定由清算组接管,原则上停止一切生产经营活动,其权利能力和行为能力局限在清算范围以内,此时,企业的性质和法律地位如何?这个问题是破产法理论中一个非常重要且极为复杂的问题,它牵涉破产财产的归属、破产宣告前债权债务关系的承接以及破产宣告后新生债权债务关系的承受、破产清算组的机构性质、否认权的主张对象、企业能否因原组织机构管理职能的丧失而获得或丧失独立存在的价值等诸多相互关联的问题。由于宣告后破产企业的性质和地位在立法上不明确,理论上模糊不清,直接影响了前列诸多问题在实践中的可操作性。最明显的例子是,我国企业破产法仅规定破产费用从破产财产中优先拨付(该法第34条),而就针对破产企业在破产宣告后产生的债务即财团债务或共益债务则只字未提,原因除了归咎于立法上的疏漏外,主要在于未解决建立破产财团制度的问题因而无法确立财团债务的消极主体,实践中当然也无所遵从。从逻辑角度言之,要想从理论上理顺和圆通前列一系列问题,必须以建立破产财团制度为前提,故本文就如何建立合乎我国国情的破产财团制度略作分析如下。

一、建立破产财团制度的理论认识问题

破产财团制度与理论上对财团法人制度的认识联在一起,财团法人是指由一定的目的财产集合而成并经向主管机关登记的法人。其常见的类型有基金会、慈善机构等。设立财团法人制度的价值在于:1. 财产确保价值。捐助财产被赋予法律人格,与管理人的财产严格区分,可实现捐助的目的,防止管理人中饱渔利。2. 管理价值。捐助财产以财团法人名义存在,并由其机构妥善管理,国家加以监督,可避免管理人死亡、更迭而使财产价值受到影响。[①]

相当于大陆法系的财团法人制度在我国法人分类体系中被归入社会团体法

* 作者单位:河南大学法学院。

① 张俊浩主编:《民法学原理》,中国政法大学出版社1993年版,第161页。

人中。国务院发布的《社会团体登记管理条例》第2条规定,社会团体系指"协会、学会、联合会、研究会、基金会、联谊会、促进会、商会等"。我国基金会的性质,国务院发布的《基金会管理办法》规定:"本办法所称的基金会是指国内外社会团体和其他组织以及个人自愿捐赠资金,进行管理的非营利性组织,是社会团体法人。"但与大陆法系不同的是,作为此类基金会法人本体的不是捐助财产集合体,而是该财产的管理机构。造成这种差异的原因主要在于我国长时期内财团制度的不发达,以及由此反映出的立法态度上对财团制度的忽视等。我国基于传统计划经济体制下"国家主义"观念的泛滥和控权的需要,[①]往往以国家作为受捐助的对象和对财产进行管理的主体,实践已经表明,这样做易使捐助人的积极性受到影响,并且较难保证财产价值的维持和财团目的的实现,鉴于国外的财团法人制度往往由法院宣告财团董事或理事行为无效的规定,故国家可通过法院行使监督权以实现对财团的控制,保证其目的之合法性。基于此,在我国建立财团法人制度有其一定的现实意义和理论意义。

如果将设想中的破产财团(暂且不论其是否具有法人资格)与财团法人作一比较可以发现,破产财团设立的理论要素和价值基础同财团法人一样,也在于财产之集合性与特定目的性,且均能以权利义务主体的资格为一定行为。具体说来,其相通性表现在:[②](1)财团法人无意思机关、无社员,其法人意思由捐助人形成并由章程或遗嘱加以确定;与之相比,破产财团因企业破产而使原决策机关和执行机关丧失决策权和管理处分权,财产脱离原支配机构而独立存在并转归破产清算组支配,原企业社员近乎解散。(2)财团法人不以营利为目的;与其相比,破产财团的存在目的在于公平清偿债务以满足破产债权人的清偿要求,此时虽仍追求破产财团的价值维持甚或继续进行未了结之生产经营活动,但终究是服务于清算这一首要目的。(3)财团法人设有法院得宣告董事行为无效的规定;与之相似,破产财团于破产程序进行中始终处于法院的监控之下,对于破产管理人的管理行为,利害关系人不服时均可诉诸法院,由法院撤销或变更破产管理人的决定。

当然,基于破产财团与破产企业人格上的连接关系,其与财团法人之间也存

① 国家主义在古典自然法学派中已明显存在,以霍布斯为代表,强调国家本身就是目的,个人必须绝对地服从国家及其制定的法律。参见沈宗灵著:《现代西方法理学》,北京大学出版社1992年版,第19页。后来它已形成一种以国家权力为核心,以权力至上为价值基础的一种普遍存在于社会意识形态内的观念体系,在我国,此种观念非常突出。

② 有关财团法人诸项特征,可参见姚瑞光著:"论法人",载《台、港、澳及海外法学》1993年第5期。

在某些差异，表现在：(1)财产来源不同。财团法人得由一人捐助而成，破产财团则由破产财产依法集合而成。(2)财团法人应受捐助人所订章程、所立遗嘱或法院意志的拘束，因而又称为他律法人；破产财团不受破产企业（原机关）意志的左右，只按破产法规定的目的、程序和原则进行活动。(3)财团法人得向主管机关登记成立，而破产财团则可基于法院破产宣告而成立，未必具备法人成立的一般要件，这是破产财团产生途径特殊性的表现。从破产财团和财团法人成立和运作的内在机理来看，二者虽存在一些表征差异，但本质上并无二致，即均以一定的目的财产构成并以该财产之集合体充任权利义务之主体。就此而言，破产财团是否具有法人资格、是否进行法人登记，对破产财团设立目的之实现并无明显妨碍。如不专门将其登记为破产财团法人则视其为非法人团体也未尝不可，或可基于其与财团法人相近似之特征而命之为准财团法人。从我国的实际情况看，现行立法并没有关于企业被宣告破产后须进行变更登记的规定，只在破产清算终结后办理注销登记即可。因而我们有理由将破产财团的人格视为破产宣告前企业法人人格的暂时延续。所不同的是，作为此种人格变化的体现，其权利能力和行为能力应限定于清算的必要范围内，对内业务执行机关和对外代表机关也悉数发生变化。

值得注意的是，我国目前的立法文件和司法实践在处理破产企业以及基金会（类似于国外的财团法人）的民事主体和诉讼主体资格时往往不是以该企业或基金会本身而是以其业务执行机构和代表机构作为其民事主体和诉讼主体。① 比如，依照国务院《基金会管理办法》的规定，基金会属社会团体法人，但作为此类法人本体的，不是捐助财产本身或其集合体，而是该财产的管理机构。自比较法角度言之，这是不多见的。

此种做法如果是建立在民诉法理论中有关民事诉讼当事人与民事主体分离的理论基础上并用诉讼信托理论或民事诉讼权利能力与民事权利能力分离理论来阐释，倒具有其重大的理论意义和积极的实践意义，②但如果反之，直接将破产企业的清算组、基金会的管理机构视为独立之民事主体和诉讼主体（有此观

---

① 但在一般清算而非破产清算中有例外，如《中外合资经营企业法实施条例》第105条、《外资企业法实施细则》第78条均规定清算组有代表清算中的企业参与民事诉讼活动的职权。

② 关于民事诉讼当事人和民事主体分离理论的论述，请参阅江伟主编：《中国民事诉讼法专论》，第348条以下，中国政法大学出版社1998年版。文中指出："企业被宣告破产后，受破产宣告的企业虽未丧失其法人资格，但其对破产财产已丧失了管理权和处分权。因此，在破产清算范围内，就破产财产发生的纠纷只能由清算组作为诉讼当事人。可以说，破产清算组在民事诉讼中的当事人地位，既是民事诉讼当事人与民事主体分离的明显体现，又是民事诉讼当事人新概念的绝好例证。"

念主张者绝不在少数),则必然会陷入理论上的谬误。其一,该做法无法解释这些组织体财产权的归属问题;其二,无法解释这些组织体管理机构的职务和非职务侵权行为的责任分离及责任财产分离的问题;其三,无法解释组织体管理机构取得独立地位的理论依据问题。其明显的逻辑错误在于将组织体与组织体管理机构本身混为一谈。而产生这些失误的根本原因恰恰在于未从理论上解决财团法人的独立分类以及诸如破产财团和基金会作为独立民事主体和独立诉讼主体的独立人格问题,也即未摆脱传统意义上财产只能作为权利客体,相应地特定财产集合体也只能作为权利客体而不能作为人格化主体的理论误区。由于这种做法不承认特定财产脱离其原所有者独立存在的价值和目的,其实践危害也恰恰在于:一方面,难以实现对财产有目的的合理化管理;另一方面,难以实现在所有者之外财产集合体独立人格寿命的存续和维持,从而影响其参加民事法律关系的效果。

归纳以上论述,我们似可作出确立我国破产财团制度模式的如下推断和设想:其一,立法上不妨确认破产财团的独立人格,其方式是确立破产宣告后破产企业的变更登记制度,变更后的破产企业以破产财团的名义独立存续,权利能力为在有关清算的范围内开展活动,至于是否保留或维持其法人人格,则在所不问。此做法既能适应企业法人破产时破产财团的人格确定问题,又能适应未来之非法人企业破产时破产财团的地位确定问题。其二,维持现行立法不对破产企业进行变更登记之现状,但要明确破产企业人格存续的立法观念,甚至在立法上确立清算法人制度,即破产企业因破产宣告裁定的作出而受到人格贬损从而转化为清算法人,转化的时间标志为破产宣告,转化后的人格载体为破产财团,破产财团得以清算法人的名义开展清算活动,期间财团独立的权利和利益应受到尊重。当然,如果未来之破产立法将其使用范围扩及至非法人企业,则只能采第一种模式,无须也无由使破产财团向清算法人转化。

二、建立破产财团制度的现实意义

建立破产财团制度从而承认由众多具体的、分散的、单项的破产财产组成的破产财团的统一的财产整体的人格化身份,能够解决诸如破产清算组的法律地位、破产财产的产权归属以及财团债务的义务归属等一系列问题。本文限于篇幅,仅以后两者为例作一简要分析。①

1. 破产财团与破产财产的归属问题

破产宣告前,企业财产归原企业支配并由投资者作为所有者对财产的运用作出决策。破产宣告后,无论投资者抑或管理者均脱离对企业的控制和支配。那么,能否将破产财产解释为归属于破产债务人,或者解释为归属于日后参加清算分配之破产债权人?笔者以此为不妥,兹分述如下:(1)设若认为破产财产归属于破产债务人则会生出不少矛盾。企业出资人作为所有权人(及其派生的管理机构)在非自愿和未约定的情况下何以不能对其享有所有权(或经营权)的财产行使占有、使用和处分权?既丧失了这些权利,则必然与所有权理论相背离。若硬性认定破产人仍对破产财产享有管理处分权,破产人就有可能为满足暂时利益或成员个人利益而实施欺诈、歧视清偿或任意清偿行为,或者自暴自弃、消极懈怠,听任财产流失。诸如此类的作为或不作为将使全体或部分债权人利益受损,影响清算工作的公正顺利进行。(2)假如认为破产财产归属于破产债权人,且不说债权人的地位本身决定其在债权实现之前无法将其债权转化为所有权,即使由其先行管理破产财产也于理不通。各国破产法原则上均以不能清偿作为破产界限(法国法系的"支付停止"隐含着债务人不能举出反证时,债务人清偿能力欠缺的事实,即不能清偿②)。不能清偿既可能表现为资不抵债,也可能表现为债务人的资本有机构成较高而致财产变现后营业难以为继,即资产大于负债。假如属后种,则由债权人以"所有者"身份分割财产,为追求各自利益最大化,极有可能采取"杀鸡取卵"的方法对破产财产进行估价和分配,使破产债务人(或其投资人)"鸡飞蛋打"。即使属前种情况(即资不抵债),由于债权人与债务人利益的对立,债权人的偏颇行为往往也在所难免。同时,对于税款和其他优先权,因与一般债权人存在利益上的彼此消长关系,于债权人对破产财产享有"所有权"时,也难以保证顺利实现。既然将破产财产之归属作如上两种假定均生一系列弊端,那么,破产财产是否处于一种游离的失控状态?回答是否定的。如果我们借用财团法人的财产归属之法理解释之,即会发现,当破产债务人达到破产界限时,如果继续保留其对破产财产的完全所有权,就极有可能产生不当处分财产的危险,此时毋宁通过债权人发动之破产程序,借助于法院的干预,使破产财产独立于债权人和债务人而成为依特定目的——清算而存在的独立财

---

① 有关破产财团与破产清算组关系的专门论述可参阅韩长印:"论破产清算组的法律地位",载《法学评论》1995 年第 3 期。

② 韩长印:"破产原因立法比较研究",载《现代法学》1998 年第 3 期。

产主体。唯有如此,方可避免破产财产之失控状态,使财产之归属问题迎刃而解。

2. 破产财团与财团债务之归属问题

财团债务是指在破产程序进行中,为全体债权人利益或为破产程序进行之必需而对破产财团产生的一切请求权的统称。国内学者对财团债务的归属问题主要有两种主张:一种观点认为,破产人为财团债务的消极主体。其理论依据在于,企业解散时,在清算范围内其法人人格视为存续,其间破产企业无疑可成为权利主体和义务主体。该主张的理论原理同本文前述之确立破产财团法律地位的第二种模式基本相当,所不同者,一则于非法人企业破产时很难套用法人人格存续理论使破产财产实现人格独立化,二则易使破产财团的债权债务与原破产债务人的债权债务产生混同。另一种观点认为,"根据我国立法精神,唯一可以作为破产费用(财团债务亦同,笔者注)债务人的只能是清算组","唯有清算组才有资格以自己的名义独立地起诉和应诉,才可以而且也有必要作为债务主体"。持此观点的学者指出,"破产财团说因我国立法不承认破产财团这一概念而不适合于我国的国情"。笔者认为,如果就国情而论,该"清算组说"也有其不合国情之处:首先,清算组作为破产费用(和财团债务)的独立的消极主体,其责任财产从何而来?如以破产财产为其责任财产,那么清算组与破产财产的关系如何解释恐难以找到立法上和理论上的根据。其次,我国清算组的成员主要是政府部门工作人员,从理论和习惯上解释,清算组成员除非因故意和重大过失,是不会产生成员个人的清偿责任的,既然清算组作为独立主体并无责任财产,就只能认为是由清算组成员的财产对破产费用和财团债务负责,由清算组成员对善意的无过失的职务行为后果承担责任同样在理论和实践中难以说通。再者,清算组成员享有报酬请求权,该请求权属于财团债权(与财团债务相照应)范畴,依"清算组说"则又使清算组作为请求权人陷入权利主体和义务主体(与财团债务相照应)范畴,依"清算组说"则又使清算组作为请求权人陷入权利主体和义务主体(财团债务的债务人)合一的矛盾境地。

总之,我们认为,承认破产财团超脱于破产债务人和债权人之外的独立人格价值,既与大陆法系之权利客体人格化的财团法人制度相合,又与英美法系信托财产依特定目的独立于信托人从而交由受托人管理的法理相通,还能较好地解决诸如破产财产的归属、财团债务的消极主体归属等问题,是一种较为理想的制度选择。

(1999年第5期)

输血感染丙肝赔偿纠纷案中的疑难法律问题探析

王逸寒* 卢文道**

输血感染丙肝是近几年来医疗临床上的多发事件。原告往往将地方血液中心(以下简称血液中心)和医院作为共同被告诉至法院。

此类案件争执的事实焦点在于:输入到病人体内的血液是否存在丙肝病毒;输血同感染丙肝之间是否存在因果关系。法律上争执的焦点在于:血液是否属于产品(与这一争执点相关的输血感染丙肝责任是否属于产品侵权责任);输血同感染丙肝之间的因果关系是采用直接因果关系理论来确认,还是采用相当因果关系理论来确认,因果关系由谁来举证;对医院来说,输血感染丙肝是否属于医疗事故。对这些争执焦点,无论是理论上,还是实践中,都存在较大分歧,难以形成统一见解。

一、血液是否属于《产品质量法》中的"产品"

我国《产品质量法》第2条第2款规定:"本法所称产品是指经过加工、制作,用于销售的产品。"第3款规定:"建设工程不适用本法规定。"按此概念,在我国,法律意义上的"产品"主要是动产,即工业产品和农副产品,其应当具备两个条件:一是经过加工、制作。未经加工、制作的自然物,如种植的水果、蔬菜,饲养的鱼、鸡,不是产品。所谓加工、制作,是指改变原材料、毛坯或半成品的形状、性质或表面状态,使之达到规定要求的各种工作。① 二是用于销售。即生产者加工、制作产品是为了将之转让于他人,谋取利益。

认为血液属于产品主要依据上述标准,理由是:(1)从人体内抽取出来,用于临床的血液,经历了一个被加工、制作的过程。首先,从人体内抽取血液,进行检测,再行包装,这本身就是个加工、制作的过程,即临床使用的全血是被加工、

* 作者单位:上海市黄浦区人民法院。
** 作者单位:上海市黄浦区人民法院。

① 刘文琦著:《产品责任法律制度比较研究》,法律出版社1997年版,第134页。

制作的结果。其次,临床使用的血液现多为成分血,即血小板、红细胞等,它们是通过离心机等设备,用物理手段对全血进行离心、分层、提取的结果,更是加工、制作的产物。(2)血液中心按一定的价格,将血液交付给医院,这是一个等价有偿的交换行为,即血液中心加工、制作血液的目的是通过医院,将之销售给病人。因此,血液是产品,血液中心是该产品的生产者。(3)《中华人民共和国药品管理法》第57条规定,血液制品属于药品,药品属于产品范畴。

上述观点认为临床血液,尤其是成分血是对人体内的血液加工、制作的结果,有一点道理,但认为血液中心加工、制作临床用血的目的是销售,则只看到了表面现象,值得推敲。《产品质量法》要求产品满足"用于销售"的条件,实质上是要求生产产品的目的是通过销售而营利,"销售"是实现盈利的手段和形式。血液中心加工、制作临床使用的血液,通过医院供病人使用,表现为销售,但此种销售的目的不是营利。具体说来:(1)产品的"生产者"应当是基于经济目的从事生产的自然人或法人,[①]为规范他们的经济行为,防止损人利己,才有了《产品质量法》,谋求盈利的是企业法人或自然人。而血液中心是国家专营的公益性的卫生单位,对此,卫生部1979年颁行的《全国血站工作条例》第1条,1993年颁行的《采供血机构和血液管理办法》第3条,以及《中华人民共和国义务献血法》第8条,都作了明确规定。事实上,血液中心提供血液获取的钱款,也是成本回收,用于发展采供血事业。其中的成本主要是给献血者的营养补偿费,血液检验、分离、包装、储蓄、科研、试验等环节的费用。(2)正是由于血液中心的公益性,其提供临床用血,表面上是在出售血液,实际上是在为广大病人间接提供医疗服务。有鉴于此,美国法律明确将血液排除在严格产品责任法中的产品之外。[②] (3)若血液是产品,则血液中心作为该产品的生产者,应依法纳税,而事实上,血液中心不纳税,原因是它以公益而非营利为目的。(4)若血液是产品,血液中心是生产者,医院则成为该产品的销售者,因为对于法律意义上的产品,有生产者,必有销售者,而事实上,医院和病人之间不存在血液买卖关系,医院不是在销售血液,而是在提供医疗服务,这从侧面表明血液不属于产品。(5)《中华人民共和国药品管理法》第57条规定的是"血液制品"属于药品。"血液制品"是指生产药品的企业法人用物理的、化学的手段,对全血、成分血进行加工而获得的物品,如白蛋白、纤维蛋白源等,生产目的是销售和营利。临床用的全血,以及红细胞、血小板等成分血不属于血液制品,切不可将"血液"等同于"血液制

---

① 梁慧星著:《民法学说判例与立法研究》,法律出版社1993年版,第145页。

② 梁慧星主编:《民商法论丛》(第2卷),法律出版社1999年版,第362页。

品”。

综上所述，笔者认为，血液中心采集、加工、制作血液，目的不是销售和营利，故不能将血液当做产品。

二、血液中心对损害赔偿责任的承担

阐明血液不属于产品，是为了说明在病人感染丙肝与输血之间存在因果关系的情况下，血液中心不依产品侵权行为承担赔偿责任。若丙肝感染系由输入带病毒血液而引起之事实得以成立，血液中心理应承担赔偿责任。然血液中心承担何种性质的赔偿责任，司法实践中谁来举证证明输入病人体内的血液带有病毒，输入带有病毒的血液同感染丙肝之间的因果关系如何认定，在理论上和实践中皆存有争议，亟须探明。

1. 血液中心承担何种性质的赔偿责任。①

倘若血液中心应对丙肝感染者承担责任，那么是侵权责任，还是违约责任，亦即丙肝感染者受侵权法保护，还是受合同法保护？对此，学界有不同见解。

一种观点认为，此种赔偿责任属侵权责任，理由是：血液中心作为采血、供血机构，自1993年以来，便有通过检测血液中是否存在丙肝病毒阳性抗体来确定血液中是否有丙肝病毒之义务，此种义务为保护输血者生命健康权益而设，在法律上属于作为之义务。如果血液中心不履行此义务，或虽已履行，但利用现有技术本应能够发现血液中心的丙肝病毒抗体，因疏忽大意或过于自信而未发现，则违反了法定的积极作为之义务。输血者感染丙肝正是由于血液中心违反作为义务而引起，故其应当承担侵权责任。由于血液不是产品，且血液中心不是医疗事故的责任主体，此种侵权责任属于一般侵权责任，受害者损害赔偿请求权的诉讼时效为1年。

另一种观点认为，血液中心的血液表面上是出售给医院，实际上是出售给病人，在病人和血液中心之间存在事实上的血液买卖合同关系。血液中心向病人提供无病毒的血液，是法定的合同义务，其未检测出本应检测出来的病毒，违反了这一义务，既构成违约，又构成侵权，即责任竞合。此时，受害人可选择有利于自己的形式——追究对方违约损害赔偿责任。依此责任，受害人无须证明血液中心主观上有过失，血液中心只能通过积极举证证明自己已尽检测义务而免责，

---

① 讨论这一问题的逻辑前提是血液中心承担责任。至于其何种情形下承担赔偿责任，是下文将要论述的问题。

且受害人享有的损害赔偿请求权诉讼时效为两年。

上述两种观点皆在输血感染丙肝赔偿责任缺乏法律明确规定的情况下，立足于民法理论，对解决实践中的纠纷作出了积极思考。笔者以为，这两种观点都存在一定的缺陷。第一种观点从血液中心违反作为义务，即有不作为的过错之角度，论证其侵害了输血者的生命健康权，在理论上有一定道理。然此种理论运用之结果，仅血液中心承担一般侵权行为赔偿责任，增加了受害者举证证明加害者主观上具有过错之难度，且使得受害者赔偿请求受制于短期诉讼时效，在客观上不利于对作为社会弱者的病人予以周全的法律保护，不足采取。第二种观点将血液中心和病人归入买卖血液合同关系之中，在客观上有利于保护受害者。然认为血液中心和病人之间存在血液买卖关系，难以令人信服。因为血液中心是将血液提供给医院，并由医院给付对价，如果存在血液买卖合同，合同的另一方当事人应是医院，而不是输血的病人。

笔者认为，以“附保护第三人作用的契约”理论，作为丙肝感染者主张损害赔偿的依据更为可取。“附保护第三人作用之契约”源于德国的判例和学说，现对其他国家的民事审判产生深刻影响，并被广为接受。其基本含义是：特定契约一经成立，不但在当事人间发生权利义务关系，同时债务人对于与债权人具有特殊关系之第三人，亦负有照顾、保护之义务。债务人违反此义务时，就该特定范围内第三人所受之损害，得依契约法之原则，负赔偿责任。① 德国判例与学说创设此种制度之目的，旨在利用契约法，加强保护与债权人具有特殊关系第三人之利益。该判例学说在实务中运用之关键，在于审慎、合理确定第三人的范围。若范围限制过严，适用机会将大为减少，有失创设制度之原意；反之，若第三人之范围过于广泛，则不免加重债务人之责任。一般认为，第三人不是泛指债权人以外的任何第三人，其范围应限于因债务人之给付受到影响之人。

“附保护第三人作用之契约”的法律依据在于民法上的诚实信用原则，而我国《民法通则》第4条亦要求民事活动应当遵守诚实信用原则，故运用该判例学说处理输血感染丙肝纠纷，具有法律依据。另外，在输血感染丙肝纠纷中，血液买卖关系存在于血液中心和医院之间，血液中心尽最大限度的谨慎和注意义务，检验血液中是否存有丙肝病毒，是其作为出售方理应承担的义务，而设定此项义务的目的是保护在医院输血的病人，故血液买卖契约应保护与医院具有特殊关系之病人的利益。此时，要求血液中心对于合同关系以外之人承担契约法上的诚信义务，并未加重其责任，而受损害的病人受契约法保护，可克服通过一般侵

① 王泽鉴著：《民法学说与判例研究》（第2册），中国政法大学出版社1998年版，第34页。

权行为责任保护所具有的局限性。表现为,受害者损害赔偿请求权诉讼时效为两年,且其无须举证证明血液中心主观上有过失,血液中心只能通过积极举证证明自己无过失,方可不负责。

2. 血液中存在丙肝病毒的举证。

血液中心对病人承担违反契约义务之损害赔偿责任的前提是,其所提供的血液中含有丙肝病毒,即存在违约行为。从合同法角度上看,只要病人能够证明输血后一定时间内感染丙肝,则可推定血液中心违反了检测义务,主观上有过失。此种推定便是通常所说的过错推定,血液中心只能通过反证自己已尽检测义务而表明主观上无过失。这一反证的第一步是:对血液标本或献血者的血液重新进行检验,若血液中存在丙肝病毒阳性抗体,则表明血液中心未尽检测义务,主观上有过失。反证的第二步是:尽管在对输血者再次检测时发现丙肝病毒阳性抗体,血液中心仍可举证献血时血液中丙肝病毒的抗体尚未产生,以表明自己主观上无过失。由于抗体产生之前为抗原,在抗原产生但未形成抗体之前,现有的科技技术尚不能检测丙肝病毒。在世界医学领域,都允许一定范围内的丙肝病毒漏检率,我国允许的漏检率为3%。因而,输血感染丙肝在特定情况下,是客观存在的风险,风险的产生,不能归过于血液中心。若血液标本未被保留或献血人无法查找,视血液中心举证不能。

前述血液重新检测,应由人民法院指定的机构或双方共同委托的机构予以鉴定,血液中心是利害关系人,其事后单方作出的检测,不宜作为定案证据予以采信。

3. 输入带有病毒血液同感染丙肝之间的因果关系。

不论是输入病人体内的血液带有丙肝病毒已经确定,还是由于血液标本未被保留或献血者无法查找而不能确定血液中是否含有病毒,皆要求输血同感染丙肝之间有因果关系。诉讼中,血液中心认为,输血仅是感染丙肝的途径之一,不是唯一渠道,因此,输血同感染丙肝之间不具有必然的因果关系。如果病人不能举证证明直接因果关系,则血液中心不承担损害赔偿责任。实务中有人赞同此观点,笔者持反对意见。

上述观点是受长期以来的必然因果关系理论的影响。该理论产生于苏联民法,认为侵权行为或违约行为同损害结果之间应当具有内在的、本质的、必然的联系。从1958年中央政法干校的《中华人民共和国民法基本问题》到近年来的一些民法教科书,一直采用此理论。① 这一理论对民事司法审判产生深刻影响,

① 刘士国著:《现代侵权损害赔偿研究》,法律出版社1998年版,第69页。

被表述为“直接因果关系”。近几年来,必然因果关系理论在理论界和实务中渐受批评,代之为“相当因果关系”理论。该理论主要观点是:必然因果关系是哲学上的因果关系理论,注重的是事物之间的逻辑联系,而在现实中,受制于人的知识、经验和能力,难以把握某一特定行为同某一特定结果之间是否存在客观的、本质的、必然的联系。因此,在审判过程中,法官难免不受制于自己的知识经验和认识水平,认识和判断某一具体行为和损害结果之间存在“客观的、本质的、必然的联系”。而根据相当因果关系理论,法官只需依一般社会见解,按照当时社会所能达到的知识和经验,判明原因事实同损害结果之间在通常情形下存在联系的可能性,而客观上,这种原因事实已经发生了这样的结果。这样,主观的认识和判断同客观的根据结合在一起,符合马克思主义原理。而必然因果关系理论超越特定时代的知识、水平和人的认识能力,要求法官处理每一件具体案件,都要掌握本质的、必然的联系,恰恰违反了唯物辩证法。① 相当因果关系已经并将对司法实务产生重大影响。

笔者认为,法院在审判丙肝感染案时,应运用相当因果关系理论去认定输血同感染丙肝之间的因果关系。依此理论,只要病人能够举证证明曾输过血液中心提供的血液,在一定期限内(该期限为丙肝潜伏期,一般为2周至6个月)感染上丙肝,且血液中心未能积极举证证明所输入的血液中不存在病毒,或未能举证证明当时血液中的病毒通过现有技术和设备不能检测出来,则法院应当认定输血同感染丙肝之间具有因果关系。若血液中心反驳没有因果关系,则应当积极举证证明丙肝是通过其他方式感染的。

三、医院是否应当承担损害赔偿责任

在实际中,丙肝感染者起诉时通常将血液中心和医院列为共同被告,这便涉及医院是否应当承担损害赔偿责任的问题。有观点认为,只要医院为病人输入了带有丙肝病毒的血液,便应同血液中心承担连带赔偿责任。这种观点值得商榷。

医院和病人之间是医疗服务关系,在医疗服务过程,病人人身受到损害,医院承担的责任通称为医疗事故损害赔偿责任。根据国务院发布的《医疗事故处理办法》第2条的规定,医疗事故赔偿责任属过错责任,以医护人员有过失为前

① 杨立新著:《侵权损害赔偿案件司法实务》,新时代出版社1993年版,第61页。

提。医院是否应承担病人感染丙肝损害赔偿责任,关键在于医院对输给病人的临床用血中的病毒是否有检测之义务。从实际情况来看,医院在输血之前,有两项义务:一是对病人进行血型鉴定的义务;二是核查义务,主要是核查盛装血液的血袋上是否标明供血者姓名、血型、品种、采血日期、有效期、采血机构的名称及其许可证号,这种核查是形式上的检测,医院无需对血液中是否存在丙肝病毒进行实质性的检测。如赋予医院实质性检测之义务,将会增加医院成本,导致重复劳动。因此,对于病人输血后感染丙肝,医院主观上无故意,亦无过失,不应承担损害赔偿责任。

（1999 年第 6 期）

原始投资者的权益应该确认与保护

黄武双*

日前,上海《法学》月刊社就因历史原因形成的"挂靠"企业脱钩时原始投资者的权益如何确认与保护的法律问题,特邀上海社会科学院沈国明、徐开墅研究员,上海大学李铸国教授,复旦大学王全弟副教授,华东政法学院张驰副教授等本市民法学专家进行了理论探讨。

[案情简介]

1991年11月,公民甲与乙商议共同出资10万元合伙开发居民的煤气事业,当时邀请公民丙、丁、戊参与工作,并答应给他们一定的资金份额。1992年2月,甲、乙承接了某中学的液化气业务,甲、乙在与该中学结算时,共收到80万元液化气款。该80万元中,包括甲、乙投入的资金、未分配的利润、甲、乙、丙、丁、戊的劳动报酬以及该中学员工的贴气费。

1992年9月5日,经工商行政部门核准登记,甲、乙、丙、丁、戊成立一个燃气公司营业部,挂靠于某燃气公司。营业部虚挂经济性质为集体,一次性交给挂靠的主管单位某燃气公司25万元。该营业部的注册资金60万元全部由甲、乙、丙、丁、戊投入,国家、集体以及其他个人未投入分文资产。日后,该营业部的经营蒸蒸日上,迄今已拥有大量资产。现有关各方为了认定谁为该营业部的原始投资主体以及企业权益如何分配等发生纠纷而涉讼。

[法理分析]

由于历史原因,在我国城镇集体企业群体中形成了数量较多的"挂靠"集体企业。这些非集体所有制的企业、社会团体或个人,在发展初期或为了享受国家有关集体企业的优惠政策,或为了取得有关的生产和经营资格,或为了保持在生产经营活动中的信誉,或为了便于获取有关证明材料,或是因为主管部门及单位取消、变更等原因。"挂靠"集体企业虽在工商行政管理部门登记为集体性质,但不少企业仅与主管部门、企业(单位)、社会团体之间采取自愿委

* 作者单位:华东政法学院(现华东政法大学)。

托、任意划转或者互相协商的松散管理方式，未纳入正常的集体经济管理范围。对于这种状况，1998 年财政部、国家工商局、国家经贸委、国家税务总局在全国展开了城镇集体企业的清产核资工作，甄别清理了一批“挂靠”集体企业。本案所涉及的也是一个“挂靠”集体企业。本文以下将对此做一些法理分析。

1. 甲、乙、丙、丁、戊是营业部的原始投资人。根据 1996 年制定的《上海市集体企业产权界定暂行办法》（以下简称《暂行办法》）第 5 条规定，集体企业的产权主体为联合经济组织、集体企业劳动群众和职工个人。《关于〈暂行办法〉的实施说明》对职工个人又作进一步界定，即职工个人是指企业在职职工。当然，这里的集体企业是指所有权属于劳动群众的真正意义上的集体企业。但是，由于改革的深入，不少集体企业实际上已经有多元投资，包括国有单位和企业或者其他法人的投资；也有的集体企业并不是由国有单位和企业或者其他法人投资，而是由若干个公民共同投资，这些投资的公民也不是企业的在职职工。因此，对于现实中的不同集体企业应本着实事求是、尊重历史的原则，准确界定每个集体企业的投资主体。

本案中，挂靠于某燃气公司的燃气公司营业部，按照我国法律的规定完成了工商登记手续，已经注册为一个独立的法人。该营业部能够以自己的名义对外实施民事行为，其所产生的后果应由该营业部自己承担。该营业部虽然名义上挂靠于某燃气公司，仍是一个独立的法人。该燃气公司（被挂靠单位）没有向挂靠的营业部投资分文，因而燃气公司并不是该营业部的投资主体，公民甲、乙、丙、丁、戊才是该营业部的真正原始投资人。甲、乙以其合伙出资的 10 万元以及未分配的利润投资；丙、丁、戊以其应得但未分配的劳动报酬投资。显而易见，真正的原始投资人并不会因“挂靠”而改变，即仍然是甲、乙、丙、丁、戊。

2. 甲、乙、丙、丁、戊的投资并非集体所有的资产。根据《暂行办法》第 12 条之规定，集体企业在创办初期，职工个人以货币、实物或技术进行投资并作为法人资本金所形成的资产及其权益，界定为职工个人所有。登记为集体企业的“挂靠”企业，有一些实际上是由私营投资者共同投资举办、经营的个体联营或合伙企业，也有一些实际上是私营企业。在这类集体企业的产权界定中，应考虑当时的历史背景，保持原有法律、法规和政策的严肃性与连续性，保持已有的改革成果。对于在特定历史条件下所形成的特殊集体企业，我们仍应遵循《暂行办法》中确立的“谁投资，谁拥有产权”的原则界定其产权。根据 1998 年《财政部、国家工商局、国家经贸委、国家税务总局关于印发〈清理甄别“挂靠”集体企业工作的意见〉的通知》(以下简称《通知》)的精神,凡在各级工商行政管理部门登记注册为城镇集体企业,但资本来源主要为个人或国有企业(单位)投资、合资、合作的,其现有财产的构成不以集体为主,采取上交一定管理费(挂靠费),名义上由有关主管部门、企业(单位)、社会团体临时管理、委托管理等方法,均属于清理甄别的对象。

本案中,注册资金60万元全部由甲、乙、丙、丁、戊5人所投,因此,该营业部的原始投资乃出自于甲、乙、丙、丁、戊5位公民。当然,该60万元投资注册为资本金后则属于法人的独立财产,根据我国法律规定的资本维持原则,投资者亦不能随意抽逃注册资金。依据《通知》的有关精神,该燃气公司营业部就是一个"名为集体实非集体"的企业,应该明晰其产权关系,维护各投资者的合法权益。"挂靠"集体企业与主管单位之间的产权关系,有法律规定或约定的从其规定或约定,无约定的按照投资、借款或扶持性投入协商处理。本案中,燃气公司营业部与燃气公司协议约定,由营业部一次性交给燃气公司25万元管理费;从中可知燃气公司营业都只是徒借"燃气公司"之名,燃气公司既未投资也未履行其他义务,该营业部的投资并不是集体所有的财产,而是甲、乙、丙、丁、戊5人的财产。

3. 营业部挂靠后产生的收益中亦有部分属于公有。因燃气事业系公用事业,国家予以政策上的扶持,免收其所得税、流转税。依据《暂行办法》第6条第4款之规定,集体企业依据国家法律、法规及市人民政府或市财税部门政策规定享受的优惠,包括税前还贷、以税还贷和各种减免税所形成的资产,除事先明确约定作为投资的外,其产权界定为集体资产。按照财政部、国家经贸委、国家税务总局财清字〔1996〕13号文《城镇集体所有制企业、单位清产核资产权界定工作的具体规定》之精神,以及国家经贸委、财政部、国家税务总局1996年12月27日联合下发的《城镇集体所有制企业、单位清产核资产权界定暂行办法》第14条规定,集体企业按照国家法律、法规等有关政策规定享受的优惠,包括以税还贷、税前还贷和各种减免税金所形成的所有者权益,1993年6月30日前形成的,其产权归劳动者集体所有;1993年7月1日后形成的,国家对其规定了专门用途的,从其规定;没有规定的,按照集体企业各投资者所拥有财产(含劳动积累)的比例确定产权归属。

本案中的燃气公司营业部,因享受了税收的优惠政策所形成的资产属于集体财产,应按照国家税务总局《城镇集体所有制企业、单位清产核资财务处理方法》之规定确定其在该营业部资产中的比例。产权界定明确后,为理顺产权关系,各产权主体甲、乙、丙、丁、戊5位公民以及集体企业燃气公司营业部可以按我国《公司法》和国家有关规定，作为出资主体共同设立有限责任公司或股份有限公司，并按规定收取红利或者股息，以免产权不清的状态持续时间过长更加难以理清。通过以上讨论，我们认为，该燃气公司营业部的原始投资人为甲、乙、丙、丁、戊5位公民，其投资的财产不属于集体财产；但是，营业部在经营过程中因享受了集体企业的税收优惠政策而产生的该部门资产，应为集体资产。各产权主体可依据前述有关规定明确界定各自的产权比例，以保护各个产权主体的合法权益。

（1999年第6期）

伪造票据、冒领钱款的风险责任

郑孟状*

一、问题的提出

我国票据法实行签名归责原则。《票据法》第4条规定:"票据出票人制作票据,应当按照法定条件在票据上签章,并按照所记载的事项承担票据责任……其他票据债务人在票据上签章的,按照票据所记载的事项承担票据责任。"这条规定表明:第一,票据行为人成为票据债务人,其发生的依据是,而且也只能是行为人在票据上所作的签章。没有在票据上进行签章的人,不管其对票据的设立、转移或消灭发生过多大影响,产生过多大作用,都不能称为票据债务人,并因此而承担票据责任。第二,票据债务人所承担的票据责任,其范围和程度都是根据票据上所记载的条件去加以认定的。票据行为具有独立性,多个债务人在票据上的责任,是各自独立而且可以分割的,并不因为签章发生在同一张票据上,就要承担起完全同一的责任。

票据伪造人没有在票据上作自我签章,他仅仅是假冒了他人或虚构人的名义进行签章,①根据签名归责原则,伪造者不可能直接地承担起票据责任。持票人提示伪造票据,向伪造人行使付款请求权或追索权,伪造人有权予以拒绝。②但是,伪造人应当基于其民事过错行为,承担起民事赔偿责任,③并在刑事法领域,接受相应的惩处。④ 被伪造人不是票据上的签章人,因此,也就不可能是票据上的债务人。票据签章,必须经由签章人的亲书或经由其代理人亲书,伪造票据不能反映被伪造人的真实意思,在法律上应判定无效,被伪造人不承担票据责任。⑤ 付款人在付款时,只负责形式审查。票据记载完整,票据背书连续,票据付款程序正当,即使票据是伪造的,付款人仍解除再付款的责任。《支付结算办法》第17条规定:"银行以善意且符合规定和正常操作程序审查,对伪造、变造

---

* 作者单位:宁波大学。

① 参见《支付结算办法》第14条第3款。

② 刘家琛主编:《票据法原理与法律适用》,人民法院出版社1996年版,第133页。

③ 参见《票据法》第107条。

④ 参见《刑法》第177条、第194条、第199条。

⑤ 任诚宇:"浅议票据的伪造及其法律责任承担———兼谈票据法的个别得失",载《法学与实践》1997年第2期。

的票据和结算凭证上签章以及需要交验的个人有效身份证件,未发现异常而支付金额的,对出票人或付款人不再承担受委托付款的责任,对持票人或收款人不再承担付款责任。"

伪造责任的这一分解,其理想之处在于把票据的最终责任落在了伪造人身上。但是,构造这一分解的立法者们显然忽视了这样一种事实:付款人基于正常程序付款后,伪造人携款潜逃而无法抓获,或者,伪造人已将所得款项挥霍殆尽,无法由其偿还票款。在这里,损失造成已成为一种事实,而承担这一损失偿还的最终落实者也不复存在,人们只能在两个无辜而且依法无须承担责任的主体中进行选择,要么由被伪造人承担责任,要么由付款人承担损失。如何在两个人中间分解责任,立法给我们留下了空白,理论著作也在遮遮掩掩地回避着这个问题,而实践又不能不令我们作出回答。

二、Kildor – Hicks 理论

Kildor – Hicks 理论,是经济学上关于效益分析的一种学说。这一学说的核心内容有三层:①一个人或一家企业,面对可能发生的损害,是否投入资金去防止这种可能的发生,是由投入与产生的比例关系所决定的,只有在防止的损失大于其所支出时,他才会进行投入,也才可以称为一种有效的投入;②在若干个相关人中间,其中一人对损失发生的防止拥有独特的技能,这种防止损失发生的责任应当由他来承担;③在若干个技能相当的关系人中间,谁处在防止损失最有利的位置,或者说,谁可以以最小的代价去防止损失的发生,谁就应当承担起防止这一损失发生的责任。①

Kildor – Hicks 理论,应用到票据伪造上,就是要在伪造人无法赔偿损害的情况下,选择处于防止损失发生最有利位置的一方,作为责任的承担者。美国 1947 年的 Exchange Bank v. Florida National Bank 一案,代理付款银行由于电码误译,将支票错寄给了非支票记载的收款银行,法院判决全部损失由误译电码的银行负担。这个判决虽然不是解决票据伪造的责任问题,但法官在阐述判决的理由时,全面地引用了 Kildor – Hicks 理论,并由此得出结论:损失应当由处于防止损失发生最有利位置的一方承担。纽约联邦法院在 1985 年 United States Fi – delity & Cuar. Co. v. Federal Reserve Bank 一案中也确认,在票据上借用侵权法的

① F. H. Buckley, *Corporations – Principles and Policies*, Toronto, 1995, pp. 17, 35.

过错原则是不适当的,全部责任应当由处在能够避免损失发生最有利位置者负责。比较于被伪造人,付款人处于防止损失发生的有利位置。被伪造人作为受害者,通常的情况是对票据伪造的全过程一无所知,直至与付款人对账时才会发现资金的短缺以及票款的支付,而付款人虽然尽到了法律规定应尽的责任,但他至少看到了伪造的票据,至少有些许可能去发现这种伪造并防止这种伪造目的的实现。正基于此,Kildor – Hicks 理论把承担最终损失的责任归结于付款人。

英国在 1957 年支票法通过之前,也是由付款人承担伪造票据的最终损失的,被伪造人有权要求付款人进行补偿。但在这之后,英国实行了责任认定的分层。出票签字伪造,付款人进行付款,由付款人承担损失,因为出票人在付款人处留有签字样本,可供比较,付款人疏忽这种比较,责任就应当由其承担。背书签字伪造,付款人基于正常程序付款,解除责任,因为付款人对背书人大都陌生,而且对于后者的签字也无签字样本可供比较。①

Kildor – Hicks 理论,有其合理的一面,但它过分地注重了对被伪造人的保护。在被伪造人与付款人这两个无辜者之中选择谁来负担票款的损失,与其说是理性的,还不如说更多的是从如何求得公平的角度出发的。把损失责任百分之百地落在善意付款人身上,第一难以在被伪造人与付款人之间寻得平衡,第二是在银行担当或代理付款的今天,不利于银行业的健康发展,因为这种认定,实际是使银行在收取 1% 费用的同时,承担起了 99% 的责任,其缺陷正如我们在外贸代理制中所看到的。②

在 Kildor – Hicks 理论基础上发展起来的英国分层认定,也为我国一些学者所主张。③ 但这一主张,至少存在两个缺陷:其一,在私刻印鉴或假冒签字情况下,付款人可以凭借被伪造人在预留银行印鉴卡签章进行鉴别。但是,我们必须注意到,伪造的形式不局限于此,行为人偷盗印鉴,或者在获授权的情况下办理,在票据上的签章都是真实的,在这种情况下,也要求付款人根据审核预留印鉴的义务,而承担全部损失的赔偿责任,是不应该的。其二,背书伪造,不论何种情况,都由被伪造人承担全部票款损失,这不符合公平原则。付款人虽然无过错,但无过错的被伪造人的钱款毕竟是经由他之手流入伪造人之手的,客观上难辞其咎,现在将责任全部地推给被伪造人,而付款人毫无责任,于法律于情理都是难以被人们所接受的。

---

① James Mcloughlin, *Introduction to Negotiable Instruments*, London, 1975, pp. 155 – 156.

② 外贸代理的这种缺陷,已由新颁布的合同法部分弥补。

③ 王亦平著:《金融法理论与实务》,人民法院出版社 1998 年版,第 235 页。

三、损失分担原则

损失分担,是一种协调付款人与被伪造人利益的机制。既然损失无法由伪造人承担,也无法由付款人自行负责,就必须寻找一种在付款人与被伪造人之间承担责任的方法,由付款人按特定的比例或特定份额承担起损失的赔偿。

这里提出的损失分担原则,不能完全地适用民法一般过错赔偿原则或侵权行为原则,它具有自身的特点:

1. 分担损失的主体只局限于付款人与被伪造人之间。美国1990年修改的《统一商法典》在付款人与伪造人之间确立了一项损失分担的原则。在这一原则之下,伪造人可能承担90%的损失,而付款人只承担10%的损失。[①] 这种划分,为我们所不赞同。第一,伪造人错是百分之百的,不存在承担80%或90%的损失题。伪造人必须承担全部损失的赔偿。第二,损失分担是在假定伪造人无能力或无法由其偿付的前提下提出的,在此基础上,讨论伪造人承担多少个百分点于实际毫无裨益。

2. 分担损失的基础是一种公平,而不是过错。无论付款人抑或被伪造人,在这里均无过错,之所以要划定一种责任分担,只是基于公平的考量,从这个意义上说,损失分担原则是民法公平原则在票据伪造问题上的实际应用。付款人有过错,如期前付款,付款人就要承担全部损失的赔偿。[②] 被伪造人有过错的,应当由其自行承担损失。第一个例子是,被伪造人以自己的行为支持了伪造人的伪造,付款人不承担责任。[③] 第二个例子是,被伪造人知道伪造人假冒了他的名义签发或背书票据,而不通知付款人,付款人付款的,也不承担责任。[④]

3. 损失分担属于事实问题,应由法官依个案而定。票据伪造的情形并不完全一致,要在伪造损失的分担上建立起一个划一的标准,是不切合实际的,只能按照个案处理的原则,确立不同的分担模式和分担比例。在确定损失分担时,通常应考虑票据伪造识别的难易程度,付款人识别伪造的能力及其装备、损害对被伪造人造成的影响等。

(1999年第7期)

---

① Henry J. Bailey, Richard B. Hagedom, *Bardy on Bank Checks – The Law Of Bank Checks*, 7th. ed 1992, pp. 1 – 55.

② 参见《中华人民共和国票据法》第58条、《日内瓦统一汇票本票法》第40条。

③ 参见英国 Bank Of England v. Vagliano Brothers 一案。

④ 参见英国 Tomlin 勋爵在 Greenwood v. martin's Bank, Ltd. 一案中的陈词。

“奥特曼”纠纷案引发的思考

——论对商品化权的保护

孙美兰* 孔丁英**

[案情]

原告上海园谷策划有限公司系日本园谷制作株式会社和上海某公司共同投资开办的中外合作企业。日本园谷制作株式会社于1996年将在中国境内他人使用其享有著作权的《宇宙英雄·奥特曼》动画片及卡通书等系列作品的许可和追究他人侵犯其著作权的侵权责任等有关事宜全权委托给原告。1997年1月和1998年2月,原告分别发现被告上海市第九百货商店股份有限公司和被告上海宜川购物中心(集团)有限公司正在销售一种称为“超人”的闹钟,该闹钟的造型采用了“宇宙超人—奥特曼”系列作品中的角色“超人奥特曼”的特定形象。据查,“超人”闹钟系由被告广州联合科技电子钟表厂生产。原告与被告交涉未果,于1997年4月向上海市静安区人民法院提起诉讼,称三被告生产、销售“超人”闹钟的行为侵犯了“奥特曼”系列作品著作权人的合法权益,请求法院判令三被告停止对“奥特曼”著作权人著作权的侵害、公开登报赔礼道歉、赔偿损失10万元。

[法院审理]

本案在审理中争议的一大焦点是:工业产品的外形设计使用影视作品中的人物形象是否构成侵权?对此,一种观点认为,“奥特曼”系文学和影视作品中的虚构人物,著作权人对其享有著作权,而三被告生产、销售的是使用了该虚构人物形象的工业产品,该行为并未侵犯他人的著作权,因此,被告的行为不构成侵权。另一种观点认为,被告的行为肯定侵犯了“奥特曼”著作权人的某种权利,至于这种被侵犯的权利到底是何种权利,上述持肯定态度者莫衷一是。

[评析]

对本案一些法律问题的分析与思考,为解决当前生活中越来越多的类似纠

---

* 作者单位:上海市静安区人民法院。

** 作者单位:广西壮族自治区柳州市中级人民法院。

纷将具有重要意义：

1. 关于商品化权的提出。随着一些优秀文学、影视、美术作品的广泛传播，作品中主人公形象逐渐为广大观众熟悉和喜爱。美国动画片《米老鼠和唐老鸭》中的米老鼠和唐老鸭以及中国漫画家张乐平先生创作的《三毛流浪记》中的三毛便是这其中的最好例子，而将这些著名角色的形象付诸商业性使用，如本案中将人们熟悉的虚构角色形象“奥特曼”用于闹钟的外形设计，往往会唤起消费者的强烈消费欲望。同样，将著名演员、歌星、球星、名模等形象付诸商业性使用，如将名模的形象用于服装广告或将球星的形象用于体育用品的装潢设计，也会大大增强消费者的消费欲望。精明的商人正是利用了消费者对虚构角色和自然人的情感乃至非理性的崇拜来强烈吸引消费者的注意力，唤起消费者的消费欲望，这无疑会给精明的商家带来巨额利润。而虚构角色的创作者或名人本身自然不愿眼睁睁地看着别人无偿使用自己的创作形象或自己的形象获取巨额利润，他们察觉自己的权利遭到侵犯，进而向商人们交涉，主张权利。然而，商人们在其对手自己也不知应以什么为依据来主张权利的情形下，丝毫不肯作出让步，争纷由此越来越多。学者与法官们则不免思索：在商业领域擅自使用虚构角色形象或人物形象侵犯的到底是何种权利呢？再如，假设找一位与著名电影演员刘晓庆长得非常相像的女士化妆为刘晓庆曾扮演过的角色“武则天”为“王牌”彩电做广告，这侵犯的是刘晓庆的权利还是电视剧《武则天》制作人的权利？有报道称，最近有两家企业分别将目前红极一时的小燕子的形象、名称及“还珠格格”之名称用于他们的冷饮产品上，结果产品十分畅销。这种行为侵犯的又是谁的何种权利？人们逐渐发现，试图以传统的民事权利概念——复制权、发行权、肖像权、姓名权来对抗上述种种行为，往往力不从心。学者们发现，在一般民法的人身权与著作权之间，以及在商标权、商号权、商誉权与著作权之间，还存在一个边缘领域。而无论把这一边缘领域的问题单放到人身权领域，还是单放到著作权领域解决，都难以得出令人满意的答案。为解决这些问题，学者为这一领域引入了一个新的概念，这就是商品化权。商品化权指的是，将真实人、虚构角色或其他财产物的形象、名称等确认因素付诸商业性使用的权利。

商品化权的概念并非为中国知识产权学者所杜撰，而是从日文（日文原文即“商品化权”）转引进来的，日文中的“商品化权”则是日本于20世纪60年代初从英美法的英文 Merchandising Right 直译过来的。[①]

2. 关于商品化权的性质及其客体。对于商品化权的性质，首先可以肯定的

① 郑成思著：《知识产权论》，法律出版社1998年版，第74页。

是，它是一种财产权。我们知道，能直接体现某种经济利益的权利，被称为财产权。财产权的特征为：第一，权利体现的生活利益具有经济价值，可给予经济评价；第二，权利可以转移。[①] 而商品化权完全符合上述特征，商品化权正是可直接体现某种经济利益的权利。其次，商品化权是一种知识产权。根据《世界知识产权组织公约》第2条为知识产权所下的定义看来，知识产权可以包括一切人类智力创作的成果。人们对上文提到的商品化权客体中虚构角色的智力创作成果性想必不会有何异议，但一定会对商品化权中真人形象等客体的智力创作成果性产生怀疑。笔者在此作两点说明：第一，并非知识产权所保护的所有客体都必须是创造性智力成果。最典型的例子是：1996年欧洲议会通过的《数据库保护指令》将无原创性（独创性或创作性）的数据库列为知识产权法所保护的"准版权"客体，以补偿数据库制作人所付出的非创造性劳动与投资。[②] 第二，有学者在驳斥"商标、商号等识别性标记不含有创造性"的观点时指出，商标、商号不仅在设计时要大费脑筋，更重要的是，生产及经营者通过自己的技术保持产品或其所销商品的恒定质量；通过自己的经营方式，提高自身所提供的商品、服务的质量，从而使自己的商标、商号等标识具有稳固的、不断上升的价值。这些活动附加给标示的创造性，是绝对不应被忽视的。[③] 由此看来，每个正常人尤其是功成名就的人都可以说是其自身的智力创造成果。因为毫无疑问，个人在塑造自己的过程中，都不知不觉地运用了智力在作创造。当然，需要说明的是，个人对塑造自己投入的创造性活动越多，此人功成名就的机会也越大，其所蕴涵的价值也就越大。由此我们不难理解为什么名人的形象具有更大的商用价值。近年来，国外已有学者提出，在数字技术广泛应用的今天及将来，"人的确认因素"（包括人的姓名、声音、形象、签名、风格，等等）可以作为一种知识财产权被利用。[④] 笔者认为，商品化权是从著作权及肖像权等民事权利中分化出来的无形财产权，应归属于知识财产权的范畴。需要指出的是，在特定的情况下，商品化权可能与著作权、肖像权等权利发生竞合。

关于商品化权的客体。笔者认为，凡是被付诸商业性使用之后，能增强商品或服务对消费者的吸引力，给商家带来利润的真实人、虚构角色或其他财物的形象、名称等确认因素者都可以是商品化权的客体。例如，三毛或奥特曼的形象、名称，巩俐的肖像，李扬的声音，流行歌曲的词、曲，著名建筑的形象等均可包含

---

① 张俊浩主编：《民法学原理》，中国政法大学出版社1991年版。

② 郑成思著：《知识产权论》，法律出版社1998年版，第72页。

③ 同上，第70～71页。

④ 同上，第65页。

在内。当然,应当注意的是,不能把公有领域中的东西划入专有领域。如中国的国宝熊猫形象,就不能是商品化权保护的客体。

3. 关于商品化权侵权行为的认定及侵权责任。笔者认为,审判实践应从以下步骤对是否构成商品化侵权进行认定:(1)行为人将他人的商品化权客体付诸商业性使用。如果经过权利人的许可,再对商品化权的客体加以利用,则行为人的行为便不构成侵权。一般说来,查明是否经过权利人的许可将商品化权的客体付诸商业性使用并不十分困难,然而审判实践给我们提出的问题却不容我们掉以轻心。上海市曾发生过这样一起案件:模特满某经另一模特谢某推荐,临时去顶替不能到场的另一模特拍摄服装广告,之后,满某接受了谢某替她领取的600元报酬,后来满某发现她的巨幅人像悬挂于某大商场内。满某认为商场未经她的同意,以营利为目的擅自使用了她的肖像。后查明,介绍满某去拍摄广告的谢某曾以满某的名义签了一份声明书,声明允许商家利用所拍摄的照片用作广告宣传。在此,我们先不谈这一案例中是否存在对权利人商品化权侵权的问题,仅就权利人是否允许行为人将她的巨型肖像悬挂在商场这一问题而言,要作出判断并非易事。笔者认为,行为人是否获得他人许可,应以权利人本人是否以明示的方式许可他人在商业领域对其商品化权的客体加以使用为准来判定。为减少纠纷的发生,笔者建议立法规定:双方当事人应就商品化权的使用签订书面合同。(2)行为人是否利用了权利人商品化权客体的著名性,将该客体付诸商业性使用。对于这一点,笔者认为,应以购买该类商品或接受服务的消费者的眼光为标准来做判断,即特定的消费者是否一眼就能看出该商品或服务是对他人商品化权客体的利用。例如,本案中奥特曼造型的闹钟,一般的孩子一看就知道"这是日本动画片中的奥特曼"。

关于商品化权侵权归责原则。笔者认为,对商品化侵权产品的制造商的行为应适用"无过错责任原则"。因为对于商品化权人而言,他本人或他创作的虚构角色或其他财物的确认因素一旦被用于某种商品或服务,就丧失了再被用于其他同类商品或服务上的可能性。所以,尽管有时商品制造商将他人商品化权的客体付诸商业性使用并无过错,也应承担侵权责任。需要说明的是,商品化权侵权产品的销售者只有在其明知或应知该产品系侵权产品时,才负侵权责任。

4. 商品化权行为在现实生活中常常表现为:(1)未经权利人的许可,擅自将他人作品中的虚构角色形象、名称等确认因素付诸商业性使用。(2)未经许可,擅自将他人形象、姓名、声音、签名等付诸于商业性使用。(3)未经许可,擅自将他人扮演的角色形象付诸商业性使用。如上文提到的未经许可将赵薇扮演的小燕子剧照付诸商业性使用(值得说明的是,这种情形的侵权可能会同时侵犯著作权人及演员的商品化权)。(4)未经许可,擅自将他人特定财产的形象、名称付诸于商业性使用。例如,国内曾有一案例,[①]某房地产商在做房地产广告时,未经允许,将一家高尔夫球场外景摄影用于自己的房地产广告中,并言所推销的房地产靠近著名的××高尔夫球场、环境优美,等等。该案件中房地产商的行为就构成商品化权侵权。

综上所述,笔者认为,"奥特曼"纠纷案中被告广州联合科技电子钟表厂生产"超人闹钟"的行为侵犯了"奥特曼"著作权人日本园谷制作株式会社的商品化权。另外两被告的行为是否构成侵权,则要看他们销售"超人闹钟"时是否明知或应当知道该产品系侵权产品。

商品化权在我国还是一个崭新的概念,因而谈不上法律对它的规范。可以预见的是,随着人们权利意识的增强,在我们身边将会有越来越多的商品化权侵权纠纷案件的发生。从一定意义上说,这不失为一种好的现象,但同时也为有关立法和审判实践提出了许多需要解决的问题。也许在短期内,我国司法对商品化权的保护还有必要借助于著作权中的复制权、发行权以及肖像权、姓名权、财产、使用权等权利的名义来实现。尽管这样,商品化权的概念及理论却可以为审判实践提供参考,也可以为权利人维护自己的权益提供理论上的依据。

(1999年第7期)

① 王敬毅:"为商业推销目的擅自拍摄使用他人财产外观形象是否构成违法",载梁慧星主编:《民商法论丛》(第6卷),法律出版社1999年版,第519页。

商标在先使用的法律意义

董炳和*

我国实行商标自愿注册制度,除了国家规定必须使用注册商标的商品外,其他商品和服务均可使用未注册商标。当一个在先使用但未注册的商标被他人用在相同或者类似商品或服务上,或者被他人在相同或者类似商品或者服务上注册为注册商标的时候,在先使用人是否有权禁止他人的使用或者对抗他人的注册,是近年来我国商标法理论和实务中比较突出的问题之一。本文将根据我国商标法及相关法律的规定,对这个问题进行探讨。

一、在先使用与商标权

我国商标法及相关法律没有使用一般意义上的“商标权”一词。凡提及与商标有关的权利时,均使用了严格意义上的“商标专用权”一词。除《商标法》及《商标法实施细则》外,如《民法通则》第96条、《担保法》第75条、第79条、《刑法》第213条、第214条、第215条等,都是如此。

对于商标专用权的取得,我国采取的是注册产生制度。从《商标法》第3条和第4条的规定可以看出,只有向商标局申请商标注册方能取得商标专用权。换言之,未向商标局申请商标注册就不能取得商标专用权。因此,在我国现行商标法体系之下,商标的在先使用不能产生商标专用权,在先使用但未注册的商标不受商标专用权的保护。

商标专用权的核心是对未经商标所有人许可的使用行为的禁止权。“专用”即“排除他人使用”,享有商标专用权就意味着有权排除他人使用。由于商标的在先使用并不能产生商标专用权,因此,在先使用人无权排除他人在相同或者类似商品上使用相同或近似的商标。即使他人在相同或类似商品上使用与该未注册商标完全相同的商标,根据我国商标法的规定,在先使用人也是无权禁止的。

虽然根据我国商标法的规定未注册商标可以使用,但这种使用却不是商标

* 作者单位:山东烟台大学法律系。

权意义下的使用。商标法允许使用未注册商标,并不意味着未注册商标的使用人享有“使用权”。原因有三:

首先,从商标法的精神来看,对商标的使用是商标管理的内容,而不是商标保护的内容,《商标法》第6章“商标使用的管理”的有关规定足以说明这一点。因此,商标法规定未注册商标的使用,只能表明国家将未注册商标的使用纳入了其权力范围,而不意味着给予未注册商标的使用提供法律保障。

其次,对商标的使用不是权利的表现,即使是注册商标,其所有人也未必可以使用商标。最典型的例子就是证明商标。《集体商标、证明商标注册和管理办法》第11条明确规定,“证明商标的注册人不得在自己提供的商品或者服务上使用该证明商标”。由于商标作为一种区别商品或者服务的提供者的信息或符号,本身不可被占有,因此,对商标的权利不能通过对商标的占有或者自行利用体现出来,只有通过与他人的对抗关系体现出来。英美法将知识产权看做“诉讼中的权利”就是对知识产权的特点的最准确的描述。涉及知识产权问题,判断有无权利的标准不在于权利人的作为与不作为,而在于法律是否规定了救济。凡法律有救济的,即有权利;凡法律没有救济的,即无权利可言。在这一点,英美法上的格言“权利先于救济”是非常正确的。商标法并未对在相同或类似商品上使用相同或近似商标的行为向未注册商标的使用人提供任何形式的法律救济,单凭无任何对抗的使用不能说明权利的存在。

最后,在先使用的未注册商标在他人注册后的继续使用不能作为商标侵权的例外。与未注册商标相同或近似的商标被他人在未注册商标所使用的相同或类似商品或服务上注册之后,未注册商标的使用人是否可以在原有范围内继续使用该未注册商标,我国《商标法》没有作出明确的规定。但是,我国商标法并未将未注册商标在原有范围内继续使用作为侵犯注册商标专用权的例外,而《专利法》则明确将“在专利申请日前已经制造相同产品、使用相同方法或者已经作好制造、使用的必要准备,并且仅在原有范围内继续制造、使用的”作为不视为侵犯专利权的情形之一。因此,未注册商标的使用人的继续使用将构成对注册商标专用权的侵犯。

事实上,就自行使用商标而言,注册商标受到的限制比未注册商标更多。这一点从《商标法》和《商标法实施细则》关于商标使用的管理的规定中可以明显地看出来。如果说存在除了禁止权之外的“使用权”的话,未注册商标的“使用权”反倒比注册商标的“使用权”的限制为小,未注册商标享有更优越的法律地位。不享有商标专用权的在先使用人可以享有比享有商标专用权的商标注册人更广泛的“使用权”,无疑是对商标法和商标权的讽刺。因此,对商标的“使用”

不是商标权的体现,在商标法上不存在除了商标专用权之外的“使用权”。

二、在先使用与商标注册

我国商标注册实行申请在先原则。《商标法》第 18 条规定,“两个或者两个以上的申请人,在同一种商品或者类似商品上,以相同或者近似的商标申请注册的,初步审定并公告申请在先的商标;同一天申请的,初步审定并公告使用在先的商标,驳回其他人的申请,不予以公告”。据此规定,两个或者两个以上的申请人在同一种商品或者类似商品上以相同或者近似的商标申请注册的,商标局将首先考虑申请的时间。如果不属于同一天申请的,商标局将初步审定并公告在先申请,驳回在后申请。如果属于同一天申请的,商标局才考虑首次使用的时间,初步审定并公告使用在先的商标,驳回使用在后的商标。如果属于同一天使用或者均未使用的,由各申请人协商;协商不成的,由申请人抽签决定或者由商标局裁定。由此可见,在商标注册申请的受理过程中,在先使用并不具有对抗在先申请的效力。即使在美国这种实行商标权使用取得而非注册取得的国家里,在先使用也不具有对抗在先申请的效力。根据美国商标审查程序手册(TMEP)(第 2 版,修订本第 11 版)第 1208 条的规定,如果有两个或两个以上的申请包含同一个商标或近似商标,专利与商标局只公布在先的申请,而不论该申请人是否在先使用该商标。其他在后申请人,即使在先使用,其申请也不被公布。如果在异议期内无人提出异议或者异议不成立,则将注册授予在先申请人。

商标局将经初步审定的商标公告之后,根据《商标法》第 19 条的规定,自公告之日起 3 个月内,任何单位或个人均可以提出异议。无异议或者经裁定异议不能成立的,始予核准注册;经裁定异议成立的,不予核准注册。对于已经注册的商标,根据《商标法》第 27 条的规定,商标局可以依职权撤销,其他单位或个人可以请求商标评审委员会裁定撤销。凡是异议成立不予核准注册的商标,或者被撤销的已经注册的商标,都是根据商标法规定不应核准注册的商标。从《商标法》的规定来看,不应核准注册的商标主要包括四种:一是申请程序不符合商标法的要求的;二是申请书件不符合商标法的要求的;三是申请人的资格不符合商标法的要求的;四是申请注册的商标不符合商标法的要求的。商标的在先使用是否作为异议成立和撤销注册的理由和依据,与申请程序和申请书件并无关系,故本文不予讨论。

根据《商标法实施细则》第 2 条的规定,商标注册申请人必须是依法成立的企业、事业单位、社会团体、个体工商户、个人合伙以及符合《商标法》第 9 条规定的外国人或者外国企业。除此之外,《商标法》对申请人的主体资格并无其他要求。凡符合《商标法实施细则》第 2 条规定的人,均有资格提出并取得商标注册。值得说明的是,我国商标法上并没有一种被称为“商标申请权”的权利。商标设计人、在先使用人、商标所使用的文字和图形的权利人等,在就某一商标提出注册申请并取得注册的资格问题上,与非设计人、在后使用人、非权利人等任何其他人并无法律上的区别。

因此,在先使用与在后使用并不会影响申请人的资格,在先使用也就不能成为否定在后使用人的申请人资格的原因和依据。

注册商标作为商标的一种,必须符合商标法对商标的实质要求。《商标法》第7 条和第 8 条分别对商标的实质条件提出积极要求和消极要求。《商标法》对商标的积极要求是,商标使用的文字、图形或者其组合,应当有显著特征,便于识别。《商标法》对于商标的消极要求是,商标不得使用禁止使用的文字、图形。从《商标法》第 7 条和第 8 条的用语看,商标使用的文字、图形或者其组合是否具有显著特征,应从商标使用的文字、图形及其组合自身来判断,与商标是否在先使用无关。商标法禁止使用的文字和图形中也不包括与他人在先使用的商标相同或近似的文字或图形。

申请注册的商标除了应符合上述两项要求之外,根据《商标法》第 17 条的规定,还不得同他人在同一种商品或者类似商品上已经注册的或者初步审定的商标相同或者近似。在这里,商标法使用了“已经注册的或者初步审定的商标”一语,明确地将在先使用的商标排除在外。在实践中,许多人尤其是在先使用人将《商标法实施细则》第 25 条第 2 项和第 4 项的规定作为对抗经初步审定或注册的商标的法律依据。实际上,这两项规定与商标的在先使用是无关的。

《商标法实施细则》第 25 条第 2 项将“违反诚实信用原则,以复制、模仿、翻译等方式,将他人已为公众熟知的商标进行注册的”作为可以请求撤销已注册商标的理由之一,其目的是防止“以复制、模仿、翻译等方式,将他人已为公众熟知的商标进行注册”而产生混淆,避免对消费者产生误导。这里的“商标”并非仅指未注册商标,也包括注册商标在内。因此,这项规定并未赋予商标的在先使用以对抗他人申请或注册的效力。至于该条第 4 项所称“在先权利”,主要是指著作权、姓名权、肖像权等对商标所使用的文字和图形的权利,而不是因在先使用而产生的权利。

综上所述,商标的在先使用并不具有对抗初步审定和已经注册的商标的效力。

在这里需要特别说明的是,商标法对驰名商标的特别保护也未赋予在先使用任何对抗已注册商标的效力。

驰名商标受到特殊的保护。根据《巴黎公约》的规定，对用于相同或类似商品上的驰名商标复制、模仿或翻译而来并可能造成混淆的商标，成员国应拒绝注册或撤销注册并禁止使用。《与贸易有关的知识产权协定》又将这种特殊保护扩大到不相类似的商品或服务。我国《驰名商标认定和管理暂行规定》第 8 条把“将与他人驰名商标相同或者近似的商标在非类似商品上申请注册，且可能损害驰名商标注册人的权益”解释为《商标法》第 8 条第 9 项所规定的不良影响。

驰名商标的这种特殊保护使其具有了对抗在先注册的效力。但是，我们必须明确，对驰名商标的特殊保护并不是因为驰名商标的在先使用，而是因为驰名商标具有非常显著的区别性。通过复制、模仿或者翻译驰名商标而取得的注册商标，容易使消费者产生一种错觉，即消费者会误以为该注册商标与驰名商标的使用人存在一定的联系，从而混淆了商品或者服务的来源。虽然驰名商标的这种非常显著的区别性是通过实际使用而取得的，但如果实际使用导致这种区别性的消失，即使再驰名的商标也不会受保护，最典型的例子就是那些因为特别驰名以至于成为使用该商标的商品的通用名称的商标，如“阿司匹林”等早已失去商标作用的“驰名商标”。

三、结　　论

综合上述两部分，商标的在先使用既不能产生任何权利，也不能产生与已注册商标相对抗的效力。因此，笔者认为，在我国现行商标制度之下，商标的在先使用不具有任何法律意义。

近年来我国出现了一些商标“抢注”事件，因而有人建议修改现行商标法，明确对在先使用的商标的保护，制止商标“抢注”行为。

笔者认为，在商标法上对在先使用的商标进行保护涉及我国商标法的基本原则和基本制度，应慎重考虑。如果仅仅是为了制止商标“抢注”行为，没有任何必要修改现行商标法。绝大多数商标“抢注”者的目的不是自己使用商标，而是转让商标以获利。《商标法》第 30 条已经规定，“连续 3 年停止使用的”由商标局责令限期改正或者撤销其注册商标，只要对“连续 3 年停止使用”作出合理的解释，即可起到遏制商标“抢注”事件的发生。另外，我国已经制定了比较完备的驰名商标保护制度，对驰名商标的特殊保护将有力地制止商标“抢注”。

虽然我国现行商标法原则上不保护未注册商标，但未注册商标也并非得不到任何法律保护。《反不正当竞争法》、《消费者权益保护法》、《著作权法》和《民法通则》都能够为未注册商标提供一定的保护。

因此,不论是为了保护未注册商标,还是为了制止商标"抢注",均无必要赋予商标的在先使用以某种法律效力,从而影响到现行商标法的基本原则和基本制度。当然,如果认为商标专用权的使用取得制度或者使用取得与注册取得相结合的制度比单一的注册取得制度更为有利,从而将商标的在先使用作为取得商标专用权的依据之一,赋予商标的在先使用与注册相同或比注册更优越的法律效力,则另当别论,不在本文讨论之列。

(1999年第10期)

评“枫叶”诉“鳄鱼”不正当竞争案

金勇军*

[案情]

原告服装一厂诉称:1994年4月,原告发现,百盛购物中心鳄鱼服装专卖店出售的“鳄鱼”西裤是经过改装了的原告的“枫叶”西裤。1994年5月3日,原告从该专卖店(以560元的单价)购得西裤两条。经勘验发现,该“鳄鱼”西裤系原告的产品;只是其“枫叶”商标替换成了“鳄鱼”商标,而且其销售价格远远超过了原告的销售价格(单价200元左右)。百盛购物中心、同益公司、鳄鱼公司作为经营者,应遵守法律、法规和商业道德,此种不劳而获,冒用他人产品谋取暴利的不正当竞争行为,既损害了消费者的经济利益,又恶意败坏了原告的产品信誉、声誉,扰乱了社会经济秩序,违反了诚实信用的竞争原则,败坏了原告在消费者心目中的形象。同益公司是侵权行为的直接实施者,应承担侵权责任。由于它已被撤销,其上级单位开发促进会应承担责任;侵权行为发生在百盛购物中心内,对外经营及出具发票均以百盛购物中心的名义进行,故百盛购物中心应承担连带责任;鳄鱼公司和同益公司之间虽有委托协议,但在该经营场所没有任何标志足以表明这种代理关系及同益公司身份的,使公众无从知晓这种代理关系的存在,同益公司实际上成为鳄鱼公司的代表,有关责任应由鳄鱼公司承担。请求法院判令被告:(一)公开赔礼道歉、消除影响;(二)赔偿原告100万元,包括被告非法获利及对原告商业信誉造成的损害;(三)承担本案的诉讼费、律师费等。

被告百盛购物中心辩称:为了(在该中心)设立鳄鱼服装专卖店,曾与同益公司签订合同。其中约定:该公司陈列或销售的商品,不得有侵害他人商标权等不法事宜。如有违反,除法律责任之外,亦须赔偿百盛购物中心因此所产生的费用及损失。故即使原告诉称属实,亦与其无关,其责任应由同益公司承担。被告同益公司(在接到起诉状后,未被吊销法人营业执照前)辩称:在取得鳄鱼公司合法授权后,在百盛购物中心销售鳄鱼公司“鳄鱼”和“卡帝乐”产品。至于更换商标的行为,服装一厂是知道的,但是并未表示反对。故同益公司未侵犯原告的商标专用权,亦不存在不正当竞争的问题,故不同意原告的诉讼请求。

---

* 作者单位:清华大学经济管理学院。

被告鳄鱼公司辩称：该公司产品所用的“鳄鱼 CROCODILE”、“卡帝乐 CARTELD”等商标具有极高的知名度。该公司长期以来在消费市场内从事合法的经营活动，恪守职业道德，与原告之间没有经济往来，该公司也没有任何不正当竞争行为。同益公司于1993年12月取得该公司的授权，成为该公司的销售商，负有不得出售假冒鳄鱼牌、卡帝乐牌商品的义务。作为独立法人的同益公司仅为该公司的销售商，其更换商标的行为不应代表鳄鱼公司，鳄鱼公司对同益公司的行为不负任何责任，鳄鱼公司不应成为本案被告。

被告开发促进会辩称：从工商行政管理部门的备案材料看，该会为同益公司的上级主管部门，但实质上同益公司与该会仅为挂靠关系。该会从未向同益公司提供过开办及注册资金，也未派人参与工作，未对同益公司进行任何形式的领导；同益公司也从未向该会交纳过管理费等费用，故该会不应对同益公司的行为负连带责任。

[审判要旨]

北京市第一中级人民法院经审理认为：社会主义市场经济是法制经济，经营者必须遵循诚实信用、公平竞争原则和遵守公认的商业道德。任何通过不正当手段损害他人商业信誉、进行不正当竞争的行为都是法律所禁止的。原告服装一厂的“枫叶”西裤满足了不同的消费者的需求，占有了一定的市场份额，在市场竞争中取得了一定的信誉，“枫叶”商标也在市场上享有一定的知名度。服装一厂对其享有的商业信誉和公平竞争的权利，应受到法律保护。

同益公司虽曾得到被告鳄鱼公司的授权，在北京贩卖卡帝乐服装、服饰，但该授权并不意味着同益公司可以自行组织货源（将他人的商标从已进入流通的产品上撕下，更换成“卡帝乐”商标）销售。同益公司表面上通过购买行为使原告的商标权权利用尽，使其行为合法化，但同益公司并不是最终用户。同益公司利用原告的优质产品为其牟取暴利，无偿地占有了原告为创立其商业信誉和通过正当竞争占有市场而付出的劳动。其行为违反了诚实信用、公平竞争原则，妨碍了原告商业信誉、品牌的建立，使原告的商业信誉受到一定程度的损害，正当竞争的权利受到一定的影响。因此，同益公司的行为构成侵权，应承担赔礼道歉、消除影响、赔偿损失的法律责任。

北京市第一中级人民法院依照《中华人民共和国民法通则》第4条、第134条第1款第7项、第9项、第10项，《中华人民共和国反不正当竞争法》第2条之规定作出一审判决：

一、被告开发促进会在《北京日报》上，代原下属企业同益公司向原告服装一厂赔礼道歉、消除影响；

二、被告开发促进会赔偿原告服装一厂商业信誉损失及为本案支付的合理费用计人民币10万元整（以原同益公司现存于百盛购物中心的财产承担）。[1]

[评析]

本案不争的事实是：其一，被告购进原告的“枫叶”西裤；其二，将“枫叶”从西裤上撕下；其三，在西裤上加贴“卡帝乐”。也就是说，构成国外所说的“反向假冒”。但是本案自1994年受理开始，到1998年6月10日一审公开宣判，前后持续共4年。其间更有学界不同意见之争论[2]，有媒体的介入和报道[3]，好不热闹。本案以不正当竞争为由起诉，法院判决支持。而在判决书的说理部分，又提到了商标权用尽（用完、穷竭）。本文愿意从商标权谈起，评析法院的判决。

一、是否构成商标侵权

商标权，即商标独占权（商标专用权）。[4] 首先，它是一种使用商标的权利。所谓使用商标，比如，将商标标识粘贴在商品上，等等。根据《商标法》第37条的规定，它的使用范围，仅限于核准注册的商标和核定使用的商品（和服务）。如果略加引申，也就是说，在商事交易的范围内使用，出了这个范围，就不是这的使用了。比如，某人私下印制娃哈哈瓶贴，用来装饰自己的房间的，就不是该种使用。其次，它是一种独占性的使用权。用德国法的术语来说，是一种绝对权。[5] 通说以为，包括积极效力和消极效力，也即使用权和禁止权。商标权人自己可以使用注册商标，这是积极的使用权；商标权人可以禁止第三人使用注册商

① 北京市第一中级人民法院民事判决书〔1994〕中经知初字第566号，《知识产权研究》（第6卷），中国方正出版社1998年版。另外，也可参见罗东川、姜颖：“审理‘枫叶’诉‘鳄鱼’不正当竞争”，载《电子知识产权》1998年第9期。

② 王莲峰：“浅谈商标反向假冒”，载《电子知识产权》1992年第2期。该文有相应的简要概括和综述。

③ 比如，1996年6月北京电视台的庭审电视报道，1998年6月10日中央电视台的报道。

④ 我国商标法（比如第1条和第3条）称为“商标专用权”。学界通说认为，商标专用权只是商标权的权能之一，但是一般也认为，它是特别重要的权能。参见张序九主编：《商标法教程》，北京法律出版社1997年第3版，第47页。“商标独占权”是德文“ausschliessliches Recht”的翻译。现行德国商标法（1994年）第14条使用的就是这个术语。其实是一个意思。下文在同一意义上使用“商标权”、“商标专用权”和“商标独占权”。

⑤ Siehe Rudolf Nirk, *Gewerblicher Rechtsschutz*, Verlag W. Kohlhammer, 1981, S. 522；参见张序九主编：《商标法教程》，北京法律出版社1997年第3版，第48页、49页。

标，这是消极的禁止权。[①] 我国《商标法》第 37 条和第 38 条虽然没有明确，但是也表达了类似的意思。而其他国家的商标法，比如德国的商标法，是明确规定了这两方面的权利的。[②] 最后，第 37 条限定的使用应该做广义的解释。在核定的商品和服务上使用，当然是使用；其他类似使用，也是使用，如在包装、广告、货签等甚至信笺和名片上的使用。德国学者是这样解释的。[③] 我国有关商标法的相关解释，也是这样主张的。[④] 否则，商标权就没有实际意义了。

但是针对商标侵权案件，法院多从消极方面考虑问题的。即考虑禁止权方面来处理问题的。[⑤] 甚至商标法就是这么规定的。《商标法》第 38 条规定："有下列行为之一的，均属侵犯注册商标专用权：(1)未经注册商标所有人的许可，在同一种商品或者类似商品上使用与其注册商标相同或者近似的商标的；(2)销售明知是假冒注册商标的商品的；(3)伪造、擅自制造他人注册商标标识或者销售伪造、擅自制造的注册商标标识的；(4)给他人的注册商标专用权造成其他损害的。"那么这 4 种情况之间的关系是怎样的呢？在学理上，多语焉不详。笔者以为，第一项是有关(侵权行为的)行为要素的一般判定规则的，其他三项是一般规则的特别适用例。比如，第 2 项的明知而销售，如果使用者就是销售者，可以为前者吸收；如果不是，而商标权又没有用完的，实际上是妨碍独占性使用权的又一种形式。第三种情况是有关使用的危险的，[⑥]如果不将其规定为侵权，商标权将形同虚设了。这两种情况都是在前者的基础上谈论的，因此是从属性的。第四种情况，也应如此解释。参照德国的立法，此点是显然的。比如，第 14 条规定："……2. 未经商标所有人同意，第三人不得在商事交易中，(1) 在和该商标注册使用的商品或服务相同的商品或服务上使用和该商标相同的标志，(2)使用某种标志，如果因该标志和商标相同或相似并且它们使用的商品或服

---

① Siehe Rudolf Nirk, *Gewerblicher Rechtsschutz*, Verlag W. Kohlhammer, 1981, S. 522；参见张序九主编：《商标法教程》，北京法律出版社 1997 年第 3 版，第 48 页、49 页。

② 《德国商标法》第 14 条规定："(1)根据第 4 条取得保护的商标，所有人对其享有独占权。(2)未经商标所有人同意，第三人不得在商事交易中，1. 在和该商标注册使用的商品或服务相同的商品或服务上使用和该商标相同的标志……"由笔者译自 Wolfgang Berlit, *Das neue Markenrecht*, 3. A., verlag C. H. Beck, 1999, S. 220。下同。

③ Siehe Rudolf Nirk, *Gewerblicher Rechtsschutz*, Verlag W. Kohlhammer, 1981, SS. 521, 523.

④ 1995 年 4 月 23 日国务院批准第三次修订后的商标法实施细则第 29 条规定："……前款所指商标的使用，包括将商标用于商品、商品包装或者容器以及商品交易文书上，或者将商标用于广告宣传、展览以及其他业务活动。"另外，也可以参见第 41 条。

⑤ 可以例见"龙泉县宝剑厂诉龙泉县万字号宝剑厂侵犯商标专用权纠纷案"，载《最高人民法院公报》1988 年第 3 期。当然，也可以参见该公报公布的其他案例。

⑥ 张序九主编：《商标法教程》，北京法律出版社 1997 年第 3 版，第 220 页。

务也相同或相似,致使公众有混淆的可能的,包括公众发生联想的可能,或(3)在和该商标注册使用的商品或服务不相似的商品或服务上使用和商标相同或相似的标志,如果该商标是国内驰名商标,而该使用又属于毫无正当理由的攀附或损害商标的区别力或声誉的。3. 上款条件满足的,下列行为尤其在禁止之列:(1)将标志标在商品或其外观或包装上的;(2)标着标志,提供商品、付诸流通或为上述目的存储商品的;(3)标着标志,提供服务或打算提供服务的;(4)标着标志,进口或出口商品的;(5)在商用信笺或广告中使用标志的。4. 如果外观、包装或标示媒介可能用于装饰、包装、标志商品或服务而依据第2款、3款得禁止第三人使用的,未经商标所有人同意,第三人仍不得在商事交易中,(1)将和商标相同或相似的标志标在外观、包装或诸如标识、标签、缝合标识或类似的标示媒介上;(2)提供标有和商标相同或相似标志的外观、包装或标示媒介、付诸流通或为上述目的存储的;或(3)进口或出口标有与商标相同或相似的标志的外观、包装或标示媒介。"①实际上,《商标法实施细则》第41条也是这么解释的。②为什么呢?因为侵权的对象是禁止性的,使用了商标才谈得上侵权的问题。

如果仅从商标侵权的角度来看,本案根本不存在侵权的问题。因为本案的"假冒"是反向的,而通常的假冒是"正向"的。即使这一点成问题③,也即退一万步谈,在本案的情况下,商标权也用完了。④ 判决书明确地指明了这一点。通常意义上的商标侵权不成立。可能这也是本案以不正当竞争为由起诉的原因。那么是否构成不正当竞争呢?

二、是否构成不正当竞争

仅从民事的角度来看,是否构成不正当竞争呢?要回答这个问题,自然得先

---

① Siehe Wolfgang Berlit, *Das neue Markenrecht*, 3. A. , verlag C. H. Beck, 1999. SS. 109, 110.

② 第41条规定:"有下列行为之一的,属于《商标法》第38条第4项所指的侵犯注册商标专用权的行为:(1)经销明知或者应知是侵犯他人注册商标专用权商品的;(2)在同一种或者类似商品上,将与他人注册商标相同或者近似的文字、图形作为商品名称或者商品装璜使用,并足以造成误认的;(3)故意为侵犯他人注册商标专用权行为提供仓储、运输、邮寄、隐匿等便利条件的。"

③ 比如,有的学者提出,本案属于第38条第四种情况,其实是对该项的误解。参见郑成思著:《知识产权法》,法律出版社1997年版,第208页、209页;罗东川:"审理'枫叶'诉'鳄鱼'案的几个问题",载《知识产权研究》(第6卷)1998年第4期。

④ 这一点,不是本文想评析的。尽管我国商标法没有规定,但是法官难能可贵地指明了这一点。可以参见《德国商标法》第24条:"(1)商标或商事名称所有人无权禁止第三人在商品上使用商标或商事名称,如果该商品标着该商标或商事名称,由所有人或经其同意由他人付诸流通。流通范围指内国、欧洲联盟其他成员国、欧共体其他成员国。"

找反不正当竞争法有关不正当竞争行为的特别规定。但是我国反不正当竞争法没有明文规定。本案法院也采纳这种意见。① 在这样的情况下,只能考虑是否可以适用一般条款了。②

判决书中曾提到“经营者必须遵循诚实信用、公平竞争的原则和遵守公认的商业道德”,而《反不正当竞争法》第2条第1款规定:“经营者在市场交易中,应当遵循自愿、平等、公平、诚实信用的原则,遵守公认的商业道德。”如果善意地理解判决书的文义的话,本案是适用第2条第1款裁判的(判决书提到的是第2条)。现行《反不正当竞争法》是1993年通过的,目前还没有对一般条款加以定型化的先例。在没有先例的情况下,法院自得负起定型化的重任。法院是如何处理的呢?

法院认为:其一,同益公司利用原告的优质产品为自己牟取暴利,无偿占有了原告为创立商业信誉和通过正当竞争占有市场而付出的劳动;其二,其行为违反了诚实信用、公平竞争原则;其三,结果妨碍了原告商业信誉、品牌的建立,使原告的商业信誉受到一定程度的损害,正当竞争的权利受到一定的影响。也即,造成了损害结果。基于这三项认定,法院认为,同益公司的行为构成侵权。③ 针对本案的裁判,有的学者旋即将其作为“反向假冒”的案例,主要联系英美法上的立法、判例,作出评析。④ 既然提到了英美法,在评析本案之前,不妨看看美国有关反向假冒的判例、立法和学说。

三、美国法上的反向假冒

在美国法上,反向假冒⑤,不仅包括经典的 resale 案(比如,被告转售原告生

① 有的学者认为,可以适用《反不正当竞争法》第9条的规定,它是有关误导行为的。就本案情形而言,不适用。可以参见孔祥俊著:《反不正当竞争法的适用与完善》,法律出版社1998年版,第194页以下。

② 孔祥俊著:《反不正当竞争法的适用与完善》,法律出版社1998年版,第49页以下。

③ 罗东川:“审理‘枫叶’诉‘鳄鱼’案的几个问题”,载《知识产权研究》(第6卷)1998年第4期。

④ 郑成思:“中国首例‘反向假冒’案评析”,载《知识产权研究》(第6卷)1998年第4期。

⑤ “反向假冒”(reverse passing off or inverse passing off)的提法,来源于“假冒”(passing off or palmingoff)。一方以他人的商标销售自己的商品的,是假冒;与此相反,反向假冒,是一方以自己的商标销售他人生产的商品而该情况显示销售者就是商品生产者的。有时法院也将其区别为明示的和默示的反向假冒,但是本文不作这样的区分。See John T. Cross, Giving credit where credit is due, revisiting the doctrine of reverse passing off in trade - mark law, 72 *Wash. L. Rev.* 710n9、715n19.

产的产品的)，也包括copy案(比如，被告销售原告的复制件的)。[①] 对于这两类案件，自本世纪以来法院一直尽力应付。但是以反向假冒为诉因判决的案件，大多发生在近50年。而广为接受这个诉因的起始时间是1980年。回顾这段历史，其中关键的因素有两个：其一，是1977年WilliamM. Borchard所著的《反向假冒——商业抢劫还是许可的竞争?》(Reverse Passing Off – Commercial Robbery or Permissible Competition ?)一文。该文将当时的判例法加以归类并作出评述。其中有关损害的主张(声誉无从依归即损害)甚至至今还影响着法院。其二，是1981年第9巡回法院就Smith v. Montoro作出的判决。法院认为，替换即构成兰哈姆法(Lanham Act)第43条(a)的错误标示和陈述(false designation or representation)。时至今天，已经审理过这类的案件的联邦法院差不多都认为，至少某些反向假冒案件具有可诉性。许多学者也支持将反向假冒认定为诉因。[②]

法院一般认为，反向假冒的构成要件是：(1)产品是原告生产的，如果是被告或第三人生产的，没有反向假冒的问题；(2)原告已经在公众中谋取产品声誉的，如加贴商标等；(3)未经原告许可被告错误标示产品的来源的(the origin of the product)，经过许可的，也没有反向假冒的问题；(4)错误标志可能导致消费者的混淆的；(5)原告遭受损害的(原告的声誉的损害)。[③]

当然，法律上的依据主要是兰哈姆法第43条(a)。其中第1款规定："凡在商事交易中将言词、术语、名称、符号、图案或其结合或者来源错误标示、错误或令人误解的事实描述、错误或令人误解的事实陈述用在商品、服务或商品的容器上或者与其联合使用，而该类事项：(A)在使用者与他人的关联、联合、联结方面或者来源、发起、他或她的商品、服务或商事活动经由他人同意方面，可能导致混淆、导致错误或者滋生欺诈，或(B)在商事广告或营销中对他、她或他人的商品、服务或者商事活动的性质、特征、质量或地理来源陈述不实的，该使用者得在民

---

① John T. Cross, Giving credit where credit is due, revisiting the doctrine of reverse passing off intrademark law, 72 *Wash. L. Rev.* 714.

② Ibid. ,72 *Wash. L. Rev.* 715 – 721.

③ Ibid. ,72 *Wash. L. Rev.* 721 – 731.

事诉讼中向相信他或她已罹其害的或可能遭受其害的起诉人负责。"①这一款是商标法中有关假冒的条款,但是其效力远远不限于此。早在 Smith v. Montoro 案,针对被告的主张(该款是针对类似于商标侵权的假冒行为而规定的),法院就认为,该款是针对在经济意义上可以等同于假冒的任何欺诈行为的,该类行为都可以适用该款处理。而反向假冒可认定为来源错误标示或错误陈述(false designation or representation)。现行法是 1988 年修订后的法律,但是现在的条文并没有阻止法院(在反向假冒的情况下)适用该款,有的法院反而认为是加强了,甚至一直拒绝适用的马萨诸塞州联邦法院也屈服了。② 近年来也有学者认为,这是对该款条文的误解。比如,在(A)项的前文中提到了"来源错误标示"及"错误或令人误解的事实陈述",但是加以(A)项限制后,变成什么问题了呢?限制后的意思,即来源错误标示足以导致和他人发生混淆的,错误或令人误解的事实陈述足以导致和他人发生混淆的,就是通常的假冒问题。这样的文义,是不可能适用反向假冒的。在反向假冒的情况下,通过使用被告自己的商标,被告故意排除了混淆的可能性。这就是误解之一。③

四、反向假冒究竟是否构成侵权

现在回到前文的问题上来。从前文的讨论来看,我国《反不正当竞争法》第 5 条第 1 项和第 2 项以及第 9 条第 1 款与《美国兰哈姆法》第 43 条(a)是可以等同的。参照美国的做法,似应就此判决,但是法院并没有类比第 5 条第 1 项和第 2 项判决。在这个问题上,不妨放开一点眼光讨论:反向假冒是否可以认定为侵

---

① The section read: "Any person who, on or in connection with any goods or services, or any container for goods, uses in commerce any word, term, name, symbol, or device, or any combination thereof, or any false designation of origin, false or misleading description of fact, or false or misleading repressentation of fact, which.

(1) is likely to cause confusion, or to cause mistake, or to deceive as to the affiliation, connection, or association of such person with another person, or as to the origin, sponsorship, or approval of his or her goods, services, or commercial activities by another person, or

(2) in commercial advertising or promotion, misrepresents the nature, characteristics, qualities, or geographic orgin of his or her or another person's goods, services, or commercial activities, shall be liable in a civil action by any person who believes that he or she is or is likely to be damaged by such act." 15 U. S. C. 1125(a)(1), 1994.

② Kasco Corp. v. General Services, Inc., 905 F. Supp. 29 (D. Mass. 1995).

③ John T. Cross, Giving credit where credit is due, revisiting the doctrine of reverse passing off in trademarklaw, 72 *Wash. L. Rev.* 738 – 742.

权呢？理由又是什么呢？如果说可以参照美国的做法，那么，其背后的政策基础是什么呢？是否得重新审视呢？前文已经谈到，反向假冒的可诉性，在美国是广为接受的，但是法院很少考虑其政策基础（类似于大陆法系的立法理由）。少数法院及有的学者讨论过这个问题。[①] 其通常的理由可以概括为两点：其一，在产品来源的问题上，欺骗了购买该产品的消费者（类似于我国《反不正当竞争法》第9条第1款的情况）；其二，在消费者中建立起来的声誉为被告接收，是谓"未行播种，却力行收获"（类似于本案法院认定的第一项事实）。[②] 这两点是否成立，是接受反向假冒诉因的关键。[③]

是否允许原告起诉，借以阻止被告对消费者的欺骗（deception）呢？按照美国法律，如果一项陈述要认定为欺骗的话，其一，它是不实陈述；其二，它能误导他人。[④] 但是在反向假冒的情况下，这两个条件没有满足。在大多数反向假冒的情况下，被告只是将原告的商标替换为自己的商标，这并不能必然得出，被告作出了不实陈述。[⑤] 如果消费者一般认为，商标就是有关产品来源的陈述，则必然可以得出不实陈述的结论。但是在当今这样的社会经济条件下，因为大量的经销渠道和零售商（而销售者可能以自己的商标销售他人的产品）的存在，消费者已经习惯于购买未揭示生产者的产品，自然他们就不会认为，商标就是有关产

① LoriH. Freedman, Reverse Passing Off, A Great Deal of Confusion, 83 Trademark Rep. 319 – 23 (1993); LeonH. Rittenberg III, Roho, Inc. v. Marquis, A Conservative Interpretation of Reverse Palming Off, 65 *Tul. L. Rev.* 1755, 1763 (1991); Randolph Stuart Sergent, Building Building Reputational Capital, The Righ of Attribution Under Section43 of the Lanham Act, 19 Colum – VLA J. L. &Arts 56 – 59, 1995.

② International News Serv. v. Associated Press, 248 U. S. 215, 1918.

③ John T. Cross, Giving credit where credit is due: revisiting the doctrine of reverse passing off in trade – mark law, 72 *Wash. L. Rev.* 752.

④ In re Shapely, Inc., 231 U. S. P. Q. (BNA) 72, 73 (T. T. A. B. 1986) (interpreting word "deceptive" in 2 of Lan – ham Act, 15 U. S. C. 1052, 1982); In re Quady Winery, Inc., 221 U. S. P. Q. (BNA) 1213, 1214 (T. T. A. B. 1984) (same); see also In re Cliffdale Assocs., 103 F. T. C. 110, 1984. (interpreting word "deceptive" under 5 of Federal Trade Com – mission Act, 15 U. S. C. 45, 1982); Restatement (Third) of Unfair Competition 3, 1995.

⑤ The recently – enacted Restatement (Third) of Unfair Competition does contain an entire section dealing explicitly with reverse passing off. Section 5 provides in relevant part: "One is subject to liability to another ... if, likely to deceive or mislead prospective purchasers by causing the mistaken belief that the actor or a third person is the manufacturer, producer, or supplier of the goods or services if the representation is to the likely commercial detriment of the other." But the comments to section 5 indicate that merely substituting defendant's trademark of plaintiff's will not suffice. Restatement (Third) of Unfair Competition 5 cmt. b.

品来源的说明。①

在个别情况下，消费者可能得出那样的结论；有时被告也明确表示，它就是生产者的，但是欺骗也不一定成立。因为对一般的消费者来说，知道生产者是谁不是目的，这只是推知产品质量的一种捷径。关键是谁为最后的质量负责。在当今的条件下，决定质量的不一定是实际的生产者。在这样的情况下，销售者将自己视为生产者，在质量的问题上，也不一定欺骗消费者。比如，销售者是在质量方面没有声誉的企业，它以自己的商标销售他人的商品（比如，质量是可靠的），这时就没有质量欺骗的问题，因为消费者期望的质量就是销售者的质量（这是一般情况）；如果销售者是一家声誉卓著的企业，以自己商标销售他人的商品时，自然会保证质量的一致性，也没有质量欺骗的问题（这是例外情况）。②

而且广为风行的"private branding"（比如，零售商，特别是超级市场、药品连锁店，将他人的产品购进之后，经许可替换为自己的商标向公众销售）和反向假冒是极其相似的，但是它却是一种可行的市场操作。照理也有欺骗的问题，但是至今没有人向其提出挑战。③ 如果将它们区别对待，那么又如何区别它们呢？从以上几点来看，欺骗消费者的理由是不成立的。

那么，声誉接收的理由是否成立呢？在市场中，如果消费者对某种品牌的商品有良好的购买经历，将来它自然会再购买它。这就是商品的声誉。这种声誉给销售者创造了一种市场优势。但是对消费者来说，商标是区别商品的一种手段；对销售者来说，商标是一种接收其先前创下的声誉的中介。是故，有的学者主张反向假冒是有碍于商品声誉的创立的。被告接收了原告的声誉，像私吞他人财产一样不公平。④ 其一，像私吞他人财产一样不公平，显然不成立。在反向假冒的情况下，消费者不可能将被告与原告相混淆；作出购买决定时，也不可能受先前购买经历的影响。因为被告将原告的商标除去了，没有私吞原告的劳动。其二，这种说法基于这样一种假设：原告有权接收声誉。这是否可以成立呢？首

---

① John T. Cross, Giving credit where credit is due, revisiting the doctrine of reverse passing off in trade – mark law, 72 *Wash. L. Rev.* 753.

② John T. Cross, Giving credit where credit is due: revisiting the doctrine of reverse passing off in trademarklaw, 72 *Wash. L. Rev.* 754 – 755.

③ 生产者是没有办法挑战了，因为同意他人替换商标后销售；在理论上，消费者是可以以不实陈述起诉，但是目前尚没有先例；联邦贸易委员会也可以以欺骗为由加以管制，也没有先例。See John T. Cross, Giving credit where credit is due, re – visiting the doctrine of reverse passing off in trademark law, 72 *Wash. L. Rev.* n200.

④ LoriH. Freedman, Reverse Passing Off, A Great Deal of Confusion, 83 *Trademark Rep.* 321 – 322, 1993.

先,市场竞争,就是声誉之战,如果没有触犯不正当竞争法的有关限制,竞争行为自然是许可的。而在反向假冒的情况下,仅仅是未揭示实际生产者这一信息。其次,以 resale 案为例,在这类案件的情况下,生产者将其产品销售给被告后,已经取得了利润,也取得了应该属于它的声誉。在反向假冒发生后,如果消费者看好该产品,其声誉就归属于被告了。这究竟应该归属于原告,还是被告呢? 不应归属于原告。被告本来就可以除去商标,甚至在转售的情况下,可以替换为自己的商标。至于原告和被告之间的竞争,是没有什么关系的。因为原告不可能控制(消费者)转售。因此,自然无权接收声誉。如果法律让其接收,倒是实实在在的"风吹落到他人院落里的果实"了。[①] 总之,反向假冒不是一种诉因。

如果要参照美国法,上文的理由自然成立。由此加以引申,至少以下的理由也是有说服力的:其一,联系我国法律自己的特点,从类比的角度来看,著作署名权侵权和反向假冒是相似的。但是著作权法为了保护作者与作品之间的创作关系,在法律上创设了署名权。如果第三人复制了作者的作品但是以自己的名义发表,是(除了复制权侵权外的)署名权侵权问题。但是在商标法上却没有如此类似的规定。由此可以作出反对解释。如果非得保护生产者的产品,生产者不妨从版权法的规定。其二,从竞争的角度来看,如果被告能和原告竞争,这本身说明,该市场有些问题。因为被告从原告那里购得产品(比如,本案以原告的销售价购入),在出售时至少得以原价出售,竞争力是有限的;同时它又不能利用原告的声誉,因为除去了原告的商标。当然,也可能发生竞争,那得有其他理由。比如,被告是一个商标声誉卓著的企业(比如本案的情形),被告是靠其声誉在营业而不是原告的产品。即使销售价格昂贵,那也是因为商标的卓著声誉。消费者看重的是商标而不是产品。[②] 其三,从反面来说,如果反向假冒是一个诉因,实际上给予原告一个控制权,在其产品销售的任何环节都得贴上其商标,除非以付费的方式免除。打个比方来说,这和商标权没有穷竭有什么区别呢? 这可是的的确确的垄断了。这也不符合商标权穷竭的立法初衷。至于,当事人也可以采取独占经销等合同形式营销,那是契约自由的问题了。

现就本案而言,我国法律没有明文规定。在这种情况下,法官自然可以负起法律解释的重任。从上文的论述来看,法官自然可以重新审视他国的立法、学说、判例和考虑我国的实际情况,否定反向假冒诉因说。以此为据判决案件。这

① John T. Cross, Giving credit where credit is due, revisiting the doctrine of reverse passing off in trademarklaw, 72 *Wash. L. Re.* 757、758.

② Randolph Stuart Sergent, Building Reputational Capital, The Right of Attribution Under Section 43 of the Lanham Act, 19 *Colum. – VLA J. L. & Arts* 47 – 48, 1995.

是从抽象的角度看问题的。从本案的具体情况来看,在法院作出的三项认定中,第一项是基础,其他两项是在第一项的基础上讨论的。但是就第一项(同益公司利用原告的优质产品为其牟取暴利,无偿地占有了原告为创立其商业信誉和通过正当竞争占有市场而付出的劳动)而言,是存在问题的。法院在事实认定部分中查明,同益公司的工作人员通过原告所属的经营部,以单价 188.03 元的价格买进"枫叶"西裤 26 条。[①] 仅凭 26 条西裤的交易,何以得出无偿地占有了原告为创立其商业信誉和通过正当竞争占有市场而付出的劳动是全部占有?如果说,原告生产的西裤差不多都被被告故意购买了,倒有可能,但是本案情况不是。相应部分占有?这可以和美国法上的声誉接收相等同,是否有声誉接收的问题,前文已经谈过,在此不重复。即使退一步谈,假设存在声誉接收问题,被告差不多是以零售价在零售环节购进的,其声誉已经归属于原告了,何言被告占有?

法院认为同益公司利用原告的优质产品为其牟取暴利,违反了诚实信用、公平竞争原则。不妨假设,被告故意将原告的西裤全部购进,不让其进入市场,再加贴自己的商标销售,在这样的情况下,倒有可能认定为无偿地占有了原告为创立其商业信誉和通过正当竞争占有市场而付出的劳动,也有可能认定为违反了诚实信用、公平竞争原则的。但本案不属于这种情况。总之,本案判决尚有斟酌的余地。

(1999 年第 12 期)

① 北京市第一中级人民法院民事判决书〔1994〕中经知初字第 566 号,载《知识产权研究》(第 6 卷)1998 年第 4 期。

2000 年

基因的专利法律问题

须建楚[*]　高建伟[**]

一、关于基因专利法律保护的争议

基因技术应否得到专利保护？反对意见认为，基因专利的负面影响是大的，研究人员将不得不向动物专利①支付更多的费用，以致研究能力下降。生物工程药物的发展，将花费消费者更多的金钱，意味着有限收入的民众将买不起药品。基因公有，这应该对每个人有效，也成为公司的一种保障。而赞成意见却认为，上述观点"是最大的误导，因为他们的焦点对准了已存在的那些产品，而不去考虑，假如挫伤了对发明的鼓励将会出现什么"。② 在美国，动植物新品种是可以申请取得专利的，③"哈佛鼠"就是一例。④ "哈佛鼠"本身是一种转基因动物，是专为转基因药物研究的高级实验老鼠，成为专利产品后，排除了他人的擅自繁殖和销售，因此，它的售价一定比较高，研究机构为实验购买动物必定要多花费用。而研究机构假如自己繁殖，又要得到专利权人的许可，并支付专利费，增加了研究机构的成本，这是事实。但是，如果不鼓励发明，大家不去研究开发，没有新型实验动物，所有的研究机构都只能在原地踏步，研究机构也无效益可言。同时，研究机构、生物公司和生产厂家会减少投资，参与主体的退出，减少了竞争，反而会使产品（如药品）的价格上扬。而且，更多、更大的技术秘密和发现的揭露被耽误，学术交流合作也会减少，以致阻碍科学进步。相反，支付了这些费用而得到了更好的实验条件，取得了更佳的科学成果，将有更大的回报，这不但不会使研究能力下降，相反，是促进。当然，某些纯学术研究自然可以自由地使用那些已取得专利的发明，各国专利法都有相关的规定。至于"有限收入的

---

* 作者单位：上海市高级人民法院。

** 作者单位：上海市第二医科大学。

① 指"转基因动物"。美国第一个获专利的"转基因动物"是实验用的老鼠，又称"哈佛鼠"，为研究转基因药物之用。

② Peid G. Adler and Kate H. Murashige, Biomedical Product Patent Protection Essential to High - Tech Economy. *Legal Backgrouder*, Vol. 11 No. 4, February 2, 1996.

③ 郑成思主编：《知识产权法教程》，法律出版社1994年版，第167页。

④ 美国专利第4736866号，1988年4月12日公告。

民众将买不起药品"之理由与基因工程药物的专利保护的作用相比，也应以后者为重，这有利于全社会人类的利益，包括有限收入的民众得到新的好药而更健康，再说，药贵可以通过医疗保障途径来解决。不能否认基因存在于客观世界之中，是"公有"的，但是，基因研究的结果，不应该是"公有"的。

有一种观点认为，给早期基因产品授予专利会阻碍产品的发展，因为，"认为发现基因在技术上变得太容易的人在增加，并且专利制度可以给予发明人一大笔开发支出的合理费用的回报和更大的'最终'产品的贡献回报，以致人们对一些已授权的在早期阶段研究中的基因专利不进一步开发成第二代基因产品"。[①] 他人也无法利用该专利继续开发。这是一种误解。近年来，由于技术的进步，发现基因是容易了，经济上回报和期待的回报相对说是"有利可图"的。但是，并不是"无本万利"之道。如果真是"开发易"、"回报大"，那么，必然导致大批生物研究、开发机构涌入，基因专利之回报，就会成为"社会平均合理的利润"。"早期产品得不到深开发"的情形有可能出现，但是，并不会妨碍社会技术进步，更不是专利制度之错。如果说，深开发产品是社会需求，有利可图的话，专利人自己也会去开发；如果专利人不再深开发，他人也可去继续开发，专利法中的强制许可制度赋予了他人通过合法途径使用他人专利的权利。另外，并不是说他人对早期产品专利技术的改进和发展，必然会导致侵犯该专利的结果。如果后一改进技术与早期产品专利并不存在技术上的从属关系，就不存在侵权。如果后一改进技术同时有创造性，符合专利法的要求，同样可获得另一专利。美国联邦上诉巡回法院1994年的判例就已解决了此问题。该判例认为：使用一种部分缺失形式的同样的蛋白质的产品并没有侵犯了全长蛋白质在以及疾病治疗使用上的一种专利。[②] 实质上，基因早期研究阶段的专利并没有阻碍基因技术和产品的发展。

还有观点认为，给予植物专利保护，不利于农业技术的推广，即社会损失太大。笔者认为，这是值得商榷的。目前，世界上许多国家已对植物新品种授予专利权，如美国、法国、德国、日本、意大利、丹麦、瑞典等国。[③] 这些国家的林业、农业依靠专利制度得到了良好的发展。尤其在基因农业时代，给予植物专利保护更为重要。虽然，我国现行专利法对植物品种不授予专利权。在理论界，学者们都认为这是暂不授予，主要考虑我国还是农业国，植物的专利不利于农户的种

---

① Peid G. Adler, Kate H. Murashige, Biomedical Product Patent Protection Essential to High - Tech Economy, *Legal Backgrouder*, Vol. 11 No. 4, February 2, 1996.

② Genentech v. Burroughs welcome Foundation, 31 RSPQ2d 1161 (Fed. Cir. 1994).

③ 郑成思主编:《知识产权法教程》,法律出版社1994年版,第167页。

植,特别是诸如粮食的品种。笔者认为,从宏观和长远看,这是不利于我国农业提高科技含量,走向高新技术化的,最终无法以法律形式体现我国农业科技的知识产权。首先,从目前我国农业现状看,假种子市场很大,坑农事件时有发生,且涉及的受害农户越来越多,受害农田面积越来越大,导致假种子集团诉讼案件日益增多,直接危害了广大农户的合法利益。这无不与缺乏植物品种的知识产权保护,尤其是专利保护有关。其次,我国《专利法》第25条第2款规定,对植物品种的生产方法是可以授予专利权的。并且,依该法第11条之规定,该专利方法的保护可涉及该专利方法直接获得的产品。也就是说,还是有部分植物新品种受到专利保护的。那么,这种保护是否不利于"农业技术"的推广,即"社会损失太大"呢?就专利制度的社会作用而言,答案应该是明确的。最后,1997年10月1日起,我国已实施了《植物新品种保护条例》,至1999年7月,已有水稻、玉米、大白菜等154件植物新品种分别向农业部和国家林业局申请保护。[①] 按照该保护条例,植物新品种权人的生产权、销售权、转让权等权利相当于专利权,在保护期限上,最低保护期15年,还高于专利的最低保护期限。[②] 事实上我国已经开始对植物品种进行相当于专利法律权利的保护。考虑到农民的利益,该条例还规定了"农民自繁自用授权品种的繁殖材料"可以不经品种权人同意,不向其支付使用费,属合理使用,不为侵权行为。此规定反映了知识产权立法时,在保护权利人的同时,充分兼顾社会利益(事实上,靠科技致富的农户已从植物新品种中得到了甜头,许多农户自己已不繁殖种子,而是直接从种子公司购买。瓜农年年购西瓜种子就是最好的例子)。可见,对植物品种权的保护是合理的,同时也是必要的。但是,我们应当看到,《植物新品种保护条例》只是国务院颁布的一项行政法规,要达到高层次的保护,还要重新立法,或由人大通过专门保护植物新品种的法律,或将植物新品种归入专利保护。其实,归入专利保护也是可行的,可避免多机构审查、授权。同时,法律的滞后,对包括植物基因技术在内的植物技术的发展是不利的。

二、基因的专利法律保护

在基因专利法律保护方面,尽管始终存在许多争议,但基因的专利法律保护

---

① 王岚涛:"我国植物新品种权保护工作开局好",载《中国知识产权报》1999年7月9日。

② 须建楚、朱丹:"论我国知识产权的最新发展——植物新品种权",载《上海法学研究》1997年第3期。

却在积极、小心谨慎、稳妥地发展。1980年,美国联邦最高法院在查克热巴提案中,首次对发明是“来自人为单细胞生物基因的细菌”(一种能够分解原油多种成分的人工遗传工程的细菌)本身的权利要求予以专利法律保护,扩展了可取得专利权的主题,重申“包括阳光下人造的任何东西”都属可取得专利权的主题。[①] 该案在美国,乃至国际上都产生了很大的影响。就美国来说,该案被称为专利法上的里程碑之一。我国国家专利局颁布的1993年4月1日起施行的《审查指南》第一部分第一章2.6.2已有关于“涉及新的微生物的申请”的规定。1995年1月1日起生效的《与贸易有关的知识产权协议》(TRIPs)第27条第1—3款的规定,除违反公众利益或社会公德、疾病的诊断、治疗和外科手术方法等外,“所有技术领域中的任何发明,不论它是产品还是方法”,都可申请专利。微生物、非生物方法和微生物方法不在排除范围之内,可以获得专利保护。欧洲会议和欧洲联盟理事会考虑到“生物技术和基因工程在广泛的产业领域正发挥日益增长的重要作用……”“尤其是在基因工程领域,R&D(研究和开发——笔者注)需要相当数额的高风险投资,并且因此只有充分的法律保护才能使他们盈利。”鉴于此和其他原因,欧洲会议和欧洲联盟理事会经过10年的酝酿,于1998年7月6日通过了《关于生物技术发明的法律保护指令》(以下简称欧盟《保护指令》),并于当月30日生效。[②] 其内容大多涉及基因专利保护的法律问题。国际公约和各国的国内立法,发展了基因专利法律的理论和实践,鼓励与促进了基因的研究和开发,基因产业方兴未艾。各国为防止基因外流,纷纷建立了自己的基因库。各国争先恐后地加紧基因的基础研究,破解生命的密码,抢先拿到基因相关的“知识和财富宝库的金钥匙”,并依照国内法和国际法之规定,取得包括专利权在内的知识产权。

(一)基因专利的种类

1. 基因方法专利。方法专利属于发明专利,包括基因的提取、改变、保存、携带、繁殖等方法。但为某一特定基因而繁殖生物体的方法,必须是微生物方法或非生物方法,生物之方法被排除在可取得专利性之外。如产生动植物品种,是靠其生物的自然繁殖之方法,不可申请方法专利。

2. 基因产品专利。基因产品专利属发明专利,最常见的是基因药物产品、基因食品产品、保健品产品等,假如制成品符合专利权的实质性条件,就可申请

① 张乃根著:《美国专利法判例选析》,中国政法大学出版社1995年版,第66~80页。

② “欧盟《关于生物技术发明的法律保护指令》简介”,姜丹明译,文希凯校,载《知识产权》1999年第2期。

专利。

3. 转基因动植物新品种专利。动植物新品种专利也属发明专利。在我国，动植物新品种暂不属受专利法保护的范围，所以不可申请专利，植物品种由单行条例保护。欧盟《保护条例》第 4 条也规定“植物和动物品种”，“不具有专利性”。不过，该条同时规定，“有关植物和动物的发明，如果其技术可行性不仅限于特定的植物或动物品种，则它具有可专利性。”①如果我国的科研等机构发明了动植物的新品种，可以向能够授予动植物新品种专利权的国家（如美国）申请专利，以确认和保护自己的知识产权。这里所指的动植物新品种，是由人工培育产生的。就拿植物新品种来说，与自然界已存在的植物不同之处在于，它是经人工培育成对野生植物加以开发的，大自然既不能重复，也不能在无人帮助下产生的植物。

4. 转基因微生物专利。按各国现行专利法，一般都承认微生物的可专利性，“但是未经人类的任何技术处理而存在于自然界的微生物由于属于科学发现，且不具有工业实用性，所以不授予专利权。只有当微生物经过分离成为纯培养物，并且具有特定的工业用途时，微生物本身才是可以授予专利的主题”（我国专利局《审查指南》第二部分第十章 7. 1. 2 微生物本身的可专利性）。② 所以，转基因微生物理所当然地属于专利性范畴。如通过突变、重组 DNA 等手段新创制的微生物菌种等。当然，这样的微生物申请专利时，须提供菌种交由专利局指定的单位保藏。

5. 基因产品的用途专利。新用途专利属用途发明专利。新用途是指此产品已知的通常用途之外，申请人又发明的一种有效用途。如一种基因药物，不管其是否已获专利保护，如果申请人经临床实验发现，此药除对已知的疾病有效外，对另一种通常被认为不可使用或未知能使用的特定疾病也有疗效，属该药的新用途发明专利。该专利获授权后，可以排除他人在同样的药物说明书、包装上写明此用途，由权利人独占新用途权。

6. 基因本身专利。如前所述，基因的提取、改变、保存等方法可以申请专利。但是，对基因本身这种“遗传单位”是否具有可专利性，要作具体的分析。就拿人体基因来说，“……人体，以及对其某一元素的简单发现，包括基因序列或基因序列的某一部分，不构成可授予专利的发明”。“脱离人体的或通过技术

---

① “欧盟《关于生物技术发明的法律保护指令》简介”，姜丹明译，文希凯校，载《知识产权》1999 年第 2 期。

② 《知识产权审判手册》编选组编：《知识产权审判手册》（第 2 辑），人民法院出版社 1996 年版，第 665 ~ 666 页。

方法而产生的某种元素,包括基因序列或基因序列的某一部分,可以构成授予专利的发明,即使该元素的结构与一个自然界的结构完全相同”(欧盟《保护条例》第5条1~2)。[①] 该条对是否给予基因本身专利已经阐述得相当清楚了。

(二)不具有可专利性的主题

决定一项主题是否具有可专利性,主要有这几项标准:公共道德和社会公共利益标准,自然法则和自然现象的标准,环境保护的标准,等等。TRIPs 第 27 条第 2 款也有如此原则的规定。常见的不具有可专利性的主题内容有:

1. 克隆人的方法。联合国教科文组织大会于 1997 年通过了《人类基因组宣言》,明确指出:“不允许进行任何有损于人类尊严的科研活动。例如运用克隆技术复制人。”这份宣言被称为“在伦理和科学研究之间找到了平衡”。[②] 法国、丹麦等欧洲十几国欧委会也于 1998 年在巴黎签署了《禁止克隆人协议》。

2. 改变人的生殖系统基因同一性的方法。这种对人类生殖细胞系统的遗传同一性进行修饰等方法同样与社会的公共秩序和公共道德等是违背的,故也不具有可专利性。

3. 为商业和工业的目的使用人的胚胎。欧盟《保护指令》明确作了此条规定,同样出于上述两项理由。当然,这种排除专利性并不影响为治疗或诊断的目的而应用于人类胚胎且对其有用的发明。

4. 改变动物遗传基因同一性的方法。如果该方法可能导致动物痛苦,并对人和动物及由该方法产生的动物从研究、预防、诊断或治疗的角度看没有任何实质性医学利益,这就排除了其可专利性。反之,如有实质性利益,就有可专利性。

5. 任何阶段的人体,以及相关基因序列等的简单发现。包括生殖细胞在内的在形成和发展的任何阶段的人体,以及关于其某个部分或某种产品,包括人类基因序列或部分基因序列的任何简单发现,都不能被授予专利。这同时考虑了两方面的问题:一是人的尊严的捍卫和新生的问题;二是基因序列的简单发现如能被授予专利,就背离了专利法上自然现象的科学发现不属法定范畴的主题原则和实用性原则。

6. 繁殖动植物的生物学方法。生物学方法属自然法则,不具有可专利性。当动植物的繁殖方法是生物学方法和非生物学方法(包括转基因方法等)结合时,就要审查哪种方法为主。如果主要是生物学的方法,同样不可被授予专利。

---

① “欧盟《关于生物技术发明的法律保护指令》简介”,姜丹明译,文希凯校,载《知识产权》1999 年第 2 期。

② 安清:“《人类基因组宣言》问世”,载《法制时报》1997 年 11 月 13 日。

7. 转基因动植物新品种。动植物品种在相当多的国家暂不属于可专利性主题,我国也是。

8. 利用基因对疾病的诊断和治疗方法。直接作用于人类或动物的诊断和治疗方法各国均不授予专利,主要考虑到社会公共利益和人道主义原则。因此,如基因疗法等治病方法就不具有可专利性。对疾病的诊断和治疗方法是否具有可专利性存在不同看法,①美国前几年争议也颇为激烈。②

显然,用列举方式无法穷尽不具有可专利性的主题,因此,各国专利法和国际条约均规定了一些主要原则,以便各国法院或专利局在实践中碰到各类具体问题时,可以用解释原则的方法来指导办案。如解释社会公共道德和人的尊严之捍卫,就可以认定人和动物的生殖细胞或全能细胞中生产嵌合体的方法,不应具有可专利性。

三、中外基因研究合作项目专利权归属讨论

专利权是一种垄断权,权利的归属相当重要,尤其是涉及中外合作项目中基因专利归属的约定。

(一)相关规定及研讨

我国国务院1998年6月10日批准颁布了《人类遗传资源管理暂行办法》,该办法第1条确定了"人类遗传资源是指含有人体基因组、基因及其产物的器官、组织细胞、血液等遗传材料及相关的信息资料"。第2条规定了凡从事涉及人类遗传源的一切活动,须遵守该办法。因此,该办法对基因相关主题有约束力。第17条规定,我国境内的人类遗传资源信息,我国研究机构享有特有专属持有权,外方合作单位和个人未经许可不得以申请专利或其他形式对外披露。关于中外合作研究开发的专利权,该办法第19条规定,"应由双方共同申请专利,专利权归双方共有"。至于各自在本国实施该专利的,双方可按协议共同或分别进行。但转让给第三方,须经双方同意,并按贡献大小分利。概括上述内容,可以看出,中外合作对我国境内基因资源进行研究,其专利归属应按下列规则确定:(1)我国机构对资源享有特有专属持有权,未经同意,不得申请专利;(2)应由双方共同申请,专利权共有;(3)各方可在本国实施专利,但不得擅自转

---

① 刘茂林著:《知识产权法的经济分析》,法律出版社1996年版,第104页。

② Peid G. Adler and Kate H. Murashige, Biomedical Product Patent Protection Essential to High – Tech Economy. *Legal Backgrouder*, Vol. 11 No. 4, February 2, 1996.

让给第三方。此办法除共有专利外，没有规定可以约定其他形式的权利归属，如是否可以由中方单独所有。该关于基因专利的归属规定，显然与我国其他法律之规定不同。《中华人民共和国合同法》(以下简称《合同法》)第340条规定："合作开发完成的发明创造，除当事人另有约定的以外，申请专利的权利属于合作开发的当事人共有。"上述两规定比较，不难发现，《合同法》对合作开发的专利权归属，明确适用"意思自治原则"，可以通过当事人的自主约定来决定。只有当事人未约定之时，才按法定为共有。而国务院的办法只有一种可能：共有。按《合同法》约定为先的规定，我们可以理解为可能会出现三种情况：(1)专利权归中方；(2)专利权归外方；(3)双方共有。

就我国境内的人类基因中外方合作研究的知识产权作出特别规定，特别是不允许外方单独享有专利权，以防止将来一切与我国国民健康相关的特需物品都被外方独占、控制，维护国家和人民的利益，是非常正确的；但排除了合作专利权归中方独享的可能，是否不足？

(二)血样、标本的提供者对由此而产生的基因专利是否享有权利

按传统的法理，血样、标本的提供，只是一种物质的提供，开发方只要支付了对价，研究开发的一切成果总归开发者。可许多习惯做法是：血液提供者均为无条件地履行此义务，更谈不上享有后期成果中的知识产权。知识产权法的出现，在利益的平衡上向前迈了一大步。知识产权权利的归属已由契约自由原则、经济本位原则、智力本位原则、权利共享原则和权利独立分享原则等原则组成，构成了独立原则和补充原则相结合的多元权利归属体系，并且，该理论仍在发展中。回到本题上，多数国家专利法都规定，主要是利用本单位(或雇主)的物质条件所完成的发明创造，该单位(或雇主)应该享有专利权。当然，这里还有一个存在雇佣关系的条件。就血液的提供者而言，特定地区特定的群体存在特定的基因，而其他人是没有的。就此血液、标本等人类遗传资源在基因开发中，是不可缺少的材料，缺了就无法进行此专项课题的研究开发，因而，也可以说是提供了主要的物质条件之一。提供者他们应当在被开发的专利中享有部分权利，即成为共有专利权人之一。至于权利份额大小和众多的提供者如何来行使该权利，这是另外一回事。

这不仅仅是提供者与开发者之间的利益平衡问题，更是发展中国家与发达国家间的利益平衡问题。令人瞩目的全球"基因大战"正在悄然无声地展开。德国某医药公司组织的庞大的搜索小组寻找到了印度南部农村能用各种草本植物治疗毒蛇咬伤、哮喘和癫痫病的66岁的摩拉，只花了5美元就从他手里买了草药药方，可是，据瑞士医药公司估计，这张药方的植物基因研究和药物功能开发带来的将是数以亿计的利润。① 人类、动物基因资源同样会有如此的遭遇，发展中国家应该注意到这种等于基因知识产权的掠夺行为。不然的话，血液提供者将来为了健康，只能用大笔的钱去购买他人用自己的血液开发出的药品来治疗自己的疾病或维护健康。我国政府已注意到了此类问题，国务院颁布的《人类遗传资源管理暂行办法》中规定：我国境内的人类遗传资源，我国研究开发机构享有专属持有权；对其研究开发，须由中方报批，共同开发，共享专利权等。

（2000 年第 2 期）

① 赵念渝："令人瞩目的全球'基因大战'"，载《新民晚报》1998 年 11 月 7 日。

【栏目】 全国首例老虎袭人致死案的法律思考

【编者按】 1999年11月17日，一辆满载游园学生的大巴士在上海野生动物园猛兽区抛锚，应同事之召驱车前往牵引的司机，把学生安全转移后，开着空车先行。途中一辆大巴士停在道上挡住去路，他下车叫前面的车开走。此时，惨剧发生了。三只东北虎把他从水泥道上咬拖到靠近电网的草地。等到营救人员赶到时，他浑身是血。营救人员用石子和铁棒赶不掉“猎物”在口的东北虎，最后用两辆斑马车和一辆中巴将虎驱散。营救人员把他送到医院时，他已经死亡。

本案谁应承担民事责任，学界及实际部门众说纷纭，见仁见智。

猛兽致人伤害应适用无过错责任原则

赵志东*

有人认为对于这一事件所引起的法律责任问题应适用《民法通则》第123条高度危险作业致人损害的民事责任。但是就事件本身而言，受害人应负主要责任。因为他是成年人，应该知道野生动物园是个高度危险的地方。①

有人认为应适用《民法通则》第127条饲养的动物致人损害的民事责任。在此事件中，由于是受害人的过错，即主动下车造成的。故园方不承担责任。②

受害人所在单位和上海野生动物园组成的联合小组对该事件的处理意见是意外事故按照工伤处理，经济上适当从宽。其结果完全免除了园方的责任。③

笔者认为，关于第三种观点所称的按意外事故处理，显然不妥。意外事故是指非因当事人的故意或过失而偶然发生的事故。而在此事件中园方显然有过错，故不能免除其责任。

从第一种、第二种观点可以看出，适用两个不同的法条产生截然相反的法律后

---

* 作者单位不详。

① 寿如林：“动物园应负无过错责任 受害人应负主要责任”，载《青年报》1999年11月25日。

② 本人收听电波“东方大律师”的座谈，某些律师的观点。

③ 转引自杨立新、虢峰主编：《侵权赔偿实务》，法律出版社1997年版，第118页。

果:高度危险作业致害责任,是一种特殊侵权责任,是物件致人损害的责任,这一点同动物致人损害一样;若非物件致人损害的,则为一般侵权行为。在我国《民法通则》颁布实施以前,我国的司法实务和民法理论曾经将动物致害责任分为两种类型。一是豢养的野兽引起损害,具有高度危险来源特征,属于高度危险业务,为一般的无过错责任;二是饲养的家畜、家禽等动物致人损害,为一般的动物致害责任,在归责上适用推定过错责任原则。1922年《苏俄民法典》第104条规定:"经营的业务,对于附近的人有高度危险的个人和企业,如铁路、电车、工矿企业、贩卖易燃物的商人、豢养野兽的人、建筑或设备的施工人等,对于高度危险来源所造成的损害应当负责。"学理认为,本条规定的因使他人遭受损害的责任只需具备两个条件就够了,即须使他人遭受损害的行为是违法的和这种行为与后果之间是有因果关系的,而不要求有过错。也就是说,经营对附近有高度危险性业务的人,即使没有过错也应当负责。① 同样英国1971年《动物条例》规定,对野生动物的饲养者施加严格绝对责任,对已知其性情凶暴可能袭击他人的家畜之主人也施加这种责任,即无论有无过失,不是由于存在这种危险活动的原因,而是由于其产生的后果,必须使动物的占有人、管理人强行负责。② 但是在我国制定《民法通则》时,检讨了两种做法的利弊,认为其过于烦琐,故采取归一化,凡饲养的动物致人损害,适用统一归责原则,即适用《民法通则》第127条的规定,便于操作和执行。③

笔者认为,上述把豢养野兽与普通的饲养动物统一适用第127条是值得商榷的。

首先,从立法目的上看,《民法通则》第123条同第127条规定的不同体现了第123条是针对现有的技术条件下,人们还不能完全控制自然力量和某些物质属性,虽然以极其谨慎的态度经营,但仍有很大的可能造成人们的生命、健康以及财产损害的危险性作业。④ 因此有利于消除或减少社会的危险因素,提高高度危险作业人的责任心,保障社会安全,保护受害人的合法权益,及时、妥善地救济损害。而第127条的动物致害责任问题则是针对一切为人所饲养的家畜、家禽、野兽等动物。这里的饲养动物,不问其目的、用途,亦无论其饲养合法与否,其在逃逸、迷失期间,仍被视为饲养或管理的动物,似乎有些太宽泛了。那么怎样区分高度危险与非高度危险,对于这个问题,应当采用一个抽象的、统一的标准进行规范较为适宜。《美国侵权行为法(第二次)重述》第520条具有重要的参考价值。决定某一行为是否具有高度危险,宜考虑下列因素:(1)该行为是否

---

① 转引自杨立新著:《民法判解研究与适用》(第3集),中国检察出版社1997年版,第77~78页。
② 参见潘同龙著:《侵权行为法》,天津人民出版社1995年版,第222页。
③ 参见王利明、杨立新著:《侵权行为法》,法律出版社1996年版,第298页。
④ 参见杨立新著:《民法判解研究与适用》(第3集),中国检察出版社1997年版,第76页。

对他人人身、土地或动产具有高度危险;(2)因该行为产生损害的概率是否很大;(3)通过合理的注意,是否能避免这一危险;(4)该行为是否为一常用的作业;(5)该行为在其实施地点是否不合适;(6)该行为对公众的价值。借鉴这一标准,可以确定作业是否为高度危险作业。① 所以我们在区分这两类动物的危险性时,就应当能够区分哪些动物属高度危险来源,哪些动物不属高度危险来源,以保证法律的公正和公平。

其次,从划分的可能性上看,也许有的学者认为把动物区分成高度危险作业致害责任的动物和普通致害责任的动物似乎是多余的。理由是驯养野兽确实具有高度危险作业的特征,但是,立法并没有这种区分,因而不能盲目借鉴美苏的做法,将其排除在动物之外;另外,动物中,不论野兽还是家畜等,都是动物,立法者只以是否为饲养为标准进行区别,足以区分本责任的特征,且都系无过错责任,因而没有必要加以区分。② 笔者不同意这一观点,合理的应该借鉴,糟粕应该剔除。美、苏区分动物进行归责的做法值得称道,应该予以采纳,认为动物都是“动物”,似乎是简单化了。在生物学上,动物还被区分为野生动物、饲养经济动物和家畜,这能为区分法律上的责任提供参照,在法律上区分这两类动物致人损害的归则原则应判断动物是否为饲养的。有学者提出四条标准:一是它为特定的人所有或占有;二是饲养或管理者对动物具有适当程度的控制力;三是该动物依其自身特征,有可能对他人的人身或财产造成损害;四是该动物为家畜、家禽、宠物或驯养的野兽等。③ 笔者认为,应基于以上标准来确定饲养的动物致害责任,所以区分是否属于危险作业致害责任的动物以该动物能否被人完全控制和掌握为标准,而对于是否在人的控制和掌握之中则以在此动物的活动范围内致害还是在此动物的活动范围外致害为依据。自然保护区中的野兽,因人力无法控制其行为,其活动范围是没有界限的,故不属于饲养的动物;国家森林公园的动物,管理者准许游人观赏,而在动物的活动范围内致害案件,应该适用高度危险致害责任的归责原则;若在动物的活动范围外致害案件则应该适用饲养的动物致害责任进行归责。例如,在国家森林公园外,一个人主动挑逗野生动物,被笼内的动物伸出的爪抓伤,应该适用饲养的动物致害责任来归责。而在此案中,则应适用高度危险作业致害责任归责更合理。

最后,从免责事由上看,高度危险作业致害责任的法定免责条件是受害人故

---

① 杨立新著:《民法判解研究与适用》(第3集),中国检察出版社1997年版,第137页。

② 张新宝著:《中国侵权行为法》,第365页。

③ 王利明、杨立新著:《侵权行为法》,法律出版社1996年版,第282页。

意。应当研究的问题是，该条免责事由的故意是指对损害后果的故意还是对行为本身的故意。如果认为只要是行为上有故意而造成自身伤害的，就予以免除高度危险作业的责任，显然违背《民法通则》第123条后段的规定，违背民法基本精神，体现不了公平、公正，也有过分姑息责任人之嫌。所以此处的故意应理解为受害人对损害结果的故意，即行为后果的故意。①

饲养动物致害责任的法定免责条件如下：(1)受害人过错；(2)第三人过错；(3)不可抗力。此处受害人的过错包括故意和重大过失。受害人因故意或重大过失遭受动物损害，免除动物所有人或管理人的赔偿责任，由受害人自己承担责任。② 笔者认为，造成这种损害的全部原因必须是受害人过错而导致的结果，即此处的动物饲养人和管理人没有任何过错，此时才能免除动物饲养人、管理人的责任，否则只能减轻饲养人、管理人的责任。关于其他几项的免责事由，在这两个法条的适用上不难区别，本文亦不再赘述。

从以上三方面的分析，笔者认为高度危险动物和普通动物致害责任有区分的必要。本案中，老虎不同于一般饲养的猫、狗等动物，对周围环境确实有高度危险。若受害人是在虎区外或园方限定的牢笼内的老虎造成损害的，园方的免责事由法律规定较宽；若是在虎区的虎造成损害的，园方的免责事由法律限定较严格。这也是基于民法上的公平原则，法律所作出的公平的规定。综上，本文所述事件园方应负责任，适用《民法通则》第123条，对园方不能予以免责。

对于老虎袭人这一事件，受害人是否应该承担责任呢？即是否适用过失相抵问题。《民法通则》第123条的高度危险作业致害责任是无过错责任，即不以加害人有过错为承担责任要件，而高度危险作业人的免责条件是受害人故意，二者似乎不能实行过失相抵原则。仔细分析我们就会明了，此事件中的特殊侵权责任实行无过错责任原则，是指无论高度危险动物的所有人或饲养人是否有过错，都不影响赔偿责任的构成，只要具备了高度危险作业致害责任的要件，即使赔偿义务主体无过错也要承担赔偿责任，但这种无过错责任不免除受害人的过错责任。适用无过错责任的，同样适用过失相抵原则。故只要受害人对损害的发生也有过错，就具备了实行过失相抵的前提条件，应当实行过失相抵，即双方当事人都有过错，从而认定为混合过错的法律后果。杨立新先生认为，对实行无过错责任原则的特殊侵权行为按混合过错处理，有一定道理。但是综合考虑，不如按照因果联系程度分担责任更为稳妥。当动物致害（不管是高度危险动物还

① 王利明、杨立新著：《侵权行为法》，法律出版社1996年版，第301页。

② 杨立新著：《民法判解研究与适用》（第3集），中国检察出版社1997年版，第144页。

是普通饲养动物),动物所有人、饲养人构成侵权责任,受害人亦有过失时,应当按照双方行为对于损害发生所起的作用,确定双方的责任,据此确定双方各应承担的损失额。笔者同意这一观点。

在本事件中,受害人是有过错的,这一点毋庸置疑。但关于园方是否有过错,则尚有争论。笔者认为,首先,园方没有让游客认识到野生动物的危险性,应当承担管理责任。在国外,游客一进动物园,每个人立即感受到弥漫其间的"戒备森严"气氛。动物园到处贴满醒目标志,不允许游客开窗!不允许游客停车甚至熄火!不允许游客下车,等等。更有甚者,在非洲坦桑尼亚的野生动物园,每辆车都有全副武装的"森林警察"。而事发地点——上海野生动物园这方面做得不够。其次,事发后的管理责任。事发后,管理人员没有及时发现老虎袭击受害人,发现后又没有及时对受害人予以治疗,显然园方对事态的发展没能预测到,故具有重大过错。所以,在司法实践中应根据双方的主观原因确定双方应承担的损害责任。

通过以上分析,笔者认为,关于危险的野生动物致害的案件应属于高度危险作业的致害责任问题。当然这种危险的野生动物是在自然状态、半自然状态下,或是在其活动范围内造成受害人损害的(当然不包括与野生动物管理人、饲养人或所有人有协议约定的劳动人员)。若是在牢笼里的动物造成笼外的当事人损害的,应适用动物致人损害的归责原则。而对于这样的侵权案件,应按当事人双方过错程度所造成的损害的因果联系程度予以确定各自承担的损失额。

(2000年第2期)

关于老虎伤人案的三个问题

沈幼伦*

一、侵权责任和合同责任

不少人认为,受害人所受伤害属于合同问题,应根据合同法的理论来研究双方的责任。由于动物园《游园须知》中规定"禁止停车、打开窗户、擅自下车",现

* 作者单位:华东政法学院(现华东政法大学)。

受害人违反这一规定，因此受害人应负主要责任。反对的则认为：这个规定是针对车辆运行情况良好而言的。他们还认为：这些规则仅对游客作了义务性的规定，按照《合同法》的规定，这种以告示方式出现的，目的是免除自己责任的条款是无效的。因此园方不能推卸自己的责任。笔者认为：如果依合同的观点来审视老虎伤人事件，在逻辑上是讲不通的。因为，就合同而言，其双方的合同权利与义务是非常简单和明了的，即一方提供适合游览的景点，另一方支付门票。至于游客在游览中受到不幸的伤害是否也应属于园方合同义务的一部分呢？笔者认为：这是不属于的。因为旅客在游园时，可能受到动物的伤害，也可能受到人的伤害（诸如斗殴事件）。它们的表现形态虽然不同，但所发生的伤害后果则是相同的。假定此次的受害者不是被老虎所伤，而是被人所伤，我们会不会认为这是一个游园的合同纠纷呢？答案很清楚，这不是合同纠纷，而是侵权纠纷。受害人的损失应由侵权肇事者承担。同理，现在的受害人是被老虎所伤，我们怎么能将这一具有侵权性质的事件视作合同纠纷呢？这不是违背了逻辑上的同一律吗？所以，笔者认为：受害人受老虎伤害属侵权纠纷，而不是合同纠纷，我们不能用合同的规定来解决游人与园方间发生的纠纷，而应该用侵权的规定。

根据我国《民法通则》第127条的规定："饲养的动物造成他人损害的，动物饲养人或管理人应当承担民事责任；由于受害人的过错造成损害的，动物饲养人或管理人不承担民事责任；由于第三人的过错造成损害的，第三人应当承担民事责任。"将这条规定引入本文所说的老虎伤人事件，那么关键就在于此次事件是受害人的过错，还是老虎攻击一个正常的游人。如是前者，园方不承担责任；如是后者，园方应承担责任。笔者认为：此次老虎伤人事件是由受害人的过错引起的。理由是，动物伤人事件中受害人的过错通常是指受害人挑逗动物的行为，然而我们一般只注意挑逗行为的故意性质，如在参观动物时，向笼内动物扔石块，拿食物戏耍动物。假定一个游客在戏耍猴子时，不料手被猴子抓伤，我们会很自然地说，其行为后果自负。然而挑逗动物的行为不仅具有故意的性质，它还具有过失的性质，即受害人知道或应当知道自己的行为会引起某种后果，但由于疏忽或过于自信而实施了这一行为。笔者认为：受害人擅自下车的行为的性质就属于一种过失挑逗老虎的行为，因为在老虎活动的场所任何活体的进入都意味着对老虎权威的挑战。在老虎看来，它的"领地"受到了他人的入侵。因而只要进入虎区，就应有足够的防护措施。前述"禁止停车、打开窗户、擅自下车"即防护措施的一部分。稍有常识的人都清楚，为保护自己的生命绝不能与老虎一比高低。然本事件的受害人却疏忽了这一常理，竟然在没有任何保护的情况下，下车进入老虎的领地。受害人的心理状态我们现在无法揣测，也许他根本忘了他正处在老虎的栖息地,也许他过于自信地认为,人工饲养的老虎和其他野外的老虎不同,不会伤人。正是基于这种自信,他下了车,结果导致了不幸事件的发生。也许这种说法读者难以接受。我们不妨再假设另一种情况:如果某游客在动物园游虎山时,自己的一部昂贵的相机不慎掉入虎山中的池内,为了捡回相机,他擅自翻入虎山,结果老虎猛扑过来将他咬死。在这种情况下,我们会归责于园方吗?答案同样是很清楚的,其后果自负。由此可见,此次老虎伤人事件,应属于受害人的过错引起的老虎伤人事件,属侵权责任而不是合同责任。

二、法律问题与非法律问题

老虎伤人事件发生以后,不少读者对野生动物园的防止意外事件的措施不够有力,提出了不少意见:如自备的大巴士进入游览区单位未派导游随车进入,只是查看门票、清点人数,园方对这类现象处于"失控状态"。又如,进入野生动物园的游览车均没有装铁栅栏,仅靠薄薄一层玻璃是否能挡得住野兽的凶猛袭击?还有园方如何在突发事件发生后在最短时间内赶到现场进行处置?这些问题都是事实,读者也提得十分中肯,假定园方在这些问题上做得还不尽如人意,那么它是否要因这些今后尚待改进的问题而对受害者承担法律责任呢?笔者认为,这里关键是区分这些问题是法律问题还是非法律问题。如果是法律问题才会产生园方的法律责任,如果是非法律问题,就不会产生园方的法律责任。笔者认为,上述提到的一些问题都未构成法律问题,因为这些问题与已发生的老虎伤人事件是没有直接因果关系的。受害人受老虎伤害是由于其擅自下车,而不是由于园方未派导游而走错路线所造成的,也不是由于游览车没装铁栅栏而使司机受到老虎的攻击,更不是公园管理部门迟到,使受害人受到老虎伤害。所以,诸如此类问题并不是造成伤害后果的原因。因此,它们不是法律问题。这些问题只是园方工作上的不足之处而已,尚未形成法律问题,当然,我们也就不能要求园方因其工作上的不足,而对一个不是由其原因所产生的后果承担法律责任。所以,虽然野生动物园存在不足之处,但不能将其与这次老虎伤人事件混为一谈。

三、法律责任与道德责任

老虎伤人是一件不幸的事情,不幸的事情总是会受到人们的同情,社会的同情。但法律责任必须泾渭分明,因为法律不只是解决一个具体的案件,而是要导向一个社会的秩序和全体成员的行为规则。如果,我们今天同情受害人,不顾法律的真谛,将责任归于园方,那么,我们将会助长人们不遵守游览规则,懈怠自己行为的态度,其结果将会引发更多的不幸事件,将会有第二个、第三个受害者,这些都不是我们希望看到的。相反,如果我们按照法律的真谛,将责任归于受害人,那么,这将有助于人们养成在进入一个陌生地区、接受一项新设备和进行一项新的游戏时,首先应该了解须知,并养成严格按照须知行事的好习惯。如果,每个游客都能自觉遵守游园须知,那么,我们可以肯定地说这类不幸事件便会大大减少,这难道不是我们所期待的吗?

我们在法律上将受害人与园方的责任分得如此清楚,并不是我们对受害人所遭遇的不幸事件没有一点同情心,然法律毕竟是法律。根据笔者的分析,园方对此次老虎伤人没有责任,但并不等于说就没有人对受害人的遭遇承担责任。笔者赞成这样的意见:受害人是在执行本职工作时遭受到老虎的袭击,虽然其本人有过失,但这并不影响其享受职工工伤的待遇;园方应向保险公司为受害者申请理赔。除此之外,社会有关组织也可出于道德,基于受害人家属所遭遇的不幸,向社会作一次慈善性的募捐活动,以弥补受害人家属所蒙受的心灵伤害。

(2000年第2期)

民法同质补偿原则新思考

张　驰[*]　韩　强[**]

一、问题之提出

案例1:1993年1月,广州市李某等9人参加本市某旅游公司组织的衡山旅游团,每人交纳460元。后因天降大雪,该团实际只游览了原计划的部分景点,每人花费一百六十元左右。为此,李某等人(原告)以对方违约为由诉至法院,要求旅游公司(被告)退还全程旅费、赔礼道歉并赔偿每人精神损失200元,被告则以天下大雪,属不可抗力为由予以拒绝。法院经审理认为被告违约,判决被告赔偿原告每人300元。[①]

案例2:1998年7月8日,女大学生钱某在上海屈臣氏四川北路店因出门时报警器突然鸣叫,被店内保安人员怀疑行窃,并由女保安将其带入地下室,要求其脱裤检查。钱某被迫让女保安检查,结果证实钱某未行窃。事后,钱某以名誉权被侵害为由诉至上海虹口区人民法院,要求被告公开赔礼道歉并赔偿原告精神损失费25万元。[②]

民事责任以采用理想的回复原状救济手段为原则,当难以回复原状时,则采用损害赔偿予以补救,而作为民法重要内容的损害赔偿又以填补受害人的实际损失为准。但无论是回复原状还是损害赔偿均是以直接救济受害人为宗旨,以补偿受害人实际损失为原则,因此可以说,同质补偿原则(以下简称同质原则)就是在适用民事责任时,对受害人直接救济的原则。其基本特征是补偿性。同质原则作为适用民事责任的基本原则千百年来业已深入人心。但随着社会的不断演进、变化,古老的同质原则的局限性也日益暴露。

就第一个案例而言,旅游者与旅游公司之间的旅游合同是一种格式合同。合同中的旅游价款、时间、住宿安排都由旅游公司事先一手操办。从案件处理结果来看,似乎也公正合理。然而,我们作进一步思考后就会发现,即使看似公正

---

* 作者单位:华东政法学院(现华东政法大学)。

** 作者单位:华东政法学院(现华东政法大学)。

① 《人民法院案例选》(民事卷),人民法院出版社,第618~619页。

② 华文:"'精神损害'赔偿面观",载《法苑》1998年第12期。

的判决也存在不容回避的问题。旅客因对方违约而受到可以量化的损失是300元,此点当无疑义,但旅客因旅游公司安排不周以致最后诉讼所遭受的时间损失、精神不悦等损害虽不能量化,但却实际存在。而且天下大雪并非事先必然不可预知,旅游公司应对天气的变化尽必要的注意义务并采取相应措施,因而旅游公司的不作为已构成过失。对因违约方过失所造成相对人不可量化的损失应否赔偿,实在值得法院认真考虑。退一步讲,若本案处理实体上确无任何问题,即旅游公司就其违约在扣除旅客游览部分景点所花费的160元后,仅赔偿每人300元,以体现民法的"补偿",那么,旅游公司实质上并未就其过失付出真正代价。至此,我们没有理由不对这样的判决表示忧虑。如果任凭强有力的商家在格式合同中订立不公平条款,并且故意或过失违约而又不会为其侵害弱势相对人的行为付出更多的代价,那么这样的违约行为将不断发生。这样,在民法中确定与同质补偿原则相对立的惩罚性救济措施的地位,应是顺理成章的。且其主要应体现在保护消费者权益以及精神损害赔偿等方面。

就第二个案例而言,商场的行为无疑严重侵犯了女学生的名誉权,应当给予赔偿,又因为侵害名誉权所造成的损害系精神损害,具有不可量化的特性,不能用同质原则中所谓"实际损失"来衡量。因此,精神损害赔偿不论数额大小都具有惩罚性,全面地说应该是兼具补偿性和惩罚性。惩罚性救济措施的采用,一定程度上弥补了同质原则的不足,但也往往出现矫枉过正的弊端。

面对上述问题,现行立法有何对策呢?《消费者权益保护法》(以下简称《消法》)第49条确认欺诈消费者的惩罚性赔偿措施,开我国适用惩罚性救济措施之先河。《合同法》对格式合同作了规制,具体表现为:其一,增加提供格式合同人对其免责或限责条款的提示说明义务;其二,确认不公平条款无效;其三,对格式条款作不利于提供条款人的解释。由此可见,合同法对格式合同仍以事后规制为主,这在格式合同大量适用的今天是否足够、有力,值得怀疑。至于精神损害赔偿,从对《民法通则》及其相关司法解释的文义解释中可以推测出精神损害赔偿的合法性。但毕竟法律规定不甚明确,且如何适用也没有统一、明确的参照标准,滥用惩罚性救济措施的现象业已屡见不鲜。如何正确认识同质原则的优点及局限,如何处理同质原则与惩罚性措施的关系,具有民法学研究探讨之价值。

二、两种观点之评析

承担民事责任应遵循同质补偿原则,这为民法学界普遍认可。传统民法理论认为,损害赔偿不论在侵权还是契约领域,只能以补偿性为其特征,不允许惩罚性措施的适用。究其原因,在于民事主体各具独立人格、地位平等,任何人不享有对他人实施惩罚的权利。而且,同质补偿尽管不如行政、刑事责任等救济手段严厉,但其毕竟是对受害人的直接救济,这无疑与自由资本主义时期社会发展需要是相吻合的;与早期资本主义社会倡导契约自由,鼓励资本积累和冒险精神,反对国家公权介入私人事务等法律价值观是相适应的。因此以国家公权为特征的惩罚性救济措施当然不能被允许进入民事领域。时至今日,侵权行为法领域中精神损害赔偿的合法性经中外法治的实践已被普遍接受,但对于精神损害赔偿的性质是补偿性还是惩罚性却未达成共识。在合同法领域,同质原则仍是主流观点,即使对实践中问题最多的格式合同也未能有所突破。我国也不例外。《合同法》第107条规定:“当事人一方不履行合同义务或者履行合同义务不符合约定的,应当承担继续履行、采取补救措施或者赔偿损失等违约责任。”第113条第1款规定:“当事人一方不履行合同义务或者履行合同义务不符合约定,给对方造成损失的,损失赔偿额应当相当于因违约所造成的损失,包括合同履行后可以获得的利益,但不得超过违反合同一方订立合同时预见到或者应当预见到的因违反合同可能造成的损失。”同时,《合同法》允许当事人在合同中约定违约金,但又在第114条第2款作出如下限制:“约定的违约金过分高于造成的损失的,当事人可以请求人民法院或者仲裁机构予以适当减少。”由此可见,同质原则在我国民法中特别是在合同法领域也仍被认为是指导民事赔偿责任制度的最高准则。尽管如此,同质原则在今日社会中的局限性却是不容否认的。

首先,同质原则的理论依据是基于这样一个假设,即社会上各民事主体的权利能力是平等的,其参与市场竞争和利益分配的机会也是大致相当的。在这种情况下,民事赔偿责任以过错为前提、以补偿为原则具有充分的合理性。这种状况在自由资本主义社会,也确实存在过。然而,当自由竞争、优胜劣汰,使社会财富急剧集中到少数人手里,大量规模庞大、实力雄厚的经济实体涌现时,当国家和大财团对种种“生活上必须之供应(如水、电、交通等)”形成垄断时,市场主体之间力量对比发生了重大变化。垄断实体挟其强大的财政力量和政治实力使之处于统治或强者地位,个人及小业主与其比较实在无限渺小。因此造成了垄断组织在与个人之间“永远处于优越的相对人地位”。① 原先假设的社会平衡丧失殆尽。同时,为适应频繁交易的需要,格式合同大量出现。格式合同一方面固然可以简化交易程序,提高效率;但另一方面,垄断组织也往往仗其强大实力,通过

① 黄钦越:“论附合契约”,载郑玉波主编:《民法债编论文集》(上),台湾三民书局股份有限公司1984年版。

格式合同订入不公平条款,侵犯弱势相对人的利益。同质原则的适用基础也受到了挑战。其次,针对具体民事法律关系而言,补偿可能是合理的。对于一般普通案件,补偿基本可以填补受害人受到的损失,又不使其因受害而获利,可以实现个别公平。但是,补偿只具有事后补救的效果,起不到事先预防的作用。对经济实力强大或存有恶意的相对人,单纯的补偿不足以遏制再次侵权或违约行为的发生,对社会上不特定多数人也不能起到警示作用。正如张骐先生所说:“在传统的商业事故侵权中,单纯的补偿性赔偿金可以实现威慑将来侵权行为的效果。但是,在与商业有关的侵权中,制造商也许发现将补偿性赔偿金打入成本比改正缺陷更有利可图。”①现代法治在维护权利本位的同时须兼顾社会利益。虽然在传统同质补偿原则下每个受害者都有可能获得救济,但频繁发生的侵权或违约行为无疑是对社会利益的极大威胁。秩序的价值就在于给人们提供一个稳定且安全的预期,从而使现在行为达到效益的最大化。法律规范秩序的目的不仅仅在于将其作为解决纠纷、补偿损失的工具,而是最大限度地减少纠纷和损害的发生,即秩序是法治的目的不是法治的手段。最后,我们也应看到,精神损害无法予以量化,本质上具有不可回复性,因此那种对精神损害赔偿也要以实际损失为准的做法是难以实现的。尽管如此,被害人遭受精神上的损害是客观事实,法律应当赋予受害人请求损害赔偿的权利,此种损害赔偿同样体现为补偿性,但并非同质性的补偿。另外,我们也应看到,人的精神权益是无价的,任何形式的补偿都难以达到充分的效果。所以精神损害赔偿的意义就并不仅限于补偿,它还体现了国家公权力对不法行为的否定性评价,因为在损失额度无法量化的情况下,任何“补偿”都是带有“惩罚”倾向的。因此,精神损害赔偿是兼具补偿性和惩罚性的。综合以上三方面的分析,我们认为,片面强调同质补偿原则是不可取的。

同质原则的局限性有目共睹,如何解决?于是,惩罚性救济措施进入学术研究的视野。有些学者大力倡导扩大惩罚性损害赔偿的适用,以弥补同质原则的不足,张骐先生曾指出:“对主观上采取轻率、漠视的态度生产出缺陷产品者施以重罚,是抚平受害者所受创伤,实现社会正义的需要。惩恶扬善是实现社会正义的要求,也是法律一个古老、固有的功能,惩罚、威慑不以等价为原则,有条件地使用惩罚性赔偿金,是发挥法律惩恶扬善功能的一个重要方面。产品责任是严格责任,过错虽不是产品责任的构成要素,但却可以在决定对责任处罚上发挥作用。在这种情况下,机械地照价赔偿既不足以惩诫责任人,也不足以抚慰受害

① 张骐:“产品责任中的损害与损害赔偿——一个比较研究”,载《法制与社会发展》1998 年第 4 期。

人。在财力雄厚的生产者、销售者与普通消费者之间，矫枉应当过正，不过正不能矫枉。数额上的'过正'是为了实质上的公平。"①张骐先生赋予惩罚性赔偿以崇高的价值，指出了其对补充同质原则不足的重要意义。但这掩盖不了问题的复杂性，对惩罚性赔偿仍有必要作全面的分析。

惩罚性赔偿具有积极意义毋庸置疑。其一，惩罚性赔偿具有很强的预防作用。英美侵权行为法理论认为，惩罚性赔偿能削弱侵权行为人的经济基础，防止他们重新作恶，以及防止社会上其他人模仿侵权行为人的行为。此点在合同领域中也应适用，当确定的惩罚性赔偿超过其因违约所获的收益时，再次违约在很大程度上将被阻止。以经济分析法学的角度来看，法律行为始终是成本与效益之间的博弈，当做出某种行为所需的成本大于其所预期的收益时，这种行为将受到抑制。而惩罚性赔偿无疑是一种很高的成本，若当事人意识到此点，必将有所顾忌、有所收敛，从而使法律的权威以及秩序和安全得到有力的维护。其二，惩罚性赔偿体现了现代保护弱者的立法倾向。如前文所述，国家或垄断集团在与个人关系中，始终处于优越的地位。个人的这种弱势地位使其合法权益处于极度脆弱的状态，随时可能受到来自各方的侵害。为维护社会公共秩序和善良风俗，法律认为有必要加大对弱者的保护力度，这体现了现代社会立法的根本价值取向。惩罚性赔偿能够较为有效地抑制侵害弱势相对人利益的行为发生，也为受害人的损失能够得到充分补偿奠定了基础，实现了法的正义理念。其三，惩罚性赔偿承认对受害人精神损害的赔偿，加强了人权保护的力量。人身权利是人的基本权利，保护人权是现代法治的显著标志和基本要求。如今，惩罚性赔偿已获得普遍适用。美国学者指出，因侵权行为而支付的损害赔偿金额的47%，均为包含有惩罚性因素在内的精神损害赔偿。②

然而，在肯定惩罚性赔偿的积极意义时，其消极方面也不容忽视。其一，在理论上无法合理解释受害人获得高额赔偿的依据。法律的价值取向在于受其调整的社会关系的安定性。欲达到安定性，就必须明确法律关系主体的行为模式和利益归属，而行为模式和利益归属又必须有法上的依据（注意，这里强调的是法的依据而非法律的依据）。即使财产流转中的无因行为，也不是没有根据。其形式上的根据是基于法律的直接规定，而其实质上的根据则是维护"交易安全"这一法的内在要求。在民事赔偿责任中，受害人在其损害范围内获得补偿

---

① 张骐："产品责任中的损害与损害赔偿——一个比较研究"，载《法制与社会发展》1998年第4期。

② 刘荣军："惩罚性损害赔偿与消费者保护"，载《现代法学》1996年第5期。

是有充分根据的，因为这部分利益始终属于受害人，并不因侵权或违约行为而发生分离。但在惩罚性赔偿中，受害人得到的补偿往往超出其实际损失的范围，或与其实际损失根本无法比较，如精神损害赔偿，于是就形成了当事人因受害而得利的局面，这与社会公序良俗是相冲突的，也是与基本法理相冲突的。其二，实践中，不当适用惩罚性赔偿措施也会带来消极影响。发生在上海的一桩真实案件就引起了我们的思考。原告庄某在上海瑞兴百货公司前后两次购买澳大利亚产唇膏22支，共计2090元，并要求营业员在发票上将唇膏产地改写成意大利。事后，庄某向法院起诉，诉称：瑞兴百货对消费者进行误导、欺诈，致使其购买了22支标明产地与实际产地不一致的唇膏，要求依《消费者权益保护法》的规定退赔。后经法院查明事实真相，驳回庄某诉请。① 本案中，本设计用来充分保护消费者的双倍退赔措施竟被用来进行欺诈谋取不法利益，其与立法本意可谓南辕北辙。高额惩罚性赔偿对企业而言也是一个异常沉重的负担。矫枉真的过正，后果恐怕难以设想。这一点在产品责任中尤为明显。如果生产者要对自己制造的缺陷产品进行经济上的赔偿，他们就不大会制造这种缺陷产品；如果赔偿过大，生产者又可能抑制许多有益社会生产的行为。西方动辄天文数字的损害赔偿常常令我们津津乐道，但在巨额赔偿的背后，并没有达到法律设置的初衷：本欲达到公平正义，但却实实在在地破坏了公平正义；本欲达到社会秩序的安定，但因害怕承担高额赔偿而在社会公众心理上造成巨大的恐慌，大有峻法之下，无以措手足之感。西方在侵权领域广泛采用惩罚性赔偿，也与其律师制度有关。美国律师多数实行胜诉收费制，客观上要求必须判给受害人很高的赔偿金才能保证受害人不至于在支付了大笔律师费之后自己所剩无几。

无论同质原则还是惩罚性救济措施均各有利弊，片面强调任何一方都不符合法律适用公正性与妥适性的要求，都不能完全实现当事人之间利益的平衡。

三、解决问题之思路

总结前面论述，核心不是要讨论同质原则是否是民事赔偿责任制度的基本原则，也不是要讨论是否应以惩罚性救济措施代替同质原则的适用，而是如何正确认识同质原则和惩罚性救济措施的利弊，以寻求一条解决问题的妥适途径。

即使在当代社会，同质补偿仍不失为民事赔偿责任制度的基本原则，仍有其

① 李昌道主编：《98上海法院案例选》，上海人民出版社1999年版，第20～21页。

普遍的指导意义和逻辑生命力。但由于同质原则在新的社会条件下显示出诸多的局限性,因此需要以惩罚性救济措施进行补充,从而达到填补损失与抑制不法行为的双重目的。由于惩罚性救济措施自身同样具有不可逾越的局限,因此需要重新设计一套关于惩罚性救济措施的适用制度。我们的思路是,由国家公权力具体到司法权适当介入私人领域实施惩罚性救济措施,即由司法权对认为需要承担惩罚性赔偿责任的一方在其履行了补偿责任之后,再施以惩罚性措施,并由国家占有惩罚权的收益,以解决惩罚赔偿自身不能解决的矛盾。兹分述如下:

(一)国家公权力介入的理论依据

自古罗马以来,就有公法和私法的划分。公法私法界限分明、互不相侵,尤其在自由资本主义时期,更是将两者加以对立,绝对不允许公法对私法的任意介入。但实际的情况是,两者之间的划分并不是绝对的。依传统理论推导,国家对个人间相互交往的关系以不直接干涉为原则。这样,个人相互间在法律关系上"第一次"利益交往关系是私法性质的,由个人力量维持和实现。个人力量不能达其目的时,才由国家基于公权力,在法律上为"第二次"适当的维持与实现,具有公法的性质。公法与私法的区别,不是原理的,而是历史的。我们只能说是由传统的、不同的立法技术,而形成不同的法律领域,并无本质的对立可言。在观念上,我们可以区分公法与私法,但在理论上仍是基于公法的一元,因为整个私法都是建立在公法的基础之上。[①] 由此,我们推导出现代契约法的发展趋向之一——契约公法化。进一步我们还可以找到现代社会立法的基本依据——私法公法化。私法的公法化为国家公权力介入私人领域提供了理论基础,同时也满足了社会现实的需要。面对工业化乃至信息化的现代社会,传统私法显得力不从心,加强公法干预势在必行。而这种干预更多的以间接调整为特征,即主要体现为对主体"第二次法律关系"的调整。以国家公权力来实施惩罚性救济措施,可以充分发挥惩罚性救济措施惩恶扬善、抑制不法行为的作用,减少侵权和违约行为的发生,从根本上保护弱者的利益。同时,由国家公权力实施惩罚性救济措施,可以使惩罚中所谓的合理部分由受害人享有,其他部分归国家所有,从而解决了受害人因受害而获利的理论难题。

(二)国家惩罚的适用范围

目前,对侵权法中特别是精神损害赔偿理论界和实务界已有较多共识。但对合同是否可以适用惩罚性赔偿问题,除传统大陆法系的惩罚性违约金外,均认

① 李钟声:"契约法思想的趋向",载郑玉波主编:《民法债编论文集》(上),台湾三民书局股份有限公司1984年版。

为不许适用惩罚性措施。但笔者认为，在过错侵权和格式合同中都有适用惩罚性救济措施的必要。具体案件中，由法院在判给受害人实际损失基础上，再酌情判决一定数量的罚金，其中如有造成受害人精神损害的情形应予适当扣除，剩余部分由法院收归国有。[①] 罚金数额的确定，不是根据受害人遭受损失的程度，而是根据加害人或违约人主观恶性程度及偿付能力，做到既"矫枉"，又不"过正"。

（三）国家惩罚的适用条件

发动国家公权力实施惩罚是对不法行为人不法行为的否定性评价，是对其现有利益的剥夺，必须严格限定其适用范围，谨慎适用。在侵权行为法领域，必须是行为人对加害行为有故意或重大过失，或行为人虽无故意或重大过失但给受害人造成了严重的精神损害，否则就不足以导致国家对其行为的否定性评价，适用惩罚没有充分的理由。在合同法领域，仅在对格式合同的规制中适用惩罚性措施。我国合同法中规定的责任类型为严格责任，因此，并非所有合同都能适用惩罚性救济措施，只有在格式合同中，提供合同一方的违约行为有故意或过失时才能适用。即当合同提供人故意订立不公平条款，在合同履行过程中欺诈相对人或因自己的故意或过失造成违约，不论对方实际损失为多少，在赔偿对方实际损失之后，都要受到国家一定形式和程度的惩罚，以抑制格式合同的消极作用。在前文第一个案例中，法院如判决旅游公司赔偿旅客实际损失的基础上再判决对该公司一定程度的惩罚，对于该公司提高服务质量、增强作为债务人的注意意识无疑将起到积极作用。

（四）国家惩罚的形式

1. 罚款，罚款是司法机关适用惩罚权最常用的措施。具体数额考虑当事人过错程度和支付能力，结合不同阶段法律价值倾向和社会心理承受能力具体确定。

2. 市场准入限制，即对市场主体的权利能力加以限制，使其丧失或部分丧失从事某种营业的资格。如电信公司利用格式合同垄断市场，严重侵害消费者权益，法院就可以宣告取消该电信公司的营业资格。这样的做法也可以同时收到制约行政权的效果。

3. 商誉降低。通过法院的判决宣告，使"那些已被人识破的不能履行其应尽

① 在美国，惩罚性赔偿（主要是精神损害赔偿）是由法院作出并执行的。但按照民法原理，法院在民事赔偿案件中一般不引入国家公权力实施救济。"惩罚"除在刑事领域外，更多地被行政权所体现。当然，由于法院以超然的第三者身份来裁判民事纠纷比单纯地依靠行政救济更有利于保障公平和正义。但这是以司法享有较高的独立性和较大的自由裁量权为前提的。在现阶段，恰当的做法是由法院以判决的方式建议有权机关（主要是行政机关）对不法行为人处以惩罚。待条件成熟后，再直接由法院作为并执行对不法行为人的惩罚。

交易义务的人，将会发现将来没有人愿意与之进行交易。这对那些利用契约相对人的弱点和履行相继性的弱点而进行欺诈的人来讲，是一种成本很高的惩罚”。①

最后，附带说明的是，在加害给付中，违约责任与侵权责任往往发生竞合。关于责任竞合的性质，学说上多有争论。我国现行立法系采请求权竞合说，允许当事人择一请求权而行使。倘若当事人选择以违约为请求权的基础，并且事实上基于违约的赔偿并不能填补其实际损失，而国家虽有可能同时行使惩罚权，但惩罚的手段并非均为物质手段，即使是物质手段也不能直接用来补偿受害人的损失。当此情况下，建议应允许当事人在选择违约基础上再选择侵权而行使请求权，行使请求权的范围以满足对实际损失的填补为限。

四、结　　语

20世纪以来，随着社会情况的剧烈变化和第三法域——社会法的蓬勃兴起，传统民法理论也受到严峻挑战，面临重大更新。同质原则作为民法最基本的组成内容，也难以避免面对现实无能为力的尴尬。民法的改革势在必行。具有两千余年历史的民法理论固有其一套完整严密的逻辑体系，但无可否认，这个体系是相对封闭的，其逻辑的起点和终点往往都囿于民法自身。因此，不能仅仅依靠民法解决民法的问题。恰当地引入其他法律因素不失为另辟蹊径的思路转换。这种做法也符合当代公私法交会融合的大趋势。本文所论述的同质原则和惩罚性救济措施，说到底仍然是公平与效率之争，体现着法律价值的终极关怀。依波斯纳教授的观点，如果违约行为将导致对资源的高效率运用，就应当鼓励违约；相反，就不应该鼓励违约。即所谓的“效率违约”问题。合同一方当事人确实违约了，但他的违约为自己带来了更大的利益，而他所提供的补偿也足以填补相对人遭受的损失。对这种情况是否也要施以惩罚？对此，注重公平与安全的法律必然会毫不犹豫地对其处以惩罚，理由是它破坏了秩序；而注重效率的法律就可能会默认甚至鼓励这种行为，理由是它增加了社会财富。但恰恰是这些法律价值观又常会发生变动，因为法律不能对社会的变化无动于衷。至此，问题似乎永远得不到唯一的答案，但在不同时期可以得到相对确定的解释。

（2000年第3期）

① ［美］理查德·A. 波斯纳著：《法律的经济分析》，蒋兆康译，中国大百科全书出版社1997年版，第117页。

关于知识产权基本制度的经济学思考

吴汉东*

法律的经济分析结果表明,植根于经济生活中的法律不仅应具备维系社会正义的职能,还应负担起实现资源有效配置、促进社会财富增加的使命。质言之,正义与效益构成了当代法律的双重价值目标。本文试以经济学的理论和方法研究知识产权制度的创设、结构和效益等问题,以揭示这一法律制度的经济本质,从而为我们认识、评价知识产权的功能提供新的思维方式。

一、产权界定与知识产权的制度选择

财产法的经济目标在于最合理地利用有限资源和最大限度地增加产出,即实现效益的最大化。这里最关键的问题是产权的界定,产权描述的是一个人对某一资源可以做些什么,不可以做些什么,包括"占有、使用、改变、馈赠、转让或阻止他人侵犯其财产"①的权利。

在知识、信息(包括作品、发明、标记等在内的精神产品)这一无形资源上界定产权,导源于经济学家关于公共产品与私人产品的理论。经济学家对产品的分类是依据其消费形态和使用状况进行的。最早对私人产品和公共产品的区别作出明确说明的是保罗·A. 萨缪尔森(1955年)。他以苹果(私人产品)和路灯(公共产品)为例描述了两者的经济含义。所谓私人产品是指在使用和消费上具有个人排他性的物品。该类物品在特定的时空条件下只能为某一特定的主体所使用,正如学者所比喻的那样,"一条裤子在某个时间只能为一个人穿着","一辆汽车不能同时朝两个不同的方向行驶"。这说明,"在私人产品的消费上具有对抗性"②。所谓公共产品是指在使用和消费上不具有个人排他性的物品,该类物品"一旦生产出来,生产者就无法决定谁得到它"③。公共产品可以在某

---

* 作者单位:中南政法学院(现中南财经政法大学)。

① [美]罗伯特·考特、托罗斯·尤伦著:《法和经济学》,上海三联书店1994年版,第166页。

② 同上,第147页。

③ D. Friedman, *Price Theory*, South - Western Publishing Co. 1986. 转引谭忠东等:"知识产权保护的经济学分析",载《知识产权》1999年第4期。

一时空条件下为不同的主体同时使用，如公共汽车为每个乘客提供服务、路灯为不同的人提供便利，即说明公共产品在消费上无对抗性。

信息经济学理论认为，知识、信息是一种特殊商品，具有公共产品的某种属性。早在1959年尼尔逊（Nelson）就讨论了知识的公共产品性质，而阿罗（Arrow）在1962年论及信息经济时也谈到知识的公共问题。综合起来说，知识产品作为公共产品具有以下基本特征：第一，知识产品的生产者很难控制知识创新的成果。如果创造者将其知识产品隐藏起来，那么他的创新活动就不会被承认，从而失去社会意义。如果创造者将知识产品公之于众，他对信息这一无形资源事实上又难以有效控制。第二，知识产品的个人消费并不影响其他个人的消费，无数个人可以共享某一公开的信息资源。无形的知识产品以有形的载体形式公开，即可构成经济学意义上的"公用性"。第三，知识产品是一种易逝性资产。信息的生产是有代价的，而信息的传递费用相对较小。一旦生产者将其信息出售给某一消费者，那个消费者就会变为原生产者的潜在竞争对手，或是其他消费者成为该信息的"搭便车者"。后者在知识产权领域中即是无偿仿制或复制他人知识产品的情形。第四，知识产品的消费与其他公共产品不同，它的使用不仅不会产生有形损耗，从而使知识产品减少，反而可能扩张社会的无形类资源总量。但是，由于"外部性"原因，生产者提供的信息往往被消费者自由使用，其结果虽然是知识产品带来的社会效益大大高于创造者个人取得的效益，但同时导致知识产品生产者难以通过出售信息来收回成本。①

知识产品在经济学上是资源，在法律上则可视为一种财产。知识产品之所以能够成为知识财产，成为财产法的保护对象，从经济动因来说主要有两点：（1）知识产品的有用性。知识信息是社会中最为有用的资源之一，是社会财富的重要组成部分。首先，知识产品能作用于人们的精神生活，满足人们精神生活的需要，产生一定的社会效益；其次，也能投入生产领域转化为有形的物质产品，满足人们物质生活的需要，产生一定的经济效益。在商品经济的条件下，知识产品具备了商品的基本属性，或说是商品化了。它们同物质产品一样，既有使用价值，又有价值，是人类辛勤劳动的结果，所不同的是，它的智力消耗大于体力消耗，并作为人类的抽象劳动凝结在知识产品之中。（2）知识产品的稀缺性。资源作为财产的另一原因是它的稀缺性。知识信息不是一种天然生成并取之不尽的资源，其稀缺性首先表现为知识产品生产的长期性、复杂性和高成本化。知识

① 关于知识信息的经济学特征的描述，还可参见刘茂林著：《知识产权法的经济分析》，法律出版社1996年版；袁志刚："论知识、生产与消费"，载《经济研究》1999年第6期。

经济学理论认为,知识信息的生产过程包括知识输入、知识加工、知识产品输出三大环节:知识输入是指知识教育和培训、信息的收集等过程;知识加工是指通过智力投入而进行创造性的劳动,从而生产出新的智力成果的过程;知识产品输出是指信息、技术、艺术产品等知识劳动成果应用的过程。整个过程需要个人以至社会的大量投入,并需要长时期的探索性、创造性、连续性劳动才能实现。其次表现为知识产品创造者的数量稀缺和价值珍贵。创造性人才是知识的生命载体,他们的劳动与物质性生产那种重复性劳动不同,它是以依靠前人积累的知识为劳动资料,以抽象的知识产品为劳动对象的精神生产劳动。知识产品的生产过程对生产者的智力投入有特殊要求:一是生产者智商高于一般人,能胜任高智力投入的劳动;二是通过文献储存和大脑储存,有相当的知识储备,具备高智力投入的基本条件。对于社会需求而言,此类人才常常存在供给不足的问题。[①]基于知识、信息的有用性和稀缺性原因,社会有必要建立相应的无形财产制度,调整知识产品生产的成本与收益关系,防止知识产品的无偿使用或消费的情形发生。

知识产品要成为知识财产,其产权界定就成为必须解决的问题,产权界定的实质是回答知识财产应为私有还是公有。在经济学家看来,选择何种产权,必须考虑公共性资源的外部性和“搭便车”问题,并以效益最优为原则。外部性是一种外部的影响或效应。它可以是正外部效应,如某人植树,使他人免费享受环境;也可能是负外部效应,如某单位排污,使他人受到环境损害。在精神领域,外部性问题将导致消费者的效用最大化和生产者的利润最大化行为的无效益。信息的生产者拥有天然优良资源(创造能力),在精神产品紧缺的条件下,可能运用精神产权的垄断性而获取各种“经济学租金”(economic rent,即垄断利润)。他们力图使自己的私人利益达到最大化,却可能忽视整个社会文化繁荣和科技进步的需求;而信息的消费者基于使用与消费信息的需求,可能利用信息的公共产品属性,去追逐效用的最大化,从而损害信息生产者的利益。总之,外部负效应采用损害他人利益的方法来增加自己的利益,是不符合经济学的效益原则的。对外部性问题采取什么对策,这是知识产品产权界定所要回答的问题。“搭便车”(free rider)是指不支付任何成本而从他人或社会获得利益的行为。例如,公共汽车公司必须为每个人提供便利,出资者与未出资者都在乘车,那些没有为公共产品消费而出资的人,即是经济学家所称的“搭便车者”。“搭便车”现象的普

① 关于知识劳动、知识劳动价值的有关理论,可参见张和生著:《知识经济学》,辽宁人民出版社1992年版。

遍存在将会导致社会生活的低效率。就精神领域而言,知识产品一旦公开,则信息生产者很难对付不付费的“揩油者”。后者对信息生产者提供的产品享受利益但不向其支付费用,结果信息生产者不能通过市场交易得到足够的收益,以补偿他们投入的成本。在这种情况下,私人市场提供的知识产品的数量可能小于最优值,从而形成信息经济学所称之“不足”(non - appropriablity)问题,鉴于消费者对信息量的需要,社会有必要明确知识财产的权利归属,以建立知识创造的激励机制。

对知识财产进行产权界定是必要的。但是,知识产品是人们在科学、技术、文化等精神领域的创造性产品的总称,其类别具有多样性,因此不宜简单采取整齐划一的产权形式。在知识产品中,科学成果与某些技术成果采取的是非市场机制的产权形式。科学成果是对人类实践经验的概括和总结,是关于自然、社会和思维的各种理论知识和研究成果。在现代科学阶段,科学活动内部的分工越来越细,人文科学和社会科学从自然科学中分离出去,在这个意义上,科学一词往往指的自然科学。自然科学活动的目的在于发表科学发现。从一般意义来说,发现是指“经过研究、探索等,看到或找到前人没有看到的事物或规律”①,如对新星球、数学定理、物理理论、地震规律等方面新的发现,科学史记载的哥白尼的“地动说”、牛顿的“万有引力定律”、门捷列夫的元素周期表、爱因斯坦的相对论等,都是认识“前人未知”的自然界及其客观规律的科学发现。关于科学发现的经济分析证明,对此类知识产品采取私有产权的形式是无效益的。第一,科学发现的内容只能是阐明科学事实或者客观规律的基础科学研究成果,这些属于人类的新思想、新理论、新观念,具有认识的“前所未有性”、“唯一性”以及“真理性”特征。因此,不宜为发现人所垄断或专有,也就是说,发现人不能阻止他人运用他的科学发现。正如《科学发现国际登记的日内瓦条约》所指出的那样,它的目的是促进科学发展,鼓励人们使用已经发现的自然法则,而不是限制这种使用。第二,科学发现需要投入大量的财力、人力,但是其本身是没有商品价值的,或者说是无价之宝而不能计算其价值量。这是因为,对于科学事实和客观规律,科学发现者的活动是发现他们、认识他们,而不是创造他们、改造他们。这就是说,人类的抽象劳动并未凝结在这些科学事实和客观规律之中。② 上述情况表明:基础科学研究成果是社会需求的重要信息,其投入成本很高,私人生产将面临着成本与收益的不对称;而且该类成果无直接的商品价值,生产者与消费者实

---

① 《现代汉语词典》,商务印书馆 1987 年版,第 294 页。

② 刘春茂主编:《知识产权》,中国人民公安大学出版社 1997 年版。

际上无法就使用费进行谈判；同时，该类成果具有典型的公共产品属性，不宜由生产者个人垄断，换言之，采取私人的产权的形式将会造成社会科学发展状况的低效率。解决这一问题的基本思路是，既要满足社会对信息的需要，避免产品在市场消失而影响所有消费者的福利；又要设置特殊的制度，让消费者间接支付成本，以支撑和激励生产者的精神生产活动。其主要办法有两点：一是从税收中提供生产成本，让大学、科研机构得以生产基础科学成果类的公共产品；二是建立科学奖励制度，以非市场机制的报酬系统来换取社会对科学成果的公有产权。

关于科学成果的非市场机制的报酬系统，在经济学家那里被称为优先权（priority）报酬系统。[①] 这是一种与优先权有关的各类报酬的奖励制度：首先是科学发现的命名权，即在某项科学成果上以完成该项科学发现的科学家来命名；其次是科学奖金的获得权，即从政府或其他社会组织那里领取奖励科学发明的科学奖金。优先权报酬系统的实质是确立科学发现者拿走的只是“命名”与奖金的报酬，作为这种收益的对价支出，社会获得了对该项科学成果的公有产权。正是在这个意义上，笔者以及一些学者曾认为，发现权制度不是私人专有财产的知识产权制度，而是一种科技奖励制度。

与科学成果相类似，某些技术成果也往往适用非市场机制的产权形式，这即是发明奖励制度。发明是一种重大的科学技术成就，具体而言，它是一种“前所未有的”、“先进的”、“经过实践证明可以应用的”改造客观世界的科学技术成就。发明奖励制度通过对发明创造所产生的经济效益和社会效益进行评价，由国家给予奖励，即颁发发明荣誉证书、奖章和奖金。与此相对应的是，发明成果的所有权名义上属于国家，但任何人都可以无偿使用。总体而言，关于技术成果的产权界定有三类情形：（1）单一制的发明专利制度，即技术成果产权私有；（2）单一制的奖励制度，即技术成果产权公有；（3）双轨制的发明专利奖励制度，即对技术成果产权采取私有与公有两种形式。这里涉及制度选择问题。选择何种制度更为经济，我们可以将其置于一个成本、收益模式中进行考察：制度（1）实行产权私有，使生产者得以控制信息的外溢效应并得到成本补偿，刺激私人生产知识产品的积极性。但是，获得私有产权的知识产品须具有一定的条件，在单一制度条件下，就会使得某些技术成果产权归属不明，最终会导致该类技术成果从市场上消失。制度（2）实行产权公有，使信息充分公开并广为使用，在一定时期内使社会支出极小的成本而取得收益。但是，将知识产品当做纯粹的公共产品而由公众自由使用，就会使私人失去生产信息的积极性，最终造成信息供给不足。制度

① 袁志刚：“论知识的生产与消费”，载《经济研究》1999年第6期。

(3)以技术成果产权私有为主,兼采以奖励为对价的公有产权形式,较好地弥补前两者的不足,因此机会成本较小,符合"相对优势定律"的一般原则。[①] 同上述的发现权制度一样,狭义的发明权制度,也不宜归属于具有专有权性质的知识产权体系之中。

就主要知识产权而言,概以采取私人产权的形式,即知识产权制度。一般认为,知识产权制度赖以产生的条件是:知识产品所有人将自己的作品、发明创造等公布出来,使公众能看到、了解到,得到其中的专门知识,而公众则承认作者、发明创造者在一定时期内有独占使用、制造其知识产品的专有权利。知识产品是公开的(公共产品属性),但知识产权是垄断的(私人产权属性)。西方法学家将这一现象解释为社会契约关系,即以国家面貌出现的社会同知识产品创造者之间签订的一项特殊契约。[②] 按照经济学家的表述是,财产占有人认识到在财产上存在规模经济,各方即会就组建一个用于承认和保护其产权的政府进行谈判。"一旦他们达成了协议同意建立一个由武力为后盾的政府,每个人就能享受到更多的财富和更大的安全。哲学家把经过这些协商最终达成的谈判称为'社会契约',因为它建立起了社会生活的基本条款。"[③]建立知识产权制度的经济动因,在于"对财产权的法律保护有其创造有效使用资源的诱因"。[④] 正是农夫能够获得土地作物的财产权,才有诱因促使农夫支付并尽可能节约耕种土地所需要的成本;正是创造者能够取得无形财产的垄断权,才有诱因激励其在知识、信息的生产方面投资。

二、产权交易与知识产权的利用

依照微观经济学的供给与需求理论,智力创造是一种生产活动。与物质生产的过程一样,精神生产的目的同样是交换,只有经过交换,个人才能获得各类物品的最佳组合,达到效用或利益的最大化。在市场经济条件下,知识产品具有与物质产品同样的商品属性,成为自由交换的标的。这样交易活动应是高效益

---

① 机会成本是指把一定资源用于生产某种产品时放弃的生产另一种产品的价值,或说是利用一定的资源获得某种收入时所放弃的另一种收入。微观经济学认为,人们应该从事某机会成本低于其他所有事情的事情。

② 中国科学技术情报所专利馆编:《国外专利法介绍》(第1册),知识出版社1981年版,第12页。

③ [美]理查德·A. 波斯纳著:《法律之经济分析》,台湾"商务印书馆"1983年版,第22页。

④ [美]罗伯特·考特、托罗斯·尤伦著:《法和经济学》,上海三联书店1991年版,第185页。

的价值实现和价值增值的过程，市场经济中资源（包括知识、信息等资源）的有效配置，就是依靠交易来实现的。

交易的实质不是物品本身的交换而是产权的交换。马克思认为，商品交换本质上是不同于商品所有者的劳动的交换。在商品交换之前，商品所有者必须彼此承认对方是私有者。这种具有契约形式的法权关系是一种反映着经济关系的意志关系。① 马克思主义的政治经济学理论说明，交易或者说交换本质上是一种经济关系。这种经济关系的核心是所有者的权利。权利根据其具有交换性与否可以分为两类，即可交易的权利与非交易权利。产权具有经济上的价值，因而是可以交易的。知识产权之所以具有经济上的价值，其理由有两点：一是产权客体系人们智力创造性劳动的产物，它们虽无外在的物质形态，但有着内在的价值；二是产权本体具有潜在的经济上的利用价值，即给主体在权利的实现过程中带来经济利益。产权的可交易性特征告诉我们：要使资源得到有效的利用，就必须实现产权的流转，即在流转中产生效益。②

知识产权立法的首要目的是界定相关产权，保护信息生产者的合法权益；同时，又要规制产权交易，促进信息的广泛传播与使用。知识产权的这种双重立法目的是相辅相成的。法律经济学曾对信息产权的设定提出过一个悖论。它认为，在信息方面确立产权的每一种方法的显著经济特征，在于这些产权都是垄断权。一般来说，垄断性产业比竞争性产业缺乏效益。一方面，新信息生产者在一个不受管制的市场中收回其成本是困难的。通过给予信息的生产者以垄断权，就能强有力地刺激生产者去发现新信息。另一方面，垄断者对产品索取高价将阻止该产品被使用，消费者可能难以支付费用去充分使用信息，从而无法实现资源配置的最优效益。简而言之，这一问题的困惑在于，“没有合法的垄断就不会有足够的信息生产出来，但是有了合法的垄断又不会有太多的信息被使用”。③ 笔者认为，解决这一两难困境的法律途径是，在保护无形财产权的基础上对这种垄断权利实行必要的限制，在保证生产者独占使用其信息的前提下规定他人以不同的条件利用该信息。上述情形在相关法律上表现为知识产权的利用，其主要制度是授权使用、法定许可使用、强制许可使用和合理使用。

知识产权的利用，实质上是不同主体之间的产权交易行为。在微观经济学那里，对知识产权的利用进行制度选择与安排，其经济目标就是实现效益的最大

① ［德］马克思著：《资本论》（第1卷），人民出版社1975年版，第102～103页。
② 高德步著：《产权与增长：论法律制度的效率》，中国人民大学出版社1999年版，第132页。
③ ［美］罗伯特·考特、托罗斯·尤伦著：《法和经济学》，上海三联书店1991年版，第185页。

化。所谓效益,本意是指用最少的成本去获取最大的收益,以价值最大化的方式利用经济资源。科斯理论认为,在零交易成本的世界里,只要产权界定明确、产权可以自由交换、主体积极合作,则无论产权属于谁,权利的配置都会发生有效益的结果。但是,零交易成本只是一种假定,现实交易中存在"实在交易成本"。这种交易成本包括获得市场信息所需的成本,讨价还价与签订合同所需的成本,监督合同履行和制裁违约行为所需的成本。① 在上述"实在交易成本"的情况下,有效益的结果就不可能在每个法律法规下发生,此时,合意的法律法规是使交换代价的效应减至最低的规则。为此,知识产权选用的诸项制度,应遵循交易成本最低化的原则,调整信息生产者、传播者、使用者的权利配置关系,以实现促进文化发展和推动社会进步的最优效益。下面,我们将以交易成本与交易效益为尺度,对知识产权利用诸制度逐一进行评价和分析。

授权使用,亦称许可使用,即知识产权所有人授权他人以特定方式对其知识产品进行使用。授权使用这一法律行为通常表现为许可使用合同,在国际上即被称为许可证贸易。经济学家认为,合同是当事人为达成交易,实现自己的私人目的而为的一种合意。产权界定在于进行交易,而任何交易都需要成本。许可使用合同制度的经济功能是,总结人们的交易习惯,规定统一的交易规范和术语,避免当事人每每就交易问题订立烦琐的合同条款,从而减少交易成本,便于当事人达成合意,促进产权交易。该项制度通过设定各种原则、规则,以预防和减少交易中的违约行为、意外事件等引起的成本,并提供有效的补救措施。上述理论是我们对授权使用制度进行经济分析的基础。这一制度能否实现精神财产效益的最大化,有三个问题值得研究:(1)合同条款问题。合同条款是当事人意思表示一致的结果,是意思自治原则的体现。但21世纪以来,随着市场经济的高度发展,知识产权贸易开始大量采用具有定型化特点的标准合同。这种格式合同由一方预先制定,条款内容不能修改,合同相对人要么接受,要么走开。制定合同的一方多为知识产品的传播者、使用者,如出版商、制片商、生产商。格式合同的出现,简化了交易过程,节省了交易成本,提高了效率,当然有其经济上的合理性和必然性。但是,格式合同限制了合同相对人意思表达自由,容易给处于弱者地位的知识产品创造者带来利益损害。为了纠正格式合同带来的这一弊端,经济学家提出了两种解决途径:一是通过市场竞争解决(科斯、波斯纳等人持此观点)。即消除垄断、保护竞争,促使格式合同的制定者出于竞争优势的考

① [美]罗纳德·科斯:"社会成本问题",载R. H. 科斯等著:《财产权利与制度变迁》,上海三联书店1994年版。

虑,提出有益于对方的条款,从而带动其他竞争者争相仿效,以致降低交易成本。二是通过政府解决(维克多等人持此观点)。即国家制定管制格式合同的立法,或授权行政机关修改显失公平的格式合同,以保护相对人的利益。事实证明,在无形财产权贸易领域,由国家进行干预,或在相关立法中拟定合同指导性条款,或出面制定有关无形财产权交易的标准合同,这些做法都是适宜的、有效的。① (2)授权主体问题。就授权主体而言,许可使用合同有个人许可合同与集体许可合同两种。前者是以权利人自己的名义授权,为其本人利益而签订;后者则以受托人名义授权,其利益由权利人与权利管理组织分享。集体许可合同多见于著作权贸易。其运作方式如下:著作权所有人将他们的权利转让给某一集体组织管理,该集体组织得以自己名义与著作权使用人签订年度使用许可证。这种集体管理制度经济学意义在于,使著作权人面对成千上万的使用者时能减少行使权利的成本(包括收取使用费和制止侵权的各项支出),使使用人面对成千上万的创作者时能减少取得权利的成本(包括收寻信息、讨价还价以及履行合同的各项支出)。因此,在著作权贸易中,应大力推行节约交易成本的集体管理制度。② (3)权项移转问题。授权使用涉及权利的移转,法律上的权利与产权有关,但又不等同于产权。产权经济学家一般认为,产权是“一揽(篮)子权利”(a boundle),简言之,它是“以财产的所有权为核心的财产权利的总称”。③ 产权的经济学含义对于知识产权交易来说有两点启示:一是所有权与使用权分离。权利人可以转让无形财产的所有权,也可以在保留所有权的基础上让渡其中的使用权。二是专有权的各个权项的分离。诸如著作权中的复制权、广播权、制片权、演绎权,专利权中的制造权、销售权、进口权都可以单项出让给不同的使用人。知识产权利用制度应充分鼓励交易,保障各种权利为使用人充分使用,这不仅意味着知识产品有更多的利用价值,而且使更多的资源流向有效率的使用者手中,从而带来更多的财产增值。

法定许可使用与强制许可使用,相对于授权使用而言,都是一种非自愿许可使用。前者是指根据法律的直接规定使用已公开的知识产品,可以不经权利人许可,但应向其支付报酬的制度,国际上将这种交易方式称为“法定许可证”。后者是指在特定的条件下,由国家主管机关根据情况,将对已公开的知识产品进

---

① 关于格式合同问题的解决方案,可参见彭汉英著:“财产法的经济分析”,中国人民大学2007年博士学位论文。

② 如何利用经济学原理设计集体管理制度,可参见刘茂林著:《知识产权法的经济分析》,法律出版社1996年版。

③ 唐丰义:“产权概念的发展与产权制度的变革”,载《学术界》1991年第6期。

行特殊使用的权利授予申请获得此项权利的使用人的制度。在国际上,这种交易方式被称为"强制许可证"。法定许可使用与强制许可使用都是一种准法律行为,即虽无严格意义的意思表示,但又有向相对人表意之行为,因而发生与法律行为相同后果的一种法律关系。就使用的授权而言,在法定许可使用中,法律推定权利人可能同意并应该同意将知识产品交他人使用,因而由法律直接许可;在强制许可使用中,政府认为使用人无法取得权利人授权并又有合法理由,因而由主管机关个别授予。依照经济学的基本理论,法定许可使用与强制许可使用实际上是国家安排下的"合作博弈"。考特和尤伦在《法和经济学》一书中以甲乙双方买卖汽车为例,阐述了合作产生效益的观点。申言之,在交易过程中,双方会讨价还价,这事实上是个"谈判博弈"的过程。只要谈判成功,即合作成功,双方都可能受益,从而使资源得到合理有效的利用,导致社会价值的增加。① 为促进合作成功,社会必须建立一种规则。霍布斯认为,即使在谈判中没有严重的障碍,人们也极少有理性在所得份额的问题上达成协议,因此要有一个强有力的第三方迫使他们同意。② 法定许可使用与强制许可使用制度的设定,不仅减少交易的信息成本(发现谁进行交易、进行什么交易和怎样进行交易),而且减少了谈判成本(讨价还价取得授权),使双方当事人合作成功进行交易的可能性大为增加,因此这一制度有助于实现精神财产效益的最大化目标。但是,上述制度的适用有两点应予以注意:第一,非自愿许可制度仅适用于已公开的部分产品的有限范围。如果推而广之,势必损害权利人的利益。依照帕累托标准,效益的提高必须是对各方都有利,以损害某一方利益为代价来改善他方利益的方法实质上是没有效益的。③ 第二,非自愿许可制度仅仅是减少了部分交易成本,而不可能消灭全部交易成本。使用人虽在授权方面取得了法定的或政府意定的许可,但在支付报酬方面仍要与权利人进行谈判。相关法律的设计应能有效地减少私人在拟定协议时所产生的障碍。

合理使用是知识产权利用的特殊情形,它是在法律规定的条件下,不必征得权利人同意,又无需向其支付报酬,基于正当目的而使用他人知识产品的合法的事实行为。合理使用广泛适用于知识产权领域,诸如著作权中的个人使用、新闻报道使用、转载或转播使用,专利权中的先用权人的使用、非商业性目的的使用、临时过境的使用,以及商号权、商标权中因公务、司法活动或社会公益目的的使

---

① [美]罗伯特·考特、托罗斯·尤伦著:《法和经济学》,上海三联书店 1994 年版。

② 转引自高德步著:《产权与增长:论法律制度的效率》,中国人民大学出版社 1999 年版,第 101 页。

③ [美]H. 范里安著:《微观经济学:现代观点》,上海三联书店 1994 年版,第 24 页。

用，都属于此类情况。合理使用的本质特征是自由使用、无偿使用，仅由此而论，该制度是知识产品创造者对权益的让渡，其结果似乎是仅对使用者有利。按照帕累托标准来看，合理使用只有对创造者与使用者都有利时方属“合理”，否则将因“经济合理性”的欠缺而导致无效益。事实并非如此，合理使用制度起始于著作权领域，其初衷在于解决后来作者如何以创作新作品为目的而利用前任作者的作品的问题。我们知道，作品是作者创作的，它是作者个人的精神财富，同时又是社会财富的一部分，既体现了个人的创造精神，又汲取了前人的创作成果。人类的创作活动是一个流动的过程。如果对此作出动态分析的话，每一作者在合理使用中都有“支出”，同时又有“收益”，某一特定作者在创作过程中因利用前任作者的作品而取得“收益”。但其作品完成后又为后来作者提供了合理使用的材料而“支出”。就人类创作活动的总体而言，在合理使用基本规则界定的条件下，各方都取得效益，并不存在损害某一作者利益而增加另一作者利益的情形。[①] 上述“经济合理性”分析应能适用于整个知识产权领域。与前述几种许可使用不同，合理使用中使用者与创造者的权利交易不同于一对一的对手交易，而是社会制度安排下的特定创造者与不特定的使用者之间就信息资源分配所进行的交换。

合理使用与前述几种许可使用，实质上是基于产权界定所形成的几种交易方式。就知识产权领域而言，社会在权利界定与分配上实行了“专有区域”（exclusive zones）与“自由区域”（free zones）的划分。[②] “专有区域”在信息资源中涵盖面极广，创造者是这一领域的“独占者”，他人使用其知识产品，既要征得创造者同意又要支付报酬（如授权许可使用），或虽依法不经许可但要支付报酬（如法定许可使用、强制许可使用）。这一区域的设定，带来创造成本的回报，维系创造者生产信息的激情，因而是有效益的。“自由区域”在信息资源中所占比例较小，使用者是这一范围的“自由人”，在法律规定的条件下，使用他人的知识产品，既无须征得同意又无须支付报酬（即合理使用）。这一区域的构建，并不导致创造者的利益损害，却有助于公众的创造活动，促进信息畅通与传播，因此也是有效益的。反之，任由“专有区域”独占全部信息资源，悉由创造者控制知识产品的传播与使用，将会造成过高的交换代价：或是消费者每每无力取得授权或支付垄断价格，从而拒绝使用信息（假定1）；或要付出诸如获得市场信息、进

① 笔者曾就上述论点，描画有精神生产过程图表和以合理使用为线索的交易收益图表。详见拙著：《著作权合理使用制度的研究》，中国政法大学出版社1996年版，第74页。

② Edward Ploman. L. Clark Hamilton：Copyright：Intelletual Property in the Information Age，Routledge & Kegan Paul，1980，p. 197.

行谈判、实施交易、监督执行等各种成本(假定2)。显然,这是一种无效益的选择。无形财产权制度的当代使命不仅要保护“蛋糕”分享的公正性(合理分配社会成员的权利、义务、资源、收益),更需要促进人们努力增加“蛋糕”的总量(有效利用资源、增加社会精神财富)。不过,随着信息资源利用方式的拓展,加之知识产品的非物质性或说是公共产品属性,当前有必要对合理使用进行适度的限制。这是因为,在对他人知识产品的利用中,不适当地扩张自由使用、无偿使用的范围,将会使原有创造者的“收益”难以补偿“支出”,这结果是不合符帕累托效益原则的。

三、产权保护与知识产权的法律救济

交易成本和社会成本理论是经济学家解释侵权法的主要工具。在知识产权利用制度中,除合理使用系事实行为外,其他利用形式概为合同与准合同关系。该项制度(主要是合同法)的目的是帮助人们缔结安全的私人关系,使人们得以确定承担损失的比例(即缔结法律上的权利义务关系)。侵权法作为对合同法的补充,“设计出按比例承担损失的原则:潜在的施害者和受害者形成合同关系的费用太高,从而无法定下这种比例。其结果是侵权法要求以最直接的方式依法干预私人行为。”①因此,侵权法的目标是在损害事实发生后,对私人之间因损害而发生的成本进行分配。

对于侵犯知识产权的行为,传统理论给予了充分的道德谴责和法律评价,但常常忽视这一行为发生原因的经济分析。行为人为什么放弃直接交易而选择侵权行为?我们可以从成本与收益的角度来考察侵权行为的经济动因:第一,交易成本过高。这是基于交易双方的角度而言的。在产权交易中,实现对双方都有利的合作博弈,即达到帕累托最优标准,事实上是难以每每奏效的。在无形财产权交易中,诸如当事人、标的物、价金、履行期限与办法、违约责任等问题,都需要双方进行足够的信息交流和行为合作。“这些工作常常是成本很高的,而任何一定比例的成本都可以使许多在无需成本的定价制度中可以进行的交易化为泡影。”②经济学家证明,由于存在信息的广泛需求,一旦无法进行谈判,或谈判不能成功,侵权使用就会代替授权使用或其他合法形式的使用。第二,外在成本增加。这是基于知识产品创造者的角度而言的。在现实生活中,完全竞争的市场

---

① [美]罗伯特·考特、托罗斯·尤伦著:《法和经济学》,上海三联书店1994年版,第1470页。

② [美]罗纳德·科斯:“社会成本问题”,载《财产权与制度变迁》,上海三联书店1994年版。

无从建立,市场垄断、外部效应、公共产品是造成“市场失灵”的主要原因。上述情况普遍存在于无形财产权交易市场之中。在“市场失灵”的情况下,交易的外在成本就会出现。与生产经营中所耗费的投入即私人成本不同,外在成本是外部强加于生产经营者的额外费用,经济学家认为,市场内部交换是自愿和互利的,而外在市场交换的经济效应则可能是非自愿和有害的。[①] 通常的事例是任意排放污染给他人带来净化水质的额外费用,而外部因素制造者不必为损害付出代价。而在知识产品的利用中也有“污染”的情形:使用者可能有意或无意超越合理的界限而使用了他人提供的信息(或因合理界限不明而行为失范,或是规避法律规定而行为非法),从而对权利者造成损害。第三,侵权行为的“收益”高于预期的成本。这是基于知识产品使用者的角度而言的。在经济学理论中,侵权行为是有成本的。其成本包括实施行为过程中所作出的物质耗费,实施违法行为造成的社会后果,以及由于违法行为所承担的社会制裁。这个成本既有必然成本,又有法定成本,前者是指基于侵权行为本身而产生的资源耗费,是侵权人实施这一行为所作出的现实支出,如购置生产仿冒专利产品的机器、设备,投放运输盗版书籍的交通工具;后者是指因实施侵权行为而依法承受的代价,包括侵权人以财产或其他经济利益给予受害者的补偿,如罚款、没收非法所得、赔偿损失。[②] 侵权人投入一定的成本,实施特定的非法使用他人知识产品行为,是为了谋取收益,当然,上述“收益”不可能是合法收益,而是实施侵权行为所获得的必然收益。对于侵权人来说,会对上述成本与收益的大小进行比较与预期,即实施侵权行为所耗费的各种成本不能高于其期望的所得到的非法收入,在“产出”多于“投放”的情况下,该项行为才被视为有“效益”。因此,只要存在侵权行为成本过低的诸多因素,侵犯他人知识产权的行为就可能发生。上述分析表明,侵权行为发生的原因与成本、收益之间的比值有密切关系。可以说,在一定范围内,成本越低,“收益”则越多,侵权行为发生的概率也就越高。就现阶段知识产权领域而言,侵权行为的成本、收益的大小变化,受到诸多方面的影响。这些因素包括:(1)制度因素。法律制度直接决定侵权行为法定成本的高低,它设计并规范关于侵权行为的制裁与惩罚方案、措施、办法等。如果相关制度对某种侵权行为规定的惩罚偏轻,该行为的法定成本自然就偏低,从而就会弱化侵权法的惩制性功能,侵犯知识产权的行为就会屡禁不止。从现代各国的相关立法情况来

---

① [美]H. 范里安著:《微观经济学:现代观点》,上海三联书店1994年版,第702~713页。

② 关于违法行为的成本分析,可参见吕忠梅、刘大洪著:《经济法的法学与经济法学分析》,中国检察出版社1998年版,第364页。

看，加大对侵权行为的惩处力度概为通行做法，如增加有关严惩侵权行为的刑事制裁条款、明确规定侵权行为的法定赔偿额、完善行政处罚手段。这一立法趋势实际上是立法者对侵权行为成本与收益比例关系的调整，意在从制度安排上改变侵权成本过低、侵权行为泛滥的现象。(2)执行因素。制度的贯彻与施行，实际上是一个执法水平问题。在经济生活中，倘若法不依、执法不严、违法不究，侵权行为现象自然会滋生蔓延。这就是说，执法水平决定着侵权行为被追究率的高低。被追究率是指侵权行为受到法律惩罚的概率，它是影响侵权行为总成本的一个十分重要的变量。申言之，如果制度实施效果不好、执法水平不高，大量的侵权行为没有受到应有的惩罚，侵权行为的法定成本就会降低，从而对这一违法行为的总成本构成带来影响。可以这样认为，当前侵权行为的收益率与成功率居高，与制度难以有效执行不无关系。(3)技术因素。侵权知识产权行为多为新型的侵权行为。在现代信息社会中，这一侵权行为与具有智力创造性特征的知识产品的利用相联系，往往有相当的技术含量。一方面，由于新传播媒介、新信息技术的发展，使非法复制、仿冒、盗窃他人的知识产品，变得十分迅捷、便宜；另一方面，涉及利用知识产品的行为，大多技术手段高明，使权利者无力有效防范，因此这类侵权行为较一般侵权行为具有更大的隐蔽性。上述技术因素不仅使得侵权主体违法行为能力增强，同时，也使得侵权行为由于耗费资源所产生的必然成本大为降低。(4)观念因素。意识形态与制度安排、制裁违法行为一起，被视为是权利保护的重要途径。从诺思到贝尔等经济学家在其著述中都阐述了意识形态对于经济制度和对法律制度进行经济分析的作用。① 意识形态的主要作用是促进一些群体不再按照成本与收益的简单的享乐主义和个人的计算来行事。② 由于知识产权的保护尚未成为意识形态的主流，在知识产品的利用中就会刺激守法中机会主义行为的盛行，从而导致"法不责众"的群体违法效益。人们希望"搭便车"即可获益，而不愿支付必要成本而收益。

侵犯知识产权行为直接发生于社会精神产品的生产、消费过程之中。在法律实施效益不高的情况下，该类侵权行为的滋生与蔓延，会影响创造者生产、开发信息的积极性，从而导致整个社会福利水平的下降。对此，经济学的观点是调节有关产权交易及保护的成本与收益关系，促使理性的经济人放弃选择侵权以

① 道格拉斯·C. 诺思著：《经济史中的结构与变迁》，上海三联书店 1994 年版；加里·S. 贝尔著：《人类行为的经济分析》，上海三联书店 1993 年版。

② 刘茂林博士在《知识产权法的经济分析》一书中，谈到有关知识产权的意识形态，一要解释经济制度的合理性，使人们认识到一进行侵权行为在经济上是合算的；二要解释法律制度的合理性，使人们认识到关于专有权利的规定对于权利人与相对人都是合理的。

及其他违法行为。其具体思路如下：

第一，促进实现产权交易的合作博弈。产权交易有两个相互关联的效率目标，即最大化与均衡。最大化被看做每个经济个体的目标，即使效用达到最大，使利润达到最大；均衡是指每一方都同时达到最大目标而趋于持久存在的相互作用形式。① 均衡的具体表现是：每个人都想通过交易获得能提供最大满足欲望能力的物品组合，他们彼此之间就欲望的满足形成一定的价格，互相制约，逐步达到需求等于供给，从而出现价格不再变动而持久不变的情形。实现均衡的效益目标，关键在于采取产权交易的合作博弈。实证分析证明，如果谈判费用太高，双方不能缔结合同关系，就易发生侵权行为。正如前面所言，无形财产从产权界定到交易是一项复杂的经济活动，从而造成侵权行为认定和赔偿的困难。在知识产权市场不完善、机会主义盛行的情况下，产权纠纷诉诸法律往往带来过高的交易成本。张五常先生在谈到交易费用时说到，一个发明专利的买者，在算出该专利的收益现值后，他的律师很可能劝他把预算的收益减去2/3作为未来可能产生的官司费用。② 因此，解决知识产权纠纷的最佳途径是双方通过谈判达成协议来解决补偿问题。为此，国家应为相关产权交易的运作提供有效的"游戏规则"，健全产权交易市场，以减少交易成本。这是防范和减少侵权行为发生的重要的基础。

第二，科学设定侵权行为成本的结构及额度。侵权行为是一种具有社会危害性的违法行为。制止市场主体对侵权行为的个人选择，关键在于把握侵权行为的发生机制，抑制侵权行为"收益"大于成本的预期。侵权行为成本的设定应考虑三个方面的问题：一是削弱侵权人的违法行为能力，消除其从事违法行为的物质力量，从而提高侵权行为的必然成本，降低侵权行为可能带来的"收益"；二是科学估算侵权行为中必然成本、法定成本与非法利益之间的关系，即注意保持侵权行为的成本总和大于该行为所取得的"利益"，这是法定成本的最低限度；三是对某些特别严重的侵权行为，设定较高的法定成本，即以法律的形式加重对该类违法行为的惩罚，不让其有利可图。正如一些学者所指出的那样，设定侵权行为的成本，并非意味着要普遍提高对侵权行为的惩罚，走"重罚主义"的道路。③ 实践证明，严刑峻法并不能有效控制违法行为，反而会引发严重违法行为的发生。斯蒂格勒认为，"重刑罚的边际威慑是非常小的，甚至会适得其反。如

---

① ［美］罗伯特·考特、托罗斯·尤伦著：《法和经济学》，上海三联书店1994年版，第22页。

② 张五常著：《卖桔者言》，四川人民出版社1988年版。

③ 吕忠梅、刘大洪著：《经济法的法学与法经济学分析》，中国检察出版社1998年版，第369页。

果对犯有轻微伤害罪和谋杀罪的罪犯都处于死刑，那么刑罚对谋杀罪就没有边际威慑。如果对偷了5美元的小偷给予砍手之罚，他宁愿去偷5000美元”。[①]对于侵犯财产权行为的法定成本设定，其道理同样如此。

第三，强化侵权赔偿中举证责任的效率。侵权法的核心问题是侵权责任的界定。法学家认为，行为人是否承担责任，关键在于其是否尽到“合理注意”和“谨慎义务”。经济学家认为，遵循上述原则就要求行为人以最合理的成本来预防损害，以保护权利人的利益。什么是合理的预防成本，美国联邦法院法官汉德(Learned Hand)在“合众国诉卡罗尔拖轮公司”一案中提出了著名的“汉德原则”。[②] 该原则被归纳为一个责任方程公式：B < PL。B为预防事故的成本，PL为预期的事故成本，其中P为事故发生的概率，L为事故所造成损失。当预防事故的成本小于预期的事故成本时(即B < PL)，行为人应承担侵权责任；当预防事故的成本大于预期的事故所造成的损害时(即B > PL)，潜在肇事者对发生的事故不承担责任。汉德原则是过失侵权案件适用的基本规则。其后，波斯纳发展了这一理论，认为在行为人需负严格责任时，同样应考虑B < PL的经济后果。所不同的是，当B > PL时，人们情愿赔偿可能发生的事故损失费，而不愿花费预防成本，否则行为人损失更大。[③] 在侵权行为中，选择何种责任标准才有效率呢？对此，考特和尤伦指出，“如果预防是双方面的，即当事人双方都采取预防行为，以减少事故的严重性和可能性，那么，过失责任规则形式是合格的责任标准；如果预防是单方面的，即只有施害方可望采取行动以减少事故的概率及其严重性，那么，严格责任规则是合适的责任标准”。[④] 在传统的侵权法理论中，知识财产的侵权责任适用的是过失责任原则。从经济学的角度来看，对于损害应由双方当事人采取预防措施，对于过失则根据“汉德原则”进行客观的量化，这在知识产权制度建立之初无疑是有效率的。但是，在现代信息化社会，某些侵权损害由行为人单方面预防可能更为有效，这是由于：(1)行为人无偿利用他人知识产品，其侵权行为的必然成本较低，因此在市场中处于优势地位；(2)行为人采取预防措施所费的成本比生产者少，后者在知识产品公开后，收寻他人利用的信息、对他人使用的过错状况进行举证，往往要付相当的成本。为此，从效益原则

① 乔治·J. 斯蒂格勒：“法律实施的最佳条件”，载《法学译丛》1992年第2期。

② [美]罗伯特·考特、托罗斯·尤伦著：《法和经济学》，上海三联书店1994年版；张乃根著：《经济学分析法学》，上海三联书店1995年版；彭汉英著：《财产法的经济分析》，中国人民大学1997年博士学位论文。

③ [美]理查德·A. 波斯纳著：《法律之经济分析》，台湾“商务印书馆”1987年版。

④ [美]罗伯特·考特、托罗斯·尤伦著：《法和经济学》，上海三联书店1994年版，第596页。

出发，在侵犯知识产品领域，有必要对以往的责任原则进行修正，即补充适用过失推定责任或严格责任。具体而言，当某类严重的侵权损害发生后，应责令行为人首先举证，行为人通过抗辩事由说明 $B > PL$ 时，即证明无过失，可免除责任；如果无抗辩事由或事由不能成立，则推定行为人有过失。补充适用过失推定责任原则或严格责任原则，可以调整双方当事人预防事故发生的成本比例，提高侵权行为的被追究率，从而使侵权法的实施处于有效率的状态之中。

（2000年第4期）

网上传播国内一般作品应当适用“法定许可”

陶鑫良*

针对在我国网上传播作品能否适用“法定许可”这一问题,目前叠合着三方面的背景因素:一方面,以《保护文学艺术作品伯尔尼公约》等为代表的国际惯例要求传播他人作品应当得到著作权人的授权许可;另一方面,我国现行《著作权法》规定了在若干特定条件下传播他人作品可以适用“法定许可”,即只需向著作权人支付报酬而不必事先经著作权人授权同意;再一方面,为调和“授权许可”的国际惯例和“法定许可”的国内法律规定两者之冲突,当年在《中美知识产权谅解备忘录》阴影下,依据我国《民法通则》第142条的规定,形成了“内外有别,外优于内”的“超国民待遇”。我国目前在网上传播作品究竟应当规制为“授权许可”还是“法定许可”?笔者认为,首先应着眼于维护我国利益,同时必须考虑无悖于我国现行法律,衔接当前国际惯例。笔者认为在综合考虑上述因素的前提下,应将网络媒体视为报刊。我国当前对网上传播国内一般作品的规制应适用现行《著作权法》第32条第2款“报刊转载法定许可”规定,即无论是对于已在网络“媒体”上初始公开的,还是在传统报刊上首次发表的作品,“除著作权人声明不得转载、摘编的外,其他报刊可以转载或者作为文献、资料刊登,但应当按照规定向著作权人支付报酬”,即网上转载或摘编国内一般作品视同为“其他报刊”法定许可的转载或摘编。同时我国当前对网上传播外国作品的规制应适用《民法通则》第142条以及国务院《实施国际著作权条约的规定》的“授权许可”的规定,即“报刊转载外国作品,应当事先取得著作权人的授权;但是,转载有关政治、经济等社会问题的时事文章除外”,即网上转载或摘编除时事文章外的外国作品应当获得著作权人的授权许可。

* 作者单位:上海大学知识产权学院。

一 网上传播国内一般作品适用“法定许可”有利于维护我国利益

网络科技的出现,极大地改变了知识扩散、信息传播的速度与密度,网络资源和网络信息资源将是新世纪世界经济竞争的主要因素之一。“知识经济必然并且已经带来知识产权保护上全新的问题。而这些新的问题,又集中在网络的应用上。”①网上传播作品之法律适用就是网络环境下知识产权保护的重大新问题。网络一旦掌握了人群,就可能成为最富有活力和潜力的商业资源;人群一旦掌握了网络,就可能拥有最富有实力和威力的竞争力量。人群主要是通过文字语言去掌握网络和网络信息的。我国将会有越来越多的人掌握英文从而涉猎网上英文信息资源;但我国绝大多数人仍将主要使用中文并借此上网;在我国国内经贸、科技和文化活动中使用的语言文字,包括网上使用的语言文字仍然以中文为主,并将长期是中文。但是,据统计,在互联网络上的中文信息量迄今不及总量的千分之一,这一比例与我国拥有全世界五分之一的人口和近千万网民(我国网民数量还将继续与日俱增)的记录严重不对称,势必将严重影响我国发展,亟待迅速改变。因此,列入国家“863”高科技计划的“中国数字图书馆发展战略”与“中华文化信息网”重大项目已经实质性启动,正在北京图书馆等地开展试点工程。其中酝酿着将近几十年来的中文报、刊、书所载的信息送上互联网,以拓展中文信息资源,弘扬中华文化和振兴中华经济。好几十年的中文报、刊、书的累积是海量的文献、海量的信息;站在这海量的文献、海量的信息后面的是海量的作者、海量的著作权人;如要取得这海量的作者、海量的著作权人事前的“海量授权”和“海量许可”绝非易事,甚至是不可操作的。面对这几十年来浩如烟海、汗牛充栋的中文报、刊、书上的数以千百万计的“海量作者”,又如何能在茫茫人海中一一对号入座,一一请求授权许可呢?有人提出可加速建立著作权集体管理组织来代表“海量著作权人”进行授权许可,但著作权集体管理组织只能是“基于会员的委托,代作品著作权人行使有关权利,解决作品使用的许可和付酬问题”②的行纪组织,其进行授权许可的性质是授权范围内的再许可,其再许可的授权范围只能是著作权人已经委托的作品。著作权管理组织同样面对一

① 郑成思:“世界贸易组织与中国知识产权法”,载《中国法学》1999年第4期。

② 国家版权局:《关于同意成立中国文学作品著作权协会的批复》,国权〔2000〕第5号文(2000年2月29日)。

个“海量作品”的“海量许可”难题。如果坚持要求“授权许可”，那么尤其是对于国内近几十年来刊载在报刊上的、依法仍在著作权保护期间的这些最宝贵的、最需要交流的、最可能利用的海量的自然科学作品和社会科学作品、技术文献和艺术文献、科技信息和经济信息，都将因其不可操作的“海量许可”手续而无法上网，从而无法为我国各行各业所交流和利用；在互联网上的中文信息资源也将因此不能迅速增长，占世界人口五分之一的中国人面对互联网上仅占千分之一比例的中文信息资源的尴尬局面难以得到根本改变。所以，如果坚持国内作品上网必须全面适用“授权许可”，势必严重影响拓展网上中文信息资源，阻遏我国的科技、经济、文化的交流和发展，不利于维护我国整体利益和长远利益。同时，也会因此诱发与刺激盗版现象和侵权行为的滋长和蔓延，影响知识产权之保护。如果在网上传播国内一般作品（就是将适用《计算机软件保护条例》之“特别法”保护的计算机软件等特殊作品除外）适用“法定许可”的有关规定，那么，既保护甚至增加了著作权人因此而获得相应报酬的权益和机会，又能会聚政府与民间的各种力量迅速拓展网上中文信息资源，促进我国科技、经济、文化信息的传播与交流，还能有效阻遏盗版侵权，有利于营造保护知识产权的良好社会氛围，有利于维护我国国家利益，有益于增强我国综合国力。

二　网上传播国内一般作品适用“法定许可”无悖于我国现行法律规定

法定许可是指依法律直接规定使用他人已公开发表的作品只需付酬而不必先经著作权人授权同意。我国《著作权法》现行规定的法定许可实质上是“准法定许可”，全面的法定许可是使用者无论如何都不必经著作权人事先授权许可，只需付酬即可使用。“而我们的著作权法却规定了一个前提条件——作者声明保护权利者除外，这与国际上通行的法定许可就有较大差别，但它仍可以归纳入法定许可之列。”①我国现行《著作权法》规定了“报刊转载法定许可”、“营业性演出法定许可”、“制作录音制品法定许可”、“制作广播电视节目法定许可”共四种“法定许可”。

笔者认为，网上传播一般作品应当适用我国现行《著作权法》第32条第2款规定的“报刊转载法定许可”。“报刊转载法定许可”的适用条件在于：(1)转载

① 沈仁干：“关于对著作权的限制”，载《中华人民共和国著作权法讲析》，中国国际广播出版社1991年版。

及摘编的原有作品必须是已经在报刊上刊登发表过的。此处报刊仅指报纸及刊物,此外,即使在公开出版的书籍中刊登过的原有作品也不适用"报刊转载法定许可"。(2)著作权人并没有声明该作品不得转载、摘编。(3)转载、摘编者必须是其他报刊,并且转载、摘编的报刊必须向著作权人按规定支付报酬,并且注明作者及出处。

网上传播网络原创作品是否适用"报刊转载法定许可"的现行法律规定,这是当前争议焦点之一。譬如对于已在甲网站上初始刊登发表的原创作品,乙网站通过"从网至网"的途径将该作品转载刊登至本网站上向外传播,乙网站的这一行为是否适用"报刊转载法定许可"呢?这一问题的实质就是能否将在网络媒体上的刊登发表,视同为在传统报刊上的刊登发表?就是能否将其他网站"从网至网"或者"从网至纸"又"从纸至网"的转载、摘编视同于其他传统报刊的转载、摘编?一言蔽之,就是能否将网络服务商及其网站视同为我国现行《著作权法》意义上的报纸与期刊?

笔者认为,网络服务商及其网站应当视为我国现行《著作权法》意义上的报刊;在网站上初始刊登发表作品应当视为在我国《著作权法》意义的"报纸与期刊"上初始刊登发表作品;网络服务商及其网站转载、摘编其他网站上初始刊登发表的网络原创作品等同于传统报刊转载、摘编其他传统报刊上刊登发表的作品。只要转载、摘编作品的著作权人并未明确该作品"不得转载、摘编",并且转载、摘编的网络服务商及其网络向著作权人按规定支付报酬,同时在本网站转载、摘编的作品上注明作品出处及作者姓名,则这类网上传播作品行为应当依法适用"报刊转载法定许可"。

我国现行《著作权法》第32条规定的"报刊转载法定许可"为何只适用于报纸与期刊这类特定的出版物,而不能适用于书籍以及其他一般出版物?揣测当初立法之原意,之所以仅规定"报刊转载法定许可"而并没有进一步延伸到"书籍转载法定许可",这是因为报纸、期刊相对于书籍来说,是信息传播的"快车道"和"轻骑兵",具有信息传递快捷、及时、高效、组合、连续(定期或不定期地连续)的特点。那么,网络服务商及其网站的网上信息传播不正是更加增强了信息传递的这种快捷、及时、高效、组合、连续的特点吗?这样的网上传播作品为何不能视同为报刊传播作品呢?现在大多数人都已经认同,国家著作权主管部门和人民法院也都已确认"网上作品"也是受我国现行《著作权法》保护的作品,互联网上传播的原创作品和"二手"作品都仍在我国现行《著作权法》保护的羽翼之下,都认为作品仍是作品,只不过作品的载体发生了变化,从传统的纸质化载体变成了网络的数字化载体,而数字化载体上的作品依然受法律保护。国家版权局"国权〔1999〕45 号"文《关于制作数字化制品的著作权规定》第 2 条也已明确界定:"将已有作品制成数字化制品,不论已有作品以何种形式表现和固定,都属于《中华人民共和国著作权法》所称的复制行为。"若说将网上传播视为报刊传播是扩大解释,那么,将立法之初尚未涉及的"网上作品"认定为我国现行《著作权法》保护的作品,将立法之初尚未考虑的数字化复制等同于我国现行《著作权法》规定的传统型复制,岂不也属于同样的"扩张解释"吗? 反之,既然认为网上作品依然是受我国《著作权法》保护的作品,既然认同数字化复制行为是我国《著作权法》意义上的复制行为,那么,"网上报刊"为什么不能为我国现行《著作权法》层面上的"报刊"含义所包容呢?

我国现行《著作权法》的确没有明示其所称"作品"中包含了网络上的作品,没有明示其所称"报刊"中包含了网络上的报刊,因为立法伊始互联网还"藏在深闺人未识",还没有"飞入寻常百姓家";但我国的这部《著作权法》同样也从未明示,其所称"作品"排斥网络上的作品,其所指"报刊"不包括网上的报刊。从这一角度来看,我国现行《著作权法》中有关"法定许可"的概念并非封闭性概念。现行法律没有明文禁止的,只要符合立法本意和法条含义,就应当受到现行法律保护。对于现行法律的解释,不能仅拘泥于立法时的具体考虑和有限视野,而应当立足于立法本意和法条含义,应当具有包容性和动态性,应当容纳立法以后出现的既符合立法本意和法条含义的,又没有被现行法律规定明文禁止的新事物。在星驰斗转、日新月异的当今时代尤当如此。

因应知识经济,因应网络环境,法律的规定要有一定的前瞻性,而且要有一定的动态性和包容性。也许知识产权制度在这方面首当其冲,应当率先具备前瞻性、动态性和包容性。其实,这方面已有成例,如《保护文学艺术作品伯尔尼公约》第 9 条第 1 款就采用了这样的表述:"受本公约保护的文学艺术作品的作者,享有批准以任何方式和采取任何形式复制这些作品的专有权"。实质上其包容了立约伊始已经存在和今后可能产生的任何复制形式。又如美国《版权法》第 102 条述明:"(a)依据本版权法,对于固定于任何有形的表现媒介中的作者的独创作品予以版权保护,这种表现媒介包括现在已知的或以后发展的,通过这种媒介,作品可以被感知、复制或以其他方式传播,不论是直接或者借助于机器或装置。"第 101 条中还有对于机器、装置相对应的专用名词释义:"'装置'、'机器'或'方法'是指现在或以后发展的装置、机器或方法。"可见其法条含义包容了"现在已知的或以后发展的"任何表现媒介或任何装置、机器与方法。

至于另一方面,如果说报纸与期刊要经过有关部门批准,要有资质审批手续,那么这种管理及审批实际上是另一种行政管理法律关系,网络报刊也可以建立相应的行政管理规制。当然,网络报刊的行政管理规范不但应当体现报刊行政管理的共性,而且还应充分适应互联网及网络传播的个性,应当更为机动、更为宽松和更易操作。

三 网上传播国内一般作品适用"法定许可"无悖于衔接当前国际惯例

网上传播国内一般作品适用"法定许可",网上传播外国作品适用"授权许可"并没有相悖于WTO构架下以TRIPs协议为最低基准线的当代知识产权保护国际惯例和国际标准,也没有相悖于以尚未生效的WTO条约、WPPT条约为参照坐标系的将来知识产权保护国际标准与国际惯例。我国《民法通则》第142条规定:"涉外民事关系的法律适用……中华人民共和国缔结或者参加的国际条约同中华人民共和国的民事法律有不同规定的,适用国际条约的规定,但中华人民共和国声明保留的除外。"我国《民事诉讼法》第238条也相应规定:"中华人民共和国缔结或者参加的国际条约同本法有不同规定的,适用该国际条约的规定,但中华人民共和国声明保留的除外。"根据上述法律规定,目前在我国涉外知识产权民事关系的法律适用上,已经将我国缔结的、参加的双边条约或者多边条约转为我国国内法的一部分而直接适用。这一点并已为我国丰富的司法实践,包括知识产权保护的司法实践所体现和验证。所以,即使我国在报刊转载方面继续沿用对内"法定许可"和对外"授权许可"的双重标准,也是无悖于当今国际知识产权条约规定的"授权许可"之国际惯例的。

"法定许可使用是各国著作权法普遍推行的一种制度,其所涉及的权利项目包括表演权、录制权、广播权、汇编权等,但各国法律规定不尽一致。"①实际上,在包括诸多发达国家在内的世界各国的著作权法律制度中,不但广泛存在各自有关"法定许可"的规定,而且还多有我国现行《著作权法》并未涉及的"强制许可"制度:不管知识产权权利人是否同意,国家版权主管部门依据法律规定的条件与情由,将对已发表的作品进行特定使用的权利授予申请获得此项权利的申请者的强制制度。甚至《保护文学艺术作品伯尔尼公约》和《世界版权公约》中都有有关强制许可的条款。法定许可和强制许可,都不是著作权人的直接意定许可,实质上都是运用国家强制力实施的对著作权人权利的合理限制。从法

---

① 吴汉东等著:《西方诸国著作权制度比较研究》,中国政法大学出版社1998年版。

律经济学和法律社会学的角度来讲,知识产权保护存在一个悖论:知识产权究其实质是一种相对的垄断权利。“知识产权可能特别脆弱,当其脆弱时,对经济增长是有害的。同时,知识产权可能特别强大,这同样能抑制经济发展。”①一方面,如果不承认和保护智力成果完成人的知识产权,那么,作为科学技术智力成果与文化艺术智力成果的创造者要获得其智力劳动、智力创造的合理回报和要取得其创造的智力成果、智力信息的相应价值是十分困难、没有保障的,这时他们对发明创造、文艺创作的热情和积极性也是难以维持、难以再生的。另一方面,如果给予智力成果完成者以过度的知识产权保护,则作为垄断者的知识产权权利人有可能滥用其垄断性的权利,因谋取超额利润或者谋求不当效益而阻碍智力成果的推广应用和知识产权的正当行使,影响或者破坏智力成果和破坏知识资源的最优化配置和社会化利用。“没有合法的垄断就不会生产足够的信息,但是有了合法的垄断又不能使太多的信息被使用。”②应当注意依法兼顾社会公众的利益,注意有利于良性社会经济秩序的建立和维护。不应造成“遍地都是知识产权地雷阵,到处都有知识产权的高压线,一迈步就触雷,一举手准触电”的客观形势和社会效果。“过犹不及”,如果一味过于强调保护知识产权权利人的利益,而忽视社会公众利益,忽视社会经济秩序的良性运行,使社会公众举步维艰、无所适从、动辄得咎,其后果可能造成全面压抑智力创作和阻碍知识扩散,与知识产权保护之初衷南辕北辙。③ 而法定许可、强制许可和合理使用等正是合理限制知识产权权利人之权利,追求利益平衡前提下的智力成果资源最优化配置和智力成果创造活动可持续发展的离合器,也是保护发达国家相对历史优势和发展中国家合理发展空间的调节器。法定许可与强制许可制度也有利于和保障了知识产权权利人之效益。面对获取报纸、期刊上海量作品的著作权人之海量授权许可的不可操作性,网上传播其作品与其一味强调“授权许可”而作茧自缚、画饼充饥,倒不如合理选择“法定许可”而广种多收、得其实惠。徒法不足以自行,苛法更难以实行。对维护公共秩序和倡导善良风俗而言,与其制定一部保护水平高却没有可操作性的“空头”法律,倒不如实事求是、公正公平地制定一部保护水平适度但较有可操作性的法律;与其苛求于法但却盗版猖獗、侵权泛滥,倒不如立法适当而力求法出规成,令行禁止。

---

① 帕梅拉·萨姆森:“知识产权和经济发展:信息时代中国的机遇”,载《面向21世纪知识产权保护制度国际研讨会论文集》,中国知识产权研究会和美国知识产权法律协会主办,1998年。

② 吴汉东:“关于知识产权基本制度的经济学思考”,载《法学》2000年第4期。

③ 陶鑫良:“知识经济时代的知识产权保护”,载《面向21世纪知识产权保护制度国际研讨会论文集》,中国知识产权研究会和美国知识产权法律协会主办,1998年。

从长远来看，网上传播一般作品的全面法定许可制度应当成为并且有可能成为今后世界通用的“交通规则”和新的国际惯例，这是由网络科学背景与技术条件下信息扩散与传播的新特点决定的。① 在这一点上，或许并不是中国应当向现行的“国际惯例”看齐，而是整个世界应当趋同建立全球性的网上传播一般作品的“法定许可”新国际惯例。

争取使网上传播一般作品（尤其是文字作品）适用“法定许可”成为一种新的国际惯例是有可能的，或者说是可行的。强权规则下合理妥协的可能性是存在的，对于发达国家来说，也必须考虑“授权许可”的可操作性和发展中国家的忍受力之极限。如果几无可操作性的“授权许可”制度形同虚设，只能引发盗版猖獗与侵权严重，甚至引爆发展中国家的强劲反弹和对抗。那么，发达国家一味坚持“授权许可”岂非是买椟还珠、饮鸩止渴，很可能成为杀鸡取卵、竭泽而渔。所以，网上传播作品适用“法定许可”不但有利于发展中国家，也有利于发达国家；不但是利益平衡，也是利益趋同。一方面，网上传播一般作品适用“授权许可”具有不可操作性，并且其如果强行实施极易引发大面积的破坏性对抗行为。另一方面，发达国家及其企业和发展中国家及其企业之间在解决国际知识产权贸易冲突中达成此类妥协的可能性是存在的。发展中国家与发达国家之间曾经有在为教育目的而翻译、复制作品的“强制许可”方面达成妥协的先例，那也完全有可能在网上传播一般作品方面达成适用“法定许可”的妥协和谅解，形成发展中国家与发达国家都认同的，人类在新世纪进程中利益平衡、利益协调、利益趋同的合理方向和优化方案之一的新国际惯例。从根本上讲，这一新的国际惯例的形成和成形不但有利于发展中国家的加速发展，而且有利于发达国家的持续发展，应该并且有可能发展成为新的国际“交通规则”和“游戏规则”。

（2000年第8期）

① 陶鑫良：“网络环境下的知识产权保护利益平衡思考”，载《知识产权》1999年第6期。

2001年

论信用权

吴汉东*

经营性资信,泛指民事主体在经营活动中所具有的经营资格、经营优势、经营信誉等经济能力。在市场经济的条件下,资信利益从精神价值向财产价值不断扩张,成为一种与创造性成果权、识别性标记权相联系而又有区别的新型无形财产权。

一、信用:偿债能力的社会评价

就一般意义而言,信用有两种含义,一是以诚信任用人,信任使用。《左传·宣公十二年》记载:"其君能下人,必能信用其民矣。"二是遵守诺言,实践成约,从而取得别人对他人的信任。《论语·学而》写道:"与朋友交而不信乎?"①在古、现代汉语中,信用的第二义即诚实、不欺,与本文所述及的信用权有所关联。

在法律意义上使用信用一词,最早可以追溯到罗马法。拉丁文 Fides,有信任、信义、诚实的含义。在罗马法中,Fides 表示"他人会给自己以保护或某种保障,它既可以涉及从属关系,也可以涉及平等关系。"②罗马人所创设的信用一词与其民事主体制度密切相关。罗马法的人格制度,以自由权、市民权和家族权作为民事主体的完全资格。人格可能发生变更,即丧失一部分或全部权利,或丧失某种权利而取得另一种权利;也可能发生减损,即在保全权利的前提下使一个人的能力受到限制。在"名誉减损"(existimationis minutio)中,凡作伪证的、证人事后拒作证明的以及用文字侮辱他人的,要受到"无信用"(intestabilis)的制裁,即被宣告为"无信用"人,丧失作证人或请他人为自己做证人的资格。③ 在古代德国,信用则用于交易活动的誓约中。最初,人们常常以"In treu"(于诚实)的名

---

* 作者单位:中南政法学院(现中南财经政法大学)。

① 《辞海》,上海辞书出版社 1979 年版,第 247 页。

② [意]朱塞佩·格罗素著:《罗马法史》,黄风译,中国政法大学出版社 1994 年版,第 234 页。

③ 周枏著:《罗马法原论》(上),商务印书馆 1994 年版,第 115 页;江平等著:《罗马法基础》,中国政法大学出版社 1987 年版,第 56 页。

义强制交易对方作誓。后来为了求得更加可靠，在诚实之外加“Glauben”（信用）一词为誓言，以确保契约义务的履行。① 从汉文本意来说，1947 年日本民法所确立的“信义则”（即信义诚实原则）中的“信义”与我国法学著作中所称的“信用”最相类似。在日本法中，“信义则”本来是对债务人履行义务的单方面准则，以后逐渐成为债权人与债务人双方均须遵循的共同准则，1947 年民法将它提升为关于权利义务的普遍指导原则。诸如“翻供”（违反诺言）或禁反言的法理、权利失效原则、情事变更原则都导源于“信义则”。② 上述法律文件在述及信用时，多是从“守信”、“诚信”等一般意义上阐释的。

在英美法系国家，信用被称为 Credit，或 Trust、Reliance。《牛津法律大辞典》将其解释为：“为得到或提供货物或服务后并不立即而是允诺在将来付给报酬的做法。”“一方是否通过信贷与另一方做交易，取决于他对债务人的特点、偿还能力和提供的担保的估计”。③ 美国《布莱克法律词典》从法学、会计学、财税学等多方面阐述了 Credit 的基本含义，其中主要有两种：一是指商家或个人贷款或取得货物的“能力”（ability）。这是依据美国福特总统的政令所作的解释。二是指债权人赋予债务人延期支付或承担债务且缓期偿还的“权利”（right）。④ 上述说法表明，信用与赊购、信贷等交易活动有关，是当事人特殊经济能力的表现；同时，信用也是一种经济上的信赖，来源于债权人对对方当事人的评价。

我国法学界对信用的诠释与英美法系国家的相关学说不同，其代表性观点有以下几种：(1)信用是在社会上与其经济能力相应的经济评价；⑤(2)信用应指一般人对于当事人自我经济评价的信赖性，亦称信誉；⑥(3)信用是指民事主体所具有的经济能力在社会上获得的相应的信赖与评价。⑦ 上述理论有两个明显特征：第一，信用的主要因素泛指民事主体的一般经济能力，包括经济状况、生产能力、产品质量、偿付债务能力、履约态度、诚实守信的程度，等等。从其实际内容来看，这里的信用即民事主体经济方面的综合能力，实质上是指商誉。⑧ 第

---

① 徐国栋：“民法基本原则研究”，中国社会科学院 1991 年博士学位论文。

② 邓曾甲著：《日本民法概论》，法律出版社 1995 年版，第 9 页。

③ [英]戴维·M. 沃克主编：《牛津法律大辞典》，光明日报出版社 1989 年版，第 225 页。

④ Black's Law Dictionary (Fifth Edition), West Publishing Co. ,1979, p. 331.

⑤ 王利明主编：《民法·侵权行为法》，中国人民大学出版社 1993 年版，第 299 页。

⑥ 张俊浩主编：《民法学原理》，中国政法大学出版社 1991 年版，第 158 页。

⑦ 杨立新著：《人身权法》，中国检察出版社 1996 年版，第 638 页。

⑧ 我国台湾地区学者史尚宽先生在《债法总论》（台湾 1978 年版）所述之信用，从其内容来看，实为目前学界所指之商誉。王利明教授、杨立新教授、张俊浩教授等人的著述，循史尚宽先生所言，将商誉指称为信用。

二，信用的基本属性归类于人格利益，因此信用应是一般人格权的客体。多数学者将信用利益看做非财产利益；有的学者虽承认信用利益包含精神利益与财产利益，但后者并非直接的财产利益。信用仅在具体的经济活动中能够转化为财产利益，或在侵权损害中发生财产后果。

我国经济学界关于信用的说法与英美法系国家的法学理论有相似之处。一般认为，信用乃是以偿还和付息为条件的价值运动的一种特殊形式，主要体现在货币的借贷和商品交易的赊销或预付两个方面。① 详言之，信用行为发生时，授信人提供一定的价值物，经过一定的时间后，受信人予以偿还并结束信用关系。② 在经济学理论中，信用所涉及的民事主体的能力，不是一般性、综合性的经济能力，而专指以偿债能力为主要内容的特殊经济能力。这种能力与民事主体的政治态度和一般道德品质不同，也与民事主体的生产经营能力、服务态度、人事或人际关系等其他经济能力无关。

基于上述分析，笔者认为，法律上的信用是指民事主体所具有的偿付债务的能力在社会上获得的相应的信赖和评价。信用的基本特征可从以下三个方面来认识：第一，信用为一般民事主体所享有。在经济学理论中，信用主体有商业信用、银行信用、国家信用、个人信用之分；③而依法学理论来看，凡民事主体皆有信用，包括自然人与法人，乃至个体工商户、承包户、合伙以及国家等。第二，信用源于民事主体自身的偿债能力。在信用关系中，授信人采取信用形式贷出货币或赊销商品，受信人则遵守信用诺言按期偿还款项并支付利息。当事人的资金实力、兑付能力、结算信誉等特殊经济能力即是产生信用的主观要件。第三，信用表现为对民事主体经济信赖的社会评价。信用的客观表现是一种评价，这种评价是社会公众的评价，而不是当事人的自我经济评价；这种评价是对特定主体经济信赖的客观评价，它可能是但不一定是肯定性的社会评价。换言之，信用包含褒义的信誉（良好信用），但也包括一般意义的信用。④ 对上述特殊经济能力的社会评价是信用产生的客观因素。

关于信用的法律属性，目前的法学著述尚未予以注意。笔者认为，信用不是一种人格利益，而应归类于无形财产的范畴，其理由如下：（1）信用是特定民事

---

① 黄运武主编：《市场经济大辞典》，武汉大学出版社1993年版，第458页。

② 何盛明主编：《财经大辞典》，中国财经出版社1990年版，第452页。

③ 美国信用评估机构将信用分为三级（即ABC）九等（AAA、AA、A，BBB、BB、B和CCC、CC、C）。其中，AAA代表信用最好，C则表示信用最低。

④ 杨众先："商誉和其他无形资产"，载杨时展主编：《中华会计思想宝库》（第1辑），中国财政经济出版社1992年版，第23页。

主体的财产利益。财产的性质表现为一定的经济利益，对于民事主体而言，信用作为影响当事人获得一定交易利益的特殊经济能力，其价值在于通过信用交换的形式获得对等的交换价值。例如，在商品市场中使暂时没钱的人可以买东西，暂时没货的可以卖东西（商业信用）；在资金市场中，则可采取票据贴现、抵押贷款、信用贷款等（银行信用）。可见，信用使得民事主体在扩大资金规模方面享有优异之利益，亦可致其收益能力增加。① 因此其本身即是具有经济价值的财产。（2）信用是一种没有物质形态的无形财产利益。财产的本质在于其内容的经济利益性，而不问其表现形态如何。信用是关于经济信赖的一种社会评价，反映的是特定主体的特殊经济能力。它虽然具有财产意义，但不具有最终的物质产品形态。信用或是与商誉一起作为特殊价值形态的财产被列入企业会计表中的无形资产类别，或是通过专门的评估机构用科学的评估方法加以量化。（3）信用主要是以汇票、信用证、资信文件为载体的财产利益。信用是一种关于经济信赖的社会评价，它存在于商品交换与商业贸易之中，因此必须通过一定的形式表现出来，为当事人各方所认识、接受。在一般商业交易中，信用的代表是汇票，即一种有一定支付期限的债券，或说是一种延期支付的证书。② 在进出口贸易中，信用的代表是信用证，即是进口商的代理银行为进口商提供自身的信用，保证承付出口商开给进口商有关票据的证书。③ 而在其他经济活动中，有关信用则表现为权威机构或评估机构开具的资信文件。

在无形财产体系中，信用与商誉有着密切的联系，但同时又有着明显的区别，从广义上的商誉来说，信用是商誉的组成部分，没有良好资信的企业不会树立良好的商誉。④ 杨众先博士早在20世纪初期曾论述了“商誉与企业信用之关系”，认为信用可使企业之收益能力增加，因此种收益能力增加所生之资产价值，亦可谓之理财上之商誉。⑤ 但是，在无形财产类别中对信用与商誉加以区别是有意义的。与商誉不同，信用的主体不限于商法人，它包括自然人、法人以致国家在内的一切民事主体；信用的来源不一定是积极的社会评价，而是关于主体偿付能力的客观的一般性评价；信用的表现形式与商标、商品并无直接联系，其

① 杨众先：“商誉和其他无形资产”，载杨时展主编：《中华会计思想宝库》（第1辑），中国财政经济出版社1992年版，第23页。

② ［德］马克思著：《资本论》，（第3卷），第425页。

③ 郭来舜等编著：《信用证贸易实务》，香港万里书店1989年版，第7页。

④ 长佳：“商标、商誉价值创立、开发之浅见”，载《扬州大学商学院学报》1996年第10期。

⑤ 杨时展主编：《中华会计思想宝库》（第1辑），中国财政经济出版社1992年版，第23～24页。

载体主要是汇票、信用证、资信文件等。就现有的立法例而言,一些国家已对信用与商誉作了明确的区分,并采取不同的权利保护形式。在德国,信用被称为 Der kredit,而商誉则叫做 Das wohlwollen,这两个法律术语在相关法律文献中有着不同的含义。该国《民法典》第 824 条确认了信用权:"违背真相主张或传播适于妨害他人的信用或对他人的生计或前途造成其他不利益的事实的人,即使其虽不明知但应知不真实,仍应向他人赔偿由此而发生的损害"。① 根据该条规定,信用的权利主体与侵权主体涵盖一切民事主体。而该国《反不正当竞争法》第 15 条规定了商誉权的保护:"对他人的营利业务、企业主或领导人本人、他人的商品或工业给付恶意主张或传布构成损害商事企业的违背真实的事实者,应被科以最高为 1 年之徒刑或罚款。"②可见,商誉的权利主体与侵权主体构成竞争关系,即同为市场竞争活动中的生产经营者。

在人格利益范畴中,信用曾与名誉有着相同的人格属性。在古代罗马法中,信用是主体人格的重要内容。一个人的名声,包括名誉、信用等,是其在法律上具有完全人格的一个重要方面,污名(不名誉)、无信用都会给民事主体的权利能力带来影响;同时,信用与名誉同属于精神利益的范畴,这种精神性的人格利益与包括身体、健康、生命在内的器质性的人格利益,是一个完全独立的民事主体必然同时拥有的。但在现代法的框架下,信用已逐渐从人格利益转化为财产利益。首先,现代信用往往是以财产为基础。对于民事主体而言,其信用状况与他所拥有的财产、资本密切相关联,资金实力、偿债实力成为衡量其信用等级的尺度。其次,现代信用总是以财产信用为主旨。在现代商业实践中,起决定作用的是财产信用而不是人格信用,诸如人的担保(即保证),固然要考虑保证人的人品,但关键要考虑其财产状况。③ 正是由于上述原因,信用中的财产因素、财产价值、财产后果等使原有人格利益内容退居到次要的地位。不难看出,信用与名誉虽同为有关民事主体的社会评价,信用的优劣与名誉的好坏亦须臾难分,但在市场经济的条件下,现代信用在保留某些人格品性的同时,已日益显现出其重要的财产意义。

---

① 《德国民法典》,杜景林等译,中国政法大学出版社 1999 年版。

② 张德霖:"竞争与反不正当竞争",载人民日报出版社 1994 年版,第 221 页。

③ 相对于物的担保而信,保证在一定意义上说,是以人身信用为基础的。但实际上,保证的建立与存续,当然不能游离于财产关系而单纯寄托在人身信用方面。质言之,人的担保也是财产性的。参见董开军:《债权担保》,黑龙江人民出版社 1995 年版,第 71 页。

二、信用权:资信利益的法权形态

信用权是民事主体对其所具有的偿债能力在社会上获得的相应信赖与评价享有的利用、保有和维护的权利。该项权利的客体即信用利益属于一种无形财产。一般认为,无形财产"与那种属于物理的产物的无体财产(如电气)、与那种属于权利的无形财产(如抵押权、商标权)不同",①此处的信用是人的资信活动的产物。因此,信用权是一种特殊的民事权利。

信用虽是基于对手交易所形成的资信评价,但信用权却是一种与相对权相区别的绝对权。我们知道,信用交易发生在债权人与债务人之间,一般与第三人无涉;资信评价作为一种社会评价,亦可能包括当事人一方对对方的评价。但是,信用权不是给付请求权,不是非排他性的相对权,质言之,我们不能将其归类于合同债权。这是因为,第一,信用权是对资信利益直接支配的权利。民事主体享有这一权利,有助于其扩大资金运作规模,增强交易和收益能力。就某一资信利益来说,其支配不需要他人的给付配合,他人亦不得为同样的支配行为。第二,信用权是一种可以向任何人主张资信利益的对世权。它具有类似物权的独占性、排他性的基本特征,可以对抗除权利人以外的任何人。"信用总是资金或商品的一种有条件的让渡"。② 在这种以偿还和付息为条件的特殊债权债务关系中,其合同的成立与履行都是以信用为基础的。倘若其他人违背事实真相,贬损当事人一方的信用,致使合同关系不能成就,则可能发生侵权损害。不过,受害人不是以自己的债权而是以其信用权来对抗第三人。

资信利益虽是权利主体直接支配的客体,但信用权却是一种与所有权、知识产权相区别的无形财产权。信用权具有独占权的特点,类似于物权中的所有权、知识产权的著作权、商标权等。在这个意义上,我们可以将上述权利看做一种物的或知识的"所有权"。但是,信用权的客体是一种资信利益,不是客观的物质对象。因此,信用权与所有权固然都具有财产权属性,但前者是无形财产权,后者是有形财产权。此外,信用权与著作权、商标权等知识产权也有不同。知识产权基于其客体的差异,概括地分为两类:一类是创造性成果权,如著作权、专利权,其客体是人的智力活动的产物;另一类是经营性标记权,如商标权、商号权,其客体是人的生产经营活动的产物。信用权的客体即资信利益属于人的资信交

---

① 谢怀栻:"论民事权利体系",载《法学研究》1996年第2期。

② 王汉强等编著:《商业信用与商业汇票》,中国财政经济出版社1986年版,第3页。

易活动的产物，与智力成果及经营标记一样都具有非物质性。虽然，在传统上信用权不能归类于知识产权，但是我们可根据其客体的基本属性，将其看做一种无形财产权。

信用虽然与特定主体的人身相联系，但信用权却是一种与传统人格权相区别的混合性权利。信用具有专属性，它是特定主体的特殊经济能力的社会评价，因此其权利形态具有人格权的某些属性。信用权的非财产性表明，信誉是民事主体特殊人格形象的表现，既不能抛弃民事主体而独立存在，又不能离开民事主体而分割转让。但是，信用权不属于名称权、名誉权、荣誉权等传统的人格权，而是一种从一般人格权中分离出来的新型民事权利。如果基于民事权利体系的财产权与非财产权的"两分法"理论，信用权可以说是介于上述两类权利之间的"混合型权利"；[①]如果在财产权的架构内将资信类权利与物权、知识产权并列，信用权可以说是新型的财产权。

信用权与上述各种权利的区别，是以权利客体为标准进行分类的。[②] 如果根据"两分法"的理论，民事权利可以最概括地分为财产权与非财产权，财产权又可以分为两类：一类为有形财产权（以所有权为核心）；另一类为无形财产权（以知识产权为核心）。信用权属于一种特殊的无形财产权，具有与知识产权类似的某些特征，但又不能归类于传统的知识产权体系。与著作权、专利权、商标权等相比较而言，信用权具有以下一些显著特征：

1. 非恒定的独占效力。信用权不是一成不变的，其保护范围无法加以确定，它随着民事主体生产经营活动的好坏始终处于不断的优劣变化之中。它既不能像所有权那样基于其有形标的物来设定本权与他权的界限，也不能如同知识产权通过注册登记对其效力范围加以界定。与所有权、知识产权不同，信用权独占效力的非确定性特点表明：信用不是简单地一次或多次产生经济效益（所有权客体如物质产品的一次性出售，知识产权客体如技术产品的多次性使用），而是经常性持续不断地产生效益，并且这种效益具有可变性。民事权利的内容也就是受保护的利益，在经济因素、道德因素以及其他社会因素的作用下，特定主体的信用肯定会发生一些变化，在这种情况下，其独占权效力范围就不可能具有永久的确定性。

2. 相对的排他效力。信用权不具有知识产权的地域性特征，不能像专利

① 谢怀栻："论民事权利体系"，载《法学研究》1996年第2期。

② 关于以客体作为权利分类的理论，可参见彭万林主编：《民法学》，中国政法大学出版社1994年版，第47页。

权、商标权那样在授予该项权利的一国范围内享有排他效力。但是,受到法律保护的利益才能成为权利,信用权概莫能外。信用权虽无一国之地域效力,但其排他性可从以下两个方面来认识:一是信用权在特定民事主体所属的行政区域或行业内受到保护;二是信用权在特定民事主体发生生产经营活动或其他经济活动的地区或行业内具有排他效力。在这个意义上,我们可以说,信用权是一种相对的绝对权。①

3. 无期限的存续效力。信用权具有一般人格权的某种属性,即无法定的保护期。从权利的产生来看,信用权与民事主体的人身具有不可分离性,自其从事经济活动时即可产生,因此权利的取得概为原始取得;从权利的转让来看,信用权与附随的民事主体相联系,即信用权与特定企业不能分割转让,也就是说,在受让某一企业时,该企业信用权可能随之移转,在这个时候才会发生继受取得;从权利的消灭来看,信用权与特定民事主体共存亡,一旦自然人死亡或法人终止,其信用权也将不复存在。

信用权的内容,是依据权利所支配的客体即资信利益所决定的。其具体权项有下列几种:(1)资信利益的利用权。这是权利主体对其资信利益进行使用与支配的权利。信用评价是一种对民事主体偿债能力的客观社会评价,当事人不能以自己的主观力量去干预以至操纵社会评价,但对基于这种社会评价形成的资信利益却能够进行利用或支配。例如,利用自己良好的信用,使对方对自己的偿债能力产生信赖,有助于赊购商品、贷入资金等,从而获得更多、更好的财产利益。(2)资信利益的保有权。这是权利主体维持其资信评价完整性的权利。信用是权利主体主观的经济能力与客观的社会评价相结合的产物。当事人虽然不能使用超经济的力量去强迫社会改变对自己的评价,但却可以通过自己的努力以增强其偿债能力,从而取信于交易对方与社会公众。保有权行使的结果:一是使民事主体保持自己的信用不降低、不丧失;二是使民事主体的信用形象保持完整,社会公众的信赖感不断增强。(3)资信利益的维护权。这是权利主体保护其资信评价公正性的权利。排除他人非法侵害以维系社会的公正评价和应有信赖,即一种禁止权,这可以视为信用权中最重要的内容。如果说,保有权涉及的是权利主体对自己的信用采取的主观态度,是权利主体"可以为"的行为范围;那么,维护权则直指义务主体为维护自己的信用应有的要求,是义务主体"不可以为"的行为尺度。维护权的意义在于:民事主体有权维护其资信利益,

① 有学者曾将商号权称为"相对的绝对权",以区别于其他工业产权。参见张国键著:《商事法论》,台湾三民书局股份有限公司1980年版,第102页。

要求他人对其偿债能力进行客观而公正的评价，对其信用给予应有的尊重并负有不得侵害信用权的不作为义务；民事主体有权排除他人非法侵害信用权的行为，即要求司法机关对侵权行为人进行民事制裁，救济自己的信用损害，维护其资信评价的客观性和公正性。

信用权是受到法律保护的资信利益。如同其他民事权利一样，信用权不是绝对的，而要受到法律的某种限制。在无形财产权体系中，对创造性成果权的限制，其目的在于防止权利人滥用其著作权或专利权，协调个人利益与社会利益的关系，促进科学技术的进步和文化的繁荣；对经营性标记权的限制，其目的在于维护市场公平竞争秩序，防止权利人滥用其商标权或商号权，避免将通用标记作为私权标的利用；而对信用权的限制，其目的在于限制权利人行使资信类权利的范围，防止其"用而无信"、"用滥信失"而损害他人的合法利益。信用权的限制，并非是对权利享有的限制，而主要表现为对权利行使的限制。防止信用权的滥用，法律一般采取以下几种措施：第一，规范信用活动。信用活动应奉行诚实信用原则，避免信用危机发生。信用交易涉及信用授受双方，债权人一方有权利在一定时期内收回其暂时转让的价值并获得报酬，债务人一方有义务在约定的时间内偿还价值并付出代价。① 对此，应通过合同的形式明确双方当事人的权利义务，杜绝"欠债有理、欠债有利"的不合理预期的出现。第二，推行信用工具。信用工具是授信人与受信人双方确定的债权债务关系的载体，其中最有代表性的信用工具和支付工具当属票据。信用活动的票据化有助于防范"口头协议"、"白条凭证"或"挂账承诺"等非正规信用形式的出现。② 信用活动的票据化既涉及企业的出票、兑现、保证等行为，也涉及银行的承兑、贴现等业务。对此类票据行为必须通过专门立法加以规范。第三，建立资信评估制度。民事主体的资信固然是社会公众对其特殊经济能力的信赖和评价，但这种评价应该具有客观性、公正性，而不能带有主观随意和偏见。由于当前经济生活存在信用关系的危机，整个社会信用意识十分淡薄，③因此应建立资信评估制度，包括设立资信评估机构、制定资信评估规范、明确虚假资信的法律责任等。对重大信用活动提供相关资信证明，可以使特定主体的特殊经济能力的社会评价，不仅具有客观性、公正性，而且具有相当的权威性。合法评估机构的资信评估，既是权利人维护自己正当利益的前提，也是其他人了解当事人信用状况的依据。

---

① 何盛明主编：《财经大辞典》，中国财经出版社 1990 年版，第 452 页。

② 江春："我国的商业信用及商业票据中的产权问题"，载《山东金融》1998 年第 4 期。

③ 孟学峰等："浅论经济信用关系的重新构造"，载《银行与企业》1997 年第 1 期。

三、信用权的法律保护:制度选择

关于信用权的保护,目前立法例上尚无通行的做法。有的国家不承认信用为权利,仅将其作为其他法律如刑法所保护之法益,因此以违反刑法保护规定为由,来规制对信用的侵权行为。[①] 有的国家虽然将信用视为权利,但在法律保护上采取了两种不同的方式:

一是间接保护方式。多数国家采取这一立法例,即将侵害信用的行为,确认为侵害商誉权,对权利主体的信用利益进行间接法律保护。这些国家在广义的商誉权名目下,涵盖了信用、信誉等特殊标的,并将其规定在反不正当竞争法之中。例如匈牙利《禁止不正当竞争法》规定:"禁止以制造或散布虚伪事实,或对真实事件进行歪曲,或通过其他行为破坏或者危害竞争者的名声或信誉"。[②] 我国《反不正当竞争法》规定:"经营者不得捏造、散布虚伪事实,损害竞争对手的商业信誉、商品声誉。"上述规定的立法基点在于,将诋毁包括信用在内的商业信誉的行为,看做侵害法人名誉权行为在市场经营领域中的特殊表现形式。其特点有二:第一,所谓商业信誉的权利,实为广义之商誉权,信用权仅为其权项内容的组成部分。与权利本体的宽泛性相反,权利主体则表现为一定的局限性,即商业信誉的权利人仅限于商事主体。换言之,一般民事主体如公民或其他法人,不能享有此类权利。第二,权利人与义务人须有竞争关系,或者说,受害人与侵权行为人须为竞争对手。因此诋毁他人商业信誉行为,有着其不正当竞争的目的,即降低社会公众对竞争对手的评价与信赖程度,从而减弱竞争对手的竞争实力,以谋取不正当的利益。

二是直接保护方式。有的国家采取民事立法的体例,对侵害信用权的行为,直接确认其侵权民事责任。换言之,即规定信用权为一项独立的民事权利,并明确侵犯这一权利的法律后果。德国《民法典》在题为"侵权行为"的第 25 节中规定有各类侵权行为。其中第 283 条规定:"故意或因过失不法侵害他人的生命、身体、健康、自由、所有权有或其他权利的人,对他人负有赔偿由此而发生的损害的义务"。该条说明,"侵权行为"一节所涉及的各种法益(包括信用),均被视为权利形态。第 824 条规定:"违背真相主张或传播适于妨害他人的信用或对他人

① 史尚宽先生在考察德国立法例时,对名誉之侵害曾作出类似分析。参见史尚宽著:《债法总论》,台湾 1978 年版,第 146 页。

② 孙琬钟主编:《反不正当竞争法实用全书》,中国法律年鉴社 1993 年版,第 45 页。

的生计或前途造成其他不利益的事实的人,即使其虽不明知但应知不真实,仍应向他人赔偿由此而发生的损害。”这一条款将信用权作为一项独立权利加以保护,显然有别于商誉权。其理由如下:第一,享有信用利益的权利主体,无主体资格限制,凡民事主体皆可成为信用权主体;第二,信用权的内容乃一般资信利益,无特定标的指向,即不限于是商业上的信誉;第三,侵权行为人与受害人无竞争对手关系,其行为目的在于妨害对方当事人的信用,造成其生计或前途等方面的不利益,并非是破坏对方竞争实力而谋取不正当利益。由此可见,上述侵权行为的构成要件不适用于侵害商誉权的情形,因此该条应属于有关信用权保护的规定。

上述两种保护形式适用不同的法律规定,有着不同的法律后果,反映了各国对资信利益的权利形态所采取的不同立法取向。笔者认为,对信用权以直接保护方式为宜,其理由如下:

1. 信用是一种重要的资信利益,在现代商品经济条件下迫切需要相应的权利保护。在当今社会,只要存在商品交换,就会有信用活动发生,而与信用活动有关的资信利益,是主体所享有的一种重要的无形的财产,随着市场经济的发展与人们权利观念的进化,有必要将这种资信利益从一般人格利益中分离出来,并最终与同此相关联的商誉利益相区别,即赋予其独立的财产形式并给予特别的法律保护。

2. 信用主体是一个广泛的民事主体范畴,信用活动的主体必然会成为民事权利的主体。在信用活动中,根据信用主体的不同,可以分为商业信用、银行信用、国家信用、民间信用等。在信用关系中,主体是能动的活的要素,诸如赊购、预付等信用活动都必须通过主体的行为才能实现。因此,法律既要规范他们的信用行为,又要保护他们的信用利益。如果将资信利益的权利主体,限定为商事主体或企业法人,则势必造成其他主体的资信利益无从保护的盲区。在各种信用活动中都存在资信利益主体的情况下,法律仅承认部分利益为受到权利保护的法益,而将其他利益置于无权利状态的真空,这种做法是有悖于民法的平等精神的。

3. 信用关系基于债权债务关系而产生,其设定的权利不对第三人产生约束力,但信用关系当事人所享有的资信利益应得到其他人的尊重。具言之,授信人与受信人之间所发生的赊购、预付等债的关系,其债权是针对相对人的请求权,而授信人或受信人对于自己的资信所享有的权利,是一种可以向任何人提出主张的对世权。这即是说,资信权利的主体可以像所有权人、人格权人一样,有权排除除主体以外的其他人(包括自然人与法人)的非法侵害。如果将侵权行为人限定为有竞争关系的经营者，这无异于宣布其他侵权行为为合法行为，这必然导致对信用利益保护不周的有害后果。

综上所述，我国目前适用竞争法对信用权采取间接保护的方式，并非是完备的信用权保护制度。随着信用活动在市场经济中的地位不断提升，信用利益已成为人们所重视的一种无形财产，因此，我们有必要在民事立法中确认信用权的独立地位，采取直接保护的方式维护民事主体的信用利益。

资信利益涉及信用权主体的特殊经济利益。对信用权的侵害往往影响他人对受害人的信赖程度与有关其经济能力的评价结果，从而造成信用权主体的不利益。侵害信用权的行为是一种特殊的侵权行为，参照国外相关立法的规定，我们可将这一行为定义如下：以捏造、散布虚伪事实等不正当手段，损害他人资信的行为。依照侵权民事责任构成要件的理论，认定侵犯信用权应考虑以下几个问题：

第一，违法行为。侵害信用权的违法行为，是有损于他人的合法资信利益的行为。从违法行为的内容来说，是对权利主体特殊经济能力（包括其资金实力、兑付能力、结算信誉等状况）发表虚假或不当的说法。其违法行为的表现形式，或者是一种贬损行为，即凭空捏造或散布有关他人信用的与真实情况不符的虚假之词；或者是一种误导行为，即不公正、不准确地陈述某些客观事实，对他人的信用状况施加了不当影响。基于上述违法行为的内容及表现形式的分析，不难看出，侵害信用权的行为主要是一种作为，无论是主张、捏造，还是转述、传播，都是侵权人积极行为的表达方式。但是，负有特定作为义务的当事人，在有的情况下亦可在不作为时构成侵权。例如，相关单位或个人依法对资信评估公司就某一特定主体的资信情况提出询问时，该公司即负有作出答复和提供信息的义务；反之，即可能构成不作为的侵害。笔者主张，在侵害信用权行为中，应对不作为侵害作出严格的解释。

第二，损害事实。侵害信用权的损害事实，是因侵权行为的实施而导致关于权利主体的资信评价降低，或对其生计或前途造成其他不利益的实际损害。与上述要件相联系，“仅有行为而无损害，不构成侵权行为。”①损害事实的存在，表明违法行为侵犯了法律所保护的利益，具有应受法律制裁的社会危害性。关于损害事实的认定，其标准在于有无信用损害结果的发生。这一损害事实表现为两个方面：一是关于权利主体特殊经济能力的社会评价因侵权行为而降低，如信用等级的非正常下降，信誉程度的非自然毁损；二是对于权利主体特殊经济能

① 王利明主编：《民法侵权行为法》，中国人民大学出版社1993年版，第13页。

力,公众减少甚至丧失原有的经济信赖,如因侵权行为破坏客户对特定企业的信任。在这里,需要强调的是,损害事实是关于社会评价和经济信赖降低的损害事实,它往往会造成权利主体财产利益的损失,如预期贷款不能获得,商品买卖未能正常进行。但是,侵害信用权的行为,虽会造成信用贬损的危害结果,却并不当然发生实际的财产损失。换言之,财产损失的大小应作为追究行为人应负民事责任大小的依据,而不能被视为认定侵害信用权的必要条件。此外,损害事实是关于资信利益的损失,限于财产性内容,一般不包括精神损害。倘若对公民信用的贬损,引发了受害人的精神痛苦或精神利益的损害,在这种情况下,我们不必将同一违法行为认定为既侵犯了信用权,又侵犯了一般人格权,但可以将精神损害视为侵害信用权的损害事实的一部分。

第三,因果关系。侵害信用权的因果关系,是指侵犯他人信用的违法行为与资信利益损害事实之间的必然的、内在的关联性。在侵害信用权的因果关系中,作为原因的违法行为,是一种主张或传播虚假事实或不当说法的行为。由于信用表现为对权利主体特定经济能力的评价,因此,该类行为只有将上述不实之词公开、公示于第三人时,才能构成损害原因;同时,作为结果的损害事实,是一种导致权利主体相关社会评价与经济信赖降低的损害性后果。判断这种后果的发生的标准,在于权利主体原有资信利益的缺失,只有已经发生的不利益的事实才能称其为损害结果。依照逻辑分析的方法,只要证明资信利益缺失是违法行为所引起的,即可确认两者之间有因果关系。

第四,主观过错。侵害信用权的主观过错,是指侵权人实施在法律上应受非难的行为时所具有的主观状态,其表现形式包括故意和过失。根据国外相关立法例,所谓故意,是指侵权人明知自己的行为(捏造或传播虚假事实)会发生损害他人信用的结果(主观认识),但希望或放任这种他人信用利益缺失的损害结果发生(主观动机);所谓过失,是指侵权人未尽到注意的义务,对于妨害他人信用的虚假事实虽不明知,但应知其不真实,并在此主观状态下进行了主张或传播。侵害信用权的行为与侵害商誉权的行为不同,后者发生在有竞争关系的经营者之间,其行为具有损害对手商誉的明显的目的性,立法例多要求故意才构成侵权。而前者所涉及的资信关系不以经营者为限,追求或任许损害结果发生固然构成侵权,此外,对其行为结果不加顾及、对他人利益不予尊重以至造成损害后果的,也可能构成侵权。

侵害信用权的行为应承担相应的民事责任,其主要方式是赔偿损失,另外还包括除去侵害的责任形式,如停止侵害、消除影响、赔礼道歉。但是,对资信利益的损害,并非都一定要求行为人承担民事责任。在下列情况下,行为人可以提出不构成侵权或免除侵权责任的抗辩理由：

1. 正当情况反映。凡依法执行职务行为的单位或个人，因职责需要并通过正当渠道反映特定主体负面信用情况，应为阻却违法事由，如商业银行向其上级机关反映某法人无力还贷的报告；此外，无法定义务的一般单位或个人，因自己的正当利益需要，通过正常途径向有关部门反映特定主体的信用情况，即使上述主张有失实之处，亦不构成侵权，如消费者的正当投诉。

2. 新闻报道属实。新闻机构关于特定主体信用情况的报道，只要内容基本真实，则不能以侵权论。新闻侵害信用权的主要表现形式为新闻诽谤，而新闻诽谤是以所报道的事实属于捏造或被歪曲为构成条件的。如果所报道的事实既非捏造，也未被歪曲，而是符合事实或基本符合事实的，则不构成新闻诽谤。①

3. 权威消息来源。依法成立的信用评估机构，按照规定的信用评级制度，收集有关个人或企业特性、偿债能力、责任能力和声誉的信息，为投资和交易活动的当事人提供的信用报告、公布的信用等级或级别等，如涉及特定主体信用的消极评价，都可以作为抗辩事由来否定侵害信用权的民事责任构成。在美国，根据《投资顾问法》所设立的穆迪投资服务公司与标准普尔公司，在中国，依照中国人民银行有关通知所建立的信誉评级委员会，都属于这样的信用评估机构，其发布的信息应视为权威消息来源，不得以侵权论。

（2001 年第 1 期）

① 郭卫华主编：《新闻侵权热点问题研究》，人民法院出版社 2000 年版，第 212 页。

论宾馆对住客的保护义务

——王利毅、张丽霞与上海银河宾馆损害赔偿上诉案评释

刘言浩*

[案情]

1998年8月23日下午两点四十分左右，王翰因至沪参加药品交流会，入住上海银河宾馆1911客房。当日下午四点四十分左右，王翰被罪犯仝瑞宝杀害于客房内。仝瑞宝还抢劫走王翰财物人民币23,000余元、港币20元及价值7140元的欧米茄牌手表一块。仝瑞宝于当日下午两点左右进入银河宾馆，四点五十二分离开。在此期间，仝瑞宝在上海银河宾馆内电梯七次上下，宾馆未对仝瑞宝进行访客登记，亦未注意其形迹。王翰所住的房间门上配有"窥视孔"、安全链及自动闭门器，门后张贴有"看清门外访客再开门"等内容的安全告示。

上海银河宾馆系涉外星级宾馆，有规范的管理制度和安全监控设施。在上海银河宾馆自行制定的《银河宾馆质量承诺细则》中，有"24小时的保安巡视，确保您的人身安全"、"若有不符合上述承诺内容，我们将立即改进并向您赔礼道歉，或奉送水果、费用打折、部分免费直至赔偿"等内容。1998年9月28日，被害人王翰的父母王利毅、张丽霞诉诸上海市长宁区人民法院，请求判令上海银河宾馆赔偿其经济损失人民币798,860元(其中王翰被抢劫财物28,300元，丧葬费231,793元，王利毅等为办理丧事所支出的差旅费、住宿费95,967元，对王翰生前的教育抚养费442,800元)，并要求上海银河宾馆赔偿其精神损失费500,000元并向其承认错误、赔礼道歉。诉讼请求中，王利毅、张丽霞要求上海银河宾馆同时承担违约责任、侵权责任及《消费者权益保护法》上的责任。

[审理]

上海市长宁区人民法院审理后认为，王翰之死与财物被劫系罪犯仝瑞宝所为，宾馆在管理工作中的过失与王翰之死及财物被劫无法律上的因果关系，上海银河宾馆并非共同加害行为人，故王利毅、张丽霞要求上海银河宾馆承担侵权赔偿责任无法律依据。王翰与上海银河宾馆之间构成合同关系，双方权利义务关

* 作者单位：上海市第一中级人民法院。

系应由《合同法》调整，而不能由《消费者权益保护法》来调整。上海银河宾馆未兑现其关于服务质量的承诺，应承担违约责任，违约赔偿数额按照本案的实际情况酌定。遂判决上海银河宾馆赔偿王利毅、张丽霞人民币 80,000 元，驳回王利毅、张丽霞的其他诉讼请求。

判决后，双方当事人上诉至上海市第一中级人民法院。王利毅、张丽霞上诉称：上海银河宾馆在管理中的过错与王翰之死有法律上的因果关系；王翰的死亡系由仝瑞宝的犯罪行为与上海银河宾馆的不作为行为共同造成；上海银河宾馆应承担侵权责任、违约责任及《消费者权益保护法》上的责任。上海银河宾馆上诉称，王翰住店不是一种生活消费，且不符合《消费者权益保护法》中消费者义务单一性和经营者责任单向性的特征，本案不应适用《消费者权益保护法》；宾馆在王翰住店过程中不存在违约行为；上海银河宾馆即便有违约过失，但此过失也不足以造成王翰死亡，宾馆的行为与王翰之死没有必然的因果关系。

上海市第一中级人民法院审理后认为，王翰与上海银河宾馆之间系以住宿、服务为内容的合同关系。宾馆应采取切实的安全防范措施，以使住客在宾馆内免遭非法侵害，否则即为违反合同义务，并应因此向住客承担违约责任。仝瑞宝之举动显属异常，上海银河宾馆疏于注意，致其监控、保安等用于履行安全保障义务的设置形同虚设，使住客王翰处于极不安全的境地，最后惨遭歹徒杀害。据此可以认定上海银河宾馆未能履行其对王翰的安全保护义务，其行为已构成违约。由于王翰未能充分利用宾馆提供的安全设施，对事件的发生亦具有轻度之过失，因此上海银河宾馆对本案的违约赔偿数额应酌情降低。故上海银河宾馆之违约赔偿范围应包括因王翰死亡而发生的丧葬费、王翰家属为处理王翰丧事支出的合理差旅费及王翰个人合理的财产损失。

上海银河宾馆与仝瑞宝既无主观上的共同故意，又无客观上的行为牵连，两者不构成共同侵权行为，上海银河宾馆不应当承担侵权责任。本案中，王翰之死并非上海银河宾馆提供的服务直接造成，故本案不应适用《消费者权益保护法》。上诉人王利毅、张丽霞未能明确其诉讼请求之法律依据。法院依有利于权利人之原则确认本案损害赔偿之基础为违约责任。综上，上海市第一中级人民法院遂作出驳回上诉、维持原判之终审判决。①

[评析]

本案存在以下几个必须解决的重要理论问题：(1)宾馆与王翰之间系何种

① 上海市第一中级人民法院〔2000〕沪一中民终字第 2309 号判决。

法律关系？其内容如何？(2)若宾馆对王翰之死及其财物被抢的损失承担民事责任，则该责任系何种性质？是侵权责任，违约责任，抑或二者之竞合？宾馆之行为与王翰之死及其财物被抢之因果关系如何确定？(3)宾馆与仝瑞宝是否构成对王翰的共同侵权行为？(4)王翰是不是消费者，若是消费者，则其亲属能否以消费者权益保护法作为请求权基础？(5)当事人不选择请求权基础、请求权基础不明或请求权基础选择错误时，人民法院如何处理？

一、宾馆与住客之法律关系的性质与内容

在日常生活中，吾人因旅游、公务等种种原因外出，常住于宾馆之内，宾馆与住客之间遂发生种种法律关系。此种法律关系，生活中最为常见。然我国合同法中无此类合同之专门规定，若因此发生纠纷，竟无明确之法律加以规范，故有必要对此类法律关系之性质与内容从理论上加以明确，以资实务界之参考。

宾馆与住客之间系合同关系。住客入住宾馆，常先付费并缴纳押金，然后领取钥匙入住客房。其双方合意之性质至为明显。住客与宾馆之间的合同应为以住宿、保管、服务为主要内容的混合合同。双方当事人的具体权利义务应依据我国《合同法》分则中租赁、保管等合同内容并依据诚实信用原则加以补充，然后根据社会一般观念及伦理标准加以确定。[①] 据此，宾馆应对住客的人身、财产负安全保护义务，宾馆应保证其宾馆设施和外部环境的安全性。宾馆设施之安全性指宾馆设施应安全、适用、无明显或隐蔽的可导致住客人身或财产损害的物理瑕疵；宾馆环境的安全性指宾馆应采取与其等级相适应的安全保卫措施，包括保安措施的制订与执行、保安人员的配备以及安全监控设施的安装等。宾馆环境指在宾馆控制范围内，包括宾馆内部和虽在宾馆外部但宾馆可以控制的区域。宾馆环境之安全义务系为了保护住客在宾馆内不受外来不法侵害，如宾馆违反该项义务，未能防止住客在宾馆内受到不法损害，宾馆应承担违约责任。

宾馆对住客的人身保护义务指宾馆应确保住客不因其设施质量瑕疵而遭受人身损害，并应尽最大之谨慎注意义务防止住客在宾馆内遭受第三人之不法侵害。住客在宾馆内遭受第三人之不法侵害时，判断宾馆是否尽到注意义务应从三个方面进行：首先应看宾馆是否有合乎其等级和收费标准的保安人员和安全监控设施；其次应看宾馆是否有完备、合理的安全保卫制度；最后应看宾馆保安

① 梁慧星著：《民法解释学》，中国政法大学出版社1995年版，第297～300页。

人员是否切实利用了监控设备、是否切实遵守了内部安全保卫制度。如果不符合这三个方面的要求,则不能认为宾馆已尽到了最大的谨慎注意义务。

应当指出,住客支付费用入住宾馆,其对宾馆环境的安全性便形成一种信赖,特别是住客在选择较高档次的宾馆时更是如此。宾馆对住客之保护义务系平等主体之间的合同义务,不能类推至公法领域。如居民不能因为人身受不法侵害而要求警察承担赔偿责任。若警察负有作为义务而不作为,以致未能防止损害发生,则其应承担公法上的责任如刑事或行政责任。

宾馆对住客之财产保护义务指宾馆应采取与其收费与等级相一致的安全措施使住客财产不因宾馆设施之物理瑕疵或第三人之不法行为而受损。据我国《合同法》第374条、375条之规定,保管期间,因保管人保管不善造成保管物毁损、灭失的,保管人应当承担损害赔偿责任,但保管是无偿的,保管人证明自己没有重大过失的,不承担损害赔偿责任。寄存人寄存货币、有价证券或者其他贵重物品的,应当向保管人声明,由保管人验收或者封存。寄存人未声明的,该物品毁损、灭失后,保管人可以按照一般物品予以赔偿。这里对无偿保管采用了过错责任的归责原则,无偿保管中有重大过失时保管人才负损害赔偿责任。根据《合同法》总则之精神,有偿保管之归责原则应为严格责任。若为有偿保管,则若被保管之物品受损,保管方即应承担责任,只有在其能够证明已尽妥善之保管义务时方可免责。宾馆与住客之保管应为有偿合同,据此,住客将财物交予宾馆保管后财物受损如被盗、被抢时,若宾馆保管不善即应承担责任。

值得探讨的问题是,住客未特别将财产交予宾馆保管或存于宾馆内的保险箱时,宾馆与住客的财产是否形成事实上的保管关系?笔者认为,宾馆对住客带入宾馆的财产的保管义务是基于诚实信用原则而生的合同附随义务,但根据我国《合同法》第375条之规定,寄存人寄存货币、有价证券或者其他贵重物品的,应当向保管人声明,由保管人验收或者封存。寄存人未声明的,该物品毁损、灭失后,保管人可以按照一般物品予以赔偿。因此对于不用特约宾馆即应负保管义务的住客财产的范围,不应包括货币、有价证券或者其他贵重物品。住客为生活之需要,不可能将全部货币交予旅店,故依拙见,住客随身所带之货币,在合理的数额范围内,无需特约宾馆亦应负保管之义务。合理的数额,应根据宾馆等级加以判断。如在五星级的宾馆内,住客随身携带数万元应为合理数额。德国、意大利与俄罗斯诸国民法中规定了宾馆对住客财产的法定保管义务。三国民法无例外地规定了宾馆与住客之间无需特约即形成财物保管关系,但范围有所不同。德国《民法典》第701条规定,以供外人住宿为营业的旅店主应赔偿外人在该业务的经营中携入的物品因丢失、毁损或者损坏而造成的损害。[①] 意大利《民法典》第1783条规定，旅店主对旅客带进旅店的物的任何毁损、破坏或被盗都要承担责任。[②]《俄罗斯联邦民法典》第925条规定，旅店作为保管人是无需与房客有特别约定，应对房客存放于旅店的物之灭失、短缺或者毁损承担责任，但金钱、有价证券与贵重物品除外。[③] 相比之下，德、意民法规定的范围较宽，包括了旅客携入旅店、携往店主及其雇员指定地方或携往旅店以外由店主及其雇员负责照管的所有物品，甚至包括客人入住前或退房后的合理期限内由店主或其雇员负责照管的物品。俄罗斯民法规定的范围较窄，与我国的法律规定基本相同。有趣的是，在以过错责任为归责原则的德、意民法，却对宾馆与住客之间之保管合同采用了严格责任原则，若住客之物遭到毁损时，只有具备法定之免责事由方可免责。意大利民法规定的免责事由有：(a)毁损、破坏是由住客本人、同伴、仆人或探望者造成的；(b)不可抗力；(c)物本身之性质。德国民法规定的免责事由亦与此基本相同。

德、意民法在对旅店与住客之保管合同采用严格责任的同时，为防止旅店之责任过重，除规定了免责事由外，还特别规定了限额赔偿制。德国民法将旅店主的责任仅限于相当于一天住宿费100倍的金额，但最低不得少于一千马克，最高不得超过六千马克；意大利民法亦将旅店主的责任限在日租金的一百倍之内。

相比之下，德、意民法与中、俄民法在平衡调整宾馆与住客的财物保管关系上各有特色。前者以严格责任和限额赔偿相结合，既保护了住客的权利，又不使宾馆的责任过重。特别是免责事由的规定，使宾馆的责任范围更为合理，也使宾馆严格责任的承担更有道德上的根据。这种立法例，能在保护住客利益的同时促使宾馆最大限度地提高其安全管理水平，对社会服务之进步具有积极意义。中国、俄罗斯民法对此亦采取严格责任之归责原则，虽无限额赔偿之措施，但对财物的范围作了限制，金钱、有价证券及货币均被排除在外，与德、意民法有异曲同工之妙。今日之社会，大企业垄断经济，个人之经济地位、缔约能力均无法与大企业抗衡，宾馆和住客同样如此。为促进社会进步，实现民法之平等理念，保护弱者已成为当代民法之发展方向。因而严格责任与限额赔偿制度相结合，实为此趋势之体现。我国虽采用严格责任，但无责任限额，而由法官依可预见性标准加以裁量。在目前之形势下，为减轻宾馆业之责任，分散风险，由宾馆向保险公司投责任险倒不失为一种可行的办法。

---

① 《德国民法典》，郑冲、贾红梅译，法律出版社1999年版，第170～172页。

② 《意大利民法典》，费安玲、丁玫译，中国政法大学出版社1997年版，第456～457页。

③ 《俄罗斯联邦民法典》，黄道秀等译，中国大百科全出版社1999年版，第380页。

根据我国合同法严格责任之要求,①宾馆未尽对住客人身、财产的保护义务,应承担违约责任。但为实现宾馆与住客利益之平衡,若具备一定事由,宾馆亦可免责。宾馆之免责事由应有以下几种:(1)不可抗力;(2)住客之故意;(3)物本身之性质,如易变质之物品自然腐烂宾馆不应承担责任;(4)损害系由住客之同伴、探望者或由住客接纳同住之人造成,此种情况下,由于危险由住客本人造成,宾馆根本无法防范,故应免除宾馆之责任。

除上述合同义务外,宾馆对住客还负有先合同义务与后合同义务。先合同义务指住客进入宾馆控制范围后至付费前,宾馆应保证住客不因宾馆设施的原因而受损害,如住客因宾馆设施的原因而受损害,宾馆应负损害赔偿责任;后合同义务指住客退房后的合理期间内,宾馆仍应对住客负照顾、保护等义务。与附随义务不同,先合同义务、后合同义务均系基于诚实信用原则而生的法定义务。

附随义务可因当事人的特约而上升为合同之主给付义务。无论系主给付义务、从给付义务抑或附随义务,当事人均不得违反,若有违反则构成违约。在本案中,上海银河宾馆特别承诺其保证住客之人身安全,故此项安全保护义务已由合同附随义务上升为合同的主给付义务。值得注意的是,合同附随义务是基于诚实信用原则而生的合同义务,宾馆即使不作特别承诺,亦不能免除此项义务;宾馆亦不得事先免除其责任,若宾馆有免除责任之声明,则该声明无效。②

二、宾馆不履行保护义务与住客受害之因果关系

宾馆对住客之保护义务,属于约定的、作为的义务。宾馆不履行其对住客之保护义务,自应向住客承担违约责任。此义务必须以作为的方式来履行。若住客在宾馆内遭第三人之不法侵害,判断宾馆是否违约,应看宾馆是否切实履行了保护义务。宾馆承担违约损害赔偿责任之首要前提是宾馆未履行其保护义务与住客之人身、财产受第三人侵害之后果有因果关系。

因果关系是民法理论中聚讼最多的领域之一,英美法系以近因学说为判断因果关系的标准,大陆法系则历来有条件说、原因说、相当因果关系说、典型说、

① 梁慧星:“合同法的成功与不足”(上),载《中外法学》1999年第6期。

② 我国《合同法》第53条,俄罗斯《民法》第925条。

现实说、必然说、必然偶然一体说、直接原因说、主要原因说等观点。[①] 我国民法原受苏联影响，以必然说为通说，该说认为，原因与结果之间应有客观必然的联系，应区别原因与条件，原因是必然引起结果发生的因素，条件则不是必然引起结果发生的因素，而是能够使原因存在的情况。[②] 违法行为是损害的必然原因时，行为人应负民事责任。如甲致乙轻伤，在送往医院途中遇车祸身亡，则甲的行为与乙的死亡只存在偶然因果关系，没有必然的因果关系，甲对乙的死亡不承担民事责任。[③] 现我国民法学界摒弃必然说之观点，转向各国通行之相当因果关系说。此说认为，有同一条件即能发生同一结果时，该条件与结果之间即有因果关系。确认相当因果关系，由“条件关系”与“相当性”两个阶段构成。在确认条件关系阶段，采“若无，则不（But－for）”之公式，即若“无此行为即无此损害”，则此行为即为损害之条件；在确认相当性阶段，则以价值判断来确认具有法律上之因果关系，即若“有此行为，通常即足生此损害”，则行为与结果具有法律上之因果关系。[④] 实际上，无论采取何种因果关系之学说，事实上均不免于法律政策之影响。法律上因果关系之确定为被告责任限制之问题，不能仅从事实上之因果关系加以判断。为符合公平正义之要求，在个案中判断被告责任范围时，应当参酌法律、社会或经济政策，妥为决定。[⑤] 因此，在确定事实上之因果关系是否应为法律上之因果关系时，价值判断具有重要作用。某一行为与损害后果虽有事实上的因果关系，但若依社会一般理念让行为人承担责任过于苛刻时，应当认为该行为与损害后果不具有法律上的因果关系。

上述因果关系之学说，均是在侵权行为法之意义上讨论这一问题。对于合同法上之因果关系，学界较少研究。[⑥] 现在的问题是，合同法上之因果关系，是

---

① 关于民法中的因果关系理论，参见李仁玉著：《比较侵权法》，北京大学出版社1996年版，第76～120页；张新宝著：《中国侵权行为法》，中国社会科学出版社1998年版，第110～127页；王泽鉴著：《侵权行为法·基本理论·一般侵权行为》，我国台湾1998年版，第217～232页；王卫国著：《过错责任原则：第三次勃兴》，中国法制出版社2000年版，第177～184页；陈聪福：“侵权行为法上之因果关系”，载《“国立”台湾大学法学论丛》第29卷第2期。

② 《中国大百科全书·法学卷》，中国大百科全书出版社1984年版，第473页。

③ 王作堂、魏振瀛、李志敏、朱启超等主编：《民法教程》，北京大学出版社1983年版，第113～114页。

④ 魏振瀛主编：《民法》，北京大学出版社2000年版，第689～691页。

⑤ 陈聪福：“侵权行为法上之因果关系”，载《“国立”台湾大学法学论丛》第29卷第2期。

⑥ 在王利明教授60万字的集大陆民法学界研究违约责任之大成的《违约责任论》中，也未对合同法中违约行为与损害后果之因果关系进行专题讨论。史尚宽先生在其《债法总论》中指出，应以相当因果关系说来判断违约行为与损害事实之因果关系。就债务不履行而言，以自债权成立至债务不履行时存在，依一般知识经验可得而知及债务人所知之条件为基础，一般地有发生同种结果之可能者，其条件与结果，为有相当因果关系。参见史尚宽著：《债法总论》，中国政法大学出版社2000年版，第294～295页。

否与侵权行为法上之因果关系完全相同?合同以给付为标的,在以作为形式给付的合同中,债务人之不作为是否与损害后果有因果关系?依拙见,讨论合同法之因果关系应以合同义务为基点,然后采用合理之因果关系理论,确定违约行为与损害后果之因果关系。宾馆有保护住客人身、财产之义务,若宾馆怠于履行此项义务,未能对第三人之外来侵害为有力之防范,而损害结果最终发生者,宾馆未尽谨慎注意义务为其债务不履行之客观形态。宾馆若作为则该损害必不发生,故其债务不履行构成损害发生之条件,与损害之发生存在事实上之因果关系。宾馆是否应对损害后果负赔偿责任,则应从价值方面加以判断。住客入住宾馆,便对宾馆的安全性形成了一种信赖,特别是住客选择档次、费用较高的宾馆时更是如此。宾馆也是以其安全性、舒适性来招徕住客并以此确定其价位与星级。宾馆不履行其对住客之保护义务,破坏了住客对宾馆的信赖,也对宾馆业的市场信用造成了危害,从保护住客之信赖、维持市场信用之角度出发,应让宾馆承担损害赔偿责任。因此,应当确定宾馆怠于履行安全保护义务与住客受第三人侵害之间存在法律上的因果关系。宾馆承担损害赔责任不是因为其直接侵害了住客的财产权、人身权,而是因为其未能采取切实有效的保护措施防止损害结果的发生。宾馆对住客承担损害赔偿责任的前提是其违反了合同义务,而不是违反了不得侵犯他人人身、财产的一般法律规定。由于损害系由第三人之不法行为直接造成,故宾馆在向住客承担损害赔偿责任后,可以向第三人追偿。

在宾馆损害赔偿责任的范围上,应采用我国合同法规定的可预见性标准,即不超过违反合同一方订立合同时预见到或者应当预见到的因违反合同可能造成的损失。对住客之财产损失,若住客未将财产交予宾馆保管,则应根据入住该等级宾馆之普通住客通常随身携带的财物数额由法官加以酌定;对住客之人身损害,则应包括医疗费、丧葬费等直接损失,精神损害赔偿及可得收入之减少则由于宾馆无法预见,应排除在赔偿范围之外。此外,若住客对损害之发生也有过失时,应适用过失相抵之规则,对宾馆损害赔偿数额予以相应减少。

(2001 年第 3 期)

对綦江彩虹桥垮塌案人身损害赔偿案中几个问题的法理评析

杨立新*

据报载，关于綦江彩虹桥垮塌案人身损害赔偿问题，有关部门已经做出了决定。在这个决定中，涉及侵权行为法中关于人身损害赔偿的几个重大问题，尤其是所谓的“城乡差别赔偿”法，更是值得研究。

一、重庆綦江彩虹桥惨案的死难者赔付工作的实际情况

据介绍，到去年年底，重庆綦江彩虹桥惨案的死难者赔付工作已全部结束。除2.2万元的精神慰藉费每个死者相同之外，死亡补偿费按城镇户口、农村户口分了两个档次：城镇死难者每人4.845万元，农村死难者每人2.2万元，死难儿童分别减半。

在彩虹桥事故的40名死者中，农民占了很大一部分，他们的家属对此赔付方案提出质疑：一样的伤害遇难，补偿为啥两样？也有的人认为，死难的儿童赔偿减半的做法是合理的吗？

对于这些疑问，今年1月4日，负责具体赔付工作的有关人士解释说，他们的做法是按国家政策办的。1991年国务院颁布的《道路交通事故处理办法》规定：“死亡补偿费：按照交通事故发生地平均生活费计算，补偿十年。”赔偿金是给死者家属的，应按不同生活费标准区分。《重庆市道路交通事故处理办法》规定，“伤亡赔偿费按照本市城镇居民或农村居民上一年人均生活费给予，其中死亡补偿费一次性补偿十年的生活费”。至于儿童赔偿减半的做法，则没有说出实质的根据。綦江县权威部门认为自己的“城乡差额赔偿”合法、有据。

对于綦江彩虹桥惨案受害人赔付采用不同的标准的做法，有不同的意见，有的认为这种做法是正确的，也有的认为是不正确的，理由各不相同。

一种观点认为，赔偿应以受害者的实际损失为据。损害赔偿的原则是“以受害人所受实际损失为依据”。假使两个受害人受损情况完全一样，但一个是

---

* 作者单位：中国人民大学法学院。

城里人，一个是农民，则确实可能赔得不一样。因为不同身份的人由同一损害行为所导致的损害相同，但是所造成的损失并不相同。

另一种观点认为，这种人身损害赔偿“城乡有别”的赔偿原则严重违背了我国的法律精神，《重庆市道路交通事故处理办法》的“差额赔偿”条款明显与《宪法》规定的原则相抵触，因为《宪法》规定“中华人民共和国公民在法律面前一律平等”。按照现在的做法，城里人的人格就是完整的人格，农民就只具有二分之一的人格，而儿童就只具有四分之一的人格了。这种歧视性的做法是非常错误的。导致这种做法的原因之一，是目前我国民事赔偿领域几乎没有涉及量化的法律条款。《民法通则》只规定赔偿原则，至于伤残、死亡应赔多少钱，法院和政府根本无法可循，只得“具体情况具体分析”。

对于这些不同的意见应当进行怎样的分析，本文作如下说明。

二、这类赔偿案件的现行法律依据

《中华人民共和国民法通则》公布以后，司法机关在司法实践中很快就发现，它的第119条关于人身损害赔偿的条文规定，具有很大的局限性。其中最主要的局限，就是赔偿数额过低，尤其是对侵害生命权造成死亡的赔偿标准。因为这个条文规定，侵权行为造成受害人死亡的，赔偿丧葬费和死者生前抚养的人的必要生活费。按照这种规定，侵权行为造成一个人死亡，只能赔偿千元左右，就是加上死者生前抚养的人的必要生活费，赔偿数额仍然不会多。这远远不能解决受害人的实际损失赔偿问题。更为严重的是，在这类赔偿中，如果造成重伤残疾的，赔偿数额远远超过造成死亡的赔偿，因而形成了致人重伤不如致人死亡更“合算”的说法，既对社会的安全形成潜在危险，也形成了生命权轻于健康权的舆论。

在这以后的立法和司法实践中，一直在为解决这个问题而努力。《道路交通事故处理办法》是为解决这个问题做出的第一个努力，对于交通事故造成人身伤害的赔偿标准有了很大提高。这一规定虽然是仅就交通事故做出的，但是由于立法机关和司法机关对于人身伤害的赔偿没有做出过明确规定，因此这种规定具有重要的参考意义。之后，国家制定了《国家赔偿法》和《消费者权益保护法》，都对相关的人身损害赔偿问题做出了规定，其中《国家赔偿法》规定的死亡赔偿金标准有了很大的提高。例如，关于造成受害人死亡的赔偿问题，《道路交通事故处理办法》规定应当赔偿死亡补偿费，计算的方法是赔偿事故发生地的十年的平均生活费；《国家赔偿法》规定应当赔偿死亡赔偿金，计算方法是按照国家上一年的人平均工资,赔偿二十年。这两个赔偿数额计算方法是有很大差别的。《消费者权益保护法》只规定了与《国家赔偿法》相同的赔偿项目,但是没有规定具体的赔偿数额计算方法。

今年1月10日公布、1月21日实施的最高人民法院《关于审理触电人身损害赔偿案件若干问题的解释》,对于触电的人身损害赔偿问题做出了更为具体的解释,对于处理人身损害赔偿的案件是更为有价值的参考依据。该司法解释第4条第8项规定的是死亡补偿费,内容是:"按照当地平均生活费计算,补偿二十年。对七十岁以上的,年龄每增加一岁少计一年,但补偿年限最低不少于十年。"当然,这一规定生效的时候,綦江彩虹桥赔偿案已经理赔结束,不能使用这个规定,但是最高人民法院对这个问题的司法解释,却给我们研究问题提供了依据。

三、綦江彩虹桥赔偿案应当适用哪个标准赔偿

綦江彩虹桥赔偿案究竟应当适用哪个赔偿标准,问题的关键在于,《民法通则》关于人身损害赔偿的规定,没有具体的赔偿标准和计算方法。前文所说的《道路交通事故处理办法》、《国家赔偿法》和《消费者权益保护法》对于人身损害赔偿制定了具体的标准,但是这些又都是适用于特定领域的赔偿法律,另一个是交通事故赔偿,另一个是国家赔偿,再一个是消费领域赔偿。綦江彩虹桥赔偿案确定赔偿数额,必须参照其中一个赔偿标准确定赔偿数额。

(一)案件的性质究竟应当怎样确定

綦江彩虹桥垮塌案的赔偿不是交通事故赔偿,也不是消费领域的赔偿,而是一个建筑物由于质量问题造成了人身损害的赔偿。这种赔偿,按照国外的立法,通常是属于国家赔偿,即国有公共设施设置及管理欠缺致害的行政赔偿责任。

在国外的立法中,国家赔偿法都规定三种赔偿属于国家赔偿,第一种是行政侵权赔偿,第二种是冤狱赔偿,第三种就是这种国有公共设施设置及管理欠缺致害的行政赔偿。1799年,法国法律规定国家行政部门应对公共建筑工程所致损害承担赔偿责任,当然,这只是这种国家赔偿制度的雏形。日本制定《国家赔偿法》,第2条规定:"因道路、河川或其他公共营造物之设置或管理有瑕疵,致使他人受损害时,国家或公共团体对此应负赔偿责任。"此后,韩国、德国的同类法律和我国台湾的相关规定中,都作了相似的规定。

我国的《国家赔偿法》没有采纳这种立法例,只规定前两种赔偿,没有规定后一种赔偿。因此,这种赔偿应当适用何种法律,就成了一个问题。在理论上,仍然有两种观点,一种意见认为应当适用《民法通则》,应当将这种赔偿纳入《民

法通则》第126条的建筑物及其他地上物致人损害的赔偿责任之中,因为这种国家赔偿制度本来就是从民法的物件致他人损害的赔偿责任中分离出来的,既然不承认它是一种国家赔偿责任,那就应当让它回归原位;另一种意见认为应当适用《国家赔偿法》,因为这种人身损害赔偿本来就是国家赔偿制度,虽然立法上没有明确规定,但是法理上是清楚的。

对于这种案件额的赔偿,如果采纳第二种意见适用《国家赔偿法》,就没有歧义了,但是这种观点并不占主流,通说是采纳第一种意见。适用《民法通则》,则由于没有具体的赔偿计算办法,因此,可以参照《道路交通事故处理办法》或者《国家赔偿法》规定的赔偿计算办法。这是司法实务界的主流观点,也是多数法院采用的办法。笔者的意见是后者,对这种案件应当定性为物件致害责任,即《民法通则》第126条规定的特殊侵权损害赔偿,应当按照《民法通则》的规定处理。

(二)具体的赔偿计算问题

綦江彩虹桥赔偿案究竟应当采用那种办法计算赔偿数额,也是一个重要的问题。因为各种赔偿的标准不同,计算的赔偿数额也是不同的。

对于这个问题,我的意见有两个选择:首先,最好是选择参照《国家赔偿法》规定的赔偿计算办法。有两点理由:一是这种案件本来就是国家赔偿的性质,多数国家在这个问题的赔偿上都是这样办的,参照这样的做法,是有充分的根据的。綦江县在赔偿中也是由国家机关处理,由国家出钱赔偿。这正说明了这种事故赔偿是《国家赔偿法》调整的范围,适用这部法律赔偿是正确的。二是在处理侵权赔偿案件中,如果有几种不同的法律规定可以选择的话,应当选择对受害人最有利的法律规定确定赔偿数额,因为受害人是权利人,也是弱者,国家有责任保护他们的权利和利益。其次,也可以选择《道路交通事故处理办法》确定赔偿数额,因为毕竟我国对这种赔偿没有规定为国家赔偿性质,按照《民法通则》的规定处理,参照《道路交通事故处理办法》也是符合情理和逻辑的。

(三)在赔偿问题上究竟有没有"城乡差别赔偿"的问题

在侵权行为法看来,"城乡差别赔偿"是一个荒谬的提法。"在法律面前人人平等",这是宪法原则。这种平等,最重要的是要体现人格的平等。在民法上,任何自然人都是平等的主体,人格一律平等,不能有任何差异。因为任何将自然人划分为不同人格的做法,都是对民事主体的歧视,都违背民法的基本原则,当然更违背宪法的原则。正因为如此,对在同一个事故中死亡的受害人,在赔偿数额问题上搞城乡差别,无论谁都不会同意的。

应当分析确定这种赔偿方法的根据。

持这种意见的人认为,1991年国务院颁布的《道路交通事故处理办法》规定:"死亡补偿费:按照交通事故发生地平均生活费计算,补偿十年。"赔偿金是给死者家属的,应按不同生活费标准区分。《重庆市道路交通事故处理办法》规定,"伤亡赔偿费按照本市城镇居民或农村居民上一年人均生活费给予,其中死亡补偿费一次性补偿十年的生活费"。分析认为,从重庆市的这一规定来看,城镇居民和农村居民的赔偿,有所差别。但是应当注意的是,《道路交通事故处理办法》第37条第8项规定赔偿十年的平均生活费,其标准是"交通事故发生地",而不是死者或者死者家属居住地。因此,无论城镇居民还是农村居民,在同一个事故中丧生,"事故发生地"一定是同一地。这就是说,确定本案的事故发生地,应当以綦江彩虹桥的所在地做标准,綦江彩虹桥垮塌事故的发生地,就是綦江彩虹桥的所在地:綦江彩虹桥处在城镇,就应当按照城镇的赔偿标准计算;綦江彩虹桥在农村,就应当按照农村的标准赔偿。既然比照《交通事故处理办法》处理,都应当按照事故发生地的平均生活费计算死亡补偿费,綦江彩虹桥坐落在城镇,事故就是发生在城镇,那么就应当按照城镇的标准赔偿。绝不能对受害人搞两个标准,借此体现"城乡差别"。说到底,人身损害赔偿中的"城乡差别",就是对农民的人格歧视。

可见,所谓"城乡差别赔偿"是完全没有法律根据的,虽然援引的是《道路交通事故处理办法》,但却是违背《道路交通事故处理办法》规定的精神的。

四、死亡儿童的赔偿要不要减半问题

对死亡儿童的人身损害赔偿采用"死亡儿童减半"的方法,是綦江彩虹桥赔偿案的一个做法。这种赔偿方法在侵权行为法的赔偿上是闻所未闻。

对于死亡赔偿,究竟赔偿的是什么?按照通行的理论,是赔偿死者由于非正常死亡而没有享受的剩余人生。当然也有赔偿其亲属培育该死者所花费的费用的理论,不过这后一种理论不是主流观点,只是为中国的某些学者所提倡。

由于对死亡赔偿的理论有所不同,因此,赔偿也就有两种主要的计算死亡赔偿年限的方法。一种是"余命计算法",即造成一个人死亡时,按照该地区的平均寿命比,还有多少年的"余命",就是这个人应当享受的人生。他因为事故而死亡,就没有得到这些年的享受,因此,还有多少"余命",就应当赔偿多少年。另一种是"费用计算法",就是一个人在世上生活多少年,就应当计算出这些年培养他花费了多少,按照这样的方法来计算赔偿的年限。我国的《道路交通事故处理办法》使用的是一种综合计算法:首先确定一个固定的赔偿年限,然后再根据死者年龄的大小，十六岁以上的按照标准年限赔偿，不满十六岁的，年龄每小一岁就减少赔偿一年，七十岁以上的，每增加一岁减少一年，但是赔偿的最低标准都是五年。按照最高人民法院《关于审理触电人身损害赔偿案件若干问题的解释》的规定，则为赔偿：二十年平均生活费，未成年受害人不作区别，只是在七十岁以上的，每增加一岁减少一年，最少赔偿十年。其中对未成年受害死者的赔偿不按照《道路交通事故处理办法》的规定，进行递减赔偿，应当说是一个重大的进步，其理论上的依据，就是适当地接受了“余命”补偿的理论，摒弃了“损失费用补偿”的落后理论。

处理綦江彩虹桥赔偿案的死亡儿童的赔偿，既然是比照《道路交通事故处理办法》处理，就应当按照这个计算方法赔偿，怎么会出现一个“儿童减半”的赔偿办法呢？况且《道路交通事故处理办法》确定的这个赔偿办法，就是很落后的。

综上所述，綦江彩虹桥赔偿案的人身损害赔偿，比照《道路交通事故处理办法》计算赔偿金是有道理的，尽管赔偿数额较低，也还是可行的，也算是有法律根据；但是，“城乡差别赔偿”和“死亡儿童减半赔偿”的做法，是违背侵权行为法基本原理的，不是所参照的《道路交通事故处理办法》所规定的赔偿方法。我们要为保护这个事故中的死难者的权益而呼吁，让他们的亡灵在天国安息。

（2001 年第 4 期）

中国产品责任法

——兼论假冒伪劣之根源和对策

梁慧星*

一、引　言

中国在改革开放前长期实行权力高度集中的行政经济体制，限制商品的生产和交换，社会生活中长期存在的问题是消费品短缺，消费者保护不可能受到重视。1979年~1982年的《民法》草案一至四稿，均未对严格产品责任作任何规定。1985年前的民法著作，完全没有涉及产品缺陷致人损害的侵权责任问题。

中国自1979年开始实行经济体制改革和对外开放的政策，逐步转向市场经济，至80年代中期，产生了损害消费者利益的严重社会问题。相继发生啤酒瓶爆炸、电视机显像管喷火、燃气热水器泄漏、化妆品毁容、食品中毒等致消费者伤害、死亡的事件，甚至发现生产、贩卖假药、假酒和有毒食品等严重危害消费者生命财产安全的犯罪活动。在这种背景下，《民法通则》的起草人接受学者建议，参考美国严格产品责任法和欧共体产品责任指令（以下简称EC指令），制定了《民法通则》第122条，对产品制造者和销售者科以严格责任。

二、《民法通则》第122条

《民法通则》第122条规定："因产品质量不合格造成他人财产、人身损害的，产品制造者、销售者应当依法承担民事责任。运输者、仓储者对此负有责任的，产品制造者、销售者有权要求赔偿损失。"

本条之立法本意，在于使产品制造者承担严格责任。但因条文中未使用严格产品责任法上通用的"缺陷"概念，而使用"产品质量不合格"一语，容易与合同法上的"瑕疵"概念相混淆，进而导致学者间关于本条制造者所负责任的性质

---

* 作者单位：中国社会科学院法学研究所。

产生解释上的对立意见：其一，过失责任说；[①]其二，"视为有过错的侵权责任"说；[②]其三，严格责任说。[③] 以上争论无疑影响本条的正确适用。

三、《产品质量法》的制定和修改

（一）改革开放初期的行政法规

1.《工业企业全面质量管理暂行办法》

中国改革开放的实质是发展市场经济，因此产品质量问题逐渐受到重视。1980 年 3 月 10 日国家经济委员会公布《工业企业全面质量管理暂行办法》（以下简称《暂行办法》），包括总则、产品质量计划、设计试制过程的质量管理、生产过程的质量管理、使用过程的质量管理、质量管理体系、教育培训、奖惩、附则共十章 33 条。

《暂行办法》的制定者，企图通过实行产品质量计划和推行全面质量管理，提高工业产品质量。规定对产品质量低劣的企业，采取限期改正、停产整顿、减发企业领导干部工资、停发职工奖金等措施，对重大质量事故，要追究领导责任，对直接责任者，给予批评和处分。完全未涉及对因缺陷产品受害的消费者的救济问题。

上述情况说明中国政府在推行改革开放政策的初期，突然面临产品质量问题，缺乏心理准备和理论准备，仍企图运用计划经济的老办法予以应付。而这些老办法，面对 20 世纪 80 年代中期以假冒伪劣为特色的严重社会问题，很难发挥什么作用。

2.《工业产品质量责任条例》

《暂行办法》属于部委规章，其效力很低，所起的作用有限。因此，国务院于 1986 年 4 月 5 日发布《工业产品质量责任条例》（以下简称《条例》）。包括总则、产品生产企业的质量责任、产品储运企业的质量责任、产品经销企业的质量责任、产品质量的监督管理、产品质量责任争议的处理、罚则、附则共八章 31 条。

第 1 条规定立法目的是明确工业产品质量责任，维护用户和消费者的合法权益，保障有计划的商品经济健康发展。第 2 条规定"产品质量责任"，是指因

---

① 佟柔主编：《中华人民共和国民法通则简论》，中国政法大学出版社 1987 年版，第 265 页。

② 江平："民法中的行为、推定与举证责任"，载《政法论坛》1987 年第 4 期。

③ 王利明著：《民法新论》（上册），中国政法大学出版社 1987 年版，第 527 页；陈国柱主编：《民法学》，吉林大学出版社 1987 年版，第 473 页；徐开墅等著：《民法通则概论》，群众出版社 1988 年版，第 242 ~ 243 页。

产品质量不符合国家法规、质量标准和合同规定的要求,给用户和消费者造成损失后应承担的责任。

此产品质量责任概念,是中国的创造,实际上包括三种法律责任:行政责任,民事责任,刑事责任。所谓行政责任,见该《条例》罚则:对企业限期整顿,责令停产、转产,撤销生产许可证,吊销营业执照,扣发企业负责人和职工工资、奖金等行政处分。所谓刑事责任,指第26条规定:由于产品的质量责任,造成用户和消费者人身伤亡、财产损失,触犯刑律的,依法追究刑事责任。实际上当时的刑法,并未规定相应的刑事责任。所谓民事责任,指因产品缺陷造成人身财产损害的侵权责任,当时是指《民法通则》第122条。

该《条例》明文规定,以保护消费者合法权益为目的,这在中国是第一次,具有重大意义。它标志中国已经产生了消费者保护的法律思想。以后的消费者权益保护法,就是这一思想进一步完善和成熟的体现。《条例》规定的"产品质量责任"概念,也有重大意义,可以认为是现今针对产品质量问题并用三种法律责任的滥觞。

(二)《产品质量法》的制定

1986年制定的《民法通则》第122条和《条例》的施行,并未达到预想的结果。至80年代末90年代初,产品质量问题愈益严重,成为危害消费者人身财产安全、危害整个国民经济发展的公害。

1989年9月3日国务院《关于严厉打击在商品中掺杂使假的通知》指出:最近一个时期,一些从事生产、收购、储运、国内经销、外贸出口的单位和个人,无视国家法律、法规,明目张胆地在商品中掺杂使假,牟取暴利。有的竟把掺杂使假当成一种发财致富的专门职业,甚至开办掺假制假的企业。目前,掺假商品之多,手段之恶劣,已到了令人发指的地步。掺假商品不仅严重危害工农业生产,使国民经济受到极大损失,而且破坏了国家和企业的信誉,严重损害了消费者的利益,有的甚至危及人身安全,已引起广大群众的强烈不满。

在这种背景下,立法机关总结此前的立法经验,认为《条例》属于行政法规,在法律体系中的位阶较低,强制力不够,有必要由全国人大制定规范产品质量的法律。1993年2月22日第七届全国人民代表大会常务委员会第三十次会议通过《中华人民共和国产品质量法》(以下简称《产品质量法》)。包括:总则,产品质量的监督管理,生产者、销售者的产品质量责任,损害赔偿,罚则共五章51条。

第四章损害赔偿,是关于民事责任的规定,其中第28条是关于瑕疵担保责任的规定,第29~34条是关于缺陷产品致损的严格产品责任的规定。

《产品质量法》的起草人显然注意到《民法通则》第122条所引发的关于责

任性质的争论，及因条文过分简单给法院解释适用造成的困难，因此参考学者结合美国严格责任和EC指令的经验对《民法通则》第122条进行研究的成果，专设损害赔偿一章（第四章），用了六个条文对严格产品责任作了比较详细、具体的规定。为各级人民法院裁判缺陷产品致损的侵权责任案件，提供了具体的裁判基准。这标志着中国的产品责任法迎头赶上了最新的立法潮流，达到了与美国和欧共体国家同样的水准。

（三）《产品质量法》的修改

《产品质量法》的施行，对于遏制假冒伪劣产品泛滥的局面，起到了一定的作用，工业产品质量逐渐提高（当然有市场竞争的作用）。但问题并未彻底解决。

鉴于少数不法厂商生产、销售伪劣电器、药品、食品、化妆品等严重危害人民的生命、身体、健康，有必要对产品安全采用刑法规制。第八届全国人大第五次会议于1997年3月14日通过对《刑法》（1979年7月1日通过）的修订，在分则第三章增设第一节生产销售伪劣商品罪（第140～150条），共11个条文。例如，第140条规定对故意生产、销售伪劣商品的，依销售金额处有期徒刑或者拘役，并处或单处罚金，最高可处十五年有期徒刑或者无期徒刑，销售金额两倍以下罚金或者没收财产。第141条规定生产、销售假药，致人死亡或者造成特别严重危害的，可处十年以上有期徒刑、无期徒刑或者死刑。第143条规定生产销售不符合卫生标准的食品，造成严重食物中毒，后果特别严重的，最高可处七年以上有期徒刑或者无期徒刑。第150条规定单位犯本节之罪，对单位判处罚金，并对其直接负责的主管人员和其他直接责任人员，依照该条的规定处罚。值得注意的是，对于《产品质量法》规定的11个刑事责任条文，采用了双罚规定，动用无期徒刑和死刑。表明中国立法者所下决心之大，也从反面说明了中国假冒伪劣社会问题的严重程度。

《产品质量法》所规定的行政管理措施和行政制裁亦需调整补充，因此，2000年7月8日第九届全国人民代表大会常务委员会第十六次会议，通过《关于修改产品质量法的决定》，主要是强化产品质量的行政管理和行政责任。计增加25个条文，修改20个条文，删去2个条文。其中，涉及产品质量行政管理的19条，涉及行政制裁的18条，涉及严格产品责任的仅有2条。修改中对严格产品责任的基本规则未作变更。

涉及严格产品责任的两处修改：

其一，关于适用范围。修改前的第2条第3款“建设工程不适用本法规定”修改后增加“但书规定”：“但是，建设工程使用的建筑材料、建筑构配件和设备，属于前款规定的产品范围的，适用本法规定。”将建设工程所使用的建筑材料、建筑构配件和设备，纳入本法适用范围。

其二，关于人身伤害的损害赔偿。修改前的第32条是关于人身伤害损害赔偿的规定，赔偿项目较少。修改后变更为第44条。所增加的赔偿项目是，治疗期间的护理费、残疾者生活自助具费、残疾赔偿金、死亡赔偿金、受扶养人所必需的生活费。其中，残疾赔偿金和死亡赔偿金，即精神损害赔偿。

（四）《产品质量法》与《民法通则》的关系

《产品质量法》的第二、三、五章属于公法，第四章属于私法。第四章第41～46条是关于严格产品责任的规定，与《民法通则》第122条规定的关系，属于特别法与普通法的关系。按照特别法优先适用的原则，人民法院裁判产品责任案件应当优先适用《产品质量法》第41～46条的规定，而不适用《民法通则》第122条的规定。从裁判实务看，自《产品质量法》生效以来，人民法院裁判产品责任案件均一律适用《产品质量法》的规定。可以说，《产品质量法》实际上取代了《民法通则》第122条。

（五）《产品质量法》与《消费者保护法》的关系

消费者保护法包括三部分：其一，消费者政策法；其二，消费者合同法；其三，消费者安全法。消费者政策法，规定在现行《消费者权益保护法》中，是《消费者权益保护法》的主要内容。消费者合同法，统一规定在《合同法》中，主要是该法关于格式合同的规则（第39～41条）和关于免责条款的规则（第53条）。消费者安全法，包括产品质量行政管理法（即《产品质量法》主要内容），产品质量刑法（上述《刑法》关于产品质量犯罪的规定），严格产品责任法（《产品质量法》第41～46条）。

可见，《产品质量法》是消费者安全法的重要部分。其目的和任务是，通过确保产品质量以保障消费者人身安全，救济因产品缺陷导致人身安全遭受损害的消费者，制裁生产销售不合格产品的违法行为人。

四、中国产品责任法的基本内容

（一）产品定义

《产品质量法》第2条第2款规定：“本法所称产品是指经过加工、制作，用于销售的产品。”

第3款规定：“建设工程不适用本法规定；但是，建设工程使用的建筑材料、建筑构配件和设备，属于前款规定的产品范围的，适用本法规定。”

关于产品定义,须加说明如下:

其一,上述规定未像EC指令那样,以"动产"界定产品概念,因为,中国当时的民事立法还没有采用"动产"、"不动产"这一分类。结合第3款关于"建设工程不适用本法"的规定,本条规定的"产品"定义,实际上相当于EC指令的"动产"概念。留下的问题是,建设工程中所使用的"动产",是否包括在本法产品定义范围之内?本法修改时增加的第3款"但书"规定,将建设工程所使用的"建筑材料、建筑构配件和设备",纳入本法产品范围,使本法"产品"定义与EC指令的规定相当。

其二,依照本条,本法所谓产品,有两个要件:一是经加工、制作,二是用于销售。关于"用于销售",《美国侵权法第二次重述》第402A条已包含了"用于销售"这一要件。EC指令第2条关于产品的定义未规定这一要件,而将不具备这一要件作为免责事由之一,规定在第7条。关于"加工、制作"要件,应当解释为"机械化的、工业生产的"加工、制作,并不包括"手工业的"加工、制作。

其三,本条未像EC指令第2条那样,明文规定将包括渔业、畜牧业产品在内的初级农产品(primary agricultural product)和猎获物(game)排除在外。因此,给裁判实务留下不确定性。但如果对本法关于产品的定义作反对解释,初级农产品和猎获物,因不符合"加工、制作"要件,当然不在本法"产品"定义之内。

其四,本条未像EC指令第2条那样,明文规定将"电"包括在内。导线传输中的"电"造成人身财产损害的案件,如果符合《民法通则》第123条规定的"高压"要件,自可适用该条高度危险责任(属于严格责任)。

《民法通则》第123条规定:"从事高空、高压、易燃、易爆、剧毒、放射性、高速运输工具等对周围环境有高度危险的作业造成他人损害的,应当承担民事责任;如果能够证明损害是由受害人故意造成的,不承担民事责任。"

按照最高人民法院《关于审理触电人身损害赔偿案件若干问题的解释》(法释2001年3号),所谓"高压",指电压在1千伏以上的输电线路。依此解释,居民生活用电(220伏)及普通工厂车间用电(360伏),不属于"高压"。

如果不符合"高压"要件,如居民生活用电、普通工厂车间生产用电造成伤害,应不适用高度危险责任,而适用《民法通则》第106条第2款关于一般侵权行为的过错责任,此对受害人保护显然不利。

此外,近年实务上发生的输血感染案件是否适用严格产品责任,即输血用血液是否属于"产品"的争论。1999年河南省南阳市中级人民法院在一个输血感染艾滋病的案件中,认定输血用血液不符合产品质量法第2条的产品定义,因此不是"产品",不适用《产品质量法》第四章关于严格产品责任的规定,而应适用

《民法通则》第106条规定的过错责任。

(二)责任原则

本法对于产品生产者和产品销售者采用不同的归责原则。

生产者的责任,规定在第41条:"因产品存在缺陷造成人身、缺陷产品以外的其他财产(以下简称他人财产)损害的,生产者应当承担赔偿责任。"

按照这一规定,因产品存在缺陷,造成人身财产损害的,应由该产品的生产者承担赔偿责任。此生产者的赔偿责任,不以生产者具有过错(故意或过失)为责任成立要件,因此属于严格责任(strict liability)。

本法对"生产者"未规定定义,参考EC指令进行解释,此"生产者"应指产品成品或产品零部件的制造商,还应当包括在产品上标出自己的名称、商标或其他标志,以表明自己是该产品的生产者的自然人或法人。

销售者的责任,规定在第42条第1款:"由于销售者的过错使产品存在缺陷,造成人身、他人财产损害的,销售者应当承担赔偿责任。"

条文明示,销售者的过错使产品存在缺陷的情形,销售者应当承担赔偿责任。此销售者的责任,以销售者具有过错为责任成立要件,因此属于过错责任(fault liability)。依解释及裁判实务,当受害人以缺陷产品的销售者为被告起诉时,法院不要求受害人证明被告销售者具有过错,而是责令被告销售者就自己无过错举证,如果被告销售者举证证明了自己无过错,法院即依本款判决其不承担赔偿责任。因此,本款所规定的销售者的责任,实际上属于过错推定责任。

考虑到在某些情形下,受害人不可能知道产品的生产者,因此本法使销售者负有向受害人指明产品的生产者,或者指明产品的供货者的义务。如果销售者不履行此项义务,则应由销售者对缺陷产品所造成消费者的损害承担严格责任。此项责任,规定在第42条第2款:

"销售者不能指明缺陷产品的生产者也不能指明缺陷产品的供货者的,销售者应当承担赔偿责任。"

依此规定,销售者要获得免责,不仅须举证证明自己无过错,还须向受害人指明产品的生产者或供货者。如果他不指明产品的生产者或供货者,即使举证证明了自己无过错,法院也将依据本款规定判决其承担赔偿责任。条文所谓"供货者"概念,应当包括产品的出口商和进口商。

(三)免责事由

现代产品责任法虽然属于严格责任,但并非绝对责任,生产者仍有获得免责的可能性。本法参考EC指令,规定了三项免责事由,即第41条第2款:

"生产者能够证明有下列情形之一的,不承担赔偿责任:

(1)未将产品投入流通的；

(2)产品投入流通时，引起损害的缺陷尚不存在的；

(3)将产品投入流通时的科学技术水平尚不能发现缺陷的存在的。”

其中，免责事由(1)，相当于EC反映令第7条(a)；

免责事由(2)，相当于EC指令第7条(b)；

免责事由(3)，相当于EC指令第7条(e)。

本法未采纳EC指令第7条的(c)、(d)和(f)三项免责事由。其理由何在？

未采纳(c)的理由是，在中国的立法者看来，在(c)的情形下，制作的产品既不具有经济上的目的，也不用于“销售”。例如，朋友聚会时妻子制作的蛋糕，根据本法第2条关于产品定义的规定，已被排除在本法适用范围之外。不承担严格责任是显而易见的。

未采纳(d)的理由是，在中国的立法者看来，在(d)的情形下，制作的产品既已遵循国家机关的强制性规定，其缺陷产生的责任本不在生产者，且本法第46条对此已有规定(参见下文关于缺陷定义的解说)。

未采纳(f)的理由是，在中国的立法者看来，在(f)的情形下，因该最终产品的设计或遵从最终产品的生产者的指示而产生的缺陷，当然应由该最终产品的生产者承担责任。其部件生产者不应承担责任是显而易见的。

关于免责事由(3)，即所谓开发风险抗辩(state of art)，需要注意的是：

条文“将产品投入流通时的科学技术水平尚不能发现缺陷的存在的”，系严格采用对EC指令第7条(e)“that the state of scientific and technical knowledge at the time when he put the product into circulation was not such as to enable the existence of the defect to be discovered”的中文翻译。

此规定与英国法的规定有差异。英国《1987年消费者保护法》关于开发风险抗辩的规定，比EC指令宽松得多，系采取“同类产品生产者”不能发现缺陷的标准：

“The state of scientific and technical knowledge was not such that a producer of products of the same description as the product in question might be expected to have discovered the defect if it had existed in his product while they were under his control[the Consumer Product Artl 987, S4(1)(e)]。”

两相对照，中国法的规定更符合EC指令，而较英国法更严格。假设某种产品因具有不合理危险，造成消费者受害，依照中国法的规定，被告生产者必须证明生产销售该产品时的“技术水平”尚不能发现该缺陷，即他只在证明当时未有任何科学技术文献指出该种产品具有该缺陷时，才能获得免责。换言之，被告不能通过证明当时生产该种产品的其他生产者均未能发现该缺陷,而获得免责。而依照英国法的规定,被告生产者如果证明,在当时的科学技术水平下,生产该种产品的其他生产者均未能发现该缺陷,应有获得免责的可能性。

(四)缺陷定义

第46条规定:"本法所称缺陷,是指产品存在危及人身、他人财产安全的不合理的危险;产品有保障人体健康、人身、财产安全的国家标准、行业标准的,是指不符合该标准。"

此规定系双重标准:

其一,规定"缺陷"是指"不合理的危险",系采纳《美国侵权法第二次重述》第402A条的"不合理危险"标准,而未采用EC指令第6条规定的"不具有消费者有权期待的安全性"标准。

其二,规定"缺陷"是指"不符合法定安全标准"。其立法思想是,关于产品的安全性既然有强制性的国家标准、行业标准,生产者即负有遵循该标准的法定义务,凡不符合该标准即应认定为有缺陷。这在操作上也颇为方便。

但此双重标准规定所引发的问题是,若产品符合该强制标准而仍造成消费者人身、财产损害,生产者可否以产品符合强制性标准而主张不存在缺陷,并据以要求免责?进一步的问题是,若认可生产者免责,则受害人可否向国家要求赔偿?或者生产者对受害人承担责任后,可否向国家要求赔偿?

法律未对产品缺陷作分类,而学者参考美国严格产品责任理论将缺陷分为设计缺陷、制造缺陷、警告缺陷和开发缺陷。考虑到本法第41条第2款已规定开发风险抗辩,则可以认定,依本法应当承担严格责任的缺陷,仅指设计缺陷、制造缺陷和警告缺陷,不包括开发缺陷。

(五)连带责任

本法对产品生产者和销售者采用不同的归责原则。生产者承担严格责任,销售者承担过错责任。为保护消费者利益,并规定受害人可以选择对生产者起诉或者对销售者起诉。

第43条规定:因产品存在缺陷造成人身、他人财产损害的,受害人可以向产品的生产者要求赔偿,也可以向产品的销售者要求赔偿。属于产品的生产者的责任,产品的销售者赔偿的,产品的销售者有权向产品的生产者追偿。属于产品的销售者的责任,产品的生产者赔偿的,产品的生产者有权向产品的销售者追偿。

但该法未规定生产者的定义。建议将来将严格产品责任纳入民法典时增加关于生产者定义的规定,可参考《日本制造物责任法》第2条第3款关于制造者的定义：

本法所称制造业者等，指符合下述任何一项者：

（1）以制造、加工或输入该制造物为业者（以下仅称制造业者）；

（2）自己作为该制造物的制造业者在该制造物上表示其姓名、商号、商标及其他表示（以下简称姓名等的表示）者，或误认为该制造物的制造业者而为姓名等的表示者；

（3）前款所列者外，从该制造物的制造、加工、输入或有关贩卖形态的其他事项来看，可以认为是该制造物的实质的制造业者的姓名等的表示者。

（六）赔偿范围

其一，人身伤害的赔偿

第44条第1款规定：因产品存在缺陷造成受害人人身伤害的，侵害人应当赔偿医疗费、治疗期间的护理费、因误工减少的收入等费用；造成残疾的，还应当支付残疾者生活自助具费、生活补助费、残疾赔偿金以及由其扶养的人所必需的生活费等费用；造成受害人死亡的，并应当支付丧葬费、死亡赔偿金以及由死者生前扶养的人所必需的生活费等费用。

其二，财产损害的赔偿

第44条第2款规定：因产品存在缺陷造成受害人财产损失的，侵害人应当恢复原状或者折价赔偿。受害人因此遭受其他重大损失的，侵害人应当赔偿损失。

所谓“其他重大损失”，指受害人因财物毁损所发生的经济上的损失，如按照最高人民法院《关于交通事故中的财产损失是否包括被损车辆停运损失问题的批复》（法释1999第5号），是指受害人正用于货物运输或旅客运输的车辆的停运损失。相当于《合同法》关于违约责任的第113条所规定的“可得利益”损失，即民法理论上所谓“所失利益”，或称消极损害。

其三，缺陷产品本身的损害

第41条明定：因产品存在缺陷造成人身、缺陷产品以外的其他财产（以下简称他人财产）损害的，生产者应当承担赔偿责任。

条文明示缺陷产品本身的损害，不在赔偿范围之内。此系采纳《美国侵权法第二次重述》第402A条、EC指令第9条的经验，而与1989年的《德国产品责任法》第1条第1款、1994年的《日本制造物责任法》第3条第2句的规定相同。其立法理由是，缺陷产品本身的损害，纯粹属于经济上的损失，应依合同法上的瑕疵担保责任加以救济。

其四，精神损害赔偿

《民法通则》第120条规定了对人格权侵害的精神损害赔偿，而关于人身伤害的情形可否要求精神损害赔偿，未有明文规定。在20世纪80年代和90年代前半期，人民法院的普遍态度是不认可人身伤害的精神损害赔偿。从90年代中期开始，一些地方人民法院对于人身伤害案件认可精神损害赔偿，但判决依据不一。如"贾国宇案"，北京市海淀区人民法院判决10万元精神损害赔偿金，裁判根据是《消费者权益保护法》第41条规定的残疾赔偿金，而该判决被刊登在《最高人民法院公报》时，被改为依据《民法通则》第119条。《产品质量法》修改后的第43条所增加的"残疾赔偿金"和"死亡赔偿金"，究竟属于精神损害赔偿抑或逸失利益，仍不明确。

最高人民法院于最近发布《关于确定民事侵权精神损害赔偿责任若干问题的解释》（法释2001年7号），肯定自然人的生命权、健康权、身体权遭受非法侵害的，可以请求赔偿精神损害。此精神损害赔偿，在致人死亡的情形，称为"死亡赔偿金"；在致人残疾的情形，称为"残疾赔偿金"；其他损害情形，称为"精神抚慰金"。据此解释，《产品质量法》第43条所规定的残疾赔偿金和死亡赔偿金，性质为精神损害赔偿。

（七）请求权的时效限制

第45条第1款规定："因产品存在缺陷造成损害要求赔偿的诉讼时效期间为二年，自当事人知道或者应当知道其权益受到损害时起算。"这是《民法通则》规定的普通时效期间。

第2款规定："因产品存在缺陷造成损害要求赔偿的请求权，在造成损害的缺陷产品交付最初用户、消费者满十年丧失；但是，尚未超过明示的安全使用期的除外。"

设立十年除斥期间，系参考EC指令第11条的经验。同时考虑可能有的产品的安全使用期长于十年，因此增设"但书"规定。但对于在身体中逐渐蓄积而损害人的健康的物质所致损害，或需经过一定的潜伏期间后才出现症状的损害，此十年除斥期间从何时起算，未设规定。参考日本《制造物责任法》第5条第2款的规定，这种情形的十年除斥期间应当从其损害发生时起算。

《民法通则》规定的普通时效期间为二年，实践证明不足以保护受害人利益，因此学者建议在编纂中国民法典时，将普通时效期间延长，例如，规定为五年。

五、中国严格产品责任法与民法典编纂

中国现在的严格产品责任法规定在《产品质量法》中,作为民法的特别法存在,似与德国、日本等大陆法系国家一致。但《产品质量法》,就其主要部分而言,属于公法性质,系沿袭中国自1949年以来的对公法、私法不加区分的传统。因此,学者建议在编纂中国民法典时,将严格产品责任法的规定,从《产品质量法》中分离出来,编入民法典侵权行为篇,作为一种特殊侵权行为。

六、结束语:假冒伪劣的体制上根源与法律对策

严格产品责任法和产品质量刑法,均属于事后的救济和制裁。对于损害消费者人身安全的缺陷产品尤其是假冒伪劣产品之产生,起预防作用的是产品质量行政管理法。

我国对于产品质量问题,制定了最严格、严厉的法律,包括行政法性质的产品质量的行政管理法、行政责任法,民事法律性质的严格产品责任法,刑事法律性质的产品质量刑法,不可否认确实发挥了重大作用,但并未真正阻止假冒伪劣产品源源不断地生产和损害消费者人身安全的重大案件的不断发生。这迫使我们思考这样一个问题:

中国如此严重的、难以遏制的假冒伪劣社会问题,具有体制上的根源:这就是中央政府和地方政府的利益冲突。

这是中国改革开放面临的最重大的问题。前述法律手段虽然重要、不可或缺,有如俗话所谓"扬汤止沸";从体制上解决产生假冒伪劣的产生根源,才是"釜底抽薪"。

目前的法律对策,已不可能从《产品质量法》上产生,应当从《消费者权益保护法》上产生。这就是建立强有力的执行消费者保护法和消费者政策的行政机关:

在国务院下设立"中国消费者保护委员会"。其职责:

制定、修改消费者保护政策;

提出、修改消费者保护法草案;

参与审议各项经济政策和社会政策,以确保与消费者保护政策协调。

其组成:

设主任委员一人，由一位国务院副总理担任；副主任委员若干人；委员若干人，选聘法学家、经济学家、社会学家、律师、退休法官担任。

下设消费者保护局，作为办理机构。

（2001年第6期）

悬赏广告的适用范围

常鹏翱*

［案情］

1993年3月30日，李珉捡到由朱晋华占有而李绍华所有的公文包一个，并交由自己的朋友王家平（身份是警察）保管，后失主朱晋华、李绍华先后在报纸上刊登了寻包启事，其中具有"一周之内有知情送还者酬谢15000元"内容。李珉得知该信息后，就委托王家平与李绍华联系，后在交付钱物的过程中，双方在给付酬金的问题上发生争执。李珉向法院起诉，要求失主朱晋华、李绍华二人支付其许诺的酬金。

天津市和平区人民法院一审判决认为，根据我国《民法通则》第79条第2款的规定，李珉应当将拾得的遗失物归还原主；王家平作为警察，属于法律上有特定身份的人，但在本案纠纷中却表现出了职务上的不作为，更是错误的。而且失主朱晋华、李绍华二人作出给付酬金的承诺不是真实的意思表示，是无效的民事行为。据上，判决驳回了李珉的诉讼请求。李珉不服该判决，向天津市中级人民法院提出上诉。该中级法院认为，争执中的"寻包启事"是个悬赏广告，李珉据此与失主朱晋华、李绍华二人建立了债权债务关系，失主朱晋华、李绍华二人应当按照自己的许诺给予李珉报酬。①

［评析］

这是一个著名的悬赏广告纠纷案例，有许多学者著文对其进行细致的分析，其内容涉及悬赏广告的性质、成立、生效、撤回等问题。在这种好像"问题已经不成为问题"或者"问题已经被讨论完"的情况下，本文之所以冒重复论述之险，是因为笔者意欲通过这个"旧"案例来发现新问题。本文的关注对象是悬赏广告法律适用的范围，旨在讨论是否所有具有悬赏广告形式的行为，均应被纳入悬赏广告生效制度所调整的视野这个问题。在笔者看来，这个问题在悬赏广告制度中，具有前提条件的地位，即只有需要用生效制度来调整的悬赏广告，才谈得

---

* 作者单位：中国社会科学院法学研究所。

① 详细案情参见《最高人民法院公报》1995年第2期。

上有什么生效标准和效力内容。

一、关于悬赏广告法律适用范围的两种观点

悬赏广告是否应当受到法律保护，这在明确赋予其合法地位的国家，一般不生疑问，即只要一个行为符合悬赏广告的客观外形，法律就承认其是一种法律存在，而不问其具体内容为何，也不问完成指定行为的人具有什么身份，都应受悬赏广告法律规范的调整。这样，如果悬赏广告符合特定的生效要件，就可以生效；反之，就不具有法律效力。德国、日本等民法的规定就是这样的，这些法律文本提出的是一种普适性观点，认为悬赏广告不仅是形式上具有同一性的经济行为，也是一种无区别性的法律机制。可以说，这是主流的观点，诸多关于悬赏广告的学说均由此展开。

但学术的生命在于争辩，而不在于附随。有人基于法社会学的思考方法，分析了上述这个案例，认为悬赏广告可以分为对世型和对人型两种。其区分标准在于：前者是实质意义上的悬赏广告，而后者只是采用了悬赏广告的形式，向特定的“隐蔽的人”发出的意思表示；前者具有进行效力判断的必要性，而遗失物悬赏广告这类的对人型悬赏广告是确定无效的。① 换言之，只有对世型的悬赏广告才是悬赏广告法律的适用范围，而对人型的悬赏广告不属于此范围，且遗失物悬赏广告属于无效法律行为类型。也就是说，对悬赏广告法律适用范围的限制，应当考虑该广告的内容是什么事，通过对事的限制来规范法律的适用范围。无疑，这种区别性观点具有创新性和实用性，其提出了对悬赏广告进行区别性调整的主张，值得我们思考。

实际上，本案中的两级法院作出的判决，也分别代表了这两种不同的观点：一审法院显然采用了区别性观点，而二审法院采用了普适性观点。就一审法院的判决而言，一旦其得到司法界或者社会公众的许可，就足以导致遗失物悬赏广告被认定为自始无效、确定无效，这是一个类型化或者模型化的结果，其对法官以及一般社会公众的观念指导，是排除对遗失物悬赏广告的法律效力作进一步探讨的可能性，从而也就缩小了悬赏广告法律效力的适用范围。而根据二审法

---

① 所谓对世型悬赏广告，是指广告人向不特定的人作出意思表示，相对人没有完成广告中指定的行为的法定义务，广告人有依约履行的义务。所谓对人型悬赏广告，是指广告人是对特定的“隐蔽的人”作出的意思表示，其实质上是特定当事人之间的一种要约和承诺的合同行为，其典型的例子是遗失物悬赏广告。参见姚德年：“浅析悬赏广告——对一则遗失悬赏广告纠纷案的分析”，载梁慧星主编：《民商法论丛》（第9卷），法律出版社1998年版，第402～417页。

院的判决,就还需对悬赏广告的法律效力进行价值判断。

二、对区别性观点的评析

区别性观点是区别和划分方法的应用,①而这种方法的适用,要考虑区别标准的合理性和区别所具有的实益性,只有细致地论证这两个方面,才能对区别之观点作出妥当的判断。据此,笔者认为:

第一,从悬赏广告的内在构制而言,这种区别标准没有合理性。

首先,悬赏广告是一个找人机制。悬赏广告的发出,其目的是无限多样的,但共同之处在于借助他人的力量来达到广告人的意图,而“他人”对广告人而言是不可知的,所以其才借助悬赏广告来对世寻求能完成指定行为的该“他人”,此人出现之时,也就是悬赏广告目的达到之时,只有在这个时候,此人才是特定、具体和明确的。无论对世型悬赏广告或对人型悬赏广告均如此,我们不能因为对人型悬赏广告中的相对人潜在的特定化,就否认其不是悬赏广告。其次,悬赏广告中有优势机制。在悬赏广告中,只有完成指定行为的相对人,才能成为报酬的获得人,不能完成指定行为的人处于劣势,其不能获得报酬,也就根本不能为悬赏广告法律制度所容纳。这在对世型的优等悬赏广告中尤为明显,即相对人之间相互竞争,优胜者才能成为悬赏广告中的权利享有者。在对人型的悬赏广告中,同样适用优势机制,只不过在一般情况下,处于优势的人不是从竞争中产生的,而是取决于其对信息的占有(如发现逃犯线索之人,可以从悬赏追寻逃犯之人处获得报酬),或是对事实的掌握(如拾得遗失物之人,可以从悬赏寻找遗失物之人处获得报酬),只要这种垄断优势没有违法性,都不妨碍优势之人成为悬赏广告的受益人。当然,这并不排除对人型悬赏广告也具有竞争机制,例如,发现逃犯线索的人为多人,一般就只能由最先向广告人提供线索的人取得报酬,这里也存在竞争性优势机制。可见,这两种悬赏广告在内在的构制上没有区别,那么这种区别就难言合理。

第二,否认遗失物悬赏广告之类的对人型悬赏广告的法律效力,将破坏悬赏广告的利益交换或资源配置机能。

悬赏广告具有利益交换或资源配置的功能,即广告人为获得对方完成指定行为中所包含的利益,就支付报酬给行为人,而对方行为恰恰是广告人自己不能

① 关于“区别和划分”,参见梁慧星著:《民法解释学》,中国政法大学出版社 1995 年版,第 91~101 页。

完成的,其中包含的利益就成为广告人的收益,这样,就完成了一次资源配置过程。对于广告人而言,如果其既保留报酬,又能完成指定行为,就将获得最大的效益。但这是不可能的,因为广告人所拥有的资源是有限的,其在发出悬赏广告之时,只具备拥有报酬而无完成指定行为的能力,这就要求其只能在二者之间择一而为。由于经济学一般认为并假定个人是其最大利益的最佳判断者,那么,无论广告人发出悬赏广告意在征文还是找物,都表现为理性的选择,悬赏广告中指定行为的完成也给广告人带来了最大利益。同时,广告人发出悬赏广告,并非单纯的利益驱动使然,其往往还有一定的目标指引(如找人是为了弥补感情,找物是为了睹物思人等),一旦目标通过相对人完成指定行为而实现,就是一种非常有效率的资源配置。① 相对人完成指定行为的过程也可以作出以上的分析。可以说,正是双方的合作完成了资源配置的过程。

更为重要的是,这种资源配置的过程,并不因为悬赏广告是对世型或对人型的分类而改变。如果否定遗失物悬赏广告的法律效力,而这种类型的广告人就"鱼和熊掌兼得",其不需要转移报酬就可以取得相对人完成指定行为的利益,无疑是超效率的,但这是以相对人转移自己的资源而不能取得任何收益为条件而实现的,在此,相对人处于零效率状态。而报酬对于广告人而言并不具有最大化的效益(否则其不会作出支付报酬的意思表示),但对相对人却有最大化的效益,这样,悬赏广告的资源配置作用就不能达到最佳。而且,如果将悬赏广告作为一种抽象的模型,广告人和相对人是抽象的双方当事人,其二者是通过悬赏广告进行反复的多次的利益交换,其前提是双方合作,即相对人完成指定行为,广告人支付报酬,从而可以达到效益最佳状态。这种结果的产生,在很大程度上是相对人依赖广告人的信息而引起的,其无疑是有积极意义的,对他人可以产生激励和示范效应。如果双方不合作,即遗失物悬赏广告没有法律效力,相对人就不会完成指定的行为或广告人明知指定行为已经完成也不支付报酬,则资源不能合理配置,利益也不能达到最佳。

三、对悬赏广告法律适用范围的看法

本文驳斥区别性的观点,并不代表对普适性观点的支持。

笔者认为,悬赏广告不仅是一静态的器物,也是一动态的过程,即其经历了

① 厉以宁著:《超越市场和超越政府》,经济科学出版社 1999 年版,第 43 页。

一个广告人发出悬赏广告、相对人完成指定行为、广告人给付报酬这三个紧密联系的步骤，形成了一个完整的形态。其中，第一个步骤揭示了悬赏广告的静态存在（称谓存在型悬赏广告），第二个步骤表明了悬赏广告在相对人参与下正趋于有效（称谓生效型悬赏广告），第三个步骤则是悬赏广告丧失经济效能及法律意义的表征（称谓实效型悬赏广告）。存在型悬赏广告表明了悬赏广告中行为的内容和类型以及报酬的内容，是悬赏广告成立的标志；生效型悬赏广告则使相对人特定化，至此，悬赏广告中的找人机制已经完成；至于其优势机制是否已经发挥作用，则需在有关因素（如悬赏广告的内容、生效条件）的配合下，在实效型悬赏广告中得到确定。后两个步骤正是悬赏广告利益交换机制运行的过程，也是展现其法律效力的过程。就上述案例而言，失主发出"寻包启事"就标志该悬赏广告的客观存在，此"寻包启事"就是一静态悬赏广告；李珉委托他人与失主联系并送还遗失物，意味着其完成了悬赏广告中指定的行为，从而有可能使广告人负担支付报酬的义务，此时就标志着生效型悬赏广告的产生；之后，李珉从广告人处得到报酬或者不能从广告人处得到报酬的状态就是实效型悬赏广告的表现。

由此可知，悬赏广告是否具有法律效力，应在生效型和实效型这两个阶段中进行确认。因为存在型悬赏广告只是说明了悬赏广告的事实存在性，是广告人依据自己的意志对有关内容作出的规定，而这些规定是否符合法律的规范目的或者价值，相对人从事的行为是否与这些规定相符合，还必须做进一步的考虑。也就是说，通过生效型悬赏广告对存在型悬赏广告的法律效力进行确定，如果相对人确实按照广告人的要求完成了指定行为，而广告人的这种要求又符合法律的规定，则就会产生实效型悬赏广告，广告人就应给付相对人以一定的利益；否则，悬赏广告到生效型阶段就停止了其在法律上的逻辑发展，就不能产生法律效力，也就不存在实效型悬赏广告。可见，判断一个悬赏广告是否具有法律效力以及有什么法律效力，主要应根据生效型和实效型悬赏广告进行判断，那么，悬赏广告法律的适用范围也就应从这两个类型的悬赏广告处进行确定。其标准应当是：相对人完成指定行为与其获得悬赏广告中的报酬之间是否具有必然关系，如果有（如不完成指定行为就不可能取得报酬），则应在悬赏广告法律规范的调整范围之内；如果没有（如即使完成了指定行为也不可能取得报酬），则说明这不是悬赏广告的法律机制，就不应为悬赏广告法律规范所调整。

而上述的两种观点，都是在静态意义上对悬赏广告进行分析，普适性的观点主要强调悬赏广告形式的同一性，区别性的观点则强调悬赏广告在内容上的分离性，它们都是在存在型悬赏广告这一平台上进行分析，而没有透视到悬赏广告的动态过程，没有关注悬赏广告的动态意义。

在悬赏广告法律关系中，相对人完成指定行为是其取得报酬的必要步骤，但这不是其必须履行的法律义务，而是其为取得报酬自愿实施的行为，对此，相对人有选择是否从事的权利。如果完成悬赏广告中的指定行为是相对人应承担的特定的法律义务，其在完成后仍可以取得报酬，即取得实效型悬赏广告中的权利，则可能导致以下不良后果：第一，义务权利化。悬赏广告的作出，旨在通过利益（即报酬）的激励，使相对人完成其本来没有义务完成的行为，完成者取得的报酬是其选择了完成指定行为的权利所获得的对价。但如果相对人负有完成悬赏广告指定行为的法律义务，其就应无条件地予以完成，不能因为完成指定行为而让其获得报酬。否则，逻辑就会变成相对人为得到报酬，就有义务去完成指定行为；不欲取得报酬，就没有完成指定行为的义务。这样，义务人就可以借口不欲取得报酬而不完成法律义务，使法律义务呈现任意性的色彩，这既不符合法律义务的强制性特点，也不利于广告人的利益保护。第二，利益失衡。悬赏广告本身具有利益平衡功能，实效型悬赏广告最终使当事人双方各得其所，达到利益的协调。其前提是相对人完成指定行为是自己的利益，是自己拥有的资源，否则就不存在利益互换。如果相对人完成指定行为是其对广告人或对社会应承担的义务，就意味着相对人要么对完成指定行为不享有利益，要么已经享有了利益，再使其因此取得报酬，就加重了广告人利益支出的负担。

因此，悬赏广告法律效力不适用于完成指定行为的相对人负有特定的法律义务，而完成指定行为又是其义务要求的生效型和实效型悬赏广告。具体而言，这主要有以下两种情形：

第一，相对人对广告人负有特定的合同义务。例如，甲乙之间有雇佣合同关系，约定乙应为甲寻找沉于水底的珠宝，甲支付相应的报酬。同时，甲为增加寻找珠宝的机会，又发出悬赏广告，表明对寻找到水底珠宝的人给予一定的报酬。之后，乙首先搜寻到了珠宝，其仅仅能要求甲支付合同约定的报酬，而不能再要求获得悬赏广告中的报酬；否则，就加大了广告人的费用支出，不利于保护其利益。

第二，相对人负有完成指定行为的法定义务。这主要包括以下两种情况：

1. 一般人都负有不得侵犯他人人身和财产的义务，否则就应承担损害赔偿责任。这样，在诸如寻找窃贼、寻找驾车撞人逃逸者之类的悬赏广告中，窃贼、逃逸者不能自现其身而要求取得报酬，这也是“任何人不能从自己的过错中取得利益”的法理要求。

2. 国家公职人员在执行公务时，依其法律职责所从事的行为，即使与悬赏广告所指定的行为相吻合,也不能取得报酬。如技术监督部门的工作人员在执行公务时,发现了商场所售出的货物存在质量瑕疵,其不能因为该商场发出“凡发现本商场销售××的商品存在质量问题,一经告知,即可获奖金一千元”的悬赏广告而请求商场(广告人)给其报酬,因为查处假冒伪劣产品,是法律赋予技术监督部门及其工作人员的职责,目的在于维护社会公共利益。当然,国家公职人员在非执行公务时,是民事主体,理应享有民事权利,在完成悬赏广告的指定行为后可享有报酬请求权。

在此,我们应特别注意警察在完成指定行为后的报酬请求权问题。在我国,《人民警察法》第19条规定:“人民警察在非工作期间,遇有其职责范围内的紧急情况,应当履行职责。”可以看出,警察对职责范围内的紧急情况的处理义务,没有时间间隔性。也就是说,警察与一般的公职人员相比,负有高度的“为人民服务”以及善良管理社会事务的义务,这是其职业特性使然。但何谓“紧急情况”,该法无明文规定,参照该法第21条的规定“人民警察遇到公民人身、财产安全受到侵犯或处于其他危难情形,应当立即救助”,可以将诸如解救人质、追捕逃犯、捉拿盗贼、寻找价值重大的遗失物列入紧急情况,这样,警察在完成以上悬赏广告所指定的行为时,无论是否在执行公务期间,都不能取得报酬。

就本案而言,王家平如果是遗失物的拾得人,就应被排除在悬赏广告的法律效力制度之外,不能享有支付报酬请求权。但是,王家平并不具有拾得人的地位,因为,尽管王家平是遗失物的事实占有人,但这个占有是基于李珉的委托而发生的,而李珉拾得遗失物这个行为具有合法性,作为人民警察的王家平对该行为既无权力也无职责去进行法律意义的评价,在这个纯粹的民事法律关系中,王家平要受到自己承诺的制约,即其不能擅自将该遗失物返还给失主。因此,一审法院针对王家平的评论,与案件的实质内容并没有关联。

(2001年第6期)

保证期间再探讨

孔祥俊*

一、保证期间的界定

准确界定保证期间的含义及其性质是非常重要的，因为它直接涉及对保证期间的正确理解。按照最常见的界定方式，保证期间是保证人承担保证责任的期间。但是，这种界定最明显的不足是，在特殊情况下超过该期限保证人仍然要承担保证责任。也有人从债权人行使权利的角度对保证期间进行界定，即“保证期间（也称保证责任期间），是根据当事人约定或者法律规定，债权人应当向债务人（在一般保证情况下）或者保证人（在连带保证情况下）主张权利的期间。债权人没有在该期间主张权利，则保证人不再承担责任”。① 还有一种界定，保证期间是保证人能够“容忍”债权人不积极行使权利的最长期间。② 这种界定是非常准确的。我们可以从下列方面理解保证期间的含义：

（一）从债权人角度来看，保证期间是债权人应当积极行使权利的期间，督促债权人尽快对保证人行使保证债权。债权人行使权利的方式因保证性质的不同而不同。在一般保证中，法律要求债权人行使权利的方式是特殊方式，即提起诉讼或者申请仲裁，否则不构成具有法律意义的或者符合法律要求的权利行使；在连带责任保证中，法律对债权人行使权利的方式没有特殊的要求，只要请求保证人履行保证义务，就符合法律要求。对债权人而言，保证期间的意义是，如果债权人在保证期限内不按照法定方式积极行使权利，保证人的保证责任即告免除。

（二）从保证人角度来看，保证期间是保证人有条件地免除保证责任的期间。之所以说保证期间为保证人承担保证责任的期间的说法不准确，是因为超过该期限并不能使保证人无条件地免责。换言之，在保证期间内如果债权人按照法律要求行使权利，保证期间就会中断，保证人也就不能免责。从整体上看，

---

* 作者单位：最高人民法院。

① “探索于民法中最活跃的领域——最高人民法院民二庭庭长奚晓明谈《关于适用〈中华人民共和国担保法〉若干问题的解释》”，载《人民法院报》2000年12月15日。

② 邹海林、常敏著：《债权担保方式和应用》，法律出版社1998年版，第73页。

保证期间着眼于保护保证人的利益，即通过促使债权人尽快行使权利，以避免保证人无限期地等待，使保证关系尽快结束。

（三）保证期间既可以是约定期间，又可以是法定期间，但首先是约定期间。《担保法》第25条和第26条规定的法定保证期间在性质上属于任意性规定，即只有在当事人没有约定保证期间时，才适用法定保证期间，也即法定保证期间具有补充当事人意思的作用。

将保证期间界定为“保证人能够容忍债权人不积极行使权利的最长期间”，可以从保证人和债权人的双向角度展示保证期间的属性，将保证期间的含义界定得恰如其分。首先，它表明了保证人的被动性，“容忍”一词足以使保证期间的含义活灵活现，具有连接作用，架起了债权人和保证人在保证期间上的桥梁；其次，它表明了保证人免责的条件性，即“债权人不积极行使权利”和“最长期间”都是保证人免责的条件；最后，它表明了债权人的主动性，即债权人可以主动行使权利，但不行使权利会产生对其不利的后果。

二、保证期间的法律性质

（一）定性上的歧见

无论理论界还是实务部门，对保证期间的性质都有较大的争议。最为典型的争论是，保证期间是诉讼时效还是除斥期间。一种意见认为，保证期间是保证合同的效力存续期间，不能完全等同于除斥期间，保证期间可以由当事人约定，也可以中断；另一种意见认为，根据除斥期间的性质，保证期间不适用时效中止、中断或者延长的规定，否则就失去了规定的意义。①

（二）担保法的定性的分析

保证期间的一般属性取决于其具体的法律特征、法律效果或者法律意义。《担保法》第25条和第26条对保证期间的具体法律效果和法律意义作出了规定。

这些规定实际上既不承认其为诉讼时效，又不承认其为除斥期间。

（三）司法解释定性为除斥期间

最高人民法院《关于适〈用中华人民共和国担保法〉若干问题的解释》第31条明确了“保证期间不因任何事由发生中断、中止、延长的法律后果”。据权威

---

① “探索于民法中最活跃的领域——最高人民法院民二庭庭长奚晓明谈《关于适用〈中华人民共和国担保法〉若干问题的解释》”，载《人民法院报》2000年12月15日。

解释,该司法解释是将保证期间定性为除斥期间。

据司法解释起草者的观点,根据除斥期间的性质及担保法对于保证期间的规定,我国担保法中规定的保证期间应当理解为除斥期间。其理由是,其一,保证期间是保证合同的效力存续期间,保证期间届满即发生权利消灭的法律后果。《担保法》第25条和第26条规定,债权人未在保证期间内主张权利,保证人不再承担保证责任或者免责。由此可见,保证期间是法律规定债权人行使请求权的效力存续期间。其二,根据除斥期间性质,保证期间不适用有关诉讼时效方面的中止、中断或者延长的规定,否则就失去了规定的意义。《担保法》第25条规定,在该期间内主张权利,保证期间适用诉讼时效的规定。反过来说,在此之前不适用有关诉讼时效的规定,也就没有所谓中止、中断及延长等。其三,担保法规定的保证期间,是从债权人的权利在客观上发生时起计算。例如,《担保法》第25条规定,一般保证的保证人与债权人未约定保证期间的,保证期间为主债务履行期届满之日起6个月。由此可以看出,保证期间的起算点是主债务履行届满之日,此时正是债权人客观上开始有权要求债务人履行债务的时间,其根据是债权人的权利在客观上发生。而诉讼时效则不同,《民法通则》第137条规定,诉讼时效期间从知道或者应当知道权利被侵害时起算。可见其根据侧重于债权人的主观状态。因此,担保法规定的保证期间,其性质属于除斥期间,即债权人要求保证人承担保证责任的权利存续期间。由于保证责任不同于一般民事责任,实际上保证人是为了其他人而承担责任,在债权人、保证人与债务人三者之间所形成的关系中,保证人通常所承担的是单务的无偿的法律责任,并不享有要求对方对待给付的请求权。因此,法律有必要设定一段特殊的不变期间加以限制,以弥补适用诉讼时效可能出现的问题,防止保证人无限期地承担保证责任。在保证期间届满时,债权人没有及时行使权利,则其要求保证人承担保证责任的实体权利归于消灭,保证人免除保证责任。正是由于保证期间的性质,决定了该期间不存在中断、中止和延长问题。①

(四)保证期间是一种特殊的权利行使期间或者责任免除期间

笔者认为,将保证期间归属于诉讼时效和除斥期间都是不准确的。保证期间可以作为一种特殊的权利行使期间或者责任免除期间,即其自身可以成为一种独立的期间类型,而不必要也不应该归入现有的诉讼时效期间或者除斥期间中。

---

① “探索于民法中最活跃的领域——最高人民法院民二庭庭长奚晓明谈《关于适用〈中华人民共和国担保法〉若干问题的解释》”,载《人民法院报》2000年12月15日。

保证期间与诉讼时效的主要区别如下:(1)首先保证期间是约定期间,其法定期间为任意性规定,在没有约定时适用。诉讼时效为强制性的法定期间。(2)保证期间是请求权消灭期间,即其届满之后债权人对保证人的从债权(保证债权)消灭;诉讼时效是胜诉权消灭期间,其届满后实体权利并未消灭(有债务而无责任)。这些差别决定了该期间根本不是诉讼时效。但是,两者主要的相同或者近似之处如下:(1)适用的对象都是请求权。(2)都是可变期间。《担保法》第25条第2款规定的"债权人已提起诉讼或者申请仲裁的,保证期间适用诉讼时效中断的规定"表明,保证期间属于可以中断的期间。当然,担保法对保证期间的中止和延长没有规定。从保证期间的性质来看,为避免保证责任过分地处于不确定状态,可以不承认其中止或者延长。或者说,中止和延长与保证期间的性质不符。(3)起算时间有相同之处。诉讼时效适用于因多种基础关系发生的请求权,所谓"从知道或者应当知道权利被侵害时起算",是对所有请求权的诉讼时效起算点的概括。具体到合同关系的诉讼时效而言,其知道或者应当知道权利被侵害必然是合同债务履行期届满之时,而此时也恰恰是保证期间的起算点。那种将保证期间认定为诉讼时效的观点,只看到保证期间与诉讼时效的相同之处而未看到差别之处。

保证期间与除斥期间的区别主要如下:(1)适用对象不同,即保证期间适用于请求权,除斥期间适用于形成权。(2)保证期间为可变期间,即存在中断问题,除斥期间为不变期间。两者的相同或者近似之处主要是:第一,两者都是权利消灭期间。第二,在特定情况下两者都可以是约定期间。两者的不同决定了保证期间不是除斥期间,而其具有相同或者近似之处,特别是同属权利消灭期间,又使人将保证期间误认为除斥期间。

将保证期间要么归属于除斥期间,要么归属于诉讼时效的观点,在大前提上犯了错误,因为诉讼时效和除斥期间未能穷尽所有的期间形态。保证期间就是两者之外的独立的期间形态,其性质就是一种特殊的权利行使期间或者责任免除期间。因此,保证期间是可以另立门户的,保证期间就是保证期间,没必要非将其归入诉讼时效或者除斥期间不可。

三、保证期间的中断

《担保法》第25条第2款后段规定,"债权人已提起诉讼或者申请仲裁的,保证期间适用诉讼时效中断的规定"。该规定属于保证期间中断的规定。所谓的"保证期间适用诉讼时效中断的规定",实质上是指保证期间的中断准用诉讼时效中断的规定。因为,《民法通则》第140条规定:"诉讼时效因提起诉讼、当事人一方提出要求或者同意履行义务而中断。从中断时起,诉讼生效期间重新计算。"据此,诉讼时效的中断事由包括权利人对义务人提起诉讼、提出要求或者同意履行义务。保证期间的中断事由则是债权人已对债务人(主债务人)提起诉讼或者申请仲裁,而不是对保证人提起诉讼或者仲裁,这是与诉讼时效在中断事由上的差别。而且,如前所述,保证期间本身也不是诉讼时效,保证期间的中断不过是适用了诉讼时效中断的法律,即中断事由发生前业已经过的保证期间不再算数(归于无效或者作废),待中断事由完结后再重新计算(起算)。

担保法之所以对一般保证的保证期间中断作出规定,其立法理由是,"如果债权人积极行使了他的权利,对债务人提起诉讼或者申请仲裁,由于诉讼或者仲裁的程序的关系,有可能待到案件了结,经依法强制执行债务人仍不能履行债务之时,原来约定的保证期间以及法律规定的保证期间已经届满了。这时,债权人还能不能再要求保证人承担责任了呢?如果规定不能,对于债权人的利益显然是不公平的"。① 规定保证期间中断就是为了解决这种问题。

四、保证合同是否存在诉讼时效

(一)保证期间与诉讼时效的不相容性

担保法对保证合同的诉讼时效未作规定。从最高人民法院《关于适用〈中华人民共和国担保法〉若干问题的解释》第34条、第35条和第36条的规定来看,保证合同是存在诉讼时效的,该司法解释还对保证合同诉讼时效的中断和中止作出了规定。但是,问题在于,保证合同是否存在诉讼时效?对该问题的回答,仍然必须着眼于诉讼时效、除斥期间和保证期间的性质。

如前所述,诉讼时效是权利人要求法院依法保护其请求权的期间,除斥期间是权利人形成权的存续期间,而保证期间则是债权人有权要求保证人承担保证责任的期间。就保证合同关系而言,债权人是保证合同关系的权利人,保证人是保证合同关系的义务人(保证债务人或者从债务人),债权人的权利是对保证人承担保证责任的请求权,而保证人的义务是保证人承担代偿责任。按照担保法的规定,保证责任是有特定的存续期间的,即当事人约定的或者法定的保证期间。保证期间因而成为债权人对保证人行使权利或者保证人对债务人承担义务

① 全国人大常委会法制工作委员会民法室编著:《中华人民共和国担保法释义》,法律出版社1995年版,第34页。

的期间。如果说保证合同存在诉讼时效,那么该诉讼时效就是债权人对保证人的请求权受胜诉权保护的期间,但根据法律规定以及保证期间的性质,只要保证期间经过,债权人对债务人的实体权利即告消灭,更谈不上胜诉权的存在,因而所谓的保证合同的诉讼时效本质上是与保证期间的性质不相容的。之所以不相容,就是因为是无论诉讼时效还是保证期间,其指向的对象都是债权人对保证人的请求权,而诉讼时效和保证期间对待债权人的请求权的处理方式并不相同,从而不可能发生两者并行不悖的情形,只能选择其一。既然法律为保护保证人而选择了保证期间制度,就不可能再在保证合同上存在诉讼时效制度。而且,如前所述,诉讼时效、除斥期间和保证期间本身都属于相互排斥、不能兼容的期间形态。

(二)保证期间或者保证债务的诉讼时效意味着什么

最高人民法院《关于适〈用中华人民共和国担保法〉若干问题的解释》第 34 条和第 35 条分别使用了"保证期间的诉讼时效"和"保证债务的诉讼时效"的措辞。这两种说法实质上指的是同一回事。因为,按照《民法通则》第 135 条规定,"向人民法院请求保护民事权利的诉讼时效期间为二年",这意味着诉讼时效是请求法院保护民事权利的期间,或者说权利人向义务人主张胜诉权意义上的请求权的期间。就保证合同而言,其所涉及的诉讼时效只能是债权人对保证人的胜诉权意义上的期间,而不可能是针对其他权利的诉讼时效。同理,保证债务的诉讼时效只不过是从保证人的保证债务角度而言的时效期间,其本质仍然是债权人对保证人享有的请求权的时效期间。因此,无论是"保证期间的诉讼时效"还是"保证债务的诉讼时效",都是指债权人向法院请求保护其对保证人享有的权利(要求承担保证责任的请求权),准确地说就是债权人的请求权的诉讼时效。

但是,由于担保法在债权人对保证人的请求权的保护上没有采取诉讼时效保护的方案,而采取了保证期间的保护方法,其意图在于,在保证期间届满后,债权人丧失的不是胜诉权,而是实体权利,因此其法律后果对债权人更为不利,而对保证人较诉讼时效更为有利。这又回到了上面研究过的保证期间的性质及其与诉讼时效的关系问题。保证责任之所以采用保证期间而不采用诉讼时效,主要原因是,保证人本来没有债务,而为他人的债务承担责任,此时需要限定其承担责任的时间,并且在时间届满后不再存在自然债务,不再受道义上的压力,而使保证人得到完全解脱。

(三)担保法与司法解释不同规定的效果比较

按照最高人民法院《关于适〈用中华人民共和国担保法〉若干问题的解释》

第34条第1款规定,“一般保证的债权人在保证期间届满前对债务人提起诉讼或者申请仲裁的,从判决或者仲裁裁决生效之日起,开始计算保证合同的诉讼时效”,与《担保法》第25条第2款相比这种规定至少产生了下列不同的法律效果:

首先,保证人承担保证责任的期限可能延长了。按照担保法关于适用诉讼时效中断的规定,从中断事由(如债权人在保证期间届满前对债务人提起诉讼或者申请仲裁)结束之日起,保证期间重新起算,保证人仍然在约定的或者法定的保证期间内承担保证责任。而按照司法解释的规定,从判决或者仲裁裁决生效之日起,开始计算诉讼时效,这意味着,只要债权人在保证期间届满前对债务人提起诉讼或者申请仲裁,约定的或者法定的保证期间从此不再具有任何意义,剩下的就属于诉讼时效的问题,即适用二年诉讼时效的保护。

其次,中断前后被消灭的权利的性质不同了。对担保法关于保证期间中断规定的正确理解应当是,中断事由结束后重新计算保证期间,也即原保证期间只是因中断事由的出现而改变了起算点,其本身不发生一去不回的消失,也即中断前与中断后的法律保护期间的性质是相同的,不可能先前是诉讼时效,中断后重新起算时变成了除斥期间或者其他期间。因为诉讼时效中断的原理就是如此,担保法恰恰将保证期间的中断适用了诉讼时效中断原理,不可能作别的解释。而且《担保法》第25条第2款对保证期间中断的规定显然是强制性规定,并同时适用于约定和法定的保证期间。中断后重新起算的保证期间仍然是债权人请求权或者保证人代偿责任消灭的期间,其性质上属于实体权利消灭期间。按照司法解释,保证期间中断后诉讼时效取代了保证期间,诉讼时效届满后债权人并不消灭债权人对保证人的实体权利,而只消灭胜诉权。

由此可见,担保法与司法解释的不同是一种性质上的不同,而司法解释与担保法的法律效果也差异甚大。可以说,司法解释的规定离担保法相应规定的距离太远了。首先,保证期间就是保证责任存续或者消灭的期间,在有法定保证期间时法律首先尊重当事人的意思,由当事人约定保证期。当事人未约定保证期时,适用的法定保证期间本质上又是推定了当事人的意思,法定保证期间的任意性(由任意性规范设定)恰恰充分地体现了对当事人意思自治的最大尊重。而司法解释在保证期间中断后强行要求按照诉讼时效处理,显然与当事人的意思以及担保法尊重当事人意思的本意背道而驰。况且,这当中并不存在因公共利益的需要而改变当事人意思的必要,司法解释规定自然缺乏合理性。其次,保证期间更主要的是保护保证人利益的期间。因为,法律之所以规定特殊的保证期间制度,就是考虑到保证债务是单务的和无偿的,不应该让保证人处于过于不利的地位,而通过保证期间限定其不利的程度。司法解释将中断后的保证期间替代为诉讼时效,无疑将保证人推上了与一般债务人别无二致的地位,忘记了保证期间的特殊使命。如果确系担保法规定有缺陷,司法解释改变其规定情有可原,而若担保法规定本身是合理的,改变其规定也就没有道理了。而且,司法解释如此规定的前提可以认为是将保证期间理解为除斥期间,而如前所述,这种前提本身就是不准确的。以不准确的前提得出保证期间不能中止、中断和延长的结论,进而又规定保证期间中断后按照诉讼时效处理,这一连串的推论都是与担保法规定和保证期间的法理不相符合的。

五、连带责任保证的保证期间及其中断问题

上述保证期间的基本原理同样适用于连带责任保证,但担保法对连带责任保证的保证期间的规定有其特殊性,有些问题没有规定明确,因而需要特别说明。

按照《担保法》第26条规定,就连带责任保证而言,"在合同约定的保证期间和前款规定的保证期间,债权人未要求保证人承担保证责任的,保证人免除保证责任"。据此,保证期间同样是连带责任保证债权人的请求权的存续期间,或者保证人承担保证责任的期间,该期间届满的后果是连带责任保证债权人对保证人的请求权的消灭,或者说保证责任的消灭。换言之,保证期间届满的法律后果是消灭实体权利,而不是胜诉权。而且,实体权利消灭的前提条件是在保证期间内债权人未要求保证人承担保证责任。正如担保法起草者对该规定原意的解释,"在保证期间内,如果债权人没有要求连带责任保证人在保证担保的范围内承担保证责任以实现其债权,那么就可以得出结论:主债权人对自己的这项权利是怠于行使的。这种情况下,法律不主张保证人的保证责任随主债务不履行的状态持续下去,而是要使保证人承担保证责任的法律状态结束。……债权人也就失去了通过要求连带责任保证人承担保证责任来实现其债权的权利"。① 如果以反面解释的方式解释《担保法》第26条第2款规定,就是"在合同约定的保证期间和前款规定的保证期间内,债权人要求保证人承担保证责任的,保证人承担保证责任"。这种解释当然是不言自明,但其引申出来的问题是,债权人在保证期间内对保证人主张了权利,对保证期间会产生什么法律后果。在一般保证

① 全国人大常委会法制工作委员会民法室编著:《中华人民共和国担保法释义》,法律出版社1995年版,第37页。

中，债权人在保证期间内行使权利的结果是中断保证期间，担保法对连带责任保证却未作如此规定。那么，是否可以作如此理解，是值得研究的。这个问题也一直是有争议的问题。首先应当排除的是，债权人主张权利不发生法律后果。因为，如果是这样，保证人可以对债权人的权利主张置之不理，一直拖到保证期间届满而使保证责任消灭；或者，即使债权人提起诉讼或者仲裁，诉讼或者仲裁的时间超过保证期间也会使保证责任消灭。担保法显然不会让其发生这样的法律后果。剩下的可能后果要么是保证期间的中断，要么是起算诉讼时效。

按照最高人民法院《关于适用〈中华人民共和国担保法〉若干问题的解释》第 34 条第 1 款规定，“连带责任保证的债权人在保证期间届满前要求保证人承担保证责任的，从债权人要求保证人承担保证责任之日起，开始计算保证合同的诉讼时效”。该司法解释显然采取了起算诉讼时效的见解，即在保证期间内债权人主张权利的，保证期间即丧失意义，从此债权人可以按照诉讼时效主张权利，在诉讼时效届满后并不消灭实体权利，而只消灭胜诉权。

笔者认为，基于前述保证责任与诉讼时效的不相容性以及担保法采纳保证期间制度的特殊含义，应当认定为保证期间的中断而不是诉讼时效的起算。换言之，连带责任保证的债权人在保证期间内主张权利的，保证期间中断，重新起算保证期间。其原理与一般保证期间的中断完全相同，只是法律对保证期间中断的事由有不同的要求。担保法对连带责任保证的保证期间中断未作规定，这是其本身的疏漏，但对其疏漏的解释应当具有合理性，并符合其前后规定的逻辑，而不能因为法律规定疏漏或者不明而随意解释。

（2001 年第 7 期）

商品经济的民法观源流考

徐国栋*

本文力图考察商品经济的民法观的来龙去脉,这种理论影响巨大,它萌芽于德国,成熟于苏联,影响了包括我国在内的所有的现实社会主义国家,这种影响甚至在许多后社会主义国家并不衰减。尽管如此,它是一种不符合民法史的理论,到目前,作为其基础的哲学观念和经济体制都已时过境迁,它本来的命运应该是灭亡。然而,它却仍然以变形的形式存活于我国的民事立法和民法理论中。现在我国正处制定民法典的前夜,如果不很好地清算这种理论,将影响我国未来民法典的立法质量,为避免这种结果,特作本文对商品经济的民法观进行清算。

一、民法本是"市民"法

前面已说到,商品经济的民法观不符合民法史,那么,民法史中的民法本来是什么样子?简单地说,民法是市民社会的法,是"市民"的法,它首先表现为调整主体间关系的工具。

这里的市民社会并非我们现在所理解的与政治国家相对立的存在,而是"人为的人群"。与之对立的是"自然的人群"。家庭、氏族、胞族、部落和部落联盟都是自然的人群,村庄和城邦是"人为的人群"。"自然人群"与"人为人群"的不同,在于前者以血缘关系为联系的依据,后者以非血缘关系或陌生性为联系的依据。

在地中海文化圈中,发源了自然状态——社会契约——市民社会的历史解释模式并将之传播到整个西方世界。① 按照这一解释模式,曾经存在一种自然

* 作者单位:厦门大学法学院。

① 这里的"地中海文化圈"一语,包括希腊和罗马。在希腊文中,"自然"以 Physis 表示,是"本性使然的"意思,与"人为约定的"即"规范"(Nomos)相对立。希腊人相信,人类社会经过了从"自然"到"规范"的过渡。罗马人完全接受了希腊人的这些观念,不过他们使用了不同的符号表现之,Physis 变成了 Natura,而 Nomos 变成了 Civile。在拉丁文中,Civile 一直为"人为"的意思,它与"自然"形成对立。在这个意义上,拉丁语族语言中的"市民社会"是与自然状态相对立的概念,是"人为化的社会组织形式"的意思。参见汪子嵩等著:《希腊哲学史》(第 1 卷),人民出版社 1993 年版,第 610 页。

状态。在这种状态中,人们生活在自然的人群中,"人类到处漫游,像动物一样东零西散,除了树上的果子外没有别的食物。当时没有理性,只有强力决定一切。人们一点没有崇拜神的观念,也没有对其同类尽义务的观念。没有结婚问题,也没有牢固的亲属关系问题。正义的好处未尝闻。处在无知和野蛮的黑暗中,灵魂为兽性的本能和杂乱无序占据,为了满足此等本能,只能滥用身体的强力"。总之,自然状态是没有公权力的状态,它造成了人们生活的不安定,损害了人们的生活质量,诱发了终结它的愿望。于是"出现了一个人,他无疑是伟大人物,他懂得人的精神的力量和伟大,他催生其萌芽,引导它、完善它。四散在旷野和隐藏在密林中的人们被他聚集在同一个地方,然后一步步地以全部的功利兴趣和诚实影响他们。起初,他们因缺少习俗而对抗,但随后他们由于智慧的语言和雄辩术而变得更驯服,于是这些人改变了粗糙和野蛮的状况而转为温和、具有社会性"。① 通过订立一个社会契约,②人们让渡部分权利给自己信任的人,形成公权力,于是市民社会形成了。人们不再仅以家庭为自己生活的共同体,而是把自己的合作伙伴的范围扩大到了全体社会契约的缔结者。由此发生了社会关系结构的根本改变,如果说,过去人们之间的合作靠亲情维系,现在则要靠一种新的规范维系,人们终于找到了这种规范,它就是法律。③ 西塞罗在《论义务》中描述了这种结果:"……由此制定了法律,形成了习俗,而后公平地分配权利,形成一定的生活规则。"④这样的法律,当然就是市民法,必须注意的是,它不是"调整平等主体间的人身关系和财产关系的法律部门",而是调整城邦生活的世俗方面的规则的总和。⑤

---

① Cicero, Dela ln vencion, In Nicol Estevan edi. Obras Escogidas, Casa Editorial Canier Hermanos, Tomo Primero, Paris, s/a, p. 209.

② 社会契约论是一种导源于希腊的源远流长的观点,与它相对立的是神授论、暴力论和自然论。前者认为世俗的政治权力来源于神,因此,与其说当权者对人民负责,不如说对天意负责;中者认为政治权力是征服活动的战利品,如此,统治者杀伐被统治者,天经地义;后者认为作为非血缘组织的国家由血缘组织的家发展而来,家国同源,君权来自父权。

③ 社会契约在罗马法中有明显的文献依据。优士丁尼:《法学阶梯》2,1,11 写道:"而显然,自然法更为古老,它是与人类本身同时,自然传授的事务。事实上,市民法则在城邦开始被建立、长官开始被创立、法律开始被写成文字时,才开始存在。"这一片断明确地揭示了没有建立城邦、创立长官、把法律写成文字的状态与上述三者状态的对立。显然,借助于希腊思想的背景,我们可把前者称为自然状态;后者称为市民社会,两者的过渡通过订立社会契约完成。

④ [古罗马]西塞罗著:《论义务》,王焕生译,中国政法大学出版社 1999 年版,第 167 页。

⑤ 在论及市民法是一个市民社会的法的整体的时候,我们必须把圣法排除在外。地中海世界的古人持两个世界的观念,换言之,相信与此岸世界相对立的彼岸世界的存在,两个世界实行不同的法,市民法是此岸世界的法,它调整人与人之间的关系,与这样的市民法相平行,存在两种圣法,它调整人与神之间的关系。

市民社会既立,马上发生了人格问题。人格是某个市民社会的主体资格。这一问题包括对外和对内两个方面的内容。就对外方面而言,因为在自然状态的压力下建立的不是一个市民社会,而是星罗棋布的城邦,例如,希腊的城邦就有诸如雅典、斯巴达、科林斯、派厄斯、厄比丹奴、厄吉那、塔索斯等至少十二个,意大利就有罗马、维爱、伏尔喜、克鲁西乌姆等城邦。因此,人格关系涉及一个市民社会与其他市民社会的成员的关系。每个人都生活在特定的市民社会中,不存在所谓的"世界公民"。而各个市民社会的人又要彼此交往,由此发生了共同体际的相互接纳问题,如果一个法律共同体接纳其他法律共同体的成员为自己的民事主体,我们就说被接纳者取得了后一个共同体的人格。

就对内方面而言,生活在一个市民社会的人并不见得都被承认为是这个社会的主体,人的地位总是被分成常态、特权和受贬抑三种,只有前两种地位的拥有者才是主体,具有人格。因此,不妨把人格理解为各市民社会在其内部组织自己之人口的工具。在拉丁文中,表示"人"的术语有三个:Homo、Caput 和 Pemona。Homo 是生物学意义上的人,不论主人还是奴隶,都是 Homo。Caput 的原意为"头",引申为"章",是市民名册中的一章的意思,只有享有完全权利能力的市民才能在此等名册中占据这样的一章,因此,Caput 的意思又引申为"主体"。在优士丁尼《法学阶梯》1,16. pr. 中,人格变更(Capitis minutione)实际上就是主体资格或权利能力的变更。hmona 原是唱戏用的面具,人们戴上它就意味着进入了某种需要主体资格的场景,因此,Persona 是每个人公开的自身,①它与 Caput 一起,具有主体之意。不难看出,Caput 和 hmona 是对 Homo 的清点,在罗马法中,只有同时具备自由人、市民和家族的身份的 Homo 才是 Persona 或 Caput,因此,后者只是前者的一部分,拥有特权的一部分。如此,把人分为各种阶级和具有不同能力的集团,达成一个社会的组织化。人法是组织社会的工具,它因其适用目的的重要而重要。

由此可见,市民社会是"市民"的社会,它是主体的组合,在家父作为主体的意义上,它很符合马克思的"自由人的联合体"的表达。作为这种社会的宪章的市民法,当然首先要解决的是一个共同体的成员资格问题,这方面的规则被称为"人法",其次才以物法解决市民间的财产关系。这样的市民法与所谓的"商品

① 柏桦著:《人格——确定自我魅力》,西苑出版社 1999 年版,第 1 页。

经济”没有什么必然的联系。① 从哲学的意义来看,这样的市民法很符合当前我国哲学界全力张扬的主体性原则。根据这一原则,客体应该是主体的从属围绕着主体展开自己。②

二、唯物主义与市民法的财产法转向

从希腊罗马产生的上述市民社会和市民法的观念在欧洲一直维持到19世纪。如果说,孟德斯鸠以前的学者都倾向于把法律的性状与立法者的个性联系起来,③此时的人们却开始探讨影响法律的立法者个性以外的原因。孟德斯鸠发现了气候和环境这样的原因,由此得出南方法必定与北方法不同的结论。较晚的以萨维尼为代表的历史学派在此基础上更进一步,认为法是民族精神的产物,这是对孟德斯鸠之前的法的个人主义解释的反动,开辟了法的集体主义解释的新路。但问题在于,又是什么因素影响了民族精神?通过尼布尔、蒙森等史学家对罗马史的研究,尤其是对共和时期的罗马史的研究,人们发现,这一时期的主线是贵族和平民的阶级斗争,而斗争的原因就是对土地资源的争夺,这两项因素影响了罗马法的形态。因此说到底,法律是由经济因素决定的,至此,法的经济解释由此形成。④

与此相应,在19世纪的德国,发生了抛弃古代的市民社会概念而把市民社会处理成物质关系的倾向。黑格尔首先把市民社会改造成“处在家庭和国家之间的差别的阶段”,⑤是一种人际经济关系的运作方式,包括需要的体系、通过司

① 人格问题并未随古代世界的终结而终结。在现代,也有一些国家的少数群落成员的主体资格事实上被限制或贬损,尽管在法律上他们与其他群落具有平等的权利能力。美国宪法没有对黑人作出歧视性规定,然而黑人在20世纪60年代及以前的期间受到严重歧视,于是爆发了民权运动(Civil rights movement),这是一场人格权运动,是一场争取把法律上允诺的人格兑现为现实的利益的运动。人们往往以公法的眼光看待这场运动,实际上它涉及的是一个民法问题,毫不奇怪,它也就有了民权运动的名称。女权运动是同等性质之活动的另一个例子。

② 郝贵生:“论主体性原则与客观性原则的对立统一”,载《哲学研究》1991年第1期;李临昆:“对主体性问题的几点认识”,载《哲学研究》1991年第3期;刘福森:“主体、主体性及其他”,载《哲学研究》1991年第2期;陈先达:“关于主体和主体性问题”,载《求是》1991年第15期。

③ 不错,欧洲人一直盛行请一位智者为自己的城邦或市民社会立法的做法,莱库古、梭伦乃至晚近的卢梭都得到了这样的邀请,当然,他们肯定会把自己的个性连同自己的智慧反映到自己制定的法律中。

④ Cfr. Luigi Raggi, Materialismo storico e studio del diritto romano, In Rivista Italiana per le Scienze Giuridiche, Giuffre, Milano, 1955 –1956, p. 556.

⑤ [德]黑格尔著:《法哲学原理》,范扬、张启泰译,商务印书馆1961年版,第197页。

法对所有权的保护以及以社会保障制度三个环节。① 可以注意到，黑格尔不把家庭包括在市民社会中，因为市民社会的原则是利己，而家庭的基础婚姻，在黑格尔看来，“是具有法的意义的伦理性的爱”。② 而所谓的“爱”，是“能够在没有仔细权衡与比较他人和自己需要的情况下满足邻人的需要”。③ 因此，家庭的原则与市民社会的不同，黑格尔也就把它留在市民社会之外（苏联学者和俄罗斯学者遵循黑格尔的这一观点，把家庭法排除在民法之外）。黑格尔把家庭从市民社会排除（而在远古时代的罗马，家庭曾是市民社会的堡垒），强化了把市民社会理解为单纯的财产关系的趋势。

在上述思想材料的基础上，马克思和恩格斯进一步发挥，形成了历史唯物主义思想，即以物质力量的因素为进路探讨人类历史演变的思想。在市民社会问题上，马克思继承了黑格尔的趋势并加以发挥，将市民社会理解为“在过去一切历史阶段上受生产力所制约，同时也制约生产力的交往形式”。④ 经过这样的改造，市民社会由“主体的社会”变成了“以客体为中介的社会”，即通过生产发生的主体间的彼此交往，成了生产关系的代名词。在这样的背景下，如果把市民法理解为市民社会的法，非生产领域的市民间的关系就被排除出市民法了。

在法的问题上，马克思更倾向于排除经济以外的影响法的因素，他在《政治经济学批判》序言中指出：“法的关系正像国家的形式一样，既不能从它们本身来理解，也不能从所谓人类精神的一般发展来理解；相反，它们根源于物质的生活关系。”⑤他还说：“民法不过是所有制发展的一定阶段，即生产发展的一定阶段的表现”。⑥ 他还说，无论是政治的立法还是市民的立法，都只是表明和记载经济关系的要求而已。⑦ 恩格斯则说：民法的作用，“在本质上就是确认各人与各人之间的现存的，即在一定情况下是正常的经济关系”。⑧ 如果考察一下民法观念史就会发现，马克思和恩格斯首次把民法与经济关系联系起来，把主体间的关系限定为以经济为连接因素才可由民法调整，从而限制了民法的调整范围，尤

---

① ［德］黑格尔著：《法哲学原理》，范扬、张启泰译，商务印书馆 1961 年版，第 203 页。

② 同上，第 177 页。

③ ［美］莱茵霍尔德·尼布尔著：《道德的人与不道德的社会》，蒋庆等译，贵州人民出版社 1998 年版，第 46 页。

④ 《马克思恩格斯选集》（第 1 卷），人民出版社 1972 年版，第 41 页。

⑤ 《马克思恩格斯选集》（第 2 卷），人民出版社 1972 年版，第 82 页。

⑥ ［德］马克思著：“哲学的贫困”，载《马克思恩格斯全集》（第 4 卷），人民出版社 1958 年版，第 87 页。

⑦ ［德］马克思著：“哲学的贫困”，载《马克思恩格斯全集》（第 4 卷），人民出版社 1958 年版，第 121 ~ 122 页。

⑧ ［德］恩格斯著：《费尔巴哈与德国古典哲学的终结》，人民出版社 1959 年版，第 43 页。

其排除了古代人法中的与经济无关的部分于民法之外,开启了民法的财产法转向。

平心而论,现代民族国家的建立与市民法的财产法转向也有一定的关系。16世纪,欧洲出现了西班牙、法国、英国等现代意义上的国家,它们的形成把社会生活分为政治生活和经济生活两半,市民社会的含义被缩减为后一半。过去由市民法承担的人格问题,现在成了政治国家制定的国籍法的内容。[①] 宪法因时而起,包揽了许多过去由市民法的人法承担的规定。市民社会也演化为与政治国家相对立的存在,民法演化为六法之一,由世俗法的整体演变为一个部门法。[②] 这种种变迁,都导致民法的人法变得次要。

三、民法在苏联经受的两大改造

在德国开端的把民法聚焦在经济关系上的理论趋向在前苏联得到了发展,其间的原因,可以从俄国学术对德国学术的紧密依赖的事实中寻找。对于十月革命后的前苏联法律史,还可以从这个新国家的意识形态对以黑格尔、马克思和恩格斯为代表的"德意志意识形态"的紧密依赖的事实中寻找。

毫无疑问,十月革命结束的早期,前苏联的革命者并未考虑民法的地位问题,正犹如他们未考虑任何法律的地位问题,因为他们理解的社会主义采取军事共产主义的形式,一切实行公有,不允许存在私人财产,而民法以作为私有财产之拥有者的主体间关系为前提。只是在军事共产主义遭遇失败,列宁决定改行"新经济政策"后,民法才得到了复活,1922年制定了苏俄民法典。它将民法的调整对象界定为一定范围内的财产关系和与财产关系有关的人身关系,把马克思的市民社会概念和历史唯物主义的法律观转换为条文。如果说,罗马法中的市民法的首要任务是确定形形色色的人的身份,完成一个社会的全面组织。因此,人法先于物法,苏俄民法典则把人法与物法的关系作了一个完全的调换,民法对社会进行组织的功能,如果还有的话,也被限定为以财产为目的的组织了。因为,苏俄民法典即使调整一点人身关系,也必须以这些人身关系与财产关系具有关联为条件。人们马上会想到,什么是与财产关系无关联的人身关系?婚姻家庭关系和监护关系即是。在现在的中国人看来,婚姻家庭关系至少有一半的

---

① 在这一问题上法国民法典是例外,可能由于制定得较早的缘故,这部民法典的第一编"人"还在大肆规定国籍问题。晚一些的德国民法典把这一问题"离心"掉了。

② 徐国栋著:《民法变迁史略》,未刊稿。

财产因素，这是把现代中国私有财产较多的事实套用于当时的苏联人。在当时的公有制条件下，财产关系是婚姻家庭关系中可以忽略不计的因素。于是，苏联就在1926年另立了婚姻、家庭和监护法典。这是法律史上的大事件，它标志着民法自立法上进入了其第二个发展阶段——财产法阶段。从市民法到财产法，重心逐渐从主体移到客体。

这种重心的位移有其哲学依据。按照唯心主义和唯物主义的对各种哲学观点的二分，认为精神是第一性的，物质是第二性的观点属于唯心主义；认为物质是第一性的，意识是第二性的观点则属于唯物主义。众所周知，在苏联和其他社会主义国家，唯心主义遭到了批判，因此，物质的化身财产关系也就取得了凌驾于精神的化身人身关系的胜利。此外，如前所述，在西方的理论史上，民法始终依附于自然状态——市民社会的历史解释模式。在市民社会条件下，人格权被理解为市民社会的成员资格。进入社会主义社会后，市民社会理论被抛弃，市民社会成员资格意义上的人格关系被取消，由此导致了人法的地位降低。

1961年，苏联制定了苏联和各加盟共和国民事立法纲要作为更新苏俄和其他加盟共和国民法典的示范法，其中吸收了帕舒坎尼斯、布拉图斯等早期学者主张民法调整商品交换关系的观点，规定，“苏维埃民事立法调整在共产主义建设中由于利用商品货币形式而引起的财产关系，以及与财产关系有关的人身非财产关系”，①这一条文进一步对财产关系作了界定，将之限定为与利用商品货币形式有关的部分。在马克思的经济理论术语体系中，商品是为了交换而生产的劳动产品。财产是所有对人有用且有限的物，既包括劳动产品，也包括非劳动产品。将财产关系加上“由于利用商品货币形式而引起的”定语后，民法的调整对象进一步缩小了。民法的历史由此进入了第三个阶段：商品经济的民法观阶段。它终于使民法完成了从主体性原则到客体性原则的180度转变，使主体成为客体的从属。② “纲要”关于民法调整对象的上述界定，是下文将要论及的中国的商品经济的民法观的根源，但由于苏联自身从未实施过一种叫做商品经济的体制模式，因此，商品经济的民法观在苏联浅尝辄止，只是在移植到中国后才得到了大发展。

---

① 中国人民大学苏联东欧研究所编译：《苏联和各加盟共和国立法纲要汇编》，法律出版社1982年版，第4页。

② 关于客体性原则的说明，参见郝贵生：“论主体性原则与客观性原则的对立统一”，载《哲学研究》1991年第1期；李临昆：“对主体性问题的几点认识”，载《哲学研究》1991年第3期；刘福森：“主体、主体性及其他”，载《哲学研究》1991年第2期；陈先达：“关于主体和主体性问题”，载《求是》1991年第15期。

在1993年苏联解体前，这个国家的意识形态已经松动，20世纪70年代就开始批判法是被奉为统治阶级的意志，这个意志的内容是由该阶级赖以生存的物质生活条件所决定的观点。[①] 这至少可以被理解为对唯物质论的法律观的批判。在这种理论氛围下，H. C. 马列英教授敢于在一篇文章中指出："民事法律关系的利益，可以概括为物质和精神的两类。人身的概念，首先是指精神领域，因为人身利益和权利，说明了个人在社会中的地位，也是个人法律地位极其重要的内容。"他特别强调，随着社会的发展和科学技术的进步，精神利益必须在人们的生活中不断增长。[②] 不妨把此语理解为对苏联过去不重视民法调整对象中的精神方面之做法的批判，是对提高人法地位的呼唤。

苏联解体后，上述思想得到了进一步的发展。首先，学者们对法的根本认识发生了转变，抛弃了单纯从物质的角度解释法现象的做法。阿列克谢耶夫强调指出："法历来的本性在于，使文明的主导原则，即社会生活有序和自主个人的自由，具有规范性并保障其现实性。"[③]拉扎列夫则这样定义法："法是在该社会中得到认可并受官方保护的平等和正义的规范的总和，这些规范调整着在其相互关系中的自由意志的斗争和协调。"[④]这些定义丝毫未提到法与立法者所处的物质生活环境的关系问题，与前苏联时期的法的这样的定义适成对照。20年代的法学家拉祖莫夫就把法定义为"阶级社会中物质关系终结的意识形态方式和秩序"。[⑤] 可以说，从后一种法的定义向前一种法的定义的转变，是从物质的法律观到精神的法律观的转变，它奠定了民法思想发生相应转变的基础。其次，市民社会的理论和实践都得到了发展，著名法学家涅尔谢相茨提出了"自由人的权利得不到保障，就不能实现市民社会的发展，而市民社会则是法治国的现实基础"的观点，甚至主张复活社会契约论解决后社会主义的俄罗斯的资源分配问题，以民事主义（Civilism）作为治国的根本方略。[⑥] 而且俄罗斯进行的一系列政

---

① 孙国华、张俊杰："90年代俄罗斯法学思潮述评"，载《苏联俄罗斯法学对中国的影响》（2001年8月，镜泊湖）研讨会交流论文，第7页。

② H. C. 马列英："民法发展的趋势"，载《外国民法资料选编》，法律出版社1983年版，第170页。

③ 孙国华、张俊杰："90年代俄罗斯法学思潮述评"，载《苏联俄罗斯法学对中国的影响》（2001年8月，镜泊湖）研讨会交流论文，第4页。

④ 同上，第5~6页。

⑤ 杨心宇、李凯："略论苏联法对我国的影响"，载《苏联俄罗斯法学对中国的影响》（2001年8月，镜泊湖）研讨会交流论文，第1页。

⑥ V. S. Nersesiants, *The Civilism Manifesto*, *The National Idea of Russia in the Historical Quest for Equality*, *Freedom*, *and Justness*, Trans. by W. E. Butler, Simmonds & Hillp. ,2000, p. 15ss.

治经济改革在一定程度上重建了市民社会。[①] 这些意味着市民法传统土壤的复活，使之有可能回复为市民社会的宪章的本义。

因此，1994～1995 年的《俄罗斯联邦民法典》第 2 条第 1 款规定："民事立法确定民事流转的参加者的法律地位；所有权和其他物权以及因智力活动产生的专有权利（智力财产）的发生根据和实现的程序；调整合同和其他的债以及其他财产关系和与人身有关的非财产关系，这些关系以其参加者的平等、意思自治和财产自治为基础。"[②]可以看出，这一关于民法调整对象的定义相较于前苏联时期的相应定义已有很大改进。首先，它把民法的第一个调整对象确定为"民事流转的参加者的法律地位"；其次，第二个调整对象才是财产关系和与财产有关的人身关系。众所周知，民事流转的参加者的法律地位就是人格关系。因此，这一条文以并非张扬的方式抛弃了 1921 年苏俄民法典、1961 年民事立法纲要的民法调整对象定义，恢复了人法的优先地位。尽管如此，它还有一些缺陷：既然"主体的法律地位"就是人格法，在该条的第二部分在规定"与财产有关的人身关系"就未免重复，至少重复了部分人格关系。因为人格有多种含义，最基本的含义是主体资格，此外还有维护具体人格利益之法力的含义，如保护姓名、名誉等人格利益的人格权。在《俄罗斯联邦民法典》第 2 条第 1 款规定同一事项的做法实不可取。其次，它去掉了 1961 年的民事立法纲要的民法调整对象定义给民法调整的财产关系课加的"由于利用商品货币形式而引起的"限制语，从而使民法调整的财产关系的范围更加广阔。

在对苏联时期的民法观进行改造方面，乌克兰走得更远。众所周知，1994 年的《俄罗斯联邦民法典》的结构包括如下七编：（1）总则，（2）物权，（3）债法总则，（4）债法分则，（5）著作权和发明权，（6）继承权，（7）国际私法。在这一结构中找不到人法的地位，尽管如此，它是独联体国家的示范民法典结构的基础。参加这一民法典合作项目的国家有乌克兰、哈萨克斯坦、白俄罗斯等。[③] 在俄罗斯联邦民法典诞生后的两年，即 1996 年 8 月 25 日，诞生了乌克兰民法典草案，它并未完全遵守上述范本，它包括如下七编：（1）总则，（2）自然人的人身非财产权（也就是我们所说的人身权），（3）财产权，（4）知识产权，（5）债法，（6）家庭法，

---

① 马长山："俄罗斯的市民社会诉求与'法治国家'定位"，载《苏联俄罗斯法学对中国的影响》（2001 年 8 月，镜泊湖）研讨会交流论文，第 2 页。

② Civil Code of the Russian Federation（parte one），White & Case. London，1994，pp. 1－2.

③ 徐国栋："东欧剧变后前苏联集团国家的民商法典和民商立法——法律史、民商法典的结构、土地所有权和国有企业问题"，载梁慧星主编：《民商法论丛》（第 1、4 卷），法律出版社 2000 年版，第 203 页。

(7)继承法。从现有的资料可看出，乌克兰尽管有义务接受以《俄罗斯联邦民法典》为基础的独联体国家示范民法典的模式，但它并未照抄这一示范民法典。首先，它规定了独立的人身权编，并把人身关系提前于财产关系，表明了其清算苏联时期的物文主义的意图；①其次，它把家庭法纳入民法典中，彻底否定了在前苏联集团国家长期存在，甚至在东欧剧变后的《俄罗斯联邦民法典》中也存在的把家庭关系排除出民法典的消极倾向，它与第二编的规定相配合，恢复了人身关系在民法典中的地位。这些要点反映了乌克兰人民清算前苏联时期的财产关系的民法观、商品经济的民法观的愿望，给人以耳目一新、换了人间的感觉。

由上可见，民法在前苏联的发展史，是延续在德国开端的财产法转折，先被改造成财产法，次被改造成商品经济的法的历史；所幸的是，新近的《俄罗斯联邦民法典》的制定者反思历史，改正了过去的部分理论错误，把人格关系界定为民法的第一调整对象。所有曾以俄为师的国家都须注意：如果过去曾向老师学了什么，现在则要经常看看老师自己是否已换了调门。

四、俄国的星星之火在中国的燎原

中国是曾以俄为师的国家之一。在对民法的根本看法问题上，可以说苏联刮什么风，中国就下什么雨。从 20 世纪 50 年代到 80 年代，我国民法学界就民法调整对象问题进行过两次大讨论，每次都渗透着苏联的影响。

第一次讨论发生在 1951 ~ 1957 年，当时，苏联法学界正在《苏维埃国家和法》杂志上进行关于苏维埃民法调整对象的讨论，此外，全国人大常委会研究室正在从事我国民法典起草的准备工作，因此，这场讨论一方面呼应“老大哥”的动作，同时具有服务于立法的目的。在这场讨论中，佟柔教授发表了其研究民法调整对象问题的第一篇论文，②其观点深受苏联学说的影响，主张民法调整所有制关系和受价值规律与按劳分配规律影响的社会关系。

第二次讨论发生在 1980 ~ 1986 年，其背景是重新起草民法典和民法学派与经济学派的论战。此时，国家的中心工作转移到经济建设上，经济法脱壳而出。遗憾的是它是一个迟来者，所有该由法律调整的领域都已各有其部门法，经济法

① 这是笔者杜撰的一个词汇，相当于马克思常说的“拜物教”。该词虽是杜撰的，但它指称的对象却是现实存在的，有哪一个词——包括人文主义这个词在内——最初不是杜撰的呢？但愿它能作为一项发明流传开来。

② 郭寿康、佟柔：“关于民法的调整对象——财产关系的几个问题”，载《政法研究》1957 年第 1 期。

的观念要想变成现实,就必须发动一场理论"土改",通过改变各部门法的既有界限为自己赢得一块地盘。由于其行政权力与财产关系相交错的性质,它最适合从民法和行政法中去猎取这样的地盘,至少民法中的合同法可以拿来作为经济法调整横向经济关系的工具。如果这种尝试成功,民法将遭受阉割,因此,这一古老的科学在中国,进入了自己的卫道时期。领导这场卫道运动的是佟柔教授,他使用的卫道工具是民法调整对象理论。

所幸的是,这一时期的1984年,中共中央发布了关于经济体制改革的决议,宣布中国不再实行计划经济,改行有计划的商品经济。这一决策为民法赢得了最肥沃的土壤。佟柔教授遂竭力利用这一体制变换的机遇为民法争取生存空间,它因此把民法界定为"调整商品经济一般条件的法律"。[①] 我们不难发现这一说明与1961年苏联民事立法纲要的民法调整对象说明的相似。在佟柔教授看来,民法曾经是调整城邦社会生活的法律规范的整体,但民法的本质是商品经济的法律条件。民法的骨干是主体、所有权和债三大制度,它们都与商品经济有关。主体不过是商品交换的主体;所有权是对商品的所有权;债尤其是合同,是商品交换的法律形式。民法的发展史,是非本质的因素不断被分离出去,本质的因素保留下来的历史,这一过程至今仍在继续,因此,亲属法与继承法应该被分离出民法典,成为独立的法律部门。[②] 佟老师利用他在1983年于重庆举行的全国民法师咨培训班讲课的机会传播其观点,使之很快辐射全国,形成了延续至今的商品经济的民法观。它的影响是如此巨大,可以说,每一个民法学者都曾经是其信徒,笔者也不例外。我们看到,1961年苏联民事立法纲要提出的民法调整对象观点在中国被系统化、全面展开。俄国的星星之火,终于燎原于中国。

但商品经济到底是什么? 1986年8月,笔者以题为《非常损失规则的价值基础与中国民法中的无体物问题》的论文参加拉丁美洲第十届罗马法大会,此文中有"商品经济"的用语,无论是修改此文的意大利文本的意大利人贝特鲁奇教授还是上述大会的拉丁美洲与会者,都无法理解这一术语。当我念出"商品经济"时,他们都理解成了"市场经济"。他们没有错! 回过头来看,商品经济是一个独特的中国表达,是特定时期的中国学者在"上头"还不能接受市场经济的情况下,暗度陈仓地用以指称当时被与资本主义联系在一起的这种经济的一个词。当对市场经济的认识障碍得到克服后,这一表达就应寿终正寝了。正因如此,1992年10月,中共十四大提出了社会主义市场经济的改革目标模式来取代

---

① 佟柔:"关于经济法几个问题的答问",载《湖北财经学院学报》1982年第1期。

② 佟柔著:《民法原理》(修订本),法律出版社1986年版,第6页以下。

有计划的商品经济。奇怪的是,许多学者和学生对这一概念恋恋不舍,不时使用,他们置中央的市场经济提法于不顾,继续以商品经济来解释各种民法现象。笔者认为,这些人并无对抗中央的意思,只是市场经济取代商品经济后,尚未出现像佟柔教授那样的大师根据新的体制条件重新解释民法,大家只好把老皇历再用几年罢了。这种状况令人难堪,因为商品经济的民法观的始作俑者俄国自己尚且抛弃了这种理论,我们却抱着它不放,说不过去。

五、新潮与旧涌

20世纪90年代前后,我国在意识形态和经济体制上发生了巨大变迁,它们都要求变革商品经济的民法观,建立符合时代精神的新民法理论。

从意识形态而言,我国经历了以下变化:

(一)主体性理论与对唯物主义的重新解释。20世纪90年代前后,我国哲学界开展了对主体性问题的讨论,其宗旨是弘扬主体性原则,这一原则是客观性原则的对立物。客观性原则从主体之外的客体,从客观事物的特性来说明事物和现象,强调主体在客观事物及其规律面前具有受动性、受制约性、受束缚性。显然,强调财产关系而忽视人身关系的民法理论和民事立法贯彻了这一原则;而主体性原则从人、从我出发来说明我们周围的事物,是一种从主体出发,使客体围绕主体旋转的思维方式。①

在关于主体性的讨论热潮中,学者们还对唯物主义进行了重新解释。1987年,陈志良先生发表了《主体性原则与哲学现代化》一文。在此文中,他把唯物主义分为机械唯物主义(或称旧唯物主义)、人本主义唯物主义(以费尔巴哈为代表)、实践唯物主义、辩证唯物主义四个类型,第一种唯物主义以自然界为出发点;第二种唯物主义把从自然界出发上升到了从"人的直观"出发,提高了人的地位,但仍缺乏能动性,因而被马克思的实践唯物主义所取代。这种唯物主义的出发点是实践、是主体,它是从主体和实践的角度考察和理解一切事物的主张,反映了人类已在更高的层次、更大的范围内以自己的内在尺度来把握物的尺度,并在实践中高度统一这两把尺度的现实;它使哲学的出发点从"物质"转移到"实践"。至于以"物质"、"存在"为起点的辩证唯物主义,陈志良先生认为,

① 郝贵生:"论主体性原则与客观性原则的对立统一",载《哲学研究》1991年第1期;李临昆:"对主体性问题的几点认识",载《哲学研究》1991年第3期;刘福森:"主体、主体性及其他",载《哲学研究》1991年第2期;陈先达:"关于主体和主体性问题",载《求是》1991年第15期。

马克思和恩格斯从未把自己的哲学作这样的命名,将马克思主义哲学称为这种主义,未免忽略了这种哲学中最重要的东西——实践与主体性,所以把马克思主义哲学概括为实践唯物主义更好。①

高德良在最近发表的《哲学基本问题的历史考察》一文中主张,哲学的基本问题并非精神与物质的关系问题,而是思维与存在的关系问题。“存在”与单纯的“物质”不同,前者是人与物的互动,后者是物的单纯的自存。以这一观点为基础,作者主张:马克思和恩格斯在思考思维与存在的关系问题时特别强调实践关系。他们不再抽象地谈论物的存在,而是首先考虑人的存在。思维与存在的关系由此变成了人的意识与人的存在的关系。相反,如果再回到抽象物质的立场上,用物质与精神的关系问题代替思维与存在的关系问题作为哲学的基本问题,只能是一种倒退。②

显然,陈志良、高德良的观点都强调了人的地位,把旧唯物主义对物质的盲目崇拜转化为对反映人与物的互动关系的实践观念的注重。我们知道,旧唯物主义曾经是商品经济的民法观的哲学支柱,现在,前者已不再能为后者提供支撑了。

(二)人文精神的兴起。所谓人文精神,就是强调人是世界的中心的精神,它是对以神为中心的世界观和以物为中心的世界观的否定。可以说,人文精神的提倡是主体性原则的一种表现形式。它要求把人提到更重要的位置上来,消除过去的重物轻人的物文主义思想。

(三)人权理论的勃兴。人权要求把人作为目的而不是手段考虑。江泽民主席最近的“人是世界上最可宝贵的”之语反映了改革开放以来的主旋律。现在,我们已承认人们奋斗所追求的一切都同他们的物质利益有关,生产的目的不是生产本身,而是为了人,因此我们才以GDP指标取代了国民生产总值指标,并辅之以人均国民收入的指标。③ 这些现象都反映了时代精神在我国从“重物轻人”到“永远把人当做目的”的转变。

(四)市民社会理论的兴起。20世纪80年代,在邓正来的倡导下,我国复兴了对市民社会的理论研究,打破了市民社会的理论禁忌。市民社会问题,首先是市民社会的成员资格问题,这一问题在民法上的表现为重新认识人格关系并把它提到比财产关系更重要的地位上来,为使民法从财产法后退到市民法提供可

① 陈志良:“主体性原则和哲学现代化”,载《江海学刊》1987年第5期。

② 高德良:“哲学基本问题的历史考察”,载《华侨大学学报》(人文社科版)2001年第2期。

③ GDP指标相较于国民生产总值指标,增加了对为人服务的第三产业的价值的考虑;国民收入指标考虑了生产活动给人带来的效益,它们都比单纯的国民生产总值指标更重视人的感受。

能，由此重建市民社会与市民法的联系。

就经济体制否认变革而言，前文已述，1992 年 10 月召开的中共十四大提出了社会主义市场经济的改革目标模式，使我国的经济体制开始转向社会主义市场经济阶段。这就使商品经济的民法观失去了经济体制基础，面临更新的要求。

首先，商品经济的民法观不能解释非劳动产品的市场配置问题。在市场经济条件下，具有稀缺性的各种资源或财货（Goods）都是交易的客体，[①]不问它们是劳动产品还是非劳动产品，因此，无线电频道、二氧化硫排放额、吉祥号等财货都在交易中。而按照商品经济的民法观，这样的交易由于不涉及劳动产品不能由民法调整，这无疑使民法自绝于生活现实。所以，必须从商品经济的民法观后退到财产关系的民法观，以广阔的财产概念取代狭小的商品概念，才能使民法追随时代的变迁。

其次，商品经济的民法观不可能承认无体物，因为它不能解释某些交易无体物的等价交换问题。但自经济体制改革以来，无体物的交易大量出现。国有土地使用权、股票与债券、合同、交易所的席位都在交易中。所有这些买卖的客体皆为权利，或为使用权，或为债权以及并生的债务；有些包含人类劳动（如债权）；有些则不包含人类劳动（如国有土地使用权、交易所席位的使用权、吉祥号使用权）。商品经济的民法观也许还能勉强应付对包含人类劳动的无体物的交换的说明，但它对不包含人类劳动的无体物的交换却无能为力。实际上，上述不包含人类劳动的无体物皆为对各种稀缺配额的使用权，它们能增进人的福利且具有稀缺性，因而是经济的财货或财产，具有价值。

最后，商品经济的民法观不能解释非劳动产品和无体物的价值来源问题。商品经济的民法观铸造了等价有偿的民法原则，这是一个只能适用于劳动产品的交换原则。市场经济对非劳动产品和不包含人类劳动的无体物的导入，对以劳动产品为基础的价值概念提出了挑战。实际上，这种物的价值来源于其效用和稀缺性。

更有甚者，商品经济的法律观还在历史研究的层面上受到了打击。佟柔教授一直以古代世界商品经济发达说支持自己的观点，提出了发达的商品经济造

---

① 财货是“能满足人类欲望的东西”，它可以有物质和非物质的、自由的和经济的区分。物质财货是“有用的有形的东西，以及保有或适用这些东西，或从它们获得利益，或到将来再获得它们的一切权利”。非物质财货分为各人内在的财货和个人外在的财货，前者有各人的经营能力、专门技能、体力、健康、学识等能力和天赋；后者有各人在与他人的关系中产生的信誉和营业关系等。自由的财货指不具有稀缺性的各种资源，而经济的财货是具有稀缺性的各种资源。参见马歇尔著：《经济学原理》（上卷），朱志泰译，商务印书馆 1964 年版，第 73 页以下。

就了发达的罗马法的理论。[①] 这种观点在几十年前就遭到了伟大的历史学家摩西·芬利的质疑。他分析了几个希腊城邦如厄比丹奴、厄吉那、塔索斯的经济，完全否认古希腊有商业国家存在。他于1973年推出的《古代经济》一书全面阐述其对古代经济的看法。他认为古代城市主要依赖政治地位或自然资源而非工商业繁荣，城市大多是寄生性而非生产性的。由于社会、政治和经济条件的限制，社会经济始终处于低水平，工商业发展水平很低，且大多数被控制在外邦人手中。[②] 因此，古代发达的商品经济也许是今人的一种想象。

在上述理论成果的基础上，民法学界一些学者深感商品经济的民法观的缺陷，尝试从另外的角度解释民法。1991年，产生了张俊浩的民法调整对象定义：民法调整"社会普通成员之间的人身关系和财产关系"。[③] 这一定义把调整人身关系界定为民法的优先任务，财产关系是其第二位的任务。它还使用财产关系的概念取代商品关系的概念，扩大了民法的调整范围。1997年，产生了我的民法调整对象定义："民法是运用事前调整和事后调整的方法，对平等主体间的人身关系和财产关系加以调整的法律部门"。[④] 此外，笔者还尝试从法哲学的角度给民法调整对象下了另一个定义："民法是调整民事主体的权利之间以及民事主体的权利与执法者的权力之间的关系的法律部门，旨在实现当事人之间权利的平衡以及当事人权利与执法者权力之间的平衡。"[⑤]这两个定义的意义很简单：从既有的理论成果和改革成果出发，摆脱商品经济的法律观的消极影响，把对民法的透视点从物转移到人，从客体转移到主体。以人为中心的世界观是人文主义，因此，张俊浩和笔者的反商品经济的民法观的观点是人文主义的。不妨说，他和笔者构成了人文主义的民法学派。

尽管有上述新潮，旧涌仍然存在。商品经济的民法观以变形的形式出现。梁慧星教授认为，民法是调整民事生活关系的基本法。他理解的民事生活分为两个领域，一个是经济生活，另一个是家庭生活，因此民法调整财产关系和家庭关系。[⑥] 首先必须承认，这种观点比商品的民法观有所进步，因为它已经承认家庭关系在民法的调整对象范围内。但它否认了人格关系是民法的调整对象，把经济生活强调为民法的第一位的调整对象，仍然是商品经济的民法观的变种。

---

① 佟柔著：《民法原理》（修订本），法律出版社1986年版，第2页。

② 晏绍祥："20世纪的古代希腊经济史研究"，载《史学理论研究》1998年第4期。

③ 张俊浩著：《民法学原理》，中国政法大学出版社1991年版，第3页。

④ 彭万林著：《民法学》（第一次修订版），中国政法大学出版社1997年版，第28页。

⑤ 同上，第29页。

⑥ 梁慧星："当前关于民法典编纂的三条思路"，载《中外法学》2001年第1期。

梁教授对这种界说提出的唯一正面论据是:“一个毫无财产、一文不名的人,连生存都难以维持,能算是真正的人吗?”[①]此语活脱脱地表现出论者对财产、对商品的崇拜。[②] 应该说,梁慧星教授的上述观点为更多的民法学者所接受,他们构成物文主义的民法学派。当今中国民法学界的基本格局是人文主义与物文主义两个学派的对立。这两个学派各自都在准备一个民法典草案,并就民法典起草的基本思路展开争鸣。[③] 在某种意义上可以说,未来中国民法典的基本面目如何,将取决于这场争鸣的结果。如果物文主义学派得胜,那就是商品经济的民法观的胜利,这是我不愿看到的结果,但愿我们能避免之。

(2001 年第 10 期)

---

① 梁慧星:“当前关于民法典编纂的三条思路”,载《中外法学》2001 年第 1 期。

② 对梁慧星教授的这种观点的详细批评,参见徐国栋:“两种民法典起草思路:新人文主义对物文主义”;载梁慧星著:《民商法论丛》(第 21 卷)。

③ 徐国栋著:《中国民法典起草思路争鸣录》,中国政法大学出版社 2001 年版。

2002年

中国民法典制定的宏观思考

江　平*

一、要处理好基本法与单行法的关系

《民法通则》制定的时候，是以大量民事单行法的存在为其立法指导思想的，那么，现在要制定的民法典是否仍然需要民事单行法？

从世界范围来看，我们可以见到"大而全"的刑法典，却难见到"大而全"的民法典。拿破仑在制定法国民法典时，曾经有三个目标：一是让法典成为唯一神圣的准则，不允许法官去创造法，甚至不允许法官去解释它；二是让法典成为连普通的老妪都能读懂的东西；三是让法典把当时、甚至今后相当一段时期内所可能发生的一切民事法律关系都详尽地加以规范。事实证明，他的前两个目标多少可以得到实现，但他的第三个目标是碰壁的。法国民法典颁布后几十年乃至上百年中，经济生活和社会生活的发展是如此之快，当时认为是再完善不过的民法典也失去了它的无所不包性。

从我国现实情况来看，刑法典的修改完成了它的"一统大业"，而且我们国家也一直遵循不能直接依据单行法判刑的基本原则。刑法典修改又取消了有关类推的规定。可以说，刑法典是将现阶段所有能作为犯罪的行为都详尽无遗地规定下来了。但是，未来的民法典则不应该是一部包笼一切民事法律关系的"大而全"的民法典。由于社会经济生活、家庭生活以及民事权利的发展和迅速变化，尤其是在我国社会转型时期，想把一切民事关系都规定详尽周延是不可能的，且根据一些国家和我国台湾的经验来看，类推在民法中不但不会消除，而且还会得到更多的适用。

那么，有哪些内容需要纳入民法典之中，又有哪些东西作为民事单行法最为适宜呢？1986 年《民法通则》通过前后，以及我们可以预见的立法规划中，属于民事或与民事有密切关系的单行法大体可以概括为十类：商事和商事企业法；知识产权法；合同法；婚姻、家庭、继承法；不动产法；特殊交易形式法律，如拍卖法、

* 作者单位：中国政法大学。

本文观点曾在相关学术报告、其他学术刊物及论文集发表，现经综合整理而成。

招标投标法；交易安全保障法，如担保法；特殊侵权行为法，如环保法；公法与私法高度融合的法律，如国有资产法、国家赔偿法以及有关国家订货的法律；以及传统大陆法系国家民法典不能包括的从英美普通法中引进的法律制度，如信托法。在这些单行法中，我们有把握纳入民法典的只是合同法、担保法、继承法和不动产物权法。争议较大的则是婚姻家庭法。历史上大陆法系民法典均包含亲属编，这是因为民法所调整的市民社会关系包括两大类物质生活：一类是人类为了满足自身生存物质需要的经济关系，另一类是人类为了使自身能得到延续的婚姻家庭关系。这两类关系均属于民法所调整的平等主体之间的关系。苏联十月革命胜利后，首次将婚姻家庭关系和劳动关系排除在民法典之外，另立家庭婚姻监护法典和劳动法典，其主要理由是这两种关系不属于商品关系范畴。1923年的苏俄民法典是以刚刚开始的新经济政策为其调整范围的理论基础。新中国成立后一直采取苏联的立法模式。20 世纪 80 年代初第三次起草民法典时，其立法宗旨和草案内容均将婚姻家庭关系列为亲属编。1986 年的民法通则回避了这一争论，只是在“人身权”的一节中规定了婚姻自主权及婚姻、家庭、老人、母亲和儿童受法律保护。因此，在起草新民法典时，似应按各国民法典之通例，将这部分关系纳入民法典之中，以避免造成这样一种误解：似乎我国民法只调整平等主体之间的商品交换关系。至于其他一些单行法仍应保留其单行法形式，不应当把它们纳入作为基本法的民法典之中，以免形成“大一统”民法典所造成的庞杂、混乱，缺乏基本法的科学性。

二、关于外国法的借鉴与吸收

英美法系是以判例法为其存在土壤的，我国既然采取民法典这种大陆法模式的立法体例而不采取“法官造法”的判例法形式，也就从根本上失去了采取英美法的可能；但是，我们要立的是一部 21 世纪的民法典，它必须包容各国民事立法的有益经验，这样，吸收一些英美法的先进制度、规则不仅可能，而且必要。因此，如何在大陆法系的法典中吸收英美法系的成功经验就是一个亟待研究和解决的问题。

从世界趋势来看，大陆法系和英美法系不是水火不相容。在一些国际统一法律文件中，不乏成功地把二者融合在一起的先例。例如，国际私法统一协会制定的《国际商事合同通则》就把大陆法系和英美法系中有关合同的法律规范，以取长补短的办法结合了起来。我们也不否认，第二次世界大战后一些国家和地区，尤其是东亚一些国家和地区，在民法尤其是商法方面受到了英美法系越来越多的影响，如日本、韩国和我国台湾地区。

从我们国家情况来看，我们在市场经济的立法中越来越多地考虑香港的因素和英美法系中的积极东西，在制定统一合同法的过程中很充分地说明了这一点。自改革开放以来，研究法律的高层次专门人才到国外去学习的，也以美国居多，从学者专家所持的立论来看，英美法系越来越也有超过大陆法系的趋势。甚至有一些学者主张在民商立法中应抛弃大陆法的模式而改采用英美法模式，并不限于仅仅采用某些个别英美法制度。如果说，1986 年制定民法通则时的争论是民法和经济法之争的话，那么，今天制定民法典时，这种争论意义已经不大了，或者没有多大争论了。今天制定民法典的主要争论可能是，在多大程度上采用英美法模式和如何采用英美法模式之争。一句话，是大陆法和英美法之争。

民法通则在考虑担保的法律属性时，没有严格地按大陆法理论体系，把物的担保放在物权中，把人的担保（保证）放在债权（保证合同）中，而是统一放在债的担保部分内，就颇具英美法的特点：重实用、方便，而不重理论。我国担保法的出台继续采取这一格局，并把美国《动产担保交易法》的一些做法吸收进来，如扩大实行不转移占有的动产抵押制度。台湾的做法是在大陆法原有的严格划分物的担保和人的担保的基础上，又另外通过一部完全仿效美国的单行法——《动产担保交易法》。我们在制定民法典时又将如何呢？是继续保留担保法作为单行法呢？还是依民法通则模式统一作为债的担保形式呢？或是依传统大陆法模式分解为物的担保和人的担保呢？或是像台湾地区那样，既保留大陆法的法典传统模式，又辅以完全英美法模式的单行法呢？这是一个需要认真解决的问题。

再一个例子就是代理制度。代理制度也是引起大陆法和英美法冲突的一个重要领域。民法通则中的代理是严格意义上的大陆法代理概念，必须是"以被代理人名义"，或称直接代理。而英美法的代理概念则更加广泛，除直接代理外，还包括"以代理人自己名义"的间接代理。民法通则施行后的十多年来，代理概念有不断扩大的趋势。现今外贸代理以及正在试行的内贸代理制，已经不是原有代理概念所能包容的。在制定统一合同法过程中有人主张以英美法的代理合同代替大陆法的委托合同、行纪合同、居间合同。有关部门正在制定《经纪人法》，都是试图以英美法的制度来突破现有的大陆法框框。但如何才能有效突破而又不引起法律上的矛盾，实在是一个很需要从理论深度去解决的问题。现在，人们对于英美法中的经纪（Brokerage）和大陆法中的居间究竟是什么关系，其内容有多少重合之处都还没有弄清楚，这边在制订包括委任、行纪、居间的合同法，那边又在制定《经纪人法》，只能造成大陆法和英美法的混乱，而不是和谐统一！

当然，大陆法和英美法的关系远不止上述的担保和代理两例。

三、关于公法与私法的界定

将要制定的民法典是作为一部完整的私法形式出现，这是不会有什么争议的。但是，公法与私法在法律中如何界定就远比它在法学原理上如何划分要难得多了。现今的世界恐怕难以找到一部不掺入一点公权力的民法典，监护和代理可以由法院或其他公权力单位设定，法人资格需要公权力机构的核准登记，物权设定或变动需要公权力机构的登记才能有对抗力，甚至某些合同需要经过批准才有效。但这绝不改变民法典的私法性质。

在以调整平等主体关系为主的单行法律中，有关行政权力的管理性规则越来越多了，但仍不失为私法性质的法律。例如，商标管理在今天显得越来越重要，但是，我们必须非常明确而坚定地说，商标管理的全部目的就在于保障商标专有权人的权利不受侵犯，只此而已。绝不能把商标管理等同于枪支管理。不了解这一点，就会混淆两种不同性质的管理。在这样一些法律中，公权力是以保障私权利为其目的的。

还有一些法律则是明显地把私法性质的法律和公法性质的法律硬性糅合在一起，最典型的莫过于信托法。日本学者曾极力主张将其按一些国家模式分为两个法制订：信托法和信托业法。前者为私法，全面调整平等主体之间的信托权利义务关系；后者为公法，体现国家对信托作为金融的一个部门进行的管理和监督。我们因为立法规划已经确定，也不好任意更改，再加之公法私法之分长期属于禁区，故二者就被硬性糅合在一个法中了。这样，在理解我国信托法的性质时就不能单纯以私法对待。类似的还有证券法、期货法、保险法以及铁路法等。可以说，公法和私法的划分是一回事，而在一部法律中既有公法又有私法则是另一回事。但我们应当尽量有一个基本性质的划分，不要因此在立法上造成混乱。

从当前状况来看，有关土地权利和土地管理的法律可能是我国现行法律体系中公法和私法关系最为混乱的一个部分。我国现今民法通则中有关土地权益的规定甚为简单。现今的土地管理法中包括大量的有关土地权益的私法规范。在制定民法典过程中如何处理好民法典中不动产物权篇与土地法、房地产交易法之间的关系呢？我认为台湾地区的模式可以借鉴，台湾地区有关土地民事权利的规定均放在民法典的物权篇中，属私法规范性质；而土地法则主要是有关地政方面的规范，属公法性质；私法公法泾渭分明，避免了相互之间的重复矛盾。

四、民法与商法的关系如何对待

认识民法和商法的关系必须有两点论。一是民商融合的趋势。既然讲融合,那就不能按二者泾渭分明时的那种要求,我们也没有必要再重复西方国家几个世纪的历史过程。二是民法和商法仍有划分的必要,就像公法和私法确有划分必要那样。由于我们国家缺乏民法的传统,更缺乏商法的传统,商法的提出更是近几年之事,因此,有必要就二者的范围大体上作个界定。没有界定也就谈不上融合,这二者缺一不可。因此,必须从理论构思和立法框架上首先明确民法典和商法究竟是什么关系。

就商法和民法典的关系来看,我国现今学者中主张民商分立者有之,主张民商合一者有之。前者主张民法典之外另立商法典,后者主张没有必要另立商法典。分析这个问题,应当从传统商法典的两个部分,即总则和分则去考虑。欧洲大陆商法典的分则传统上包含四大部分:公司、票据、海商、保险。其理论根据主要是德国商法中的绝对商行为理论。商事行为难以界定之主要原因在于其主体因素:双方都是商人的买卖自然可以定性为商事买卖,但只有一方是商人而另一方不是商人的买卖应如何定性呢?它属于一般的民事行为抑或商事行为,受哪个法调整呢?德国学说中的绝对商行为就认为不论主体是否为商人,甚至均不是商人,只要属于某一绝对商行为的范畴,就应属于商法调整。例如,公司的股东可以都不是商人,但股东设立公司的行为均属于商行为,票据行为、海商行为、保险行为亦然。今天,以此观点来观察,我们可以认为,证券和期货交易行为亦应属于绝对商行为范畴,当属商法领域。几百年商法的发展又已使海商法逐渐脱离商法成为独立部门。商法范围本来就难以划定,今天就更加难以划定。形式上把已经颁布的公司法、票据法、海商法、保险法再统一到一部商法典中确无必要。因此,让它们依然按照商事单行法的模式继续存在自然是顺理成章的。

剩下的问题就是商法总则了。有关商法总则的立法有两种模式可循:一是在民法典中规定商法总则,完全实行民商合一。从我们翻译完的意大利民法典和现行的俄罗斯民法典来看,它们就是采取这一模式的,即把商事主体、商事行为、商事代理、商事权利归纳到了民法典相应各篇章中。二是在民法典外另立一部商事通则,依照当初民法通则的模式,对商事活动原则、商事权利(包括商业名称、商业信用、商业秘密等)、商事主体以及商事企业的基本形式(关联企业、连锁企业等)、商业账簿、商事行为、商业代理(包括内部经理人代理以及外部各种销售代理,如独家代理等)加以规定。上述这些内容正是我国经营活动中亟待明确加以规定的地方。把它们都放在民法典中会显得过分累赘，不能突出商法的特征。

我个人认为采取第二种模式更为简便可行。

五、主体法与行为法

民事权利归根结底要反映在主体法或行为法中。主体是权利的归属，行为是权利的取得和行使。确定主体的地位、资格、能力、权限的法律规范应体现为法定性，而主体取得其权利或行使其权利的法律规范在相当程度上体现为意思自治。换句话说，前者只能是法定的权利，而后者在较大程度上属于约定的权利。主体法律的核心是建立以法人制度为基础的现代企业制度，行为法律的核心是建立以合同制度为基础的现代交易制度。

主体法中的根本问题仍是十几年前在制订《民法通则》时争论的一个问题：承认不承认除自然人和法人之外的第三民事主体——非法人团体。德国民法典虽然没有正式承认第三民事主体，但却在法典中有一条关于“无权利能力的社团”的法律规定。这说明一百年前他们已经注意到，参加民事活动的团体非但有法人团体，而且还会有非法人团体。民法通则颁布后的几年里，我们已经在一些单行法中（如著作权法）规定了非法人单位或团体的民事权利，这就不可避免地要在民法典中对其加以规范。

非法人团体中最典型的莫过于合伙组织。民法通则是将合伙放在主体法中加以规范的，这和所有其他各国民法典中均将其放在行为法（合同法）中作为合伙合同规定显然不同。合伙企业法立法时对该法名称曾有两种不同主张：有人主张叫合伙法，有人主张叫合同企业法。前者考虑的角度为行为法，后者为主体法，最后还是按主体法的思路制订了一部《合伙企业法》，但这部法律仍然规范了（而且也无法不规范）有关合伙作为合同关系的内容。民法典中不论把合伙规定在主体法还是规定在行为法中，均将与作为单行法的合伙企业法产生冲突或重复。因此，如何处理好它们之间的关系，给合伙关系以最科学的法律定位是民法典必须慎重考虑的问题。

主体法和行为法的问题也在前面所谈的《经纪人法》的起草中表现出来。《经纪人法》是一部主体法，更多地从经纪人的资格取得、经纪人的法律地位以及国家的管理和监督上加以规范。但是经纪人的权利义务又与其行为法（经纪合同）相互联系。经纪行为在本质上又与居间行为没有多大差别，而合同法中又独立规定了居间合同一章。那么，居间这种法律关系究竟应从主体法抑或行为法的角度去加以规范呢？还是二者同时规范呢？如何处理好主体法与行为法的关系，必须慎重考虑，科学定位。这不仅仅是一个法律技术问题。考虑到主体法具有国家管理监督性质，合同法更具有契约自由、意思自治性质，二者的取舍更成为法律的政策导向的问题。

六、强制性规范与任意性规范的运用

强制性规范即国家意志优先于当事人自己意志的规范，而任意性规范则是当事人意志优先于国家意志的规范。调整市场经济平等主体的法律规范必须同时具有这两类规范，才能有治而不乱的法律秩序。只有当事人意志而没有国家意志当然不行，只有国家意志而没有当事人自己的意志同样不行。以合同关系为例，统一合同法是否规定得越详尽、越周延就越好呢？并不尽然。如果法律将合同关系规定得详尽周延，而且都是强制性规范，那就无异于国家在替当事人订合同。同样，在制订未来的民法典时，也要考虑如何巧妙艺术地运用这两类规范，考虑哪些领域国家意志必须优先于当事人意志，哪些领域应当允许当事人的意志不同于法律的规定。无论如何，绝对不能以公法的手段和模式来起草一部民法典。

在物权法领域内应该实行物权法定主义，这一点应该无疑。但是，在我国物权法律规定还不完善的时候，能不能绝对地说，法律没有规定的物权形态均属于不合法的呢？例如典权，民法通则和其他的法律均未对典权加以规定，能否认为民间设立典权的行为均为非法而绝对加以取缔呢？因此，只有在我们有了一部完善的民法典时才能真正实行物权法定主义。当然，在民法典中应非常鲜明地树立物权法定主义这一大旗。

在主体法中应当明确企业法定主义原则，即只有法律规定的企业形态才是合法的，法律没有规定的，任何人不得创制和设立。这一原则在有关企业单行立法中是比较混乱的。例如，在公司法中只规定了两种公司形式：有限责任公司和股份有限公司。公司法中没有规定无限责任公司、两合公司等。那么，出资人能否要求成立注册无限公司呢？有的人就解释为在实践中可以允许设立无限公司，因为法律并未禁止成立无限公司。如果这样解释，那么无限公司究竟依据哪条法律去设立呢？再如，公司法的草案中曾经有“法人独资公司”一节，后来被删除了，只留下了“国有独资公司”一节。那么，究竟在公司法实施后能否再设立法人独资有限公司呢？有的人解释为法律没有规定的就是不能成立，有的人则解释为法律没有禁止成立的，就是允许。这是两种截然相反的实践后果，现今已造成了很大危险，不能不引起注意。再如，在制订《合伙企业法》时将原草案中的“有限合伙”一章删除了。对此也有两种解释：一种认为，既然删除不规定了，就意味着国家不承认这种有限合伙；另一种则认为，不规定并不意味着国家不承认，美国不是合伙和有限合伙分别立两个法吗？企业立法究竟是采取法定主义呢，还是任意主义呢，还是有意模糊一点好呢，该是在制订民法典时有个明确表态的时候了。至于合同法领域中不实行法定主义是毫无争议的。在新合同法制订过程中，对于合同法分则中究竟规定多少种有名合同（或称典型合同）颇多争议：有的主张应规定少一点，必须是真正有典型性的合同；有的则主张应规定多一点，凡是日常经济生活中经常遇到的合同类型均应加以规定。但是，不论多规定或少规定，均不影响未规定的法律效力。这里不应当实行法定主义。

人身权领域同样不实行法定主义。现行民法通则中就没有详尽规定所有的人身权，至少隐私权就未规定，我们绝不能说，既然法律未规定隐私权，它就不是合法的权利，就不加以保护。未来的民法典将对人身权作出更加周延的规定，但我们仍然不能说，民法典未规定的权利均属非法的。有这样一条原则对保护公民和法人的合法权益是完全必要的。当然，它也不能适用合同法中的自由设定主义，这是由人身权的特征所决定的。

（2002年第2期）

论股份公司控制股东的义务与责任

王保树* 杨 继**

我国大多数股份公司,特别是上市公司,由于其特殊的历史背景,存在控制股东。本来,股权的过分集中就易导致权利滥用,更由于我国证券市场的不完善、投资者的不成熟,众多公司存在的"一股独大"的局面给投资者带来了非常严重的后果。而我国《公司法》和《证券法》中并未对控制股东的义务和责任作出明确规定,仅仅是通过证监会颁行一系列行政规章和指导意见来约束。不但立法层级过低,而且在实践中对控制股东违反其义务的行为一般也仅是"通报批评"、"警告"等,缺乏应有的威慑力量。当前在许多西方国家的公司法领域,如何制约控制股东,以保护其所在公司及其他股东利益的问题成为研究的一项重要课题。而从我国股份公司控制股东的实际作用分析,明确控制股东的义务,确立并加强控制股东违反义务后的责任机制,更有着特殊重要的意义。

一、控制股东概念的界定

众所周知,股份公司的股东大会进行表决的一个基本原则就是资本多数。① 因此,如果大股东持有股份占公司有表决权的股份总数 50% 以上,则可以以股权的简单多数在公司的股东大会上做出各种有利于自身的决议,包括控制董事会的组成;而只是在修改章程、公司形式重大变更等罕见的场合才需要广大中小股东的配合。实际上,由于现代大股份公司、特别是上市公司股权的分散,大股东以低于甚至远远低于 50% 的表决权就可以达到对公司事务的控制。当大股东对公司事务已经可以行使事实上的控制权时,就构成了所谓控制股东(Controlling Shareholders, beherrschende Aktionäre)。如美国的《投资公司法》规定,一公司对他公司直接或间接持有 25% 股权者,推定为控制公司,即为母公

* 作者单位:清华大学法学院。
** 作者单位:清华大学法学院。

① 王保树、崔勤之著:《中国公司法原理》,社会科学文献出版社 1998 年版,第 201 页。

司,他公司为子公司。[①] 可见,控制股东和大股东是两个紧密联系,但又不完全等同的概念。[②]

也有学者认为,从“控制股东”这个概念的构成要件上看,必须强调其对公司行使了实际控制权。仅仅居于多数,但未行使控制权的大股东,仍不构成控制股东。所谓:“即使持有表决权的多数也不必然带来义务,除非持有人实际控制公司。是控制带来义务的。”[③]这种学说可以称为“控制股东”概念界定上的行为主义标准。对于控制权的表现,这些学者一般认为,体现在控制了公司意思机关即股东会和董事会,例如,直接或间接向公司的董事会委托或选派董事,以便对公司的经营活动施加影响;控制公司的主要经营活动,通常表现为对公司的重大经营决策施加影响或控制,以贯彻控制股东的经营战略。并且上述控制应该是有计划和连续的,并非是一时或偶然的。[④]

这一主张对于我们认识控制权的表现,确实有启发作用。但将是否已经滥用其权利作为控制股东的构成要件,似有画蛇添足之嫌。显然,“控制股东”并不必然滥用其控制地位。只要股东在股权比例上居于绝对或相对多数,构成控制地位,就应判断为控制股东,使其受控制股东特殊义务的约束。而控制股东滥用其控制地位,则应是现实地侵害了公司和中小股东的利益。一味强调行使控制权的事实,并认为有损害事实发生才能认定控制股东的身份,实际上混淆了控制股东的概念和控制股东滥用其控制地位的现象,它会使我们以控制股东的特殊义务约束他们的设想失去意义。

二、控制股东义务的法理基础

控制股东义务的性质如何,学说不一。择其要者:其一为善良风俗说,认为控制股东若滥用其资本多数决系对公序良俗的违反。其二为信任义务说,此为美国公司法普遍接受的理论,认为控制股东在对公司事务进行投票时,负有信任义务(fiduciary duty)。其三为当前在大陆法系比较流行的诚实义务说,认为基

---

① 《美国投资公司法》(1940年)第2节-(a)-9,转引自欧阳卫民著:《中外基金市场与管理法规》,法律出版社1998年版,第135页。

② 亦有称超过50%股权比例的大股东为控制股东,低于50%、但仍对公司行使实质控制权的股东称为控制性股东,本文不采用此种分类法。

③ 何美欢著:《公众公司及其股权证券》(中册),北京大学出版社1999年版,第823页。

④ 汪传才:“控制股东的诚信义务与少数股东的保护”,载《福建政治管理干部学院学报》2001年第1期。

于控制股东的实际权利必须对之课以诚实义务。[①] 德国的法学著作，一向将股份公司问题放在整个"商事组织法"（Gesellschaftsrecht，或译"企业法"）的框架内研究，在20世纪70年代以前，虽然也提到股东义务，但主要是指商事合伙、两合公司和有限公司的股东。对于股份公司的股东义务，包括控制股东义务是否存在，争论还比较大。[②] 70年代之后，由于现实的需要和研究的深入，理论界逐渐形成了共识。多数学者承认股份公司股东，特别是控制股东应承担一定的义务，但是，仍有学者指出此种义务应比其他类型公司的股东义务约束性差。[③] 对于此种义务的法理归属，也有不同观点。

以上表明，对控制股东义务性质的不同观点都有自身的法理基础。但为了不陷于纯粹的概念之争，必须对控制股东的特殊地位进行必要的考察。

传统公司法理念认为，股东系公司的出资者，依法享有自益权和共益权，股份公司的股东还享有完全自由地转让股份的权利，而其处分自身股份的行为，完全出于自愿，并无特别义务加以约束。需要用义务加以约束的是公司的管理者与监督者——董事、监事和经理层，因为他们和公司之间存在委任或者信托的法律关系。但是，前已述及，大量股份公司的董事会，从选任、日常运作到重大决策，其实都是受到控制股东的制约甚至完全操纵。监事会、经理层等公司机关和人员也全都听命于控制股东的调遣。所以，许多股份公司的控制股东扮演着公司业务执行和经营者的角色，享有远远超出一般股东权的特殊权利，甚至包括董事的部分权利。本着权利义务相一致的原则，对其种种行为加以特别的义务约束，实属必要。也正基于此种考虑，本文对于控制股东义务的分类实际上也是从对业务执行和经营者的基本要求出发来进行的。

控制股东到底应对哪些人负有义务呢？

（一）控制股东应对公司负有一定的义务

上文已述及：控制股东在公司内部成为实际上的业务执行和经营者。在享有经营管理之权的同时，须由特定的义务加以约束。所以，以公司业务执行和经营者的义务约束之，是自然而然的事情。德国学者指出，控制股东作为个人，对

---

① 刘俊海：《股份有限公司股东权的保护》，法律出版社1997年版，第277~292页。

② Eugen Klunziger GrundzÜge des Gesellschaftsrecht, 2. Auflage, SS. 152 – 154, Verlag Franz – Vahlen, MÜnchen, 1981.

③ Richard Holzhammer und Marianne Roth, Gesellschaftsrecht, S. 155, Springer Verlag, Wien und New York, 1997.

公司的影响越重，应承担越严格的义务，直至类似人合公司股东的义务。① 又如，对于虽不担任公司董事或者经理，但仍然有能力控制公司实际事务之人，英国法上称为影子董事(shadow director)，法国法称为事实董事(dirigeant de fait)，因其影响公司事务之实，须以特殊义务约束之。显然，以控制股东对公司施加实质影响力的可能性观之，无论是在影子董事还是事实董事中，都少不了他们的身影。德国法律理论中还有所谓"适格的事实康采恩"(qualifiziert faktischer Konzen)一概念，系指甲公司虽不直接管理乙公司、但从股权比例上完全可以控制乙公司。在这里，甲公司以其控制股东的身份，虽不完全符合关联企业的主体要件，也须承担特殊的股东义务。

董事等公司管理者的义务本基于法律的设定，不必特别从委任或信托理论中去寻找根据，引用这两个理论只不过是法学家为了追求体系完美的结果。② 因此，我们也可以认为控制股东的义务实际上就是法律考虑到当前他们处于公司实际业务执行和经营者的地位，有滥用权利之虞，而加以特别的设定。事实也正是这样。尽管在法理上对于控制股东义务的性质仍然处于争论之中，实践中无论是大陆法系还是英美法系的几个主要国家在立法与司法中却都早已对其加以确认。英国普通法要求控制股东对自己有利害关系的事宜真诚地依公司最佳利益表决，并且不得任意处置公司财产和其他少数股东的财产。③ 韩国于1988年修正《商法》，在第402条之2中新设了追究向董事指示业务执行者责任的制度，这主要就是为了追究控制股东的有关责任。④ 德国1965年修订的《股份法》本来没有对控制股东规定义务，其最高法院也不承认此点。⑤ 但在20世纪70年代之后，基于控制股东操纵公司事务的问题愈益严重，最高法院在判决中修改了从前的意见，强调了控制股东对公司的"忠实义务"

① Richard Holzhammer and Marianne Roth, *Gesellschaftsrecht*, S. 156, Springer Verlag, Wien und New York, 1997.

② C. Wolfgang Vogel, Aktienrecht und Aktienrechtwirklichkeit – Organisation und Aufgabenteilung von Vorstand und Aufsichtsrat, S. 149, Nomos Verlagsgesellschaft, Baden – Baden, 1980.

③ 何美欢著:《公众公司及其股权证券》(中册)，北京大学出版社1999年版，第828页。

④ 李哲松著:《韩国公司法》，吴焕译，中国政法大学出版社2000年版，第226页。

⑤ 《德国最高法院民事判决》(BGHZ)第9，157，163。

(Treupflicht)。[1]

(二)控制股东对其他股东的义务

首先,各股东之间既然同为一股份公司的出资人,共同享有资产收益、重大决策、选择管理者等权利,在他们之间也应互相负有诚信的义务。一切民、商事行为,均须依诚实信用的原则为之,各股东均不得从事有害于其他股东利益的活动,不但对控制股东如此,就是一般的中小股东也是同样。德国最高法院对这个问题的认识过程,颇能说明一定的问题。起初,它只认同控制股东对于公司的义务(见本页注①),但在1976年的一次判决中,第一次指出了控制股东对于其他股东的义务。判决词强调:"拥有表决权多数的控制股东,有可能对公司以及其他股东的利益产生影响,所以应该为消除这些影响,特别对控制股东约束以特殊的公司法上义务——忠实义务"。[2] 后来,法院甚至通过判决将此种义务引向其他非控制股东。[3] 英美法国家也承认控制股东应对其他中小股东承担所谓"信义义务"(fiduciary duties),该义务系由英美古老的信托理论演化而来。[4] 它与大陆法上的诚信原则来源不同,效果却近似,颇有殊途同归之意。

其次,控制股东如果利用自己的股权控制、支配公司,存在损害公司其他股东利益的行为,实际上是典型的权利滥用。"权利之行使,应于权利者个人之利益与社会全体之利益调和状态为之,从而权利之行使,以加害于第三人之意思目的为之者,称为恶意的权利行使。"[5]恶意的权利行使即为权利的滥用。一言以蔽之,为控制股东特设的义务实际上就是防止控制股东滥用其股东权,凡是滥用控制股东权的行为即构成对控制股东义务的违反。我国台湾地区(公司法)规定:股东中一部分之人,无正当的理由,为获取利益而不当地与他股东为损害时,为多数决之滥用,其决议为违法而无效。这是在立法上禁止控制股东滥用权利、为其设定义务的一个实例。

---

① 《德国最高法院民事判决》(BGHZ)第103,183。引自 Barbara Grunewald Gesellschaftsrecht, 3. Auflage, S. 242, Mohr Siebeck Verlag, TÜbingen, 1999。该案中,某股份公司股权比例达96%的大股东(本身为一有限公司)不顾公司运转良好,执意要求公司进入清算程序,它操纵董事会通过的分配方案将股份公司绝大多数财产归属自身,尽管可能有更好的分配方法,如折价等。其余4%小股东中之一人提起诉讼要求撤销清算程序,德国最高法院认为该有限公司作为控制股东违反了忠实义务,判决小股东胜诉。

② 《德国最高法院民事判决》(BGHZ)第195。

③ 《德国最高法院有价证券判决》(WM)1995第882,884。

④ R. W. Hamilton: The law of corporations, fourth edition, p. 379, West Publishing Co. 1996; Gower's principles of modern company law, sixth edition, p. 706, Sweet & Maxwell, 1997.

⑤ 史尚宽著:《民法总论》,中国政法大学出版社2000年版,第714页。

三、控制股东的注意义务

所谓控制股东的注意义务(Duty of Care),系指控制股东在处理公司事务时,应尽如同一个谨慎的人处于同等地位与情形下对其所经营的事项所给予的注意一样的谨慎义务。即控制股东在作为业务执行和经营者处理公司事务时,应怀有善意,并从公司的最大利益出发来考虑问题。对控制股东的注意义务,美国法学理论和司法实践都已予以确认。美国学者认为:控制股东在转让自身股份给第三者时,对公司、债权人和其他股东都负有注意义务,尤其是在涉及公司重大利益(如公司收购)之时。[①] 美国的示范公司法对此也已经给出了明确的规定,许多州在立法上也将此种义务规定到法典当中。[②]

前已述及,德国学术界偏重于从股东权的本质来探讨控制股东的注意义务,认为这种义务是基于控制股东的地位即体制的控制而产生的。控制股东理应和小股东承担不同程度的义务。[③]《德国股份法》在"关联企业"一编规定控制股东在对其所属公司下达指示时,应尽到正常与忠实管理人的义务。同时,规定了在签订支配和盈余移转协议时,对在外股东(即被控制企业的其他中小股东)必须给予适当的补偿。[④]

对于我国大多数股份公司来说,都存在控制股东实际掌握公司业务执行和经营权的问题。因此,承认并强调控制股东对公司和其他股东应尽的善良管理人的注意义务,就更有其必要性。

如何把握控制股东的注意义务?应有以下三个要件:

1. 控制股东行使权利时应出于善意。易言之,控制股东应从公司和全体股东的角度出发来考虑问题。当自身的利益和以上两者产生冲突之时,应将公司的全体利益置于首位。而不能仅仅考虑自身的利益,实施对公司的经营前途和其他中小股东利益有害的行为。

我国一些股份公司的控制股东,在操纵公司管理层通过一些对公司有重大影响的决议时,仅仅考虑自身利益,对公司的长远发展和小股东是否能在公司中

---

① R. W. Hamilton: The law of corporations, fourth edition, West Publishing Co. ,1996, p. 379.

② 施天涛著:《关联企业法律问题研究》,法律出版社 1998 年版,第 189 页。

③ Ulrich Eisenhardt Gesellschaftsrecht, 9. Auflage, S. 357, Verlag C. H. Beck, MÜnchen, 2000.

④ § 309(1), siehe: Aktiengesetz und GmbH - Gesetz, 32. Auflage, S. 120, Beck - Texte im dtv, 2000.

获利,毫不关心。比如,尽管当前的银行贷款利率已经连续下调,向银行贷款不失为一种良好的融资渠道,但有些上市公司仍用配股融资的方式来进行集资。究其原因,在于上市公司可以利用高价配股将公司股权高价出售,从小股东手里圈来大量现金,再通过关联交易的方式将部分现金又转回到控制股东的手中。据统计,沪、深两市1998年1~9月实施配股的112家上市公司中,只有11.61%的上市公司的控制股东在参与配股时实施现金全额配股,其余的往往是部分现金、部分实物配股或者干脆放弃配股。而通过调查,发现其中很多公司通过关联交易将高价从小股东中圈来的金钱用于投资控制股东的房地产、资产收购等项目之中。公司从这些投资中没有得到真正的利润,更不用说广大小股东了。严格地说,这些控制股东都严重地违反了注意义务。

2. 控制股东应以正常的谨慎之人应有的注意去履行义务。我们在判断控制股东是否尽到注意义务时,应将其视为在相似处境下的"谨慎的常人"(ordinary prudent person),以考察其是否尽职。但是,何谓谨慎的常人,在古今中外,实际上都是难以准确把握的。美国法院在审理董事是否尽到常人的谨慎义务时,也只是依照特定的民族、文化、宗教信仰、道德观念,给出一个相对合理的解释。很多时候,陪审团成员的个人价值取向起到了非常关键的作用。①

其实,在这个问题上,不妨借鉴英美法中对董事是否尽到谨慎义务的判断标准,即经营判断规则(business judgment rule)。如果控制股东从公司的整体利益出发,做出某项经营行为时,根据自身在当时条件下的知识水平和经验,应认为是对公司最有利的行为,即使事后该行为导致公司受损,也不应追究该控制股东的责任。这就避免了有些小股东将正常的经营风险一味归罪于控制股东的现象,也有利于鼓励控制股东为公司的整体利益大胆决策,避免因循守旧、一味求稳。

3. 控制股东在行使权利时,应采用良好的方式。

所谓良好的方式,即为对公司整体利益最为有利的方式。如何判断?还是应考察该方式是对公司整体利益和全体股东(包括小股东和控制股东自身)都有利,还是仅对控制股东有利。

比如,我国当前绝大多数股份公司的股东大会在选举董事会时,采用的是简单资本多数决的方式。这种方式的结果,是使得控制股东在董事会中的代表所占比例极高,甚至普遍超过了控制股东自身所拥有的股权比例。有学者统计过,在1997年6月~1999年5月的222家上市公司中,74.33%的公司其董事会成

---

① 胡果威著:《美国公司法》,法律出版社1999年版,第181页。

员所占股权比例超过公司总股本的50%，甚至有43.69%的公司其董事会代表的股权比例超过2/3。另外，直接由最大股东选派的董事超过董事会成员数一半的公司占36.49%。可见，上市公司董事会成员的选任不但基本上被控制股东操纵，而且很多董事完全就是控制股东的代表。① 这种控制董事会的方式，从其效果来说，很难说是最符合公司整体利益的方式。如此操纵董事会选举的控制股东，应构成对注意义务的违反。

再如，公司的董事和经理层等管理者有时会因为自身的失职，给公司和股东的利益造成损失。作为股东，应该行使自己选择和监督管理者的权利，纠正董事、经理的错误，直至罢免不合格的管理者。但是，在控制股东操纵的股份公司中，由于主要管理者皆为其选任，为其利益服务，当然控制股东就会经常放纵管理者的不轨行为，对其给公司和其他股东造成的损失也会不予追究。我国很多上市公司尽管亏损严重、业绩低下，但其董事会的报告在股东大会上经常是高票，甚至全票通过，控制股东在其中起了很重要的作用。其实，股东应监督而不实施监督是典型的以不作为方式违反注意义务，应属未尽善良管理人注意义务的行为。

四、控制股东的忠实义务

控制股东的忠实义务（duty of loyalty）是指控制股东不得从事有损于公司和其他股东利益的行为。其实，忠实义务和注意义务是一个问题的两个方面。如果把注意义务视作积极地为公司利益的作为义务，则忠实义务可以看做消极的不得损害公司利益的不作为义务。上文已述及：所谓控制股东从事损害公司利益和其他股东利益的行为，在学者研究中也常被称做“控制股东权的滥用”，并被称做控制股东的行为所造成的公司经营的道德风险。② 实际上，权利的滥用也就是对义务的违反。

从我国股份公司特别是上市公司的实践出发，要求控制股东履行忠实义务主要包括以下两方面要求；相应地，对违反忠实义务，严重危害公司和其他股东利益的行为，应严格地禁止：

1. 不得为欺诈行为

欺诈行为的表现形式多样，既发生在股票发行过程中，也出现于公司增资配

---

① 李东明、邓世强著：“上市公司董事会结构、取能的实证研究”，载《上市公司》1999年第10期。

② 段亚林著：《论大股东股权滥用及实例》，经济管理出版社2001年版，第1页。

股、利润分配的场合,在公司日常经营中也多有表现:

(1)虚假出资

虚假出资主要指设立上市公司或者增资配股过程中,控制股东名义上向上市公司投入了资本,而实际上该资本并未履行产权转移手续,仍然保留在控制股东原来的名下。也就是说,控制股东通过开具虚假的出资证明,并未真实投入资产或现金,却拥有了上市公司的股权。

近些年,出现了多起上市公司控制股东虚假出资的事件。比如,"港澳实业"原发起人海国投集团名义上以土地折价入股作为出资,成为控制股东。而实际上,对这片土地,"海国投"未缴纳土地开发费,并不拥有产权。在经营过程中,"海国投"挪用"港澳实业"资金数千万元,对自身虚假出资行为隐瞒不报达七年之久。① 此外,"西藏圣地"、"闽福法"等公司也出现过控制股东虚假出资的行为。

控制股东虚假出资的影响十分恶劣,不但严重损害了小股东和债权人的利益,还使上市公司的整体形象以及我国资本市场的信誉受到了极大的损害,动摇了广大投资者对股市的信心。所以,这种行为严重违反控制股东的忠实义务,应严格加以禁止。

(2)操纵发行价格

由于控制股东的利益和公司筹集资金的结果密切相关,所以他们自然愿意更多地从市场上募集资金。而公司上市时的招股说明书一般是由控制股东和相关的中介机构共同完成,所以我国证券市场上已发现控制股东提供不切实际的每股收益预期值的现象,并以此获得较高的发行价格、误导投资者、损害小股东利益。

1999年以来,由于证监会对发行制度进行改革,允许发行市盈率倍数超过原来规定的15倍的限制,使利用操纵每股收益方式来获得较高发行价的行为大幅度减少。但是,在我国证券市场数据经常失真、法制不健全的情况下,强调控制股东不得为自身利益操纵发行价格,还是有重大意义的。

(3)操纵利润分配

无疑,控制股东享有从公司的利润分配中获益的股东权。问题是,这种权利的行使如果表现为危害公司长远利益、损害其他股东权益的行为,就应为法律所禁止。

目前,中国众多的上市公司中,年终不进行红利分配的公司越来越多。除去

① 段亚林著:《论大股东股权滥用及实例》,经济管理出版社2001年版,第138页。

一些公司业绩下滑，确实没有分利能力外，大量公司从业绩分析来看，明明具备分利能力，却仍然采取了不分配的方案。这就或多或少地与控制股东操纵股东大会通过对其有利的决定有关。控制股东不愿将众多利润与中小股东共享，而是以年薪或奖金的方式发放给自己派出的高级管理人员，或者干脆通过关联交易使大量利润落入自身手中。这实际上是对中小股东利益的严重侵害。

(4)操纵信息披露

在我国当前上市公司中，相当多的控制股东利用其控制的公司管理层，操纵公司的业绩信息披露，提供虚假信息，企图避免因业绩差被剥夺配股权，甚至停牌、摘牌的命运。

控制股东操纵公司信息披露的手段很多，比如，提前确认收入、将关联性交易当做正常收益、虚假作账等。需要指出的是，虚假的信息披露是非常严重的违法行为，不但违反了这里强调的控制股东的忠实义务，也触犯了法律的禁止性规定。①

(5)侵吞公司和其他股东的财产

侵吞财产的行为也有多种表现。当前上市股份公司从广大股民那里募集的资金大量地被控制股东占用或者挪用。中国证监会日前通报批评了三九医药股份有限公司。这家上市公司控制股东及关联方占用上市公司资金超过了25亿元，占公司净资产96%。其实，此类案例在全国已出现多起，如前几年的“棱光”、“苏三山”、“大洋”，今年以来的“猴王”、“济南轻骑”、“吉发”等。“猴王股份”对其所属集团的应收款至少有8.9亿元，外加担保3亿元；“粤金曼”是9.95亿元，分别占这两家上市公司总资产的123%和157%。“东海股份”第二大股东农工商东海总公司欠了上市公司5亿多元，其下属的万隆房地产公司欠了上市公司6亿多元，因为无力支付所谓“资金占用费”最终留下了12亿元巨额债务。2001年4月，“济南轻骑”披露了2000年经营年报，公布济南轻骑集团对其存在25.8亿元的欠款，这意味着上市公司募集的16亿元资金被控制股东占用，而且实现的利润也被控制股东抽走；另外，“济南轻骑”还为控制股东及关联公司提供担保6亿元。② 这些事实，触目惊心。

此外，控制股东还经常利用其控制力迫使少数股东以低价出售其所持股票，或者恶意增加公司资本，迫使少数股东根本无力认购，从而使自身的股权比例进一步增高。前述的为自身利益迫使股东大会作出不分红的决定实际上也是对中小股东财产和利益的一种侵吞。

---

① 《中华人民共和国证券法》第59条、63条、177条。

② “各界人士众说纷纭：谁掏空了上市公司的钱袋?”，载新华网。

2. 限制关联交易

关联交易在中国的股份公司,尤其是上市公司中广泛地存在。根据利益转移的方向,控股母公司的关联交易可以分为索取型关联交易和付出型关联交易。前者系母公司利用其控制地位通过关联交易占有上市公司的资源或直接将上市公司的利润转移至自身所有;后者与此相反,是指由母公司向上市公司转移经营利润,以使上市公司的经营业绩在短期内得以虚假地提高。进行这些交易的动机多种多样,如避税、制造利润增加假象以确保配股资格、隐藏公司利润、突破银行贷款限制。但是其最终目的还是从上市公司转移资源或利润,而这显然是为了控制股东自身利益服务的。

控股母公司作为控制股东通过关联交易转移利益的手段纷繁复杂。近年在我国造成重大影响的主要方式有:控制股东通过会计科目造假侵占上市公司的资金,进而侵占广大中小股民的投资;控制股东通过上市公司的信誉担保,申请贷款,为自身的利益服务,一旦出现风险,上市公司就要承担连带清偿责任,这样控制股东就实现了将经营风险向上市公司的转移。

上市公司与其控制股东之间还可能存在垂直型的生产经营联系,即控制股东生产的产品正好是上市公司生产的原料,或者相反。这样虽然可以利用彼此的销售、供应网络,进行协同合作但却使得上市公司在销售收入或者原料成本方面实际上处于不利的地位,从而使公司的利润往往比其实际的市场竞争力偏低。

如上各种关联交易行为实际上都影响了公司的收益,阻碍了公司的长远发展。作为和公司利益休戚相关的控制股东,理应首当其冲受到不利影响。但是,控制股东通过关联交易,实际上已经获得了比之在公司分配中所得更多的利益,从总体上看对其有利。因此关联交易的真正受害方就是公司本身和众多实际上无力参与公司决策的小股东。控制股东的此种行为显然违反了其对公司的忠实义务。

我国颁布的《上海证券交易所股票上市规则》和《深圳证券交易所股票上市规则》对关联交易都作了界定和规制。① 中国证监会颁布的《上市公司治理准则(征求意见稿)》中也对关联交易问题作了原则性的规定,尽管仍失之宽泛,但毕竟对保护投资者权益具有开创性的意义。② 根据以上规定,控制股东从事与公司的关联交易,要遵循商业原则,做到公正、公平、公开,并且必须履行有关的信

---

① 《上海证券交易所股票上市规则》(2001年6月8日)第七章第三节,《深圳证券交易所股票上市规则》(2001年6月7日)第七章第三节。

② 中国证监会《上市公司治理准则(征求意见稿)》(2001年9月)第21~23条。

息披露的义务。这样,控制股东在从事关联交易时对公司所负的忠实义务就在一定程度上得以正式地确立。

五、控制股东违反义务后的民事责任机制

目前,在我国《公司法》、《证券法》等基本法律文件中,有关控制股东承担民事责任的规定极为缺乏,这对于约束众多股份公司、特别是上市公司的控制股东,保护广大中小投资者的利益,是非常不利的。因此,借鉴外国立法和判例在此问题上的先进经验,尽快建立我国的控制股东违反其义务后的民事责任机制,有着紧迫的必要性。

在《公司法》方面,鉴于我国存在比较严重的滥用职权现象的控制股东绝大多数是法人(公司或国有企业),所以我国在今后修改《公司法》时,可以借鉴德国《股份法》和我国台湾地区的公司立法模式,特用专章对关联企业问题作出规制。这样,不但使以控股母公司形式控制其他公司的控制股东得到有效的约束,也能够对控制股东和公司之间关联交易的限制与披露问题作出详细的规定。

至于虚假陈述、操纵市场、内幕交易等行为导致损失的民事赔偿责任,在现行《证券法》中有初步的规制。虽然2002年1月15日,最高人民法院发出了《关于受理证券市场因虚假陈述引发的民事侵权纠纷案件有关问题的通知》,有条件地受理和审理因虚假陈述引发的民事侵权纠纷案件,然而要真正完善关于控制股东义务的规制,还有赖于全面地健全民事责任机制:

1. 违反注意义务的民事责任

控制股东违反注意义务,给公司和其他股东造成了损失的,应该停止该行为,并承担相应的赔偿责任。英国早在1948年就在公司法中规定了小股东正当利益的保护条款。1985年又对小股东提起申请的条件和法院颁布命令的内容作了全面规定。即如果某小股东认为公司正在采取或已经采取的行为(包括不作为)将导致对他的不公正待遇,他可以向法院提起申请要求禁止这种行为。法院可以进一步授权申请人提起民事诉讼,要求赔偿损失。很显然,如果公司行为系由控制股东所决策,控制股东又确有违反注意义务之实,应承担连带的责任。①

《德国股份法》规定:"控制企业的法定代理人违背其义务的,其作为连带债

① 张开平著:《英美公司董事法律制度研究》,法律出版社1998年版,第176页。

务人对公司负有赔偿由此发生的损害的义务。对控制企业的法定代理人是否已尽通常且认真的业务执行人有争议的,其负举证责任。"这就是控制股东的损害连带赔偿责任。① 由于受控公司处于弱势地位,该条款还规定了此种情况下的举证责任倒置。这与英美法的观念不同,后者认为对控制股东的要求应与对董事的要求相比略轻,所以此类赔偿要求应由原告方举证控制股东确实违反注意义务、从事了不公平的交易。②

我们认为,外国立法和判例中要求控制股东对违背注意义务给公司和其他股东造成的损失负赔偿责任的规定值得借鉴。我国今后立法时,亦应作出相应的规定。唯对于注意义务,本不应作过于严格的要求,否则有可能挫伤控制股东关心公司事务、发挥自身应有作用的积极性。所以,除了在判断控制股东是否违反注意义务时可以引进前已述及的"经营判断规则"外,从公平的角度考量,此项诉讼中的举证责任应该落在原告身上,即因控制股东违反注意义务而受害的公司或其他股东负举证责任,比较合理。

2. 虚假出资的民事责任

此项责任,于我国现行《公司法》中已有规定。控制股东虚假出资,或公司成立后抽逃其出资的,应该补足出资,即所谓出资填补责任。③ 如果控制股东作为公司发起人未予实际出资,影响了公司的正常设立,应认为公司"设立无效"。对因控制股东的过错使公司和债权人受到的损失,由其个人承担连带赔偿责任;对认股人已缴纳的股款,发起人负返还股款并加算银行存款利息的连带责任。④ 此外,如果某控制股东未履行真实出资义务,而后公司因为其他投资人的出资行为仍在事实上得以有效设立的,必须注销未实际出资的控制股东相应的股份。这在我国将来修订《公司法》时应加以规定。

3. 操纵公司营业及操纵公司利益分配的民事责任

德国《股份法》对于存在支配合同的母子公司的控制股东之责任,作如下规定:"支配合同必须保证向在外的股东依补偿数额所规定的幅度,每年给予一定的红利分配,即使公司不负有移转其全部盈余的义务,亦应如此。""合同违背第(1)项(即前句所引条文——笔者注),未规定补偿和红利分配的,为无效。……

---

① §309(2), siehe: Aktiengesetz und GmbH - Gesetz, 32. Auflage, S. 120, Beck - Texte im dtv, 2000.

② 张开平著:《英美公司董事法律制度研究》,法律出版社1998年版,第177页。

③ 《中华人民共和国公司法》第208条、209条。

④ 《中华人民共和国公司法》第97条。

合同中规定的补偿不适当的，经申请，法院应确定相应的补偿数额。”①可见，控制股东负有将公司利润的合理部分作为红利支付给中小股东的义务。此义务若不被履行，可由法院强制执行之。此项规定，可以在我国《公司法》将来增设关联企业章节时，予以借鉴。

对于不存在支配合同的控制股东操纵公司的营业，如果造成了公司和其他股东的损失，该控制股东亦应承担相应的赔偿责任。《德国股份法》规定："不存在支配合同的，一个控制企业不得利用自己的影响，迫使一个从属的公司实施对自身不利的法律行为。”“（如违反前句规定——笔者注）事实上未在营业年度其间给予补偿的，至迟必须在给从属公司造成不利益的营业年度结束时规定，何时和以何种利益方式对此种不利益予以补偿。对于补偿的利益，从属公司有向法院的请求权。”②而所谓对不利益补偿的请求权，其法律效果实际上等同于损害赔偿的请求权。这就在法律上明确了控制股东如从自身利益出发，操纵公司的日常营业，从而给公司和其他股东造成损失的，应承担损害赔偿责任。我们认为，这一规定针对的是不存在支配合同的松散型关联企业，其中控制股东和公司的关系和我国当前大量的股份公司控制股东支配公司的实际情况非常相似。今后在修改《公司法》时，不但于“关联企业”一章要作出类似的规定，对于普通的不带有控制协议的控制股东的行为，也要借鉴德国的上述经验，规定因其控制公司事务而造成的损失，其应承担赔偿责任。

4. 虚假陈述的民事责任

此项责任在证券法理论和实务中，已有较多讨论。这里所谓虚假陈述，系泛指信息披露中作出不真实的信息陈述。

英美法上对于公众公司信息披露时的虚假陈述，有比较完备的规制措施。其基本法理念实际上导源于契约法和侵权法中的虚假意思表示（misrepresentation）。此种虚假意思表示又可分为三类，即故意的虚假陈述（intentional misrepresentation），其实即为诈欺；过失的虚假陈述（negligent misrepresentation）；以及无意的虚假陈述（innocent misrepresentation）。三者的主要区别在于不实陈述人的主观要件不同。显然，构成诈欺需要比较严格的主观要件。在英美法系中，主要有三种要求。即知情（knowingly），不相信它为事实（without belief in its truth），鲁莽地不管是真是假（recklessly, careless whether it is

① §304(1)(3), siehe: Aktiengesetz und GmbH – Gesetz, 32. Auflage, SS. 116 – 117, Beck – Texte im dtv, 2000.

② §311(1)(2), siehe: Aktiengesetz und GmbH – Gesetz, 32. Auflage, S. 121, Beck – Texte im dtv, 2000.

true or false)。[①] 过失虚假陈述多由疏忽大意引起，系当事人可注意而未注意或疏忽查证而为意思表示所发生之结果。无意的虚假陈述系指作出不实意思表示的一方既无诈欺，又无疏忽大意的情节，纯属无意甚至好心。

显然，无意的虚假陈述无须承担责任。对于过失虚假陈述，我们认为应严格限制其责任，由受害者举证说明自身信赖此虚假陈述，并受有损失的事实。至于诈欺性的虚假陈述，在归责原则上应实行严格责任，即举证责任应倒置于虚假陈述方，由其证明自身陈述信息并未真正造成投资者的损失，方可免责。

在虚假陈述责任的讨论中，一个重大问题就是控制股东是否可以成为此类诉讼的被告。我们的意见是：如果控制股东成为发行人的实际控制者和信息披露行为的实际决策者，理应承担相应的责任。对此，美国法早就在注册陈述、招股说明书和信息传播民事责任中规定了控股者的责任。[②] 我国也有学者论述控股股东可能会在一些情况下利用发行人做出有利于自己却有损于其他股东的行为，所以，对其追究民事责任，有助于增强控制股东对其他小股东的责任感。[③]

因此，现阶段可以先由司法机关对《证券法》第63条进行扩张解释，使其准用于控制股东，时机成熟后再进行相应的修改。

5. 侵吞公司或其他股东财产的民事责任

控制股东以各种方式，包括以关联交易的方式侵吞公司和其他股东财产的行为，在民法理论上是典型的侵权行为，应准用民法上的有关规定，要求控制股东承担返还财产、折价赔偿并对受害人的有关损失予以赔偿的责任。[④]

另外，前述控制股东干预公司业务给公司或其他股东造成损失，实际上也是侵吞公司和其他中小股东的财产，控制股东应承担相应的损失赔偿责任。

德国法为了更充分地保护中小股东的利益，还赋予他们一种选择权。中小股东既可以选择要求控制股东就损失加以赔偿；也可以选择退出公司，要求公司收买其股份；或者要求换取控制股东的股票而成为公司控制股东。此即所谓控制股东强制收购之责任。《德国股份法》第305条对此项责任的履行方式、对价以及中小股东提出此项要求的时限等，都作了详细的规定。[⑤] 这种制度，也很值

---

① 杨桢著：《英美契约法论》，北京大学出版社2000年版，第235页。

② 1993 Act S. 15; 1934 Act S. 20(a).

③ 齐斌著：《证券市场信息披露法律监管》，法律出版社2000年版，第290页。

④ 《中华人民共和国民法通则》第117条："侵占国家的、集体的财产或者他人财产的，应当返还财产，不能返还财产的，应当折价赔偿。""受害人因此遭受其他重大损失的，侵害人并应当赔偿损失。"

⑤ §305(1)(2)(3)(4), siehe: Aktiengesetz und GmbH-Gesetz, 32. Auflage, SS. 117-118, Beck-Texte im dtv, 2000.

得我国法学界思考和借鉴。

总之,我们认为,对股份公司控制股东约束以对公司和其他股东的一些特定义务,并完善控制股东违反义务后的责任机制,是非常必要的。我国股份公司、特别是上市公司的实际情况在这个问题上特别需要能出现理论和立法的突破,而理论界对它的关注程度远远不够。无疑,这种状况的改变,即更加细致和深入地研究控制股东的义务与责任,对完善我国公司法将是有益的。

(2002 年第 2 期)

论新闻侵权的抗辩事由

郭卫华* 常鹏翱**

一、新闻侵权抗辩事由的界定

民法理论对侵权之抗辩事由的一般见解是:被告据以主张原告诉讼请求不成立或不完全成立,从而免除或减轻其民事责任的事实。① 可以看出,抗辩事由旨在否定原告的诉讼请求,为被告摆脱或减轻责任提供了理由。但是,如果仔细分析,就会发现上述的见解对于抗辩事由的分析还不够细致,其模糊点在于:抗辩事由究竟是通过否定侵权行为的构成,来对抗责任的负担;还是直接对抗责任的负担,而无须对抗侵权行为的构成。显见,这种见解解释不清抗辩事由所针对的对象,而侵权行为和侵权行为引发的民事责任是两个不同的概念和制度,二者之中何者可以作为抗辩事由的对象,是界定抗辩事由内涵的基本前提。

首先来看侵权行为作为抗辩事由对象的情形。如果抗辩事由是对侵权行为构成的反动,就将从根本上否定侵权责任的发生问题。一般来说,承担侵权责任的人是侵权行为源的生成者,也就是说,没有侵权行为就无所谓侵权责任问题,这是侵权责任发生的底线。因此,对侵权行为构成要件的对抗,是最有力的抗辩事由,其表示国家对该行为正当性的肯定。

其次分析抗辩事由对象是侵权责任的情形。这种情形又可以分为以下两种:第一,通过抗辩侵权行为的构成,来否定侵权责任的生成,这就是上文提到的将侵权行为作为抗辩事由对象的情形。第二,侵权行为已经形成,但由于特殊事由的发生,排除了侵权责任的实际生成。在这种情形下,侵权行为和侵权责任之间的逻辑发展关系被割断,即法律在确认行为构成侵权行为的情况下,使侵权责任的后果得不到负载或负载数量减少。法律为什么会做出这种选择?其答案有两个:其一,法律是非颠倒,没有体现人们的一般行为规律。这种现象在当今文明社会的法律中出现的可能性几近于无。其二,在法律保持合理性的前提下,大致又分为以下三种情况:第一,法律肯定行为具有存在的实际意义,如正当防卫;

---

* 作者单位:北京大学法学院。
** 作者单位:中国社会科学院研究生院。

① 王家福著:《中国民法学 · 民法债权》,法律出版社1991年版,第492页。

第二,法律顺从当事人的意志;第三,受到其他制度的限制。第一种情况表明,法律肯定了该行为蕴涵的利益或其他正当性依据,而且这种依据的正当性程度要大于受侵害利益所具有的正当性,值得受到法律的优先保护。这种正当性判断格局一旦形成,就意味着此行为所包含的利益在法律上有优先实现的基础,并且在法律承认的范围和条件下,可以排除其他权益的实现,或者其他权益不能妨碍该行为的实施。既然作为这种行为后果的损害在法律上不被承认和保护,也就不能算作法律意义上的损害,没有损害也就没有侵权行为,这种行为也就不是民法上的侵权行为。无疑,这个答案的落脚点仍在于否认侵权行为的构成。第二种情况主要表现为当事人订立的免责条款,是当事人意思自治的产物。第三种情况表现为权利行使不能,主要是超过诉讼时效期间。在后两种情况下,法律仍然对行为作出了否定性的价值判断,维持着侵权行为与侵权责任之间的逻辑关系,只是因为这些情形的出现,使得责任得到豁免;这与因为侵权行为的构成被对抗,从根本上否定行为负载责任的"无责任"观念有本质的区别。

从上述的论述中,可以看出,以侵权责任作为对象,抗辩事由就会包含两种不同的价值判断:一种是肯定行为的正当性,即对抗侵权行为的成立;另一种是否定行为的正当性,但基于当事人的意志或其他制度制约,而免除责任。显然,从判断行为正当性这个根本的价值判断出发,抗辩事由应当是对侵权行为构成的对抗,这样才能与免责事由划清界限。依据学说通解,抗辩事由主要包括正当防卫、紧急避险、自助、依法执行职务、受害人同意、不可抗力、意外事件、受害人过错和第三人过错。① 对这些抗辩事由进行区分,就可以看出,前四种的抗辩事由是在行为的合法性上否定了侵权行为的构成,后五种在行为人的过错以及行为与损害之间的因果关系上否定侵权行为的构成。而免责条款、诉讼时效等制度在民法中均有各自独立的地位,可以脱离侵权行为法而存在,将其纳入法律文本中的侵权行为法之中,在逻辑上不通顺,在实践中也不现实。因此,通常所说的抗辩事由就是对侵权行为构成的抗辩。事实上,美国侵权法就采用了这种见解,即被告要找出各种各样的事由为自己的行为辩护,这些事由的成立,将导致被告侵权责任的减免。② 同时,由于抗辩事由直接导致责任的减免,其对当事人的利益分配起到决定性的作用,为了保证这个决定的同一性和正当性,就必须具有适当的法律基础,即法律应当明示这个理由,或至少给法官提出判断这个理由是否成立的方向。换言之,抗辩事由应当在法律文本中有具体或类型化的体现。

---

① 张新宝著:《中国侵权行为法》,中国社会科学出版社 1998 年版,第 573 ~ 620 页。

② 李亚虹著:《美国侵权法》,法律出版社 1999 年版,第 35 页。

基于这种认识,笔者认为,所谓新闻侵权抗辩事由,就是指媒体的新闻活动虽然给他人造成了损害,但该行为依法不构成侵权行为的情形。

二、新闻侵权抗辩事由具有独立性

新闻侵权法是侵权行为法的一个分支,在制度理念、价值目标和具体构制上受到后者的影响和制约。构建新闻侵权的法律制度体系,也是对这种前提认识的回应。一般来说,归责原则、责任构成要件、责任承担成为制度中必然的组成部分是没有异议的。但正如前述,抗辩事由旨在否定侵权行为的构成要件,那么,抗辩事由能否取代行为构成要件,就成为新闻侵权抗辩事由能否"天然"坐落于制度大厦之中的判断标准,这是个值得探讨的问题。笔者认为,虽然抗辩事由是对行为构成要件的否定,但两者有不同的机制,新闻侵权抗辩事由又具有独特的功能,其应当具有独立的制度地位。

(一)新闻侵权抗辩事由与新闻侵权行为构成要件有不同的机制

首先,新闻侵权构成要件是人们在检索、整理现实中的新闻侵权行为后,所总结并抽象出的一般规律。这个结果具有划一性,只是为人们圈画了一个不可为的行为范围,在主观状态、行为性质方面设定了一些禁止要素,一旦媒体逾越了这个范围界限,在新闻活动中包含了这些禁止性要素,就说明媒体的新闻活动构成侵权行为,已经脱下了"新闻自由"这个正当性外衣,应为法律所禁止;反之,则应该是安然无恙的。但是,这个范围内的种种特殊和例外的情形却没有被考虑进来。新闻侵权抗辩事由主要从这些特殊、例外的情形出发,突破新闻侵权构成要件所设定的一般规律,割裂了行为向侵权行为靠拢的必然趋向,从而保护了合法正当的行为,指明了可为的行为范围。例如,一家报纸未经某人的同意,就刊登了该人的私生活信息,如果用责任构成要件来套,这无疑是侵权行为;但是一旦查明社会公众对此人有浓厚的合理的兴趣,这个报道行为就丧失了侵权行为的特性,成为正当合法的行为。可见,社会公众的合理兴趣在该例中起到了举足轻重的作用,其排除了当事人个人的利益,从而使符合社会公众合理兴趣的报道行为脱离新闻侵权的范畴,其中的利益衡量机制是责任构成要件所欠缺的,但在社会实际中又必不可少。可以说,新闻侵权构成要件侧重于从行为后果、行为人主观过错等行为自身状况出发,来无区别地总结行为一般规律;新闻侵权抗辩事由则引入根据利益衡量等价值判断,不单单是对行为进行事实考证,这正是其具有独立法律地位的根本所在。

其次,新闻侵权行为构成要件和抗辩事由相互配合,在诉讼中缺一不可。原告在权利受到侵害时提起诉讼，要求媒体承担侵权责任，是行使自己诉权的表现。此时，原告首先要考虑新闻侵权责任构成要件，并必须证明被告的新闻活动给自己造成了损害、被告具有主观过错、新闻活动与损害后果之间有必然的因果关系，可以说，行为构成要件是原告向被告发起正面进攻的武器，也是行使诉权的依托。同样，媒体作为被告，针对原告的诉求，要行使抗辩之诉权，就要证明有抗辩事由。通过证明行为符合抗辩事由，被告不仅能够抵御原告的诉讼进攻，也能为自己行为作出正当性的辩解，进而说明原告诉讼请求的不当，迫使原告作出证明被告行为不符合抗辩事由的抵御。新闻侵权行为构成要件和抗辩事由在诉讼中体现为原告的起诉与被告的答辩，是各方当事人在法律上势均力敌的表现，如果仅有行为构成要件，而没有抗辩事由，就会造成当事人在诉权上的不平衡。

（二）新闻侵权抗辩事由具有独特功能

1. 规范指引功能

新闻媒体与一般的机构和个人相比，获得社会信息的能力很强，能够知悉和掌握一般社会主体不易了解的事情，被称为“无冕之王”。新闻媒体之所以有如此高的地位，主要是因为社会现实纷繁复杂，一般的社会成员不可能完全和深入地知悉国家以及社会情报，进而就产生了知情权的要求。为了使社会公众的知情权真正得到实现，使公众能够得到真实而及时的信息，媒体必然要有较大的探知并传播信息的自由。新闻自由是监督机制建立的基础，因为没有新闻自由，媒体报道的信息数量、质量就必然难称人心，公众也就会漠视信息存在的必要性，同时也丧失了发表独立意见的场所，而在信息得不到流通的社会，人们知道某个问题的机会很少，很难对某个问题达成共识，也就难以作出恰当的民意评价，从而使本应被评价者逃离舆论约束的轨道。可见，要使新闻媒体本身的力量发挥至极点，新闻自由是核心、是关键。在现实中，阻碍新闻自由的因素有很多，其中能够在法律层面探讨的主要是起诉媒体。例如，在中国的司法实务中，出现过1988 年的“新闻官司浪潮”，1992 年李谷一等文化名人状告媒体的“名人官司年”，1993 年企业状告媒体的“侵犯名誉官司浪潮”。[①] 这种势头愈演愈烈，例如，湖南《邵阳日报》的记者卢学义坚持为民请命、伸张正义，竟先后 12 次走上法庭当被告。这种诉讼往往费时费力，既牵扯了媒体的大部分精力，还会产生“杯弓蛇影”效应，在一定程度上遏制了新闻自由。虽然有学者提出了滥用诉权

① 王安：“谈谈新闻媒介的官司”，载中国新闻法制研究中心、新闻法制全国学术研讨会论文集，中国民主法制出版社 1999 年版，第 684 ~ 690 页。

之侵权责任理论,用以限制这种不良现象,[1]但这毕竟是一种事后的补救措施,而且,媒体为了弥补损失,还需要重新提起侵权诉讼,在诉讼成本上并不经济。

新闻侵权抗辩事由的定型化和具体化,能起到指引和告知作用,使当事人以及法官知道应当怎样为和不为,从而在事前建立预测和筛选机制,防止诉讼的发生或进一步发展,也利于实现诉讼效率和公正。这样,潜在的原告(即媒体新闻活动的"受害人")通过新闻侵权抗辩事由的指引,对照自己权益被"侵犯"的情况,可以知道自己的权益从法律意义上讲,是否真正受到了非法侵犯,一旦提起诉讼能否胜诉,这就是潜在的原告通过对法律和事实的理解,预测通过诉讼途径能否达到自己目的的一幅图景。其通过利害衡量,就会作出选择:侵犯人的行为符合抗辩事由,自己就不起诉;反之就起诉。只要能够做到这一步,新闻侵权抗辩事由就达到了"双赢"的结果,即潜在的原告据此作出不起诉的判断,不仅当事人自己得以免于为打官司而破财伤神,也使法院节约了宝贵的司法资源,减少了无谓的司法资源耗费;而其一旦据此作出了起诉的判断,就说明至少在当事人自己看来,法律应当保护自己的正当权益,并对媒体的行为作出否定的价值判断,法院将司法资源分配给这种案件无疑是有效的利用。可以说,新闻侵权抗辩事由有塑造理性原告的功能。不仅如此,它也给法官以及被告提供固定的模式:法官据此可以在立案时审查案件的可诉性,进而拒绝受理或驳回起诉,以阻止恶意诉讼的继续进行;被告据此可以按图索骥地准备证据材料,争取在诉讼进程中占据有利的地位,或在认识到自己行为错误的时候,减少对抗的心理。这样就能够节约诸多的诉讼成本,避免或削弱这种诉讼对新闻自由造成的消极影响。无疑,新闻侵权抗辩事由的这种规范指引功能,能够促进信息流通,保障新闻自由,维护舆论监督。

2. 价值宣示功能

新闻自由在现代民主生活中有很高的价值,国家或人们在对其分配制度地位时,也往往给予优先的考虑,即在宪法中给予明确的保障,例如,《美国宪法修正案》第1条规定,国会不得制定剥夺言论自由或新闻自由的法律;德国《基本法》第5条规定,保障公民表明意见的自由和新闻自由。这使新闻自由蒙上神圣的光环。但从实际情况来看,作为新闻自由的实际载体和实现者的媒体,在社会中是实际存在的组织体,有自己的独立意志、判断能力、利益追求和社会地位,是负载既要实现新闻自由、满足社会公众知情权,又要实现自己利益这种双重任务的民事主体。由于这两个角色浑然一体,当媒体因从事新闻活动而给他人带来

[1] 郭卫华著:《新闻侵权热点问题研究》,人民法院出版社2000年版,第284~330页。

损害时,辨认这种活动是否属于正当的新闻自由范畴就非常必要。又由于新闻自由和其他合法权益均有受法律保护的正当性基础,那么,在这二者发生冲突时,如何进行保护就成了一个难题。

单从新闻侵权抗辩事由的字面意义上讲,其无非是为新闻媒体活动的正当性进行辩解的工具,理所当然地要倾向于新闻自由。但实际上,新闻侵权抗辩事由并不只是简单地在新闻自由和其他权益之间作出舍此去彼的选择,而是根植于其二者的正当性之中来设置各自的势力范围。新闻自由的正当性依据就在于其能够满足社会公众的知情权,形成舆论监督,能够以维护社会公共利益为首任,能够做到诚实、真实、准确、公正,能够不侵犯私人的权利和感情。只要新闻活动遵循了这些正当要求,就可以排除侵权的指控,这正是新闻侵权抗辩事由的出发点。

在此基础上,新闻侵权抗辩事由还能鼓励具有保护价值的新闻活动,指引新闻活动的健康发展,这是一种积极的功能。例如,新闻媒体报道某人的违法行为或不道德行为符合社会公共利益,以此作为抗辩事由,能使媒体大胆地监督这些不正当行为。而媒体仅仅证明自己没有过错,这只是一种中性的法律判断,是其应为的行为,不能表明法律对该行为的支持和鼓励。正是通过对媒体的新闻活动和其他权益之关系的互动性判断,新闻侵权抗辩事由能够恰当地划分合法、非法行为的界限。因此,在对新闻自由或对其他权益作出选择时,新闻侵权抗辩事由并不是建立一个先在的模式,根据新闻自由优先或其他权益优先的思路,牺牲其中一个来保护另一个,而是考虑新闻活动和其他权益的正当性,保护正当的新闻自由和权益,实现选择上的公正。新闻侵权抗辩事由在本质上是对新闻自由的支持,也是对不正当新闻活动的抛弃。新闻侵权抗辩事由的这种价值宣示功能,可以指引正当行为,促成利益平衡,化解权利冲突。

三、新闻侵权抗辩事由的制度内涵

从逻辑关系上分析,新闻侵权责任的建立,经历了以下几个步骤:首先,判断新闻活动的后果是否确实导致他人的权益在客观上受到侵害,即对损害后果以及行为和损害后果之间的因果关系进行界定;其次,判断该行为人在主观上是否具有为法律所不容忍的过错;最后,一旦上述两个步骤有了肯定的回答,就说明该新闻活动具有不法性,媒体就应当承担责任。而新闻侵权抗辩事由则是要打破这个逻辑,其突破点在于否定新闻活动与损害后果之间的因果关系和行为人的过错。由于在新闻侵权中,行为和损害后果之间的因果关系是非常确定的,[①]没有新闻采访或报道,就不会造成他人的社会评价降低、他人的私生活信息为外界知悉等后果,是不证自明的,也不能通过反证推翻这个证明。因此,新闻侵权抗辩事由一般不能针对行为和损害后果之间因果关系提出,而只能否定行为人的过错。同时,由于新闻采访和报道是媒体发挥主观能动性,向社会公众宣示信息的活动,从信息的挖掘到披露往往需要一定的周期,这就使正当防卫、紧急避险、自助这些需要在紧急情况下做出的有严格条件限制的抗辩事由在此无用武之地。从法律意义上讲,媒体发掘信息的行为是个客观化的作业过程,是收集相关事实的活动,这个活动没有严格的程序性,不像司法机关取证那样全面准确,只要媒体从值得信赖的权威信息来源得到法律允许向公众披露的信息,就表明信息具有极高程度的可信性和客观性。媒体表述信息的行为则受到新闻本身所要求的新颖、迅捷、实效等要素的制约,总免不了有所疏漏或用语不当,这时,就要审查新闻报道的信息是否具有新闻价值、客观属实、公正允当。只有上述问题有了肯定的答案后,才能说明媒体在主观上没有过错。可以看出,新闻侵权抗辩事由主要通过信息源(即信息的来源可靠)、信息质(即信息具有新闻价值)来证明媒体在为新闻活动时没有过错,掺杂了事实界定和价值判断。

笔者认为,新闻侵权抗辩事由的具体标准主要有以下两种:

(一)可靠的信息来源

这是从信息来源上排除媒体在获取信息上的过错。如果媒体从法律认可的可靠的信息来源获得并公示了信息,就可以认定对于媒体而言,该信息具有最大程度的可信性和真实性,媒体作出上述行为就没有过错。这种信息来源又可以分为以下两种:

1. 受害人提供或同意

民事权利蕴涵着民事主体的利益,这种利益具有可放弃性,如果民事主体根据自己意志做出放弃的行为,只要不违背法律的强行性规定,不违背社会公共利益,就应该得到法律的承认。如果媒体的报道会对某人产生不利的后果,而此人却事先提供了该信息,或自愿承担此不利后果,实质上就意味着其放弃了有关权益。受害人提供或同意作为抗辩事由的依据是诚实信用原则,即任何理性之人必须承担自己的行为后果,不能随意撤回相关的意思表示,而使他人遭受损害,否则,社会交往就会因此而丧失既定的预期性,信赖也不复存在,正常的民事交

① 王利明等著:《人格权与新闻侵权》,中国方正出版社1995年版,第582~584页、第613页、第635页、第636页。

往不能顺利进行。受害人提供信息或同意媒体发布有关信息，表明媒体对于损害后果的发生没有过错，阻却了新闻报道活动本来存在的不法性。这个抗辩事由为各国所认可，例如，学理上认为允诺阻却违法（volendno fit injuria）是各国公认的原则；①《美国侵权行为法重述》第583条也规定，除了例外规定之外，对于公布有关诽谤事项的同意，就该人主张受诽谤而提起的诉讼，有完全的抗辩。

由于现实中受害人提供信息或同意的形式多种多样，我们有必要将这个抗辩事由规范化。笔者认为，这个抗辩事由应有以下几个构成要件：(1)受害人在主观上愿意承担民事权益被新闻采访或报道损害的后果，并明确将这一意愿向新闻媒介予以表示。如果受害人并不希望自己承担民事权益受到侵害的后果，即使其已经认识到会遭到侵害的可能性，也不能构成同意。例如，甲因为自己的身体有病，不能过正常的夫妻生活，导致妻子有了婚外恋，为了排除烦恼，其将这一私人信息告诉给了当记者的好朋友乙，让乙给自己出主意，而乙却认为这个事实具有一定的代表性，就将其报道出来。在这个例子中，甲只是以向朋友谈心的方式向乙透露了自己的隐私，在主观上没有同意乙报道自己隐私的意图，尽管乙的记者职业可能使其能认识到自己隐私被披露的危险，但其并不希望自己的隐私被新闻媒介披露的主观心理状态是肯定的，受害人向记者公开隐私就不是同意。(2)受害人自愿作出这样的意思表示，不得有被胁迫、欺诈等因素。(3)受害人的意思表示必须是在民事权益因新闻媒介介入或披露受损害之前作出，如果在事后作出就是法律责任的事后免除，而不是事前的抗辩事由。(4)新闻报道内容与受害人的意思表示实质相同。在受害人提供信息的场合，报道内容应当与该信息吻合，在实质内容上不能有出入；在受害人同意的场合，其是在知道报道内容的前提下作出该意思表示的，如果其不知道报道内容，仅仅表示可以对自己进行报道并不能成为抗辩事由。(5)受害人的意思表示必须符合法律或社会公共利益。如果受害人同意新闻媒介对自己的身体拍照，用来制作淫秽画面，就不能给予法律保护。

2. 权威的信息来源

受害人提供的信息或同意发表的信息，无疑是最可靠的，但如果信息是从具有公信力的机构获得，也足以证明媒体主观上没有过错。笔者认为，以下的信息属于从权威的信息来源获得的信息：(1)司法机构、仲裁机构、行政机关、公证机关在具有法律效力的法律文书中确认的事实。(2)具有合法地位的政党、国家机构在公文、正式出版物、新闻发布会、记者招待会、蓝皮书、白皮书等具有法律

---

① 王泽鉴著：《侵权行为法》（第1册），中国政法大学出版社2001年版，第239页。

效力文件中确认的事实，或其负责人以该政党、国家机构的名义发表的电视广播讲话。(3)为配合特定机关履行职责的需要而发表的信息。在实践中，常常发生媒体为了配合执法机关履行职责而发表有损特定人名誉的报道，例如，某报纸按照公安机关的指令刊登了对某人的通缉令，后该通缉令被确认是误发，该报纸就可以以此进行抗辩。(4)企业、事业单位、社会组织就自己事宜向新闻媒体提供的信息。值得注意的是，在我国，新华通讯社是唯一的国家级通讯社，诸多的新闻媒体均通过该社来转载信息，但不能因为这个独占优势的地位就可以认定新华社采知的信息就是权威的信息，因为新华社也是媒体，也是探知信息的新闻机构，也要从新闻源获得信息，其本身不是新闻源；同时，如果将新华社发布的信息当做抗辩事由，不仅在媒体之间制造了不平等，也难以保证该机构不滥用权利，侵害被报道对象的合法权益。

(二)具有新闻价值

新闻报道的最主要特点就在于其所公布的内容具有新闻价值，即给社会公众发布稀缺的信息(如国家政治生活信息等)，以满足社会公众的知情权，在这种情况下，只要新闻报道符合社会公众知情权的需要，符合一般的社会正义，就不构成侵权行为。新闻报道的内容具有新闻价值是最一般的抗辩事由。笔者认为，具有新闻价值的报道主要表现在以下两方面：

1. 新闻报道符合社会公共利益

这是对抗主张新闻侵权的通常事由，如在美国，按照普通法上的新闻价值辩护，新闻媒介在公布真实的有关公共利益的事宜上受到保护。① 以隐私权为例，隐私的含义就是个人的不愿公开的与社会公共利益无关的私生活信息，一旦个人信息与社会公共利益发生关联，就表明其不具有隐私的特性，新闻媒介的报道就不是对个人秘密信息领域的侵犯，也就不是侵犯隐私权。而且，人们生活在社会中，又往往希望知道和了解与社会公共利益有关的信息。特别是对于那些社会公众人物，其在很大程度上具有社会性的一面，自己的很多个人信息与社会公共利益有关联，已经不单纯是个人隐私，新闻媒介对此进行报道，可以让世人知道有关情况，进而产生社会评价。例如，美国新闻媒介对克林顿和莱温斯姬的婚外恋进行报道，就可以促使一些高级官员对自己私人生活进行反省(例如，其后提名的美国国会议长的候选人就因婚外恋被披露而被迫退出)，净化社会风气，有利于整个社会风俗的良好发展。同时，新闻媒介可以对一些违法犯罪行为以及违反社会公德的

---

① [美]T. 巴顿 · 卡特等著：《大众传播法概要》，黄列译，中国社会科学出版社1997年版，第92页。

行为进行揭露和批评,以引起社会公众的谴责,维护社会公共利益。

法官在审理案件的过程中,对于这个抗辩事由的审查,应排除司法道德主义的观念。所谓司法道德主义,是指法官在办案时,以高标准的道德准则为依据,而对当事人提出不合理的要求。在法律中引入社会公共利益,不是用高标准的道德信条来对人们的行为作出强制性的评价和改变,不是来塑造完美之人,而是为了维护建立在国家和社会中的一般秩序和一般道德基础上的利益。法官在对什么是社会公共利益进行审查时,应在维护当事人合法权益的基础上,使当事人的行为能符合一般的道德标准,不能提出不合理的道德要求。法官应根据社会中通行的道德或者习惯,对社会公共利益作出恰当界定,既不能放纵侵权行为人提出对于受害人而言过高的标准,使受害人的合法权益受到侵害;也不能自己提出过高的标准,认为新闻媒介对个人信息的报道不符合这个标准,使新闻媒介的抗辩要求落空。同时,社会公共利益的具体内容随着时代而变化,故法官必须适用现时的一般道德对社会公共利益进行衡量,而不能寻诸以往的道德和习惯,这也要求法官必须综合当代的社会价值、法律的一般精神和原理、审理对象的社会意义等因素,进行具体决定。

2. 新闻报道符合公众兴趣

一般来说,社会公众对外界信息的关注,特别是对有关高级官员、知名人士的关注,是很正常的心理,由此产生的意欲了解他们有关信息的兴趣就是公众兴趣。如果新闻媒介的报道涉及个人的信息,但其在公众兴趣的范围之内,就不是侵权。适用这个抗辩事由应特别注意以下两个问题:

第一,公众兴趣的判断。公众兴趣是一个抽象的概念,如何对其进行认定和判断,是应该首先解决的问题。新闻媒介在进行新闻报道之前,一般是根据自己的经验或某些社会公众的看法,对新闻是否符合公众兴趣加以大致的判断,然后发出新闻,至于新闻是否真正符合公众兴趣,则要从其引起的社会反响来加以认定。如果一般的社会公众对新闻报道中所揭露的个人信息持反对态度,则应认为新闻中的个人信息不是公众感兴趣的部分,可认定新闻报道侵犯了个人的隐私权等权益,而不能以新闻获得奖励或为社会中的权威人士所肯定,就认为其符合公众兴趣。例如,1990 年 3 月美国发生了一起强奸案,该案中涉及两个名人:施暴人是前总统约翰·肯尼迪的侄子威廉·肯尼迪,受害人是佛罗里达州一位亿万富翁的女儿帕蒂。美国的一些大新闻媒介如 NBC 广播公司、《纽约时报》报道了帕蒂的真实姓名、照片以及她有饮酒的习惯、上高中时成绩不好、她的母亲再嫁、她的私生子等个人隐私方面的内容。《得梅因记事报》甚至报道了帕蒂受害的详细过程,并因此获得了“公共服务奖”。对此,全美国大哗,街头出现了

"保护强奸受害人的姓名和隐私"、"NBC和《纽约时报》是伪君子"等标语。[①] 在这个案例中,几个新闻媒体的做法已经引起了社会公众的反对,虽然有的因这样的报道而获奖,但其侵犯受害人隐私的事实是存在的,不能用符合社会公众兴趣进行抗辩。因此,在对公众兴趣进行判断时,应根据社会中大多数人的看法来决定一个新闻报道是否能符合公众兴趣,即根据与报道中个人没有利害关系的一般的成年人对该报道的看法予以决定。

第二,公共兴趣抗辩事由的适用范围。首先,兴趣是个人的主观心理状态,受个人的道德素质、认识事物的能力、文化程度、社会引导等综合因素影响,由于每个人的情况不同,其兴趣也就有所不同,有的人可能对影星的年龄、属相、身高等状况感兴趣,有的人对高级官员的行踪感兴趣,有的则可能对影星的裸体更感兴趣。基于此,可以将公众兴趣分为正当和不正当两种,如对影星的自然状况或对官员的行踪的兴趣就是正当的,其与社会公共利益并行不悖;而对影星的裸体的兴趣则是不正当的,属于一种变态的窥视他人隐私的心理,其不但与社会无益,反而会影响社会风气。因此,只能将正当的公众兴趣作为抗辩事由,而不能适用不正当的公众兴趣。在法国,法官一般认为,如果报章作出的报道采取了哗众取宠的形式,足以显示有力求引起公众恶意好奇心的意图,就不能以满足读者知情权为辩护理由来解除报章的责任。[②] 显见,公众兴趣应以符合社会中的正当风俗或占主流地位的道德准则为必要,既不能以特定的专家意见为指针(如不能因为报道曾经获奖而证明其符合公众兴趣),也不能以满足恶意之公众好奇心为标准。其次,对于那些并非出于自愿而受公众瞩目的人物而言,其成为公众人物并不是自己内心的真实意思,而且其也不如影星、政客等自愿追求公众瞩目的人物,有很大的利益回报,让其因为公众兴趣而公开自己的私人信息,是不公平的。例如,一个人拾到一条很大的娃娃鱼,被记者得知后就进行了详细报道,内容涉及此人的住址、姓名、相片,引致很多人前来参观、讯问,给其正常生活带来了极大不便。虽然公众对娃娃鱼的兴趣是正当的,但因此而给该人带来的不利益也是显而易见的。因此,笔者认为,公众兴趣之抗辩事由主要适用于新闻侵害那些自愿追求成为公众人物合法权益的场合,而不能适用于侵害非自愿公众人物合法权益的场合。

(2002年第5期)

---

① 张诗蒂:"新闻侵权、舆论监督与隐私权保护",载《现代法学》1998年第2期。

② 朱国斌:"法国关于私生活受尊重权利的法律与司法实践",载《法学评论》1999年第3期。

论侵害配偶权的精神损害赔偿责任

杨立新*

一、作为侵权行为客体的配偶权

配偶权作为侵权行为的客体,具有自己的特点。这主要表现在配偶权内容的复杂性,而其大部分内容不能作为侵权行为的客体。例如,夫妻姓氏权,在我国夫妻各自使用自己姓氏的法律制度下,不存在侵害一方姓氏权的问题。关于住所决定权,我国实务采用共同协商的办法,且受户籍制度的约束,因而对于住所决定权发生的争议,一般也不以侵权行为法调整。关于平等从业权,在我国目前情况下,配偶双方基本上都参加工作,产生争议的可能性不大,一般也不以侵权行为法调整。

配偶权中的相互扶养、扶助权和同居义务,具有相对权的性质,作为侵权客体,其特点是,侵权行为的主体有双重性,一是负有义务的一方当事人,即配偶的一方;二是配偶以外的第三人对负有义务的配偶一方进行侵害,造成该方配偶不能对对方配偶履行义务,使对方配偶的权利遭受损害。从纯粹的侵权法角度上说,这种侵害配偶权行为是指后者,例如,侵害一方配偶身体造成残废或死亡,使受扶养一方配偶扶养权的丧失,构成侵权行为。

此种侵权行为,《民法通则》第119条已有明文规定,最高人民法院关于贯彻执行《民法通则》的司法解释也有明确规定。配偶一方与第三人串通,或者第三人强制配偶一方,不尽扶养义务,亦构成侵权行为,有共同意思联络的,还构成共同侵权行为。第三人侵害配偶一方权利,致使其不能向对方配偶履行扶助义务或同居义务的,难认其为侵权行为,应依其他法律调整。对于配偶一方不尽扶养义务、扶助义务和同居义务的,应当依照婚姻家庭法律进行调整,追究违反法定义务一方的责任;如构成虐待、遗弃罪的,应依法追究其刑事责任,以保护权利人一方,在民法上,也构成侵权责任。在现代民法理论中,侵害配偶权的侵权行为,主要是指对配偶权中的忠实义务的侵害,即第三人与配偶一方通奸或者重婚,而使对方配偶的身份利益受到侵害的行为。对于实施家庭暴力伤害配偶,以

* 作者单位:中国人民大学法学院。

及虐待、遗弃配偶的,也构成《婚姻法》规定的侵害配偶权的精神损害赔偿。

二、侵害配偶权民事责任的演变

对于侵害婚姻关系的行为追究民法上的责任,大体经历了三个不同的演变过程。

第一个过程,是将破坏婚姻关系的行为认定为侵害夫权的行为。在古代,夫权是一种不平等的权利。在配偶之间,丈夫享有至高无上的权利,可以支配夫妻之间的任何利益,其中还包括妻子的人身;在妻子一方,必须遵守夫权的约束,服从夫权,不得逾越丈夫的监控,更不得侵害夫权。如果妻子侵害夫权,要承担严厉的法律制裁,在古代法上,可以对妻和通奸者处以刑罚,直至剥夺生命;在近代,则追究通奸者的民事责任。这种制度,在近代的民法中依然存在,反映了当时社会对夫权的尊崇和对妇女的歧视。

第二个过程,是将破坏婚姻关系的行为认定为侵害名誉权的行为,依照侵害名誉权的法律规定处理。这是20世纪前期的通行做法。例如,大陆法认为,婚姻关系是一男一女终生共同生活体,它含有人格的因素,应当适用有关人格权的法律规范。所以,妨害婚姻关系情节严重的,可以认为侵害了受害配偶的人格权,从而可以依照法律的规定请求损害赔偿。我国台湾地区学者认为:"配偶与第三人通奸,受害配偶感到悲愤、羞辱、沮丧,其情形严重者,可谓为名誉权受到侵害,虽非财产上之损害,亦得请求相当之慰抚金。"①在实践中,多数大陆法系国家也以名誉损害责令这种行为人承担损害赔偿责任。联邦德国在审判实践中,不仅对妨害婚姻关系的第三人追究名誉损害赔偿责任,而且在该婚姻关系依法解除后,还可以对有过错的配偶追究名誉损害赔偿责任。

认定破坏婚姻关系行为为侵害名誉权,从侵权责任构成要件上分析,也是成立的。妨害婚姻关系行为侵害双重客体,既侵害了社会主义的婚姻关系,也侵害了该合法婚姻关系中无过错配偶的名誉权。对于前者,没有人持不同意见,但侵害社会主义婚姻关系并不是构成侵权行为的要件。对于后者,很多人持反对意见,在理论上又没有作更多的研究,没有引起重视。例如有人认为,妨害婚姻关系行为所侵害的,主要的是社会主义婚姻关系;无过错一方所受到的名誉损害,或者是次要的,或者是不存在。其实,这种损害客体是并列的,没有谁主谁从的

① 王泽鉴著:《民法学说与判例研究》(第2集),中国政法大学出版社1998年版,第376页。

问题。无过错配偶的名誉损害是客观存在的,不可否认。在民间,如果妻子与他人通奸,丈夫通常被称作"王八"、"鳖头"、"绿帽子"等,这足以证明他的名誉所受到的损害。虽然丈夫也与他人通奸而对妻子没有什么贬称,但这只能说明民间对妇女名誉权的不重视,而绝不是说明她的名誉没有受到损害。妨害婚姻关系的名誉损害赔偿,其损害事实,就是配偶的一方与第三人通奸,而使配偶的另一方的名誉所遭到的损害。妨害婚姻关系的违法行为人在主观上有意图违反现行婚姻法规,妨害合法婚姻关系的过错。这种过错是故意的,即明知国家保护合法的婚姻家庭关系,对方(或自己)的婚姻关系是受到国家法律保护的,却故意去实施妨害婚姻关系的行为;另外,在主观上放任受害人名誉损害结果的发生。过失则不构成该种行为的要件。以上分析足见依照名誉权保护的规定制裁侵害婚姻关系者,是有道理的。

第三个过程,是将破坏婚姻关系认定为侵害配偶权的民事责任。破坏婚姻关系的行为,从客观上会造成配偶一方的名誉权的损害,但是,这种损害结果是一种间接的结果,行为所直接侵害的客体,是配偶权,造成的直接损害结果,是配偶身份利益的损害。因此,依破坏婚姻关系行为的实质,认定其为侵害配偶权的侵权行为,是最准确的。

我国台湾地区的司法实践经过一段曲折,最终采用了侵害配偶权的方法。1952 年,我国台湾地区"最高法院"台上字第 278 号判例否认夫权概念,认为与有配偶者通奸,不构成侵害他方配偶的夫权,但依社会观念,如明知为有夫之妇而与之通奸,系以悖于善良风俗的方法加损害于他人,应依"民法"第 184 条第 1 项后段就非财产上损害负赔偿责任。1971 年台上字第 86 号判例否认与有配偶者通奸系构成侵害他方配偶的名誉,但肯定其系侵害他人家室不受干扰的自由,亦构成侵权行为。随后,我国台湾地区"最高法院"判例肯定通奸系侵害他方配偶之权利(夫妻共同生活圆满安全及幸福之权利),但仍以"民法"第 184 条第 1 项后段作为请求非财产损害金钱赔偿的依据。[①] 我国台湾地区法院的上述做法的演变,正是反映了对侵害配偶关系第二个过程和第三个过程的演变。

近年来,我国的民法学界和社会各界对侵害配偶权的损害赔偿救济问题,进行了深入的讨论,现在已经取得了立法的肯定。这就是 2001 年《婚姻法》第 46 条规定:"有下列情形之一,导致离婚的,无过错方有权请求损害赔偿:(一)重婚;(二)有配偶者与他人同居的;(三)实施家庭暴力的;(四)虐待、遗弃家庭成员的。"建立了我国婚姻法上的侵害配偶权的精神损害赔偿制度。

---

① 王泽鉴:"人格权、慰抚金与法院造法",载《法令月刊》第 44 卷第 12 期。

从提出用民法的方法保护婚姻家庭关系，到法律正式确认侵害配偶权的精神损害赔偿制度，实际上是一个很漫长的过程。在1988年，我在《河北法学》第6期上，发表了第一篇关于侵害婚姻关系的损害赔偿责任的文章，提出了为制裁侵害婚姻关系的违法行为，应当建立破坏婚姻关系的精神损害赔偿责任制度。在那时，我提出的理由和根据，是妨害婚姻关系行为侵害的是对方配偶的名誉权，这个主张在那时候还是有一定根据的，但是，这种行为的实质就是侵害配偶权。后来，有些学者在法学刊物上也提出了相似的观点。对于这些主张，有些人或者大惊小怪，或者大呼小叫，认为这种主张是非常不合时宜的。随着讨论的深入进行，有更多的人同意了这种主张，并对这种理论予以深入的论证，加以完善。特别是在修改《婚姻法》的过程中，这个论题更是引起了广泛的重视和注意，很多人参加了对这个问题的讨论。最后，这个制度终于得到了立法的确认，建立了这个具有重要意义的民事法律制度。

三、建立侵害配偶权精神损害赔偿制度的意义及其功能

建立侵害配偶权的精神损害赔偿制度具有以下重要意义：

第一，确立侵害配偶权精神损害赔偿制度是婚姻义务的内在要求。

配偶权是自然人身份权，是自然人基于结婚的事实而产生的配偶之间的身份权。配偶权和亲属法上的身份权的基本属性一样，都是以义务为中心的权利义务关系。缔结还是不缔结婚姻关系是公民的自由，但婚姻关系一旦缔结，当事人就必须负载相应的道德与法律义务与责任。这些义务和责任乃人伦秩序、道德和法律在婚姻共同体中的预告配置，当事人按自己的自由意愿选择进入婚姻殿堂，则意味着选择对婚姻共同体所负载的责任与义务的承诺，并在婚姻关系存续期间，认真履行其义务、落实其责任。当夫妻一方违背这些义务，逃避婚姻责任时，一方面可以通过当事人自觉地调适、改过而矫正，使婚姻关系得以继续维持和发展，法律无须干预；另一方面则是从根本上破坏了婚姻的稳定结构，使婚姻走向无可挽回的破裂。一方违背婚姻义务，就是对对方配偶权利的侵害，就要由有过错的一方承担责任，从而既维护婚姻义务的社会性、严肃性和权威性，又实现对无过错方的必要补偿与救济。

第二，确立侵害配偶权的精神损害赔偿制度是民法属性的直接反映。

配偶权植根于婚姻的自然性能和社会功能，经由人伦秩序和道德化提炼，最终成为法律制度。法律对配偶权的规定，就是要依法调整婚姻关系的当事人，使之符合社会对婚姻关系稳定性的要求，有利于社会的发展和人们的生活幸福。

一方违反婚姻义务，另一方的权利就必然地受到损害。民法恰恰就是规定权利，保护权利的。婚姻关系的当事人违反义务、侵害权利，民法的本质属性就会发挥作用，对违法的行为人进行制裁。借此保障任何人进入婚姻共同体中，都必须遵守这种权利义务关系的要求，按配偶身份权规则约束自我，既维护自己的权利，同时也尊重另一方的权利。我国《民法通则》从总体上确认了配偶身份权的存在，却没有配置侵权民事责任，所以，《婚姻法》作为专门调整婚姻家庭关系的法律，对此作出规定，适应了民法对婚姻关系进行调整的要求。

第三，确立侵害配偶权精神损害赔偿制度是保护离婚当事人合法权益的需要。

近年来，社会上“包二奶”的现象较为严重，家庭暴力亦呈上升趋势。据有关部门统计，我国每年约有四十万个家庭解体，其中多数起因于家庭暴力和夫妻一方与人有婚外情，或通奸、姘居、重婚而导致的离婚。许多无过错的离婚当事人因另一方的违法行为，身心受到严重摧残，却得不到法律救济，感到有苦难言。在《婚姻法》中规定侵害配偶权的精神损害赔偿制度，可以有效地运用民事制裁手段制裁重婚、“包二奶”、家庭暴力等违法行为，并在经济上予以制裁，对受害一方给予一定的补偿，以有效保障婚姻家庭及妇女儿童的合法权益。①

侵害配偶权精神损害赔偿制度在现实中，具有重要的社会功能和法律功能。

在目前社会中，侵害配偶权、破坏婚姻关系的行为发生较多，使婚姻、家庭关系受到了很大的威胁，给社会造成了一定程度的不安定。更为严重的是，因奸情而引起的凶杀案件屡屡发生。据调查，这类案件占某一地区全部凶杀案件的32%。这些情况必须引起高度重视。

这种情况的发生，一个重要的原因就是对此类违法行为制裁不力。《刑法》颁布以前，对于这类违法行为中的情节严重者，司法机关可依“妨害婚姻家庭罪”论罪处刑。1979年《刑法》颁布以后，取消了这一罪名，有关人士撰文盛倡增设“通奸”罪名，但立法机关并未采纳。在实践中，审判机关对于在妨害婚姻关系中具有虐待、伤害、流氓等情节构成犯罪的，依法论罪处罚。但是，或者有的妨害婚姻关系行为没有上列情节，或者有的审判机关对此认识不同，因而使这类行为多数并没有或不能受到刑事制裁。在行政制裁方面，虽有宽严不等的多种形式，但处理较轻时行为人不以为然，处理较重的又没有法律根据。

实际上，在对妨害婚姻关系的行为人施以法律制裁上，恰恰忽略了民事法律

① 杨立新、秦秀敏著：《中华人民共和国婚姻法释义与适用》，吉林人民出版社2001年版，第478～480页。

制裁手段。法律制裁方法是一个完整的体系,包括刑事、民事、行政三种法律制裁方式。对于违反法律的行为,三种制裁方式都应当发挥其应当发挥的作用,不能偏废其中一个。保护社会主义婚姻关系,三种法律制裁方法都可以发挥作用。由于这种违法行为都发生在人民内部,因而民事制裁方法似更应发挥它的职能。研究妨害婚姻关系的名誉损害赔偿责任,就是要用民事法律制裁手段同破坏婚姻关系的违法行为进行斗争,以保护社会主义的婚姻关系,促进社会的安定团结。

因而,侵害配偶权的损害赔偿的功能是:一是填补损害。损害赔偿作为侵权行为法的基本救济手段,最基本的功能就是填补受害人的损害。通过补偿损失,使受到损害的权益得到救济和恢复。二是精神抚慰。侵害配偶权的损害赔偿包括财产损害和精神损害赔偿。都具有精神抚慰的性质,给予受害人一定的精神损害赔偿,就可以抚慰受害一方因精神损害而产生的痛苦、失望、怨愤与不满,使受害一方获得心理上的慰藉,平息其怨愤、报复的感情。三是制裁和预防违法行为。通过责令侵权人承担精神损害赔偿责任,使侵权者不但没有因为其违法行为而获益,而且对其侵权行为的损害后果还要承担赔偿责任,这体现了法律对侵权者的惩罚与制裁;并且对其他有可能发生侵权行为的人而言,也有警戒和预防作用。

四、侵害配偶权的民事责任构成

确认侵害配偶权的侵权责任,必须具备以下构成要件:

(一)违法行为

侵害配偶权的违法行为,就是以重婚、有配偶者与他人同居、实施家庭暴力、虐待遗弃的方式,致使配偶一方享有的配偶身份利益受到损害而违反配偶权保护法律的行为。

首先,这种行为须违反保护配偶权的法律。关于配偶权的立法,既是人身权法的内容,也是婚姻家庭法的内容。就目前立法现状而言,应以《婚姻法》的规定为依据。具体的内容,是违反忠实义务、抚养义务、相互尊重等义务的法律规定。我国台湾地区司法实务判断侵害配偶权的"立法依据",是故意以悖于善良风俗之方法而加害于他人。目前我国《婚姻法》对忠实义务等已经有了明文规定作为依据。违反之,即为违法行为。

其次,违法行为的方式。违反忠实义务的行为,须以作为方式为之,即以有配偶者与他人重婚或者与他人同居为其内容;不具有这种内容,不为侵害配偶权的违法行为,无配偶者与他人同居,系未婚之男女的性行为,因而不能构成侵害配偶权。对于遗弃配偶,违反的是作为的法定义务,应当是不作为的违法行为。对配偶实施家庭暴力,或者虐待配偶者,既是侵害配偶权的行为,也是侵害健康权、身体权的行为,还是作为的违法行为。

(二)损害事实

侵害配偶权的损害事实,是使配偶身份利益遭受损害的事实。这一损害事实包括以下层次:一是合法的婚姻关系受到破坏,二是配偶身份利益遭受损害,三是对方配偶精神痛苦和创伤,四是为恢复损害而损失的财产利益。

其中配偶身份利益的损害,是对贞操利益的侵害。配偶的贞操利益表现为配偶之间互负忠实义务,其他第三人不得与有合法配偶的男女发生性关系,以此保持配偶身份的纯正和感情的专一。第三人与配偶之一方通奸,破坏了配偶身份的纯正和感情的专一。

配偶身份利益的损害,必然导致对方配偶的精神痛苦和创伤,同时也可能导致损失一定的财产。这些,都构成侵害配偶权的损害事实。

实施家庭暴力、虐待、遗弃行为的,则有健康权的损害,身体权的损害,扶养、扶助权的损害,都构成侵害配偶权的损害事实。

侵害配偶权会造成对方配偶名誉权的损害,这是侵害配偶权行为所引起的间接后果。在侵害配偶权的损害事实中,应当包含名誉损害在内,不必另行认定构成侵害名誉权的责任。

(三)因果关系

侵害配偶权违法行为与配偶身份利益损害事实之间的因果关系,较易判断,即重婚、与他人同居、虐待、遗弃等行为必然引起配偶身份利益的损害。因此,只要确认行为人与配偶一方通奸的事实,即可确认构成因果关系要件。

应当注意的是,新修订的《婚姻法》规定的这种损害赔偿制度,是以配偶离婚为条件的,因此,离婚,既是损害事实的内容,也是因果关系链条中的必要环节,缺少这一环节,就不能构成这种形式的损害赔偿。

(四)主观过错

侵害配偶权的主观过错,应为故意形式。违法行为人在主观上有意违反婚姻法规,明知合法婚姻关系受法律保护,合法的配偶身份利益不容侵犯,却实施此种行为,其故意的主观意图必为确定。过失能否构成侵害配偶权,一般均否认。值得研究的是,如不知同居之对方有配偶而为之,其主观上是故意抑或过失?我认为这种情况亦应视为故意,因其行为本身,即有违法的故意。

具备以上4个要件,即构成侵害配偶权民事责任。

五、具体的侵害配偶权行为

(一)重婚行为侵害配偶权

重婚行为,系有配偶者而与他人结婚或者明知他人有配偶而与其结婚的行为,是严重的侵害配偶权的行为。其中的结婚,既包括法律婚,也包括事实婚。这种行为,在刑法上构成刑事犯罪,在民法上应当构成侵害配偶权的侵权行为,在追究刑事责任的同时,应当追究民事责任,责令加害人承担精神损害赔偿责任,补偿受害人的精神损害。

《婚姻法》的这一新规定涉及一个新的问题,就是对重婚者追究民事损害赔偿责任,可否在刑事诉讼程序中进行,即可否在提起刑事诉讼的同时,提起附带民事诉讼程序?按照《刑法》和《刑事诉讼法》的规定,刑事附带民事诉讼的对象,只能是犯罪行为所造成的物质损失或者经济损失,不能附带提起精神损害赔偿的诉讼。这种规定本身就是有缺陷的,但是,立法者在修订《刑法》和《刑事诉讼法》时,并没有接受这种修改意见,仍然坚持过去的意见。因而,就形成了现在这种尴尬的局面。按照现在各地法院处理侵害人格权的精神损害赔偿案件的习惯做法,对构成重婚的侵害配偶权的精神损害赔偿,受害人应当在重婚的刑事诉讼以外,另行提起民事诉讼,由法院作出民事判决,确定究竟是否应当承担损害赔偿责任。

(二)有配偶者与他人同居侵害配偶权

有配偶而与他人同居的行为,是违背配偶的忠实义务,侵害配偶权的行为。这种侵权行为的构成,可以考虑以下要件:

首先,要求加害人必须是有配偶者,无配偶者与他人同居,不构成这种侵权行为。在现实生活中,未婚者同居已经渐成时尚,大有成为"准婚姻"的可能。对此,在修改《婚姻法》中,很多人主张将其规定为新的婚姻制度,对此意见立法者没有采纳。但是按照社会发展的趋势而言,这是一个既定的方向,只是法律早承认还是晚承认的时间问题。因此,对一般的无配偶而同居者,应当有一定的宽容态度,不应过于苛求。

其次,行为人应当是与他人同居。同居的含义,应当是在一起共同生活,在一起起居、餐饮、进行性行为。同时还应该是持续一定的时间,因为仅仅有一两次在一起短暂的起居、性生活,仅仅是通奸的行为,不能叫做同居。究竟应当共同生活多长时间才算是同居,应当在审判实践中积累经验,最高司法机关应当作出司法解释。我倾向于起码应当是较长时间,应在一周或者一个月以上。可以考虑，连续同居的，时间在一周以上；非连续同居，可以考虑一个月以上的意见是否可行。这种同居，不一定要具备同居的双方以夫妻身份相称，只要是在一起共同生活即可。

最后，应当因此而引起夫妻离婚，或者主要因此而引起离婚。没有引起离婚后果的，按照《婚姻法》第46条规定，不构成这种侵权行为。

具备以上要件，应当构成这种侵权行为，加害人应当承担民事责任。

（三）实施家庭暴力侵害配偶权

实施家庭暴力，侵害的权利人不仅仅是对方配偶，侵害的客体也不仅仅是配偶权，还包括其他。例如，对孩子和老人实施家庭暴力的，也构成侵权，但不是侵害配偶权。实施家庭暴力侵害配偶权，仅仅指的是对配偶实施家庭暴力的行为。

对配偶实施家庭暴力，可能造成伤害，也可能没有造成伤害。侵害的客体也不单纯是配偶权，同时还有健康权或者身体权。造成伤害的，侵害的是健康权；没有造成伤害的，侵害的是身体权。由此，这种侵权行为实际上是一种法规竞合，行为人实施的一个行为，既侵害了受害人的一个权利，又侵害了受害人的另一个权利。由于实施的是一个行为，因此可以就一个行为的诉因起诉，而不是行使两个诉权。这样，受害人可以选择一个诉因起诉，究竟是选择侵害配偶权起诉，还是选择侵害健康权（或者身体权）起诉，由加害人自己决定。在实践中，侵害身体权、健康权的精神损害赔偿，责任构成的要求很高，不如离婚过错精神损害赔偿中实施家庭暴力侵权责任构成的要求容易实现，因而依照《婚姻法》的规定，更容易实现精神损害赔偿的请求。

（四）虐待、遗弃侵害配偶权

虐待配偶者，有些与对配偶实施家庭暴力行为是一样的，但是也有的虐待不构成家庭暴力。与实施家庭暴力行为一样的行为，构成请求权的竞合，由当事人选择诉因起诉。没有与实施家庭暴力的行为竞合的虐待配偶行为，构成独立的侵害配偶权的行为。受害人请求加害人承担损害赔偿责任的，法院应当受理，并根据实际情况作出判决。

遗弃配偶者，是一种不作为的行为。即在夫妻关系存续期间，对配偶一方不尽配偶的扶养、扶助义务，使配偶一方遭受精神上的痛苦。对此，构成遗弃，受害人请求精神损害赔偿的，应当准许。应当注意的就是，构成遗弃的，有的是犯罪行为，有的不视为犯罪行为，或者不构成犯罪行为。对此，都可以请求侵害配偶权的精神损害赔偿责任，不是必须构成遗弃犯罪者，才准许请求精神损害赔偿。这里也有一个是否准许附带民事诉讼的问题，应当与处理重婚罪的精神损害赔偿采用同一个办法，即在刑事诉讼之后，再提起单独的民事诉讼。

六、侵害配偶权的救济方法

侵害配偶权民事责任构成以后，即在当事人之间产生侵权损害赔偿法律关系。

一般认为，这种损害赔偿法律关系具有特殊性，其主体有三方，这是该种侵权关系的复杂性表现。但是，在《婚姻法》中，虽然没有明文规定，但是可以看出，规定的赔偿义务主体，仅仅是有过错的一方当事人，即受害人向有过错的一方配偶请求赔偿，没有规定可以向第三人请求赔偿。实际上，在重婚和与他人同居的侵害配偶权的损害赔偿关系中，是完全可以向重婚和同居的对方请求损害赔偿的，因为他们是这一侵权行为的共同加害人，构成共同侵权行为，有责任赔偿受害人的损失。学理认为，确认侵害配偶权精神损害赔偿的权利义务主体，原则是有利于维护现存的合法婚姻关系，有利于制裁民事违法行为。受害人在愿意保持现存的婚姻关系而不追究其配偶的民事责任的情况下，即没有离婚的，可以不将他（或她）的配偶作为加害人，而只将“第三者”作为加害人予以追究。这样，既可以制裁违法行为，又可以保护现存的合法婚姻关系不致破裂，有利于社会的安定和婚姻家庭关系的稳定。这样的主张是不是可以在实践中实行，可以进行探讨，总结经验，指导实践，并为将来修改法律做好准备。

对权利主体的确定，就是以受到损害的受害人为权利主体，没有配偶关系的人，不能作为这种侵权行为的赔偿权利主体。至于受害人是否依法行使这一请求权，则应以受害人的意思表示为准。

对义务主体的确定，离婚的有过错的配偶是侵权行为的加害人，应当承担侵权责任。受害人也追究与加害人重婚或者同居的人的民事责任的，这种人也是侵权赔偿的义务主体，也要承担损害赔偿责任，按照共同侵权行为的规则处理，令双方共同承担赔偿责任。

侵害配偶权的损害赔偿，主要是精神损害赔偿。侵害配偶权的精神损害赔偿的基本内容，是赔偿精神创伤和精神痛苦的损害，因而具有抚慰金赔偿的性质。确定精神损害赔偿的数额，应当依照一般精神损害赔偿的计算方法算定。当确定侵害配偶权的民事责任构成以后，应当按照上述办法，计算精神损害赔偿数额，责令侵权人承担精神损害赔偿责任。

对于配偶权遭受侵害造成财产损失的，特别是实施家庭暴力造成受害人人身伤害的，侵权人对财产损失也应当承担赔偿责任。这种财产损失，主要是为恢复权利所支出的费用。

对于侵害配偶权,还应当根据实际情况,确定其非财产民事责任。可以责令侵权人停止侵害、恢复名誉、消除影响、赔礼道歉。

值得研究的是,对于侵害配偶权的行为人是否可以适用《民法通则》第134条第3款规定的民事制裁。我认为,侵害配偶权行为,是一种民事违法行为,对其进行训诫、责令具结悔过、收缴非法所得、罚款或拘留,也是可行的。

(2002年第7期)

上市公司对外担保的立法缺陷及其补救

朱　谦*

一、问题的提出

在中国的证券市场上，频频出现上市公司以其资产为股东或其他人的债务进行担保的现象，并且这种担保的数额往往高得惊人。① 从本质上看，上市公司的对外担保是以上市公司自身的无形资产即公司的信誉形成的或有负债，一旦被担保人无法偿还或故意不偿还到期债务，该或有负债就转化为上市公司的实际负债，从而相应地损害上市公司的中小股东及其债权人的利益。为此，《公司法》第60条第3款规定，“董事、经理不得以公司资产为本公司股东或者其他个人债务提供担保”，同时，第214条第3款规定，“董事、经理违反本法规定，以公司资产为本公司的股东或者其他个人债务提供担保的，责令取消担保，并依法承担赔偿责任，将违法提供担保取得的收入归公司所有”。

从这里可以看出，我国《公司法》中并未禁止公司对外实施担保行为，只是禁止公司董事、经理以公司资产对股东及其他个人债务提供担保。作为上市的股份公司在对外实施担保时同样适用《公司法》的规定。然而，《公司法》的规定至少在以下几个方面还存在值得商榷的地方：第一，在上市公司对外实施担保行为时，无任何限制性条件的规定，可能导致公司高层管理人员滥设担保行为；第二，禁止上市公司对其股东债务进行担保，不仅主体范围过窄，常常为上市公司的控股股东规避法律提供了便利，而且其合理性值得怀疑；第三，上市公司作为

---

* 作者单位：苏州大学法学院。

① 如根据2000年中报数显示，ST棱光对外担保总额已经达到人民币4.7亿元，159.8万美元，远远超过1.5亿元的净资产数。1994年4月恒通集团通过协议受让方式共持有棱光实业法人股5354万股，成为棱光实业的第一大股东。从1997年起，棱光实业为上海恒通和恒通集团另两家子公司上海和合流通及上海恒通置业办理经济担保合计人民币1.863亿元。棱光实业作为上海恒通等公司借款担保人因上海恒通逾期未还借款而频频涉诉，公司一些资产也时时被法院冻结。1999年，棱光实业卷入了数十起诉讼和连带担保责任案中，皆为上海各家银行起诉借款人恒通集团及担保人棱光实业款逾期未还的诉讼案。此时，棱光实业的业绩已彻底滑入亏损的深渊，每股收益净亏0.065元。另外，截至1999年12月31日，猴王股份直接为猴王集团及其下属企业提供融资担保19笔，担保金额2.4364亿元，占猴王对外担保总额的78.8%。参见高先民主编：《上市公司的秘密》，世界图书出版社2001年版，第292～295页。

信息披露的义务主体,在涉及对外担保之时,在何情形下需要披露信息以及披露什么信息等问题立法上不甚清楚。

很显然,以上几个方面的问题现有的《公司法》及《证券法》的规定是难以解决的,因此,为维护上市公司资产的稳定性,2000 年 6 月 6 日中国证监会发出《关于上市公司为他人提供担保有关问题的通知》(以下简称《通知》)。该《通知》对上市公司对外担保行为作了比较全面的规定,同时,在《证券交易所股票上市规则》(2001 年修订本)(以下简称《上市规则》)中对上市公司对外担保问题也作了一些规定。因此,笔者结合国外相关立法就前面提及的几方面问题展开探讨。

二、上市公司对外担保中的利益衡量与权利制约

1. 利益衡量机制的确立

我国《公司法》既未禁止公司对外进行担保,也未规定公司对外担保的任何限制条件。从《公司法》第 60 条的规定可以看出,此条第 1 款和第 2 款都是规定禁止董事、经理挪用公司资金或将公司资金借贷给他人,或将公司资产以其个人名义或者以其他个人名义开立账户存储;第 3 款则是对公司对外担保行为的限制。由此可看出,该条三款立法目的是一致的,即防止公司资产的流失。因此,笔者认为有必要在允许公司对外实施担保时,适当增加一些限制性条件,以防止公司高层管理人员对外滥设担保。

在英美法等国家,很早就对公司对外担保问题予以关注,并通过制定法以及判例来规制公司对外担保行为。在英美法国家,一个公司具有担保其他公司债务的权能在立法上普遍得到确认,已无争议。在美国,1984 年《标准公司法》第 3.02 条第 7 项规定,“每一公司有……保证之权能……”该项规定被美国 46 个州立法所采用,即美国多数州公司法都采取原则上允许公司得为担保的立法模式。尽管美国很早就允许公司对外实施担保行为,但是,对于公司欲实施对外担保行为是否需要满足一定的条件存在争议。在美国,传统公司法严格禁止将公司的资产作为赠与的客体,除非公司全体股东对其馈赠并无异议而加以承认。作为公司对外担保的公司信用既为公司资产的一种,当然也不能成为馈送之客体。因此,如果公司实施担保行为,必须在某方面对公司本身利益有所增进,否则与传统公司法的精神相违背。在早期的案例里,当事人必须证明对担保的人(即担保公司)具有直接利益方符合担保条件。这种严格的解释,对公司实施对外担保行为的限制是较苛刻的,并且往往是不合理的。随着时间的推移,此项限

制性条件也逐渐放松，取而代之的是较富有弹性的“合理的经营判断”标准。这一认定标准是“在公司董事们的经营判断下，看公司的对外担保行为是否为该公司业务经营所必需的或附随的而确定”。按照这一认定标准，法院往往承认一公司对其往来顾客公司的债务所为之无偿担保是可以的。

针对现实生活中存在的上市公司大量的担保行为，构成对上市公司资产的严重影响，证监会2000年6月出台了《关于上市公司为他人提供担保有关问题的通知》，在《通知》中首次提出，“上市公司为他人提供担保应当遵守平等、自愿、公平、诚信互利原则”，“在决定为他人提供担保之前，应当掌握债务人的资信状况，对该担保事项的利益和风险进行充分分析”。

应该说，将担保行为的利益衡量作为上市公司对外担保的前提条件，对于防止上市公司滥设担保行为，维护上市公司利益是有好处的，只是由于在《通知》中并未进一步明确担保利益涉及的相关因素，也就是说，哪些情形被视为对上市公司有利益可图，无一具体的认定标准。一般情况下，上市公司对外进行担保时，在无取得担保对价基础上，往往为无偿之担保。为了防止上市公司董事、经理以对外担保行为达到其私人获利之目的，以公司对外进行担保行为是否会给公司带来利益为认定标准。当然，这种利益既包括直接利益，也包括间接利益。如制造商为原材料商提供担保，以使后者取得进口原材料所需之贷款，以供应制造商，此即谓这种担保行为具有促进公司业务之功能。需要说明的是，上市公司担保行为是否能给上市公司带来直接或间接利益，对于此问题的认定，有一定的难度，在立法上确定一固定简明的认定标准恐不可能；因此只能根据个案情况来认定。

2. 对上市公司董事、经理担保决定权的限制

在现实生活中，上市公司对外大量签订担保合同，与我国《公司法》中董事、经理权限范围密切相关。在《公司法》第103条规定的股东大会行使的11项职权中并未将上市公司对外担保的决定权赋予股东大会；同样，在《公司法》第112条中规定的股份公司董事会的10项法定职权中，也并未涉及董事会对上市公司对外担保的决定权问题。

从《公司法》第60条第3款的规定“董事、经理不得以公司资产为本公司的股东或者其他个人债务提供担保”的内容来看，法律只是禁止上市公司董事、经理对上市公司的股东及其他个人债务提供担保，从另一方面理解：

第一，上市公司董事、经理可以上市公司资产为非上市公司股东的法人组织的债务提供担保；

第二，上市公司的董事、经理有权决定上市公司对外实施担保；

第三，上市公司董事、经理在用上市公司资产实施担保时是以上市公司的名义。

上市公司经理除享有《公司法》第119条规定的法定职权以外，还享有公司章程和董事会授予的其他职权。由此可以看出，我国上市公司经理的职权显然要大于其他国家和地区所规定的经理权。因此，在实际运作中，公司经理所拥有的权利大大超过了正式法律文件所载明的范围，他们在公司内部权力体系中甚至代替了传统企业所有者的位置，登上了公司权力阶梯的顶层，行使着公司资本运作的几乎所有权能。①

针对现实生活上市公司董事、经理对外大量设置担保，严重危及上市公司的资本稳定，证监会在2000年的《通知》中，对上市公司董事、经理对外实施担保的决定权作了限制性规定。从《通知》的内容来看，主要体现在：

第一，明确上市公司为他人提供担保必须经董事会或股东大会批准，即上市公司对外担保的决定权从董事、经理转移到上市公司的董事会或股东大会。

第二，上市公司董事会与股东大会在行使对外担保权时有明确的范围界定。根据《通知》的规定，董事会应当比照公司章程有关董事会投资权限的规定行使对外担保权。②

第三，上市公司董事会在决定为他人提供担保，或提交股东大会表决前，应当掌握债务人的资信状况，并对该项担保事项的利益风险进行充分分析。同时，股东大会或者董事会在对担保事项作出决议时，与该担保事项有利害关系的股东或者董事应当回避。

在深沪《证券交易所股票上市规则》第三节中规定了上市公司的关联交易事项。在《上市规则》中明确将上市公司对关联人担保事项列为关联交易之一种，在该《上市规则》第7.3.7项明确规定了上市公司为其关联人的债务进行担保时，在董事会、股东大会表决时采取的回避措施。其内容包括：(1)任何个人

---

① 李玉梅："建立我国经理法律制度的思考"，载《法制与经济》1997年第4期。

② 在证监会1997年12月16日发布的《上市公司章程指引》中，第94条关于董事会行使的职权(八)规定董事会在股东大会授权范围内，决定公司的风险投资，资产抵押及其担保事项。在第97条中规定董事会应当确定其运用公司资产所作出的风险投资权限，建立严格的审查和决策程序。该条注释中要求，上市公司董事会应当根据实际情况，在章程中确定符合公司具体要求的风险投资范围，以及投资运用资金占公司资产的具体比例。如在《武汉中百集团股份有限公司章程》中，第111条董事会行使的职权(八)项中，规定"在股东大会授权范围内，决定公司的风险投资、资产抵押及其他担保事项"。在第114条第2款规定，"经股东大会授权，董事会可以审批不超过公司最近一次经审计的净资产5%的风险投资以及对外担保"。参见"武汉中百集团股份有限公司公告"，载《中国证券报》2002年2月8日。

只能代表一方签署协议。(2)关联人不得以任何方式干预上市公司的决定。(3)上市公司董事会就关联担保问题表决时,有利害关系的董事属下列情形的,不得参与表决:第一,与董事个人利益有关的关联担保;第二,董事个人在关联企业任职或拥有关联企业的控股权或控制权,上市公司为该等企业债务进行担保的。(4)上市公司股东大会就关联担保进行表决时,关联股东不得参加表决。关联股东有特殊性情况无法回避时,在上市公司征得有权部门同意后,可以参加表决,但上市公司应当在股东大会决议中对此作出一详细说明。由于现实中,上市公司对外担保行为通常都是在关联企业之间进行的,因此,在董事会及股东大会决议对外担保事项时,利害关系人的回避措施将具有现实意义。

三、上市公司对外担保的禁止行为及其合理性分析

1. 禁止被担保的主体扩大

我国《公司法》第60条只是明确规定公司不得对其股东的债务进行担保。很明显,子公司对其母公司的债务进行担保在此属禁止之列。至于公司对于其持股之公司股东的债务以及与公司在同一持股公司下的其他姊妹公司的债务进行担保,法律上并未明确表示禁止。这样一来,上述禁止性规定的立法目的是否能真正实现则值得怀疑。比如,董事、经理不得以公司资产对其母公司债务提供担保,但是,董事、经理在母公司(大股东)的控制之下却可以以公司资产为母公司控制下的其他姊妹公司债务提供担保。为此,证监会在其《通知》中,对上市公司禁止担保的被担保人主体范围作了一定的扩张,即上市公司不得以公司资产为本公司的股东、股东的控股子公司、股东的附属企业或者个人债务提供担保。同样的规定在重新修订的《证券交易所上市规则》第四节"其他重大事件"中也有体现。无论是《通知》还是《上市规则》的规定,有几点值得注意:

第一,禁止担保的被担保人,由上市公司股东扩大到股东的控股子公司以及股东附属企业。

第二,此处上市公司股东、股东的控股子公司、股东的附属企业与上市公司的关联人范围并非一致。此处上市公司股东既包括上市公司法人股东;也包括个人股东,而根据《上市规则》第三节关联交易中界定的上市公司关联股东包括法人股东和个人股东,只是关联法人股东必须能直接或间接地控制上市公司,而上市公司关联个人股东则是指持有上市公司5%以上股份的个人股东。

第三,《通知》、《上市规则》中并非全部禁止上市公司对其关联人的债务提供担保。只包括如上市公司的董事、监事及高级管理人员以及他们的亲属直接

或间接控制的企业；因对上市公司关联法人签署协议或作出安排，在协议生效后能直接或间接控制上市公司的潜在关联人。

2. 禁止担保行为的合理性分析

我国《公司法》第60条禁止董事、经理以本公司的资产为本公司的股东债务提供担保。《公司法》作如此之规定，这在世界范围内其他国家公司立法中也是少见的。为什么上市公司可以为其他公司债务提供担保，偏偏不能为股东债务提供担保呢？[①] 这可能与我国公司立法之时的大背景环境有关。

我国公司制度是在改革开放中建立起来的，在制定《公司法》的过程中，公司的信用问题一直是一个非常突出的问题，如在20世纪80年代中前期，公司的股东虚假出资、抽逃出资等现象比比皆是，往往导致公司资本不实，从而损害公司及债权人的利益。由于公司对外提供担保的无偿性，它往往会成为某些董事、经理、股东抽回出资的工具。因此，当时的立法思路有一定的合理性，它试图通过禁止为公司股东债务提供担保这一方式来阻止股东、董事、经理以此手段抽逃出资。然而，如此机械地规定，姑且不谈与世界公司立法之潮流是否相吻合，即使是在中国的公司实践中是否行得通也是不无疑问。在我国的公司实践中，大量存在公司集团内部公司与公司之间的担保，被担保债权数量巨大并且由于公司之间有投资关系，这种担保还被金融界认为是较为安全的担保。在我国的证券市场上，也存在许多上市公司对其母公司的债务提供担保的现象。有学者曾就公司为股东债务提供担保的问题，提出应当允许有例外规定，即经董事会同意为法人股东提供担保的情况。[②]

笔者以为，我国公司立法之中，立法者之所以选择公司可以对其他非股东的法人企业债务提供担保，而不可以对本公司股东的债务提供担保这种立法模式，除了有前面所论之股东信用问题的原因之外，还有一原因在于一般情况下，公司不可能无缘无故地对其他非股东的法人企业的债务提供担保，实践中，大多可能是被担保公司与担保公司之间有诸如经营业务或互惠行为之约定；当然，也不排除某些董事、经理为达到私人目的而滥用权力以公司资产替他人债务提供担保。然而，对法人股东而言，往往基于其投资数额较大，对公司的经营行为有一定的

① 事实上，《公司法》禁止以公司资产对任何个人债务提供担保，这里的个人显然也包括个人股东，至于这种规定是否合理，笔者以为，这可能与公司立法之初乃至现在我国的个人（自然人）信用制度未有确立有一定关系。对个人债务禁止提供担保，在笔者看来至少在过去和目前有其合理性，因此，此问题不在本文讨论之列。为此，以下所指股东均属法人股东。

② 曹士兵著：《中国担保诸问题的解决与展望——基于担保法及其司法解释》，中国法制出版社2001年版，第49页。

控制力，尤其是控股股东更是可以轻而易举地通过其选举之董事左右公司董事会或经理为股东的债务提供担保，而此担保行为可能并不会给担保公司带来任何利益。因此，立法者的这种担心也是有一定的道理的。然而，立法者往往忽视了另一面，即关联公司之间关系的复杂性，一味地禁止公司对其法人股东的债务提供担保不但对整个集团公司不利，同时也可能对担保公司不利。

在美国，法院在处理公司对其股东的债务提供担保的案例时，大都确认其行为有效，只是其所依据的理由各有不同。在母子公司经济上垂直结合时，不管母公司是材料供应者或是消费者，法院均能以现代公司法中所谓的“顾客或供应者担保”原理，支持该担保行为；而有的法院则是由于担保公司与被担保公司同属相同集团的因素，判决其担保行为有效。可以看出，美国法院在处理此类问题时均常强调当事公司彼此在“结构与功能上的密切结合”，“在业务上的紧密相连”以及两公司在“董事与重要职员上的共通性”。申言之，在美国法上，公司对其股东的债务提供担保，大都依据企业集团内部公司间彼此的依存度而定，通常是基于以下推理思考模式产生：当母公司的债信加强后，子公司的利益即可因此随之获得提升。这是因为母公司通常都是子公司企业融资的主要来源，因此，当子公司有能力帮助母公司时，也同时强化了子公司自己将来接受母公司财务救济性。

除了判例法外，事实上，美国一些州的公司立法对于关联公司间的债务担保问题作了明确的规定。如美国明尼苏达州的法律规定，公司可以为其关联公司的利益对外担保。

在我国，随着经济体制改革的不断深入，企业集团也在不断发展。自 20 世纪 80 年代以来，企业联合的广度和深度都有了根本的变化，企业集团大量涌现。就企业集团内部法律关系而言，企业集团的控制公司与从属公司之间是母、子公司的关系，企业集团的各个子公司之间也存在关联关系。[①] 在实践中，集团内各公司相互进行债务担保是常有之事。从美国的立法例来看，对集团内公司之间的债务担保的控制显然比对集团外公司债务提供担保要宽松，乃是“因为关联公司各子公司经常是同一经济单位的各部分，因此，我们不可因法律承认各部分是独立、分别的人格主体，即不允许其彼此之间资金的互相转移。对于关联公司彼此支持其姊妹公司的财务，乃是极为重要的事”。因此，美国的立法例当为我们在修改《公司法》之时所借鉴，毕竟关联公司之间具有一定的关联性，对关联公司的债务提供担保不一定非得要求此项担保能给担保公司带来直接或间接

① 杨紫煊著：《经济法》，北京大学出版社 1999 年版，第 157 ~ 158 页。

利益。

当然，对法人股东的债务提供担保放松管制的同时，也必须依赖《公司法》中的其他制度予以配合才不至于导致控制股东借此损害从属公司以及债权人的利益。

在美国，对关联公司间债务担保行为承认其效力，这与美国公司法中对从事担保行为的从属公司少数股东以及公司债权人利益维护有比较健全的法律制度有密切联系。如对提供担保的子公司少数股东的利益保护，美国公司上通常是对控制股东课以诚信义务。根据这种诚信义务，控制股东经营公司时如违反诚信义务，即应承担损害赔偿的责任。法院一般给予受害人衡平法上的救济措施，如金钱赔偿、禁止命令、撤销所为的法律行为。另外，还有一重要措施就是股东代表公司的诉讼，这种诉讼的实质是指，在某种情形下，股东可以代表公司，为了公司的利益，对第三者（包括公司的董事和有控制权的股东）就其对公司财产的侵害行为提起诉讼，以限制该不当行为的继续进行，或为恢复公司的财产，或要求对所造成的损害予以赔偿。[①] 尽管公司之间的紧密经济联合具有单一公司不可比拟的优势，但关联公司中所有存在的控制与被控制关系也可能导致关联公司间债务担保行为的滥施，从而增加了从属公司债权人的风险。尤其是当一个公司沦落成为另一公司利益服务的工具时，虽然这种公司在法律上仍然保持着形式上的独立性，但它的财务决策能力被移交给公司以外的第三者，即凌驾于公司之上的控制公司，其后果是利润被分散而在联合公司成员之间任意移转，最终导致从属公司支付能力的削弱，必然危及债权人债权的实现，为此，在实务上英美法国家，通过大量处理这类债务的案例发展出了揭开公司面纱理论，即以传统的法人有限责任的例外为根据揭开公司面纱，使控制公司对其从属公司的行为和债务承担责任。[②]

很明显，一方面在关联公司情形下，公司之间互相提供债务担保将会增进公司集团的整体利益，同时，也会相应地提升担保公司的利益，法律上对其担保采取宽松态度当属应该；同时，也必须防止其出现的弊端，因此，在公司法上通过其他制度予以配合以保护担保公司、担保公司少数股东以及担保公司债权人的利益。

就我国目前的公司立法而言，对企业集团进行规范的法律的制定并未提上立法日程，《公司法》中也仅就单个公司的组织及行为进行规范，并未涉及关联

① 殷召良著：《公司控制权法律问题研究》，法律出版社2001年版，第201~203页。

② 施天涛著：《关联企业法律问题研究》，法律出版社1998年版，第141~144页。

公司的组成以及相互间法律关系;同时,就上面提及的在关联公司情形下如何保护从属公司少数股东以及债权人利益的法律制度在《公司法》中也都没有规定。因此,笔者以为,《公司法》禁止对公司股东的债务进行担保不利于集团企业的发展,也不符合现代公司立法之潮流,可以考虑在修改《公司法》时,取消这方面的限制规定;同时配合《公司法》的全面修订,就如何保护少数股东以及公司债权人利益问题确立相应的法律制度。

四、上市公司对外担保的信息披露

在证券立法中,上市公司信息披露制度始终处于核心地位,它有利于保护投资者的合法权益,设立信息披露制度的目的和最重要的意义在于使投资者能够充分了解信息披露主体的真实情况,从而将这种情况作为投资于某种证券的依据,以避免不应有的风险,并尽可能获得相应的收益。上市公司在日常经营活动中,发生重大事件时,应当立即向社会公众披露,这是世界各国和地区证券立法的共同要求。

事实上,上市公司对外担保行为显然可能会对上市公司的资产、负债产生较大的影响,这一影响往往又可能影响到投资者的投资判断,如果任由上市公司对外实施担保行为却又无信息披露义务,对投资者的保护显然非常不利。也可能基于这种考虑,在证监会2000年的《通知》及两证券交易所的《上市规则》中都明确规定上市公司对外担保时的信息披露问题。

在证监会的《通知》中,规定上市公司董事会、股东大会作出同意上市公司对外担保的决议应当公告:当出现被担保人债务到期后15个工作日未履行还款义务,或是被担保人破产、清算,债权人主张担保人履行担保义务等情况时,上市公司有义务及时了解被担保人的债务偿还情况,并在知悉后及时披露相关信息;上市公司为债务人履行担保义务后,应当采取有效措施向债务人追偿,并将追偿情况及时披露;上市公司对担保事项的信息披露违反《证券法》及《通知》规定的,证监会依法对有关上市公司及责任人给予处罚。①

在《上市规则》第四节第7.4.3条中,也具体规定了上市公司对外担保时的信息披露义务:上市公司对外提供担保,涉及的金额或连续12个月累计额占上

① 目前,监管部门加强了有关担保事项的强制信息披露工作,如深交所相继发布公告谴责了未及时披露相关担保信息的上市公司,一批上市公司纷纷发布公告申报补充公告,披露相关担保事项,参见固明:"上市公司:别踩上担保'地雷'",载《上市公司》2001年第12期。

市公司最近经审计的净资产值的10%以上的，应当及时报告并公告；对担保的披露，应当说明担保协议签署及生效日期，债权人名称，担保的方式、期限、金额，担保协议中的其他重要条款，被担保人基本情况等。被担保人为法人的，应当包括企业名称、注册地点、法定代表人、经营范围、与上市公司的关联关系或其他关系；被担保人为个人的，应当包括姓名、与上市公司的关联关系及其他关系。[①]对于被担保人于债务到期后15个工作日内未履行还款义务的，上市公司应当及时报告并公告；当被担保人出现破产、清算及其他可能严重影响其还款能力的事件，上市公司知悉后应当及时报告并公告。

应该说，《通知》及《上市规则》中关于上市公司对外担保事项信息披露对《证券法》及《条例》规定的不足起到弥补作用，它从担保事项的事前、事中及事后几方面根据不同情况对具体的信息披露都作了要求。从这个意义上说，对于监督和制约上市公司的担保，保护投资者的利益有积极作用，但是，依笔者所见，在适用法律上至少还有以下几方面问题需要考虑：

第一，《通知》、《上市规则》中要求上市公司披露其对外担保的信息是作为"重大事件"，其规定的法律依据是什么？

上市公司披露担保事项属于对临时性重大事件信息的披露，因为，法律也只要求上市公司披露重大事件的信息，并非事无巨细都需披露。在前面的论述中，我们已发现《条例》对"重大事件"的列举无任何弹性规定，而《证券法》克服了《条例》机械立法之弊端，在列举"重大事件"的同时作了一弹性规定，除《证券法》列举外，还授权由其他法律、行政法规规定上市公司应当披露的重大事项。从这里可以看出，对"重大事件"的认定是由法律和行政法规去认定，并未规定行政规章可以对"重大事件"地认定。而根据《证券法》第167条规定的证监会的职权，其只享有依法制定有关证券市场监督管理的规章、规则；同样地，《证券法》中也未授权证券交易所确定法律、行政法规规定的重大事件的范围。因此，从这个意义上讲，《通知》及《上市规则》中将上市公司的担保事项列为重大事件并进行信息披露似乎并无法律依据。当然，仔细分析《条例》以及《证券法》中所列举的"重大事件"，其中都有一条，即"公司订立重要合同，而该合同可能对公司的资产、负债、权益和经营结果产生重要影响"。此处所谓重要合同法律上并未明确包括哪些合同，既然法律上并未作任何限制，就可以理解包括上市公司对外签订的重大担保合同。如果说《通知》及《上市规则》是对《条例》及《证券法》

① 《上市规则》此外所指被担保人为个人的，不知其意何在？因根据《公司法》第60条规定以及《上市规则》第7.4.3条第1项的规定明确规定，上市公司禁止对个人债权提供担保的。

该条款内容的进一步细化，也能说得过去，从而使《通知》及《上市规则》的制定具备法律基础。

第二，上市公司董事会和股东大会作出对外担保的决议是否都必须进行公告？

根据证券交易所《上市规则》的规定，上市公司召开董事会会议，应当在会议结束后 2 个工作日内将董事会决议和会议纪要报送交易所备案，如果董事会决议涉及重大担保事项，则必须公告。对于重大担保事项，《上市规则》规定为涉及的金额或 12 个月内累计金额占上市公司最近经审计的净资产值的 10% 以上的。如果上市公司股东大会决议对外担保，则上市公司应当在股东大会结束后当日将股东大会决议公告文稿、会议记录和全套会议文件报送证券交易所，经证券交易所审查后在指定报纸刊登决议公告。然而，在证监会的《通知》中仅规定，“有关的董事会、股东大会的决议应当公告”。由于《通知》中明确规定上市公司对外担保的决定权都在董事会和股东大会，也就是说，无论是《上市规则》中认定的重大担保事项，还是非重大的担保事项，依《通知》要求，都要对董事会、股东大会的决议进行公告。如此规定，似乎与《证券法》中对临时重大事件的信息披露制度的规定是不一致的，这加大了上市公司信息披露成本。因此，证监会、股东大会决议的担保事项为重大担保事项的，对董事会、股东大会决议才予以公告。另外，在《通知》中，未提及上市公司根据董事会、股东大会决议对外进行担保时，该项重大担保合同签订及生效事项的信息披露；而从《上市规则》中可以看出，在担保事项的披露时，应当说明担保协议签署及生效日期等信息。

第三，上市公司的关联担保事项的披露是否有不同的要求？

在证监会《通知》以及《上市规则》第三节中专门规范上市公司的关联交易，其中对上市公司关联交易信息披露作了比非关联交易更加严厉的信息披露要求。在《上市规则》中确定的关联交易范围就包括关联担保。而事实上，上市公司对外担保大多情形下是对其关联企业的债务进行担保。① 根据《上市规则》的规定，上市公司与其关联人达成的关联担保总额低于 300 万元，且低于上市公司最近经审计净资产值的 0.5% 的，无信息披露义务；上市公司与其关联人达成的

① 如 2000 年 6 月 15 日猴王股份有限公司董事会发布了一份关于本公司给其关联公司担保情况：本公司为其他单位（包括猴王集团公司及其下属企业）融资贷款提供担保合计 24 笔，涉及金额 30,931.6 万元。其中，1998 年 4 月 28 日至 12 月 31 日其计提供担保 14 笔，担保 23,567.6 万元；1999 年提供担保 10 笔，担保金额 7364 万元。在上述担保中，直接为猴王集团公司及其下属企业提供融资担保 19 笔，担保金额 24,364.1 万元，占担保总额的 78.8%。参见梅君：《中国证券市场典型案例》，中国人民大学出版社 2002 年版，第 29 页。

关联担保总额在300万元至3000万元之间或占上市公司最近经审计净资产值的0.5%至5%之间的,上市公司应当在签订担保协议后的2个工作日内进行公告,并在下次定期报告中披露对外担保的详细资料;上市公司拟与关联人达成的关联担保总额高于3000万元或高于上市公司最近经审计净资产值的5%以上的,公司董事会必须在作出决议后2个工作日内报证券交易所并公告。为了防止上市公司同关联人通过小额关联担保规避法定信息披露义务,《上市规则》规定,上市公司与同一关联人在连续12个月内达成的关联担保数额累计金额高于3000万元或高于上市公司最近经审计净资产值的5%以上的,公司董事会必须在作出决议后2个工作日内报证券交易所并公告。

第四,上市公司对担保事项的执行情况是否须持续披露信息?

法律之所以对上市公司的担保行为进行限制,主要为保护投资者的合法权益和上市公司财产安全,防范证券市场风险。上市公司对重大担保事项的信息披露是为了能使投资者根据披露的信息作出投资判断,但对于投资人而言,上市公司对外签订重大担保合同时,只是表明上市公司可能会承担担保责任,而上市公司究竟会否承担担保责任主要看被担保人的资信情况与偿债能力。因此,有关被担保人的这方面信息更为投资者所关心。基于此,《通知》及《上市规则》中都规定了上市公司重大担保合同签订后的持续披露信息义务,即当出现被担保人债务到期后15个工作日内未履行还款义务,或是被担保人破产、清算,债权人主张担保人履行担保义务等情况时,上市公司有义务及时了解被担保人的债务偿还情况,并在知悉后及时披露相关信息。当上市公司为债务人履行担保义务后,应当采取有效措施向债务人追偿,并将追偿情况及时披露。

(2002年第7期)

控股股东侵权案的法律障碍与制度创新

梁上上*

[案情]

原告江苏省无锡市南长区房地产经营公司(以下简称南长公司)、上海浦东国有资产投资管理有限公司(以下简称浦东公司)和被告广东恒通集团股份有限公司(以下简称恒通公司),都是第三人江苏省无锡新江南实业股份有限公司(以下简称新江南公司)的股东。在新江南公司8000万元的股本金中,恒通公司持有44,000万元的股份,占注册资金的55%,为新江南公司的控股股东;南长公司持有1450万元股份,占注册资金的18.125%;浦东公司持有400万元股份,占注册资金的5%,其余股份由各小股东持有。恒通公司派张少杰出任新江南公司的董事长、法定代表人,并由张少杰提名任命恒通公司的石桂祥为新江南公司总经理。

1998年8月20日,被告恒通公司和第三人新江南公司签订了一份《债权债务处理协议书》,确认至1998年6月30日,恒通公司欠新江南公司3971万元。恒通公司将其在深圳上水径工业区的房产,作价40,352,784元给新江南公司冲抵债务,房产与债务冲抵后的余额642,784元,作为房产过户费用。

1999年5月6日,新江南公司董事会作出决议:责成经营班子对恒通公司抵债的房产组织评估。评估后如价值缩水,以恒通公司的股权冲抵。经评估,恒通公司的抵债房产价值为2516.88万元。据此,新江南公司的非控股股东认为:恒通公司利用担任新江南公司董事长、总经理的优势地位,损害了新江南公司和他们的利益,遂决定起诉恒通公司侵权。诉讼期间,恒通公司对原评估报告提出异议,法院委托另一评估机构重新评估,评估价值为1179.74万元。

无锡市中级人民法院审理认为:被告恒通公司给第三人新江南公司抵债的房产,实际价值为1119.74万元,根本不能抵偿其欠新江南公司的3971万元债务。恒通公司利用自己在新江南公司的控股地位,用以物抵债、低值高估的方法为本公司牟取非法利益,给新江南公司造成2851.26万元的损失,侵害了新江南公司以及其他非控股股东的权益。恒通公司与新江南公司于1998年8月20日签订的债权债务处理协议,其中有关恒通公司以房产作价抵偿新江南公司债务

* 作者单位:浙江大学法学院。

的条款,违背了公平和诚实信用的原则,应认定为无效。恒通公司对其侵权行为给新江南公司造成的损失,应负赔偿责任。据此判决:

1. 被告恒通公司于本判决生效之日,给付第三人新江南公司2851.26万元及利息(自1998年8月20日起按同期银行逾期贷款利率计算)。

2. 被告恒通公司于本判决生效之日,给付原告南长公司和浦东公司垫付的房产评估费19,800元。

案件受理费152,573元、财产保全费125,000元,合计277,573元,由被告恒通公司负担。

判决生效后,①被告恒通公司没有自觉履行判决所确定的给付义务。2000年11月10日,原告南长公司、浦东公司和第三人新江南公司向无锡市中级人民法院申请执行。

法院在执行中了解到,除持有的新江南公司股份以外,恒通公司再无其他财产可供执行,遂于2001年1月16日查封了恒通公司持有的4000万股新江南公司股份。经评估,新江南公司的股份,每股净资产约为0.92元。2001年4月16日,拍卖查封的4000万股新江南公司股份。拍卖未成交,该股份无法变卖。无锡市中级人民法院认为:被执行人恒通公司所欠主要是申请执行人新江南公司的债务,而现在执行回来的只是恒通公司持有的4000万股新江南公司股份,该股份目前无法拍卖和变卖,只能由新江南公司收回以抵顶恒通公司欠其的债务。据此,无锡市中级人民法院于2001年4月28日裁定:以新江南公司对恒通公司享有的36,426,331元债权作为收购款,强制收购恒通公司持有的39,593,838股新江南公司股份。收购后,新江南公司依法相应减少其注册资本并注销股份。这样,被执行人恒通公司所欠申请执行人新江南公司的债务已清偿。恒通公司所持有的新江南公司股份也相应地由4400万股减为4,576,162股。②

[评析]

一、解决纠纷的障碍与制度创新

(一)解决纠纷的法律障碍

1. 公司法上的障碍

---

① 恒通公司不服一审判决提起上诉。后因该公司未按期交纳二审案件受理费,江苏省高级人民法院裁定:本案按自动撤回上诉处理,原审判决即发生效力。

② “强制收购广东恒通集团股份有限公司持有的股份以抵顶其债务执行案”,载《最高人民法院公报》2001年第6期。

通说认为,受害人请求保护的利益,必须构成权利的内容,或至少与受法律保护的权利有密切联系。根据这种观点,请求保护的利益必须在由立法所确定的权利体系中有明确的位置,即为某种权利所包含或与之密不可分。因为他们认为,法律的出发点和落脚点在于权利,利益损失只有与“法定权利受侵犯”挂钩,才能获得法律的保护,只有借助“权利”的桥梁,才能获得法律上的救济。也就是说,一项利益受损要获得救济,必须是该利益构成了某项权利的内容。利益的具体权利属性,是该项利益能获得法律保护的必要条件。在具体的诉讼活动中,则要求主张权益者明确无误地援引法律条文中规定的权利作为其主张利益的法律依据,也即应当指明其请求保护的利益的具体权利属性。

在本案,南长公司与浦东公司以什么理由起诉?其权利依据是什么?这在我国法律框架内很难找到,现行公司法未对控股股东损害公司利益的行为作出规定。我国《公司法》的规定中涉及股东民事诉讼的只有两条,即第63条和第111条。

我国《公司法》第63条规定,董事、监事、经理执行公司职务时违反法律、行政法规或者公司章程的规定,给公司造成损害的,应当承担赔偿责任。显然,本条的规定不适合本案情形。因为,从适用主体来看,本条规定限于董事、监事、经理等高级管理人员,控制股东显然不在本条的范围之内;此外,“在执行职务时”的条件限制也排除了控制股东,因为控制股东显然不是公司的高级管理人员,自然也就不存在“执行职务”,没有执行职务也就谈不上责任。

《公司法》第111条规定,股东大会、董事会的决议违反法律、行政法规,侵犯股东合法权益的,股东有权向人民法院提起要求停止该违法行为和侵害行为的诉讼。这是一条关于股东直接诉讼的规定。但是,本条也不适合本案情形。因为,本条规定是针对“股东大会、董事会的决议”侵犯股东合法权益的情形。显然,本案控制股东恒通公司与新江南公司的“合同”并不是本条所指的“股东大会或者董事会的决议”。而且,该条所指的被侵犯的权利是股东直接的合法权益。本案中,恒通公司与新江南公司的合同直接损害的是新江南公司,侵犯的是新江南公司的权利,股东只是间接受到了损害。可见,南长公司和浦东公司要得到救济还存在公司法上的障碍。

2. 民事诉讼法上的障碍

(1)原告适格否?在本案中,原告是南长公司和浦东公司,新江南公司则作为第三人出现。本案的原告适格吗?所谓原告,是指为了保护自己的民事权益,以自己的名义向人民法院提起诉讼,从而引起民事诉讼发生的人。[①] 我国《民事

① 刘家兴著:《民事法学》,法律出版社1998年版,第429页。

诉讼法》第108条规定，起诉必须符合“原告是与本案有直接利害关系的公民、法人和其他组织”的条件。按照诉讼法上的理论，原告与被告之间应该存在一种直接的法律关系，正是因为这种法律关系的冲突才使他们成为原告与被告。但在本案中，原告与被告之间并不存在这种法律关系。其实，能够引起诉讼的法律关系应当是新江南公司与恒通公司之间的债权债务关系，而不是两原告与恒通公司之间的纠纷。根据公司法人制度理论，两原告与其他股东出资后，一旦公司成立，公司就具备了法人资格。具有法人资格，就具有自己独立的财产，具有权利能力和行为能力，能够独立地承担民事责任。这样，公司与第三人在交易活动过程中产生的权利和义务，由公司享有与履行，与出资的股东并没有直接的关系。因此，新江南公司与第三人之间纠纷应该由新江南公司自己来处理，作为出资人的股东并不能直接干涉。显然，在被告恒通公司与新江南公司的纠纷中，南长公司和浦东公司不具备原告的资格。

此外，南长公司和浦东公司也没有因取得“诉讼实施权”而取得原告资格。从大陆法系民事诉讼理论的传统观念来看，民事诉讼涉及的是私权。所以，除有例外情况外，私人是否处分自己的私权，如何处分自己的私权，都属于其自己的自由。大陆法系民事诉讼法理论中的当事人适格理论与诉讼实施权理论，取得他人的诉讼权利必须建立在合法授权或者法律明确规定的基础之上。[①] 如果他对诉讼没有诉讼实施权，那么，就不是适格的当事人。如果强制行使他人的诉权，不仅是对他人权利的不尊重，而且有可能侵犯他人权利。例如，各大陆法系国家均将无权代理作为违法行为，并在法律中明文加以禁止。总之，不能用不正当的方法行使权利，只能用正当的方法来行使权利。按照当事人适格的一般理论，当事人适格是当事人针对具体的诉讼，可以以自己的名义起诉或者应诉的权能。有了这种权能，当事人才能进行诉讼。没有这种权能的人就不是正当的当事人。[②] 在本案中，新江南公司并没有授权南长公司和浦东公司，南长公司和浦东公司也没有取得“诉讼实施权”。所以，本案的适格的原告似乎是也只能是新江南公司，而不是南长公司和浦东公司。

（2）新江南公司作为本案的第三人合适吗？在民事诉讼法上，依据第三人

---

① 张卫平著：《诉讼架构与程式——民事诉讼的法理分析》，清华大学出版社2000年版，第371页。

② 民事诉讼法学界，当事人适格属于诉讼（成立）要件，还是权利保护要件有争议。如果属于诉讼要件，则以诉不合法而裁定驳回原告的诉。如果属于权利保护要件，则以诉无理由而判决驳回原告的诉讼请求。参见张卫平著：《诉讼架构与程式——民事诉讼的法理分析》，清华大学出版社2000年版，第470页。

参加诉讼的根据,可将诉讼第三人分为两种,有独立请求权的第三人和无独立请求权的第三人。

那么,本案新江南公司作为第三人是有独立请求权的第三人,还是无独立请求权的第三人呢？有独立请求权的第三人是指在他人的诉讼开始后,对他人之间的诉讼标的提出独立请求权的诉讼参加人。[①] 对他人之间的诉讼标的有独立请求权,这是有独立请求权的第三人参加诉讼的根据。他在诉讼中既不同意原告的主张,也不同意被告的主张,而是有自己独立的主张;他认为无论是原告胜诉,还是被告胜诉,都将损害他的利益;他参加诉讼,是将本诉讼的原告、被告作为其参加诉讼的被告,自己则居于参加诉讼的原告方的诉讼地位,在诉讼中,其享有原告的诉讼权利,承担原告的诉讼义务。[②] 本案与一般案件不同,新江南公司虽然有自己的利益,但是其利益与两原告的利益是一致的,本案的原告胜诉,并没有损害其利益。此外,新江南公司参加诉讼,没有自己独立主张。这也意味着其并不必然将原告作为其被告来处理。所以,在现行法律框架内,把新江南公司作为有独立请求权的第三人并不合适。

那么,新江南公司是无独立请求权的第三人吗？无独立请求权的第三人是指,对他人正在进行的诉讼的诉讼标的不能主张独立的请求权,但其与案件的处理结果有法律上的利害关系,为了维护自己的利益而参加到诉讼中去的诉讼参加人。[③] 所谓与案件的处理结果有法律上的利害关系,是指第三人与诉讼当事人间的诉讼标的有牵连关系,法院对本诉讼的诉讼标的处理有可能涉及该法律关系。可见,答案也是否定的。

虽然新江南公司与本诉讼中的原告存在一个实体上的法律关系,但是该法律关系只是出资人与公司之间的投资关系。该投资关系与争议中的债权债务关系并没有直接的关系,该法律关系(债权债务关系)的争议并不是另一个法律关系(投资关系)中所存在的问题而引起。也就是说,不存在所谓的“牵连关系”。所以,新江南公司作为无独立请求权的第三人参加诉讼也是不合适的。

总之,在现行的民事诉讼法框架内,新江南公司作为第三人参加诉讼存在法律上的障碍。

(二)要不要救济

要不要对此进行救济？有人认为,虽然恒通公司确实侵犯了新江南公司的

---

① 刘家兴著:《民事法学》,法律出版社1998年版,第430页。

② 同上。

③ 同上。

权利,但是不能获得救济。为什么?因为不能从公司法中找到“恒通公司侵犯了新江南公司的什么权利”的答案。既然什么权利被侵犯都不清楚,就谈不上保护。的确,法律没有对类似本案的情形作出规定,难以从公司法中找到新江南公司赖以获得救济的权利形式。

但是,法律没有规定并不是不加以救济,法律没有规定只是说明法律出现了空白。这是一种法律漏洞。事实上,制定法关注的总是商业社会的一般情况,都是以一般情况作为模型来规定的。所以,总有许多情形在法律制定时是没有办法作出预测的,对一些权利在法律中没有加以规定是常有的事情。借用当今社会的流行语来说,社会总是存在“没有被法律格式化”的情形,能够被法律加以格式化的“仅仅是社会生活的一部分”。从某种意义上来说,所有的法律都是阉割社会的结果。所以,面对如此生机勃勃、错综复杂的社会,始终存在“法律不入之地”,始终存在“被法律遗忘的角落”。

对于法律漏洞,其他国家和地区并不是简单地拒绝保护。法国《民法典》第4条规定,“法官借口法律无规定、规定不明确或不完备而拒绝审判者,得以拒绝审判罪追诉之”。① 虽然这一条是关于法官不得拒绝裁判的规定。但是,我们仍然可以发现:对于法律没有规定的情形,法官不得拒绝,应当进入审判程序。一旦进入审判程序,被侵犯的权利就“完全有可能”获得法律的保护。瑞士《民法典》第1条规定,无法从本法得出相应规定时,法官应依据习惯法裁判;如无习惯法时,依据自己如作为立法者应提出的规则裁判。在第一款的情况下,法官应依据公认的学理和惯例。② 可以看出,瑞士民法典的规定也不是简单的不保护,而是根据习惯法等规则作出保护与否的判定。所以,只要合法权利被侵犯,就有获得保护的机会。

同样,笔者认为,只要是正当的权利被侵犯,就应该得到救济。因为:(1)权利应该得到尊重,不能无故被侵害。这是正常生活秩序得以展开的基础,一个权利得不到尊重的社会,必然是一个混乱不堪的无序社会。所以,《民法通则》第5条规定,公民、法人的合法的民事权益受法律保护,任何组织和个人不得侵犯。(2)行使自己的权利应该采取诚实、信用的方式,不能滥用权利。这是法治国家的基本原则。例如,瑞士《民法典》第2条规定,任何人都必须以诚实、信用的方式行使其权利和履行其义务。显系滥用权利时,不受法律保护。③ 日本《民法

① 《法国民法典》,罗结珍译,中国法制出版社1999年版。

② 《瑞士民法典》,殷生根、王燕译,中国政法大学出版社1999年版。

③ 同上。

典》第1条也规定,行使权利及履行义务时,应遵守信义,诚实实行;不许滥用权利。我国法律也不例外,《民法通则》第4条规定,民事活动应当遵循自愿、公平、等价有偿、诚实信用的原则。(3)任何人不能从他人的损害中获得利益。在本案中,恒通公司是新江南公司的控股股东,恒通公司派张少杰出任新江南公司的董事长、法定代表人,并由张少杰提名任命恒通公司的石桂祥为新江南公司总经理。这样,恒通公司利用其控股股东的地位与新江南公司签订不利于新江南公司的合同,从而获得好处。这种行为不但损害了新江南公司的利益,也不符合权利行使用的一般规则。如果这样的损害得不到赔偿,那么法律的公平正义也无法实现。所以,恒通公司不能从中得到好处,新江南公司应该得到救济。

(三)如何救济?——股东代表诉讼

1. 公司法上的制度创新:股东代表诉讼。

股东代表诉讼(derivative action,派生诉讼)是指,当公司的正当权益受到他人侵害,特别是受到有控制权的股东、母公司、董事和管理人员等的侵害,而公司怠于或者不能行使权利时,符合法定条件的股东以自己名义为公司的利益对侵害人提起诉讼,追究其法律责任的诉讼制度。[①] 股东代表诉讼制度是在英美判例法的基础上发展起来的,并已经被大多数国家的商事立法所确认,成为防止控制股东、母公司、董事和管理人员等滥用权利,维护公司利益,保护中小股东利益的一项重要制度。

就股东与公司的关系而言,股东一般都是承担有限责任,就表决权等股东权的行使的确不必承担任何责任;当然,控股股东也不例外。因为从理论上讲,控股股东只不过比其他股东持有较多比例的股份,在比例上享有现多的权利而已,并非在权利的质量上有所不同。但是,社会上存在的事实却可能是另一番景象:控股股东的权利有十分强大的“支配力”,比普通股东的权利更为优越。在与其他股东的对比关系中,控股股东不但在比例上享有更多的利益,而且享有更多的其他股东不能接近的机会。从公司法理上讲,这种机会好像是不可避免的,但是,严重的社会问题是许多控股股东进一步滥用其优势,享有更加不公平的机会,侵害公司的利益,从而损害中小股东的利益。现在,由于股东大会虚置,而且缺少有效的经营监管制度,控股股东的私利追求更是不断膨胀,已经成为一个严重的社会问题。所以,许多国家的法律规定对控股股东的行为加以监管,赋予其他股东在一定条件下可以提起股东代表诉讼,维护公司的利益的权利。

---

① 股东代表诉讼有时与股东集团诉讼存在交叉,比如,具有共同利益的股东人数众多,派生诉讼可属于集团诉讼的范畴;如果只涉及几个股东,就够不上集团诉讼的基本特征。

一般认为,我国《公司法》第63条是关于股东代表诉讼的规定。该条规定,董事、监事、经理执行公司职务时违反法律、行政法规或者公司章程的规定,给公司造成损害的,应当承担赔偿责任。但是,该条仍然有缺陷:违反法律、行政法规或者公司章程的规定时,由谁来起诉?国外法律规定可由股东行使诉讼权利。如由股东来行使诉讼权利,那有没有条件限制呢?最为关键的是,本条规定限于董事、监事、经理等高级管理人员,控制股东显然不在本条的范围之内,排除了对控制股东的适用。这样,直接适用该条还存在问题。但是,我们应当尊重上述分析得出的结论——"公司权利应当得到保护"。所以,在法律适用上,可以采取"制度利益衡量"等灵活的方式。[①] 因为公司法属于私法,在法律适用的解释上,具有相当的灵活性,受损害的利益并非要有法律的直接规定才可以获得保护。国外法律大都规定,控股股东侵害公司权利时可由股东行使诉讼权利。特别在本案中,由于恒通公司是新江南公司的控股股东,新江南公司无法在董事会上形成起诉恒通公司的决议。所以,我们可以采用类推、[②]扩大适用范围的方法,适用该条关于股东代表诉讼的规定,南长公司与浦东公司作为原告对恒通公司提起侵权诉讼。

2. 民事诉讼法上的突破:当事人适格理论。

股东代表诉讼要在诉讼法上得到实施,还需要在民事诉讼理论上作出突破。在民事诉讼法上,出现这种法律难题的原因在于:由于民事诉讼法本身以及学说是把多方当事人诉讼作为例外,而把两个当事人(即一个原告、一个被告)之间的这种诉讼类型作为诉讼的原形或者基本出发点来看待和处理的。所以,在现行的理论框架内难以解决这一问题。

但是,为实现"易腐权利"的救济,是否还要固守这一陈规呢?笔者的观点是,既然民事诉讼法的理论与制度设计存在漏洞,就应该完善它。所以,可以根据其他一些国家和地区的股东代表诉讼理论与实践,对涉及本案的当事人进行角色上的重新分配和定位:南长公司和浦东公司可以成为原告,恒通公司可以成为被告,新江南公司可以成为第三人。

---

① 梁上上:"利益的层次结构与利益衡量的展开",载《法学研究》2002年第1期。

② 类推适用,乃比附援引,即将法律于某案例类型A所明定的法律效果,转移适用于法律未设规定的案例类型B之上。我国台湾地区王泽鉴先生认为,"类推适用"可以作为测试民法进步与否的指标,并认为70多年,民法因类推适用而渐趋成熟,更向前发展。参见王泽鉴著:《民法总则》(增订版),中国政法大学出版社2001年版,第63页及以下。

二、强制执行的法律障碍与制度创新

1. 执行的法律随意:股份可不可以被执行

执行中,除持有的新江南公司股份以外,恒通公司再无其他财产可供执行。于是,法院查封了恒通公司持有的4000万股新江南公司股份,但是,拍卖并未成交。此时,出现这样的疑问:法人持有的股份可以强制执行吗?

法人持有的股份的强制执行不能从公司法和民事诉讼法中找到依据。但是,根据依法判决获得保护的权利应当尊重的原则,应该认为是可以进行强制执行的。基于公司中股份与合伙企业中的合伙份额具有相同的性质,可以从《合伙企业法》上关于合伙份额的强制执行中获得类推。我国《合伙企业法》第43条规定,合伙人个人财产不足以清偿其个人所负债务的,该合伙人只能以其从合伙企业中分取的收益用于清偿;债权人也可以依法请求人民法院强制执行该合伙人在合伙企业中的财产份额用于清偿。

关于国有股、社会法人股的执行,我国最高人民法院于2001年9月发布了一个司法解释,即《关于冻结、拍卖上市公司国有股和社会法人股若干问题的规定》。当然,该司法解释仅仅适用于上市公司,而不适用于一般的没有上市的股份公司。而且,从条文中也可以看出,该司法解释仅仅适用被执行的股份并不是申请执行人所在公司的股东的一般情况。而在本案中,被执行人就是本公司的股东。所以,该司法解释对于比较特殊的本案并不适用。但是可以发现这样的法律精神:为了保护执行人的合法权利,公司股份是可以被强制执行的。

2. 执行的特殊性:被执行人就是本公司的股东

与一般案件不同,本案的被执行人就是本公司的股东。我国《公司法》第149条规定:"公司不得收购本公司的股票,但为减少公司资本而注销股份或者与持有本公司股票的其他公司合并时除外。公司依照前款规定收购本公司的股票后,必须在十日内注销该部分股份,依照法律、行政法规办理变更登记,并公告。公司不得接受本公司的股票作为抵押权的标的。"从此条规定可以看出,一般情况下,公司是不能收购本公司股票的,除非减少公司资本而注销股份或者与持有本公司股票的其他公司合并。这是因为公司财产是公司从事经营活动的基础,是对公司债权人的担保,而公司注册资本是确保其财产的基础,为了公司自身的必需和保护公司债权人的利益,公司不得随意减少公司注册资本。

在这种情况下,是不是执行受阻了呢?但本案极为特殊,强制执行的目的是为实现公司的权利。根据公司法原理,公司为了实现其债权,在债务人除了持有自己公司所发行的股份之外，没有其他财产时，可以拍卖该股份，以拍得的款项抵顶债务。但在本案中，拍卖没有成功。此时，作为公司权利实现的最终办法，不得不取得自己的股份。在这种情况下，法律应该允许公司取得自己的股份。例如，韩国《商法》第 341 条规定，除了下列情形之外，公司不得以自己的名义取得自己股……（2）实行公司权利时达到其目的而确有必要时……又如，日本《商法》第 210 条 3 项也有类似的规定。可见，允许新江南公司取得自己的股份是合适的。

3. 程序上的特殊性如何突破？要经股东大会批准。

虽然法律允许公司按照法定程序收购公司的股票。新江南公司要用恒通公司的股份来抵顶债务，必须涉及新江南公司的注册资本减少和股份注销，这要符合法律对收购本公司股票而减少资本的特殊要求。要做到这一步，必须经新江南公司的股东大会同意授权。因为我国《公司法》第 103 条规定，减少公司资本而注销股份，必须经股东大会表决同意。本案中，恒通公司至今仍然是新江南公司的控股股东，新江南公司无法在股东大会上作出这样的决议。

如何克服这一难题？有两种方法：其一，股东大会表决时，控股股东恒通公司因直接涉及自身利益而回避，不得行使表决权，这是其他国家和地区经常采用的方法；其二，在执行阶段，由法院强制执行。第一种方法没有法律明文规定，不可取。根据第二种方法，法院借助国家强制力，以新江南公司对恒通公司享有的 36,426,331 元债权作为收购款，强制收购恒通公司持有的 39,593,838 股新江南公司股份。收购后，新江南公司依法相应减少其注册资本并注销股份。这样，被执行人恒通公司所欠申请执行人新江南公司的债务已清偿。恒通公司所持有的新江南公司股份也相应地由 4400 万股减为 4,576,162 股。

三、小结："尊重权利"是法律的真谛

"权利应当得到尊重"，这是法律的真谛。无锡中院在审理控股股东侵权案中，大胆地突破了我国公司法和民事诉讼法中的一些传统理论和法律规定，运用股东代表诉讼理论，保护了当事人的正当利益，取得了较好的社会效果。该案说明，我们在遵循法律条文的同时，更应当尊重该法律制度的根本利益、根本目的，也就是说，要尊重法律的精神。

（2002 年第 7 期）

绝对权请求权抑或侵权责任方式

崔建远*

《民法通则》第134条规定，承担民事责任的方式包括停止侵害、排除妨碍、消除危险、返还财产、恢复原状。在制定我国民法典的过程中，相当数量的专家、学者主张，这些责任方式为侵权责任的方式。这就产生一个疑问，停止侵害、排除妨碍、消除危险、返还财产、恢复原状，究竟是侵权责任的方式，还是属于物上请求权乃至绝对请求权的范畴？

首先，分析恢复原状。恢复原状至少有两类，一类是指恢复到当事人之间原来的法律关系状态。例如，合同有溯及力的解除场合，产生的恢复原状，属于将当事人之间的法律关系恢复到合同订立前的状态。另一类恢复原状是指有体物遭受损坏，将该物修复到原来的状态。《民法通则》第134条规定的恢复原状，是在这种意义上使用的。第一种意义上的恢复原状同侵权责任差距很大，尚未见到有人将它作为侵权责任对待。第二种意义上的恢复原状在《民法通则》上是作为侵权责任的方式加以规定的（第134条）。这是否妥当？按照德国法系的传统理论，物上请求权包括三种类型，即物的返还请求权、妨害除去请求权和妨害防止请求权。经过对比分析，可知《民法通则》第134条规定的恢复原状不属于其中的任何情形。所以说恢复原状不属于物上请求权。

那么此处的恢复原状属于何种制度？我们知道，有体物遭受损坏，物权人即受到损失；该有体物修复如初，物权人的损失就得到填补或者是部分得到补偿。从这个意义上说，恢复原状属于损害赔偿的范畴。尤其按照德国民法和中国台湾地区"民法"，损害赔偿以恢复原状为原则，以金钱赔偿为例外，如此，将受到损坏的有体物修复如初的恢复原状，属于损害赔偿的一种方式，就更无疑问。①

其次，分析停止侵害、排除妨碍、消除危险、返还财产。其中，返还财产，从请求权的角度观察，就是返还财产请求权，与德国法系的物的返还请求权同义。停止侵害、排除妨碍，从请求权的层面命名，属于德国法系的妨害除去请求权。消除危险，从请求权方面考虑，相当于德国法系的妨害防止请求权。它们均属于物上请求权。如果用于人格权、知识产权场合，就是绝对权的请求权。

---

* 作者单位：清华大学法学院。

① 梁慧星主编：《中国物权法研究》（上），法律出版社1998年版，第93～94页。

笔者认为，既然是制定民法典，而不是制定一部单独的侵权行为法，就必须就整部民法典进行体系化思考，满足民法的总则编、物权编、人格权编（假如如此设计的话）、知识产权编、合同编、侵权行为编各自的目的和功能要求，使这些制度衔接配合得妥当、适宜。在大陆法系，物权、人格权、知识产权各有其积极的权能，也有其消极的权能，后者就是物上请求权、人格权的请求权、知识产权的请求权。人们把它们统称为绝对权的请求权，具体表现为停止侵害请求权、排除妨碍请求权、消除危险请求权、物的返还请求权。这是绝对权自身具有的，是它们为使自己保持或者恢复其圆满状态所必需的。法律若使物权成为真正的物权、人格权成为真正的人格权、知识产权成为真正的知识产权，就必须赋予这些绝对权请求权。只要绝对权受到侵害，不管行为人有无过失，不论该行为是否构成侵权行为，绝对权人就当然有权行使这些绝对权请求权，完全不受侵权行为法的种种严格的要求，从而使绝对权能够自行或者通过诉讼机制保持或者恢复其圆满状态。况且，令行为人承受这些请求权行使的结果，并未使他承受任何额外的负担，未遭受任何不利，只是使物权人的物权、人格权人的人格权、知识产权人的知识产权，以及他们的相关利益得到了维护。所以，没有必要以过失为要件。一言以蔽之，民法立法，必须给绝对权配置绝对权请求权。

当然，假如《民法通则》和未来的民法典把绝对权与其请求权分割开来，把停止侵害、排除妨碍、消除危险、返还财产作为侵权责任的方式，侵权行为法内部和谐如初，功能正常发挥，也是可以接受的方案，尽管它并非最佳。

事实恰恰相反。把停止侵害请求权、排除妨碍请求权、妨害预防请求权、物的返还请求权，从物权、人格权、知识产权的制度中分割出来，放置于侵权行为法中，作为侵权责任的方式，有以下六点不妥。

其一，在大陆法系，民事责任为债的一般担保。损害赔偿属于债的一般担保，名副其实。但停止侵害请求权、排除妨碍请求权、消除危险请求权、物的返还请求权起不到一般担保的作用，可见，把它们作为民事责任的方式不合民事责任性质的规定。

其二，侵权责任的方式，在大陆法系，属于债权债务的范畴，有若干学者主张物上请求权在性质上为债权或者准债权，①更表明了这一点。而债权以平等性为原则，若未附加上担保物权或者基于立法政策的考虑予以特别规定，则无优先性。物的返还请求权作为物上请求权，呈现出优先的效力，物权人优先获得物的返还，受到有力的保护。与此相反，把返还财产作为责任方式，反倒使物权人处

① ［日］我妻荣著：《日本物权法》，第20页。

于与其他债权人平等的地位，尤其在占有物之人进入破产程序的情况下，物权人不能优先于其他债权人取回其所有物，只能按比例受分配，从而使物权名存实亡。即使是停止侵害请求权、排除妨碍请求权、妨害预防请求权，作为绝对权请求权，与物权、人格权、知识产权密切联系在一起，它们的法律地位由物权、人格权、知识产权的法律地位决定，也比把它们从物权、人格权、知识产权中分割出来，作为侵权责任的方式，以债的身份出现，更有利于绝对权人。

其三，诉讼时效的对象基本上是债的请求权，而非物权，把停止侵害、排除妨碍、妨害预防、返还财产作为侵权责任的方式，意味着它们属于债的范畴。而债在逻辑上属于诉讼时效的对象，如此，依据民法解释学，人们无须说明理由，停止侵害请求权、排除妨碍请求权、消除危险请求权、物的返还请求权自然应该适用诉讼时效。如果法律规定它们不适用诉讼时效，则必须充分阐明理由。我们知道，如果停止侵害请求权、排除妨碍请求权、消除危险请求权适用诉讼时效，在人格权遭受侵害或者受到现实的极可能发生的威胁的情况下，显然不合伦理。例如，怎么能因时间的经过，就任凭行为人侵害权利人的生命、健康、身体、自由、名誉、隐私等，而无权令其停止?! 在知识产权、物权遭受侵害的情况下，因时间的经过，侵权人就可以永续地侵害他人的物权、知识产权，实无效益、正义可言，违反社会秩序的要求。再说，侵害行为正在进行中，属于一个侵权行为尚未结束，诉讼时效不开始起算，该侵权行为停止时，诉讼时效的起算又失去其意义。所以，停止侵害请求权不会产生诉讼时效问题。一句话，停止侵害请求权、排除妨碍请求权、消除危险请求权不应适用诉讼时效，在任何时候，权利人都有权请求行为人停止侵害物权、人格权或者知识产权，有权请求行为人排除妨碍、消除危险。反之，如果把停止侵害请求权、排除妨碍请求权、消除危险请求权、物的返还请求权作为绝对权的请求权，它们具有绝对权的效力，属于绝对权的防御系统，与绝对权不可分离，因为绝对权不适用诉讼时效，所以，人们不必说明理由，就可以规定它们不适用诉讼时效。如果法律规定它们适用诉讼时效，反倒必须充分阐明理由。

至于物的返还请求权，可以见仁见智，不同的立法例的态度不尽相同。例如，《德国民法典》原来区分登记的物权和不登记的物权，对基于后者产生的物的返还请求权，适用消灭时效（第194条第1项及其解释）。民法理由书论证其理由，物上请求权若不因时效而消灭，则容许有许多年不行使的权利继续存在，有害于交易安全。[①] 物上请求权因时效而消灭的结果是，对于占有人不得请求

① 《德国民法理由书》，第203页；转此自史尚宽著：《民法总论》，第568页。

返还，而所有权仍继续存在，所有人得因其他原因再取得占有，或者对于非占有人的承继人（如盗取人）请求返还，以举所有权之实。《德国民法典》之所以这样规定，是因为当时德国各邦大部分的法律向来是这样规定的，然而，这样规定的结果并不理想。① 为此，《德国民法典》有所补救，于第 902 条第 1 项规定，由已登记的权利所产生的请求权，不因超过时效而消灭。《德国债法现代化法》在消灭时效制度方面修改动作较大，于第 197 条第 1 项第 1 款明确规定，基于所有权和其他物权产生的返还请求权，因 30 年不行使而罹于消灭时效，法律另有规定的除外。由于《德国民法典》第 902 条的规定未被修改，继续有效，故在德国现行法上仍然是，已经登记的物的返还请求权，不适用于消灭时效。《日本民法》规定，债权因 10 年间不行使而消灭。债权或所有权以外的财产权，因 20 年间不行使而消灭（第 167 条）。物上请求权是否也适用该条款，并非没有疑问。不过，有判例作出了明确判示："鉴于所有物返还请求权系物权的一个作用，非由此所发生的独立的权利，因此所有物返还请求权与所有权本身一样，不罹于消灭时效。"②在学说上，也有主张，物上请求权没有理由离开物权而独立存在，因此不能脱离物权单独地罹于消灭时效，如果物上请求权罹于消灭时效，则所有权将变成没有实质内容的空虚的所有权。因此，只要出现物的侵害，物上请求权就会不断发生，应该不因时效而消灭。③

对此，笔者的初步看法如下：（1）在法律不承认取得时效制度的背景下，物的返还请求权不宜适用诉讼时效。因为当物被他人无权占有，物权人未请求返还超过诉讼时效期间，便视为诉讼时效完成，无权占有人可以对抗物权人的返还请求权，可以继续占有本属于物权人的物，形成物权人空有物权之名而无物权之实，占有人拥有物权之实却无物权之名的不正当局面，社会秩序处于不稳定的状态。这不应为良法所允许。（2）在法律同时承认取得时效和诉讼时效的背景下，虽然可以规定物的返还请求权适用诉讼时效，但仍存在一段物权人空有物权之名而无物权之实，占有人拥有物权之实却无物权之名的不正常局面，社会秩序处于不稳定的状态。这是因为，法律一般对于取得时效和诉讼时效（或者称作消灭时效）分别规定了长短不等的时效期间，一般情况下是取得时效的期间长，

---

① 史尚宽著：《民法总论》，第 567 页。

② 日本大审院判例大正 5 年（1916 年）6 月 23 日民录，第 1161 页；转引自梁慧星主编：《中国物权法研究》（上），法律出版社 1998 年版，第 100 页。

③ 我妻荣著：《民法总则》，有斐阁 1988 年版，第 378 页；久保木康晴著：《最新物权法论》，有斐阁 1992 年版，第 35 页。转引自梁慧星主编：《中国物权法研究》（上），法律出版社 1998 年版，第 100 页。

而消灭时效的期间短。当消灭时效期间届满，无权占有人可以抗辩物权人的返还请求权时，无权占有人因取得时效期间尚未届满而未获得对于占有物的物权。当然，学说可以辩解道，倘若法律坐视物权人空有物权之名而无物权之实，占有人拥有物权之实却无物权之名的不正常局面不管，该法算不上良法，但是法律已经尽力地设计方案予以解决，只是无力做到两种时效制度的契合衔接，则从方法论的角度来看应当予以允许。笔者通情达理，对此说不予反驳，但这不意味着这种方案没有瑕疵。还有学者为避免两种时效在衔接上的一段空档，将两种时效的期间设计得一样长短。笔者认为，这仍然消除不了上述空档，因为两种时效期间的起算点不同，取得时效期间自占有开始起算；而诉讼时效期间，在我国现行法上，自权利人知道或者应当知道其权利被侵害时起算。

其四，把停止侵害、排除妨碍、消除危险、返还财产作为侵权责任的方式，不合请求权基础的思维规律。按照请求权基础理论，我们遇到个案，解决法律适用问题，应尽量避免在检讨某特定请求权基础时，必须以其他请求权基础作为前提问题。易言之，即尽量避免在检讨某特定请求权基础时，受到前提问题的影响。由于合同关系的存在对其他请求权有所影响，对无因管理、所有物返还请求权、不当得利、侵权行为而言，合同关系均为前提问题。所以，要首先考虑合同上的请求权，首先审查诉争案件是否为合同案件，如果是，则首先适用合同法；若否，则依次考虑无权代理等类似合同关系上的请求权、无因管理上的请求权、物上请求权、不当得利返还请求权、侵权损害赔偿请求权等。如此思维，才能养成邃密深刻的思考，避免遗漏，确实维护当事人的合法权益。① 把停止侵害、排除妨碍、妨害预防、返还财产作为侵权责任的方式，把本应第四顺序乃至首先检讨的请求权基础，延后到第六顺序检讨，违反了请求权基础的思考顺序，时常要作无用功。

其五，停止侵害、排除妨碍、妨害预防、返还财产时常用于一般侵权场合，而一般侵权行为的构成，公认地要求以过失为要件。可是，连主张停止侵害、排除妨碍、妨害预防、返还财产作为侵权责任的方式的论者都认为，停止侵害、排除妨碍、妨害预防、返还财产的构成，不宜要求过失这个要件。而在一个一般侵权行为已经给权利人造成损害的情况下，对于损害赔偿的构成要求过失，而对于停止侵害、排除妨碍、妨害预防、返还财产的构成，不要求过失，会使一个侵权行为同时实行两个归责原则，一个过失责任原则；另一个无过失责任原则。这实际上造成了侵权行为法内部的不和谐，不好理解。反之，如果把停止侵害请求权、排除妨碍请求权、消除危险请求权、物的返还请求权作为绝对权的请求权，逻辑地不

① 王泽鉴著:《法律思维与民法实例》，第86~91页。

要求以过失作为构成要件，一般侵权的损害赔偿实行过失责任原则，在个案中，几项制度同时适用，就既避免了上述困扰，又妥当地解决了问题。何乐而不为！

其六，把停止侵害、排除妨碍、妨害预防、返还财产作为侵权责任的方式，不合我国民法的既有理论。我国民法的教科书大都说明，物权受到侵害时，有物权的保护方法和债权的保护方法。物权的保护方法有停止侵害、排除妨碍、消除危险等；债权的保护方法有损害赔偿、不当得利返还等。[①] 如果这个理论仍然正确，把停止侵害、排除妨碍、妨害预防、返还财产作为侵权责任的方式，就不妥当。

其七，主张把停止侵害、排除妨碍、妨害预防、返还财产作为侵权责任的方式的论者，在论证其观点的可取性时，认为普通法系的侵权行为法如此。不可否认，在普通法系，侵权行为法领域确实存在着"返还不法扣留动产之诉"(detinue)、"返还不法取得动产之诉"(replevin)、"回复不动产之诉"(ejectment)及"侵害禁止令"(injunction)等。[②] 笔者认为，外国法固有的制度及其配置领域，受制于许多因素，如历史背景、文化传统，[③]以及特殊的法律部门分工。所以，普通法系的侵权行为法如此配置，不一定是我国侵权行为法必然如此设计的理由。由于英美法上的财产法更多的是有关合同、信托和侵权法的要素的聚合，把财产法和侵权行为法当做相邻的法律领域，是错误的；每一个制度都是另一个制度的要素；普通法……从来不知道有动产的返还请求权；由于普通法中绝对权的概念并未被认可，侵权行为法上的移物行为(的侵权请求权)取代了所有者的返还请求权。[④] 既然英美的财产法未提供足够的物上请求权制度，权利人受到的侵害又应得到救济，由侵权行为法完成此项任务，就无可厚非。但是，无可厚非不等于说这种解决问题的方案最佳，尤其在我国法承认物权为绝对权，未来的民法典拟完善物权制度，给物权配置物上请求权的背景下，也就是说，我国民法和普通法在具体制度的配置领域存在不同，普通法的制度设计不一定是证明把停止侵害、排除妨碍、妨害预防、返还财产作为侵权责任的方式为合理的理由。由此引出比较法和法律移植上应该注意的问题，体系化思考不可丢弃。

如果未来的民法典一方面继续承认物上请求权乃至绝对权的请求权，保持

---

① 佟柔主编：《民法原理》(修订本)，第146～149页；金平主编：《民法学教程》，第223～225页；王利明著：《物权法研究》，第102页。

② V·A·Grifth著：《英美法总论》，姚淇清译，正中书局1983年版，第214页、218页、219页；John G·Eleming, The Law of Torts, Sydney, 47,52,73(1977)；转引自梁慧星主编：《中国物权法研究》(上)，法律出版社1998年版，第88页。

③ 梁慧星主编：《中国物权法研究》(上)，法律出版社1998年版，第88页。

④ 克雷斯蒂安·冯·巴尔著：《欧洲比较侵权行为法》，第650～651页。

物权、人格权、知识产权制度的完整性；另一方面把停止侵害、排除妨碍、消除危险、返还财产作为侵权责任的方式，即承认竞合的模式，是否可以赞同呢？笔者仍然持否定态度，理由不在于竞合模式损害了绝对权制度，而在于把停止侵害、排除妨碍、消除危险、返还财产作为侵权责任的方式，导致了侵权行为法内部的矛盾。这从上文的分析中可以看出。依赖绝对权的请求权自身完全能够救济绝对权遭受的侵害或者妨碍，当绝对权人行使其绝对权的请求权后仍然存有损害时，通过绝对权的请求权和侵权损害赔偿的共同作用，会使权利人得到完全的救济，并且法律体系内部契合无间。这就决定了采用竞合模式但会使侵权行为法内部产生矛盾的这条路径的不可取。

（2002 年第 11 期）

侵权赔偿与不当得利请求权竞合

于海涌*

［案情］

中国工商银行某支行（以下简称被告）是广东某证券公司（以下简称原告）的存款银行，原告在被告下属的办事处开立了结算账户。1995年5月30日原告通过被告下属的办事处误开一张金额为160万元的转账支票给被告，但实际上双方并无任何交易关系。被告在没有支付对价的情况下，收取了原告的160万元支票。同日被告从原告的账户中划付了160万元进入自己的账户。5月31日，被告开具一张金额为160万元的转账支票给深圳某实业公司（以下简称第三人），同日第三人将160万元用于偿还其在被告处的贷款。1995年、1996年、1997年，原告与被告进行年终对账时，没有证据表明原告对该160万元提出过异议。2000年8月17日原告因清理账目致函被告，要求查明1995年5月30日汇给被告的160万元的使用情况。在查询中，被告才向原告说明该款在5年前就已经应第三人申请划转给第三人，被告还向原告出示了第三人出具的书面申请函件，第三人在该函件中声称自己是1995年5月30日160万元支票的收款人，只是原告错划给被告账户，据此第三人请求被告将160万元划归自己，并许诺该笔款项将用于清偿第三人向被告之贷款。显然被告接受了第三人的申请并划转了资金。

2000年12月原告向一审法院提起侵权行为之诉，原告强调指出，被告未征得原告同意，仅凭第三人的单方请求，擅自将原告的资金划转给第三人，其行为已构成侵权行为。原告还一再强调，本案发生不当得利与侵权赔偿请求权之竞合，原告提起诉讼所针对的是被告的侵权行为，时效应自2000年8月17日起算，原告的诉讼请求没有超出诉讼时效。一审法院最终按照不当得利审理了本案，并以超出诉讼时效为由，判决原告败诉。原告提起上诉并要求按照侵权行为审理本案，二审法院认为：由于金钱一经交付即转移所有权，因此被告获得该票据款项后，再开具支票将160万元从被告账户内划付给第三人的行为不构成对原告财产的侵犯；鉴于原告起诉的法律关系与实际争讼的法律关系不符，一审法

* 作者单位：中山大学法学院。

院以不当得利确定本案的案由正确。原告上诉认为本案存在诉讼请求权的竞合与选择,本院不予采纳,故判决驳回上诉,维持原判。

[评析]

一、判决理由之检讨

二审法院的判决理由认为:“金钱一经交付即转移所有权,因此被告获得该票据款项后,再开具支票将160万元从被告账户内划付给第三人的行为并不构成对原告财产的侵犯”。显然这是法院认定被告不构成侵权行为的主要理由和逻辑起点。不难看出法院的判决建立在以下两个三段论逻辑推理之上。

第一个推理:

大前提:金钱一经交付即转移所有权;

小前提:在本案中金钱已经由原告交付给被告;

结论:金钱的所有权已经转移给被告。

第二个推理以第一个推理的结论为基础,其推理过程是:

大前提:所有权人处分自己财产的行为不构成侵权行为;

小前提:被告是所有权人,处分的是自己的财产;

结论:被告的行为不构成侵权行为。

法院的推理似乎十分清晰严密,但辨析之,却发现法院的判决颇有商榷之余地。一个至关重要的问题是,二审法院的“金钱一经交付即转移所有权”是整个逻辑分析的起点,但“金钱交付”在本案中究竟是指什么,是指支票的交付?现金交付?还是指通过转账支票获得票据款项?让我们逐一地进行分析。

货币为一般等价物,辗转流通为其重要机能,在法律上属于动产的一种特殊形态。我国《物权法草案建议稿》第12条明示“货币,为特别动产”。[①] 因为货币具有高度的代替性并为典型的消费物,同种同量的货币可以互相代替,而且同一人就同一货币不能再以同一目的反复使用,因此货币的所有权和占有具有不可分离之特点。由此决定了货币物权变动的公示方式与占有保护在法律上与其他物明显不同:第一,占有货币的人被推定为货币的所有权人;第二,货币丧失占有后,不存在作为物上请求权的返还请求权,仅存在不当得利返还请求权;第三,货币所有权的让与是事实行为,以移转占有为已足。[②] 从这种意义上考虑,如果将

① 《中国物权法草案建议稿》第12条,社会科学文献出版社2000年版。

② 梁慧星、陈华彬著:《物权法》,法律出版社1997年版,第42页。

判决中的"金钱"理解为货币,则"货币一经交付即转移所有权"的论点是完全正确的。然而,这一论点在本案中却无适用之余地,因为本案中从未出现过任何货币交付行为,所有的交易都是通过转账支票来完成的,如果理解为现金交付并以此作为所有权转移的依据,在本案中则无事实依据。

那么可否将法院判决中的"金钱交付"理解为支票的交付呢?支票是出票人签发的委托办理支票存款业务的银行或者其他金融机构在见票时无条件支付确定的金额给收款人或者持票人的票据。但在本案中将"金钱交付"理解为支票的交付显然也是不妥的,因为支票的持票人所享有的是票据权利,而票据权利是指"持票人向票据债务人请求支付票据金额的权利,包括付款请求权和追索权",①由此可见,票据的交付产生的是典型的债权而不是所有权,无论如何不可能得出判决书中的"转移所有权"的结论。

如果把"金钱交付"理解为判决中通过支票转账获得票据款项,似乎更加符合法院的真意,但问题接踵而至,通过支票转账果真发生所有权转移吗?所有权为物权之一种,物权为支配权,其标的必须为呈现固体、液体、气体的有体物或者为电、热、光等自然力。如果将"金钱交付"理解为根据转账支票所获得的票据款项,那么票据款项既非有体物,也非自然力,根本不能成为所有权之标的。

通过以上的分析,判决中"金钱一经交付即转移所有权"的观点仅仅适用于货币交付,而本案中并无货币的交付行为,而对于票据交付和支票转账而言,因票据的权利属性和物权的标的物不合,无法转移所有权。二审法院以"金钱一经交付即转移所有权"作为判决之理由似乎颇有商榷之余地。

二、货币占有、票据交付、支票转账中的权利状态分析

为了进一步明确当事人之间的法律关系,现在我们将沿着货币占有、票据交付以及支票转账的流转程序一步步地探讨当事人之间的权利状态。

(1)货币的占有

如果甲占有一万元的货币现金,那么应当推定其就像占有其他动产一样拥有货币的合法所有权。如果甲将一万元货币现金在乙银行办理存款,则这些货币的所有权自交付(移转占有)时起发生转移,即自交付时起货币的所有权归属

---

① 参见《中华人民共和国票据法》第4条第4款。

于乙，甲在丧失所有权的同时，取得了依据存款合同向乙请求付款的债权请求权，简言之，甲丧失的是所有权，取得的是债权。甲拥有的是所有权还是债权，这种区别在银行破产时表现得最为明显，在甲交付货币办理存款以后，如果乙银行发生破产，甲只能和其他债权人一样享有按比例受偿的权利，而不能主张自己是一万元货币的所有权人而要求取回原物，原因非常简单，因为甲享有的只是普通债权，而不是具有优先性的物权。

(2)支票的交付

支票的出票是出票人制作票据并将票据交付给持票人的票据行为，是创设支票权利义务关系的基本票据行为。支票的交付是出票行为的完成，没有交付，支票上记载的收款人就无法占有支票，也就无法以持票人的身份主张票据权利。支票的出票行为在民法上应当如何定性呢？例如，甲在乙处开立了支票存款账户存有一定数量的资金，甲在交付货币以后，以丧失所有权为代价而取得了对乙的债权，已如前述，如甲向丙签发以乙为付款人的支票，丙作为持票人即有权向乙主张付款请求权。不难看出，甲制作支票并将其交付给丙占有的行为，实际上就是民法上的债权让与行为，即甲将其对乙享有的付款请求权转让给丙享有。简言之，支票的交付，在票据法上为票据权利的产生，在民法上其本质为债权之让与。

(3)支票的转账

支票的交付意味着债权的让与，固属无疑。但支票有现金支票与转账支票之别，当事人的权利状态会因支票的种类不同而有差异。由于现金支票可以提取现金，因此持票人可以因付款行为而取得货币的所有权；转账支票则大相径庭，转账支票根本不能引起货币所有权的转移。如果甲开出以乙为付款人的转账支票给持票人丙，虽然甲的出票行为同样属于债权之让与，但转账支票与现金支票的重大区别就在于转账支票只能转账而不能提现，由于转账支票没有提现功能，其付款请求权的实现根本无法借助货币的交付来完成，也就根本不能像现金支票那样引起货币所有权的转移。事实上，支票的转账引起的是债权的变动，而不是所有权的转移，持票人丙只是因为转账行为的完成而成为乙的新债权人。具体而言，如果甲在乙处开立支票存款账户并存有一万元，甲向丙开出一张金额为一万元的转账支票，那么随着支票转账的完成，甲对乙的付款请求权消灭，而丙则因为一万元转入自己的存款账户而成为乙的新债权人。由此可见，转账支票不能引起货币所有权的转移，只是引起债权的变动。

分析表明，二审法院在判决中把“金钱一经交付即转移所有权”作为判决之依据，把支票转账等同于货币交付，并以所有权转移作为否认存在侵权行为之理由是欠妥的。因为其间只发生了债权的变动，根本不存在货币所有权转移之情形。

三、不当得利与侵权行为之竞合

被告在没有任何法律依据和合同依据的情况下，没有支付任何对价却取得了票据利益，依照《民法通则》第92条之规定应当负有返还不当利益之义务，对此当事人双方以及法院均无异议。问题的真正焦点在于本案中是否确实存在侵权行为与不当得利之竞合，再进一步的问题就是，被告的行为如果构成侵权行为的话，那么被告究竟侵害了原告的什么权利？

侵权行为之债与不当得利之债的立法目的存在重大差别，侵权行为的立法目的在于对行为人的行为给予法律上的否定性评价，使受害人因侵权行为所受到的损害得到补偿，并对不法行为人予以制裁；不当得利之债的立法目的在于恢复当事人之间因不当变动而受到破坏的利益平衡，并非对受益人非难。另外，侵权行为与不当得利的构成要件上也存在重大区别，不当得利之债的成立应以受益人的客观受益为前提，至于受益人是否具有主观过错，对不当得利之债的构成不产生影响；而侵权行为则不同，侵权行为责任的构成应以行为人的主观过错为条件，加害人必须具有主观上的故意或过失，至于行为人是否因自己的行为受有客观利益，在所不问。本案中，被告是办理支票存款的银行，原告是办理支票存款业务的存款人，原告和被告之间具有票据的基础关系——资金关系，基于存款行为原告对被告享有债权，这也正是原告有权开出以被告为付款人的支票的合法性基础。本案中被告在占有票据后，未征得原告同意，仅凭第三人的非法请求，擅自将原告的资金划转给第三人，直接侵害了原告的债权，导致了原告债权额的不当减少，被告在本案中不仅具有明显的主观恶意，而且实施了加害行为，其行为已经构成侵权行为。被告的主观恶意明显表现在以下几个方面：第一，在票据误汇以后，被告作为原告的结算银行和票据的收款人，明知自己没有支付对价，自己不享有票据权利，却没有把票据退回给原告。第二，票据是文义证券，票据上的一切权利义务，必须严格按照票据上记载的文义而定，文义以外的任何理由不能作为票据权利的根据，即使票据上记载的文义有错误，也不能用票据以外的其他证明方法变更或补充，这是票据的基本特征。被告作为专业金融机构，应该知道即使第三人出具了书面承诺也不能取得票据权利。第三，即使原告确实意图将该笔款项汇给第三人而误汇给了被告，那么被告也必须与原告在事前达成合意才可以付诸实施，而本案中，被告未征得原告之同意擅自将票据利益转让给第三人。第四，被告之所以违反票据的操作规程，置原告的利益于不顾而满足了第三人的非法请求，目的在于使第三人在获得该笔款项后用于归还第三人在被告处的贷款，被告与第三人显然具有恶意通谋。本案中，还有一个不能忽视的特殊情节，那就是被告的身份为办理支票存款业务的专业银行，而且在侵权行为实施的过程中利用了其具有持票人和付款人双重身份的便利条件，这是被告违反票据正常操作规程而能够使侵权行为得以完成的重要原因。

原告是否同时享有不当得利之债和侵权行为之债的双重请求权，这直接涉及本案中是否存在请求权的竞合问题以及诉讼时效的起算。不当得利之债在什么情形下可以与侵权行为之债发生竞合，应作具体分析。一般而言，行为人实施侵权行为，并不必然使自己获益。如果行为人的侵权行为的结果是“损人而不利己”，此时只能构成侵权行为。相反，如果受益人本人毫无过错，仅是因为受害人的过错而获得利益，则受益人只构成不当得利。问题是，如果行为人因侵权行为受有利益时，侵权行为之债就可能与不当得利之债产生竞合。因受益人实施侵权行为而产生的不当得利，在德国学说中被称为侵害他人权益之不当得利(eingrifskondiktion)。[①] 本案中侵权行为与不当得利的竞合就属于这种情形。被告实施的侵权行为是经过了四个阶段完成的。第一阶段，被告接受第三人的非法要求，与第三人达成损害原告利益的恶意通谋；第二阶段，被告明知自己不享有票据权利而恶意取得票据利益(不当得利)；第三阶段，被告根据预先通谋将票据利益转让给第三人；第四阶段，第三人将获得的票据利益用于偿还被告的贷款。如果纯粹从第二阶段观察，被告确实获得了不当得利，但从四个阶段总体观察，则获得不当得利只是被告实施侵权行为的一个环节，正是在第二阶段，侵权行为与不当得利发生了竞合。被告在1995年5月30日获得160万元的票据利益后，于1995年5月31日向第三人签发的金额为160万元的支票的原因关系是什么？这只有认清侵权行为的各个阶段及其联系以后才能正确地予以认定。如果像二审法院那样否定有侵权行为之存在，认为被告已经取得了货币的所有权，且其后的处分完全是处分自己的财产，那岂不是将1995年5月31日被告向第三人签发160万元支票的原因关系认定为赠与行为？显然这与事实不符，实际上它是侵权行为的继续，它是被告根据事先的通谋将票据利益转归第三人享有，换言之，它是在履行其与第三人之间事先通谋的“合同”。

---

① 王利明著：《侵权行为法》，中国人民大学出版社1993年版，第216页。

四、结　　论

如果原告提起不当得利之诉，显然原告的诉讼请求已经超出了诉讼时效。然而原告如提起侵权行为之诉，由于被告与第三人恶意串通将票据利益非法转让给第三人的行为构成侵权，而事先原告对此侵权行为一无所知，事后被告也没有向原告发出任何形式的通知，且鉴于金融业务的保密性质，原告也无任何有效的途径知道被告与第三人之间的恶意通谋行为。直到 2000 年 8 月 17 日，经原告申请，被告才第一次向原告出示了第三人出具的书面函件。在本案中，票据的交付只能作为不当得利的诉讼时效的起算点，却不能作为被告和第三人恶意串通构成侵权行为的时效起算点。本案自侵权行为发生之日起算（1995 年 5 月 30 日），没有超过二十年的最长诉讼时效，从原告知道被告的侵权行为之日起算（2000 年 8 月 17 日），没有超过两年的诉讼时效，因此原告提起侵权行为之诉并未超过时效。在不当得利之诉和侵权行为之诉发生竞合之际，法院审理案件，应当着眼于原告的诉讼请求及其请求的合法性，尤其是在不同的诉讼理由对当事人的实体利益产生直接影响之时，对于当事人的选择，法院更应当予以尊重。本案中原告以侵权行为纠纷提起诉讼，而两级法院却按不当得利纠纷进行审理，其做法是值得商榷的。

（2002 年第 11 期）

2003 年

自行召集的股东会议所作出的决议是否有效

梁上上*

我国《公司法》自1993年颁布以来，促进了公司制度的建立和发展。但是，随着市场经济的发展，《公司法》也暴露出过于粗糙、可操作性不强等缺点，已严重制约了我国公司制度的进一步发展。这是目前修订公司法所应该加以重视的。本文以"百名股东赶走董事长"事件为中心，对股东大会召集制度进行分析并提出完善建议。

一、事实与经过①

1998年年底，浙江省缙云百货股份公司由国有制企业原缙云百货公司转制而来。改制后，原百货公司职工大部分按公司章程规定认购了股份，成为公司的股东。1999年1月，百货公司全体股东大会选举了公司的第一届董事会和监事会。随后，三名董事之一的胡葛法出任第一届董事长，任期至2001年年底。2001年1月17日，百货公司94名股东因不满公司经营和部分公司领导人所为，联名向公司董事会递交了强烈要求召开股东大会的报告，并提议董事会立即停止行使一切权力。

原来，从公司改制评估日到2000年9月底，公司已累计亏损41.41万元，占职工投入基本金57.4万元的72.14%；另外，还有待处理损失17.41万元。按照公司章程规定，公司股东年会每年召开一次，在会计年度终结后两个月内召开。而直到2001年2月，1999年、2000年股东年会均未能召开。于是，94名股东联名向董事会提出了要求召开股东大会的请求。事后，又多次派股东代表督促询问何时召开股东大会。至2月24日，董事会一直不作明确表示。于是，他们只好自己召开临时股东会议来维护自己的合法权益。2月25日，94名股东联名向全体股东发出了紧急通知，提议在2月27日晚在百货公司召开临时会议。2月27日，137名股东到会召开临时股东会议，与会人员所持股份合计382股，占总

---

* 作者单位：清华大学法学院、浙江大学法学院。

① 李洪波："百名股东赶董事长下台"，载《今日早报》2001年4月9日。

股数499股的76.55%，已在2/3以上。会上，对罢免董事、监事的议案的进行了表决，结果是同意罢免的有343股，占实到人数所占股份382股的89.97%，超过章程规定的半数以上的要求，罢免了公司的董事长、董事和监事，并选举了新的董事和监事。

对此股东会议所作出的决议的效力，双方发生了争议。被罢免一方认为，那些罢免和选举结果并不合法，股东们自己召开大会并选举出董事会应该是无效的。而股东们则认为，原董事会没有按照公司章程规定定期召开股东大会年会，公布公司经营状况。他们召开股东会议是股东保护自己权利的一种方法，这并不违反公司法和公司章程。于是，根据该次股东大会上所作出的决议和《公司登记条例》第27条的规定，[①]向县工商登记机关请求办理法定代表人的变更登记。同时，根据该条例第33条的规定，[②]对变更的董事和监事向登记机关作出备案申请。由于公司法对公司股东自行召集股东大会作出决议的情形没有预见，难以从公司法中找到明确的答案。缙云县工商局向浙江省工商局请示，省工商局作出了同意登记的答复。

二、争议的焦点与问题的症结

（一）争议的焦点

在本案中，原先的董事和监事认为，根据我国《公司法》第105条的规定，股东大会会议只能由董事会依法负责召集，并由董事长主持。除此之外，其他人和组织均无权利自行召集。没有经董事会召集的股东大会只是股东的集合，不是股东大会的召开，在此大会上通过的决议不能成为股东大会的决议，应视为无效。而且，根据《公司法》第109条的规定，股东大会应当对所议事项的决定作成会议记录，由出席会议的董事签名。这些董事既未出席会议，更没有在会议记录上签名，这也可以说明该会议没有依法召集。根据法律，没有经依法召集的股东大会所作出的决议是无效的，由无效决议所选举的董事和监事自然不能成为公司新一届董事和监事，无权请求登记机关作出变更登记或者备案。

股东一方则认为，公司原董事会经营管理不善，造成了公司亏损。而且，连续两年都没有根据《公司法》第104条的规定召开股东大会年会，使股东没有任

① 该条例第27条规定：公司变更法定代表人的，应当自变更决议或者决定做出之日起30日内申请变更登记。

② 该条例第33条规定：公司董事、监事、经理发生变动的，应当向原公司登记机关备案。

何机会行使股东权利来保护自己和避免损失。在多次向董事会请求召开股东大会没有结果的情况下，只能采取召开临时股东大会的方法来自救。这也是不得已而为之。这次临时股东大会出席股东所持有的股份共计382股，占总股数499股的76.55%，已在2/3以上；对罢免董事、监事的议案的表决中，同意罢免的有343股，占出席会议股东所持表决权的89.97%，超过《公司法》第106条规定的半数以上的要求。所以，这次会议所作出的罢免董事和监事的决议是有效的，选举出的新一届的董事与监事也是合法有效的。

可见，本案双方争议的焦点是，股东自行召集的股东会议所作的决议是否有效呢？股东们能否采取这种方法来选举新的董事、监事呢？

（二）问题的症结

应该说，本案的事实是清楚的，所以，寻找妥当的法律依据是解决问题的关键。为了更清楚地揭示问题的实质和寻找问题的症结所在，可以把本案的争议分解为以下几个问题：

1. 股东大会的性质是什么？临时股东大会有权罢免和选举董事、监事吗？

根据《公司法》第102条和第103条的规定，股份有限公司的股东大会由全体股东组成，它是公司的权力机构，有权依法选举和更换董事、监事。所以，本案中，临时股东大会罢免董事和监事并没有超越职权。

2. 股东有权召开临时股东大会吗？其条件是什么？

根据《公司法》第104条的规定，股东有权请求召开临时股东大会。其条件是：持有公司股份10%以上的股东请求。并且规定，出现这种情况时，董事会应当在两个月内召开临时股东大会。

3. 临时股东大会应当如何召开？

《公司法》第105条规定，股东大会会议由董事会依照本法规定负责召集，由董事长主持。董事长因特殊原因不能履行职务时，由董事长指定的副董事长或者其他董事主持。召开股东大会时，应当将会议审议的事项于会议召开30日以前通知各股东。临时股东大会不得对通知未列明的事项作出决议。

发行无记名股票的，应当于会议召开45日以前就前款事项作出公告。

无记名股票持有人出席股东大会的，应当于会议召开5日以前至股东大会闭会时止将股票交存于公司。

从以上的分析可知，除了召集程序不符合法律规定外，这次临时股东大会符合法律所规定的其他条件。所以，本案的争议可以转换为这样的命题：是不是所有的临时股东大会都要经董事会召集？没有经董事会召集的股东大会所作出的决议都是无效的吗？董事会的召集程序在多大程度上影响会议所作决议的效力？

三、解决问题的杠杆:结构利益衡量法

由于法律对“百名股东赶走董事长”的情形没有预见,不能从《公司法》和公司章程中找到直接的回答。虽然从上面的分析中,我们找到了问题的症结所在。但是,我们仍然难以找到妥当的答案:一方面,对于股东而言,只要董事会不召开股东大会,都只能眼睁睁地看着自己的权利受损而没有救济的途径,本属于自己的权利得不到保护,这是很不公平的。另一方面,《公司法》规定,股东大会会议由董事会依法负责召集,由董事长主持。没有经过董事会召集的股东大会所作出的决议不符合公司法的程序理念,似乎也难以获得法律上的支持,因为程序正义是现代法治的精神。这样,问题仍然陷入了两难的境地。

如何解决这个问题? 有人曾说,只要给我杠杆,我就能把整个地球都撬起来。同样,我们也需要解决问题的杠杆:结构利益衡量法。①

20 世纪 60 年代,日本学者加藤一郎和星野英一同时提出了利益衡量论。②该理论认为,如果法律出现了漏洞,就需要进行法律解释,对该漏洞进行弥补。在进行法律解释时,要对该案件甲乙双方当事人所涉及的各种利益进行比较衡量,然后根据审判人员的价值判断,依照所选择的利益倾向(利益衡量),在多种可能的解释中选择合理、妥当的解释。这是因为,法律是为解决社会现实中发生的纷争而作出的基准,成为其对象的纷争无论在何种意义上都是利益的对立和冲突。③

但是笔者认为,利益衡量论虽然深刻地提示了法律纷争的实质在于利益的对立与冲突。但是,因为民事主体双方地位平等,极易陷入当事人双方的具体利益的细微衡量之中,在利益取舍上往往会产生“可以保护谁的利益或也可以不保护谁”的境地。在本案中,当事人双方都有相应的权利(力)以及其背后所蕴藏着的利益,但权利的行使都并不完美,都存在问题,究竟应该保护谁的利益?很难取舍。所以,仅仅对双方当事人股东与原董事的利益进行衡量是不够的,也

---

① “结构利益衡量法”,是一种方便的说法,是当出现疑难案件时的一种分析问题和解决问题的方法。其具体内容可参见梁上上:“利益的层次结构与利益衡量的展开”,载《法学研究》2002 年第 1 期。

② 加藤一郎:“民法的解释与利益衡量”,梁慧星译,载梁慧星主编:《民商法论丛》(第 2 卷),法律出版社 1995 年版。

③ 同上。梁慧星:“电视节目预先表的法律保护与利益衡量”,载《法学研究》1995 年第 2 期。这两篇文章都是名家力作,是利益衡量论的经典文献,对利益衡量论有十分深刻的见解。

很难得到一个妥当的解决方案。事实上，在一个案件中，不但双方当事人对争议有直接的相互对立的利益，而且在该争议上还负载着规范该争议的法律制度的利益和社会公平正义等广泛意义上的社会公共利益。这样，对本案应该在一个多层次的利益结构中来加以解决。

为此，我们采用“结构利益衡量法”来解决这个问题。这种方法认为，法律上的利益可以分为双方当事人的利益、群体利益、制度利益和社会公共利益。当事人的利益仅仅是需要加以衡量的一组利益。此外，更具重要意义的是，应当对该争议所存在的法律制度进行全面的分析，也就是说，对具体案件进行审判时，对制度利益所带来的影响进行评估是必要的。该法律制度的根本目的是什么？该制度是如何构成的？在实践中，该制度是如何展开的？该制度的根本利益是什么？只有在该法律制度的框架内，对双方当事人的争议进行准确定位的基础上，对他们的利益进行衡量才有可能作出妥当的解答。在这里，法律制度是一个重要的参照系。没有这个参照系，我们所作的利益衡量将会失去方向，就像在大海中航行的船舶没有灯塔的指引会迷失方向一样。而且，所谓的当事人利益、群体利益、制度利益都是一定社会的存在物，必须放到特定的社会中去考察和评估。也就是说，要对社会公共利益的影响加以评估。社会公共利益是利益衡量的支点和根基，离开了社会公共利益，就谈不上妥当的利益衡量。当然，社会公共利益应该也只能存在于具体的社会场景中，随着整个社会的进步而发展变化，社会公共利益在每个具体案件中所指的具体利益可能不同，不能离开具体的社会环境而空泛地谈论社会公共利益。总之，当法律出现漏洞时，应当允许由法官从事漏洞补充，由法官在当前的社会背景中寻找漏洞补充和价值补充的依据，法律条文得到补充以后，再适用于具体的案件。在具体案件的利益衡量中，应该将当事人的具体利益放置在利益的层次结构中进行衡量，保证利益衡量的公正和妥当。

具体到本案中，如果确认该决议有效，这就意味着保护了大多数股东的利益；反之，则维护了原董事的利益。在这里，要把双方当事人利益放到制度利益、社会公共利益等不同的层次结构中去深入细致地衡量。也就是说，进行利益衡量的关键是：谁的利益与制度利益、社会公共利益相一致。所以，全面理解“临时股东会议及其召集制度的制度利益”是核心问题。那么，临时股东会议及其召集制度是如何设计的呢？具体制度的根本目的与根本利益是什么呢？

四、解决问题的框架:股东会议及其召集制度

(一)股东会议及其召集制度

1. 股东大会:为谁的利益而设置

股东大会是由全体股东组成的决定公司重要事项的最高权力机关。它对维护公司的利益具有重要意义,对股东权的行使和维护股东利益也具有重要意义:公司股东出资后,其所出资的财产人格化形成公司财产。这样,股东对所出资的财产或者权利就失去了直接的控制权,作为对价,股东取得了资产受益权、重大决策和选择管理者等权利。① 股东通过拥有这些权利而决定公司的利益分配、发展方向乃至公司的存亡。这些权利都是法律所明确规定的,不容剥夺。这些权利也都是在股东大会中行使,股东大会是为股东行使股东权而专门设置的一个公司机关。而且,股东大会是股东行使权利的唯一场所,除此之外,没有其他的场所可以行使权利。

股东大会分为股东大会年会和临时股东大会。就股东年会而言,以每一会计年度为期召开股东大会,股东们可以根据上一年度的经营状况决定下一年度以及长远的重大事项,而且,对股息和红利一般也在这时进行分配。所以,公司应按期举行股东大会,不得有意拖延。就临时股东大会而言,是出现特定事由时召开的全体股东会议,《公司法》列举了必须召开临时会议的法定事由:董事会人数不足公司规定的人数或者公司章程所定人数的三分之二时;公司未弥补的亏损达股本总额的三分之一时;持有公司股份百分之十以上的股东请求时;董事会认为必要时;监事会提议召开时。以上临时会议召开的前提条件,一种是在法定的客观上的事由出现时必须召开的,属于强制召开的临时会议;另一种是因公司内部特定的人主观判断而召开,属于任意召开的临时会议。公司法规定的在特定情形下召开股东大会,有利于及时应付和解决公司紧急、重大的事项,避免公司及股东的利益受到损害。可见,股东年会和临时股东大会适用于不同的场合,对股东和公司的利益各有不同的意义,都是股东行使权利的重要方式,两者缺一不可,其他机关不能阻碍股东会议的召开。

2. 股东大会:为什么需要召集程序

许多国家的法律规定,不管是股东大会还是临时股东大会的召开都要按一

① 《公司法》第4条第1款。

定的程序。我国《公司法》也规定，股东大会由董事会负责召集，由董事长或者由董事长指定的其他人员主持。

那么，为什么对股东大会而言，应当有召集制度呢？这是因为：设立股东大会召集制度有利于股东行使自己的权利和维护公司利益。不像在个人独资企业和合伙企业等传统企业中，企业所有者与企业经营者高度统一。在现代股份公司中，由于股东人数较多，不可能由全体股东参加公司的经营。因此，股东只参加公司的最高权力机关，而且还是一个非常设的机构。为了方便股东更好地行使其权利，需要有一个固定机构来组织会议。在会议召开前，需要有专门机构为会议做好准备，通知股东参加会议，让他们明确何时何地召开股东大会，其主要议题是什么，以利于股东自己作出判断来不来参加股东大会，以什么方式参加股东大会。在会议召开时，要组织股东对会议的议案进行表决，维护会场秩序，保证会议顺利进行。总之，方便股东行使权利，维护股东利益和公司利益，是股东大会设立召集制度的根本目的。

3. 股东大会召集：常态与非常态的两种制度安排

在通常情况下，股东大会的召集权由董事会来行使，董事会是法定的召集机关。因为董事会是公司的业务执行机关，对公司的经营状况比较了解，由董事会来召集并赋予其一定的自由裁量权是合适的。特别就临时股东大会而言，这有利于防止少数股东为一己之利而随意地利用召集权召开股东大会而损害其他股东，或者公司的利益。为了把董事会召集所带来的利益固定下来，大多数国家的法律赋予了董事会召集相应的法律效果：召集股东大会应由具有召集权的人依照法律规定的程序召集。股东大会的召集权人是股东大会的必备条件之一。没有召集程序而股东自行集会不视为股东大会会议，该会所作出的决议也不应视为股东大会决议。同样，即使有召集程序而召集者属于无召集权的股东集会也不能视为股东大会，其所作出的决议也属于无效。①

不可否认，在一般情况下，有一个固定的召集机关对股东大会的召开是有益的。但是，董事会并不是一个总是为股东和公司的最大利益服务的机构。如果董事会滥用手中的权力，应当召集而不召集时，股东的权利和公司的利益就会受到损害。这是因为，虽然从法律上讲，董事会仅仅是业务执行的机关，股东大会是公司的最高权力机关，被授予决定公司基本事项的权力，还享有任免董事的大权。而且，还建立了监事会。这样，从公司法制角度，似乎是建立了所有（股东大会）支配经营（董事会）的体制。但实际上，董事会毕竟是一个相对独立的机

① 王保树、崔勤之著：《中国公司法》，中国工人出版社1995年版，第200页。

构,有自己相对独立的利益,董事会成员本身也有自己独立的利益。在现代公司中,公司的权力事实上是由董事会操纵的,即使是监事会也处于董事会的控制之下。特别是我国,监事会经常成为一种摆设,甚至成为董事会控制公司的工具。所以,监事会在许多情况下,并不能真正达到监督的目的。这样,不要说股东想获得利润的目的不能实现,就是基本的保值也成问题。因此,为保护股东的利益和公司的利益,应当有相关的措施来消解这种僵局,也就是在董事会召集股东大会的常态制度安排之外,建立一种在非常状况下适用的制度安排,以弥补常态制度设计上的缺陷。

为此,许多先进国家和地区明文规定:如果持有一定数量股份的股东向董事会提出召集股东大会的请求,但董事会不启动召集程序,少数股东经法院许可,可以自行召集。例如,英美法系的美国《特拉华州普通公司法》第211节(C)有规定,大陆法系的德国《股份法》第122条、韩国《商法》第366条都有规定。我国台湾地区"公司法"第173条、澳门《商法典》第211条也有类似的规定。这样,董事会应服从法院的召集许可。在这种情况下,应视为少数股东作为公司的临时机关召集股东大会。

因此,少数股东可以采取设定基准日、通知、公告等为召集股东大会所必需的程序,并可向公司请求支付召集费用。这种向法院或者行政主管机关申请强制召集股东大会的请求权,是股东不可剥夺的权利,对维护股东利益和公司利益是必不可少的。

需要特别指出的是,虽然召集股东大会是董事会的权力,并在职权范围内,享有一定的自由裁量权。但是,召集股东大会还是董事会的义务。许多先进国家和地区明文规定:有少数股东请求时,董事会应不得迟延地进行股东大会召集程序。[①] 此时,董事会判断召集理由的正当性。如果召集理由正当,则董事会应该作出召集决定,并答复提出召集申请的少数股东;如果召集理由不充分,就没有必要启动召集程序,应作出不召集的决定,并答复少数股东。"不得迟延"是指应于召集股东大会所需要的最短的时间后召开。

令人遗憾的是,我国《公司法》对常态下的股东大会召集制度作了规定,但没有对非常状态下的召集作出安排,存在制度上的缺陷。不过,中国证监会于1997年12月16日发布的《上市公司章程指引》第54条对股东自行召集股东大会的程序作了规定。该规定如下:监事会或者股东要求召集临时股东大会的,应当按照下列程序办理:(1)签署一份或者数份同样格式内容的书面要求,提请董

① [韩]季哲松著:《韩国公司法》,吴日焕译,中国政法大学出版社2000年版,第354页。

事会召集临时股东大会,并阐明会议议题。董事会在收到前述书面要求后,应当尽快发出召集临时股东大会的通知。(2)如果董事会在收到前述书面要求后三十日内没有发出召集会议的通告,提出召集会议的监事会或者股东在报经上市公司所在地的地方证券主管机关同意后,可以在董事会收到该要求后三个月内自行召集临时股东大会。召集的程序应当尽可能与董事会召集股东会议的程序相同。基于非上市的股份公司与上市的股份公司具有相同的性质,可以从《上市公司章程指引》的临时股东会议召集制度中获得类推。据此可知,少数股东有请求召集股东会议的权利,董事会也有履行召集的义务。

(二)对《公司法》第104条和第105条的理解

我国《公司法》第104条规定:股东大会应当每年召开一次年会。有下列情形之一的,应当在两个月内召开临时股东大会……

(2)公司未弥补的亏损达股本总额的1/3时;

(3)持有公司股份百分之十以上的股东请求时……

《公司法》第105条规定:股东大会会议由董事会依照本法规定负责召集,由董事长主持。董事长因特殊原因不能履行职务时,由董事长指定的副董事长或者其他董事主持。召开股东大会时,应当将会议审议的事项于会议召开三十日以前通知各股东。临时股东大会不得对通知未列明的事项作出决议。

发行无记名股票的,应当于会议召开四十五日以前就前款事项作出公告……

一般来讲,股东大会召集程序包括董事会作出决议、设定基准日、通知、公告和筹备等相关程序。根据我国《公司法》第104条的规定,凡是具有该条所列举的情况之一的,无一例外地要在两个月内召开临时股东大会。本案中,94名股东要求召开临时股东大会属于公司法第104条第2项"公司未弥补的亏损达股本总额的三分之一时"或者第(3)项"持有公司股份百分之十以上的股东请求时"的情况。这样,董事会应当在两个月内召开临时股东大会,没有"董事会对是否召开股东大会作出决定"这一程序。这与其他国家(如韩国、日本)的法律规定不同,我国《公司法》没有规定董事会有自由裁量权,只规定其"应当召开临时股东大会"。由于召开股东大会和召集股东大会是不同的,召集只是启动和筹备股东大会的过程,而召开会议是召集股东大会的结果。所以,根据我国《公司法》,只要有10%以上的股东请求时,就必然有股东大会的召开,而不仅仅是股东大会的召集。

由于本案所涉及的公司未发行无记名股票,所以董事会应当根据第105条第1款的规定,将会议审议的事项于会议召开三十日以前通知各股东。本案中,百货公司94名股东于2001年1月17日向公司提出召开临时股东大会的申请。原董事会应在2月14日(不是2月17日)[①]向股东发出通知。显然,原董事会对百股东提出的动议未能在法定的时间内作出答复。应该说,原董事会没有很好地履行自己的召集职责,是有过错的。

(三)利益衡量:谁的利益更值得保护?

有上面的分析作为基础,我们就可以在"股东大会及其召集"的制度框架内来分析:谁的利益更值得保护?

1. 董事会行为是一种失职行为。任何人或者组织行使自己的权利应该采取诚实、信用的方式,不能滥用权利,更不能运用权力从损害他人的合法权利中获得利益。这是法治国家的基本原则。[②] 我国法律也不例外,《民法通则》第4条规定,民事活动应当遵循自愿、公平、等价有偿、诚实信用的原则。在这里更需强调的是,董事会的权力与一般的民事权利不同,其权力本身不仅仅包含权力的特性,更强调的是一种义务,强调的是对公司的不可放弃的必须履行的忠实义务和注意义务。我国《公司法》第59条规定,董事、监事、经理应当遵守公司章程,忠实履行职务,维护公司利益,不得利用在公司中的地位和职权为自己牟取私利。第63条规定,董事、监事、经理执行公司职务时违反法律、行政法规或者公司章程的规定,给公司造成损害的,应当承担赔偿责任。所以,如果董事会不行使其权力,或者在行使权力时没有尽到忠实义务或者注意义务,则不但不能在法律上获得保护,还应当承担相应的责任。根据《公司法》第104条的规定,董事会应于两个月内召开股东大会。但是在本案中,董事会为了董事会成员的个人利益,运用手中的权力,故意拖延不召开股东大会,致使股东的权利受到损害。

---

① 由于本案所涉及的公司未发行无记名股票,所以适用公司法第105条第1款的规定,即"召开股东大会时,应当将会议审议的事项于会议召开三十日以前通知各股东"。又根据第104条规定,应当在情况发生之日起2个月内召开临时股东大会。所以,这里的时间段为第104条所规定的2个月与本条所规定的30天的差额。2001年1月17日在2个月后的对应日为2月16日,但恰逢2001年平年,2月份只有28天,所以,对应日为2月14日。

② 例如,《瑞士民法典》第2条规定,任何人都必须以诚实、信用的方式行使其权利和履行其义务。显系滥用权利时,不受法律保护。《日本民法典》第1条也规定,行使权利及履行义务时,应遵守信义,诚实实行;不许滥用权利。

这种不依法履行其职责的行为已经构成一种失职行为，显然不能获得法律的支持。①

2. 股东的权利应该得到尊重，不能无故被侵害。《民法通则》第5条规定，公民、法人的合法的民事权益受法律保护，任何组织和个人不得侵犯。根据《公司法》第4条的规定，股东享有参与公司管理的权利，这种权利的行使场所就是股东大会，股东们通过投票表决，可以选择董事、监事，通过某些有关公司重大事项的议案等。这些权利是不容剥夺的。虽然在本案中，股东们没有按照法律所规定的程序来完成召集程序。但这并不是他们的本意，而且也不在他们所能控制的范围之内。之所以造成这样的局面，原因就在于原来的董事会成员为了自己的私利，阻止了本应正常召开的会议。在这里，股东们是实实在在的受害者，与之相对的原董事则是侵害人。所以，我们认为，只要是正当的权利被侵犯，就应该得到救济。

3. 谁的利益更值得保护？"百名股东赶走董事长"事件所暴露出来的问题是我国公司立法上的漏洞造成的。也就是说，没有设置少数股东向法院取得许可召开股东大会制度。根据现行法，董事会未能在一定时间内履行召集程序，显然是不妥当的。在这种情况下，如果死守《公司法》第105条"股东大会会议由董事会依照本法规定负责召集，由董事长主持"的规定，则股东显然不能从现行的法律规定中找到权利救济的途径来保护自身的利益。这就意味着法律漏洞的立法成本由合法权利受害人来承担，而侵害人则坐享其利。这显然是不合适的。所以，我们应该对股东大会召集制度的漏洞进行弥补。当然，在本案发生之时，我们不可能通过立法的方式来完成这一漏洞的补充。本案的股东在百般无奈的情况下，自行召集股东大会与少数股东向法院获取请求权的制度在功能上有相似性。所以，他们在法律的规定之外来寻求救济的办法应该说是可取的。这并没有影响设置股东大会召集制度来方便股东行使权利的制度利益。这是以另外一种方法来实现召集制度为股东利益的目的。

综上分析可以看出，选择保护股东利益，确认决议有效，能更好地贯彻法律设置股东大会召集制度的目的。否则，不但股东的利益得不到保护，而且法律设

---

① 有人认为，现行公司制度向他人机构——董事会赋予一定的专属性权限，只有董事会有召集决定权，即使以章程规定也不能归于股东大会。股东、董事会以及董事会所代表的公司自身的利害不能说是一致的，因此董事会的权力应该被尊重。而且，股份公司存在多数股东，通过维持严格的程序来保证公正的公司运营。我们认为，董事会的权力确实应该尊重，但是权力不能被把持和滥用；公司法也确实需要程序，但不是不完善的僵硬的程序。因为这样的权力、程序与法律的初衷完全相反。

置股东大会召集制度的目的也会落空,影响公司制度的展开。所以,选择保护股东利益,确认临时股东会议所作出的决议有效是合理的。

五、解决问题的支撑点:社会公平正义观

从以上的分析中可以看出,确认该决议有效,不但能为股东大会召集制度所包容,没有与该法律制度的根本利益相违背,而且是对该制度的完善和充实,是该法律制度本身所需要的。那么,从更广阔的背景来看,这种判断是否符合社会公共利益呢?也就是说,是否与一般的公平正义观相违背呢?

作为一般的社会正义观,特别是在进行利益衡量或者价值判断时,应该是社会上具有正常理智的普通人的一般观念,而不是法律专家的观念。因为他们所做的并不是法律推理等技术操作,而是利益衡量或者价值判断。美国大法官卡多佐认为,不能把"他们自己的关于理性和正义的观点来代替他们所服务的普通人的观点。法院的标准必须是一种客观的标准。在这些问题上,真正作数的并不是那些我认为是正确的东西,而是那些我有理由认为其他有正常智力和良心的人都可能会合乎情理地认为是正确的东西"。[①] 我国台湾地区学者杨仁寿也认为:"近人恒以法官为一法律专家,在法律技术方面,例如逻辑的推论,法律概念上义蕴以及沿革之了解等,固应由其为之,而'利益衡量'或'价值判断',则宜自'外行人'之立场为之,始能切合社会需要","观诸英美陪审制度以及德国之审判制度除内行法官外,恒要求外行法官参与,不难思过半也。因之,法官为价值判断时,应以社会通念为务,随时要求自己以谦虚之心为之,不得我行我素也。"[②]可能有人认为,社会民众的意见并非都是理性的产物,存在不稳定性和易变性,法律不应迎合社会民众的意见。但是,我们认为,如果一个判决不能体现公众对利益衡量的期望,那么这一判决就不能得到公众的拥护和支持,就不能反映社会前进的脚步,法律就不能做到与时俱进。因此,公众的接受对判决是非常重要的,在适度的范围内考虑社会民众的意见是妥当的。

六、小结:公司法的生命在于运动

虽然从以上的分析中得到妥当的答案,但是从本案可以看出:我国公司法的

---

① [美]本杰明·卡多佐著:《司法过程的性质》,苏力译,商务印书馆2000年版,第54页。

② [台]杨仁寿著:《法学方法论》,中国政法大学出版社1998年版,第178页以下。

规定过于简单和粗糙。在实践中,已产生了一定的负面作用。公司法的本质是组织法,组织法的生命在于运营。组织是在运营中存在和发展的。如果组织不能"动"起来,操作起来,只存于"静"的层面上,则不可能发挥应有的功效。在"动"的层面上,应特别关注制度的发动、运作和结果。它们是一环扣一环的,缺少其中的一环,必然导致前功尽弃(本案就是一例)。这些都是公司法的本质所决定的。我们在修改公司法中务必要加以重视。

(2003年第1期)

论知识产权与占有制度

刘家瑞*

《民法典知识产权篇(专家意见稿)》第5条明确规定:"知识产权的客体表现为一定的信息,一般不能作为占有的标的,故不适用与占有相关的制度,如取得时效制度等。"①然而,这一观点在民法学界并非没有异议。早在20世纪50年代,史尚宽先生就曾经指出知识产权至少可以适用占有制度中的取得时效和准占有。② 虽然史尚宽先生著作的出版甚至早于世界知识产权组织的成立,③但他对于知识产权占有的基本观点却被许多今天的民法学者毫无保留地沿袭了下来。例如,我国台湾地区学者于20世纪90年代出版的著作中就论述道:"著作权、商标权、专利权等无体财产权……系准占有之客体,不仅为通说所认同,且准占有制度于此等财产权,实具有重要之作用。"④大陆学者也有赞同将占有制度适用于知识产权者。⑤ 有鉴于此,本文将对占有制度在知识产权领域内的可适用性进行一些抛砖引玉的探讨。

一、知识产权的经济属性与占有制度

要解决知识产权能否适用占有制度的问题,我们必须首先探讨知识产权的客体能否成为占有的标的。知识产权的客体为人类精神活动所产生的创造性智力成果,其本质是一种信息。⑥

作为知识产权客体的信息和作为物权客体的有体物在法律意义上的区别,

---

* 作者单位:中国社会科学院知识产权中心。

① 郑成思:"《民法典(专家意见稿)》知识产权篇第一章逐条论述",载《环境法律评论》2002年秋季号。

② 史尚宽著:《物权法论》,中国政法大学出版社2000年版,第84页、第605页。

③ 世界知识产权组织成立于1967年,正是它在世界范围内第一次明确了知识产权这个概念的内涵和外延。

④ 谢在全著:《民法物权论》,中国政法大学出版社1999年版,第1033页。

⑤ 陈华彬著:《物权法原理》,国家行政学院出版社1998年版,第822页。

⑥ 郑成思著:《知识产权论》(修订本),法律出版社2001年版,第70页;WIPO, *Intellectual Property Reading Materials*, WIPO Publication No. 476(E), p. 3。

对此国内一些学者已经有了十分精辟的论述,[①]本文不再赘述。这里笔者只是试图从经济学的角度再对此问题进行一些诠释。在许多经济学的经典著作中,知识产权或者信息被界定为具有强烈"公共产品"(或称"共享产品"[②])性质,而大部分有体物被界定为"私人产品"性质。[③] "共享产品"与"私人产品"的区别主要在于两方面,即非穷竭性和非排他性。

所谓非穷竭性(inexhaustibility),也称为非对抗性(non - rivalry),是指共享产品被生产出来之后,对它的消费无论扩大到多少用户,其品质和功用也不会有任何下降,用户之间也不会有任何相互干扰;或者换成经济学的术语来描述,共享产品提供的服务扩展到其他消费者的社会成本近乎于零。而私人产品则相反,不同用户对于相同产品的使用会发生冲突,具有穷竭性或对抗性。

信息作为共享产品,还具有非排他性的特点。所谓非排他性(non - excludability),是指共享产品的生产者如果要排除他人未经许可对其产品的使用,将会非常困难或者费用高得不切实际。非排他性与非穷竭性密切相关。一般私人产品,如桌椅或机器等有体物,由于具有穷竭性,被一人占有使用,在物理性质上便不能再被他人占有使用。所以,有体物的占有是天然排他的,如果法律要保护权利人对有体物的排他性支配权,只要保护其占有状态便可。相反,信息的占有完全是非穷竭性的,权利人即使自己正在占有和使用着某种信息,任何他人也完全有可能同时占有和使用着相同的信息。所以,信息的占有是天然非排他的,如果法律要保护权利人对信息的排他性支配权,仅仅保护权利人的占有状态是不够的;法律必须更艰难地拟制出一种排他效力,强制排除任何未经权利人许可而对信息的占有和使用。正是因为信息具有共享产品的非穷竭性和非排他性,它很难成为物权法中占有制度的标的。[④] 中国民法学界普遍将物权法上的

---

① 郑成思著:《知识产权论》(修订本),法律出版社2001年版,第80页。

② 虽然"公共产品"是经济学上比较约定俗成的称呼,但是在知识产权领域,"公共产品"(Public Goods)容易让人与"公共领域"(Public Domain)发生混淆。所以为了避免混淆,本文将主要以语义上更为明确的"共享产品"的称呼来替代"公共产品"。

③ Robert Cooter & Thomas Ulen, *Law And Economics* 108 ~ 112(1988); Paul A. Samuelson & William D. Nordhaus, *Economics* 49 (12th ed. 1985).

④ 这里有两点需要说明:第一,现实生活中,并没有绝对的非穷竭性或非排他性,所以也没有纯粹的共享产品,反之亦然。大部分产品的性质均是介于共享产品和私人产品之间,只不过是更偏向于哪一端的问题。第二,共享产品并非仅仅是信息,有时也包括一些理论上属于有体物的产品,如灯塔,国防或者环境。但有趣的是,这些共享产品也往往被许多国家民法典规定为私人不能所有的非流通物。《泰国民商法典》第1305条和《墨西哥民法典》第768条。

"占有"定义为"对物有事实上领管力";①而所谓"对于物有事实上领管之力",是指"对于物得为支配,排除他人的干涉"。② 然而正如前面所说,由于信息的共享产品性质,一人对于信息,特别是知识产权信息的所谓"占有",在事实上很难排除(也不太会干扰)他人对于相同信息的占有和使用,所以也就谈不上产生任何可以"排除他人干涉"的"领管力"。这种成千上万人对于同一信息的同时"占有",与物权法上的具有当然排他性的"占有"概念在实质上是大相径庭的。换句话说,当事人即使事实上占有并使用着某种知识产权信息,也无法获得物权法意义上的"占有",因此建立在"占有"概念之上的整个占有制度就无法适用。

有人可能会指出,知识产权信息如果从产生之初便被严格保密,是有可能在事实上处在排他独占状态的,比较典型的例子是商业秘密和从未公开的作品。③商业秘密确实可以通过权利人的保密措施获得长期的秘密性,但这种秘密性在实践中往往仅是相对的。许多有关商业秘密的立法都规定,其他市场竞争者可以对权利人的商业秘密进行反向工程。④ 所谓反向工程,是指通过对含有他人商业秘密的公开产品进行解剖和分析,从而掌握他人商业秘密的内容,这是一种完全合法的获取他人商业秘密的方式。反向工程虽然不会导致权利人丧失商业秘密的保护,但是权利人也无权排除实施反向工程者对商业秘密的同时占有和使用。由此可见,在权利人享有商业秘密专有权的同时,商业秘密的客体本身并不必然会被权利人排他独占,从而也无法符合成为占有客体的必要条件。

就未公开作品而言,版权的产生虽然不需要任何形式的公开,但是作者对作品价值的开发利用和对版权各种权能的行使却根本无法离开作品的传播。如果作者出于某种原因,决定永远不将自己的作品公之于众,那么他实际上也就等于永远丧失了对作品版权的行使机会。因此,作者最终能够排他独占性支配的,不是作品的版权,而仅仅是作品最初依附的物质载体,如手稿或者磁盘。换句话说,作者对于未公开作品的占有,只是等于对有体物的占有,而不具有任何意义上的"知识产权占有"。

---

① 史尚宽著:《物权法论》,中国政法大学出版社 2000 年版,第 525 页;王泽鉴著:《民法物权》(二),中国政法大学出版社 2001 年版,第 155 页;陈华彬著:《物权法原理》,国家行政学院出版社 1998 年版,787 页。

② 王泽鉴著:《民法物权》(二),中国政法大学出版社 2001 年版,第 155 页;谢在全著:《民法物权论》,中国政法大学出版社 1999 年版,第 928 页。

③ 由于商标权和专利权产生的前提就是相关信息公开,信息通过保密而排他独占的情况在这些领域不太可能发生。

④ Restatement Third, Unfair Competition, §43 ("Independent discovery and analysis of publicly available products or information are not improper means of acquisition").

二、知识产权与准占有

有人也许会提出,即使知识产权的客体不能成为占有的标的,但是知识产权作为权利本身却有可能成为准占有的标的。[①] 准占有,又称权利占有,是指对于不因物之占有而成立的财产权,当事人如果事实上行使其财产权,可以准用占有制度的相关规定。[②] 从文意上看,知识产权基本上是一种财产权利,[③]似乎符合准占有客体的要求。但是,如果我们要探究准占有对于知识产权的适用性,除了望文生义之外,还必须进一步分析其在理论上是否和谐,以及在实践中是否可行。准占有的效力主要包括以下四个方面:第一,权利推定;第二,取得时效;第三,善意取得;第四,占有保护请求权。以下笔者就将主要集中在这四个方面对知识产权准占有的适用性进行讨论。但在此之前,笔者还要首先指出两个重要问题:

第一,准占有并非世界通行的制度,即使是在大陆法系国家其适用范围也十分有限。例如,《德国民法典》中,准占有只是适用于人役权和地役权;[④]《法国民法典》仅仅承认身份占有;[⑤]《瑞士民法典》规定准占有仅适用于地役权。[⑥] 在这些国家中,知识产权是不大可能推定适用准占有的。而真正将准占有制度客体一般规定为财产权的只不过是日本法和我国台湾地区的相关规定。

第二,准占有的成立必须有当事人对财产权事实上的行使,而且这种行使必须有一定的外在权利表征,从而使社会一般人有合理的理由信赖其为真实权利人。[⑦] 例如,在债权准占有中,准占有人要证明其对债权事实上的行使,应当至少"持有债权证书或其他于客观程度范围内,足以象征债权存在之物件者(例如

---

① 在诸多民法学者的著作中都将知识产权作为准占有的客体。史尚宽著:《物权法论》,中国政法大学出版社2000年版,第605页;王泽鉴著:《民法物权》(二),中国政法大学出版社2001年版,第385页;谢在全著:《民法物权论》,中国政法大学出版社1999年版,第1033页。

② 《日本民法典》第205条和我国台湾地区"民法典"第966条。

③ 这里不得不谈到的例外就是版权制度中的精神权利,它当然不属于财产权范畴。

④ 《德国民法典》第1029条和第1090条。

⑤ 《法国民法典》第195条。

⑥ 《瑞士民法典》第919条。

⑦ 史尚宽著:《物权法论》,中国政法大学出版社2000年版,第604页("不因物之占有而成立之财产权之事实的支配关系,于其外形上可认识信任之者,亦应加以保护,此即为准占有或权利占有之所由设也。");中国物权法研究课题组:《中国物权法草案建议稿》,社会科学出版社2000年版,第831页("权利的占有人如果具有使他人足以信其享有该权利的表象,并且事实上行使该项权利,亦应对其加以保护,其目的同样是保护社会的和平秩序。")。

存款簿及印章)”。[①] 然而在知识产权领域内,即使我们承认存在对知识产权事实上的行使,这种行使能否成为可以合理信赖的权利表征,也是一个悬而未决的问题。例如,民法学者一般认为“专利权的行使,为一回或数回之制造或复制”。[②] 但是,专利技术信息的公开性,其实施者往往根本不是专利权人或其他权利人,社会一般人也不可能将其合理信赖为专利权的外部表征。再以版权为例,由于信息复制和传播技术的飞速发展,特别是数字技术和网络技术的发展,几乎任何人都可以从互联网上下载一篇作品,复制在自己的电脑中,并可以随时打印出若干份来。如果借此便可以取得合理权利表征,全世界任何互联网用户都能不费吹灰之力的成为准占有人。所以说,知识产权的所谓“事实上的行使”,是一个过于泛泛的概念,根本无法形成使社会一般人合理信赖的权利表征,也无法满足准占有的必要条件。

1. 权利推定

占有权利推定是占有制度的重要组成部分,是指占有人在占有物上行使的权利,推定为其合法享有的权利。权利推定的法律意义主要在于两方面:第一,权利推定有利于保护本权和维护社会秩序。当权利人需要主张自己的权利时,如果通过占有标的物推定其享有该权利,可以大大减轻权利人的举证责任,迅速便捷地解决财产争议;否则,只要权利人没有长期保有各种权利凭证,即使是日常用品都有可能受到侵夺,将会对社会秩序造成极大混乱。第二,权利推定有利于保障交易安全。占有的权利受到推定,产生公信力,使合理信赖占有而进入交易的人得到保护,促进市场交易的正常进行。[③]

虽然一些民法学者认为权利推定可以适用于知识产权的准占有,[④]但是知识产权的独特性往往会抵消权利推定的法律意义。

首先,根据上文的分析,无论是对于知识产权信息的事实占有,还是对于知识产权本身的行使(包括制造或复制),在信息技术极端发达的今天,几乎任何人都可以易如反掌地做到。所以,社会不可能再将这些行为视为与特定的知识产权相联系,也不再赋予他们值得合理信赖的公信力。如果对于知识产权客体

① 谢在全著:《民法物权论》,中国政法大学出版社 1999 年版,第 1034 页。

② 史尚宽著:《物权法论》,中国政法大学出版社 2000 年版,第 604 页;中国物权法研究课题组著:《中国物权法草案建议稿》,社会科学文献出版社 2000 年版,第 831 页。

③ 中国物权法研究课题组著:《中国物权法草案建议稿》,社会科学文献出版社 2000 年版,第 793 页。

④ 史尚宽著:《物权法论》,中国政法大学出版社 2000 年版,第 607 页;谢在全著:《民法物权论》,中国政法大学出版社 1999 年版,第 1035 页。

的复制或实施就可以构成“准占有”,一个知识产权争议的双方当事人往往都可以轻易拿出准占有的证据,进而都被推定为正当权利人。这种状况不但不能减轻任何当事人的举证责任,反而会使案件处理更加混乱。

其次,对于知识产权而言,专利权和商标权的授予都是以登记为前提的,所以准占有的权利推定效力也自然已经被登记所替代,不再具有实际意义;①版权的产生虽然不需要登记,但是版权领域已经有了比准占有更为稳妥有效的权利推定方式,如在作品上署名的人如无相反证据则视为作品的作者,又如,作品的权利人可以对作品进行自愿登记。② 占有权利推定在知识产权领域即使不是格格不入的,也是完全多余的。

2. 善意取得

善意取得,又称即时取得,是指动产让与人即使没有让与的权利,善意受让人以物权的移转或设定的目的受让动产的占有,仍然取得该动产的所有权或者其他物权。值得一提的是,由于善意取得仅仅限于动产的占有,我国民法学者几乎一致认为善意取得不适用于权利(包括知识产权)的准占有。③ 笔者十分赞同该看法,同时对此再补充以下两点原因。

首先,善意取得以受让人在取得财产时的善意主观状态为前提。所谓“善意”,是指受让人在交易时,没有“明知或因重大过失而不知动产不属于让与人所有者。”④然而知识产权领域内的专利权和商标权的获得都以登记和公开为前提,这种登记在法律上被视为对社会大众的公开通知。权利受让人在交易时,完全可以通过对专利或商标登记的核对,简便地查询到正当权利人。

经过查询登记得知对方无处分权但仍然进行交易的,视为“明知”;未经过查询登记就进行交易的,至少是“重大过失”。其结果是,受让人只要与无处分权的让与人进行交易,均无法构成善意取得。所以,善意取得在专利权和商标权领域没有多大实际意义。

其次,善意取得的主要功能是对所有权进行一定限制,从而保护交易安全;否则,当事人在善意合法的交易中获得的动产,也会有随时被真正权利人夺回的

---

① 《专利法》第34条、第40条和《商标法》第30条。

② 《著作权法》第11条和中国国家版权局《作品自愿登记试行办法》。

③ 史尚宽著:《物权法论》,中国政法大学出版社2000年版,第607页;王泽鉴著:《民法物权》(一),中国政法大学出版社2001年版,第386页;谢在全著:《民法物权论》,中国政法大学出版社1999年版,第1035页;中国物权法研究课题组著:《中国物权法草案建议稿》,社会科学文献出版社2000年版,第830页。

④ 《德国民法典》第932条。

危险,从而导致人人自危,交易难以进行;如果要求每一个当事人事先调查所有权状况,则会导致动产交易成本过高。① 然而,知识产权交易的频繁程度远不及动产,交易习惯也不像动产那样简单。同时,由于交易的标的物价值相对重大,交易当事人习惯于认真查询权利人身份。所以,善意取得为了保护交易安全而对所有权的限制,在交易习惯相对谨慎的知识产权领域显得有些多余。

3. 取得时效

所谓取得时效,是指非权利人以法律规定的状态占有他人的财产,经过一段时间便依法取得他人财产所有权。国内民法学者对于取得时效在知识产权领域的适用性并没有一致的看法,②但是,仅就取得时效本身的性质而言,其适用于知识产权的余地看起来十分有限:

第一,在德国法和瑞士法上,取得时效要求占有人必须善意。③ 我国学者也有持相同主张者。④ 如果是这样,至少在专利权和商标权领域,无法适用取得时效。正如上文所述,专利权和商标权以登记公开为前提,从而导致任何非权利人对其占有都会构成非善意占有,无法满足取得时效成立的要求。

第二,在瑞士法和我国台湾地区"法"上,不动产取得时效仅仅适用于未登记不动产。⑤ 在德国法上,不动产甚至根本不适用取得时效。⑥ 由此看来,由于专利权和商标权同样是通过登记来获得公信力的,完全应当比照经过登记的不动产,排除取得时效的适用。

第三,取得时效的期限要求一般为 10~20 年。⑦ 而专利权的整个保护期不过是 10 年或者 20 年,商标权的期限也只有 10 年。⑧ 所以非权利人要通过取得时效获得他人的专利权或商标权,实践中往往是尚未到法定期限要求,权利保护

---

① 王泽鉴著:《民法物权》(二),中国政法大学出版社 2001 年版,第 248 页。

② 同意取得时效适用于知识产权的观点,可参见史尚宽著:《物权法论》,中国政法大学出版社 2000 年版,第 84 页;谢在全著:《民法物权论》,中国政法大学出版社 1999 年版,第 164 页。反对取得时效适用于知识产权的观点,可参见温世扬、廖焕国:"取得时效立法研究",载《法学研究》2002 年第 2 期,第 118 页。

③ 《德国民法典》第 937 条和《瑞士民法典》第 728 条。

④ 陈华彬著:《物权法原理》,国家行政学院出版社 1998 年版,254 页。

⑤ 《瑞士民法典》第 662 条和我国台湾地区"民法典"第 769 条。

⑥ 不过德国法上,不动产可以通过"登记时效"取得,《德国民法典》第 900 条。

⑦ 少数国家的立法略长于或略短于 10 年至 20 年。例如,瑞士的不动产取得时效可长达 30 年,《瑞士民法典》第 662 条;我国台湾地区的动产取得时效为 5 年,我国台湾地区"民法典"第 768 条。

⑧ 当然,商标权在期限届满时,理论上可以无数次续展。然而,如果侵权人对于商标权的取得时效,必须依靠真正权利人积极进行商标续展,在法律上将是一个十分可笑的后果。下文中笔者还将进一步对此进行论述。

期已经届满了,使取得时效没有任何实际意义。

第四,史尚宽在其著作中提到了知识产权是取得时效的客体,但在同一页中又提到"依法律之规定,不依当事人之意思表示而成立之权利"不适用取得时效。[①] 然而知识产权中至少版权就是一个典型的"不依当事人之意思表示而成立之权利",因为版权自创作完成之时产生,而人的创作活动是公认的事实行为。

下面再从取得时效的社会功能的角度来论述这一问题。取得时效的社会功能主要在于两点:第一,通过对于长期积极行使权利的非权利人进行保护,督促原权利人尽快结束权利消极行使状态,使社会财富得到积极尽善的利用。第二,尊重并维护长期占有的既成社会秩序;如果将在长期占有基础上形成的千丝万缕的法律关系推翻,势必造成社会经济和法律秩序的混乱。[②] 如果取得时效套用在知识产权领域,以上两个功能则基本上会落空:

首先,在有体物上,一旦他人占有并利用了权利人的财产,权利人就会相应失去财产的占有;只要权利人希望对该财产进行利用,便会很快发现他人对其财产的侵占。在这种情况下,如果权利人长期不积极行使自己的权利,不恢复对于财产的占有,剥夺其财产权完全符合取得时效的本意。但是,在知识产权方面,正如上文所述,权利人和侵权人完全可以同时积极实施(制造或复制)权利人的知识产权,而且往往会互不干扰、互不知晓。进一步说,在专利权和商标权领域,他人对知识产权的"准占有",反而还要依靠权利人按时缴纳年费,或者按时续展保护期限。[③] 在这种情况下,如果剥夺积极行使其知识产权的权利人的合法权益,不但有违公平原则,也不能起到促进原权利人积极利用其财产的目的。

其次,在知识产权领域适用取得时效,不但不会起到稳定社会经济秩序的作用,甚至会加剧社会的混乱与不公。由于知识产权的独特性,权利人和不特定数目的侵权人往往可以同时实施(制造或复制)知识产权,这就至少会产生以下几种尴尬局面:

(1)正如有些学者指出的,在未经授权的"准占有人"实施知识产权的同时,真正权利人不但可以自己行使知识产权,而且可以将权利许可给他人使用;如果侵权人可以通过"准占有"最终获得知识产权,就会造成守法的被许可人反而必须向侵权人支付许可费的难题。[④]

---

① 史尚宽著:《物权法论》,中国政法大学出版社2000年版,第84页。

② 王泽鉴著:《民法物权》(一),中国政法大学出版社2001年版,第187页。

③ 《专利法》第43条和《商标法》第38条。

④ 郑成思著:《知识产权论》(修订本),法律出版社2001年版,第80页。

(2)许多学者把时效取得视为原始取得，原权利上的任何法律负担都会因此归于消灭。[①] 从这个角度考虑上面的难题，就会产生一个更不合理的结果：一直遵守他人知识产权、按时交纳许可费的被许可人，不得不被完全剥夺继续使用知识产权的权利，因为其合同权利已经作为法律负担被取得时效消灭了。

(3)在实践中，往往会发生数个侵权人同时实施他人的知识产权，那么究竟哪一个"准占有人"可以通过取得时效获得权利？如果以取得时效开始的时间先后来定，岂不是把登记在先的知识产权制度转变成了侵权在先的制度？

(4)在知识产权领域适用取得时效最可笑的结局可能是权利人与侵权人同时以完全相同的方式实施一项知识产权，如果是权利人则可能因为取得时效丧失自身知识产权，而如果是侵权人则可能因为取得时效获得他人的知识产权。这种制度无疑是打击守法，而鼓励侵权。

4. 占有保护请求权

占有保护请求权，又称占有物上请求权或者占有诉权，是指占有人在其占有遭到侵害（包括侵夺和妨碍）时，无论其是否为有权占有，均可以请求排除侵害，必要时可获得损害赔偿。[②] 占有保护请求权直接继承了罗马法占有（possessio）的旨在保护社会和平的立法精神，已经成为当代占有制度的核心内容。

国内有一些学者主张占有保护请求权应准用于知识产权，例如，我国台湾地区学者谢在全指出："设甲将其著作权让于乙，惟此项让与系属无效，惟乙所不知，仍将其著作物予以发行。倘第三人丙就该著作物亦予以发行时，乙即得依第962条规定，请求而停止发行，以排除其侵害，盖设例之情形，乙已系该著作权之准占有人，自得准用第962条规定，以资保护也。"[③]简言之，知识产权的所谓"准占有人"可以依靠占有保护请求权，救济侵犯知识产权的行为。但是，如果将占有保护请求权与知识产权具体制度结合起来研究，我们就会发现二者之间有不小的矛盾冲突：

首先，占有保护请求权仅仅保护占有的事实状态，占有本身是否有法律依据不能成为抗辩理由，这就是所谓的"小偷和盗贼亦得保护"。[④] 然而在知识产权

① 谢在全著：《民法物权论》，中国政法大学出版社1999年版，第157页。

② 史尚宽著：《物权法论》，中国政法大学出版社2000年版，第557页；王泽鉴著：《民法物权》（二），中国政法大学出版社2001年版，第380页；中国物权法研究课题组著：《中国物权法草案建议稿》，社会科学文献出版社2000年版，第819页。

③ 谢在全著：《民法物权论》，中国政法大学出版社1999年版，第1034页；又参见彭诚信："智力成果、知识产权与占有制度"，载《法商研究》2002年第6期，第96页。

④ 王泽鉴著：《民法物权》（二），中国政法大学出版社2001年版，第172页、第340页。

诉讼中，侵权人一直被允许主张专利权或者商标权无效、作品没有原创性等，作为抗辩理由推翻权利人的诉讼请求。[①] 如果允许知识产权的"准占有人"利用占有保护请求权救济侵权，无异于彻底排除了侵权人在知识产权法上享有的种种抗辩权，打破了知识产权人与社会公众在法律上的利益平衡。

其次，正如上文所说，知识产权的特性往往导致实践中存在众多的"准占有人"，同时实施（制造或复制）着相同的知识产权。于是，如果一个人侵犯了该项知识产权，是不是所有的"准占有人"都可根据占有保护请求权要求侵权人停止侵权并赔偿损失？如果每个"准占有人"都有该请求权，侵权人是否必须为自己的一个侵权行为重复承担法律责任？

最后，知识产权领域里的所谓"准占有人"时常就是"无权占有"的侵权人。如果允许知识产权"准占有人"利用占有保护请求权，就产生这样的荒谬结果：若干个侵权人之间相互都具有占有保护请求权，可以相互向对方提起诉讼，要求停止侵权和赔偿损失。

占有保护请求权不但会在知识产权领域引起矛盾冲突，其自身的立法目的也难以得到实现：

第一，占有保护请求权最主要的立法目的在于维护法律秩序和社会和平。社会上已经成立的事实状态，无论其是否与法律相抵触，都只能通过合法途径予以排除，私人不能以暴力方式擅自改变，否则就会造成纷争不断、暴力横行的混乱社会局面。[②] 然而，由于知识产权具有非穷竭性（或称非对抗性），数量不限的当事人可以互不妨碍，甚至互不知晓地各自同时实施相同的知识产权。所以从理论上说，知识产权侵权行为本身完全不必要涉及私人暴力，往往是一次对商标标识的复制，或者一次对于网络作品的下载就可以最终导致侵权行为的发生。由于知识产权侵权的非暴力性，占有保护请求权的"维护社会和平"的目的，在这一领域基本上无法体现出来。

第二，占有保护请求权的另一目的是保护本权。借助该请求权，权利人可以避免证明其所有权的麻烦，通过直接证明其对财产的占有，便可以获得保护本权的主体资格。所以，占有保护请求权简化了权利人的举证责任，加强了对财产权的保护。然而，正如上文所述，在知识产权领域已经有了更为便捷可靠的确定当事人主体资格的方式，如提交专利权或者商标权的登记文件，提交作品发表时署名人的证明。因此，占有保护请求权在这一点上基本是多余的。

① 《专利法》第45条，《商标法》第41条和《著作权法实施条例》第2条。

② 史尚宽著：《物权法论》，中国政法大学出版社2000年版，第587页。

第三,有些学者认为,占有保护请求权还有助于保护债权人(如财产的租赁人)对于财产的利用。租赁关系属于债权范畴,一般无法具有对抗第三人的绝对效力。但是,租赁人通过占有保护请求权,就可以依法排除任何第三人对于其债权行使的干涉。然而,知识产权领域对于哪些债权人可以以自己的名义对于第三人提起侵权诉讼,有着独特而具体的规定。一般来说,知识产权的独占被许可人有权单独对侵权行为提起诉讼;而非独占许可人无权单独对侵权行为提起诉讼,除非许可合同有明确授权或者权利人严重懈怠行使自己的权利。① 所以,占有保护请求权对于债权人的帮助,在知识产权领域不但没有必要,甚至会与现有的法律制度发生冲突。

三、结　　语

综合上文所述,知识产权客体独特的非穷竭性和非排他性导致其无法成为占有的标的物;如果要对知识产权本身适用准占有,也往往无法发挥准占有制度的法律效力,甚至会在实践中产生种种矛盾和混乱。所以,即使整个占有制度中含有知识产权领域值得借鉴的合理因素,我们也必须进行细致的分析和甄别,而不能通过简单的准用规定生搬硬套。

(2003 年第 10 期)

① 郑成思:"《民法典(专家意见稿)》知识产权篇第一章逐条论述",载《环球法律评论》2002 年秋季号。

2004年

公有制与中国物权立法

孟勤国*

中国是一个以公有制为主体、多种经济成分并存的国家。中国物权法，要不要充分考虑公有制的现实，是中国物权法理论与实践的重大课题之一。目前，物权法学者对此多持回避的态度，似乎公有制与物权法无关或关系不大，这可能出于两种情况：一是一些学者并不认同公有制，但碍于公有制的政治意义，不便公开拒绝公有制对物权法的影响，或者企求以物权法寄托自己的政治理想；二是一些学者虽然认同公有制，但由于公有制在计划经济时代被折腾得灰头土脸，为了划清界限不得不对公有制保持距离。毕竟，“左”也是一顶沉重的帽子。然而，问题并不会因为回避而得到解决。

一

评价公有制本身属于政治学的问题。公有制被认为是与私有制截然对立的基本经济制度，而基本经济制度是一个国家根本政治制度的基础。在现代社会，不仅是共产主义者，包括资本主义者，都习惯于以私有制代表资本主义社会，以公有制代表社会主义社会。西方政客颠覆社会主义国家时，无一不以私有制代替公有制为内容和目的的所谓私有化为开路先锋，20世纪80年代末90年代初发生在苏联和东欧国家的一幕足以说明私有制的政治价值。同样，在中国25年的改革开放中，无论怎样与国际接轨，始终没有放弃公有制这面社会主义的旗帜，公有制被写入了宪法，成为中国现行宪政体制的核心内容。因此，从严格的意义上说，评价公有制不是法学当然也不是物权法学的任务。

但法学者难免涉及公有制这根敏感的神经。这首先是因为学者会有自己的政治立场——认同公有制或不认同公有制。由于专业领域的不同，法学者的政治立场多形成于感性认识，很少是深入系统研究公有制或私有制后作出的理性判断。由于中国的计划经济体制和“文革”动乱恰恰发生于公有制的环境下，也由于经济发达的西方国家恰恰都以私有制为基本的经济制度，社会上流行着对

---

* 作者单位：武汉大学法学院。

公有制的怀疑和抵触情绪,这些情绪会影响许多人包括法学者。同时,公有制作为宪法的组成部分,制约着各部门法的活动空间,当某一法律制度的安排与公有制的宪法约束力有所冲突时,如何调节和解决就摆上了桌面。中国的具体法律制度多数引进于西方国家和中国台湾地区,在私有制条件下运行的法律制度未必能在公有制条件下顺利运行,一些法学者或许会考虑修改具体的法律制度的设计方案,另一些法学者或许就会考虑公有制本身的合理性。

我不想在这里为公有制辩护,以公有制在中国现行宪政体制的地位也不需要辩护。但我愿意申明我的政治立场,尽管也是出于感性。在我看来,公有制也好,私有制也好,其实不过是一个国家和人民在一定时期内依据自身的历史条件所作的选择。如果放下人类最终社会形态的争论,那么,在50年、100年或更长的一段时间内,根本不可能评判出公有制与私有制孰优孰劣。公有制比较崇尚公平价值,故须依赖市场经济机制以弥补其在效率价值上的不足;私有制比较崇尚效率价值,故须引入社会福利与保险机制以弥补其在公平价值上的短缺。随着全球经济一体化的进程,哪一个国家都难以维持纯粹的公有制或私有制,中国已形成以公有制为主体、多种经济并存的格局,西方国家其实也是以私有制为主、多种经济成分并存。直率地说,目前有关公有制或私有制的批判几乎都是政治热情的产物,多是将公有制或私有制妖魔化。半个多世纪以前,中国选择了公有制,我认同这一选择。因为中国有过几千年的私有制历史,并未使中国人民丰衣足食,翻开史籍,满目可见的是中国人民极其穷困的生活,连亚当·斯密也感慨中国人民的贫穷。① 转机正是发生在新中国成立之后,尽管有过近三十年的政治决策错误,但中国的综合实力和人民生活水平仍逐级提高,而改革开放仅仅二十多年,中国就基本实现了小康,实现了"温饱"这个中国人民两千多年来一直追逐的目标。② 现在国际上很少有人不承认中国改革开放的巨大成就,而这些成就正是在公有制条件下取得的。退而言之,既然私有制在中国已试错了几千年,为什么就不让公有制在中国试上几百年再作结论?

苏联和东欧国家的私有化给一些人带来了改变中国公有制现状的希望。他国如何选择自身的发展道路是他国的事,在中国搞这样的私有化是没有出路的。苏联和东欧国家的私有化进程造就了一小批富豪,而这些富豪大多数是原来掌

---

① [英]亚当·斯密著:《国民财富的性质和原因的研究》,王亚南、郭大力译,商务印馆1988年版,第65页。

② 何清涟著:《人口:中国的悬剑》,四川人民出版社1988年版,第39页。

握权力与资源的权贵政要——俄罗斯的6大富豪中就有4人。① 人类历史上，从没有哪一个国家像苏联那样巨大的国有资产瞬间成为少数人的囊中之物。曾为俄罗斯设计私有化改革方案的美国萨克斯教授承认："我过去对大众私有化是过度乐观了，1991年捷克、1993年俄罗斯的证券私有化很快就变成了腐败性的资产掠夺。"②私有化成全了少数特权者掠夺人民多年积累的国家财富的梦想。俄罗斯人也许能忍受，但在中国社会，一定会引起不可调和的社会矛盾和无法控制的社会动荡。从历史上看，中国社会对贫富悬殊的忍耐力有限，每当地主豪强兼并土地以致大量农民变成饥民、流民时，总会出现大规模的农民起义，在每一次给中国的生产力带来严重破坏的战乱中，农民一方总以"均贫富"为正当性标志号令天下。从现实上看，十万亿国有资产和公有的农村土地构成了中国社会长期稳定的物质基础。中国正处于大规模工业化城市化的历史进程之中，国有资产的运营为离乡的农民提供了众多的岗位，土地联产承包责任制为进城的农民预留了生计上的退路，所以，大量的农业劳动力至今能顺利地转化为非农业人口。如果搞私有化，不说瓜分公有财产本身就是一场血腥的掠夺和争斗，问题在于国家还有多大能力承受失去土地的农民突然涌入城市？前几年春节后区区五百万民工涌入广东就紧张了一阵，如果有几千万农民短时间内失去土地而成为流民，局面将不可收拾。毫无疑问，私有化将加速农民失去土地，因为农民一旦面临生病、灾害和孩子上大学时通常只能廉价出卖土地以济一时之需。

法学者不仅应对国家和民族负有责任感，还应明白自己的职业使命。法学者不是革命者，法学者只是在现行宪政体制的框架内寻求公平与正义，而革命者总是以打碎现行宪政体制的方法重新安排公平与正义。当法学者认为现行宪政体制无法容纳其心目中的公平与正义时，或许转向改变现行宪政体制，这时候，他其实已成为革命者。马克思学法律出身，还写过十分精彩的法律文章，当他发现自己所学的法律无法改造资本主义社会的非理性时，他投身到了推翻资本主义的运动中。马克思显然很清楚自己的角色转换，因而从不自称是一个法学者。不认同公有制无异于不认同中国现行的宪政体制，不认同中国的宪政体制，大可不必谈论中国物权法。这不是设置政治禁区，而是说，如果有这样的学者，他应该先放下物权法而去解决宪政体制问题，正如拿破仑是从硝烟滚滚的战场回来后才制定法国民法典那样。

① 张捷："私有化与俄罗斯的六大财团"，载 http://www.studa.com/newpaper/2003-4-26/2003426104005.asp。

② 房宁："俄罗斯经济寡头为何被'打'"，载 http://news.sina.com.cn/w/2003-10-31/23252044211.shtml。

物权法是一个国家调整财产关系的基本法律，决定物权法的根本因素是一国的社会经济生活状况。1804 年，法国“本质上还是一个农业和手工业国家”，[①]因此，法国民法典不厌其烦地规定农具、种子、稻草及肥料为不动产；1900 年，德国刚刚经历了工业革命的洗礼，其钢铁产量、铁路总里程和科技发明数量都居欧洲首位，[②]火车、有轨电车和工厂标志着德国的生产力水平，有体财产的范围和价值大大拓展和提高，因而德国民法典不再罗列具体的财产，而概括为“有体物”，并将物权法定位于有体财产法。同时，一个国家的基本经济制度也对物权法产生重要的影响，无论是法国民法典还是德国民法典，对所有权的关怀无微不至，以至于物权法的任何一个角落都晃悠着所有权的影子，物权法几乎成了所有权法。这与资本主义私有制对财产归属的强烈渴求分不开。奴隶社会与封建社会也是私有制，但都是以人身依附关系为基础的等级社会，其财产归属受制于身份而缺乏严格的私有意义，一道圣旨，再大的官、再富的商顷刻之间可以倾家荡产，正所谓“普天之下，莫非王土”。资产阶级革命造就了以财产归属为唯一尺度的真正的私有制，所有权绝对因而成了法国民法典的三大原则之一，即使是德国民法典，对所有权也仅仅只提“限制”而不提义务。历史告诉我们：物权法不可能不受基本政治制度的影响。

二

公有制在中国的实践直接形成了作为中国经济支柱力量的国有财产和集体财产。据 2002 年中国统计年鉴，截至 2001 年年底，中国国有及国有控股企业工业总产值为 42,408 亿元，约占当年全国工业总产值的 44%，职工人数为 5141 万人，是同期私营企业职工人数 2713 万人的 1.89 倍。中国的农用土地全部为国家所有和集体所有，不仅养活了 13 亿中国人，而且为 9 亿农民提供了安身之本。物权法学者普遍看到了这一事实，因而大多数倾向于物权法应明确国家所有权和集体所有权。这无疑是正确的，国家财产、集体财产的经济作用如此重要，物权法当然应予重点关注。有的学者担心国家所有权、集体所有权进入物权法会导致不同财产权主体之间的不平等，似乎忘记了中国已不是计划经济时代。市场经济机制不允许不同财产权主体之间的不平等，没有这样的自信，怎样立法都不管用。建筑物区分所有权其实不过是一种特殊形式的共有，但因其存在较为

---

① ［法］勒费弗尔著：《法国革命史》，顾良译，商务印书馆 1989 年版，第 31 页。

② 丁建弘著：《德国通史》，上海社会科学院出版社 2002 年版，第 223 ~ 231 页。

广泛，一些学者不惜浓墨重彩，让其在物权法中出足风头，而国家所有权、集体所有权却被一些学者推出物权法门外，两相比较，未免厚此薄彼。

国家所有权、集体所有权进不进物权法，其实是个表面问题。西方国家不是没有国有财产，布什总统肯定不会认为白宫是他家的财产。法国、英国也还有国有企业，不少西方国家出现过类似于集体所有制的合作社组织。但在资本主义社会，这些都不体现公有制的内容和价值，其在经济总量中所占的分量不重，在社会经济中的特殊性可忽略不计，因而以私有制条件下的通行规则处之无甚不便。中国的国家所有权和集体所有权一开始就与公有制有着内在的联系，从没收“四大家族”的官僚资本到社会主义的三大改造，在半个多世纪中，形成了独特的政治、经济和社会生活的价值与作用，产生了许多特殊的现象和问题。《法国民法典》、《德国民法典》、中国台湾地区“民法典”的制定者显然缺乏“远见卓识”，没有为中华人民共和国准备相应的、合适的物权法规则，以致奉大陆法系民法制度为圭臬的物权法学者见着国有财产、集体财产就唯恐避之不及。

公有制对中国物权法的影响可以作许多具体描述，但根本的一点，是国有财产、集体财产的财产归属与财产利用的天然分离。国家或集体均为集合性民事主体，其任何一个公民或成员都不是国家所有权或集体所有权的主体，而国有财产、集体财产的经营必须由具体的法人或自然人操作。这就决定了国有财产、集体财产的占有、使用、收益和处分，总是执于非所有人之手，也就是说，财产归属于国家或集体，但财产的利用交给了一定的法人或自然人。即使是号称国家所有权代表的国有资产管理部门，其身份也是非所有人，只不过是其职能不在于国有财产的具体经营而在国有财产的监管。财产归属与财产利用的分离，在人类刚进入私有制时就已发生——生活中总会有将农具借给邻居使用的时候，但直到20世纪第二次世界大战以前，这种分离还是个别的或不甚重要的，当时，财富集中于有体财产，财产的利用主要是所有人自己的事情。第二次世界大战以后，情况发生了根本的变化，以计算机、生物工程、航天技术为代表的现代科学技术使人类走进了信息时代，财富的种类和范围远远突破了有体财产的概念，所有人自己利用财产常常没有必要或力不从心，社会上普遍地出现了以代人理财、专业理财为内容的非所有人利用他人财产的现象。正如学者所注意到的那样，世界范围内，公司大规模社会化和国际化是在20世纪尤其是20世纪中叶以后，[①]公司正是财产归属与财产利用高度分离的经营组织形式；投资基金于1868年出现于英国，但遍地开花是在20世纪中叶以后，投资基金也正是财产归属与财产利

① 漆多俊著：《中国公司法教程》，四川人民出版社1994年版，第30~38页。

用高度分离的资本运作模式。现代社会中，财产归属与财产利用的分离达到了前所未有的广度和深度，而公有制下国有财产、集体财产的财产归属与财产利用的天然分离，无疑强化了财产归属与财产利用分离的社会作用。

财产归属与财产利用的普遍分离为物权立法带来了时代的信息，但人们似乎还没有感受到这种信息的重要。迄今为止，民法学者一直沉浸在对第二次世界大战以前的民法典的满足之中，所有的物权理论知识几乎都是第二次世界大战以前的东西，尽管大规模引入中国才是这几年的事。事实上，以“调整财产归属关系”为己任的传统物权制度及其理论，在应对现实生活的变化时已经捉襟见肘，不仅将公司资产、银行存款以及各种拟制的财产推给公司法、银行法、信托法，还喋喋不休地唠叨起物权债权化、债权物权化之类的不清不楚的话儿。我们必须知道，财产归属关系是所有人与非所有人的关系，当所有人自己利用财产时，财产利用关系依然是所有人（利用人）与一切非所有人的关系，以财产归属关系的规则——所有权足以说明和解决一切。当所有人将财产交给他人使用时，则出现了三重关系：张三（所有人）——李四（利用人）的关系、张三（所有人）——李四以外的非所有人的关系、李四（利用人）——李四以外的非物权人的关系，其中，除了张三与李四以外的非所有人的关系仍可以所有权说明和解决外，后两种关系都已超出了所有权的范围。在张三与李四的关系中，需要说明和解决张三为什么愿意将财产交给李四使用和李四为什么愿意使用张三的财产；在李四与李四以外的非物权人的关系中，需要说明和解决李四凭什么排斥李四以外的非物权人于物之外，以及李四以外的非物权人凭什么要对李四负有义务。为此，客观上需要一种有别于所有权的规则——以财产利用为起点和终点的规则。在第二次世界大战以前，这种需要还没有充分地表现出来，非所有人利用他人财产的情形还不算普遍。但在现代社会，这种需要已十分普遍和强烈，漠然视之，会产生严重的问题——大量的因财产利用而产生的财产问题没有相应的法律规则加以调整，从而造成财产秩序的混乱。

公有制使中国社会对财产利用规则的要求更为直接和迫切。国有财产的利用中不仅同样存在所有人、利用人和利用人以外的非物权人的三重关系，还多了一层——国家与代表国家所有权的职能部门之间的关系。别忽略这一层关系，这绝对不是一个简单的行政隶属关系或授权关系，而是直接影响国有财产利用中各方当事人利益的关系。代表国家行使所有权的部门和个人不一定真正代表国家利益，为了小单位和个人的私利，可能彻底搅乱国有财产利用中的三重关系。他们可能与国有财产经营者相互勾结坑害国家，也可能不在乎国有财产的增值保值而卡死国有财产经营者，更可能的是他们自以为是国家利益的正确代表而对国有财产的经营越俎代庖。事实上,这些已不可能,而是中国目前国有企业经营中普遍存在的问题。中国二十多年的国企改革劳而无功,根子就在这里。不少人以为物权法明确了国家所有权、集体所有权或者给予一些特殊保护就可满足公有制对物权法的要求,殊不知,公有制对物权法的根本要求是确立和维护财产利用权进而更好地保护公有财产的所有权。只有国有财产的经营者有足够的能力对抗和排除代表国家所有权的部门和个人的非法干预和侵害时,才能保证国有财产的正常经营进而实现国有财产收益的最大化,要做到这一点,首要的是承认和界定国有财产经营者利用国有财产的权利。

第二次世界大战以前的物权制度显然不能满足现代社会和公有制对财产利用权利的需求,虽然其用益物权也有某种类似的作用,但用益物权主要集中在土地房屋之上,就那么几种,按照物权法定原则,大多数财产特别是现代社会中极其重要的资产无"用益物权"可言,而且用益物权就其内容从骨子里是所有权的随从。对于大多数的财产利用关系,其通常以债权法或合同法处之,包括不动产的承租人,也只有物权化的债权,而按照物权优于债权的原则,债权的保护远远不及于物权的保护。对于公有财产,其从来没有想过保护不保护的问题,自然更没有什么特别的对策。中国的国企改革实际上一直按照第二次世界大战以前的物权理论操作。20世纪80年代中叶的两权分离是"所有权与经营权的适当分离",适当分离的本质是所有权派生经营权,因此,曾被吹得神乎其神的承包租赁最终全面破产。20世纪90年代开始的股份制作为一种经营形式本可以成为公有制有效的实现形式,偏偏有人将股份制看成是产权改革的着力点,提出什么"法人所有权",不承认国家的股权就是所有权,导致股份制改革一片混乱。尽管碰得头破血流,一些人仍不肯反思和改革第二次世界大战以前的物权制度,死抱着怀中的古董不放,不管现代中国的实际需要。坦率地说,国有企业改革在财产问题上已经迷失了方向,目前不少地方的国企改革走的是一了百了的道路——将国有企业送光卖光。

现代社会造就了财产归属和财产利用的普遍分离,公有制在客观上加剧和深化了这种分离,由此可见,在建立统一的、独立的财产利用权利上,现代社会和公有制具有共同的要求,面临同样的任务。现代化是物权法发展的必然趋势,在这一过程中,公有制的内容可以自然地融入现代社会的生活条件之中。公有制不仅不与现代物权法冲突,而且其对物权法的影响有助于满足现代社会对物权法的需求。现代社会的生活条件决定了物权法必须既调整财产归属关系,也调整财产利用关系,公有制在其中起了重要的推动作用。把握了这一点,就可知道，有人将《物权二元结构论》①重视公有制批判为"共产风"、"一大二公"、"一平二调"②是多么的荒唐。

三

中国社会中，最重要的财产问题莫过于土地承包经营权和国有企业经营权，作为中国农村改革和城市改革的核心成果，其集中体现了公有制对中国财产关系的深刻影响。在公有财产的所有与经营天然分离的基础上形成的以耕种农用土地为内容的土地承包经营权和以运营国有资产为内容的国有企业经营权，深深扎根于中国社会，已不容物权法承不承认。但物权法如何反映和规定这两大财产权利，是一个大问题，这既涉及物权立法如何认识和对待公有制，也涉及物权立法成果的现实和历史价值。目前，已有三个中国物权法草案建议稿公开发表，这些建议稿反映了学者在处理这一问题的思路和方法上的差异。

（一）关于土地承包经营权

梁慧星教授主持的建议稿（以下简称梁稿③）以"农地使用权"取代"土地承包经营权"，因为土地承包经营权"其实质上确是一种债权，而不是物权"，④需留给土地转承包人。⑤ 梁稿的"农地使用权"也是基于中国农村家庭联产承包责任制已经取得的经验基础，其目的也是实现农地使用关系的物权化，保护承包农户的合法权益，⑥而且相关条款在内容上远远多于日本和中国台湾地区的永佃权，由此可见，即使是像梁教授那样看重德式民法典的学者也会注意到中国公有制条件下"土地所有权与土地使用权分离"⑦的现实并为此作出努力。但是，梁稿有三大问题值得商榷：(1) 不准"农地使用权"转让或抵押，堵死了土地的正常流转。公有制下土地所有权具有不可转让性，如果再不允许土地使用权转让，土地就无法正常流转，而私有制下土地流转可通过土地所有权的转让实现。梁稿似乎没有看到公有制下土地流转只能通过土地使用权转让实现的事实。在市场经

---

① 孟勤国著：《物权二元结构论——中国物权制度的理论重构》，人民法院出版社 2002 年版。

② 秦海生："应提倡'大胆设想，小心求证'的优良学风——评孟勤国先生著《物权二元结构论：中国物权制度的理论重构》"，载：http://www. lawintime. com。

③ 建议稿全称为中国物权法草案，社会科学文献出版社 2000 年版。

④ 梁慧星著：《中国物权法草案建议稿》，社会科学文献出版社 2000 年版，第 513 页。

⑤ 同上，第 514 页。

⑥ 同上，第 511 页。

⑦ 同上。

济中，土地流转是提高土地利用效益和增加土地价值的基本条件之一，在发展中国家，土地流转还是大量的农业劳动力转向非农人口的工业化城镇化的必经之路。只有在封建社会，为了将农民绑在土地上，抑制地主豪强兼并土地，国家才会限制土地流转。防止“重演历史上农村两极分化，出现大批无地少地农民的社会问题”①的动机是善良的，但因噎废食的做法实不可取。（2）允许“农地使用权”人出租、发包土地给他人，背离了“农地使用权”设立的目的。公有的土地以农村集体组织成员的身份为承包依据，经营农业生产是取得“农地使用权”的先决条件。这是公有制条件下的“耕者有其田”。“农地使用权人”出租、发包土地后脱离农业生产的经营，坐收渔利，事实上成了“二地主”，不仅有架空公有土地所有权之嫌，而且加重农业生产的经营成本，中国社会历来痛恶“中间佃”（包田包租），连中国台湾地区的永佃权也禁止出租。② 梁稿对从“农地使用权人”处承包承租土地的农业生产经营者，只承认其有债权性质的土地承包经营权③或承租权，而这种权利“不具有排他性，由此不能抗拒来自发包人（土地所有人）和乡村行政组织的各种干涉、侵害。这正是中国广大农村经常发生各种侵害农民利益的行为，而一直不能得到彻底解决的原因”。④ 而且耕者不得其田，必然导致耕者“短期行为，不愿作长期的投入以及合同期限将满时进行破坏性经营……严重不利于农村经济的稳定发展”。⑤ （3）以不交租金为撤销“农地使用权”的法定理由，与永佃权同出一辙。设定永佃权基本上是土地所有权人与永佃权人之间的事，除了因恩情而设定者，⑥佃租为永佃权成立之要件，⑦故“积欠地租达2年之总额，为土地所有人得撤佃之另一法定原因”，⑧但公有土地上设定“农地使用权”，是农民生存之必需，为农民的基本人权之一，土地承包时不能排斥任何一个农民，无论其是一贫如洗或系品行不端。租金从来不是也不可能是“农地使用权”成立的要件，中国不存在因“农地使用权人”积欠租金已相当于二年总额而撤销“农地使用权”的正当理由。积欠的租金可依法追索，但永远不能由此剥夺农民土地承包经营的资格，无论如何，夺走天灾人祸下甚至是国家也给予救济的农民的土地，未免不够人道，当然更不符合社会主义的宗旨。这样看

① 梁慧星著：《中国物权法草案建议稿》，社会科学文献出版社2000年版，第532页。
② 同上，第530页。
③ 同上，第510页。
④ 同上。
⑤ 同上。
⑥ 谢在全著：《民法物权论》，中国政法大学出版社1999年版，第404页。
⑦ 同上，第408页。
⑧ 同上，第413页。

来，梁稿对于“农地使用权”的公有制背景，注意得远远不够。

王利明教授主持的建议稿（以下简称王稿①）使用的是“土地承包经营权”、“问题的关键并不在于名称，而在于权利的内容”。② 这是尊重现实。土地承包经营权已为亿万农民所认知，改用任何一种名称，都可能被误认为土地承包经营权不再存续，从而引起农村土地承包关系的动荡。中国的普法教育还做不到告知每一个农民什么权就是原来的土地承包经营权。王稿显然更多地注意到公有制对农用土地利用权利的影响，指出土地承包经营权与永佃权的社会基础与权利性质各有不同。③ 王稿规定土地承包经营权可以转让、抵押，虽因缺少相应的解释而不便揣摩其本意，但从客观上看，这与公有土地所有权不能转让但公有土地必须流转的现实情况吻合。但是，王稿也有值得商榷的地方：(1)王稿与梁稿一样，既允许土地承包经营权人可以出租、发包土地给他人，也以积欠承包金到一定总额为撤销土地承包经营权的法定理由，如前所述，这两条都与土地公有制度冲突。(2)主张土地承包经营权自由转让，埋下了土地无序流转的地雷。土地承包经营权的转让有两种情形：同一集体组织成员之间的相互转让或将土地承包经营权转让给集体组织以外的农业生产经营者。一般而言，前者不易导致土地所有人对土地的失控，可给予较大的自由，但若允许后者自由转让，在若干次转让后，土地所有人甚至无法知道谁是真正的土地承包经营权人——从事农业生产的或许都是些受雇的农工。土地流转在中国分量极重，中国社会必须考虑失去土地的农民的出路这样一个具有重大政治、经济和社会意义的问题。土地流转是必要的，但须为中国社会所能承受，在土地是大多数农民活命的条件下，不存在土地自由流转的社会基础，因而不可能允许土地承包经营权的自由转让。土地承包经营权转让必须有土地所有人的参与。“物权人处分其权利通常不需要取得他人的同意”，④但土地承包经营权应在通常之外，正如土地所有权人不得随便处分其权利一样。(3)土地承包经营权只限于集体所有的土地，留下了国有农用土地如何经营的疑问。中国有许多国有农场，历史上国有农场被认为是企业，其成员称为职工不称为农民，但实际上，目前也普遍地实现了家庭联产承包责任制，其职工与农户并无多大的差异。如果他们不能享有土地承包经营权，似有不公。这样看来，王稿对土地承包经营权的公有制影响，仍然估计不足。

---

① 该建议稿全称为中国物权法草案建议稿及说明，中国法制出版社 2001 年版。

② 王利明著：《中国物权法草案建议稿及说明》，中国法制出版社 2001 年版，第 371 页。

③ 同上，第 371 ~ 374 页。

④ 同上，第 371 页。

拙稿①也主张使用土地承包经营权，但在内容安排上，更多地考虑了公有土地财产归属与财产利用之间的利益平衡。拙稿规定了以下反映公有土地特性的内容：(1)土地承包经营权既可设于集体土地，也可设于国有土地。国有农场职工因土地承包不再享有职工待遇的，其权利义务准用农户的规定，以使土地承包经营权成为公有农用土地的统一的利用权利。(2)土地承包经营权由农户分配取得，分配方案须经五分之四的有法律行为能力的集体组织成员同意且不得排斥某一类或某一个集体组织成员参与分配，以实现公有土地对中国农民的生存保障作用。(3)允许土地流转但严格限定土地流转的条件和程序。公有制条件下，土地流转的唯一途径是土地承包经营权之转让。在集体组织的协调、监督下，农户之间可以相互转让土地承包经营权。农户不得直接将土地承包经营权转让给本集体组织成员以外的法人或自然人，确需转让的，由集体组织从农户处收回土地承包经营权后再发包，但必须经农户同意并向农户支付对价。这既是为了保证公有土地所有权不至虚化，也是为了维护公有土地流转秩序，农户作为非所有人占有公有土地，对土地所有权当然负有严格的义务。(4)不允许农户出租或转包土地，以免出现实际从事农业生产的经营者无土地利用物权，而有土地利用物权的农户却不从事农业生产的情形。农户成为“二地主”或土地承包经营权“所有权化”违背了土地承包经营权设立的目的，为公有土地制度所不可接受。耕者必须有其田，是农业生产可持续发展的基本政策，在耕者不得拥有土地所有权的条件下，就必须保证其拥有土地承包经营权。农户或者自己耕种土地，或者将土地承包经营权转让给他人。(5)土地承包经营权不因农户的违法、违约行为而消灭，但农户擅自改变历史形成的土地用途、从事掠夺性生产或抛荒达到一定程度或期限的除外。土地承包在实践中称为责任田，责任田意味着承包人在土地利用的权利与相应义务和责任绑在一起，责任田是农民的活命根基，因而土地所有人不能不将土地包给农民；责任田也是中国人活命的根基，因而土地承包经营权人必须种好土地。这是决定土地承包经营权该不该存续的唯一依据，其他的如农民积欠税费或租金，不能成为撤销或消灭土地承包经营权的理由。(6)明确规定土地承包经营权的构成要素。包括农户作为集体组织成员应有的生存保障利益、农户在土地上的人力财力的投入和土地流转增值的分成。对价要素之所以法定化，是因为土地流转或被征用时，如何确认和维护土地承包经营权人的权益，往往引发争端。法定的对价构成为土地承包经营权的财产利益确定了一条公平的标准，能最大限度地保护争议中弱势的一方——农业生产

① 其全称为中国物权法草案建议稿，发表在《法学评论》2002年第5期。

经营者。

(二)国有企业经营权

梁稿对国有企业经营权只字未提,尽管国有企业经营权在中国社会已流行了二十多年。自20世纪80年代末以来,梁教授一直主张国有企业法人所有权,但国有企业法人所有权尚未为法律法规或中央文件所认可,目前只有国有企业法人财产权的提法。据梁教授介绍,国有企业法人财产权拟留给公司法去解决,①但公司法是民事主体的一个组织法,就其功能而言,并无解决财产归属与财产利用权利这一块。而且,占中国经济总量近一半的国有企业财产权不归物权法管,无异于贬低物权法,物权法还有什么资格进入号称市场经济基本法的民法典中?

王稿也没有使用国有企业经营权概念,但在国家所有权这一节中有五个条款涉及国有企业财产权,主要规定了国有资产管理部门、行政机关与国有企业经营者之间的权利义务——中国国企改革一直努力解决而没有解决的问题。这就表明,王稿注意到了公有制条件下国有企业财产问题的特殊性和重要性。但是,务实的态度并不能消弭理论与现实的冲突。因为大陆法系物权制度及其理论中没有国有企业财产权一说,王稿在国家所有权中插入国有企业财产权,显得颇为生硬。(1)王稿是将国有企业财产权当成所有权加以规定的,②却不称为国有企业法人所有权,似有难言之隐。国有企业一旦享有法人所有权,随之而来的必然是国家所有权还存在不存在?而回答这个问题的本身,是非常困难的。如果说国家所有权因此消灭,这就超出了物权法乃至于法学的范畴,成为一个政治性的问题;如果说国家所有权还在,那么一物两个所有权从根本上违背了大陆法系物权法的一物一权原则。将一物两所有权解释为一物一权的例外,不过是一种巧辩。一物一所有权在大陆法系民法两千多年的历史中从无例外,也不可能有例外,因为这是两种根本对立的东西。两个所有权共存于一物,最终仍要解决听谁的问题,而处于服从的那个"所有权"本质上不是所有权。(2)王稿一方面将国有企业财产权认定为所有权,但涉及的却是国家与国有企业经营者之间的关系,而非国家与国有企业的关系,可谓题文不符。王稿抛弃经营权的理由之一是经营权涉及很多管理性规范,与行政管理制度难以分开,③且不说此说正确与否,事实上,不用经营权,王稿同样没有绕开经营管理,其第120条规定:国资部门对

① 梁慧星:"制定中国物权法的若干问题",载《法学研究》2000年第4期。

② 王利明著:《中国物权法草案建议稿及说明》,中国法制出版社2001年版,第277页。

③ 王利明著:《物权法研究》,中国人民大学出版社2002年版,第295页。

国有企业的经营活动实施监督和管理，国有企业法定代表人或负责人按其要求负责经营、管理国有企业。从中怎么也看不出国有企业财产权已有所有权的内容和效力，怎么看也像个经营权，而且是20世纪80年代的那种经营权。客观存在的东西不会因不同的名称而改变自身的性质，将国有企业经营权说成是国有企业财产权是模糊分歧，而进一步说成是国有企业法人所有权，难免陷入尴尬。

拙稿在占有权中专章规定了经营权，经营权并不是国有企业才有，只要法人或自然人以自己的名义经营他人资产，就能产生经营权。经营权是现代社会资产所有与经营相分离而形成的财产利用权利，普遍存在于社会的方方面面，国有企业经营权只是其中的一种。国有企业财产不是指其中的某一实物或多少货币，而是按照企业会计准则核定出来的资产净值。这些资产属于国家所有，但由国有企业法人经营，这一定位与其他的所有制企业并无不同，西方学者普遍认为，股东拥有公司，但由董事会管理。① 没有人否认私营企业老板拥有其企业的所有权，怎么能说国有企业不属于国家所有？既然是国家所有，国有企业自然只能有经营权。但是，对国有企业经营权，不能像20世纪80年代中期那样，仅仅是从国家所有权派生出来的适当分离，而应视其为依照法律产生的独立于国家所有权的财产利用权利。拙稿规定政府对国有企业行使所有权只限于经营方向的决策权、国有资产收益权、国有资产保值增值的监督权、国有企业的撤销权这四项，其他一切权利都属于国有企业经营权，而且这种权利只有在国有企业消灭时才能消灭。拙稿还规定国有企业在以经营的国有资产投资和参股时代为行使国家所有权。这就保证了国有企业经营权的完整与独立，对比王稿第120条的内容，拙稿的国有企业经营权远远比王稿的国有企业法人所有权充分、有力。拙稿同时规定由特别法规范政府行使上述四项权利的条件、方法和程序，在程序上约束政府干预国有企业生产经营的程度和力度。拙稿的上述安排是基于国有财产的所有权代表本身也是一个利益主体的事实。代表国家所有权的部门不一定为国家所有权利益着想，这就需要在财产层面上捆住所有权代表胡作非为的手脚，从而为公有制下的国家财产顺利进入市场经济体制提供基本的条件。

拙稿与梁稿、王稿在公有财产上的不同认识和处理，与各自的理论基础有直接的关系。拙稿依据物权二元结构理论，将反映财产归属关系的所有权与反映财产利用关系的占有权置于相互平等、独立的地位，从而在安排土地承包经营权和国有企业经营权这样的占有权时能够依据现代社会和公有制的现实生活条件作出规定，没有任何困难；而梁稿、王稿之所以对公有财产的认识不够彻底，也是

① 沈四宝著：《西方国家公司法概论》，北京大学出版社1986年版，第113～114页。

因为传统的以所有权为中心的物权理论中，缺少从财产利用的角度看待财产利用权利的思维，没有合适的概念和原理解释土地承包经营权和国有企业经营权这样具有时代和国情特点的财产利用权利。梁稿、王稿都没有将土地承包经营权看成是永佃权，但其农地使用权、土地承包经营权最终留下了深刻的永佃权的印记。梁稿、王稿都希望国有企业成为独立的商品生产者和经营者，但除了给国有企业以法人所有权外别无他招，反而陷入了政治上、逻辑上的矛盾。事实证明，解决公有制条件下的财产问题，不仅需要直视生活的信念与勇气，还需要理论的创新与发展。

（2004 年第 2 期）

抵押权探微

崔建远*

我国正在制定《中华人民共和国物权法》(以下简称《物权法》),需要人人献计献策,以便未来的《物权法》成为优秀的法典。本着这种想法,本文检讨我国现行法的有关规定,评论《中华人民共和国物权法征求意见稿》(以下简称《物权法征求意见稿》)的若干条文,就抵押权的追及效力等三个问题发表意见,既抛砖引玉,又接受批评。

一、应当重视抵押权的追及效力,并设置相应的规则

在抵押权的有效期间,抵押人转让抵押物,可能会使抵押权消灭或者效力减损。于此场合,必须设置救济制度,以保护抵押权人的合法权益。《中华人民共和国担保法》(以下简称《担保法》)设计了如下救济制度:其一,抵押人转让已经办理了抵押登记的抵押物时,抵押人通知抵押权人或者告知受让人系转让抵押物行为的有效要件,抵押人未履行通知义务或者未告知义务人的,转让行为无效。(第49条第1款)这可简称为"不通知或告知则转让无效制度"。其二,转让抵押物的价款明显低于其价值的,抵押权人可以要求抵押人提供相应的担保;抵押人不提供的,不得转让抵押物。(第49条第2款)我们可将其简称为"提供相应的担保制度"。其三,抵押人转让抵押物所得价款,应当向抵押权人提前清偿所担保的债权或者向与抵押权人约定的第三人提存。(第49条第3款前段)这就是"提前清偿或提存制度"。《最高人民法院关于适用〈中华人民共和国担保法〉若干问题的解释》(以下简称法释〔2000〕44号)回避了这些制度,另辟蹊径,以抵押权的追及效力和抵押物取得人的涤除权两项制度解决抵押物的转让出现的相应问题。(第67条、第68条)《物权法草案征求意见稿》只采纳了抵押物取得人的涤除权一项,依然欠缺抵押权的追及效力的规定。未来的《物权法》究竟选择什么方案呢?

《担保法》规定的上述三项制度,确实有利于抵押权人,但其代价高昂。"不

---

* 作者单位:清华大学法学院。

通知或告知则转让无效制度”实际上是“不通知则转让无效”和“不告知则转让无效”两个制度的合称。其中,“不通知则转让无效”制度的要义是:在抵押人转让已经办理了抵押登记的抵押物情况下,抵押人未将该转让事实通知抵押权人的,则该转让行为无效。其优点是,可以最大限度地降低抵押物毁损灭失的风险,不增加抵押权实行时的障碍;其不足表现为,在受让人为善意的情况下,规定转让抵押物的行为无效,一是和善意取得制度产生了冲突,二是使善意受让人遭受到不测之损害,不利于交易安全。尽管在抵押物系土地使用权、房屋所有权等以登记为公示方式的场合,受让人在受让抵押物时不易构成善意,但在登记错误等场合,仍然存在受让人善意的个案。我们能否找到一种制度,既能有利于抵押权人,或者说能够发挥出“不通知则转让无效”制度的优点,又能克服“不通知则转让无效”制度的缺点呢? 回答是肯定的,主要是抵押权的追及效力。只要此次物权立法确立抵押权的追及效力,那么,不论抵押物辗转流入何人之手,抵押权人都可以追及至抵押物之所在而主张抵押权,抵押物的受让人无权抗辩,抵押权的合法权益不因抵押物转让与否而受影响。并且,抵押人不履行转让通知义务给抵押权人造成损害时,抵押权人还可以基于侵权行为请求抵押人承担损害赔偿责任。另外,转让抵押物的行为不因抵押人是否履行了转让通知义务而受影响,对于善意受让人给予足够的保护,达到保护交易安全的目的。还有,同样重要的是,一个正常的经济制度下,财产的流通性或曰财产权的让与性是健康的社会范围的经济流转所必需的,也是财产权名副其实甚至增值的前提和表现。所以,在目前,适用法律解决个案时,不宜适用《担保法》第 49 条第 1 款的规定,而应当适用法释〔2000〕44 号第 67 条关于“抵押权存续期间,抵押人转让抵押物未通知抵押权人或者未告知受让人的,如果抵押物已经登记的,抵押权人仍可以行使抵押权”的规定,不应认定转让抵押物的行为无效。

未来的《物权法》,应当放弃“不通知则转让无效”制度,确立抵押权乃至物权的追及效力,达到在不影响财产流转的前提下不损害抵押权的目的。正所谓“保护抵押权人的利益不能依靠对抵押人处分权的限制,而要靠抵押权的追及性”①,“抵押人未经抵押权人同意而转让抵押的动产的,其转让行为并不因为欠缺‘抵押权人的同意’而无效”。②

“不告知则转让无效”制度的要义是:在抵押人转让已经办理了抵押登记的抵押物情况下,抵押人未将该物已经设立了抵押权的事实告知受让人时,转让抵

① 王利明著:《中国物权法草案建议稿及说明》,中国法制出版社 2001 年版,第 437 页。
② 梁慧星著:《中国物权法草案建议稿》,社会科学文献出版社 2000 年版,第 645 页。

押物的行为无效。对此,首先在解释论的层面上予以审视,把这项制度放置于法律行为无效和可撤销的背景下评论其利弊得失。在转让抵押物的行为系买卖等合同的情况下,应与《合同法》第52条关于无效原因的规定相衔接。[①] 如此,只有在买卖抵押物等合同损害了国家利益的情况下,合同才无效。抵押人虽然未将设立抵押权的事实告知受让人,但买卖抵押物等合同并不损害国家利益,就不应适用《合同法》第52条的规定,而应适用《合同法》第54条的规定,赋予受让人撤销权。[②] 可见,"不告知则转让无效"制度没有与法律行为无效和可撤销制度合理衔接。并且,这种未合理衔接所导致的后果是不适当的,因为在受让人需要受让抵押物,并且在价格等方面也不吃亏的情况下,买卖抵押物等合同仍然要因抵押人未履行告知义务而绝对无效,显然不如合同的效力由受让人是否行使撤销权来决定,对受让人有利。虽然在目前我们站在解释论的立场上,可以认为《担保法》第49条第1款的规定属于特别法,优先于《合同法》第54条的规定而适用,从而化解两部法律的相互抵触,但却是以牺牲受让人的合法权益为代价的,实在不值得。有鉴于此,同样是采取解释论,处理个案,不宜适用《担保法》第49条第1款的规定,而应当适用法释〔2000〕44号第67条关于"抵押权存续期间,抵押人转让抵押物未通知抵押权人或者未告知受让人的,如果抵押物已经登记的,抵押权人仍可以行使抵押权"的规定,不应认定转让抵押物的行为无效。

值此制定《物权法》的良机,我们应当站在立法论的立场上,取消这项制度,对于抵押人转让已经办理了抵押登记的抵押物,却未履行告知义务的情况,直接适用《合同法》的相关规定,既经济又合理。

"提供相应的担保制度"如何呢?该制度使抵押权人的债权处于担保权的保障之中,有利于抵押权人,其立法用意不能说不好,但仍有如下问题需要反思:

1. 在不承认抵押权的追及效力的背景下,抵押人能够提供不少于底价部分款额的物的担保,可不降低保障抵押权人的债权的力度;倘若抵押人只能提供人的担保的话,因人的担保固有的局限性所致,抵押权人仍然面临着其债权不能全部或全部不能实现的风险。在法律确立抵押权的追及效力的背景下,抵押物的转让价款额是多还是少,与抵押权人无关,只要债务人不履行其债务,抵押权人仍有权就抵押物行使抵押权,不会因转让价款额低而遭受额外的损失。如果法

① 《合同法》第52条规定:"有下列情形之一的,合同无效:(一)一方以欺诈、胁迫的手段订立合同,损害国家利益……"

② 《合同法》第54条规定:"……一方以欺诈、胁迫的手段或者乘人之危,使对方在违背真实意思的情况下订立的合同,受损害方有权请求人民法院或者仲裁机构变更或者撤销……"

律让抵押权的追及效力和抵押人提供另外的担保并存，当然更有利于抵押权人，但却牺牲了一般债权人的利益。如此厚抵押权人薄一般债权人，有失平衡。

2. 在抵押人转让抵押物的价款明显低于其价值的情况下，抵押人提供相应担保的义务是以抵押权人的要求为产生前提的，还是无论抵押权人请求与否，抵押人都负有提供相应担保的义务？从《担保法》第49条第2款规定的文义观察，不十分清楚，解释起来颇费力气。站在解释论的立场上，基于财产流转、效率等原则的要求，应当解释为只有在抵押权人有请求时，抵押人才有义务提供相应的担保；抵押人若违反此项义务，必须向抵押权承担赔偿损失等民事责任。其实，眼界应当更宽广些，适用法律解决个案时，可以不适用《担保法》第49条第2款的规定，而应当适用法释〔2000〕44号第67条关于"抵押权存续期间，抵押人转让抵押物未通知抵押权人或者未告知受让人的，如果抵押物已经登记的，抵押权人仍可以行使抵押权"的规定，不适用提供相应担保的规定。当然，我们不要失去制定《物权法》的良机，站在立法论的立场上，以抵押权的追及效力替代提供相应的担保制度，使问题迎刃而解。

3.《担保法》第49条第2款后段所谓"抵押人不提供的，不得转让抵押物"，其意思如何？如果将其解释为转让抵押物的行为无效，便同样产生"不通知则转让无效"制度那样的弊端：不利于善意受让人，有碍交易安全，障碍财产流通。如果根据情形的不同而分别采取下列对策，效果较佳：（1）在符合《中华人民共和国合同法》（以下简称《合同法》）第74条第75条规定及最高人民法院《关于适用〈中华人民共和国合同法〉若干问题的解释（一）》（以下简称法释〔1999〕19号）第23条～第25条规定的条件情况下，准许抵押权人行使债权人的撤销权，以保护抵押权人的利益。① 采取该项对策的难度在于，有专家认为，《合同法》第74条和第75条的规定及法释〔1999〕19号第23条～第25条的规定，不包括债务人以其财产设定担保致使其财产减少的情形。（2）转让抵押物的行为处于效力未定的状态，抵押权人若同意，转让行为有效；反之，转让行为无效。采取该项对策的困难不少：现行法的依据何在？可以把它解释为符合《合同法》第51条规定的情形吗？② 运用该项对策增加了转让行为归于消灭的概率，不利于善意受让人，有碍交易安全，阻碍财产流通。

笔者还是主张，值此制定《物权法》的良机，应当站在立法论的立场上，以抵

---

① 《合同法》第74条、第75条及法释〔1999〕19号第23条至第25条的规定系关系"债权人撤销权"之规定及相应司法解释。

② 《合同法》第51条规定："无处分权的人处分他人财产，经权利人追认或者无处分权的人订立合同后取得处分权的，该合同有效。"

押权的追及效力替代提供相应的担保制度，免去这些烦恼。

"提前清偿或提存制度"，如果其内容是指抵押人转让抵押物不必通知抵押权人，只要把转让抵押物所得的价款，提前清偿所担保的债权或者提存，那么，在现行法的架构里，相比较而言是较好的设计：不损害抵押权人的利益，甚至还使其获得期限利益，不会阻碍财产的流通，未损害交易安全，提存转让抵押物所得的价款还符合抵押权的物上代位性（《担保法》第49条第3款、法释〔2000〕44号第62条①）的要求。但是它仍然存在不足：(1)在提存的情况下，意味着使抵押人闲置资金，无法将该笔资金投入适当的项目中去，失去许多市场机会，甚至迫使抵押人高代价地去融资，增加成本。(2)在提前清偿的情况下，抵押人失去期限利益。既然抵押权的追及效力能够兼顾各项目标，那么，在目前，适用法律解决个案时，就不再适用《担保法》第49条第3款的规定，而应当适用法释〔2000〕44号第67条关于"抵押权存续期间，抵押人转让抵押物未通知抵押权人或者未告知受让人的，如果抵押物已经登记的，抵押权人仍可以行使抵押权"的规定，只要当事人没有相反的约定，就排斥提存抵押物所得价款规定的适用。当然，我们应当抓住制定《物权法》的良机，站在立法论的立场上，以抵押权的追及效力替代"提前清偿或提存制度"。

二、关于共同抵押

由于我国现行法把国有土地使用权和地上房屋作为两个物，同时规定以地上房屋设定抵押权的，国有土地使用权同时抵押；以国有土地使用权设定抵押权的，地上房屋同时抵押，(《担保法》第36条)因此，这既承认了法定抵押权，又规定了共同抵押。

之所以说承认了法定抵押，是因为按照《担保法》第36条和第41条、《中华人民共和国城市房地产管理法》(以下简称《城市房地产管理法》)第47条等规定及其解释，如果当事人约定以土地使用权抵押，地上房屋随之抵押，但只有土地使用权抵押办理了抵押登记，或者土地使用权抵押和地上房屋抵押都办理了抵押登记，抵押权才成立。土地使用权抵押未办理抵押登记，抵押权不产生，不

---

① 法释〔2000〕44号第62条规定："抵押物因附合、混合或者加工使抵押物的所有权为第三人所有的，抵押权的效力及补偿金；抵押物所有人为附合物、混合物或者加工物的所有权人的，抵押权的效力及于附合物、混合物或者加工物；第三人与抵押物所有人为附合物、混合物或者加工物的共有人的，抵押权的效力及于抵押人对共有物享有的份额。"

但房屋抵押权不产生,而且土地使用权抵押权也不产生。同理,当事人约定以地上房屋设定抵押权,土地使用权随之抵押,也是只有地上房屋抵押权办理了抵押登记,或者地上房屋抵押和土地使用权抵押都办理了抵押登记,抵押权才产生。

之所以说确立了共同抵押,又称总括抵押,是因为抵押权存在于国有土地使用权与地上房屋上,在抵押人与抵押权人之间的关系上,同时存在国有土地使用权抵押权与地上房屋抵押权;在抵押权人与第三人之间的关系上,存在一个不动产抵押权。

土地使用权和房屋所有权必须同属于一个主体,在法律模式上至少可以有两种。第一种模式,在终局的状态上、在静态上二权属于一个主体,如土地使用权抵押给甲,地上房屋抵押给乙,但在抵押权行使,变卖或拍卖土地使用权、地上房屋时,必须要由一个人取得土地使用权和地上房屋所有权。第二种模式,在交易上土地使用权和房屋所有权一并"处分",例如,这二权一并抵押给甲,一并卖给一个人乙。我国现行法采取了第二种模式,(《担保法》第36条,《城市房地产管理法》第47条等)《物权法征求意见稿》予以承继(第254条)。

在第一种模式中,具体包括以下规则:

1. 在当事人约定以土地使用权和地上房屋同时抵押,但仅就其中一项办理了抵押登记的情况下,抵押合同和抵押权都生效。其根据表现在两个方面:第一方面是共同抵押原理,即这种情况下的抵押权是两个抵押权,一个存在于土地使用权上,另一个存在于地上房屋上。其中一个抵押权已经办理了抵押登记,抵押权就肯定产生,不得认定为无效。第二方面的根据是法定抵押权原理,即按照《担保法》第36条和第41条、《城市房地产管理法》第47条的规定,即法定抵押(连动抵押)的规定,未登记的部分随之抵押,或者说自动抵押,未登记的抵押权也产生。所以,不宜认定抵押合同和抵押权不生效力。

2. 在当事人约定只就房屋或只就土地使用权设定抵押并办理了相应的抵押登记的情况下,抵押权产生,具有法律效力。一个物上设定一个抵押权,并办理了抵押登记,该抵押权当然产生,不应无效。道理同上,不再赘述。

3. 有人认为,在第一种模式中,"抵押合同和抵押权均生效,但未登记部分不能对抗第三人"。笔者认为,在适用法律上,不宜采取这种观点。第一,它不符合我国现行法的规定,除了《担保法》第43条规定的动产抵押是以抵押登记为对抗要件外,其他抵押权场合,抵押登记全部是抵押合同和抵押权的成立要件(生效要件),不办理抵押登记,抵押权不产生。所以,无论是土地使用权抵押还是房屋抵押,只要未办理抵押登记,就无抵押权,更谈不上对抗第三人的问题。第二,在土地使用权上设定抵押权,并办理了抵押登记的情况下,之所以承认房屋抵押权也产生,乃是基于法定抵押权的原理。所谓法定抵押权不需要公示,是在把公示仅限于登记的形式的情况下,就表面现象而言的,其实,法定抵押权也有公示,即在法定抵押的情况下,由于法律已经规定土地使用权抵押,地上房屋随之抵押,地上房屋抵押,土地使用权随之抵押,这就是公示,只不过较弱罢了。换言之,只要地上房屋上设定有抵押权,人们就应当知悉土地使用权上也当然存在抵押权。既然如此,所谓对抗要件说,不太可取。

4. 有法官认为,“基于原因行为与物权变动相区分的原则,抵押合同的效力不受登记的影响。但由于不动产抵押权采取登记生效主义,因此,已登记部分抵押权成立,未登记部分抵押权未成立。”这在立法论上可资赞同,《物权法草案征求意见稿》也是如此设计的。(第262条)但在解释论上,应当慎重。其原因在于,我国现行法是把登记作为抵押合同的生效要件规定的,(《担保法》第41条)尽管在理论上它不合理。

必须指出,从效益上和理论上讲,第一种模式更优越。正值《物权法》制定之际,笔者认为最好采纳这个模式。

三、关于最高额抵押担保债权的让与性

《担保法》关于最高额抵押的主合同债权不得转让的规定,(第61条)①存在不小的问题,面临着解释论和立法论的工作。

首先,解释论的工作。我们以某银行分立为“A公司”和“B公司”为例予以说明。某银行现有的主营金融业务和相关资产由B公司承继,A公司承继未转入B公司的业务和资产。基于抵押权从属于被担保债权的属性,最高额抵押权应当随着其担保的债权移转给B公司。可是,这样违反《担保法》第61条的规定。

是为了维护《担保法》的权威性而不移转被最高额抵押权担保的债权,还是全国人大通过修正《担保法》的规定而解决?或者硬性地宣称不遵守《担保法》而直接由司法解释规定最高额抵押权担保的债权可以转让?抑或通过解释论的工作得出转让最高额抵押权担保的债权移转不违反《担保法》的结论?

不移转最高额抵押权担保的债权的方案不可取,因为某银行一定要终止,终止必然要移转其债权。

① 《担保法》第61条规定:“最高额抵押的主合同债权不得转让。”

全国人大修正《担保法》的方案在理论上可行，但客观上已经远水不解近渴，因为全国人大的立法规划无此计划，在分立某银行之前的全国人大会议不讨论更不通过《担保法》修正案。

硬性地宣称不遵守《担保法》而直接由司法解释规定最高额抵押权担保的债权可以转让，不符合法治国家的要求。

通过解释论的工作得出转让最高额抵押权担保的债权移转不违反《担保法》的结论，最为可取。详细些说，在银行等债权人新设合并、新设分立的情况下，吸收合并、派生分立的某些场合，最高额抵押担保的债权是必然要移转的，不会因《担保法》第61条的禁止性规定而不移转。如果一定坚持《担保法》第61条关于最高额抵押的债权不得转让的规定，就得以违反客观经济规律、阻碍正常的市场运行为代价，得不偿失，《担保法》第61条的规定成为恶法。笔者认为，我们应当换个思路，即《担保法》制定之时，立法者没有考虑到银行等新设合并、新设分立等场合债权必然移转的情形，致使第61条本应规定但书却未设置，形成不明知法律漏洞。有漏洞就得补充，且法官有权补充。既然如此，在银行新设分立，最高人民法院通过漏洞法律补充的解释，认定《担保法》第61条应当存在一条但书，那就是在银行等法人新设分立、新设合并情况下，最高额抵押权担保的债权可以移转。某银行享有的最高额抵押权担保的债权可以移转给B公司。

其次，立法论的工作。其实，完全而绝对地禁止最高额抵押权担保的债权转让，起码违反债权自由转让的原则，更重要的在于它不符合市场经济的内在要求。所以，仅仅通过解释论的工作承认某银行新设分立可以转让最高额抵押权担保的债权，只是解决了问题的一部分。欲彻底地解决最高额抵押权满足市场经济发展要求的问题，需要通过立法论确立最高额抵押权担保的债权可以移转的原则，不许转让作为例外。正值我国制定《物权法》，我们应当抓住这一良机，明确确立上述原则。

（2004年第4期）

ST 宏智“双头董事会”案评析

徐子桐*

[案情]

1996 年，中国邮电工会福建省邮电管理局机关委员会（邮电局工会）和中国邮电工会福建省邮电学校委员会（邮电学校工会）共同投资设立福建省宏智科技发展有限责任公司（宏智发展），注册资本 120 万元。1997 年，宏智发展的注册资本增至 1000 万元，新增两个股东，即中国邮电工会福建省移动通信局委员会（通信局工会）和福建省宏智科技发展有限公司工会委员会（宏智工会）。1999 年，注册资本增至 1750 万元，新增四个股东，即福建省科学技术委员会机关工会委员会（科委工会）、福建省鸿宇集团有限公司（鸿宇集团，其股东为中国邮电工会福州电信局委员会和中国邮电工会福州长途线务局委员会）以及李少林、王栋。同年，公司从有限责任公司改制为股份有限公司。2001 年，为了筹备上市，①六个“工会”股东（包括邮电局工会、邮电学校工会、通信局工会、宏智工会、科委工会和鸿宇集团）将所持股份分别转让给福建大乾数字信息有限公司（大乾公司，其中林起泰持股 55%）、泉州市闽发物业发展有限公司（闽发公司）、石狮融盛企业集团公司（融盛公司）以及自然人王栋、李少林、陈大勇、朱芳。2002 年 7 月 9 日，公司成功上市，总股本 1.1 亿股，其中流通股本 4000 万股，王栋持有 1983.8 万股，成为第一大股东。上述自然人股东当中，王栋和林起泰是宏智发展早期创业的技术骨干和管理人员，其他人是新引入的“战略”股东，而闽发公司、融盛公司以及陈大勇、朱芳背后的实际控制人均是另一人吴永红。②

由于以王栋、林起泰为代表的宏智科技创始人与增资后引入的股东在公司运作方式上产生分歧，后双方商定，增资后引入的股东（李少林以及幕后控制人

---

* 作者单位：华夏证券研究所。

① 2000 年 7 月 7 日，民政部印发《关于暂停对企业内部职工持股会进行社团法人登记的函》，随后，证监会也相应作出规定，禁止职工持股会及工会作为上市公司股东。参见《关于职工持股会及工会能否作为上市公司的复函》（2000 年 12 月 11 日）。

② “宏智科技股权怪诞对决背后：‘逃犯’吴永红与闽发证券的暧昧关系”；“‘逃亡富豪’吴永红和闵发证券再调查”；“＊ST 宏智股权之争追踪：二股东李少林 500 万撬动 1.2 亿？”，分别载《21 世纪经济报道》2004 年 2 月 2 日、2 月 16 日、2 月 23 日。

吴永红）以母公司为平台从事资本运作，创始人则以若干专业子公司为基础从事电信实业。2003年6月6日，王栋等与闽发公司签订《合作框架协议书》，协议约定，王栋将所持宏智科技1983.8万股（占公司股本总额的18.03%）转让给闽发公司；林起泰代表大乾公司6名自然人股东将其所持大乾公司100%的股权以承担债务方式（由于大乾公司当初受让股份时曾向融盛公司借款）全部转让给闽发公司。在股权过户前，上述拟转让股份全部托管给闽发公司。基于此，在2003年6月25日召开的2002年度股东大会上，王栋等退出董事会，黄曼民任董事长。但事与愿违，8月25日，第二届董事会突然免去了王栋总经理的职务，同时中止了各专业子公司运营，并勒令林起泰离开宏智科技。林起泰等认为第二届董事会的做法完全违背了合作框架协议的原则，随即于8月26日书面通知现任董事长黄曼民该框架下的各协议无效。

为了"收复失地"，2003年11月，大股东王栋向现任董事会提议召开临时股东大会，以便改选现任董事会和监事会成员，董事会未予答复。其间，董事会以公司名义与胡海仁（闽发公司法定代表人）共同向法院起诉，对王栋的股东会召集权提出异议，被法院驳回起诉。王栋于是按预定日期于2004年1月11日召开临时股东大会，现任董事会亦宣布出席该会。当日，现任董事长黄曼民要求主持临时股东大会，遭到拒绝。黄曼民当即宣布改变临时股东大会会议地点，致使临时股东大会同时在两处召开，并产生两种不同表决结果：王栋主持召开的临时股东大会表决产生了新的董事会和监事会；黄曼民主持召开的临时股东大会则否决了王栋的有关改选提案，坚持现任董事会和监事会继续留任。由此，该公司出现两个并立的董事会。2月4日，该公司被上海证券交易所以"治理混乱"为由实行了特别处理。① 随后，"双头"董事会一直各行其是、自说自话，各自以公司名义就同类信息发布"双份"公告。这种一个公司有两个董事会的"怪事"引起了证券市场广泛的议论。目前，王栋已向福州市中级人民法院提起诉讼，请求确认临时股东大会决议的法律效力和对公司印鉴实施保全。另外，湖北股民王建祥、付强则以公司和王栋为被告，向武汉市武昌区人民法院提起诉讼，请求判决宏智公司立即停止侵犯股东权益，并请求确认王栋召开的临时股东大会决议无效。上述两个案件尚在审理当中。

---

① 根据上海证券交易所《关于对宏智科技股份有限公司股票交易实行特别处理的公告》，其处理依据是《上海证券交易所股票上市规则》第9.1.1条和第9.3.1条的规定。顺便指出，第9.3.1条列举了适用特别处理的八种情形，但《公告》并没有指出所援引的是该条哪一项或哪几项规定，结合上下文，应指第9.3.1条第6项（"公司董事会无法正常召开会议并形成董事会决议的"）。这也是我国上市公司首次因为该种情形而被特别处理。

［评析］

本案的关键是判断“双头”董事会是否合法有效。具体来说，由于董事会是由董事组成的，董事是依法由股东大会选举产生的，董事会是否合法，其判断依据就是选举产生董事会的股东大会的召集程序及其决议是否符合法律规定。在本案当中，即王栋和黄曼民分别召开的股东大会的决议是否有效，直接决定了其各自选举的董事会是否具有合法性。

一、召 集 问 题

按照《上市公司股东大会规范意见》（以下简称《意见》）第19~26条的有关规定，股东提议自行召开临时股东大会至少需要满足以下条件：(1)持有有表决权股比例达总数10%以上；(2)向董事会提交书面提案；(3)董事会作出不同意召开股东大会的决议；(4)在收到董事会不同意召开股东大会决定的通知后的十五日之内，自行发出召开临时股东大会的通知；(5)由董事会召集会议；(6)由董事长、董事长指定的董事或提议股东自己主持会议。其中，提议股东自己主持会议的条件是：(1)董事会未能指定董事主持会议；(2)提议股东事先报所在地证监会派出机构备案。

现任董事会曾称没有收到过第一大股东王栋的任何书面提案，据此否定王栋召开临时股东大会的合法性。有没有收到提案是事实问题；没有收到提案能否作为王栋召开临时股东大会违法性的依据则是一个法律问题。

首先，就事实问题而言，早在11月13日，王栋本人已将要求宏智科技董事会召集召开临时股东大会的提议及相关提案内容以特快专递的方式邮寄至宏智科技董事会，并已经在中国证监会福州特派办和上海证券交易所备案。11月28日，福州市邮政快递公司查询中心出具证明，证明宏智科技股份有限公司工作人员拒绝签收该邮件。根据民事诉讼中有关送达的原理，[①]拒绝签收并不影响送达的法律效力，同理，就法律效力而言应当视为该邮件已经送达，即现任董事会已经收到提案。

其次，就法律问题而言，假定现任董事会确实没有收到提案，更确切地讲，假定王栋没有依法书面提交议案，那么其自行召开临时股东大会是否合法呢？这主要看《意见》规定的“书面提交议案”——作为提议股东自行召集会议的条

---

① 参见《民事诉讼法》第79条，最高人民法院《关于适用〈民事诉讼法〉若干问题的意见》第82条、第85条。

件——是否具有强制性。这涉及公司法的一个基本理论问题,公司法哪些规定是强制性的,哪些是任意性的?如果属于强制性规定,则公司章程不得另行作出不同规定。违反强制性规定往往意味着程序瑕疵或者内容违法,从而导致表决结果无效。一般认为,股份公司法中的基本规则("基本规则"主要指管理者和大股东的受托责任等)和有关权力分配的普通规则("普通规则"主要指公司的组织、权力分配、权力运作以及公司资产和利润分配等)适用于管理层与股东之间利益冲突最激烈的领域,原则上它们应该是强制性的。① 换句话说,在双方利益无法调和或者彼此缺乏对等的协商能力的情况下,所适用的规则应具有强制性,其目的是建构一个相对公平的、能够协调各方利益的运作框架,并且保证这个框架的坚实和稳定。据此,提议股东应向董事会提交书面提案等程序架构,正是立法上协调股东与管理层之间利益冲突的手段,应当视为强制性规范。如果王栋没有履行书面提交议案的义务,则自行召开临时股东大会就不具有合法性。

结合本案来检讨《意见》的前述规定,还有几点值得讨论:第一,如果像本案这样,董事会收到书面提议后15日之内不予答复,或者,不同意召开会议但却迟迟不予通知,出现这种情况应该怎么办?《意见》并未直接规定。实际上,提议股东多属心存异议或不满才要求召开临时股东大会的,而董事会很可能采取不予理睬的做法。如果收到提议后15日之内不予答复,按照常理自应视为不同意,因为无法设想,董事会竟然可以不理不睬而成功地阻止股东大会的召开,提议股东竟然会因为董事会久拖不决而束手无策。可见,鉴于本案中现任董事会"收到"(实为"拒收")提案后15日内不予通知是否同意召开临时股东会,王栋作为提议股东有权自行发出召开会议的通知。第二,临时股东大会一律由董事会召集是否合理?一般来说,少数股东提议召开临时股东大会时已经与现任管理层存在利害冲突,管理层有可能设法阻挠会议的召开,或者破坏会议的进程。国外一般规定,提议股东请求召开股东大会未获董事会同意时,在经法院授权之后,提议股东可以自行召集会议,②而不必仍旧依赖董事会。实际上,如果现任董事会执意拒绝合作,那么限定董事会召集会议根本不具有可行性。例如,由本案现任董事会召集临时股东大会来撤换自己,确实有些勉为其难,更何况在提议股东与现任董事会之间的信任关系已经非常脆弱的情况下,这样做又如何让提议股东放心得下?然而,在现行规定(临时股东大会由董事会召集)没有改变之

① 汤欣:"论公司法的性格——强行法抑或任意法?",载《中国法学》2001年第1期。

② 例如,《德国股份法》第122条第3款;《日本商法典》第237条第2款;《韩国商法典》第366条第2款。

前,王栋自行召集会议的做法显然是有疑问的,尽管如上所述,在这种情形下由提议股东来自行召集会议比较合理。第三,《意见》第23条、第24条(提议股东有权“自行发出召开临时股东大会的通知”)与第25条(“会议由董事会负责召集”)是否前后矛盾?在本案,现任董事会先是借口“没有收到提案”而拒绝召开临时股东大会,在其质疑王栋召开会议的诉讼失败后,转而公告(2004年1月10日)愿意“出席”和“主持”临时股东大会。值得注意的是,现任董事会并没有在公告中要求“召集”会议,而按照《意见》第25条,现任董事会似乎有权这样做。按照一般的理解,“召集”主要指发出会议通知(告知出席会议的人员、拟予讨论的事项、开会的时间地点、到会人员登记等),召集人也就是发出会议通知的人,因此,1月11日的临时股东大会的召集工作实际上已由王栋“依法”自行完成了,(按照《意见》第23条的规定)而且是在现任董事会发出“出席”公告之前完成的。如果现任董事会在公告中“依法”要求“召集”会议,那么《意见》中岂不现出尴尬?

另外,根据王栋与闽发公司之间签订的托管协议,在托管期间,胡海仁享有托管股份的提名权和表决权。据此,胡海仁和现任董事会认为,王栋提议召开临时股东大会违反了托管协议的内容,既然相应的提案权、提名权、表决权已经交由胡海仁行使,那么王栋就没有权利提议召开临时股东会以改选董事会和监事会。实际上,王栋有没有提案权以及其他股东权利,其依据在于其是否有股东身份,而确认股东身份的依据主要是出资证明书或股东名册(有限责任公司)以及所持股票或交易记录(股份有限公司),①具体到本案,就是要看证券登记结算机构有无相关记载。

既然王栋的股东身份可以据此确定,当然可以依法行使股东权利。至于王栋是否违反托管协议,这与其股东身份确认不属于同一法律关系,而是属于合同纠纷,受托人可以要求委托人承担违反委托合同的违约责任。顺便指出,证监会于2004年1月7日专门发布《关于规范上市公司实际控制权转移行为有关问题的通知》(以下简称《通知》),禁止上市公司控股股东通过所谓的“股权托管”等方式变相转让上市公司控制权,因为这种做法使控股股东不能履行其控股股东职责,而收购人虽然实际控制上市公司,但是却不承担控股股东的责任,因此上市公司的经营管理处于极不确定的状态,很容易发生托管纠纷(如ST民丰的控制权之争),或者损害公司和股东利益。《通知》要求已经发生的控股股东违反

① 参见最高人民法院《关于审理公司纠纷案件若干问题的规定(一)(征求意见稿)》第15条、16条,该《规定》虽未生效,但反映了司法实践当中比较一致的经验。

法定程序转移上市公司实际控制权的行为，应当在该《通知》发布后的六个月内予以纠正。显然，上述所谓股份托管应该在纠正之列。当然，上述《通知》只是部门规章，它并不能否定托管协议的合同效力。

二、通 知 问 题

根据《意见》第 24 条的规定，提议股东决定自行召开临时股东大会的，应当书面通知董事会，报公司所在地中国证监会派出机构和证券交易所备案。王栋决定自行召开临时股东大会之后曾经履行了备案手续，而且书面通知了现任董事会，现任董事会 2003 年 12 月 11 日在公告中承认已经收到该函件，因此，就“通知”的程序而言，王栋召开的会议符合上述规定。

再看黄曼民主持的会议是否符合有关“通知”的要求。在黄曼民要求主持会议遭到王栋拒绝之后，现任董事会通过举手表决，现场决定将会议地点移至该酒店三狮厅，并口头通知到会股东及股东代理人重新办理登记手续，登记时间延至上午 10 时，会议由黄曼民主持。《意见》中“一般规定”第 8 条要求“公司因特殊原因必须延期召开股东大会的，应在原定股东大会召开日前至少 5 个工作日发布延期通知。董事会在延期召开通知中应说明原因并公布延期后的召开日期”。关于股东提议召开临时股东大会的情况，第 22 条也规定未征得提议股东的同意不得对股东大会召开的时间进行变更或推迟。根据前述法理，“通知”程序也应具有强制性，黄曼民主持召开的临时股东大会违反了强制性的程序规定，应该认为该会议及其决议不具有合法性。

三、会 议 主 持

在王栋发出自行召开临时股东大会的通知后，现任董事会一开始并没有争夺股东大会的主持权，而是以司法途径力图暂缓股东大会的召开。在司法途径失利后，现任董事会 1 月 10 日公告称：“针对公司第一大股东王栋提议的于 2004 年 1 月 11 日自行召开并主持宏智科技股份有限公司 2004 年第一次临时股东大会……公司董事会决定出席并由董事长黄曼民先生负责主持该次股东大会。”那么，王栋拒绝黄曼民主持会议而坚持由自己主持，其法律效力如何呢？

如前所述，在当事人之间缺乏平等协商能力的时候，或者当事人自己无法确立公正秩序的地方，法律应该出面维护秩序。《公司法》第 105 条明确规定股东大会会议由董事会召集、董事长或其指定的副董事长或董事主持,对于临时股东大会未设例外规定。《意见》第25条有关临时股东大会的召集和主持的规定也与《公司法》的规定无异。有关召集与主持的程序性规定属于强制性规范,当事人不得就此作出相反的或者实质上不同的规定。按照这个原理,在现行规定之下,应该认为王栋主持临时股东大会因为违反会议程序而不具有合法性。当然,前面已经指出,董事会拒不召开临时股东大会时,提议股东自行召集会议具有合理性,在这种情况下,再强求董事长主持会议已无实际意义,完全可以由提议股东主持,或者从已经召集的股东大会中选任,这样会比现行规定更加合理一些。①

有人认为,其实王栋不妨让黄曼民主持,因为董事长只是"主持人",而不是"决定人"。② 实际上,主持人虽然不能直接决定股东的表决意向,但按照国外的规定,股东大会主持人有权"决定"多种会议程序事项,包括确认到会股东(不含股东资格确认)、限制发言时间和次数、维持会议秩序以及检票等。③ 而这些"决定"可能对于实体表决具有重大影响。正因如此,会议由不同的人主持并非无关紧要,"主持人"在公司有关会议上也并非无足轻重,主持人如果擅自宣布散会则需有相应的法律措施予以救济。④ 这也反过来说明,法律规定股东大会主持人角色正是权衡相应利害关系的结果,而将其纳入强制性规范自有其合理之处。

四、会 议 表 决

同时召开的两个临时股东大会的表决结果分别是,王栋主持的会议:出席股东及股东代理人共51人,表决票114票,代表股份2466.6527万股,占公司股份总额的22.42%,收回表决单113张,其中4票因表决单填写不规范而作废,109票赞成,赞成票代表股份2452.8711万股,表决结果为通过。黄曼民主持的会议:出席股东及股东代理人共5人,代表股份4071.46万股,占公司股份总额的37.01%,其中,1人弃权,4人反对,反对票代表股份为4071.2万股,表决结果为

① 李哲松著:《韩国公司法》,吴日焕译,中国政法大学出版社2000年版,第354页。

② 陈铭:"宏智科技'双份'股东大会的法律迷途",载《证券时报》2004年1月14日。

③ 日本《商法典》第237条之四;李哲松著:《韩国公司法》,吴日焕译,中国政法大学出版社2000年版,第380~381页。

④ 我国台湾地区"公司法"(2001年修订)第182条之一,有关该条增订的评释参见刘连煜著:《公司法原理》,中国政法大学出版社2003年版,第12页。

不予通过。

由于选举董事、监事不属特别决议事项，无须特别多数通过，上述表决以出席股东所代表的表决权股的过半数通过即可，国外一般也规定过半数通过。但不同的是对出席股东所代表的表决权股有最低比例要求，如50%、25%，低于该比例的会议表决无效；或者规定，如果第一次召集达不到某个出席比例，第二次即不作要求；还有的要求不仅过半数通过，而且表示通过的股份数量必须达到某个比例以上，如必须占到总表决权股1/4以上（其实效与出席要件相仿），①总之，不仅仅是出席股东所代表的表决权股简单多数通过即可。我国公司法除了成立大会之外，对于股东大会的召开仅设有表决要件，而无出席要件。按理说，股东是否出席会议完全有其选择自由，不便勉强。我国不强制规定出席比例也是考虑到上市公司往往股东人数众多、住地分散，加之中小股东参与热情不高，现实当中很难满足出席要件等情况，但实际上，股东的参与是否积极除了自身原因之外，更大程度上取决于投票是否便捷、参与成本是否合理。随着股东大会会议形式和表决方式的改革，如证监会拟予推行的网上会议以及通讯表决，上述理由就不再成立了。尤需指出，缺乏出席比例的最低要求，其最大的弊端是可能出现占少数表决权股东支配占多数表决权股东的结果，在极端的情况下，如果只有一个股东——不论持股多少——出席会议，其表决结果也对整个公司和全体股东有约束力。本案中，两个会议的出席股东所占全部表决权股的比例分别只有22.42%和37.01%，均不足50%，这样召开的股东大会的代表意义比较有限，在一定程度上弱化了股东大会作为公司权力机构的性能。同时，出席要件的空白也给部分股东操纵公司的利益留下了更大的空间，从而加大了公司管治纠纷发生的可能性。可以设想，如果有较高的出席比例要求，也许同时召开两个股东大会的事就不会发生。

五、结　　语

ST宏智的“双头”董事会源自对公司控制权的争夺，对控制权的争夺实际上就是对董事会的争夺。在宏智科技上市之初形成的七大股东中，第四至第七大股东属同一控制人，实际上是四大股东，他们的持股比例分别为，王栋18.03%，李少林15.79%，大乾公司13.15%，第4至第7大股东共同持股

① 《法国商事公司法》第155条第2款；《日本商法典》第239条第1款；《韩国商法》第368条第1款，等等。

16.67%。显然,这种股权结构比较容易引发控制权之争,因为各股东的持股比例比较接近,对公司控制力量不相上下。类似的例子还有国际大厦(000600)、新都酒店(000033)等。由于旷日持久的内耗,ST宏智如今已经危机四起,司法介入已经不可避免。[①] 在王栋提起的诉讼中,法院已经裁定公司印章等由法院来保管,实际上开创了法院一定程度地"接管"公司的先例。(在案件诉讼期间,公司继续生产经营,而公司印章则由法院根据保障生产经营和投资人、客户、员工利益的原则来监管和使用。)

需要注意的是,我国司法介入公司管治的法律依据问题。在审判实践中,近期已经出现了首例法院判决董事会依法不能成立的案例,即新都酒店案。[②] 该案与ST宏智案有可比之处,因为董事会的合法性问题也是后者的焦点,主要依据仍将是公司法第111条。这里有几个问题值得讨论:首先,以第111条为依据提起确认之诉是否有些牵强?因为从文义来看,第111条似系赋予股东提起给付之诉(要求股东大会或董事会停止违法行为和侵害行为)的权利。新都酒店案判决认为:基于第111条,股东"可以股东大会决议程序或内容违法而提起撤销决议或主张决议无效之诉",[③]实际上是对该条作了扩大解释。其次,第111条规定的适格原告限于"合法权益"受到侵犯的"股东",那么,同时召开两个临时股东大会侵犯了哪个"股东"的什么"合法权益"呢?例如,在湖北股民王建祥、付强提起的诉讼中,他们诉称因为公司召开两个临时股东大会及其不同决议而遭受了"巨额经济损失",但从该股市场表现来看,这种损失并无依据,[④]而且

---

① 在国外,大陆法系国家的法院一般不介入公司的管理纠纷,只可以解决产权纠纷;但英美法系不少国家和地区的公司治理问题也可以到法院解决,比如,法院可以审理有关董事会选举中董事任职争议的纠纷;由于公司内部原因导致公司机关无法正常运作时,法院可以经公司请求而委派指定人员实行接管。参见《美国特拉华州公司法》第225条、第226条;《美国纽约州公司法》第1103条。鉴于我国公司管理层面的纠纷越来越多,过去以行政手段解决,现在行政权力退出,应适时扩大司法权力介入的领域,以免因为纠纷无法解决而给公司、股东和职工带来损失。参见江平:"完善公司治理结构的基本法律问题",载《财经》2002年6月5日。

② 参见该案终审判决〔2003〕深中法民二终字第614号。该判决的理由主要是股东大会选举的独立董事中不含会计专业人士,另有一名董事属参照国家公务员管理的范围,选举中未实行累计投票制等,判决依据主要是《民法通则》第58条第1款第5项、第2款;《公司法》第39条、58条、111条和《国家公务员条例》第31条。

③ 该判决的此处表述存在明显语病。

④ 根据公司公告,湖北股民诉称2004年年初购买公司股票后造成巨额经济损失。但从2004年年初至1月11日临时股东大会召开,期间ST宏智的股价最高为6.8元。此后,ST宏智一直停牌至2月5日,复牌后ST宏智的股价连续涨停,最高涨至8.87元,此后股价回落横盘整理,但均价仍保持7.8元左右。可见,即使这两位股民在2004年年初以最高价位6.8元购入股票,他们也不可能存在直接经济损失。

这种投资损失也不属于作为股东权的“资产受益”权利受到侵害。幸而原告只是要求宏智公司“停止侵犯股东权益”,如果进而要求赔偿其经济损失,那么原告诉称的公司“侵犯股东权益”的行为是不是侵权行为,该行为与股东损失之间因果关系举证责任应该如何分配等,更无明确的可资判断的法律依据。在新都酒店案中,按照法院判决意见,上述“合法权益”至少包括股东的“重大决策和选择管理者”的权利,这一点也可适用于王栋的起诉依据。不过,除此之外,“合法权益”的其他具体内容仍有待明确。除了股东之外的其他主体能不能提起诉讼?两个董事长当中究竟谁能代表公司应诉?这些问题也需要弄清。再次,如果股东大会的选举结果被判无效,那么,此前作为选举结果的董事会在其存续期间的行为对于第三人的效力如何呢?对此,似乎应该按照类似于“表见代理”的原理,保护善意第三人的合法权益。最后,如果仅以《意见》的规定作为某个临时股东大会决议无效的理由是否充分?因为《意见》并不属于第111条规定的“法律、行政法规”的范围。总之,为了解决以上问题,应该通过富有开创性的实践,逐步提炼出公司治理纠纷的相应解决措施,包括司法解释乃至修订立法等。

(2004年第5期)

【栏目】《公司法》修改与公司法律制度的完善

《公司法》的实施与完善刍议

顾功耘*

《公司法》实施已经十周年了。过去的十年里,《公司法》在我国的经济改革和经济建设中发挥了巨大的作用,其实施已经导致计划经济体制下形成的单纯国有企业运行机制逐步让位于市场条件下的多种公司形式并存的运行机制。具体来说,在投资方面,《公司法》的实施充分调动了社会各种主体投资的积极性,避免了国家一家投资所带来的资金不足、投向盲目、效益不高等弊端;在管理体制方面,《公司法》的实施使我国的企业开始实行了民主和科学的管理,进一步划清了与政府之间的关系;在收益分配方面,《公司法》的实施改变了传统的分配格局,使投资者、经营者、劳动者各自的利益在一定程度上得到满足。公司法作为商法的重要组成部分,与其他部门法相互配合,为建立我国市场经济的良好法律秩序、促进国民经济的繁荣发展提供了良好的法制保障。

《公司法》的实施不仅仅对我国的经济生活发生了重大影响,还对人们的思想观念形成了不小的冲击。公司作为一个独立的经济组织,其法人人格逐渐受到尊重;企业组织的家长制被摒弃,董事会集体决策被普遍认可;股东的个人财产保护意识普遍增强;公司破产的市场竞争规则也被越来越多的人所接受;司法介入企业的经营管理纷争被视为正常的事。关于公司是姓公还是姓私的争论很少再有人提起。市场的理念和商法的精神随着《公司法》的实施正在被广泛地传播。

需要强调的是,《公司法》的实施还存在相当多的缺憾。十年来,尽管《公司法》有力地推动了国有企业的改革,但是国有企业的一些不规范改革也给《公司法》的实施蒙上了浓重的阴影。在证券市场上,相当数量的国有控股的上市公司不仅没有形成合理的法人治理结构,而且经营状况以及效益令人担忧。有的公司经营不多年,已经陷入严重的困境,引起了多方面的关注。另外,《全民所

---

* 作者单位:华东政法学院(现华东政法大学)。

有制工业企业法》与《公司法》都是有效的法律，两种制度并存，国有企业不改制合情且合法。国有企业实行公司制改制不是强制性的，取决于企业的自愿选择。这就存在一种非常不合理的现象，同时具有法人资格的企业，则可以由当事者自己选择适用法律，同样的行为可以在法律上形成不同的结果。《公司法》作为企业组织的基本法，既然已经在全国境内发生效力，就应当统一适用。而现在的实际情况是，国有企业改制不改制均可在法律上找到依据，《公司法》可以执行也可以不执行。改革至今，我们还不能说，我们对实行公司制的优越性已经有足够的认识，我们也不能说，我们对国有企业的旧体制弊端已经有足够的认识。在有些地区国有企业改制还未起步，就全国范围来讲，发展很不平衡。以至于有不少人提出了这样的怀疑：当初选择公司制是否多余，国有企业改制是否根本就没有必要？国有企业为何要改制，是否一定要改制，什么时候改制完成，在决策层那里似乎都没有定论。

至于根据《公司法》成立的各种公司，落实《公司法》的程度也有很大的差异。有的公司形式上建立了股东会董事会监事会，但实际上并没有构成相互的制约和清晰的分工。在不少的上市公司，国有企业拥有绝对的股份，其实质仍然是传统的国有企业的运行机制。在分配问题上，由于国有大股东过度控制以及从事不公正的关联交易，导致其他股东的利益很难实现。

《公司法》因本身存在着不合理的规定，在实践中往往造成无法操作的局面。法律上强制性条款过多，有的公司因为受政府的控制还难以独立地从事经营活动；《公司法》所确定的董事长法定代表人制度存在权职利不对称的情况；资本制度缺少灵活性；股权的转让和公司的退出机制不健全，公司运作常常出现僵局；《公司法》部分规范与现实生活存在严重脱节等。总之，《公司法》体现出众多与市场经济不相适应的方面。在《公司法》实施十周年之际，我们要认真研究这些现实问题，并切实地提出建设性意见加以解决。

关于两种企业制度并存的问题，本不应遭到非议，但我国的《全民所有制工业企业法》发布于《公司法》之前，国有企业的运行基本上遵从的是传统的计划经济体制。作为国有企业，要在市场上开展经营活动，其遵循的基本规则应当是与公司相同的。所以，适应计划经济体制的国有企业在现代市场上参与竞争是不适合的。同时，我们也应当注意到，国有企业是企业法人的一种，也具有它独有的性质和功能。国有企业是我国市场经济条件下的领头羊，不应混同于一般的商人主体，它的活动宗旨不应仅追求营利。国有资产属于全民所有，用国有资产投资建立的国有企业应当更多地担负起提供公共产品和服务的责任；在追求营利的同时，应当考虑公共的利益。国有企业作为特殊企业，除遵守《公司法》

外,应在《公司法》指导下,制定《国有公司法》作为其活动的依据。《国有公司法》要调整和规范国有独资公司与国有控股公司的活动。国有企业改制有两种结果,一种结果是改成了非国有企业,非国企完全按照《公司法》运作;另一种结果是保留了国有企业的性质,这种企业应当按照《国有公司法》运作,只有在《国有公司法》没有规定的情况下,才按照《公司法》运作。

如何改善与扩大《公司法》实施的效果?首先,认识问题。我们如果不能对国有企业的旧机制进行深刻的反思,我们也不能客观全面正确地认识《公司法》所建立的这套新机制,《公司法》的实施效果就必然会大打折扣。在国有企业,厂长经理负责制不符合民主的原则,党委保证监督达不到预期的经营监督效果,职工民主管理往往流于形式。我们要实行现代企业制度,就必须选择决策执行监督三权分立的管理体制。其次,我们的决策层应清醒地认识到国有企业重新定位的重要性。国有企业具有营利性和公益性双重特性。在营利性目标与公益性目标发生矛盾时,应当服从公益性。同时,要尽快明确国有企业改制的目标和进程。哪些国有企业改为国有公司,哪些国有企业改为非国有公司,应有整体规划。要明确《公司法》实施的时间效力和空间效力。国有企业改制要有紧迫感,不能无限期地拖延。最后,我们要不失时机,加快《公司法》修订的步伐。要充分听取专家的修订意见,使我国的《公司法》既符合我国推进市场经济改革的需要,又能合理借鉴国际的商事规则,从而不断走向完善。

(2004年第7期)

《公司法》修改应追求适应性

王保树*

我国的《公司法》修改工作已经于今春正式启动。这次《公司法》修改应追求什么?这无疑是整个《公司法》修改中一直需要解决的问题。对此,可以有各种不同的回答。但从根本上说,首先要解决一个《公司法》的适应性问题。

* 作者单位:清华大学法学院。

所谓《公司法》修改的适应性，至少应包括三层意思：第一，应适应健全与发展商事公司制度的需要。1993 年 12 月 29 日，我国《公司法》的颁布，标志着我国商事公司制度的全面恢复。但是，当时人们对商事公司制度的理解主要限于国有企业改制的“现代企业制度”。今天，人们对商事公司制度的理解已远非当初，商事公司已经是所有投资者都可采用的一种企业形态。当公司法面对各种投资者时，它更需注意对所有投资者提供投资的均等机会和公司运营的效率。现代的商事公司制度不能缺少现代公司财产制度，也不能离开现代公司治理制度。换言之，从一定意义上说，现代商事公司制度应是现代公司财产制度与现代公司治理制度的有机结合。我们的公司法必须与其适应。第二，应适应社会主义市场经济发展的要求。《公司法》颁布之时，正逢我国刚刚提出建立社会主义市场经济体制不久，而今天则是我国社会主义市场经济体制要走向完善之时。无疑，公司是市场经济发展的最重要的商事主体，因而《公司法》的颁布被人们视为建立社会主义市场经济体制的切实有效的步骤之一。同样，完善的公司制度也是完善的市场经济体制的应有之义。因此，《公司法》的修改必须适应完善市场经济体制的需要。完善的市场经济体制应是既充分发挥市场机制的基础作用，又充分注意其可调控性。反映到公司法上，应充分注意其任意性规范的地位和发挥作用的空间；同时，应强调任意性规范和强行性规范的协调。第三，应适应全球竞争的要求。中国已加入了世界贸易组织，以此为契机，中国融入全球经济一体化的步伐大大加快了。在此种情况下，中国公司面临的是全球竞争，而不只是在一国范围内的竞争。打造具有全球竞争力的公司，是刻不容缓的事情。并且，公司的竞争力绝不仅仅是公司自己的事情。具有全球竞争力的公司越多，一个国家的综合国力也越强。虽然，公司竞争力不能仅依靠公司法，但完善的、现代的、好的公司法确实可以为公司在降低公司运营成本、分散公司经营风险上提供有效的制度安排。如果说，一个国家经济落后会挨打，那么，一个国家商事法律制度包括公司法律制度落后，增加公司运营成本和公司经营风险，也同样会在全球经济竞争中挨打。显然，公司法的适应性太重要了。当然，适应性的这三个层次是紧密联系和一致的。完善的商事公司制度应是完善的市场经济体制的一部分，而完善的市场经济体制是适应全球竞争要求的最基本的条件。就这一意义而言，公司法的修改只要能适应健全和完善的商事公司制度的需要，也就能够适应完善市场经济体制和全球竞争的要求。如何解决公司法修改的适应性问题？从根本上说，主要是两个方面：

（一）消极适应。所谓消极适应，是指在《公司法》的修改中，去掉那些实践已证明不适应市场经济发展的规则。

1. 删除与《公司法》精神不一致的条文。公司制度就一定意义而言就是公司法人制度。而公司法人制度的根本点是,股东财产与公司财产分离,公司具有独立的财产权利;股东承担有限责任;公司具有独立人格。与其精神不一致的条文不应继续存在于公司法之中。譬如,《公司法》第4条第1款规定:"公司股东作为出资者按投入公司的资本额享有所有者的资产受益、重大决策和选择管理者等权利。"第2款规定:"公司享有由股东投资形成的全部法人财产权,依法享有民事权利,承担民事责任。"这表明,股东出资后仅有股权,众多股东投资形成的财产属于公司。但是,该条第3款却又规定:"公司中的国有资产所有权属于国家。"似乎国有股与其他股东不同,它既对公司享有股权,又继续对投入公司的资产拥有所有权。显然,这是不符合公司法的精神的。又如,《公司法》第120条规定:"公司根据需要,可以由董事会授权董事长在闭会期间,行使董事会的部分职权。"给人的印象,似乎董事会也像股东大会一样,仅以会议形式存在。显然,这与董事会作为业务执行与经营决策机关的地位是矛盾的。

2. 修改《公司法》中无法操作的条文。公司法中,有一些很难操作的条文,其典型之一是第48条。该条规定,董事会会议由董事长召集和主持;董事长因特殊原因不能履行职务时,由董事长指定副董事长或者其他董事召集和主持。实践中,董事长往往因怕罢免其职务,自己不召集和主持董事会,也不指定副董事长或者其他董事召集和主持,使公司无法有效运营。如此条文,必须加以修改,以使公司更有效率。同时,公司法中有多处授权国务院作出规定的条文,但有些至今也未规定,对于这些尚存的空白应该加以填充。

3. 调整不协调的规则。《公司法》也有相互不协调的条文,如第35条第2款规定:"股东向股东以外的人转让其出资时,必须经全体股东过半数同意;不同意转让的股东应当购买该转让的出资,如果不购买该转让的出资,视为同意转让。"显然,这里决定股东向股东以外的人转让出资,采用的是"头数主义"。但是,《公司法》第38条将"对股东向股东以外的人转让出资作出决议"作为股东会职权之一,实行"资本多数决"。如此,常常引起纠纷,影响公司的有效运营,不适应商事公司发展,应在公司法修改中加以协调。

(二)积极适应。即在《公司法》修改中,通过积极增加必要条文或完善已有条文,使之有利于健全商事公司制度。凡是实践证明我国公司运营需要,而国外也证明完善的商事公司制度不可缺少的规则,此次《公司法》修改中必须加以充实。特别是,应在以下三个方面加以改进:

1. 方便出资人设立公司。无疑,方便出资人设立公司,需要多方面的努力,但至少应作出如下制度的改革:一是降低最低注册资本最低限额,进一步调动投资者设立公司的积极性；二是改变现在的资本确定制和单一的一次足额缴纳的制度，改为股份公司的折中授权资本制和有限责任公司的分期缴纳制；三是增加出资形式的种类，适当提高知识产权出资比例；四是允许设立一人有限公司，使我国社会公众投资者与国有股、外资股享受同样待遇。

2. 完善公司治理。在立法中应采取更有效的措施，方便股东行使股东权，保护和实现所有股东的权益；设置董事注意义务和忠实义务的一般条款，进一步完善和强化董事义务；改变现行公司法监督机关薄弱的状况，建立可供选择的健全的监事会制度和独立董事制度，增强监督的有效性。必须重视信息资源在公司治理中的功能与作用，使董事有权从经理那里获得必须了解的信息，使监事有权从董事、经理那里获得其监督所必要的信息。就监事会监督的实效性而言，必须注意监事的知情权在行使监督权中的地位。除董事会定期向监事会提交财务会计报告外，还应在必要时，要求董事会就其公司经营的重大问题或突发性问题向监事会报告。公司治理中，还应尊重利益相关者的利益。

应通过此次公司法修改加强对中小股东的保护：设置控制股东义务，防止控制股东滥用支配权；增加股东诉讼，包括股东直接诉讼和股东代表诉讼，以增加救济措施；采用累积投票，以使小股东也有反映他们利益的董事或监事；增设异议股东股份收购请求权，以使中小股东能够有退出渠道；增加少数股东权的内容；建立类别股东会议制度。

3. 降低公司运营风险，增加保护公司债权人的措施。在降低公司运营风险中，一方面，要通过上述公司治理，提高运营效率；另一方面，应建立有效机制，解决有关当事人与公司的利益冲突，防止公司利益受损；在一定范围内建立法定审计，实现有效的财务控制。同时，将企业集团纳入公司法的框架，使规模经营建立在公司法规则的基础上。在保护债权人利益方面，除完善已有制度外，应引进国外揭开公司面纱的经验，规定股东特别是控制股东与公司一起对债权人承担连带责任的特定情形。

讨论公司法的适应性，往往被人们认为是纯理性的探讨。其实，这是一个实践性很强的问题。在公司法的修改中，有一个很好的观点，即公司法的修改不是为了使公司法好看，而是为了使公司法好用。显然，公司法的适应性属于后者。

（2004 年第 7 期）

《公司法》修改应着力创新

刘俊海*

由于我国公司实践起步较晚,公司法理论研究薄弱,起草时间仓促等原因,致使《公司法》条文存在原则性较强、可操作性较差、法律漏洞较多的不足。1999年虽有过一次修改,但毕竟不是全面修正。今年立法机关把《公司法》修改列入立法规划。作为一名公司法学者,深感公司法制度与理论创新的历史责任感与现实紧迫性。公司法学者只有解放思想,开拓创新,才能为现行《公司法》的修改和我国现代公司制度的彻底确立提供法理依据和理论支持。一方面,公司法理论为《公司法》修改提供理论指导;另一方面,《公司法》的修改也检验公司法理论的成熟度。

一、放宽股东出资方式的不必要限制,增加出资方式

党的十六大报告指出,要"放手让一切劳动、知识、技术、管理和资本的活力竞相迸发,让一切创造社会财富的源泉充分涌流,以造福于人民"。但现行《公司法》第24条限定列举的五种出资形式(货币、实物、工业产权、非专利技术与土地使用权)不足以囊括创造公司财富的各种资本源泉。因此,是否应当允许第六种出资方式,如股权、债权、房屋使用权、劳务、著作权、债权、投资基金券、票据作价出资,实践中极易发生纠纷。最常见也最保守的态度就是不允许第六种出资方式。因为,立法只列举了五种出资方式;而且其他出资方式的真实性与充分性无法确保。其实,对公司创造价值发挥作用的出资方式远远不止五种出资。可以借鉴美国《模范商事公司法》第6.21条第2项的立法经验,只要股东的出资是能够作出价值评估,并具有交换价值的财产利益均应认定为合法出资形式。此外,《合伙企业法》中对出资形式的规定就很灵活。根据该法第11条第1款的规定,合伙人可以用货币、实物、土地使用权、知识产权或者其他财产权利出资。第3款规定,经全体合伙人协商一致,合伙人也可以用劳务出资。此种立法例可供《公司法》修改时参考。放宽股东出资形式以后,将会鼓励成千上万的投资者拿出闲置多年的资本进行投资创业。

---

* 作者单位:中国社会科学院法学研究所。

二、大胆放手鼓励公司与股东自治，扩张公司的商事权利能力与行为能力

公司虽冠以“公”字，但绝非公法主体，而系私法主体，天然需要弘扬公司自治与股东自治精神。因为，既然相信市场，就不能怀疑公司和股东的自律自治能力。现行《公司法》有不少不当限制公司自由的强制性法律规范，需要认真反思。《公司法》修改中应当进一步增加公司的组织形式（包括一人公司、资本可以变动的公司型投资基金）；简化公司设立（含发起设立与募集设立）程序；允许股票折价发行；允许公司担任合伙企业中的普通合伙人以及有限合伙人；重视公司章程与股东协议的效力；原则上废除公司的经营范围制度；废除转投资限制；允许公司自由选择单层制或者“双层制”的治理结构；允许公司依据法定条件和程序为其股东设定担保。例如，当前的公司经营范围制度就是计划经济的产物。现行《公司法》第 11 条规定：“公司的经营范围由公司章程规定，并依法登记。公司的经营范围中属于法律、行政法规限制的项目，应依法经过批准。公司应在登记的经营范围内从事经营活动。”建议立法者顺应市场经济潮流，借鉴国际先进经验，抛弃对公司经营范围的高度管制态度，结束公司营业执照中必须一一写明经营范围的历史。从而进一步增强公司权利能力，除专属于自然人的权利外，公司享有自然人根据宪法、实体法和程序法享有的一切权利。又如，现行《公司法》第 12 条关于公司对外转投资不得超过本公司净资产 50% 的不合理规定也应予以删除。

三、将股东平等原则贯彻到底，删除变相歧视非公有制经济的条款

《公司法》的先进性之一就是与《合伙企业法》和《个人独资企业法》一起，扭转了立法者在计划经济体制下按投资者所有制性质分套立法的传统思路，改为按照投资者的责任限制与企业组织形式立法，从而开创了现代企业制度立法的先河。遗憾的是，《公司法》在坚持股东平等原则方面并不彻底。现行《公司法》对国企公司制改革作了详细，甚至优惠的规定，如第 2 章第 3 节对于国有独资公司作了专门规定，也就是说，允许国家授权投资机构和部门设立一人公司，却不允许国家之外的投资者设立一人公司；第 75 条在要求股份有限公司的发起

人为五人以上的同时，破例允许在国企改制为股份有限公司的情形下发起人少于五人，甚至是一人；第59条不允许普通的有限责任公司发行公司债券，但允许国有独资公司和两个以上的国企或者其他两个以上的国有投资主体投资设立的有限责任公司发行债券。这种计划经济的烙印明显违反了股东平等原则，也构成了对非国有经济，尤其是非公有制经济的歧视。要彻底解决这个问题，关键是在修改《公司法》时落实股东平等原则，剔除国家股东的特殊规定，从而使公司法成为各类股东设立公司的普遍行为规则。国家股东享受的优惠待遇要么取消，要么推广适用于所有股东。至于国家持股公司中国有股权的行使与处分问题，可以另行立法规定。立法者应当清楚，《公司法》、《证券法》、证券市场与资本市场不仅要为国企改革和发展服务，也要为非公有制企业改革和发展服务。

四、在淡化行政权对公司生活过度干预的同时，鼓励司法权积极审慎地介入公司生活

修改《公司法》应当大幅削弱、淡化政府对公司设立和运营的不必要干预和限制，立法者的过度干预也将慢慢被削弱。而在行政干预和立法干预慢慢被削弱的时候，司法权会慢慢呈扩大的趋势。例如，股东在受到公司董事会和控制股东压榨，且无法转让股权的情况下，有权向法院寻求司法救济。当公司拒绝或者怠于通过诉讼追究董事长和高管人员对公司所负的责任时，具备法定资格的股东也有权依据法定程序以自己名义，但为了公司利益提起股东代表诉讼。现行《公司法》对于程序性法律规范规定较少，已经妨碍了公司与股东寻求司法救济的通道，在《公司法》修改中必须充实公司诉讼制度。当然，法院在积极介入公司内部法律关系的时候，应当审慎而为。司法权不能取代公司正常的商业判断，而是要尊重正常的商业判断。法官并不适合在所有情况下都作出贤明、公平的决策，即使法官出于良好的愿望也是如此。因此，法官首先应当尊重公司（通过股东大会、董事会、董事长、总经理）、股东、董事依法作出的选择，尊重他们的意思表示自由和民事行为自由。只有当私法自治被滥用、导致公司法律关系中当事人的权利和利益受到损害时，法官才能依法以自己的司法判断取代商业判断。例如，法院原则上不宜干预公司的股利分配政策。股利分配与否，除了取决于公司是否有可资分配的利润，还取决于公司的意思，主要是股东大会的自由判断。而股东大会的判断又有可能受到两种股利分配理念的影响：一是股东近期财富最大化的理念；二是股东远期财富最大化的理念。究竟选择哪种理念，要看股东在股东大会表决时的角逐状况而定，本身无合法与违法之别，法院不宜干涉。

五、完善公司资本制度，维护交易安全与鼓励投资并重

要改革资本确定原则，大胆引入授权资本制。现行《公司法》采行传统资本确定原则，该原则虽利于保护公司债权人，但易阻碍公司高效、及时、低成本的筹资活动。为避免公司设立初期由于经营活动尚未充分展开导致的资本闲置和浪费现象，以及资本确定原则下烦琐的公司资本增加程序，尤其是股东大会决议程序，建议立法者追随现代公司立法潮流，引进授权资本制，允许公司设立时不必募足全部股份，而是允许公司董事会根据公司章程事先授权、斟酌公司的资金需求状况和资本市场的具体情况而适时适度发行适量股份。资本减少限制原则应根据公司实践中的新情况作出必要调整。例如，立法者应允许持有可赎回股份的股东按其发行条件请求公司赎回其股份，应允许公司为推行职工持股计划购回本公司股份，由此导致的减资问题均应在修改《公司法》中得到解决。此外，原则上应废除法定最低注册资本原则。我国《公司法》第 23 条和第 78 条规定了公司最低注册资本原则。该制度虽能强制股东缴纳最低限度的公司资本，但由远离商业生活的立法者或行政机关硬性规定统一标准，很难与每个公司的具体行业性质、经营规模、经营风险和实际资本需求状况吻合。建议借鉴《美国模范公司法》等先进立法例，大胆废止法定最低注册资本原则，仅在立法者认为确有必要的场合保留例外。

《公司法》的修改涉及方方面面的法学理论问题。完善的《公司法》离不开成熟的理论指导与不断的理论创新。否则，只能陷入“有法律，而无法学；有法律，而无善法”的尴尬境地。

（2004 年第 7 期）

法定代表人制度的弊端及其完善

徐彦冰*

法人是一种组织，其本身并不具有意志力，法人的行为能力归根结底需要通

* 作者单位：华东政法学院（现华东政法大学）。

过自然人来实现,因此,各国公司立法基于不同的理论基础,作出了不同的规定,来确立法人的代表制度。在我国,有“法定代表人”一说。《公司法》第 45 条、68 条、113 条分别对不同类型的公司作了同样的规定:“董事长是公司的法定代表人。”但与此形成对比的是《公司法》对于董事长职权的规定却并不多,第 43 条、105 条规定董事长主持股东会会议。第 48 条规定董事长主持并召开董事会会议。第 114 条集中规定了董事长的职权,包括:主持股东大会和召集、主持董事会会议,检查董事会决议的实施情况;签署公司股票、公司债券。但明显的,董事长作为法定代表人能享有的职权远不止于此,其权力渗透进公司的全部经营活动,并对公司诉权的行使起到至关重要的作用。而《公司法》第 120 条关于董事长可以根据授权在董事会闭会期间行使董事会的部分职权的规定,更是将作为法定代表人的董事长的职权范围进一步扩大了。

随着公司治理结构的不断多元化,法定代表人制度不可避免地暴露出一些弊端,需要重新审视。

第一,“以人治企”的思路将导致企业治理结构的僵化。这一思路来自于计划经济,由于当时企业的经济命脉和经营大权掌握在政府手中,因此企业的领导者也往往由政府委派信得过的人选来担任,强调的是“领导”企业而不是“代表”企业。但在经济体制改革不断深入的今天,如果还是强调“个人”在企业治理中的“领导”作用,将导致集权而使现代企业制度中“三权分立”①的治理结构无法实现。

第二,“法定代表人”的“法定”性与“意思自治”原则有冲突。法人制度和公司法均属于私法领域,而“意思自治”原则是私法领域内的重要原则。公司作为商事活动的主体理应有权选择适合自己的代表制度。但法律的强行规定挤压了私法自治原则的适用,不利于公司治理目标的实现。

第三,法定代表人制度会带来诉权上的困扰。作为法定代表人的董事长在公司诉讼事务中享有法定的代表权,具有不可替代的作用。除非得到董事长的授权,公司的其他董事无法代表公司参加诉讼。这种设计给公司诉权的行使带来了极大的困扰。若董事长消极抵制提起诉讼,公司就无从启动诉讼;反之,若董事长积极参与,代表公司向法院提起诉讼,即使多数董事认为不当,也无法阻止。

第四,公司代表的法定单一制,导致董事会和其他董事的权利被架空。公司

---

① 公司法上所说的“三权分立”是指股东会、董事会、监事会各司其职,相互制约,相互监督。参见顾功耘著:《公司法》,北京大学出版社 1999 年版,第 19 页。

的权力机制是分权和制约。董事会在现代公司治理中的作用在于“商议”、“讨论”和“共同决定”,①但公司代表的法定单一制使董事会的这一作用无法体现,很多情况下常常是董事长一人说了算。在法定代表人单一制下,当出现董事长专权时,决策的科学民主就无法实现。

第五,该制度会造成责、权、利不对称的状况。法定代表人制度的弊端在小公司中表现为董事长的独断专行,在大公司中还会表现为责、权、利的不对称状况。在大公司中,董事长无法参与到公司的全部生产经营活动,因此往往预留自己的印章在秘书或其他行政人员处。在这种情况下,很有可能造成法定代表人印章被乱用,真正发生纠纷时,董事长可能根本无从得知是谁加盖了自己的印章,无法找到真正的责任人。在实践中,董事长因为自己并不知情而拒绝承担责任或参加诉讼的情况也时有发生。

当法定代表人的专权现象日益严重而又缺乏制约机制时,当越来越多的法定代表人损害公司利益而公司却无法对其提起诉讼时,当法定代表人贪污受贿等刑事犯罪行为导致“穷庙富方丈”的现象与日俱增时,对《公司法》中有关法定代表人制度的修改也应提上日程。

通观大陆法系和英美法系的做法,大部分国家都赋予了董事会广泛的权力,公司的重大经营决策由董事会决议通过,具体由哪个或哪些董事签字并不是问题。而且无论是大陆法系还是英美法系,承认每个董事都享有对公司的代表权也是通行的做法。② 在《公司法》的修改过程中,借鉴他国有关公司代表制度的合理内核,将有助于完善我国的法人代表制度。

首先,废除公司代表法定“单一制”。建议废除现行《公司法》第45条第4款、第68条第4款中有关“董事长是公司法定代表人”的规定,增加有关董事会地位的原则性条款,明确“董事会是执行公司事务的机关”,同时仿效世界通行的做法,规定“董事对公司享有代表权”,而不是仅规定“董事长对公司享有代表权”。这样的制度设计将会使董事会的决策权落到实处,而各董事也能在平等的地位上共同协商,管理公司事务,作出决策。在实际操作中,具体决策由作为公司重要常设机构的董事会决议通过,只要某一决议被董事会明确具体一致通

---

① 美国公司专家 Genn 教授曾指出,董事会制度的价值在于依“商议”(consultation)、“评议”(collaboration)及“集体判断”(collective - judgement)的方式作出有利于公司业务执行的决定。转引自涂一鸣:“国企‘法定代表人’权力腐败现象的法律透视”,载《河南大学学报》(社会科学版)2001年第4期。

② 德国虽然是董事会集体代表制,但只要董事会授权,每个董事均具有同等的代表权,董事长并没有凌驾于其他董事之上的代表权。

过，最后由哪个董事，或哪些董事签字都应具有一样的效力。① 这样的安排，使董事会既能够迅速、及时地对公司问题做出处理，又能够避免董事长滥用权力的情况出现；既可以保障交易安全，又有利于公司建立起高效率而又权责明确的管理体系。现代企业制度越来越多地呼唤集体的智慧，只设立董事长一人为公司法定代表人已无法体现现代化的公司管理，也无法实现有效的制约，必须废除。

其次，对董事长的职权进行限定。董事长不应享有凌驾于其他董事之上的代表权。对现行《公司法》第120条中有关董事长可以在董事会闭会期间代行董事会部分职权的规定必须进行改革。董事会作为公司的重要决策机构，不应存在闭会的问题，应是重要的常设机构。而现行公司法这一条的规定无疑将董事长的权力进行了扩大，同时缩小了董事会的权力。建议在明确董事会地位的同时，废除该条规定。

再次，为了保障交易安全和第三人利益，建议在《公司法》的修改中，参照日本商法，增加“表见代表权”的有关规定，即规定：“董事或其他被认为享有公司代表权的人所实施的行为，即使无代表公司的权限，公司也应对第三人负责。”因为公司内部的章程或约定不应产生对外的效力，善意第三人无从得知公司的内部决议，也无从考察公司代表权的具体归属。《公司法》中增加“表见代表权”的规定将有助于保障交易安全。

最后，有关董事会会议记录的规定。现行《公司法》第49条第3款规定：“董事会应当对所议事项的决定作成会议记录，出席会议的董事应当在会议记录上签名。”笔者认为，这一条款还应细化。建议增加：“对于某项决议所提出的反对意见应特别记录在案，如果该项决议给公司带来了损失，则提出反对意见的董事将可以根据该记录免除赔偿责任。”董事会会议记录制度将在明确各董事的权责方面起到重大的作用。

在经济体制改革不断深化的今天，《公司法》的作用也在不断加强。但我们必须看到，经过十年的实践检验，《公司法》中有些规定不可避免地暴露出不完整性和含糊性，有关“法定代表人”的规定亦是如此。我们必须正视法定代表人制度中存在的种种弊端，借鉴他国公司立法中的合理内核，在《公司法》的修改过程中对其不断进行完善，建立适合我国经济体制改革和企业治理结构的法人代表制度。

（2004年第7期）

① 顾功耘著：《公司法修改应解决的若干实际问题》，载郭锋、王坚著：《公司法修改纵横谈》，法律出版社2000年版，第60页。

非上市股份有限公司的特殊性

井　涛*

现行《公司法》将公司分为有限责任公司和股份有限公司两种类型。其中股份有限公司又以其是否发行在证券交易所挂牌上市的股份而分为上市公司和非上市公司。鉴于有限责任公司的资本不是以等额形式存在的,也就是说,其资本不是单位化的,上市问题无从谈起。非上市公司中就包含了有限责任公司和部分股份有限公司。在市场经济发达国家的公司相关立法中,一般是将公司分为公众公司(即上市公司)和封闭公司(即非上市公司)。在我国,也有研究结论认为非上市的股份有限公司与有限责任公司在运作中和规范上并没有实质性的差异,所以建议在《公司法》修改中重新划分公司的类型,不再就有限责任公司和股份有限公司分别立法,而是将上市公司和非上市公司作为公司相关立法中对于公司的基础性分类。

笔者此前也曾很赞同这种观点,并进一步按照这种思路设计具体的操作步骤,指出就非上市公司而言,如何安排公司的资本,可以完全体现股东的意思自治,即由章程加以约定具体是采取股份有限形式将股本划分为相等份额,还是采取有限责任形式由股东直接按照约定比例持有;公司只需要就此等情况在工商行政管理部门登记备案即可。但是,笔者近期在对这个问题的研修中又有不同心得,认为非上市股份有限公司具有特殊性,不能简单地建议在《公司法》修改的时候不再区分有限责任公司与非上市的股份有限公司,理由如下:

第一,非上市股份有限公司是与中等规模的商事实体相对应的法律形式,它的存在是适应实际需求,体现商事主体类型多元化的很重要的一个方面。

从法定最低注册资本金的角度出发可以看出,非上市股份有限公司是承接在资本规模较小的有限责任公司和资本规模较大的上市公司之间的一类资本规模中等的公司。按照我国《公司法》第23条的规定,对有限责任公司的注册资本根据其所从事的行业的不同,分别规定为50万元、30万元和10万元。尽管目前也有学者在探讨是否取消或降低法定最低注册资本金的问题,但是事实上,应该说现行《公司法》中对法定最低注册资本金的要求并不高,实践中大量存在的符合此等资本规模要求的有限责任公司是小型的企业。非上市的股份有限公司

* 作者单位:华东政法学院(现华东政法大学)。

需要符合《公司法》第78条的规定，其“注册资本的最低限额为人民币1000万元”。这是与中等资本规模相对应的公司。上市公司，其股本总额不少于人民币5000万元。上市公司的资本规模都相当大。从2004年5日17日起，在深圳证券交易所发行上市的中小企业，从《深圳证券交易所中小企业股票发行上市指南》的相关规定中可以看出，其发行和上市的标准、程序与主板市场完全一致，也就是说，上市公司中所谓的“中小企业”，其最低股本总额仍然不低于5000万元。从这方面可以看出，在一般有限责任公司与上市公司之间的资本规模跨度非常大，由非上市的股份公司来进行过渡，是非常必要的。

从股东人数来看，非上市的股份公司也体现出了由有限责任公司的封闭型向上市公司的高度开放形式过渡的特点。按照《公司法》的规定，有限责任公司的股东人数是在2人以上50人以下，股份有限公司的股东是5人以上。上市公司更是为了保证其社会性和股份的流通性，要求持有股票面值达人民币1000元以上的股东人数不少于1000人，向社会公开发行的股份有限公司的股份占总数的25%以上；公司股本总额超过人民币4亿元的，其向社会公开发行股份的比例可以降至15%以上。

从实践中的情况来看，股东人数在50人以上的公司很少采取有限责任形式。这是与有限责任公司一些制度设计上的资合兼人合的固有属性相联系的。如果股东人数太多，很难在公司的经营中体现出信任和合作，从这个角度来看，股东人数在50人到1000人之间的公司采取非上市股份公司形式是比较适宜的。

第二，对于非上市股份有限公司，政府可以通过设立审批进行宏观调控。

现行《公司法》第77条规定，设立非上市股份有限公司，须经国务院授权的部门或省级人民政府批准，政府可以通过这个环节进行宏观调控。比如，从1995～2001年间，根据笔者的不完全统计，北京市发布的相关地方性法规和规章至少有五部。就《关于加快发展本市股份有限公司若干意见》来分析，其中的所有规定都是针对非上市股份有限公司的，相关内容直接体现出了指导思想部分所阐述的促进国有资产与其他经济成分的融合，扩大国有资产的支配力，引导增量资金投向支柱产业和高新技术产业，有利于形成新的经济增长点，促进首都经济的发展，鼓励跨地区、跨部门、跨行业、跨所有制的企业通过资产重组等宏观调控的目的。

对于公司设立审批制度改革的相关探讨很多。笔者赞同简化程序，体现高效率运作的要求，但是否认全面废止审批的观点。因为将公序良俗原则延伸到更为广泛的社会生活中，用以制约权利行使过程中的某些非理性行为是必需的，这一思想在公司设立方面也应该有所体现。现在无疑已经将公司作为社会的重要构成部分来看待，公司的行为也已被当做社会行为来认识，公司及其行为的价值已不仅仅体现为增进微观利益，其经济价值只有在符合或有益于社会整体功利的前提下才能得到肯定性的评价。① 所以说，对于资本规模中等的非上市股份公司的设立仍然进行审批是实现宏观调控的必要方面。

第三，非上市股份公司的拆细股份。

所谓拆细股份又称股票分割，是指股份数增加，每股票面价值减少的行为。拆细股份后，公司的总股本并不改变。通过股票拆细可以吸引更多投资者，增加公司股权的流动性。拆细股份是公司资本运作的方式之一，在我国目前采用这一方法比较多的是非上市股份公司。但是在1998年的时候，国务院曾经下发规范性文件，将把产权拆为标准单位交易的“拆细交易”和非上市公司的股权交易都定性为“场外非法股票交易”。之后，各地政府、相关监管部门也对非上市公司股权转让问题采取了多种措施进行规范和整顿，但实际效果并不理想。② 这中间反映出的深层问题是非上市股份公司的股权如何合法流动，如何为这些公司提供合法的渠道，满足他们的融资需求。

在现行公司和证券法律框架下，非上市股份公司股权的流动是通过产权交易来实现的，其规范的交易场所是各地的产权交易所。证券交易的合法场所是沪深两个证券交易所。产权交易和证券交易的主要区别在于产权交易主要是挂牌披露信息，通过双方协议成交；而证券交易则是挂牌上市，集合竞价成交。后者的流动性更强，价格发现机制更加合理和科学。非上市股份公司的股份是托管在产权交易所的，产权交易所在设计上是为了进行整体性的产权交易和非标准化的部分产权交易。笔者同意这样的观点，认为将拆细股份定性为非法交易的诸多原因中，很重要的一个方面是非上市股份公司的股权交易难以监管，很不规范，是一个重大隐患。但是简单地禁止非上市股份公司拆细股份进行交易，不能从根本上解决问题。应该通过完善股权拍卖，规范股份性质，设定并明示不同标准，鼓励多种交易方式（包括拆细）进行交易等方法来解决。

第四，规范一类主体，以便与发展多层次的资本市场相匹配。

现在，就发展多层次的资本市场已经基本达成了共识，不同主体从不同角度出发为其勾勒轮廓或致力于其中某一部分的建设。笔者主张，不少理想的多层

---

① 卢代富、吴春燕：“企业运行中的国家干预法律制度研究”，载 http://library.jgsu.edu.cn/sfxz/jingji/lwj/lwj201193.htm。

② “非法股票为何总拿产权交易说事”，载 www.eastmoney.com。

次的资本市场应该是依托银行柜台交易系统,发展股票场外交易市场,从而形成由证券交易所市场、中小企业板市场、场外交易市场(即OTC市场)、产权交易市场和代办股份转让市场构成的一个体系。① 在这个体系中,各个层次的市场的定位与功能要存在不同,相互之间的分工要有差异性,市场之间要具有明显的相互承接性,从而形成一种梯状的、能进能退的、体系健全的"梯级市场"体系,不同层次市场之间的连接渠道应该是畅通的。由此实现多层次资本市场之间的资源互换,各个层次市场之间可以实现优势互补,形成良性循环。

在不同的市场上,要有不同的主体。上市公司是与证券交易所市场相适应的主体形式。在资本市场中,因为特别强调流动性,资产必须是单位化的,所以在其他层次的资本市场中,其主体都应该是非上市股份公司。由此可见,就其设立,以及股份的发行和转让等问题,由法律直接规定一些统一和定型化的条件和标准,而不是由章程来自行设定多样化和个性化的东西是十分必要的。

第五,公司上市前的必要过渡性形式。

按照《公司法》的规定,公司设立和上市可以通过募集设立方式一次性完成。但是,根据1999年2月中国证监会发布的《关于对拟公开发行股票公司改制运行情况进行调查的通知》规定,从1999年开始,我国国有企业和有限责任公司必须改制成规范化的股份有限公司并运行一年以后方可申请公开发行股票。另外,在2003年9月中国证监会发布了《关于进一步规范股票首次发行上市有关工作的通知》进一步要求:"自2004年1月1日起,发行人首次申请公开发行股票并上市,应当自设立股份有限公司之日起不少于三年。"因此,从目前来看,募集设立的方式在实际中已不再被采用了。②

也就是说,在新的规则下,公司必须经过一定时期的过渡才可以上市。过渡期是十分必要的,在这个阶段,公司的资产和经营等方面都可以进行有效的融合,可以避免出现股东投入资产不能有效结合,公司缺乏控制权等问题。而公司在上市前是以非上市股份公司形式存在的。

综上所述,笔者认为,在《公司法》的修改中仍然应该对非上市股份公司给予重视,应该就其设立和规范运作有针对性地加以规定。

(2004年第7期)

---

① 井涛著:《退市法律研究》,上海交通大学出版社2004年版,第169页。

② 顾功耘、井涛著:《公司法》,北京大学出版社2004年版,参见第13章中股份有限公司的设立部分。

谈无形资产的股权问题

姚掌宏*

如何对待无形资产在公司注册资本中的股权占比问题实际上是工业经济和知识经济理念上的差别问题。从大陆法系和英美法系公司法和科技法的立法分析,无形资产股权占比有扩大的趋势和遵循交易者意愿的趋向。

统计显示,在美国、日本、西欧等发达国家,科技对经济的贡献率普遍在60%~70%;我国北京、上海、深圳公布的科技对经济的贡献率数据为50%左右;全国在20%的水平。这说明科技要素已经成为经济关系中一个重要的投入变量,而知识产权更是跨国企业和国内企业最核心的竞争能力,这一点已经获得共识。因此,如何认识公司股权中无形资产的地位和作用?笔者认为,硬性规定无形资产在公司股权比例中的上限和弱势状态,有悖于法律、经济理论层面和实证的结果。

从国外的立法来看,大陆法系的许多国家只对现金的下限控制作规定,如法国规定股份有限公司的现金出资应占公司总资本的25%以上,德国规定现金资本至少有25%,意大利规定为30%,瑞士、卢森堡为20%。反过来看,这些国家实际允许知识产权出资比例高达70%~80%。英美法系在无形资产的占比上更是灵活,因为用判例可以弥补立法之不完全。

而目前国内在无形资产占比问题上的主要观点有:一是无形资产的相对小股,体现在现在的《公司法》第24条的无形资产比例占注册资本的20%;包括后来国家的有关政策可以允许高新技术到35%。① 二是可以提高到50%甚至更高。北京、深圳更是可以从其约定来促进高新技术产业的发展。这里有必要检讨一下传统的出资理论。

在公司资本制度上并非一切生产要素均可得到资本化而成为公司资本的有机组成,这主要是缘自各国政治经济等发展状况以及相应的公司资本制度立法的规制。大陆法系形成了现物出资适格理论,指的就是能够成为现物出资标的

---

* 作者单位:上海财经大学。

① 根据我国《公司法》第24条的规定,发起人以工业产权、非专利技术作价出资的金额不得超过股份有限公司注册资本的20%。国家对高新技术成果有特别规定的除外。按照国家科委和国家体改委1992年发布的《关于在国家高新技术产业开发区创办高新技术股份有限公司的暂行规定》,高新技术成果的作价金额可达公司注册资本的30%。国家科委和国家工商管理局1997年发布的《关于以高新技术成果出资入股若干问题的规定》又将这一比例提高到35%。

物的财产所应具备的基本条件，即现物出资标的物的适格性问题。在现物出资方面，两大法系均注意到保护债权人利益和交易安全，但采取的路径却完全不同：英美法系采用了实用主义的效果规制模式，而大陆法系采用的是理性建构主义的事前规制方式；英美法系的做法赋予了各种生产要素进入公司资本构成的充分自由，而大陆法系用限制生产要素资本化的自由度来保障相关权利。

威廉·配第有句名言“土地是财富之母，劳动是财富之父”，而亚当·斯密和李嘉图提出了土地、劳动和资本三位一体说，马歇尔又增加了生产经营管理的新要素。而20世纪罗素等人将知识和人力资本内化为生产要素。在今天新的历史条件下，科学技术、知识和信息这类要素已经上升到了生产第一要素地位，而知识产权是这类生产要素的法律表现形式。知识经济的理念反映了技术创新对人类社会的作用。因此，我们不能将公司出资标的物严格限定在商标权和专利权或有限的若干种知识产权。现物出资适格理论中基于实物资本特性而产生的“独立转让可能性”标准，对知识产权出资也并无太大实际意义。如有些观点认为，商标、商号、地理标记权等识别性标记权因与特定的营业相联系而不具有权利的独立转让可能性。因此需要适合知识产权的出资规制理论和制度。

公司资本份额的基本功能，一是股东享有权益和承担义务的依据和计量单位；二是向外界传达公司资本构成的基本信息。这是分析资本份额的出发点。从资本市场分析，现代企业无论是高附加值的高新技术产业还是服务业，公司的真正资产或最具核心竞争力的部分往往就是无形资产，投资人及债权人首先注意的是其科研能力或知识财产。随着知识经济的到来，智力资本在公司发展中的作用将越发显著，微软公司的成功就是典型的例证。高新技术成果之所以能成为公司资本，是因为它具有货币资本和一般物质资本的共同属性。

现行《公司法》中技术成果作价金额最多只能占公司注册资本较小比例的规定不利于高新技术产业的发展。第一，不利于风险投资的发展。风险投资的发展与技术成果出资入股比例限制也有关系。风险投资是以私募方式募集资金，成立有限合伙等公司组织形式，投资于高技术产业的一种权益资本。风险投资是高新技术产业增长的发动机。技术成果出资入股比例限制对于风险投资家而言，在初期投入时，由于技术成果出资入股比例不得超过总注册资本20%或者35%，故而风险投资家投入的资本可能会很多，会极大地增加风险，因为风险投资的失败率是很高的，一般在60% ~80%。第二，如果对高新技术企业注册资本构成中的无形资本作太低的限制性规定，不利于引进国外先进技术。国际投资中跨国公司的核心投资能力是知识产权，提高知识产权的比重可以吸引国际先进技术。第三，不利于科技成果的转化。这个问题是制约我国高科技产业发展的一个关键瓶颈因素。科技人员的股权激励是各个国家高科技企业普遍采用的激励方式,但是知识产权在股权上得不到应有的价值承认,就会对科研单位和人员产生负激励。公司无形资产股权的变更程序的复杂性增加了高科技企业和国家的管理成本。

大陆法系现物出资适格理论及立法的理论支撑点是公司的有限责任和物质资本本位观。因此,引入无形资产出资机制的时候,需要有破有立。我国《公司法》修改中,可以采用实物资本下限的办法来解决这个问题,可以规定实物资本至少出资30%以上。

同时制定一些配套机制。首先,公司法应当引入公司人格否认制度。目前我国公司的成立和交易中,诚信问题和市场风险非常大,公司人格否认可以有效消除无形资产拥有者的道德风险。为消除以虚拟手段侵吞物质资本股东的权益和社会财富的弊端,可让知识产权出资方在所获物质利益的限度内由其个人承担部分公司债务责任,对公司的无形资产入股可以施行人格否认,从而鼓励知识产权投资。其次,需要有中立的部门评估无形资产的形式要件。在日本,以工业产权和非专利技术出资入股,必须接受公司总部所在地的有管辖权的法院选出的检查人员的检查。检查的内容涉及属于章程相对必要记载事项的所有内容是否属实等问题。最后,处理好知识产权出资的价值易变性。专利技术产品生命周期越来越短。对此,应把知识产权的出资视为动态的过程,而不应是像物质资本那样的一次性静态进入和确认。当前会计核算主要以有形资产的计量和报告为中心,故对无形资产的计量、报告和管理尚存在一些问题,如缺乏科技投入足够的信息。因此在会计核算和报告中也需要作一些调整。

(2004年第7期)

股东大会召集程序、议事规则思考

钱品石*

各国公司法都把股东大会看做公司的权力机关。有学者把股东大会界定为

* 作者单位:华东师范大学法律系。

股东聚集在一起依照法定方式和程序决定公司投资计划、经营方针、选举和更换董事与监事并决定其报酬等公司重大事项或方案的公司权力机构。简言之,股东大会是股东主张权利的最重要的场所。[①] 由于公司股东大会不是常设机构,其会议的召开一般有两种形式:一是股东年会(annual meeting),即按照公司法或公司章程规定定期召开的股东会议,一般每年召开一次;二是临时股东大会(special meeting),又称特别股东大会,是指在两次年会之间不定期召开的股东大会。各国公司法对股东大会召开都有比较具体的规定。但是,我国《公司法》对股东大会召集、议事等只有简单的十条条文规定,其过于原则性的规范已经很难适用于实践中出现的问题。

一、股东大会的召集程序

无论是股东年会还是临时股东大会都不是随意召开的,而是应当依照公司法和公司章程的规定,由召集人按一定的程序召集才得以进行。尤其是对于特别股东大会的召开更有比较详尽的召集程序。我国《公司法》规定一旦公司出现了某种法定状况,如董事会不足规定的董事人数,公司未弥补的亏损达股本总额的1/3,临时股东大会的召集便被提上了议程。对于持有公司股份10%以上的股东请求召开临时股东大会的规定,在一定程度上保护了中小股东的权益。但由于缺乏具体的操作程序,这种利益保护机制难以起到应有的作用。例如,持有公司股份10%以上的股东请求召开临时股东大会的动议没有被董事会接受,其是否可以自行召开?按照我国证监会《上市公司股东大会规范意见》的规定:董事会认为提议股东的提案违反法律、法规和《公司章程》的规定,应当作出不同意召开股东大会的决定,并将反馈意见通知提议股东。提议股东可在收到通知之日起十五日内决定放弃召开临时股东大会,或者自行发出召开临时股东大会的通知。但是,《公司法》规定股东大会由董事会召集,董事长主持。显然,法律只规定了董事会具有召集股东大会的权利,并没有规定董事会的召集义务,也没有认可股东自行召集临时股东大会的权利。如果董事会利用召集权而不召开股东大会,就将使少数股东处于束手无策的境地。这是我国《公司法》在股东大会召集程序规范方面的不足之一。

日本的商法对这种情况作了比较具体的规定,即少数股东"提出请求后如

---

① 倪建林著:《公司治理结构:法律与实践》,法律出版社2001年版,第52页。

果不及时进入召集程序,或从请求之日起六个月以内未发出大会通知时,该股东可根据法院的许可自行召开股东大会”。① 其他国家也有相类似的规定,即法院可以授权提出要求的股东召集股东大会或公布议题,这在一定程度上避免出现上述提议股东自行召集股东大会所遇到的尴尬状况。

除了上述召集过程中的问题,大多数国家公司法对于股东大会召开的时间、地点以及出席的人数都有具体的规定。一般规定在公司注册所在地召开,以方便股东出席会议。另外,对于临时股东大会召开的人数规定比年会有更高的要求。例如,法国公司法规定:“特别股东大会,只有在出席的或由他人代理的股东至少拥有第一次召集时1/3、第二次召集时1/4的具有表决权的股份的条件下,才得有效地进行审议。”②日本的商法还规定,公司不得以章程排除或减轻法定的人数标准。我国《公司法》在这方面恰恰无明确规定。最近发生的ST宏智“双头董事会”案③值得我们深思。因此,在《公司法》修改中,应该完善相关的程序:一是对于股东大会召集的时间、地点应当是十分明确的,以避免出现在同一个酒店的不同会议室同时召开两个股东大会的不正常情况;二是股东大会的有效召开应当具有相应的股东持有公司股份比例的规定,以体现公司多数股东的意志;三是对于少数股东提议召开的临时股东大会,如果董事会不召集而像其他国家那样由司法机关授权召开的,那么应当设立指定召集人的特别规定。

二、股东大会的议事规则

股东大会的议事规则一般由公司法规定,如果法律没有规定的,可以由公司章程约定。但是,公司章程又不能脱离一般的法律规范和基本的价值标准而自行其是。例如,股东的投票权表现为对公司经营管理的重大决策问题投票表决,投票表决分为赞成票、否决票和弃权票。在统计多数票的时候,实际上是把弃权票列入反对票之中。对于用公司章程改变通行表达意志的表决方式就是一个颇有争议的问题。例如,2001年2月22日郑百文公司召开股东大会,审议通过了《关于股东采取默示同意和明示反对的意思表达方式的议案》。据此议案,在公司章程中增加了以下内容:“股东大会在作出某项重大决议,需要每一个股东表态时;同意的股东可以采取默示的意思表达方式,反对的股东需作出明示意思表

① [日]末永敏和著:《现代日本公司法》,金洪玉译,人民法院出版社2000年版,第109页。

② 卞耀武著:《法国公司法规范》,法律出版社1999年版,第86页。

③ 具体案情分析参见徐子桐:“ST宏智‘双头董事会’案评析”,载《法学》2004年第5期。

示。”在这种“默示原则”的安排下，股东的任何不作为均被视为同意某些需要表决的决议，这不能不说是一种对股东民主权的侵犯。① 股东的不作为是由多种原因造成的，在这种非此即彼的选择中，应当充分保护股东意志表达的权利。因此，无论是采取举手表决，还是运用书面表决的方式，其基本要求是以明示方式表达股东的意志。英美法和大陆法国家的公司法均明确规定，股东的投票一般采取书面明示的方式，无论是赞成、反对还是弃权，其意思表示均为明示。在公司立法中，应当对于这种议事规则作出明确的规定，而且不能用公司章程随意地排除这个规则。

股东大会的决议通常采取“资本多数决”的议事规则。公司的决议不是按股东人数一人一票，而是按股份多少进行表决。一般决议应由出席会议的超过1/2的表决权股东的通过；股东大会就公司的重大事项作出决议需经出席会议的代表2/3以上表决权的股东的通过，如修改公司章程、增加或者减少公司资本、合并、分立、解散。但是股东大会决议的程序和内容也必须合法，体现公正、公平。我国《公司法》也规定，对于股东大会、董事会的决议违反法律、行政法规，侵犯股东合法权益的，股东有权向人民法院提起要求停止违法行为和侵害行为的诉讼。

（2004年第7期）

① 倪建林著：《公司治理结构：法律与实践》，法律出版社2001年版，第50页。

物权立法若干问题新思考

王利明*

一、究竟是采纳物权还是财产权的概念

理论界有一种观点认为,物权法仅仅以有体物为中心,调整范围过于狭窄,已不能适应信息时代知识经济发展的需要,因此,应当以涵盖有体物和无体物的"财产权"概念代替"物权"的概念,以统一的大财产权制度代替传统的物权制度。相应地,我们应制定财产权法,而不是物权法。这种看法虽然有一定道理,但并不可取。这是因为:

第一,从体系上看,不宜采用财产权法概念,因为财产权概念过于宽泛,可能会对民法体系构成威胁。财产权是和人身权相对应的一个概念,是物权的上位概念。正是由于财产权涵盖了包括物权在内的广泛的财产权利,因此,如果采用"财产权"概念,将民法人身权以外的全部内容都囊括其中,那么包括了物权法、合同法、知识产权法甚至继承法、票据法等法律的财产权法将几乎成为小民法,相应地,民法其他部分将所剩不多。这将从两个方面冲击原有民法的体系:一方面,整个民法体系的构建将被完全打乱,必须重新设计;另一方面,财产权法和民法的其他部分之间的比例将会严重失衡。此外,不采纳"物权"概念,则物权法和规制无形财产权利的法律如票据法的界限将不再清晰,民商法内部也不可能形成各个部分彼此之间的科学分工与合作的状况,从而也无法构建科学、合理的民法权利体系。

第二,从内容上看,财产权法不具有特定的调整对象,因而难以形成真正的体系。由于财产权概念的宽泛性,财产权法将会形成一个包括众多庞杂内容的法律,不可能形成特定的调整对象,甚至难以抽象出一个真正的财产法总则。例如,物权法对所有权归属的确认就是采取推定所有权永恒存在的规则,而知识产权法对知识产权的保护是有期限限制的。各类财产权之间存在众多的差异,如果强行予以整合,从中抽象出的共同特点可能仅限于可转让性和财产价值等因素。但可移转性为财产的固有属性,法律一般无须专门对其加以规定,这种宣示

* 作者单位:中国人民大学法学院。

性的规定在实践中也没有什么意义，法律只需对不可移转的客体进行特别规定即可。此外，债权也具有财产价值，如法国民法理论就将债权也纳入了无形财产权的范畴，我们如果采用统一的大财产权概念，将势必导致债权与物权、知识产权区分的混乱，从而使长期以来学说上相对权与绝对权、请求权与支配权的科学分类也将遭遇挑战，人为地造成既有民法体系的混乱。因此，我们认为，一旦在内容上无所不包，则财产权法将难以形成真正的体系。如果不能够形成一个真正的财产权法的总则，则其作为一个独立的财产权法的意义也就不大。尤其应当看到，财产法中各种规范十分庞杂，例如，物权法规范比较抽象，但知识产权法、票据法等规则技术性较强、且变动性很大，将这些规范堆砌在一起，体例上将极不协调。

第三，财产权法并不能区分有体物和无体物并分别对其加以调整。目前法律体系中有体物和无形财产的划分具有合理性和科学性，基于有体物和无形财产自身的特点，已分别形成了内容迥异、各具特征的制度规则。因此应采取不同的法律规则进行调整：针对有形财产的调整主要是通过物权法实现的，针对无形财产则主要通过知识产权法、票据法、证券法等法律加以调整。由于各类无形财产都具有内在的特殊性，本身很难抽象出一般的统一规则，更无法在此基础上与调整有体物的规范——即物权法整合抽象出共同适用的规则。由于无形财产权不属于物权法的调整范围，从而有必要形成一系列专门的法律对无形财产进行规制。事实上，在我国的立法体系下，各种无形财产根据其性质和特征已经分别受到票据法、知识产权法、公司法、证券法等特别法的调整，无形财产并非无法可依，也不存在保护力度不足的实际问题。因此，抛弃已行之有效的物权概念和物权法，将物权法扩充为覆盖有体物和无形财产的财产权法，既不会扩展无形财产的种类和内容，也不会为无形财产提供更为强有力的救济手段和保护，而只会造成财产权法体系的逻辑混乱和规范冲突。所以，将物权和无形财产权统一立法，予以一体化规定并不可取。

“物权”的采用，准确地区分了对有体物的支配和对无形财产的权利，而使用“财产权”概念则不可能对此作出准确的区分。尽管物权本质上不是人对物的关系，但它也强调了物权是对物的支配权利，这种支配主要是对有体物的支配，因此，“物权”一词就将物权与其他非基于有体物而形成的财产权区别开来。德国民法典之所以采纳“物权”概念，就在于强调物权主要是对有体物的支配，并据此与知识产权、债权、票据权利等无形财产权利相区分，这不仅使对有体物的支配规则得以完整地建立，而且使物权和债权得以严格区分，债权法也作为民法中的一个独立的法律部门得以建立起来。采用“物权”和“物权法”的概念，表明物权法主要规范对有体物，特别是不动产的占有和支配关系，而这种在占有和支配有体物过程中所形成的财产关系是最为基本的经济关系之一，是产生社会财富的基础，这种关系也是其他财产关系产生的基础。例如，基于实物的所有权产生买卖，因买卖而有货物的运输、资金的往来，其进一步发展产生了提单、股权、票据，等等。所以，对有体物权利的设定、移转、占有的规范，形成了社会生活中最基本的规则。正是从这个意义上说，物权法是调整社会财产关系中最基本的法律。由于物权的概念区分了对有体物的支配和对无形财产的权利，使作为一项重要无形财产的债权与物权相分离，这不仅完善了民法的内在体系，而且因为明确了物权和债权分别使用不同的规则（如物权的优先性和债权的平等性等），从而为法官正确处理民事纠纷提供了极大的方便。

第四，财产权概念不能涵盖所有权和他物权的共同规则，而“物权”概念的采纳则能对此作出准确的概括。由于所有权与他物权都是建立在对有体物支配的基础之上的，它们之间在基本原则、法律效力、行使方式、保护方法、权利的取得与丧失等方面都具有许多共性，有许多共同适用的法律规则，因此，用“物权”概念加以概括是准确的，也是可行的。如果采用“财产权”概念，因其范围过于宽泛，则其既不能准确概括所有权和他物权的共同特征，也不能确立所有权和他物权的独特保护方法。甚至可以这样说，如果不使用“物权”概念，在法律上将找不到一个准确的概念能够对所有权与他物权作出概括。我国《民法通则》采用了“财产所有权和与财产所有权有关的财产权”的概念，试图以其代替“物权”概念，但这一概括显然并不成功。还有一些国家的民法，如意大利 1942 年的民法典，也没有采用“物权”的概念，而仅采用了“所有权”的概念，在“所有权”一编中包括了地上权、永佃权、地役权、用益权等他物权。这种模式显然是不科学的，因为它混淆了他物权和所有权存在的诸多区别。

当然，应当看到，并非所有的大陆法系国家都采纳了“物权”概念，比较有代表性的是法国，但这并不意味着这一模式就是科学的。《法国民法典》并不严格区分债权和物权，担保物权和一般债权一样，都是被作为取得财产的方法对待的。在法国民法上，“物权仅是一种权利，有关权利的执有人在使用这些权利时直接作用于物质的物。物权把人——权利执有人，和物——权利客体联系在一起”。① 法国民法典对财产和财产权的规定非常凌乱，如果我们采纳法国的模式，不仅仅要废除“物权”概念，而且还要彻底改变法典的体系。例如，民法典中

① ［法］茹利欧·莫兰杰尔著：《法国民法教程》，转引自《外国民法资料选编》，法律出版社 1983 年版，第 227 页。

就不应再有独立的债和合同,合同法和担保物权法就不应该分开,等等。不仅如此,采纳这种模式也会给法官适用法律造成很多困难,如会使法官难以准确区分一般债权和担保物权,从而难以把握担保物权所具有的优先于普通债权的特点。

二、是否需要设立一个财产权总则

在物权法制定过程中,也有学者认为,应当在民法典"总则编"外设立独立的"财产权总则",将各种有形财产和无形财产抽象出来,以涵摄物权、债权、无形财产以及其他民事财产权利形式。但他们认为,设立财产权总则并不意味着要制定独立的财产法,而只是在财产法中设立一个在民法总则之下对各类财产权制度予以抽象规定的总则;而且,设立财产权总则的目的也只是扩大民法典的适用范围,为物权、债权以外的其他单行法中规定的财产权利在民法典中提供一个规则基础,从而最终为民商合一提供体例上的基础。因此,它并不需要把单行法中规定的各类财产形式直接纳入民法典当中,成为民法典中的一个独立部分。相反,制定单独的财产法的目的在于,试图在物权法的基础上把所有财产形态事无巨细地都纳入其中,成为一个独立的包容所有财产类型的法律体系。①

设立财产权总则,确有其一定的道理:一方面,民法从大的方面来说分为财产权和人身权,有关财产法部分,设立一个总则编或许能够使财产权部分更为体系化;另一方面,在比较法上,也有一些立法对此作出了尝试,如荷兰民法典、魁北克民法典都设立了财产法总则,这些立法也引起了大陆法系各国的高度重视。但我不赞成这种看法,主要理由在于:

第一,民法典分则体系是按照民事权利体系而展开的,因此它包括人格权、身份权、继承权、物权、债权等内容。而财产权总则的设立,使得这一体系的展开缺乏了一致的标准。因为财产权总则是从人身权与财产权的分类角度谈的,而分则的体系则是从民法基本权利的层面展开的,如果规定了财产权总则,则使得分则体系很难展开。

第二,设立财产权总则的目的是将纯财产的内容抽象出来,而不涉及人身的内容。但民法中很多的财产权利,如继承权、知识产权,尽管其内容主要是财产权,但也包括了人身权的内容,是人身权和财产权的结合。显然,这些权利不能为财产权总则所涵盖,强行涵盖在立法技术上是有很大难度的。设立财产权总

① 马俊驹、梅夏英:"对我国未来民法典设立财产权总则的理由和基本构想",载《中国法学》2004年第3期。

则的另一目的在于沟通民法和商法的关系,整合民法的体系。但商法所涉及的财产规则,实际上是以物权和债权规则作为基础的。例如,破产法中关于破产财产的分配涉及物权优先于债权的问题;票据法涉及债权的规则。因此,我认为,并不需要在既有的物权和债权概念之外另外设计一套财产权的一般规则。

第三,设立抽象的财产权总则也是非常困难的。各类财产权的共性主要在于其以财产利益为内容,以及原则上具有可转让性,但仅有这些内容还很难进一步概括抽象出具体的规则,即便进行表述,其篇幅也过于简短,无法独立构成民法典中的一编。财产权总则很难为物权和债权的区分提供依据,由于民法关于物权和债权的规定构成了市场经济运行的基本规则,准确地区分物权和债权,将可以使社会上各种纷繁芜杂的财产关系得以明晰化、体系化,也为法官处理各种复杂的财产纠纷提供了基本的思路。由于以物权和债权为基础的财产权基本概念已经可以普适于各类财产关系,若再另行创设所谓财产权总则,既存在若干困难,也没有实际意义。

第四,财产权总则所要达到的涵摄各类单行法中财产权利的目的,可以通过适当充实民法典总则中的内容来实现。例如,在总则民事权利客体中,可以对财产的概念进行定义,并强调其可转让性。民法典总则实际上更多的是对财产法进行抽象的产物。例如,人格平等事实上体现的是财产法的特点,对身份法并不完全适用。所以,既然有了民法典总则,就不必要再规定详细的财产权总则。

第五,设立财产权总则将会形成规范的大量重复,出现叠床架屋的现象。一方面,财产权总则将会和民法中的法律行为等规则发生重复;另一方面,财产权总则将会和债法总则、物权法总则甚至合同法总则发生大量的重复。因此,若设立财产权总则,将很难处理好财产权总则与民法典总则、债法总则、物权法总则等总则之间的相互关系。

第六,财产总是处于不断的变动之中,许多新的财产将会不断涌现,例如,出租车牌照、网络虚拟财产、频道等。这些新的财产的出现都要求对财产权总则作出相应的修改,而财产权总则应当是较为抽象、稳定的,如果总要根据社会的变化和一些新的财产的出现来修改,也是不妥当的。

三、根据物权的对世性考虑物权体系

关于物权的体系,一直存在争议。究竟哪些权利应当属于物权,哪些权利应当属于债权,学术界一直存在不同的看法。我认为,可以考虑从物权的对世性角度来构建物权的体系。

物权就是指权利人支配其物，并对抗第三人的权利。所谓对世性，一是指物权人的权利可以对抗一切不特定的人，除物权人外，其他任何人都对物权人的权利负有不可侵害和妨害的义务。也就是说，物权的权利人是特定的，而义务人是不特定的，权利人的权利可以对抗一切不特定的义务人。二是指物权应该进行公示，使第三人能够知道权利的变动状态，从而产生对抗对第三人的效力。我认为，对世权是物权的基本特点，理由在于：

第一，物权和债权的重要区别就表现在，物权是对世权，债权是对人权，这就决定了物权是绝对权，债权是相对权。从历史发展来看，在罗马法中，并不存在物权的概念，而只存在对人之诉（actio in personam）与对物之诉（actio in rem）的概念。中世纪注释法学家在解释罗马法时，从对物之诉和对人之诉中，引申出"物权"和"债权"的概念，并将物权的两种形式即完全物权（plena in re potestas）和他物权（iura in re aliena）用一个概括性的概念即物权（iura in re）来概括。而在英美法中，虽不存在与其相对应的概念，但也一直存在对人权和对世权的区别，由此，产生了合同法和财产法的区分。可见，物权的对世性是由物权的本质所决定的，在两大法系的法律传统中，物权是对世权是一个共同点。

第二，只有明确对世性才能解释物权的公示原则。物权（除了那些特殊的法定物权之外）之所以要公示，就是因为物权具有强烈的对抗第三人的效力，涉及第三人的利益和交易安全。因此，物权的设定和移转必须要公开，使第三人知道，否则，必然会损害第三人利益，危害交易安全。

第三，只有明确对世性才能明确物权变动的规则。由于物权的对世性，物权的变动必须要采取一定的公示方法，将物权设立、移转的事实通过一定的公示方法，向社会公开，才能产生物权变动的效果。

根据物权的对世性构建物权的体系，就是说除了极少数因法律直接规定而产生的法定物权不需要公示之外，其他受物权法规范的物权原则上都必须按照公示原则，通过一定的公示方法进行公示。具体来说，根据对世性的特点，以下几种权利可以考虑在物权法中予以规定：第一，关于商品房预售登记。我认为，预售商品房在未登记之前只是一个一般的债权，但是在登记之后将成为物权，从而受物权法调整。房屋预售合同中预登记之后的权利，它可以成为物权，至少可以成为具有物权效力的可受物权法调整的权利。第二，关于承包经营权。虽然在广大农村，要求承包经营权公示可能会给农民造成额外的负担，而且操作起来也比较麻烦，但承包经营权要成为物权，应该有一定的公示方法，将承包经营权对外予以表彰。特别是考虑到未来农村土地承包经营权在市场上的流转，没有一定的公示方法也将影响到交易的秩序。第三，关于海域使用权、水资源利用权、养殖经营权、捕捞权等，只要能够确定特定的支配对象和范围，在技术上可以公示，并且具有对世效力，也可以承认其具有物权效力。有学者认为，这些权利的客体不是有体物，且权利的取得需要经过一定的行政许可，故不宜作为物权。我认为，物权法的客体原则上固然应限于有体物，但也并不排除特定情况下对无体物予以规范。至于是否经过行政许可，并不是物权的本质要件，事实上，土地使用权也具有行政许可的性质，但这并不影响其作为一个物权存在。

还应当指出的是，尽管一些法定的物权在产生时不需要公示，但是，如果这些法定的物权，如优先权、建筑工程的价款优先权，要优先于抵押权等物权，则必须采取一定的公示方法，使其他物权人得知权利的存在。只有这样，才有利于维护担保物权人的利益、交易安全。

四、关于物权法定原则

不少学者对物权法定原则提出质疑，认为该原则限制了物权的发展，使物权变成了封闭的、僵化的、保守的体系，甚至会和社会经济生活严重脱节，而且也限制了交易自由。因为物权的内容、种类、效力等的法定化，使物权法领域不能充分贯彻民法的意思自治原则。我认为，我国物权法必须坚持物权法定原则，其理由在于：

第一，物权直接反映社会所有制关系，对社会经济关系影响重大，故不能允许当事人随意创设物权。只有法律明确规定了完全的类型，才能从法律上确认和巩固社会经济关系并维护正常的社会秩序。

第二，物权本质上是对世权，具有优先效力，权利人之外的一切人都是其义务人，所以，必须要让每个人都知道此种权利的存在，从而不至于动辄得咎。如果不能确定其类型，就不利于维护其他人的行为自由。物权类型化，可以确定行为标准，维护行为自由。

第三，物权是一种对物直接加以支配的权利，它具有强烈的排他性，直接关系到第三人的利益和交易安全，因此不能允许当事人通过合同自由创设物权。从有利于物权的公示、确保交易的安全与迅速的作用来看，确定物权法定原则十分必要。由于物权是一种支配权，具有对抗第三人的效力，物权的存在对第三人权益的影响十分重大。只有将物权加以公示，使第三人知道或能够知道，方能减少或排除对第三人的侵害或妨害。尤其是在通过买卖、租赁等方式从事某物的交易时，只有当事人知道该物之上已存在物权，才有可能不从事此种交易，这无疑有利于维护第三人的利益。从技术角度考虑，物权只有法定才便于公示，才能使物权的公示简便、易行。如果允许当事人自由创设物权，而法律又无法给当事人任意创设的物权提供相应的公示方法，这就会增加公示的困难，妨害交易的安全与秩序。①

第四，物权法定，可以节省交易成本。物权类型化的意义在于，因为法律已经规定物权内容、公示的方法，故当事人不需要再通过合同确定物权的具体内容。

第五，从物权体系本身来说，实行物权法定主义，就是要通过物权法的制定整理现有的物权类型，构建一套完整的物权体系。任何国家制定物权法，都要利用制定物权法的机遇，对旧物权进行整理，建立一套完整的物权体系，我国也不例外。如果不能实行物权法定主义，物权法就失去了体系化的基础。

物权法定与意思自治原则并不矛盾。首先，尽管在物权法定范围内，当事人的意思自治受到一定的限制，但这种限制正是维护交易安全和交易秩序所必需的。其次，这并不意味着物权法定绝对排斥意思自治。物权法定意味着物权的内容只能由法律规定，而不能由当事人通过协议设定，如对所有权的限制必须由法律作出规定。但是，内容的法定并不是说关涉物权的所有内容事无巨细都必须要法定，一般而言，法定只是就物权的基本权能作出的抽象和概括的规定。如对所有权的权能、担保物权的权能进行概括性规定。物权的变动是通过合同和公示方法产生，当事人通过合同设定物权时，也可能会有一些细节的约款，未必由法律规定，如土地使用权转让的价款、支付方式等，所以物权法定并非绝对排斥意思自治。

也有学者主张，在坚持物权法定原则的同时，应该对法定中的“法”的外延作扩大的解释，使其不仅仅包括法律法规，还应包括司法解释，甚至习惯法。物权法定中的“法”原则上应该限定为制定法，但从中国的实际情况出发，尤其是考虑到我国正处于转型时期，物权类型的发展变化相对会比较频繁，因而，我认为，物权法也不宜将物权的类型完全固定，所以可以考虑将司法解释作为“法”的渊源。但必须指出的是，不应承认习惯法成为物权法定中“法”的渊源。一方面，习惯法本身是一个比较模糊的概念，如何判断习惯法，在法律上也缺乏一个明确的标准；另一方面，习惯法本身需要通过成文法来检验和评价，如果允许习惯法可以创设物权，物权法定将名存实亡。

违反物权法定的行为只是不产生物权的效力。但是，其合同内容并没有违反某一个具体强行法的规定，因此不能认定该合同无效，而只是不产生创设物权

① 申政武：“论现代物权法的原则”，载《法学》1992年第7期。

的效力罢了。

五、所有权是否需要类型化

在物权立法中,争论很大的一个问题是只规定单一、抽象的所有权,还是按照所有制进行类型化。有一些学者认为,我国物权法应该借鉴大陆法的模式,采取单一的所有权模式,物权法只规定所有权的一般规则,不需要具体列举各种所有权,没必要对国家所有权、集体所有权等作出规定。我认为,这一观点是值得商榷的。

第一,我们必须看到,各国物权法都具有很强的固有性,各国物权法必须与其固有传统一致,正是因为这一原因,所以在民法的各个部分中,最难国际化的就是物权法。例如,德国物权法中的土地负担制度,在全世界也是非常独特的。物权法的固有性,首先需要体现在物权法反映各国的社会经济制度,如果我们不从中国的多种所有制结构出发考虑物权制度设计,而完全照搬国外物权法的制度,则将使物权法严重脱离中国国情。事实上,我国实行的是公有制为主体的多种所有制经济共同发展的所有制结构,我国宪法已对此加以了确认。既然宪法已对此进行了确认,物权法毫无疑问应当将宪法的规定具体化,对各种所有权形态作出具体的规定。

第二,西方国家物权法中的单一所有权是建立在私人财产所有权基础上的,对国家所有权则是通过单行法来调整的,一般不在民法典中加以规定。如果我国物权法也照搬这一模式,将物权法中的所有权限于私人财产权,而不包括国家所有权和集体所有权,则完全与现实不相符合。

第三,如果物权法不对公有财产加以规定,也难以体现出平等保护的原则。因为,这必将意味着对公有财产要通过特别法保护,而对私有财产则通过民法加以保护,这样实际上形成对公有财产的特别保护。有学者认为,规定抽象的所有权才能体现平等保护,这种说法并不妥当。我认为,在我国现有条件下,区分三种所有权而明确宣示其平等地位,并不是人为地制造了对公有财产的优先保护。相反,在目前实践中对公有财产进行特别保护的背景下,这样做恰恰是将实践中受到歧视的私有财产提升到了与公有财产平等的地位。例如,在物权法中规定国家所有权,并对作为国家所有权的取得方式之一的征收加以严格限制,对公共利益的概念加以严格界定,并对征收后公民的补偿作出限制,这也有利于充分保护公民的财产权利。

第四,公有财产确实有其特殊性。从客体上看,有些财产,如土地只能由国家或集体所有;从取得方式上看,国家所有权可以通过征收的方式取得,这些都表明国家所有权和集体所有权具有其特殊性。如果物权法漠视这种特殊性,将不利于法律对国家所有权和集体所有权的调整。公有制作为一种所有制类型,必须经过物权法的调整才能成为一种财产法律关系,从而明确产权归属,确定权利义务内容,充分发挥公有制的优越性。通过物权法将一些权利确认为物权,也有利于充分发挥公有制的优越性和巨大的潜力。所以,我国物权法应当从我国社会主义公有制的现实需要出发,对国家所有权和集体所有权作出规定,这也有利于总结改革的成果,推进改革的深化,并完善有关财产方面的民事立法。例如,完善集体所有权制度,首先需要改变长期以来集体所有权与成员利益相脱离的状况,在集体所有权的行使方面真正体现民主原则。集体所有权要恢复其作为集体所有的性质,就要强调集体成员对集体财产的民主管理。这种管理绝不是抽象的,而应当通过具体的措施加以落实,而且要通过成员所享有的各项权利加以确立,才能保障这种权利真正得到落实。所以,在物权法中单独规定集体所有权,并对集体组织的成员权加以详细规定。

第五,如果不进行分别规定,则对若干他物权制度无法加以规定。例如,国有土地使用权是建立在国家土地所有权基础上的;农村土地承包经营权是建立在集体土地所有权上的,如果不对公有财产的所有权加以规定,则无法说明其来源。从这个意义上说,如果不能将所有权类型化,在物权法中详细规定国家所有权和集体所有权,根本不可能建立我国物权法中的物权的体系。

六、关于租赁权是否应当成为物权

关于租赁权是否应当在物权法中作出规定,对此也存在不同观点。我认为,租赁权本质上仍然是债权,不应当在物权法中作出规定,其原因在于:

第一,租赁权本质上属于相对权,属于合同债权,是发生在相对人之间的权利,原则上不具有对世性。例如,承租人在其承租的财产受到侵害后,只能基于债权而不能基于物权向他人提出请求。当然,租赁权也可以基于占有制度而受到物权法的保护,如租赁权人往往基于对租赁物的合法占有而行使权利,但这并不意味着租赁权本身就是物权。尤其是在租赁物交付之前,承租人所享有的仅是请求交付租赁物的权利。①

① 易军、宁红丽著:《合同法分则制度研究》,人民法院出版社2003年版,第233页。

第二，由于我国已经确立了国有土地使用权、宅基地使用权等以对土地的占有、使用为目的的用益物权形态，故没有必要再将土地租赁权规定为物权。就房屋而言，我国学者普遍认为，物权法中应当规定居住权，这样也就没有必要再将房屋租赁权规定为物权。还应当看到，租赁的期限一般较短，租金的支付多以月论租，按年交租的甚少，而物权的期限一般较长甚至无期限，①因而将租赁权规定为物权是不妥当的。

第三，对租赁权的保护不一定非得通过物权法来实现。《合同法》第229条确定了"买卖不得击破租赁"的原则，确切地说，买卖不破租赁应当称为"所有权之让与不破租赁"，也就是说，其适用不限于买卖，还包括赠与、互易、遗赠、合伙的出资等。② 因此，租赁权完全可以通过合同法得到充分保护，无须非要将其确认为物权。

第四，不使租赁权成为物权，有利于防止出现物权冲突的现象。例如，土地使用权可以出租，如果租赁权物权化，则将形成多重物权，这样不利于对权利的清晰界定。

当然，应该看到，租赁权具有某些物权的特点，我国《合同法》关于"买卖不破租赁"的规定就是典型的例子。基于这一规定，有不少学者认为，租赁权已具有对世性，从而实际上已属于物权。我认为，《合同法》的这一规定主要适用于房屋的租赁，不能将其扩大适用于各种类型的财产租赁，否则无异于给所有人的所有权施加了不合理的负担。之所以在房屋租赁中作出如此规定，目的是保护房屋承租人的居住权，从而保护人权。事实上，各国立法关于租赁权对抗所有权转移适用的规定都以不动产租赁为限。

七、关于公司财产的独立性问题

在我国，建立现代企业制度，就是要将国有企业改造为公司，于是产生我国物权法是否应当规定公司法人对其财产的所有权的问题，理论界对此确实也存在不同看法。关于公司财产，实际上涉及两个问题：一是公司是否具有独立财产或者是否具有法人所有权，二是公司财产是否应当在物权法中规定。许多学者认为，公司不具有独立财产，因此，不能在物权法中对其作出规定。我认为，公司应具有自己的独立财产。这是因为：第一，公司要想成为具有法律上独立人格的

① 季延荣著：《土地租赁法律制度研究》，中国人民大学出版社2004年版，第71页。

② 王泽鉴著：《民法学说与判例研究》（第4册），中国政法大学出版社1998年版，第195页。

法人，必须要具有自己的独立财产，否则其成员或股东就不可能仅对公司债务承担有限责任。这里所谓的“有限责任”，是从公司的成员或股东角度上说的，就公司本身来说，要以自己的全部财产承担责任，而这就有必要在法律上使公司具有独立的财产权利。即使国有企业以国有财产出资，其出资的财产在法律上也应转归公司享有，股东仅享有股权。我国现行《公司法》第4条规定：“公司中的国有资产所有权属于国家。”这一规定显然是不妥当的，因为它混淆了国有资产和公司资产，也混淆了国有企业和公司的界限。这种做法在实践中产生了一系列问题，例如，我国某一国企在国外陷入民事纠纷时，其他的含有国有资产的公司，甚至我国政府也受到牵连，这种案例在实践中已多次产生。如果国家出资以后仍然享有所有权，那么，为什么其他一般的股东不能对其出资仍然享有所有权？这势必形成股东权利的不平等。第二，在实践中，股东认资以后，判断股东出资是否到位的标准就是确定股东出资财产是否已记载在公司名下，这就说明了公司应当具有独立财产。当然，这并不是说，公司具有独立财产就当然意味着公司对其财产享有独立的法人所有权，独立财产和独立的所有权是两个不同的概念。例如，信托财产具有独立性，但是我们不能说信托就有所有权。有关公司是否享有法人所有权的问题，在学理上仍有待进一步的探讨。

关于公司的独立财产问题，是否有必要在物权法中规定，值得探讨。一者是因为公司财产的性质是否属于所有权还有待于进一步探讨；二者，即便其性质属于所有权，我认为，在公司法中对其加以规定比在物权法中规定更为顺理成章。其理由在于：首先，如果规定公司法人所有权，这实际上是按照主体标准来对所有权进行分类，这与我国物权法按照所有制对所有权进行分类不同，从而与所有制的分类方法发生冲突。其次，不论哪种主体，其根据所有权所享有的权利义务内容、客体等方面应该是相同的，不应有本质的区别，所以，以主体为标准对所有权进行分类并没有实际意义，甚至只会徒增困扰。最后，公司法既是组织法也是行为法，而行为的前提就是享有财产权，因而有必要在公司法中规定公司法人所有权。当然，考虑到国有企业的财产具有其特殊性，尤其是国企实行股份制改制之后，财产权结构将发生重大变化，物权法适当地对改制后的国家所有权作出规定，也有利于反映改革的成果和规范改制行为。

八、关于是否要规定物权请求权的问题

物权请求权是指权利人为恢复对物的圆满支配状态或者防止侵害的发生，请求义务人为一定行为或者不为一定行为的权利。物权请求权是依附于物权的

独立请求权,只能在物权受到侵害或者有遭受侵害可能等物权圆满状态受到破坏时才能行使。《民法通则》第六章关于"侵权的民事责任"采纳的是广义的侵权概念,将各种侵害物权或妨害物权的行为都视为侵权,一律适用侵权请求权,由侵害人承担侵权责任,从而排斥了物权请求权的适用。据此,许多学者认为,既然在侵权责任中已对传统民法中的物权请求权加以了规定,则没有必要再在物权法中规定单独的物权请求权了。

我认为,这种观点是值得商榷的。物权请求权与侵权请求权具有不同的功能和目的,二者对物权的保护也有不同的侧重点。传统的物权请求权主要包括请求返还原物、排除妨害和恢复原状,其目的在于排除物权受侵害的事实或者可能,恢复或者保障物权的圆满状态。而侵权请求权一般是在物权人无法通过行使物权请求权而获得救济时,由加害人承担损害赔偿之债,即以货币方式恢复被损害物的价值。所以,侵权请求权并不能代替物权请求权,因而物权法有必要规定物权请求权,具体来说:

第一,请求权与民事责任形式是有区别的。请求权是请求特定人为一定行为或不为一定行为的权利;而物权请求权则是物权效力的体现,在学理上常常称为物权的消极权能。如果规定了物权的积极权能(如所有权中的占有、使用、收益、处分),就应当相应地规定物权的消极权能,否则物权的积极权能也不可能获得完满的实现。此外,请求权是连接实体权利与诉权的桥梁,实体权利遭受侵害,产生请求权,权利人可以基于请求权直接向义务人提出请求,不一定要通过诉讼。而民事责任则必须要通过诉讼才能最终确定。

第二,二者的构成要件不同。首先,在侵权请求权中,受害人要主张权利,一般要举证证明加害人具有过错,否则加害人不负侵权责任。但是,适用物权请求权,权利人不论是要求侵害人返还财产、停止侵害、排除妨害还是恢复原状,都不需要证明相对人具有过错。所以,以侵权请求权替代物权请求权,按照侵权请求权的归责原则要求权利人必须对行为人主观上是否有过错的问题举证,实际上加重了物权人的举证负担,这对于保护物权是极为不利的。其次,从是否要求危害后果上看,侵权请求权必须要求受害人证明遭受了损害,而行使物权请求权则不需要证明权利人遭受了损害。不法行为人侵害或者妨害物权人的物权,造成了妨害或危险,此种妨害或危险本身并非一种损害,常常难以用货币的形式来具体确定或定量,但这并不影响物权人行使物权请求权,对这些妨害或危险予以排除。即使在侵害行为已经发生的情况下,如果侵害的危险还没有消除,物没有恢复占有或者物遭到损害但可以且有必要修复等情况下,不管物权人遭到的价值上的损失如何,都可以行使物权请求权。所以,规定物权请求权,可以进一步强化对权利人的保护,从而在其权利受到侵害或有侵害之虞时,权利人可以直接根据物权请求权请求对方停止侵害、排除妨害、消除危险等,而无须证明自己的损失或对方的过错,这是侵权责任所不可替代的。

第三,从时效方面来看,侵权请求权适用普通诉讼时效,但物权请求权特别是返还原物请求权不适用诉讼时效。因而,适用物权请求权对强化物权人的保护是非常有利的。

九、关于作为物权客体的物

民法上的“物”是一个不断发展的概念。现代社会中物权的客体是十分广泛的,任何物在法律上都具有自己的归属,即使是无主物,最终也会找到其归属。不管是生产资料,还是消费资料;无论是自然物,还是劳动产品;不管是流通物,还是限制流通物,都可以作为物权的客体。

随着社会的发展,物的范围也在不断扩大,出现了许多新的形态。据此有不少学者认为,应当在法律上对于物确定一个抽象的要件,从而判断哪些物可以成为物权的客体。我认为,首先要区分作为民事权利客体的物和作为物权客体的物。作为民事权利客体的物的范围可以是比较宽泛的,其核心在于其具有可支配性,即只要能够为人们所支配的任何利益,都可以成为民事权利客体的物。此种支配,既可以是对实物的支配,也可以是对价值的支配;既可以是在一定时间内的支配,也可以是在一定范围内的支配。相比之下,作为物权客体的物的范围则要狭窄得多,原则上应限于有体物,虽然在特殊情况下,如果某些财产能够为主体所支配并且能够以一定的公示方法所表现,也可能成为物权的客体。关于物权的客体,可以分为三种类型:

1. 有体物。传统的物权法主要规范的是因有体物上权利的设定、移转等而发生的法律关系,这是由物权主要是对有体物的支配所决定的。但争议比较大的是,动物在物权法上的地位如何?对动物是否也应赋予其人格?我认为,法律对动物的特别保护,如不能对其加以虐待等的规定,不过是为了人类的安全或满足人类享受的需要,或出于对某种意识形态的宣传的需要,从技术上所做的规定。基于此,国外在特别法上对动物作了一些特别规定,对动物给予更多的保护,对人的行为给予更多的限制。因此,我认为,动物仍属于一种特殊的物。

2. 有价证券。物权法中的物原则上应是有体物,而有价证券本身并不是有体物,但是它却表征一定的财产价值,因而法律将有价证券拟制为“物”,其原因就在于我们的物权法是以有体物为基础构造的。因此,应当区分有体物和拟制的物，有价证券就属于拟制物。

3. 无形物。现代社会，若干新型的无形物的出现，对传统物权体系形成了巨大的冲击。有学者认为，甚至应当把航道、频道、牌照等无形物作为新型财产而在物权法上加以列举规定。但是，我认为，这是不必要的，因为这种列举是不可穷尽的。对新型的无形物的规制，完全可以采取别的方式：一是在物权法中对物的本质属性、基本特征作出规定，对一些可适用物权法的物作出准用的规定；二是可以考虑在将来民法典总则中扩大民事权利客体的概念，使其能顾及一些新的财产，从而使新的财产在法律上能够找到依据。

十、关于担保物权是否属于物权的问题

担保物权是否应当规定在物权法中，学者对此也不无争议。一些学者认为，担保物权本质上属于债权，不应在物权法中规定，其主要理由为：一是担保物权不具支配性，担保物权人不能现实地支配物；至于交换价值，这些学者认为，交换价值提法都是不科学的，它不符合政治经济学的原理。二是认为担保物权主要是依据当事人的意思，主要是基于合同产生的，因此属于债权，所以应当将担保物权置于债权编进行规定。[①] 我认为，这种观点是值得商榷的，担保物权仍应属于物权：

第一，从各国立法的实践来看，大多将担保物权作为物权。有些国家，尽管在法律上没有将其定为物权，如法国，但在理论上还是将其作为物权看待的。还有一些国家，例如越南，是将担保作为合同法的内容规定的。[②] 但越南民法典目前正在修改之中，其中一项重要的修改内容就是要将担保物权作为物权重新加以规定。我国《民法通则》虽然也在债权中对担保物权加以规定，但在学理上，通说认为这一权利应当作为物权在物权法上予以规定。

第二，将担保物权作为物权，是为了确保其具有优先于债权的效力，从而保障担保物权人对担保物的交换价值的支配性。在效力上，物权具有优先于债权的效力，就担保物权来说，这种优先性主要指的是优先受偿性。也就是说，在债务人不履行债务时，担保权人可以就拍卖、变卖标的物的价款优先于一般债权人而受偿。例如，某一债务人欠多个债权人的债务，在执行债务人的财产时，享有担保物权的人比普通债权人优先受偿。将担保物权规定在物权制度中，强调这

① 孟勤国著：《物权二元结构论》，人民法院出版社2004年版，第344页。

② 《越南民法典》第三编。

些权利的优先性，有助于明确在执行债务人的财产时的优先顺序，明确破产还债时的优先受偿顺序。也正是因为担保物权具有优先性，因此在破产法中，担保物权人享有别除权，不仅优先于一般债权，而且在一般优先权之前受偿。因此，如果不承认担保物权为物权，则将同各国所承认的破产清算中的担保物权的地位不符。尤其需要指出的是，在担保物权中，抵押权是担保债权的最有效的方法，常常被称为“担保之王”，正是因为抵押权具有优先于债权等效力，才能有效地保证交易安全。如果一旦抵押权不具有物权效力，则没有什么更有效的手段保护债权，交易安全就更难维护。

第三，担保物权也具有支配性。担保物权中，权利人既可以支配提供担保的标的物，也可以支配标的物的价值。当然，担保物权人支配的主要是物的交换价值，设立担保物权等权利主要也是为了支配物的交换价值，并能够在债务不能清偿时就拍卖、变卖标的物所得的价款优先受偿，这是完全符合物权的支配性的特征的。物上代位性使担保物权可支配的范围进一步扩大。正是因为担保物权人可以对担保人所提供的担保物进行有效的支配，才能充分地发挥担保物权在保障债权方面的巨大作用。实践中，有一些担保物权，甚至可以现实地支配物，如质权；另一些担保物权，如抵押权，虽然不能现实地支配物，但仍不失其支配性，它支配的是物的交换价值，而非现实的物。而且，在一定意义上说，它对物也有支配性，如物上代位性、抵押物的追及力等都体现了一定的支配性。此外，由于担保物权具有支配性，因此产生了担保物权保护的绝对性，即物权人于其标的物的支配领域内，任何人均不得侵入或干涉，该特性体现了物权的对世性。[①]

第四，担保物权也具有排他性。担保权人享有的担保物权可以排除来自任何人的干涉，有效地对抗第三人。例如在第三人侵害抵押物，造成抵押物毁损的情况下，抵押权人就可以行使物上请求权，这也表明，担保物权能够对抗第三人。有学者认为，由于在一物之上可以设立数个抵押权或者其他形式的担保物权，故抵押权不具有排他性。我认为，这与抵押权的物权特征并不矛盾，因为抵押权本质上是对抵押物的交换价值的支配，而交换价值是可以分割的，完全可以由多人共同支配。在一物之上存在的数个抵押权必须依成立时间来分别实现，所以，担保物权人对不同价值的支配，也是担保物权支配性效力的体现；同时，担保物权实现上的先后顺序也是其排他性的另一种表现。

第五，担保物权也具有追及性。就担保物权的追及性而言，在抵押权中表现得较为明显，抵押权人有权在他人非法占有抵押物的情况下，追及该物；但在质

① 谢在全著：《民法物权论》（上），中国政法大学出版社1999年版，第26～29页。

押和留置的情况下,由于占有是其成立和存续要件,故当权利人丧失对担保标的物的占有时,质权和留置权都将消灭,当然,对于非法侵害人,质权人和留置权人还是享有追及权的。但是,这并不影响各种类型的担保物权可以成为物权,这一现象只能说明质权和留置权的物权性较其他物权稍弱,但并不能从根本上否定其所具有的物权属性。事实上,整个物权的追及性随着善意取得制度的建立已经大大减弱,尤其是在动产方面,其追及性更是受到了很多的限制,所以,不能以一项权利的追及性的有无及强弱作为判断其是否具有物权属性的标准。更何况,担保物权支配的是交换价值而不是实物,这本身就意味着,担保物权并不注重在标的物受到侵害时能否通过行使追及权恢复权利人对实物的支配。

有人认为,担保物权既可以放到债权法也可以放到物权法中加以规定,我认为,此种观点值得商榷。因为只有在物权法中对其作出规定,才能明确担保物权为物权,也有助于对担保物权适用物权的保护方法。在担保物权受到侵害的情况下,权利人依法享有请求他人返还原物、排除妨害、恢复原状的物上请求权,以保障担保物权人对其物的支配权。尽管不是每一种担保物权都享有物上请求权,但从整体上赋予担保物权人物上请求权却是必要的。假如仅仅承认担保物权为债权,则其只能受债权法的保护,这是不利于对担保物权予以全面保护的。此外,承认担保物权为物权也有助于建立一个完整的物权体系。担保物权是与用益物权相对应的,只有在承认担保物权的情况下,才能构建系统完备的他物权体系。

(2004 年第 7 期)

对民事法律行为成立“事实判断说”的质疑

易　军*

一、问题意识与研究进路

我国既往的民法理论与立法并不区分民事法律行为的成立与有效，不过，经由学界的不懈努力，迄今，“法律行为成立与生效要件的概念与区别，早已根深蒂固，成为法律人自明之理”。[①] 对于此种区分，我深以为然。不过，我特别关注的是，在阐述两者的区别时，我国学者往往将法律行为的成立归结为事实判断问题，而将法律行为的有效归结为价值判断问题。[②] 此种事实判断与价值判断的区分说在我国相当普遍，并且，虽然某些论著并未明确断言法律行为或合同的成立就是事实判断，但它们一般也会主张“合同的成立是客观的”或者“合同是否成立意味着合同在客观上是否存在”，这实际上也是一种事实判断说。法律行为或合同的成立属于事实判断的观点，显然已成为我国民法学界在对法律行为的成立进行定性时的通说。

首先要指出的是，我国学者在区分法律行为的成立与有效时使用了事实判断与价值判断的术语。此种事实判断与价值判断的界分滥觞于休谟所做的事实与价值的划分。在《人性论》中，休谟指出，人们不能从“是”推导出“应该”，即纯事实的描述性说明凭其自身的力量只能引起或包含其他事实的描述性说明，而绝不是做什么事情的标准、道德准则或规范。该观点后来被称为“休谟铡刀”。[③] 休谟的这一观点被后世作为一个基本前提而接受下来。[④] 在关于法律行

* 作者单位：中南财经政法大学法学院。

① 陈自强著：《民法讲义 I 契约之成立与生效》，法律出版社 2002 年版，第 342 页。

② 董安生著：《民事法律行为》，中国人民大学出版社 1994 年版，第 183 页；彭万林著：《民法学》，中国政法大学出版社 1999 年版，第 148 页等。

③ 周晓亮著：《休谟及其人性哲学》，社会科学文献出版社 1996 年版，第 251 页。

④ 事实与价值的二元论得到了韦伯、摩尔等人的支持，被卡尔纳普、艾耶尔和黑尔等人发展为非认识主义伦理学。当然，事实与价值截然二分的合理性已开始受到质疑，如普特南、石里克、罗蒂、麦金太尔等人就反对事实与价值的二分。不过，倘若如反对论者那样模糊事实与价值的界限，反而是更有利于支撑本文的观点——法律行为的成立无论如何都不可能是事实判断。

为成立与有效的研究中,我国学者显然是将休谟的理论作为预设的前提的,因为如果事实与价值是可通融的,则将法律行为的成立与有效分别归属于事实判断与价值判断的范畴是没有任何意义的。

在本文中,我姑且接受上述法律行为成立与有效、价值与事实的二分的理论预设,虽然我对这两个二分的合理性不是没有保留,因为作为一篇反驳性的文章,如果未能与既有观点持有者达成某种基本的共识,后续的反驳与辩论将根本无法展开。

何为"法律行为成立是事实判断"?或许一种较为普遍的看法就是:判断法律行为是否成立,最终就是要解决某一或某些具体的行为"是"或"不是"法律行为的问题,"而所谓事实认识、事实判断可以被看做关于所知是什么与不是什么的认识或判断",①因此,法律行为的成立是事实判断无疑。如甲指着桌面上的一纸文件问乙:"这是什么?"乙告诉甲:"这是合同"或"已签好的合同。"此时乙显然在描述一个事实,不可否认,乙的表述确实是一个事实判断,不过,法律行为的成立能否化约为"是不是"法律行为的问题是大有可疑的。② 即便这一化约能够成立,但由于价值判断的语言表述具有相当的复杂性,价值句也可能以陈述句的外观出现,③"是或不是"不见得必然就是事实判断。如马丁·路德·金领导的黑人示威者脖子上挂着"We are men?!"(我是人)的标语牌,没有比这话更像事实陈述了,然而谁又能否认:这更是对把黑人不当人的制度性事实及其体现的价值观的根本挑战,④是一个比"应该把我当成人看"更能表现价值倾向的价值判断。

"每一个判断背后都隐含着一个推理","在任何层次上作出判断都是一个推理的过程,判断始终是作为推理的结果而出现的"。⑤ 事实判断如此,价值判断亦然。"法律行为成立"这一判断必然也是某种推理的结果,因此,所谓"法律行为的成立是事实判断",必然是指确定法律行为是否成立,也就是说,依据一定的标准来确定某一或某些行为是否构成法律行为的推理活动是一种事实判断,是一种事实推理。我国学者指出,"法律行为成立规则是一法律事实构成规

---

① 刘永富著:《价值哲学的新视野》,中国社会科学出版社 2002 年版,第 68 页。

② 后文的研究表明:法律行为的成立不能化约为"是不是"法律行为的问题,而只能化约为"应不应是"法律行为的问题。

③ 马俊峰著:《评价活动论》,中国人民大学出版社 1994 年版,第 321 页。

④ 洪世宏:"知行合一的法律:正名、宪政及法律理性",载《中外法学》2001 年第 3 期。

⑤ 马俊峰著:《评价活动论》,中国人民大学出版社 1994 年版,第 305 页。

则,依其仅能作出成立或不成立(构成或不构成)两种事实判断”,①基本上就是从这种意义上来立论的。由此看来,通说所谓的“法律行为的成立是事实判断”,必须从这个角度去理解。

如果我对通说确切含义的理解是正确的,那么,其妥当性是值得怀疑的,在下文的研究中,我将力图运用法学与价值哲学两个层面的知识来证明:法律行为的成立并非“成不成立”法律行为的问题,而是“应不应该成立”法律行为的问题。类如法律行为的有效,法律行为的成立同样不是事实判断。

二、在立法的层面上,法律行为的成立要件是立法者所作的价值判断

立法者在立法时需要决定社会生活中哪些行为可构成法律行为、哪些行为不能构成法律行为,这就体现了立法者对什么是法律行为,亦即法律行为是否成立的判断。立法者的判断集中体现在其如何设置法律行为的成立要件上,因为社会中主体实施的行为具有多样性,但立法者并不都认可其可构成法律行为,而只认为那些符合一定要素或标准的行为才构成法律行为,这些要素或标准在法律上的表述就是法律行为的成立要件。立法者认为只有符合这些要素(亦即成立要件)的行为才构成法律行为,反之,则否。与本文的论题有关,在立法者所作的此种判断的性质上,如果这些要素确属立法者如自然科学家求真般地从法律行为的本质中发掘出的客观事实,则立法者决定哪些社会行为可构成法律行为的判断过程就属于事实判断的过程。然而,我们却非常遗憾地发现,无论是从历史发展的角度来看,还是纵观同一时期不同国家或地区的立法规定,足以使社会行为构成法律行为的那些要素,即法律行为的成立要件,虽非人言言殊,却也是差异显著。可以说,成立要件的设置鲜明地体现了立法者的主观意志,是立法者进行价值判断的结果。由于法律行为存在类型上的差异,为论证的简便计,以下仅以合同这一典型的民事法律行为的成立为例进行分析。

从当今世界各国或地区的立法来看,至少在大陆法系的范围内,合同的成立要件几乎毫无争议地被表述为“双方当事人意思表示一致”。由于意思表示的“一致”在表面上似乎是客观的,从而合同的成立被定性为事实。然而,实际情况却并非如此,其缘由在于其中的意志因素被忽略了,因为“具备什么情况才可

① 董安生著:《民事法律行为》,中国人民大学出版社 1994 年版,第 184 页。

被认为是意思表示一致”取决于立法者的意志。如果将意思表示一致分解为动态的要约、承诺的过程,其间的意志因素就会相当明显。

第一,决定合同成立具体时点的承诺生效的标准是立法者进行价值权衡后在不同的标准中选定的。

意思表示一致只有在受要约人作出的承诺生效时才能达致,所以承诺的生效就决定了合同的成立。而综观世界各国或地区立法,对于承诺的生效时间,也就是合同的成立时间,存在所谓的表示原则、发信原则、了解原则以及到达原则等不同的模式,[①]各国立法者基于不同的价值考量,往往会选择不同的模式作为承诺生效的判断时点,即合同成立的判断时点。如受要约人甲6月1日寄出承诺通知,6月5日到达乙处,乙6月6日才拆信阅读获悉甲的意思,如果对承诺的生效采纳发信主义,则合同已于6月1日成立;而如果采纳到达主义,则合同在6月5日才成立。虽然合同终究都成立了(此处尚且忽略承诺生效要求上的其他差异),但不同立法下合同成立的时间有异。并且,在6月1日与6月5日之间,即承诺发出后到达前,在不同的立法下将会出现合同不成立与合同成立迥然不同的结论。既然立法者可以自主地决定承诺生效的时点,从而决定合同成立的时点,这就说明法律行为的成立可因立法者意思的不同而被提前或被推迟,当事人的同一行为是否成立法律行为并非不以人的意志为移转的客观事实,而呈现出一定程度的随意性。

第二,得以成立合同的承诺与要约一致性的程度是由立法者确定的。

作为合同成立判断标准的意思表示一致的达成,需要受要约人作出承诺,而从现实生活来看,并非受要约人为回应要约人的要约所作的任何答复都能构成承诺,承诺的构成尚需实质性的要件。一般说来,除了主体必须是受要约人外,承诺的构成还需要其在承诺期限内以规定的方式向要约人作出同意的意思表示,对此,我国学者曾较妥当地指出:“意思表示一致应当以承诺人在规定期限内以规定的方式向要约人作出完全同意要约条件的意思表示为标准。”[②]

承诺固然要与要约相符合,不过,立法对此种符合程度的要求却不是一成不变的。在世界范围内,以往的立法曾要求受要约人的答复与要约的全部内容完全一致,只有这样,受要约人的表示才构成承诺,如在合同的成立上,英美法系有“镜像原则”,它要求承诺必须要像要约在镜子中成的像那样与要约完全一致。然而,时至今日,世界多数立法均放弃了此种在现今看来十分苛刻的要求,根据

① 王泽鉴著:《民法总则》,中国政法大学出版社2001年版,第345页。

② 董安生著:《民事法律行为》,中国人民大学出版社1994年版,第193页。

承诺是否对要约进行了实质性的变更来判定附条件承诺的有效性已成为国际社会的普遍做法。《美国统一商法典》第2·207条、《联合国国际货物销售合同公约》第19条、《国际商事合同通则》第2·11条、《欧洲合同法原则》第2·208条等规定甚明。由此看来,受要约人的答复与要约的内容有出入的,根据过去的立法,将确定地不能成立合同;而根据现今的立法,则可能成立合同。这种合同成立上的今非昔比的现象显然只能以立法者价值取向发生变化才能得到说明,即在交易须臾不可或缺的现代社会里,立法者体味到交易的重要性,从而比过去更加注重鼓励交易。

我国原《经济合同法》第12条规定了经济合同的主要条款,强调其对经济合同成立的必备性。不过,现行《合同法》将"应具备以下主要条款"修正为"一般包括以下条款",并借鉴国际立法经验而于第30条规定,"承诺的内容应当与要约的内容一致。受要约人对要约的内容作出实质性变更的,为新要约。……"该条对合同的成立,仅要求承诺与要约的实质性内容一致。因此,合同是在受要约人同意全部条款时成立,还是在同意部分条款时成立,由立法者依其价值判断予以确定——立法者为了鼓励交易往往就会便利合同的成立,将原先不认其为合同的行为认定为合同。合同成立的价值判断性至为明显。

第三,某些有名合同是否只有在具备特别成立要件时才能成立,完全由立法者进行价值选择。

在民法理论上,法律行为成立要件存在一般成立要件与特别成立要件的区分。对部分法律行为而言,其成立除了须具备一般法律行为所共有的成立要件外,还须具备特别成立要件。不过,到底哪些法律行为只要具备一般成立要件就可成立,哪些还需具备特别成立要件才可成立,由立法者决定。对同一法律行为,有的立法规定为要物法律行为,有的立法则规定为诺成法律行为。如对使用借贷,法国民法规定为要物合同,而德国民法与我国台湾地区民法则规定为诺成合同;对寄托,法国与台湾地区规定为要物合同,而德国则规定为诺成合同。[①]此外,消费借贷、赠与等合同也存在类似的情况。由此可说明,借用、寄托等合同的成立要件,因法律规定不同而有异。之所以会存在这种现象,主要是因为有些立法者考虑到,这些合同或为单务合同或为无偿合同,通过将本属于给付义务的交付标的物规定为合同的成立要件,从而严格这些合同的成立要件,使得合同成立的难度加大,以保护出借人、寄托人等债务人的利益。即立法者出于对一方当

① 《德国民法典》第598条、688条;《法国民法典》第1875条、1919条;我国台湾地区"民法"第465条、589条。

事人保护还是不保护、是通过严格成立要件还是通过其他方式来保护等价值考量，对合同的成立要件作出了不同的规定。在不同的规定下，合同可能在双方当事人达成合意时成立，也可能于此际并不成立，而在其他条件成就时才成立。在这些合同的成立问题上，虽然判断者（此处为立法者）的意志尚未达到人言言殊的程度，但其意志直接关涉合同的成立与否，合同的成立受立法者价值影响甚巨，这显然说明合同的成立并非某种不以人的意志为移转的客观事实。

即使在一国内部，对同一合同，由于价值取向的不同，立法者对其成立要件的规定也不相同。如对买卖、赠与等移转标的物所有权的合同，既往的立法或者司法实践常常将交付标的物或办理过户登记手续作为合同的成立要件，而现在的做法对合同的成立与基于合同的物权变动予以区分，履行合同义务的行为不再成为合同的成立要件。只要不否认既往立法及司法判断在当时的合理性与法律效力，就必须面对诸如仅缔结买卖合同之类的同一种行为，在彼时不能成立合同而在此时则成立合同的现实，这只能说明立法者的态度前后发生了变化，成不成立合同充分体现了立法者的意志。

三、在司法的层面上，法律行为是否成立是裁判者所为的价值判断

由“法律行为的成立是立法者所为的价值判断”的论证结论完全可直接推导出“裁判者对法律行为的成立所为的判断也属于价值判断”的结论，因为司法审判本身就是将法律所包含的价值观念具体化的过程。不过，即使不诉诸与立法的联系，仅就裁判活动而言，裁判者判断某一或某些具体行为是否构成法律行为的思维过程，也是一个价值判断的过程。

虽然在法律推理中尽量排除价值判断的作用以获致判决的客观化，是近代以降人类矢志追求的目标，但令那些视裁判过程为自动售货机运行的观点持有者遗憾的是，无论在形式的法律推理中，还是辩证的法律推理中，都无法绝对地排除价值判断的作用，[①]法官都必须进行价值判断。因此，只要承认法官对某一具体行为是否构成法律行为的裁判活动为一项司法活动，就不能否认关于法律行为成立与否的判决的价值判断性。详言之：

第一，在判断法律行为是否成立的过程中，往往需要对意思表示进行解释。

① 解兴权著：《通向正义之路》，中国政法大学出版社2000年版，第211页。

姑且不论在法律推理的过程中,作为大前提的法律规范需要解释,法官的意志将影响到判决的作出,从而使得法官判断法律行为是否成立呈现出一种价值判断的性质,仅就法官确定法律推理小前提的活动而言,其间的价值判断的色彩就极其浓厚。法官在判断法律行为是否成立时,往往需要对作为小前提的法律行为中蕴涵的当事人的意思表示进行解释。意思表示的解释,究竟属事实问题还是法律问题?理论上有不同的观点。事实问题由证据规则解决,意思表示的解释显然离不开证据,具有事实的一面,如当事人必须提供往来信函、合同样本。不过,必须承认的是,“证据制度无法为意思表示解释中的意义取舍选择提供帮助”,[①]如乙在受到甲的要约后答复“我愿意考虑你所提出的条件”,回信、信函的内容均可通过证据证明,但乙回信中的意思表示的含义还需具体确定。因此,作为解释活动目标所向的意思表示含义的确定,既离不开事实,而又不能囿于事实,或许较为全面的说法还是王泽鉴先生所言的——“按意思表示的解释,可分为两个阶段,其所涉及的,若为解释客体(如使用的文字、语言动作)及解释资料(如特定交易惯例的存在)的探究,属事实认定问题。至于解释本身,乃法律上的评价,属法律问题”。[②] 邱聪智指出,“契约既涉及规范之意义,与当事人之价值取向关系极深,故其解释作业,很难完全脱离价值判断之束缚”。[③] 既然当事人意思表示确切含义的确定也离不开法官的价值判断,因此以意思表示为核心的法律行为的成立在性质上断无属于事实判断的可能。

第二,不同的意思表示解释规则直接决定合同能否成立。

在意思表示的解释目标上,历来存在着意思主义与表示主义的分歧。如果说意思主义是立基于意思自治,将个人利益置诸首位,要求优先考虑当事人的意思;那么表示主义则是立基于信赖利益,把第三人利益放在首位,要求优先考虑意思表示的外部事实。对意思表示进行解释时,特别是对所谓的“隐存的不合意”情形中的意思表示进行解释时,[④]是采纳意思主义还是表示主义,直接关涉合同能否成立。[⑤] 如甲致函于乙,内心意在出售 A 地,却误书为 B 地,乙承诺购买。该合同能否成立?如果采纳意思主义,则由于甲的真意在于出售 A 地,而

① 朱庆有著:《意思表示解释:通过游戏而实现》,载《清华法学》(第 1 卷第 1 期),清华大学出版社 2003 年版,第 115 页。

② 王泽鉴著:《民法总则》,中国政法大学出版社 2001 年版,第 417 ~ 418 页。

③ 邱聪智著:《民法研究》(一),中国人民大学出版社 2002 年版,第 49 页。

④ 关于隐存的不合意论述,可参见梅仲协著:《民法要义》,中国政法大学出版社 1998 年版,第 125 ~ 126 页。

⑤ 王利明著:《民商法研究》(第 3 辑),法律出版社 2001 年版,第 429 页。

乙系承诺购买B地，因此，合意尚未形成，合同不成立；而如果采取表示主义，则"自客观化受领人的立场加以判断，应认为甲的'真意'在于出售B地"，[①]因此，合同能够成立，惟甲得以表示行为上错误而撤销其意思表示。

第三，在判断合同是否成立的过程中，往往需要认定合同的类型。

由于合同总是表现为买卖、租赁等各种具体的类型，因此，法官判断合同是否成立，必然也就是判断某一具体类型的合同是否成立，亦即判断合同是否成立的过程，必然也是合同类型的认定过程。"契约类型之认定，系处理契约问题之第一步，应先予究明"。[②] 因此，判断合同是否成立，必然离不开确定合同的类型。如甲向乙表示，甲替乙服劳务但无须给付报酬，乙同意。此案型中，甲乙之间的合同是否成立？并且成立的是什么合同？这两方面的问题不可割舍，否则判断合同是否成立的工作就不能算完成。对此，固然需要借助于合同法总则中关于合同成立要件的抽象规定，但也离不开合同法分则中关于各有名合同的具体规定。苏永钦明确地指出，"成立要件的法律基础，如果是有名契约的话，在于各法律行为类型的定义规定，如果不是有名契约，就在有关法律行为或契约的通则性规定"。[③] 这一案型显然要利用法律关于雇佣合同以及赠与合同的规定。也就是说，判断合同是否成立，需要借助于合同法关于各种合同类型的定义规定或说明性规定。这显然不是一个简单的事实问题，而是法律问题。"关于合同性质的判断，严格地说，主要是一个对法律问题而不是事实问题的判断。它是将当事人所订立的合同依据法律上规定的标准进行归类，所以它是一种法律价值判断"。[④]

四、在价值哲学层面上，法律行为的成立绝非事实判断

（一）判断、价值判断的基本类型

由事实与价值的二分所决定，一切判断也可被分为事实判断与价值判断。事实判断与价值判断的本质区别在于，价值判断中存在"人的需要"这一因素。正因为"需要"的引入，价值判断就呈现出扑朔迷离的特征，从而也丧失了事实判断所具有的稳定性、普遍性、简单性特征。[⑤] 价值判断可分为评价判断与规范

---

① 王泽鉴著：《民法总则》，中国政法大学出版社2001年版，第409页。

② 王泽鉴著：《民法学说与判例研究》（五），中国政法大学出版社1998年版，第296页。

③ 苏永钦著：《走入新世纪的私法自治》，中国政法大学出版社2002年版，第22页。

④ 王利明著：《合同法新问题研究》，中国社会科学出版社2003年版，第185页。

⑤ 曹刚："立法正统性及其合理性问题"，载《中国人民大学学报》2002年第4期。

判断。[①] 规范判断是针对人的行为的，直接告诉人们应当怎么做，或者说什么行为或行为准则是正当的；评价判断则是针对人的品质、性格、理想、所珍惜和追求的事物的，从而试图告诉人们应该怎样生活，应追求怎样的目标和事物，怎样使自己的生活过得有意义乃至达到个人和社会的至善等。[②] 在语言表述上，评价陈述一般由表示评价的价值词所组成，而规范陈述则至少包含一个表示规范的价值词。并非所有的价值陈述在内容上都带有规范性。一个价值陈述，当且仅当它涉及主体行为并就该主体行为给出相应的约束时，它才是带有规范性的陈述。在生活中，某些价值陈述往往只是对非主体事物所作的评价或价值估量，或者虽然涉及对主体行为的价值评价但并未就主体行为给出相应的规范约束，它们就只是不带有规范性的评价性陈述。[③] 前者如"这辆车真漂亮"，后者如"骂人是不好的"。在价值判断中，什么是"好的"显然不同于什么是"应该的"。

（二）事实具有客观性，而法律行为的成立并非客观事实

作为与价值相对应范畴的事实，就是"发生的事情，即诸事态的存在"。[④] 事实的根本特征在于客观性，与主体的主观意志无涉。诚如陈嘉映所言，"事实都是客观事实。'客观事实'不是事实的一种，而是事实的强调提法。没有虚构的或主观的事实"。[⑤] 事实以是否为"真"作为判断标准，事实的客观性就是真理性。对同一事物的认识只有一种是真理性的认识或真理，即所谓真理是唯一的，也正是因为是唯一的，所以真理是普遍有效的。如"地球绕着太阳旋转"这一判断是一个事实，它揭示了地球与太阳之间运动关系的唯一真理，此种真理性是超越时空的，对任何人都是一样的和确定无疑的，所有与之不一致的命题都是伪命题。两个对立的命题同真的现象，在事实判断中断无可能出现。而价值判断以合理性为判断标准。合理性是指一个判断有充足理由，或者说合乎情理，可以为人们所理解或体谅。对同一事物人们可以作出迥然不同的判断，但它们可能都是合理的。合理性所强调的不是判断或认识与客观实际的符合，而是能不能给所作的判断提供令人信服的理由。[⑥] 在价值判断中，可以同时存在两个相互矛盾的命题。

---

① 程仲棠："从'是'推不出'应该'吗？"，载《学术研究》2000年第10期。
② 何怀宏著：《什么是伦理学》，北京大学出版社2002年版，第64页。
③ 赖金良："价值陈述：评价与规范"，载《社会科学研究》1995年第1期。
④ ［英］维特根斯坦著：《逻辑哲学论》，商务印书馆1996年版，第25页。
⑤ 陈嘉映："事物、事实、规范"，载赵汀阳主编：《论证》，辽海出版社1999年版，第7页。
⑥ 江畅著：《幸福之路》，湖北人民出版社1999年版，第112～114页。

对法律行为的成立而言,"意思表示一致(受要约人同意要约的全部内容),合同成立"、"承诺到达,合同成立"、"保管合同当事人的意思表示一致,保管合同成立"等命题是不是事实,前面的分析已经表明,古今中外,对此存在完全不同的回答,其结论往往因人、因地、因时而有异。当受要约人同意要约的部分内容,或者受要约人发出意思表示后到达要约人前,或者在双方当事人达成合意后交付标的物前,有人认为合同已成立,有人则认为否。可见,对同一行为是否构成法律行为的回答无论是在立法上还是裁判中存在截然相反的情形,因此,法律行为成立的判断不可能是事实判断。

(三)从三段论推理的过程来看,法律行为成立推理活动的大小前提均属于或均存在价值判断

根据休谟原则,价值判断不能单独由事实判断推出,所以价值推理的前提至少包含了一个价值命题,而一般说来,价值判断的结论,是由一组价值命题的前提与一个或一组关于事实的判断的前提二者共同推出的。[①] 正是在此意义上,黑尔把价值推理称为"混合的"推理和"混合的"三段论,即前提中既有规定句子或价值句子,又有事实句子或直陈句子。[②] 因此,在三段论推理中,欲获致事实判断的结论,其大小前提必须都为事实判断,也就是说,只有当大小前提均为事实判断(命题)时,推理结论才可能是事实判断。

就法律行为成立这一推理而言,从大前提来说,法官借以进行推理的大前提是法律条文,而"法条并非以事实为其描述之对象",其中所蕴涵的规范"属于社会生活的应然领域,它告诉人们应该做什么、不应该做什么、可以做什么,因此规范是指导、鼓励、制止、调控人们行为的指示系统",[③]根本不同于一般事实推理中作为大前提的事实命题。概言之,法律规范命题是关于价值问题的判断,而非事实描述。从小前提来说,作为小前提的意思表示,与其他作为小前提的有法律意义的案件事实有重大不同,后者的特点在于不具有规范效力,而对意思表示进行解释却能直接阐发其规范意义,[④]因此,确立作为小前提的意思表示含义的活动也是一个价值判断问题。前面的分析表明,解释意思表示时是采意思主义还是表示主义,使意思表示的含义不同。意思主义与表示主义不同规则的采用,直接影响到对举手这一行为含义的确定,进而影响到合同的成立。既然大、小前提

---

① 陶黎宝华、邱仁宗著:《价值与社会》(第3集),中国社会科学出版社2002年版,第10页。

② 马俊峰著:《评价活动论》,中国人民大学出版社1994年版,第303页。

③ 徐梦秋:"规范何以可能",载《学术月刊》2002年第7期。

④ 朱庆育:"意思表示解释:通过游戏而实现",载《清华法学》(第1卷第1期),清华大学出版社2003年版,第114页。

均是价值判断，那么，作为推理活动结果的关于法律行为是否成立的结论必然也是价值判断。

五、法律行为的成立为什么易被误认为是事实判断

（一）法律行为成立要件的规定属于裁判规范，其规范性格不明显

私法规范可分为行为规范与裁判规范。法律规定之意旨，若在要求受规范之人取向于它们而为行为，则它们便是行为规范；若在要求裁判法律上争端之人或机关，以它们为裁判之标准进行裁判，则它们便是裁判规范。[①] 在两者的关系上，行为规范在逻辑上同时为裁判规范，但裁判规范并不必然是行为规范。对法律行为成立要件的规定来说，它确有特殊性，不同于一般的行为规范，而是裁判规范。行为规范或通过命令，或通过诱导来使人们实施立法者所欲人们从事的行为，而对法律行为的成立而言，人们对是否实施成立要件中的行为享有自由，为与不为，悉听尊便。在缔约过程中，要约等意思表示的发出自不待言，受要约人是否作出承诺，也是其自由。法律断无命令人们从事或者通过利益之赋予来诱导人们从事之理。成立要件的规定，主要对裁判者具有意义，裁判者在条件具备时判令承诺生效、合同成立等。由于法律行为成立要件的规定不是行为规范，这使其规范性不明显，淡化了法律行为成立要件的价值判断色彩。

而实际上，不管是行为规范还是裁判规范，它们都具有"规范的性格"，因为"它们皆对抽象地所决定之对象（例如行为人或裁判者）要求依其规范意旨从事某种行为或依一定之标准而为裁判"。[②] 不同于以描述事实为功能的叙事句子，规范句子的功能在下达一定的规范要件及其效果。因此，在审判中，法官依据成立要件规定来断案，当然不是在进行事实判断。

（二）价值判断的语言表述具有复杂性，法律行为成立要件的规定在表述上类似于叙事性句式

一般而言，价值判断的语言表述往往会使用价值词。可以说，价值句式一般采用两种形式，即 to be good（是好的）与 ought to be（应该）。而事实判断一般表现为 to be，采用叙事性句式。不过，语言表述往往具有复杂性，价值判断有时也可能采用类似于叙事性句式的形式，如法律中的定义性规定就极为明显。赵汀阳指出，"事实判断表现为叙述性的句式，不过并非叙述性的句式都是事实判

① 黄茂荣著：《法学方法与现代民法》，中国政法大学出版社 2001 年版，第 110～111 页。

② 同上，第 111～112 页。

断”，这基本是正确的。从法律行为成立要件的规定来看，不管是如我国台湾地区“民法”第153条第1款那样直接表述为“当事人相互表示意思一致者，无论其为明示或默示，契约即为成立”，还是如我国《合同法》第25条那样表述为“承诺生效时合同成立”，其间的规范词(价值词)都是隐而不彰的，类似于叙事性句式，其规范性格从文义之外观论不够明显，这就容易使人误认为该规定是一个事实命题。

事实上，虽然有一些法条在表述上类似于叙事性句式，但法律概念只具有“规范价值”，而不具有“叙事价值”，盖法律概念之本来的功能在于规范其所存在之社会的行为，而不在于描写其所存在之社会。① 如我国台湾地区“民法”第1061条规定，“称婚生子女者，谓由婚姻关系受胎而生之子女”，它类似于叙事性句式。对于该条的规范性，黄茂荣先生深刻地指出，它并不描述某一事实，而是规范在那种情况下受胎而生之子女是法律上的婚生子女。该条虽然未如其他使用“负……义务”、“应……”字眼的描写“规范性”之事项的句式，使其规范性格从文义之外观论不够明显，但这并不意味着该条不具有规范性格，因为不在婚姻关系存续中受胎而生的子女，其若事后不经准正式认领，他们在法律上将被规范地定性为非婚生子女。不仅如此，与其他规范性明显的法条相比，它还具有明显的优点：其所规范的法律效果，在其所据为基础之构成要件被充分满足时，马上实现。也就是说，当案件事实充分符合成立要件时，系争案件中的子女将被直接定性为系争生父之婚生子女。同样的，对法律行为成立要件的规定来说，当具体的案件事实该当法律行为成立要件规定中的成立要件时，将直接产生“法律行为成立”的法律效果。也就是说，法律行为成立是其成立要件具备后直接产生的后果。而法律行为成立后，虽然还不能发生当事人所企图产生的法律效果，并且也不能使一方当事人请求对方当事人完成特别的成立或生效要件(如在要物合同中，一方在合意达成后要求另一方交付标的物)，但当事人应受其拘束。也就是说，契约的成立要件被该当后，虽不能直接发生“契约效力”，但却可发生“契约之拘束力”。② “当事人因契约成立而应受其拘束”系指契约一旦成立，当事人不得任意反悔，请求解约，也不得任意撤回。③

因此，诸如“意思表示一致，合同成立”之类关于法律行为成立要件的规定，能发生要件部分被该当后直接产生法律效果的现象，而“将法律效果归属于构

① 黄茂荣著：《法学方法与现代民法》，中国政法大学出版社2001年版，第46~47页。

② 王泽鉴著：《债法原理》(第1册)，中国政法大学出版社2002年版，第193页。

③ 王泽鉴著：《民法学说与判例研究》(五)，中国政法大学出版社1998年版，第342页。

成要件之意义为效果规定，而非如叙述性的句子仅在描写一个主张，换言之，前者规定在哪种情形，即在那个条件下，系争法律效果应该发生。立法者并不通过法条来表示事实上这是什么，而在表示什么才是对的，或什么应该受适用”。① 因此，关于法律行为成立要件的上述法条不可能是事实命题。

六、本文的结论及私法与其他学科对话的意义

(一)法律行为成立事实判断说的错误症结及其危害

不论是法律行为成立的判断中，还是法律行为有效的判断中，都存在需要确定事实的问题，如不仅要约人是否并于何时发出信函，受要约人是否复函且复函何时到达等需要通过证据法则来证明，而且一方当事人还需就对方当事人是否具有完全行为能力，缔约中是否存在欺诈、胁迫等事实举证。不过，这些客观事实并不能证明法律行为的有效是事实判断，事实上，基本上没有人会因为这些客观行为的存在就否认法律行为有效的价值判断性，同样，这些行为也不能证明法律行为的成立就是事实判断。

我认为，之所以会发生将法律行为的成立归结为事实问题的错误，其主要原因在于：将上述这些法律行为赖以为基的，当事人为成立法律行为所实施的客观行为等同于法律行为的成立本身，犯了以偏赅全的错误。其道理就如同当事人为设立法人往往要进行筹资等准备工作，但这些客观行为并不是法人的成立——是立法者建立了这些行为与法人成立之间的联系，即立法者或主管部门认为，在实施完这些行为后，法人就可以成立了。不能将设立法人的准备行为等同于法人的成立。对法律行为的有效，人们一般会意识到：其真谛并不在于这些客观事实本身，而在于这些事实与法律行为有效无效之间的联系，即基于欺诈、胁迫等事实推导出缔约行为有效或无效的价值结论，对法律行为的成立同样也应作如是观。赵汀阳曾经深刻地指出，“虽然价值问题是在事实问题中生长出来的，但价值问题不是事实问题，价值问题比事实问题要丰富得多，价值判断是演变扩展了的事实判断。由于价值判断是事实判断的创造性扩展，所以价值判断不可能被还原为事实判断”。② 即便是认为“价值判断、价值认识也可以被看做一种特殊的事实判断、事实认识”，③即价值语言不但是评价，而且也是描述，

① 黄茂荣著：《法学方法与现代民法》，中国政法大学出版社2001年版，第115页。

② 赵汀阳著：《论可能生活》，三联书店1994年版，第91页。

③ 刘永富著：《价值哲学的新视野》，中国社会科学出版社2002年版，第68页。

不过，也诚如黑尔所言，“规定语言（即价值语言——作者注）不同于纯描述性语言，其评价性意义是基本的、第一位的，而描述性意义则是从属的、第二位的”。①将法律行为的成立归结为事实判断问题，其谬误就是将本属于价值判断的问题还原为了事实判断。

如果法律行为的成立只是一个事实问题，由于事实问题的特点在于它不具有规范效力，这就完全否认了法律行为成立制度的规范效力，而实际上，法律行为成立伊始就能够产生法律效力。并且，事实的问题只能受因果律支配，人类无法选择事实，如果否认法律行为成立的价值判断性，则在法律行为成立制度面前，人类将是无能为力的，无法改进法律行为成立制度的立法，这显然不符合法律行为成立制度方面立法变迁的现实。

（二）本文的结论

行文至此，已可得出结论：法律行为的成立，无论是从立法者为判断法律行为是否成立而设置法律行为的成立要件来看，还是从裁判者依据法定的成立要件判断社会中某一或某些行为是否构成法律行为来看，都不属于事实判断。将法律行为的成立归结为事实判断问题也违反了价值哲学的基本原理。就像在司法实践中要判断王海是不是消费者的问题一样，“‘王海’是消费者不是一个简单意义上的关于事实的报告”，②“这里的问题并非‘是还是不是’，而是‘应该是或不应该是’的问题”。③ 法律行为的成立并非“成不成立”或“是不是”法律行为的问题，而是“应不应成立”或“应不应是”法律行为的问题，因此，类如法律行为的有效，法律行为的成立同样也是一种价值判断，并且更具体地说，属于价值判断中的规范判断。

（三）本文的引申：私法与道德哲学对话的意义

葛德森说，道德哲学的中心问题，乃是那著名的是——应该问题。显然，法律行为成立判断性质的准确厘定非诉诸道德哲学的知识不能达致。法律行为的成立与法律行为的有效，在我国私法理论与立法中，经历了一个由不区分到区分的过程，这一区分凸显了意思表示或合意的独立地位，契合了市场经济对鼓励交易价值取向的要求，其意义相当深远。然而为区分法律行为的成立与有效而分别将它们定性为事实判断与价值判断，却未免矫枉过正。这一事实判断与价值判断区分的学说在我国理论界占据主导地位，极少有人提出质疑。诚如我国学

---

① ［英］理查德·麦尔文·黑尔著：《道德语言》，万俊人译，商务印书馆 1999 年版，序言。

② 洪世宏：“知行合一的法律：正名、宪政及法律理性”，载《中外法学》2001 年第 3 期。

③ 梁治平编：《法律解释问题》，法律出版社 1998 年版，第 39 页。

者针对我国私法理论中某些似是而非的观点发出的诘问那样——我国民法学界长期接受的那种所谓的“主流理论”，有多少是建立在科学的法理上面的？用赵汀阳先生的话来说，就是“一些最可疑的观念被隐藏在不被反思的背景中”。①事实判断与价值判断本是价值哲学与道德哲学上近乎公理的概念，我国私法学界在研究法律行为的成立时进行了不适当的利用，犯了一个本可避免的错误。

无须讳言，我们现今正处于一个知识高度分工的时代，“学科间的专业分化和竞争确实创造了空前的知识效率和知识繁荣，即使是益发受到人们普遍抱怨的人文科学群，也在知识的构成、信息的容量和传达方式以及理论方法等方面取得了长足的进展”。② 不过，这也肇致了麦金太尔教授所感叹的那种“零散的知识碎片”，而游弋其中的，是各学科知识的合法辩护人形同陌路、老死不相往来的状态，用韦森教授的话来说，就是“目前各学科的方家大致还是‘各吹各的号，各唱各的调’。且不说在跨学科之间缺乏沟通和了解，即使在本学科甚至本研究领域内部，各家亦‘隔膜’颇深。”③作为一个因知识分工而以法律为业者，我根本无意苛求道德哲学家们将其视野投诸私法中的某些细微问题，但我认为，私法学者们却应有放眼域外的研究魄力。观察学术发展和学科分化的历史，人文、哲学的领域可以说是近代以来新产生的社会科学的“母体”，④事实上，“整个18至19世纪，在包括英国在内的欧洲，道德科学曾经是今天所说的社会科学的总称”。⑤ 在亚当·斯密时代，在苏格兰的知识体系中，法学与经济学、政治学等都只是道德哲学这一知识目录中的子学科。⑥ 因此，今天的私法学者涉足道德哲学领域，诉诸该领域中的基本概念用以阐释私法制度，就根本不是扩张了，而毋宁说是返回“母体”，这显然并不是苛求。

（2004年第9期）

① 赵汀阳著：《论可能生活》，三联书店1994年版，第2页。

② 万俊人著：《现代性的伦理话语》，黑龙江人民出版社2002年版，第361页。

③ 韦森著：《文化与制序》，上海人民出版社2003年版，第3页。

④ 何怀宏著：《何怀宏自选集》，广西师范大学出版社2000年版，第168页。

⑤ 转引自赖金良：“价值·评价·规范”，载《哲学研究》1994年第2期。

⑥ 万俊人著：《现代性的伦理话语》，黑龙江人民出版社2002年版，第365页。

编 后 记

受《法学》编辑部委托，我们承担了《法学》复刊后22年中所发表的民商法学学术论文的选登工作。不曾料想的是，原本以为的一项复制和校对工作它却让我们回顾了改革开放后中国法治建设以及民商事法律制度建立和健全的历程，让我们认知法学工作者创建这一事业所作的学术贡献，更让我们一览《法学》杂志为推动这一事业所作的努力：引领学术争鸣、提供探索平台。

改革开放后至2010年，我国用了30多年的时间使中国特色的社会主义法律体系形成，使"有法可依、有法必依、执法必严、违法必究"的社会主义法制目标整体实现。《法学》杂志参与了这一过程，见证了这一过程。本卷（民商法上卷）采撷了1982～2004年间在《法学》杂志上发表的民商法学学术论文，再现了法学工作者关心我国法律体系构建，建设民商事法律制度的热情；再现了法学工作者关注社会现实，解决实际问题的工作业绩；再现了法学工作者关切学术水平的提高，为丰富民商法学理论所做的努力。

在改革开放的早期，为了配合《继承法》、《涉外经济合同法》、《技术合同法》、《企业破产法（试行）》、《民法通则》的制定，以及新《婚姻法》、《经济合同法》的实施，《法学》相应地发表了具有理论与现实意义的文章。

在计划经济向市场经济转型过程中，为了配合民商事制度的完善与健全，针对《公司法》和《破产法》的修改，针对《担保法》和《票据法》的制定，针对《经济合同法》、《涉外经济合同法》、《技术合同法》的废除和统一《合同法》的制定，针对《物权法》的起草等发表了大量具有真知灼见的学术论文。

一篇《"碧纯"水侵权案探讨》引起了法学界对公司股东代位诉讼关注，从而完善了我国公司法领域"股东代表诉讼"的法律制度；一篇《死亡人肖像权初探——鲁迅肖像权案评析》促进了最高人民法院关于自然人精神遗存法律保护的司法解释，从此死者名誉权、荣誉权等精神权利得到维护；一篇《论宾馆对住客的保护义务——王利毅、张丽霞与上海银河宾馆损害赔偿上诉案评释》催生了场所主人"安全保障"义务制度创建，由此人们在公共场所多了一份安全感。如此种种，不一而足。

《法学》的文章不仅推进民商事制度的建立和健全，而且还厘清了某些法律关系、厘正了法律适用上的错误。《绝对权请求权抑或侵权责任方式》使知识产权侵权责任之归责原则适用之争偃旗息鼓。并由此引发最高人民法院相关司法解释的出台;《论法人的本质》揭示了事物存在的依据,让人们透过现象看到实质。

由于历史的局限,本卷选登的论文存在着种种不足,甚至包括表述和脚注等各方面存在的瑕疵。本卷再现当年论文时,曾打算让作者进行修订或者改写,但是,本卷选登当年作品与作品再版的性质截然不同,当以尊重现实、尊重历史、尊重发展规律为本。

由于对事物的认识有限,编辑中难免存在不周之处,还望作者和读者见谅,多提宝贵意见。

由于2004年以前《法学》杂志的文章没有以电子文档的方式保存,故编辑本卷时实施了大量的文字输入和校对活动。在此向进行校对工作的华东政法大学民商法学、经济法学专业的研究生致谢。

傅鼎生　唐波
2012年6月23日

领取稿费告知

尊敬的各位作者：

值华东政法大学建校60周年、《法学》复刊31周年之际，华东政法大学《法学》月刊社出版了《法学的历史》文丛，旨在以文献的方式反映新中国法制建设的进程以及法学理论的发展。为此，选萃了《法学》月刊自1956年创刊以来刊登的具有代表性的、能够反映当期现实问题和理论研究水平的文章。您的文章被我们选用，但由于各方面原因，我们无法与您直接取得联系，希望看到此通知后联系我们，以便发放您的稿费。具体事项如下：

1. 请告知您的信息，具体包括：(1)作者姓名；(2)文章名；(3)文章发表的卷名。可直接到杂志社领取稿费。如需要邮寄稿费的，为防止冒领，请将个人身份证号、收款账户、联系电话予以告知我刊。

2. 稿费的发放标准为每千字10元。

3. 杂志社地址：上海市万航渡路1575号华东政法大学六三楼《法学》月刊社。邮政编码：200042。联系电话：021－62071924。联系人：过纯益 汪池洲

感谢您的大力支持！

华东政法大学《法学》月刊社

2012年7月8日

图书在版编目(CIP)数据

法学的历史．第8卷，民商法．上卷：1981年~2004年/傅鼎生，唐波主编．—北京：法律出版社，2012.9
ISBN 978-7-5118-3693-9

Ⅰ．①法…　Ⅱ．①傅…　②唐…　Ⅲ．①法学史—世界—文集②民法—文集③商法—文集　Ⅳ．①D909.1-53②D913.04-53

中国版本图书馆CIP数据核字(2012)第144430号

责任编辑/陈　妮　　**装帧设计**/李　瞻

出版/法律出版社　　**编辑统筹**/财税出版分社
总发行/中国法律图书有限公司　　**经销**/新华书店
印刷/北京中科印刷有限公司　　**责任印制**/吕亚莉

开本/720毫米×960毫米　1/16　　**印张**/43.75　**字数**/759千
版本/2012年9月第1版　　**印次**/2012年9月第1次印刷

法律出版社/北京市丰台区莲花池西里7号(100073)
电子邮件/info@lawpress.com.cn　　**销售热线**/010-63939792/9779
网址/www.lawpress.com.cn　　**咨询电话**/010-63939796

中国法律图书有限公司/北京市丰台区莲花池西里7号(100073)
全国各地中法图分、子公司电话：
第一法律书店/010-63939781/9782　**西安分公司**/029-85388843　**重庆公司**/023-65382816/2908
上海公司/021-62071010/1636　**北京分公司**/010-62534456　**深圳公司**/0755-83072995

书号：ISBN 978-7-5118-3693-9　　**定价：**158元